中国政治制度史新论

焦培民 著

人民出版社

目　录

前　言

中国政治制度史研究思路与时代划分

第一节　中国政治制度史研究思路

一、中国政治制度史研究的对象

中国政治制度史研究的对象，通常认为是历代的国家性质与形式问题，亦即历代国体与政体的形式及其发展规律问题。

"国体"有四种说法：权力主体说、阶级地位说、中央政权组织形式说和国家结构形式说。权力主体说将国家权力主体分为贵族、君主和人民三种类型，因而有贵族国体、君主国体、民主国体的划分。阶级地位说认为，国体是社会各阶级在国家中的地位，政体是国家的组织形式、国家结构形式和国家治理形式，包括国家机构、政策法令及其运行、执行情况[①]，按这种观点国体有奴隶主专政、封建地主专政、资产阶级专政、无产阶级专政等几种国体类型。中央政权组织形式说和国家结构形式说将社会组织或国家结构形式视为国体。如民国时期不少人将"共和"视为国体，吕思勉将中国古代的国体分为部落、封建、郡县三种类型。民国时期的宪法将国体规定为"统一的民主国或共和国"，"统一"即单一制，因此也有"单一制"、"联邦制"国体之说。

---

① 白钢：《中国政治制度史·导论》，社会科学文献出版社 2007 年版，第 2 页。

"政体"一词的含义也比较广泛。大约有三种说法：（一）表示权力主体，如贵族政体、官僚政体、君主政体、民主政体、党治政体等；（二）中央政权组织形式，如专制政体、共和政体或君主专制政体、君主立宪政体、民主共和政体；（三）国家结构形式，如封建政体、郡县政体、单一政体、联邦政体等。

就现代政治来说，民主与共和虽然有所区别，但本质上是相通的，民主强调人民的普遍、直接参政，共和强调的是权力的共享与制约，只讲民主没有共和，极可能造成民主暴政，反之，只讲共和，不讲民主，则容易产生官僚政治，共和是实行民主必不可少的原则。因此，中国近现代学者对国体与政体、民主与共和经常混用而不加区别。民主、民权有时也称为政体，共和有时也称为国体。例如，孙中山谈道：

> 中国有句古语说："不在其位，不谋其政"；又说"庶人不议"。可见从前的政权完全在皇帝掌握之中，不关人民的事。今日我们主张民权，就是把政权放在人民掌握之中。那么，人民成了一个什么东西呢？中国自革命以后，成立民权政体，凡事都是应该由人民作主的，所以现在的政治又可以叫作"民主政治"。换句话说，在共和政体之下，就是用人民来做皇帝。①

将政治制度等同于国家制度，似乎不够全面。孙中山曾说过："政治两字的意思，浅而言之，政就是众人的事，治就是治理，管理众人的事便是政治。有管理众人之事的力量，便是政权。"②他将政权的性质分为神权、君权和民权三种类型。他说的神权时代还没有国家，君权时代有一段也没国家。我认为政治制度实际上是权力主体管理公共事务的制度，历史上的部落、氏族、家族，近现代的政党都是权力主体，它们也是政治制度史研究的对象。国家只是权力主体的一种形式，但不是唯一的形式。而且国家政权中的有些机构只是事务性的，它们一般不是政治制度史的研究对象。

---

① 孙中山：《三民主义》，九州出版社 2011 年版，第 126 页。
② 孙中山：《三民主义》，九州出版社 2011 年版，第 64 页。

权力主体涉及我们常说的国体或国家性质，用阶级性来概括政权本质是不全面和不准确的。因为我们所划的阶级是在经济领域，而权力主体一般出现在政治领域，两者没有直接的关系。权力主体需要经济组织的供养，它要维持生产关系的运行，就不会只代表生产关系中的任何一方。权力主体可能是家族、贵族、民族、种族、官僚、君主、政党，但总的趋势是大众参与或民主政治。阶级可以通过自己的组织（行会、职业代表、政党）对政权施加影响，但经济领域里的阶级一般不能直接掌握政权，政权被奴隶主、地主或资本家等有产阶级控制，是政治腐败的表现。国家的本质是公共性或人民性，阶级的政治斗争实际上是反对统治阶级垄断政权、反对政治腐败，维护国家公共性或人民性，争取公正、民主、平等和自由。

二、强化通史意识

目前，由于学科的分工，中国政治制度史的研究一般分为古代、近代、现代、当代几个范围，由于各个时期术语概念不同，造成各段政治制度理论难以有效衔接。因此，我们需要建立一套贯通古今的基本范式和原理，只有在这个基础上才能谈得上思想交流和借鉴。这就要求我们加强比较，求同存异，从不同历史时期抽象出相同或相近的概念或共性的政治制度形式，这一点恰恰是我国现代史学的难题。实际上古今制度有许多相通之处。古人早就认识到这一点，"天下之大，民此民也，事此事也，疆域内外，建国立家，下之情伪好恶，上之生杀予夺，古与今皆不异也"[①]。通观中国历史，政治制度继承多、变革少是一大特点。同一政权体系内如此，不同政权体系之间也是如此，汉承秦制，唐承隋制，清承明制都是非常明显的。中华民国对清末体制，中华人民共和国对民国政治体制也存在着某种继承性。有些制度传承数百年、数千年甚至是数万年。正如老子所言，天地不仁，以万物为刍狗。人们长期生活在天不变道亦不变的社会里，会深感生命的短暂和无奈。而幸运的是，我们亲身经历的中国正处在一个前所未有的大变革时期，我们经历过各种各样的探索，共和主义的、三民主义的、新民主主义的、苏联模式社会主义的，既有成功的经验，也有失败的教训。目前我们正在探索和建设中

---

① 叶适：《水心集》，卷三《法度总论一》。

国特色的社会主义，使人民充分行使当家作主的权利。研究历史正是要寻找沿革背后的原因和规律，这需要我们加强历代政治制度的比较分析，辨别同异，探明因果，继承优秀的政治传统，破除过时的旧体制。

三、树立博览意识

强化中外政治文明的比较与鉴别，求同存异，取长补短。中国政治全盘西化固然不行，民国时期搞过，证明确实行不通。但也不能将"特殊国情"或"中国特色"与西方价值完全对立起来。2002 年江泽民访问德国时说过："各国人民在自身的发展过程中创造了丰富多彩的文明。各种文明相互交流借鉴，是人类进步的动力。各种文明的社会制度应该而且可以长期共存，在竞争比较中取长补短，在求同存异中共同发展。世界是丰富多彩的，不可能也不应该只有一种模式。"[①] 西方国家具体政治形式，例如普选、竞选等，并不一定都带有阶级属性。中外社会的具体政治体制有同有异，求同存异、相互包容、文明互鉴是我们新的看法，过去那种乱贴资产阶级、资本主义标签的做法应当放弃。中国的政治体制哪些是社会主义的本质要求，哪些反映中国国情的特殊要求，哪些方面是我们的优势，哪些方面是我们的不足，哪些方面必须坚持不变，哪些方面需要和可以改革完善，都值得我们解放思想，认真思考。平等、自由、民主、法治、合作、和谐是人类共同遵循的价值观，中国特色的社会主义民主，不仅不是独立于世界之外的政治形式，而且要更好地体现全人类对政治文明的共同追求。民族的也是世界的，中国的民主政治也要建设成为世界民主政治的典范。

四、注重名实关系

古人云："名不正，则言不顺，言不顺，则事不成"；"名实相应则定，名实不相应则争"；"名正者治，名奇者乱"。名实关系不仅涉及理论是否符合实际，还关系到理论能否贯彻落实。前者要求理论要实事求是，准确地反映实际；后者要求将正确的理论落到实处，循名责实，推动实践的发展。孔

---

① 江泽民：《共同创造一个和平繁荣的新世纪》，《江泽民文选》第 3 卷，人民出版社 2006 年版，第474 页。

子说过，要"听其言，观其行"；法家也提出过要"循名责实"。政治制度最大的特点就是存在着名实矛盾，中国特别突出。政治理想与政治现实差距很大，甚至截然相反。"外儒内法"、表里不一是中国古代政治的一大特点。史书大量记载，有些君主或官员"口诵尧舜之言，身为桀纣之行"，有些官员"明升暗降"、"有职无权"或"位卑权尊"，有些法律、文书成为"具文"，这足以反映名实背离是中国古代政治的重要特征。

　　名实分离有四个方面的情况：一是客观上法律制度落实于现实政治发展的需要，统治者在不破坏旧法统的情况下采取了变通措施，导致名实不副。二是统治者制定的目标与实际社会状况存在较大差距，需要较长时期才能达到名实相副，或者由各种原因统治者不愿意、不能够使公开宣布的目标得以实现。三是统治者采用"声东击西"、"瞒天过海"之类的政治谋略，名号只是达到另一实际效果的手段。四是统治者为寻求政权合法化，故意搞"制度"上形式主义的改革创新，以"应天顺民"，实为易制不易道，用新瓶子装旧酒。或者说了不做，做了不说。表面一套，背后一套。恩格斯曾经这样揭示统治阶级的虚伪性，他说："文明时代越是向前发展，它就越是不得不给它所必然产生的坏事披上爱的外衣，不得不粉饰它们，或者否认它们，一句话，是实行习惯性的伪善，这种伪善，无论在较早的那些社会形式下还是在文明时代初期阶段都是没有的，并且最后在下述说法中达到了极点：剥削阶级对被压迫阶级进行剥削，完全是为了被剥削阶级的利益；如果被剥削阶级不懂得这一点，甚至想要造反，那就是对行善的人即剥削者的一种最卑劣的忘恩负义行为。"① 由此可见，透过官方史书的记载，分析政治制度的本质是研究的必然要求。马克思、恩格斯就是这样的杰出大师，他们对西方封建主义、资本主义的弊端揭露入木三分，我们应当学习他们的这种精神，用马克思主义的方法去批判性地分析历史和现实问题，揭示政治的发展趋势。当然，他们有些具体观点存在一定的历史局限性，现在看来并不准确，我们要防止将他们的观点教条化。名实问题在政治制度中表现为本质内容与体制形式问题，即国体、政体问题。一定的实质内容总要通过适当的体制形式表现

---

　　① 恩格斯：《家族、私有制和国家的起源》，《马克思恩格斯选集》第 4 卷，人民出版社 1995 年版，第 178 页。

出来。体制形式不能将本质内容体现，就需要抛弃或修改。历史上很多朝代搞"家天下"，视国家为私有，只能实行君主专制和官僚主义制度，他们讲的"天下为公、立君为民"，注定是名实背离，无法实现。中国特色社会主义民主政治是我们致力追求的制度目标，需要我们对政治体制进行改革、完善，使之名副其实。要防止国家"为少数人所得而私"，为资本家、官僚集团所垄断，我们曾经采用过"无产阶级专政下继续革命"的手段，事实证明是行不通的，只能采取民主法治的手段。也可以说，人类政治制度的发展过程也是一部因实正名、循名责实的过程，是一个民主效果不断改善、政治文明逐步提高的过程。

总之，一切历史都是当代史，研究历史不是为了缅怀过去或文饰现实，而是为了总结经验教训、引发思考，推动社会的进步。

第二节　中国政治制度史分期问题

中华人民共和国成立后，中国政治制度史通常采用传统的五种经济社会形态分期，也有的著作采用"朝代"分期法，一朝一朝地讲下去或者笼统地划分为远古、中古、近古、近现代，这几种办法既不能突出中国政治制度史的阶段性特点，也不能体现其演变的历史趋势。

一、历史分期的必要性

中国有悠久的历史资源，传统政治制度是当代国家治理的宝贵经验财富，也是一项沉重的历史包袱。在深化社会主义改革的今天，研究历史上政治制度的变迁，研究制度的传承和变革，对推动当代政治体制改革不无启发意义。中国政治制度史是一门传统专业课程，目前面临思路老化问题，给进一步的学习和思考带来诸多不便。

中国史学界流行的五种社会形态说，认为人类历史经历了原始社会、奴隶社会、封建社会、资本主义社会、社会主义社会，而中国历史由于特殊性，分为原始社会、奴隶社会、封建社会、半殖民地半封建社会、社会主义社会五个阶段。五种形态说形成于 20 世纪二三十年代，是新民主主义革命的思想武器，中华人民共和国成立后，又作为大陆史学指导思想长达 60 多年，至今其问题逐渐显现：一是分期标准的简单化、公式化和绝对化；二是集中于经济剥削和阶级斗争，对中国历史缺乏深入具体的分析和全面系统的概括，其基本概念和理论范式与现代社会观念相差较远，不符合当代建设社会主义民主政治与和谐社会的时代主题，不利于史学研究向更深更广方向发展，不利于史学向社会提供广泛有益的借鉴。这个社会命名分期的方法自20世纪80年代以来，已经受到史学界广泛质疑。邓小平曾讲过，实践是检验真理的唯一标准，社会主义改革是否正确要通过是否做到"三个有利于"进行检验，对于史学理论的创新，也应适用同样的原则，也要讲是否"三个有利于"，首先要看是否有利于还原历史真实面貌，是否有利于揭示历史变迁规律，是否有利于为当前国家社会稳定、改革与发展提供更多历史思考和借鉴。

二、中国学术界对历史分期的探索

20世纪90年代开始，中国史学界开始探讨构建新的历史分期理论和体系。

（一）代表性历史分期新观点

1996年，晁福林提出"氏族封建——宗法封建——地主封建"的社会分期说，他认为中国由原始社会直接进入封建社会，夏商主要的组织形式是氏族，其社会经济形态是封建制度，可称氏族封建制，西周宗族是社会的基本组织形式，宗法观念、宗法制度与封建紧密结合，可称宗法封建制。东周时期则进入地主封建制时期。[①]

2000年，田昌五提出，过去史学界对中国历史的历史分期长期未能达成较为一致的共识，其原因主要为：一是分期标准的简单化、公式化和绝对化；二是对中国历史缺乏深入、具体、系统的分析和概括。过去我们按不同的社会经济形态进行历史分期是不恰当的，甚至可以说是错误的。现在我们应该从这种偏差和错误中摆脱出来，回到马克思主义历史观的正确轨道，从一个社会的各个方面进行全面考察和综合分析。解决历史分期问题应采取以重大政治事件和政治变革为分期界标。据此，作者提出将中国

---

① 晁福林：《夏商西周的社会变迁》，北京师范大学出版社1996年版，第227—285页。

的全部历史分为洪荒时代、族邦时代和封建帝制时代。①

2000 年，叶文宪提出，中国古史分为酋邦时代（五帝时代）、封建王国时代（夏商西周）、转型时期（春秋战国）和专制帝国时代等几个时代，其中专制帝国时代又分为汉民族第一帝国时期（秦汉魏晋南北朝）、汉民族第二帝国时期（隋唐）和多民族帝国时期（宋元明清）三个时期。② 此说缺少五帝之前和清朝以后两段历史。

2003 年，王震中提出"邦国——王国——帝国"的古史分期观点，认为龙山时代的聚落群是体现贵族支配权力的邦国形态，夏商周是王国形态，王权受到很多制约，是非专制的。秦汉及以后为帝国时代，实行专制主义中央集权。③

2003 年，郭沂提出："社会政治形态的演变也是判定一般性历史分期的主要根据。古今中外几乎所有的历史著作都以政治演变为主要线索，道理就在这里。这就是说，一般意义上的社会形态，主要指社会政治形态；一般意义上的历史分期，主要是指社会政治形态的演变阶段。也就是说，在一般意义上，中国自有文明以来，经历了圣权时代、王权时代、霸权时代、皇权时代和民权时代五种社会形态和发展阶段。"同时他还提出了"中国经济形态及其演变可以分为三种形态和相应的三个阶段，即农业社会、农商社会和工商社会"，"中国社会关系形态也可分为三种形态和相应的三个阶段，即贵族社会、士人社会和公民社会"。中国社会意识形态演进经历了四个阶段，"即宗教时代、宗教人文一体时代、宗教人文独立时代和科学时代，并即将进入第五种形态和相应的第五阶段，即人文主义时代"。④

2006 年，冯天瑜《封建考论》一书出版，提出中国"封建社会"与"封建"本义背反，是名称"误植"，史学界开始重新审视中国"封建社会"问题。2007 年，冯天瑜初步将中国历史分期名目命名为"氏族时代"⑤、"封

---

① 田昌五：《中国历史分期问题》，《上海社会科学院学术季刊》2000 年第 4 期。

② 叶文宪：《关于重构中国古代史体系的思考》，《史学月刊》2000 年第 2 期。

③ 王震中：《邦国、王国与帝国：先秦国家形态的演进》，《河南大学学报》2003 年第 4 期。

④ 郭沂：《中国社会形态的四个层面及其历史分期》，《文史哲》2003 年第 6 期。

⑤ 冯天瑜在《秦至清社会形态再认识笔谈》中称为"氏族时代"，而在《封建考论》修订版（中国社会科学出版社 2010 年版，第 423 页）则写作"原始时代"。"氏族时代"不能包含"原始群时代"，不如"原始时代"准确，故冯氏有此修改。

建时代"、"皇权时代"、"共和时代",并细分为"原始群时代"、"氏族共同体时代"(先夏及夏代)、"宗法封建时代"(商代及西周)、"宗法封建解体时代"(春秋战国)、"皇权时代前期"(秦至中唐)、"皇权时代后期"(中唐至清)、"共和时代"(民国、人民共和国)①。

(二) 近年来历史分期的特点

1. 2000 年以后,上述学者历史分期都以政治特点为主要标准,有些兼及经济和文化标准。

2. 从"古史分期"向两端延伸,正在形成通史的历史分期。

3. 新石器晚期(龙山时代或五帝时代)逐渐被学者纳入"国家"史。

4. 对于过渡期处理上是作为一级分期单独设立名称,还是作为二级分期并入前、后阶段,学者们还存在较大分歧。

5. 以名定性,"造词"、"借词"以概括时代的划分特征,是学者们普遍使用的方法,有人甚至试图用名称揭示历史时期的全部特征。

6. 出于"定性分期"的需要,拆解朝代的现象在一级分期、二级分期中普遍存在。

这些历史分期对冲破传统思维的束缚,对于从新的角度认识历史有重要启发意义。但是,新分期有的标准不统一,有的不能贯穿古今,有的断限模糊,有的将"命名"理解成"定性",还有的生造词汇,这些都会影响历史分期的合理性,其中最根本的问题是回避"经济形态"和"近现代史问题",这会使历史分期不够深入,成为理论上、年代上的"表层工程"或"半截工程",因为历史分期实际是社会形态类型的划分,一方面,要进行政治、经济、文化、社会各个方面的综合分析考虑,不能仅从一个方面划定;另一方面,历史分期要标准统一,贯穿古今,不能仅停留在"古史分期"阶段。回避近现代史,回避现实,只做古史的新分期,其观点理论无法与近现代史和现实联系起来,这是问题症结所在。

三、历史分期和命名标准

冯天瑜曾经对诸阶段分期的命名提出几条语义学标准:其一,命名须准

---

① 冯天瑜:《秦至清社会形态再认识笔谈》,《湖北社会科学》2007 年第 1 期。

确反映该时段社会形态的实际，概括该时段社会、经济、政治、文化的本质属性，此谓之"制名以指实"；其二，若借用旧名，必有引申，以达成与旧名的间隔，如此方能形成区别于旧名的新术语。然而，新术语的引申义与旧名本义虽然发生跳跃，但又必须遵循旧名本义指示的方向，全然背离本义即为不通之名，此谓之"循旧以造新"，"新义"对"旧义"既别有创获，又保持内在联系；其三，命名须观照相对应的国际通用术语，其内涵、外延均应与之吻合或接近，以与国际接轨，而不可闭门造车，此谓之"中外义通约"；其四，汉字是表意形声文字，所拟名目应能从字形推索其义，而不可形义错置，此谓之"形与义切合"（音译词不在此列）。此外，命名应当简洁明快，便于理解，寓深意于浅近之中。① 这些主张除第一、三条外，其他都是比较合理的，特别补充以下几点：

（一）分期命名与社会定性并非一事

历史阶段的名称与其社会定性并不完全一致。例如同名为"中华人民共和国"的历史时期，前一段是新民主主义性质的，后一段是社会主义性质的。过去五种形态命名带有"定性"的特点，使用高度抽象的概念，有较强的理论色彩。分期命名应该只是用一定的"名称"将历史阶段切分开来，采用具有各个时期"标志性现象"或"常用习语"，用"最大公约数"引导研究者入门，并不妨碍学者们对各段历史进行各自不同的解读或定性，不希望名称能准确概括历史的本质或从名称中解读出全部的历史事实。因此要尽量一词专用，不要对某段历史的"名称"赋予太多含义，否则就会造成词义泛化。例如，封建本义只是一种政治现象，但我们常说封建专制、封建经济、封建思想、封建文化、封建迷信等，造成"封建"词义"泛化"，语义模糊。简言之，要注意社会形态生产方式、政治体制、意识形态各要素变化的非同步性，分期只能采取统一的政治、经济、文化等要素一个标准命名，再兼及分析其他历史要素。

（二）要兼顾名称阶段性和时代完整性

历史分期是为了学者更好地把握不同历史阶段的特征，了解人类社会演进的规律。历史分期不仅要将各段不同的明显特征体现出来，还要注意阶

---

① 　冯天瑜：《历史分期命名标准刍议》，《文史哲》2006 年第 4 期。

段名称的"差异性"和阶段长短的"适度性"。如有学者提出氏族时代的划分，但氏族跨旧石器、新石器两个社会性质完全不同的阶段，效果不好；有的学者如陶希圣、周谷城、晁福林都曾提出中国自上古至近代之间都是封建社会，如晁福林提出夏商是氏族封建社会，西周是宗法封建社会，东周以后是地主封建社会。这样的分期法显然不能突出历史阶段的差异性，"封建"因滥用而丧失特点。另一方面，因所谓"社会性质"不同，将不同朝代肢解的办法也不妥当。如春秋战国之际社会性质确实发生变化，但将春秋、战国分别划归两个性质根本不同的历史阶段是不合理的；"唐宋变革论"者认为中国社会性质从唐代中期发生变化，这一点并无不妥，但将唐朝前后期分隶不同的社会分期是不合理的。中国近代史通常以 1840 年为界，割裂清朝历史也是不好的。田昌五有过批评："鸦片战争尽管是一件大事，但以此作为历史断限的根据，则未必可取。别的不说，此事乃发生于道光二十一年，而道光共三十一年。这样岂不是道光二十年前后的社会断为两截吗？"[1] 当然这里讨论的不是就某一个别现象历史演变的阶段划分问题，而是对历史总体特征的阶段划分，这就要从政治、经济、社会、思想文化等各个方面综合考虑，求大同存小异。

（三）政治特征应当成为历史分期的标准

1. 以政治特征划分历史阶段直观易于理解，符合由表及里、由易及难的认识规律，在分期问题上不会造成大的认识分歧。历史分期是个由表及里认识历史的过程，分期应以"表层"比较明显的特征作为分期标准，而不应以"本质"作为标准，表层特征不需要专门的学问，容易取得共识，"本质"则需要专业研究才能"发现"，而且见仁见智，众说纷纭，难以取得统一。强行统一思想，则束缚人的思维，妨碍历史研究。

2. 以政治作为历史分期更符合中国史学传统。中国传统史学是以政治为中心的，历史上时代的划分大都是以政治作为标准。如孔子对大同社会、小康社会的划分，商鞅提出的"上世亲亲而爱私，中世上贤而说仁，下世贵贵而尊官"[2]，韩非子提出"上古竞于道德，中世逐于智谋，当今争于力

---

① 田昌五：《中国历史体系新论续编》，山东大学出版社 2002 年版，第 211 页。

② 《商君书·开塞》。

气"①，都是从政治角度的划分。此后中国出现封建之世、郡县之世的划分。近代以来，吕思勉又提出部落时代、封建时代、郡县时代的史学观点，以上都是从政治角度提出的，五种形态说是从苏联传播来的，它的概念套在中国历史上并不贴切，不能体现中国历史的"特色"。

3. 以政治特征划分历史阶段有利于揭示历史上政治体制上的优缺点，为中国政治体制改革提供借鉴。1978 年以来，我国的经济体制改革取得重大突破，逐渐建立了社会主义市场经济，但政治体制仍然停留在计划经济的以管理、审批为特征的模式里。君主专制、中央集权是中外学者对中国秦汉以来古代政治制度的共识，中国近现代政治体制无不受其影响，以政治特征划分历史阶段有利于我们更深刻地认识现代政治体制的沿革关系，理清继承和改革方向。

4. 有利于打破片面强调以经济或阶级为中心的传统史观，发展全面史学观，为落实科学发展观、全面建设小康社会提供借鉴。

社会分工或社会管理的组织形态是社会形态划分的标志，也是阶级划分的基础。人类历史上第一次分工是部落之间的分工，主要是贵族与村社平民的分工，形成贵族和平民两大阶级，在此基础上形成以血缘为标准的职业身份世袭的封建时代。第二次分工是家族集团之间的分工，主要是官僚与个体小农的分工，在此基础上形成因知识或技术垄断而造成的职业身份变相世袭或半世袭的郡县时代（或君主专制社会），形成官僚、平民两大阶级。第三次分工是个人职业的划分，在此基础上形成职业身份平等且可以自由转换的共和时代，这个时代"阶级"差别逐渐走向消失，但由于传统习惯的影响，官僚主义现象、身份差别仍然存在。由上可知，国家、政治的出现是社会分工的产物，也是公共的需要，并不仅仅是经济上私有制演变的结果。

马克思虽然也讲社会分工，但他否认精神劳动者的价值，认为他们只是剥削阶级。他说："分工也以精神劳动和物质劳动的分工的形式在统治阶级中间表现出来，因此在这个阶级内部，一部分人……把编造这一阶级关于自身的幻想当作主要的谋生之道，而另一些人对于这些思想和幻想则采取比

---

① 《韩非子·五蠹》。

较消极的态度，并且准备接受这些思想和幻想。"① 马克思甚至否认国家的公
共性，他认为"国家是统治阶级的各个人借以实现其共同利益的形式"，"实
际上国家不外是资产者为了在国内外相互保障各自的财产和利益所必然要采
取的一种组织形式，法国、英国和美国的一些近代作家都一致认为，国家
只是为了私有制才存在的"②。恩格斯说："社会产生它不能缺少的某些共同职
能，被指定执行这种职能的人，形成社会内部分工的一个新部门，这样，他
们也获得了同授权给他们的人相对立的特殊利益。他们同这些人相对立而独
立起来，于是就出现了国家。"③ 马克思、恩格斯的社会分工、阶级斗争的观
点都是因时因事而发，有时观点前后不一，我们必须综合、辩证地看待他们
的言论，才能理解他们的立场和方法，马克思主义认为，社会分工和国家的
出现不只是某一阶级的需要，更是全社会共同的需要。政治不仅具有阶级
性，更有公共性。阶级性不仅体现为经济领域内部的分工，也是政治领域与
经济领域之间分工的结果。特权阶级的出现是政治腐败，国家政治制度的演
变是阶级性逐渐减少、公共性逐渐扩大的过程。

第三节　中国政治制度史的时代划分

　　中国政治制度史可分为游群、部落、封建、郡县、共和五个时代。后
三个时代都已经进入国家阶段，因而也是三种国家形态。

一、新划分各时代的经济、政治、文化特点

（一）游群时代

大致相当于旧石器时代，人类以游群为基本谋生单位，四处游动，以
采集渔猎为谋生方式。游群是一种分散社会，没有固定的组织权威。游群时
代已经出现宗教和巫术。

（二）部落时代

开始于新石器时代，人类定居后农业先后经历火耕、锄耕阶段的发展，

---

① 《马克思恩格斯文集》第 1 卷，人民出版社 2009 年版，第 551 页。
② 《马克思恩格斯选集》第 1 卷，人民出版社 1995 年版，第 132 页。
③ 《马克思恩格斯选集》第 4 卷，人民出版社 1995 年版，第 700—701 页。

形成以家族、氏族、部落为单元的社会，出现了固定的部落首领和社会分工，图腾崇拜是部落时代的文化特征。部落时代，部落之间关系尚不稳定，部落内部酋长与成员、母族与支族，本土族与移入族之间的关系是最基本的政治关系，酋长与成员的关系是社会的基本关系，是封建时代贵族与平民关系的雏形。

（三）封建时代

开始于传说中的黄帝，相当于考古上的龙山时代。由于部落征服和社会分工，逐渐形成封建等级，出现贵族和平民，形成早期国家。小国寡民的松散联合是封建时代的政治特征。村社公有私耕农业、自然经济、代耕制是封建时代的经济特征。等级化的神灵崇拜和家族宗法观念是封建时代的主要意识形态特征。封建时代，部落邦国之间的关系是基本的政治关系，在部落邦国内部，贵族与平民的关系是社会的基本关系，奴隶与奴隶主的关系是次要关系。

（四）郡县时代

开始于秦始皇统一六国，建立了以君主专制、中央集权、官僚政治、德教人治为特征的新型国家，国家个体农业、实物税、货币税和商品经济是郡县国家的经济特征。政教合一、提倡儒家纲常礼教和吸收、压制其他宗教、学术思想是郡县时代的主要意识形态特征。一般情况下，郡县时代，官僚与农民的关系是社会的主要关系，地主（也是农民）与佃雇农的关系是社会的次要关系。

（五）共和时代

开始于中华民国建立，自由平等、民主自治、法治公开是共和时代的政治特征，工商业是共和社会的经济基础。政教分离、崇尚科学、信仰自由是共和时代的意识形态特征。一般情况下，共和时代官员与普通公民的关系是社会的主要关系，劳动者与企业管理者的关系是社会的次要关系。中国特色社会主义共和国的特点是四个"一主多元"：共产党执政，多党参政；公有制为主体，多种所有制共存；按劳分配为主，多种分配形式并存；中国特色社会主义思想主导，多元思想共存。

总之，国家出现以后，政治阶级与经济阶级之间的等级关系是社会的主要关系，在经济阶级内部的阶级关系是社会的次要关系。前者主要是政治权利问题，后者主要是经济利益问题，前者由经济阶级的争权运动和"政治体制改革"来解决，后者通常用阶级内部的斗争或通过国家的经济政策加以调整。

二、新划分时代的四大转型期

以上的时代划分在时间上是连续的，以政治特征为标准。社会政治形态与经济形态、社会意识形态并非完全同步，政治形态的发展也是空间和程度的量变质变过程，从一种经济基础与上层建筑相适应的完整的社会形态过渡到另一种完整的社会形态就必然存在一定的转型期，转型期只有相邻完整社会形态（地方上或程度上）的部分特征，转型期越往古代就越为漫长。五个时代经历了四个转型期。

（一）部落化转型期

旧石器时代晚期和新石器时代初期是游群走向部落时代的过渡期，有一万至数万年历史。这个转型期是人类从游动迁徙向造屋建邑、分疆定居的转型，是采集渔猎文明向农业文明的转型，也是人类由游群无君文明向部落酋长文明的转型；从思想上也是神灵崇拜从分散走向部落统一化的转型。

（二）封建化转型期

炎黄五帝时代是部落时代走向封建时代的转型期，有一两千年的历史。这是平等分散部落向等级联合部落的转型，也是和平君主向暴力君主的转型，部落文明向早期国家文明的转型；思想上是由部落神灵崇拜向宗法化、等级化、系统化的国教方向发展。

（三）郡县化转型期

春秋战国是封建向郡县的转型期，有五六百年历史。这也是村社经济向个体小农经济、商品经济的转型，任亲任旧向尚贤尚能、贵族政治向官僚政治的转型，是等级君主向专制君主的转型；思想上是由宗教神权向民本人文的转型。

（四）共和化转型期

自鸦片战争至近现代是郡县向共和时代的转型，也要有二三百年的历史。是实现农业社会向工商社会的转型，军阀政党集权、中央集权社会向民主自治社会的转型。这个转型期也是农商文明向工商文明的转型，是君主专制政体向民主共和政体的转型，也是由人治向法治、由迷信向科学的转型。

表1 郡县、共和时代社会特征对比

	国家权力	政治体制	执政主体	官员产生	地方制度	政治规范	经济基础	社会分工	主导思想	社会观念
郡县时代	君主私有	君主专制	世袭君主	君主选任	中央集权	德政人治	个体农业	脑体分等	神权民本	等级服从
共和时代	人民共有	民主共和	民选政党	人民选举	地方自治	宪政法治	工商企业	脑体平等	科学民主	平等自由

  这种历史分期是以社会组织形态为命名标准的，有明确的断限标志，将转型期置于各时代之内。从广义上说，组织是指由诸多要素按照一定方式相互联系起来的系统。从狭义上说，组织就是指人们为实现一定的目标，互相协作结合而成的集体或团体，如党团组织、工会组织、企业、军事组织等等。社会组织就是人类自我管理的系统和形式。人类历史有血缘组织如氏族、部落、部落联合体。也有非地缘组织，如国家、现代政党、社团、企业、事业单位等。国家是最复杂的社会组织，其内部又可分为立法、行政、司法等组织。"封建"一词过去被理解为"封邦建国"的地方行政制度，这里要广义地理解为一种"等级化部落联合体"组织形态。"郡县"也不能狭义地理解为地方行政制度，应理解为一种以君主官僚专制与中央集权为特征的国家组织体系。"共和"通常被理解成一种国体或政体，换句话说，是国家组织原则的总概括，显然是要求处理好国家体系中立法、行政、司法组织体系之间的关系、中央机关与地方政权的关系，国家机关与社会团体的关系等。这样理解同样需要突破中央政权组织形式的描述。共和的含义与我们今天的提倡"和谐社会"有点接近，但"和谐社会"通常的理解并不包括国家机关。共和时代则既包括维护共和国体，还要求"社会"内部、国家与社会之间都处于和谐状态。五个分期选择的"组织"名称越来越抽象，涵盖的范围越来越大，反映了社会组织由分散向统一、由简单向复杂、由低级向高级的发展过程。

  五个时代有四个人物及事件作为分期标志：有巢氏君主革命，黄帝封建式统一①，秦始皇郡县式统一，孙中山民主革命，简称"两传说，两信史；两

---

  ① 《通志·三皇纪》云："有巢氏，亦曰大巢氏，乃谓之始君，言君臣之道于是乎始也，有天下百余代。"传说中的有巢氏是中国历史上第一个"君主"，实际上相当于一个部落酋长。但他打破了古代无君的局面，是中国政治制度史的重要变革，故称为"君主革命"，即建立君主制度的革命，与孙中山建立

革命，两统一"。这种历史分期更能直观地显示历史的阶段性面貌，具有开放性和包容性，有利于深化史学研究。

三、新历史分期的思想来源及其与"五种形态说"的关系

新的历史分期除了对马克思主义经典作家的思想加以借鉴之外，还参考了西方学者摩尔根①、塞维斯②、弗里德③、克里斯廷森④，中国学者吕思勉⑤、

民主制度的民主革命对应。有巢氏、黄帝是传说中的历史人物，是后人"拼合加工"出来的，但他们活动的总体特征是符合历史实际的，可以作为时代的代表，只是我们不必坐实人物具体时间、地点、生平的细节罢了。黄帝的统一只是传说，不必信以为真，以为黄帝统一了全国，但显示了一种趋势，局部的统一是有的。

① 路易斯·亨利·摩尔根（Lewis Henry Morgan，1818—1881），美国民族学家、原始社会史学家。1851 年，发表《易洛魁联盟》，1862 年发表《人类家族的亲属制度》，认为人类从杂交状态经过血缘家庭、普那路亚家庭、对偶家庭和父权家庭而达到一夫一妻制家庭。1877 他发表《古代社会》，阐述了人类从蒙昧时代经过野蛮时代到文明时代的发展过程。1881 年出版最后一部著作《美洲土著的房屋和家庭生活》。摩尔根在原始社会史领域所作的研究，受到马克思和恩格斯的高度评价。马克思读过《古代社会》后，写了详细摘要和批语（见《摩尔根〈古代社会〉一书摘要》）。恩格斯写了《家庭、私有制和国家的起源》（1884），称赞摩尔根"以他自己的方式，重新发现了 40 年前马克思所发现的唯物主义历史观"；"在原始历史的研究方面开辟了一个新时代"。现在看来，摩尔根的研究有些方面也存在不足。例如，他的杂婚说、母系父系演进说、氏族社会成员平等说，学术界有不同意见。

② E. R. 塞维斯（Elman Rogers Service），美国新进化论人类学者。1958 年塞维斯发表《原始文化概览》一书（a profile in primitive culture）讨论了游群——部落——原始国家——现代民间社会的许多例子。1962 年，他的《原始社会组织》（Primitive Social Organization：An Evolutionary Perspective）一书提出著名的"群队——部落——酋邦——国家"的社会进化模式，1963 年他将《原始文化概览》修订为《民族学概览》（Profiles in Ethnology）将原书四个部落名下的例子更名为酋邦。他 1971 年发表的《文化演进论：实践中的理论》（cultural evolutionism：theory in practice）和 1975 年的《国家和文明的起源》（Origins of the State and Civilization：The Process of Cultural Evolution）进一步讨论了四阶段理论。

③ 弗里德（Morton H. Fried），美国人类学者。主要论文有：1957 年《单系血缘群体分类》（The Classification of Corporate Unilineal Descent Groups），著作有 1967 年《政治社会的演进》（the evolution of political society），该书中提出了一个"平等社会——等级社会——分层社会——国家"（egalitarian society——rank society——stratified society——state）的人类社会演进模式。

④ 克里斯蒂安·克里斯廷森（kristian Kristiansen），美国人类学者。代表论文是：《酋邦、国家与社会演化》（Chiefdoms，states and systems of social evolution），载蒂莫西·K. 厄尔（Timothy K. Earle）主编：《酋邦：权力、经济与意识形态》（Chiefdoms：Power，Ecomomy and Ideoloey），剑桥大学 1991 年版，著作有《欧洲史前史》（Europe before history），剑桥大学 1998 年版。克里斯廷森认为，酋邦是部落社会的一种变体，其社会组织仍然是部落形式。她提出人类社会由部落——酋邦——原始国家（archic state）——城邦国家（city state）或帝国（empire）的演进图式。不过她认为，社会组织的演化可以是进化，也可以是退化。

⑤ 吕思勉（1884—1957），江苏常州人。中国近现代历史学家。先后在常州府中学堂、南通国文专修科、上海私立甲种商业学校、沈阳高等师范学校、苏州省立第一师范学校、上海沪江大学、光华大学等校任教，曾担任光华大学历史系主任、代校长。1951 年光华大学省并，入华东师范大学历史系任教。

冯天瑜[①] 等的观点，其中"游群"的概念采自塞维斯，"部落"采自吕思勉的说法，并借鉴了摩尔根、塞维斯对部落的解说，将塞维斯的酋邦、弗里德的社会划入部落，作为其中一个阶段。将弗里德、克里斯廷森的分层社会[②]和原始国家划入"封建时代"或早期国家阶段。"封建"和"郡县"两个概念是中国传统文献的术语，也参考了吕思勉的划分。"共和"是根据民国初年流行词汇选定的一个概念，与冯天瑜划定的阶段相合。五个时代的名称，两端的名称游群、部落、共和是世界通用的，封建、郡县是有中国特色的，大体与西方封建时代、王权专制时代对应。

表 2 部分学者与本书历史分期对照

摩尔根	蒙昧时代	野蛮时代		文明时代		
塞维斯	band 游群	Tribe 部落	Chiefdom 酋邦	State 国家		
弗里德	平等社会		阶等社会	分层社会	国家	
克里斯廷森	部落酋邦			原始国家	国家	
吕思勉	部落时代			封建时代	郡县时代	
冯天瑜	原始时代			封建时代	皇权时代	共和时代
本书	**游群时代**	**部落时代**		**封建时代**	**郡县时代**	**共和时代**

　　新的历史分期与旧的传统五种形态分期采取了不同的标准，旧分期以生产关系为标准，新分期以社会组织形态为标准，二者各种社会形态的时间起始有很大不同，但存在大体上的对应关系。大体而言，旧分期的原始社会与新划分的游群时代、部落时代对应，奴隶社会与封建时代对应，封建社会与郡县时代对应，民国以来的半殖民地半封建社会及社会主义社会与共和时代对应（如表 3 所示）。

代表作品有《吕著中国通史》、《先秦史》、《秦汉史》、《两晋南北朝史》、《隋唐五代史》、《中国民族史》、《中国制度史》等。20 世纪 20 年代，吕思勉将中国古代划分为部落时代、封建时代、郡县时代三个阶段。

　　① 冯天瑜：1942 年出生，湖北红安人。武汉大学历史系教授。出版著作有《中国文化史纲》、《明清文化史散论》、《中国文化史断想》、《中华元典精神》、《封建考论》等。2006 年，冯天瑜在《封建考论》一书中提出原始时代、封建时代、皇权时代、共和时代的历史分期设想。

　　② 弗里德"分层社会"学说虽然提出人类社会出现过经济上分层阶段，但根据一般学者的看法，分层社会在酋邦和国家都会出现，不具有独立性。

表3　新旧历史分期对应示意

原始社会		奴隶社会	封建社会	半殖民地半封建社会	社会主义社会
↓		↓	↓	↓	↓
游群时代	部落时代	封建时代	郡县时代	共和时代	

四、新历史分期的普适性问题

分期的普适性问题也是值得考虑的一个方面，这个分期似乎对其他国家也大体适用。游群和部落这两个时代本来就是西方学者提出来的，酋邦阶段可视为部落社会末期的一个特殊阶段，由部落进入封建在世界史相当普遍，为区别于西欧中世纪的封建，周谷城特称之为"古封建"，并说"从世界史发展的情况看，古封建可能出现于世界各地一切古国中"①。奴隶社会和共和制是西欧封建社会（古封建和中世纪封建）中间的一个插曲，西欧中世纪封建社会通常认为存在于公元5—15世纪，这1000年大体上可分为"封建等级制"②和"等级君主制"③两个阶段，"16、17世纪一般被称为专制王权④时代，按照现代西方学者的普遍看法，15世纪封建主义的时代已经结束

---

① 周谷城：《论古封建》，《中国社会科学》1980年第5期；又见《周谷城史学论文选集》，人民出版社1988年版，第259页。

② 封建等级制（feudal hierarchy）是指各地封建主之间依附土地占有和人身依附关系而形成的一种等级关系。大多建立在君权神授思想的基础上，利用宗教建立等级关系，扩大控制范围，古代被许多国家的多数君主采用以管理和巩固自己的统治范围。封建等级制度中等级最高的是帝王。而帝王以下的，通过行臣服礼和封受采邑（土地）等手段，两个封建主之间结成君臣关系，在上的称封君，在下的称封臣。封臣对封君行臣服礼并宣誓效忠，从封君那里接受采邑。封臣的义务主要是奉召为封君服军役（自备马匹、武器，每年服役期限一般为40天），出席封君法庭，提供意见并共同裁决某些案件，以及在特定情况下（如封君被俘需赎身时）向封君提供一定的财政支持。封君对封臣的义务主要是授予采邑以维持其生活，并在封建无政府状态下对其提供保护。公元9世纪以后，封建等级制度在西欧各地逐渐形成。

③ 等级君主制是王权借助等级代表会议实施统治的一种政权形式，贵族和市民阶层共同参政，并在一定程度上分享权力。这是西欧"封建制度"的重要特征之一。在等级君主制时司法和军事等方面的权力渐渐集中到中央，等级代表会议则主要掌控国家赋税的批准权和分摊权，市民阶层的利益和要求开始受到重视。等级君主制相对于中世纪早期的政治混乱和割据状态而言，具有历史进步意义，推动了社会经济的进一步发展。1265年召开的英国议会和1302年举行的法国三级会议，标志着英、法两国等级君主制的初步形成。

④ 专制王权，又称绝对君主制（英语：Absolute monarchy），或君主专制政体、君主独裁制、君主专制、君主专政，是一种君主制政体。与君主立宪制不同，在这个主权国家中，身为国家元首与政府首脑的君主拥有绝对的政治权力，不受到宪法或法律的限制，但是君主的行为可能会受到某些宗教、传统

了"①，专制王权时代具有普遍性，这一点早有学者论及，中国20世纪30年代，李麦麦就说过："就任何国家的政治制度发展史说，由封建制度进到近代资产阶级的民主制，中间都经过了专制君主制之桥梁"，"在欧洲因为商业资本过渡到工业资本比东方快，所以专制君主制的寿命不过四个世纪（15—18），在中国因为商业资本长期的没有过渡到工业资本，所以中国的专制君主制延长了一千多年（由秦始皇至满清）。"② 这个时代和中国秦至清的政治形态有相似性。专制主义就是把最高权力完全而无限制地掌握在君主手里的一种政府形式，正如列宁所说，君主"颁布法令，任命官吏，不许人民参与立法和监督行政，却征收人民的钱，又支用人民的钱"。传统观点认为，专制主义的国家也是统治阶级镇压被压迫阶级的工具，关于这个问题恩格斯在其著作《家庭、私有制和国家的起源》中写道："不过，当作例外，也可以遇到这样的时期，那相互斗争的各阶级达到了势均力敌的地步，以致国家权力暂时取得了对于两个阶级的某种独立性，当作他们的假象的中间人。十七世纪及十八世纪的专制君主政体，就是这样的，它使贵族阶级与资产阶级互保平衡。"应该看到，君主专制作为一种普遍存在特殊的政体形式，其经济基础也有自己的特点：即农奴制瓦解后的农村的自耕农、佃农经济和城市市民的工商业经济。因此，君主专制时代严格上讲，已经不属于以农奴为基础的封建时代了。

由于封建因素在专制时代的残存，西欧各国专制王权时代比较短暂且各国时间也不一致，专制时代常被视为封建社会的一部分，或其延续、变形、向新的社会形态的过渡，甚至被人忽略③，这是可以理解的。而中国君主专制时代从秦至清有两千多年，如仍视为封建时代向其他社会形态的过渡，实为不可思议④。值得关注的是，中西这个"专制"时代，也有学者称

___

或舆论的影响。它属于一种独裁政体，君位采用世袭方式产生。在政教合一君主制国家，君主不仅是世俗的首领，而且也是宗教的首领，也很容易出现绝对君主制。也有学者认为 Absolute 译作"专制"为误译。专制主义的英文是 despotism。

① 马克垚：《封建主义概念的由来与演变》，《封建名实问题讨论文集》，江苏人民出版社 2008 年版，第 67 页。

② 李麦麦：《中国封建制度之崩溃与专制君主之完成》，《读书杂志》第二卷第 11—12 期合刊，神州国光社 1932 年版。

③ 马克思认为 16 世纪资本主义时代开始，他将专制王权时代划入资本主义社会。

④ 西方学者爱德华·詹克斯的《社会通诠》提出人类社会进化有三个阶段：图腾社会、宗法社会、国家社会。1904 年，严复在翻译完这部书时，将西方的 feudalism 译为"拂特封建制"或"封建制"，严

之为"郡县社会"。

维新变法失败后，康有为游历欧洲，并对西欧历史写下了这样的描述：

> 罗马一统欧土矣，然所治实仅意大利，欧北草昧未辟，意大利地十一万英里，令当吾直隶一省，何足算，法、班仅属羁縻哉；必不得已，仅当吾夏商之草创而已。若全欧开明之后，实未有一统之者；此则与中国迥异，此即客罗特维封建致之。沙立曼专以削藩为事，有若宋艺祖之收兵柄，然卒不能善其后，不一二传而诸侯复擅权矣。沙立曼既削藩，欲规一统之政，大设郡县守令，郡守日重，后号为侯，今译马规士是也。①

> 以进化之理言之，日耳曼自开创至今仅千余年，沙立曼一统兼收希、罗之余治，犹周室之兼集夏、商之制。自沙立曼至于近世乃仅千年，故前百年大地未全辟之前，彼欧洲真当吾春秋战国之世，彼百数十年来治当乃真粗定耳。②

在康有为看来，罗马统治下的欧洲相当于中国夏商时代的封建社会，自查理曼大帝开始，有向郡县过渡的趋势，而进入中世纪末，欧洲则由封建社会进入郡县社会。事实上过程可能更为复杂。罗马共和国时期因有大量奴隶使用，一些人认为是奴隶社会，但从政治角度上讲则属于封建社会，罗马统治区各地政治地位不同，分为享有罗马公民权的自治城市、无投票权的公社、打丁移民地、"同盟者"和"臣属"等，实际上是一种分等级的自治式的封建政权体系。公元前27年，屋大维建立元首制，罗马封建性的"共和时代"实际上已经结束，进入帝国时代。屋大维开创了中央集权的官僚制

复认为"拂特封建制"是宗法社会向近代国家社会的过渡阶段，说"唐虞以讫于周，中间二千余年，皆封建之时代"，是典型的宗法社会，其后，"乃由秦以至于今，又二千余岁矣"提出"非将转宗法之故以为军国社会者欤"的太长时间过渡的疑问，英法的封建时代不过千年，而中国两千年封建时代之后又有两千年仍不能过渡到军国社会，过渡时间长达四千多年。严复对此深感困惑，百思不得其解，译述之际，多次"掷管太息"，"绕室疾走"。

　① 《康有为全集》第8卷《日耳曼沿革考》，上海古籍出版社1987年版，第241页。客罗特维，今译克洛维，公元481年建立法兰克王国。沙立曼，今译查理曼（768—814）。马规士，即marquis，今译侯爵。

　② 《康有为全集》第8卷《日耳曼沿革考》，第242页。

度，自己集行政、军事、司法、财政、宗教大权于一身，并设立专门为元首服务的官僚机构。罗马在地方上实行行省制。行省是在征服地中海的过程中逐渐建立的，到屋大维时已建立了二十几个。屋大维控制一切要驻军的行省，把早先征服，比较安定，无须驻大军的省划归元老院。省总督的官职地位正规化了，入选者严格按晋级阶梯晋升，这样可获得有经验的行政人员。省总督有薪金，厚俸，有利于养廉防贪。省督以下的办事人员也形成正式的文官，官员都成为有行政经验和专门知识的专业人员。为防微杜渐、防止贪污和滥用职权的滋长，元首经常派监察御史到各省去巡查。古罗马没有常备军，战时临时征召公民兵，由当时的执政官统率，战后解甲归田。自从马略改革以来，军队由公民兵改为招募的志愿兵，军队发展到 60 个军团，屋大维保留了 28 个军团，定员总数应为 168000 人，都是正规化的职业军，军团兵的服役年级和待遇都有规定。为弥补正规军团不足，他允许将领在各驻防地增召辅军。① 这些情况表明，罗马帝国已经进入郡县时代，时间晚于秦始皇帝国建立二百年。

　　古代印度也大致与中国秦汉时期同步进入郡县时代，经济、政治等方面发生类似变化。印度孔雀帝国② 建立后实行中央集权制度，设有庞大的官僚机构。据《政事论》记载，在国王之下，有作为咨询机构的大臣会议，高级官员有 18 个，其中主要的是曼特林（宰相）、普罗希塔（国师）、尤瓦拉贸（王储）、森纳帕蒂（元帅）、萨摩哈塔（税务长）与森尼达塔（司库）。此外，还有各部门的总监，管理农业、城市、军事事务的官员。帝国的行政区划是省、县、村三级，村为基层行政单位。村有村长，由村里的长老中选任，大村还有会计与书吏协助。他们负责登记人、畜、田亩、税收，以及修建桥梁、道路，维护村社秩序等。他们可以得到减免纳税的待遇，有的可以享有国王赐地的税收作为俸禄。村的组织在印度历代都很少变动。县有县长及其下属司法、税务、秘书官。靠近京都的中部与东部省份由国王直辖，其他省份则由王子或王室成员任总督。他们也分别有供咨询的官员会议与负有专职的官员协助。这些地方长官因距中央较远，当时交通又不方便，往往有

---

① 杨共乐：《罗马史纲要》，东方出版社 1994 年版，第 190—191 页。

② 孔雀王朝（约前 324—约前 187），因其创建者月护王出身于一个饲养孔雀的家族而得名。

着广泛而独立的权力。为了牵制他们的权力，总督属下的官员可以有权直接向国王呈报政事，接受国王指示；另一方面中央定期派遣官员巡察地方。同样，总督在其辖区内也派官员定期巡况以加强对各级官员的控制。另外，国王还设有大批密探对各类各级官员进行侦查和监督。但在帝国境内或边界上那些还保持原有组织的部落则处在半独立的地位，与帝国的关系是松散的。据麦伽斯梯尼称"印度的部落一共有 118 个"。专制帝国的统治就建立在这一庞大的官僚机构和一支拥有 60 万步兵、3 万骑兵、9000 象军，另外还有 8000 战车的军队基础之上，它们需要耗费国家巨额开支才能运转，这笔开支通常要占全国总收入的四分之一，高时达到二分之一。[①]有学者说，孔雀帝国"地方势力仍然保存，即使是由皇室成员担任总督的地区也不稳固。就帝国的统治机构来说，从中央到地方也没有像汉代那样一套严整的统治体系。印度的孔雀帝国虽然也是一个专制帝国，但帝国统治中心以外的各个地区，特别是边远地区，仅仅承认其宗主权而已。因此，这个帝国实际上只是一个以摩揭陀国为中心由一些总督区和藩属组成的政治联合体"[②]。事实上，无论是秦还是两汉，郡县制之外，同样存在藩属国政权，秦有"属邦"，汉有"属国"。这些记载表明，孔雀帝国的政治制度与秦汉王朝有极为相似之处。正像我们说秦汉是郡县制王朝一样，孔雀帝国也是郡县制王朝。

康有为对欧洲在中世纪末由封建时代进入君主专制时代的过程有这样的记载：

> 当中世末，事变展转生此制者，皆与后世相关者。一曰立郡县之制也。孔子二千〇五十二年，西千五百又一年，墨客谢密灵[③]创之，十二年大会诸侯于哥因而行之。先行之于大侯，其郡守以诸侯之臣或城邑首领为之。其初未见益，后郡守渐有权，不奉侯命，保全国与民之间，乃大见效矣。行之至今，适四百年。凡封建之后必行郡县；郡县者，乃治法必至之势也。大约封建世及，行于草昧初开之时，据乱之

[①]　华中师范大学编写组：《简明印度史》，湖南出版社 1991 年版，第 56—58 页。

[②]　崔连仲：《阿育王和汉武帝》，《南亚研究》1990 年第 4 期。

[③]　墨客谢密灵，今译"马克西米利安一世"（德文：Maximilian I，1459—1519），1486 年继承父位，成为德意志国王，1508 年 2 月，教皇尤利乌斯二世授予其神圣罗马帝国皇帝称号。

制也；郡县派官，行于大国一统之时，升平之世也；郡县自治，皆由民举，太平之世也。吾国郡县肇于春秋之晋、楚，亦大国也。但皆官派，未至自治之世耳。经蒙古后，国即太大，乃加行省，于是地方官有四重，制最不善，不如今欧洲各国之郡县。以国小之故，制仅两重，恰似汉、宋之制，较为得宜也。①

当然，康有为并未明确将欧洲中世纪末之后的社会称为郡县社会，但他明确指出当时神圣罗马帝国实行了郡县制度，这是没有疑问的。也有学者直接使用郡县社会名称来描述历史阶段。如日本学者久松义典称："日本国民之变动，曾遭明治维新之大变革，由封建制度而进入郡县社会，由擅制政治而进于立宪政体，而自由之主义，平等之观念，亦由是渐以发生，渐以鼓荡，故得以成十九世纪之新文明。"② 日本学者藤田胜久还发表过关于中国"郡县社会"的文章和著作③。这些记载表明，用郡县制度或郡县时代、郡县社会来描述一个历史时期也是一种方法。

从 16 世纪起，西欧国家在反对封建势力、君主专制的过程中陆续建立了共和国家（包括君主立宪制），共和与君主专制、封建势力进行反复较量，18 世纪西欧主要大国都建立了民主共和政体（广义的共和包含君主立宪），可视为进入共和时代。

五、社会形态的停滞、跃进和反复问题

游群、部落、封建、郡县、共和是人类社会自然演进的正常顺序，一个原生文明地区的社会都会依次经历这些阶段，但考虑到一些特殊的地理环境限制和外部文明的影响，一些地区的社会形态可能会出现"停滞"、"跃进"和"反复"现象。所谓停滞，就是一个地区长期停留在某一个社会形态，没有向下一个阶段发展的迹象。在热带丛林里，在高山峡谷区，在海洋

---

① 《康有为全集》第 8 卷《日耳曼沿革考》，第 252 页。

② ［日］久松义典：《近世社会主义评论》，杜士珍（1903 年）译撰，载姜义华《社会主义在中国的传播》，复旦大学出版社 1984 年版，第 240 页。

③ ［日］藤田胜久：《四民月令的性格——汉代郡县社会像》，《东方学》第 67 辑，1984 年；《中国古代国家和郡县社会》，汲古书院 2005 年版。

岛屿上，常常有游群或部落文明保存到现在，多是出于自然环境的限制。在古代欧亚大陆，常常出现游牧民族与农耕民族的对峙和冲突，每一次游牧民族战胜农耕文明，几乎都会引起文明的停滞和倒退。日耳曼人的入侵，摧毁了古希腊罗马灿烂的文明，由郡县制倒退至封建制将西欧带入了黑暗的中世纪，这就是一种文明的倒退。在中国，中原地区不断为北方民族入侵，十六国、北魏、辽、金、元、清大部分都是游牧或半游牧民族建立的政权，这些少数民族一次次的"汉化"，致使中原文明长期陷于停滞，形成了困扰中国史学界的"封建社会过长"（实为郡县社会）的问题。而18、19世纪以来，西方国家的殖民活动，又将资本主义文明、民主共和文明扩展到世界各地，使这些地区在反殖民、争取民族独立之后，社会形态普遍发生了"跃进"，在农业经济的基础上，建立了"民主共和"的政治制度，而这一制度一般是以发达的工商业经济为基础的。中国历史上曾经出现过"封建反动"的问题，秦始皇"废封建、行郡县"本来已经在全国确立了郡县制，但项羽、刘邦又重新搞起封建，西汉实行了"郡国并行制"，实际是保留了封建残余。其后元、明、清也有"封建"诸侯王问题，当然，这只是局部残存或反复。有的国家则要重现一些历史阶段，例如日本，早在大和时代即已经进入部民社会，实际上是封建贵族式国家，日本通过大化革新建立以天皇为首的中央集权制，中央设二官、八省、一台，地方设国、郡、里。各级官吏皆由中央任免，废除世袭贵族称号，实行土地公有，对农民实行授田，并征收租庸调，实际是对唐朝制度的仿效，实行这一制度的飞鸟、奈良时代可以称为郡县时代。随后出现武士阶级的封建割据，并将农民固定在份地上，不得迁徙和转业，日本又进入封建时代，日本称幕府政治，直至近代受到西方文明刺激，发生明治维新，日本一下子"跃进"到君主立宪阶段，实际上带有深厚的"君主专制"色彩。

总之，"五个时代"是人类历史发展的五种政治形态，由于地理环境和外部文明影响，社会形态并不是体现为机械地依次演进，会在整体或局部出现停滞、拉长、倒退、跃进、反复等多种情况，这是符合历史辩证法的，也是我们研究时必须注意的问题。

六、历史分期与制度革命

过去的历史分期以经济所有制为基础，现在的历史分期比较关注"权力所有制"（实际上就是国体），它并不由经济所有制决定而有自己的演进规律。游群时代和部落时代前期还不存在职业分工，人人既是管理者，也是生产者。部落社会后期，脑力劳动者与体力劳动者逐渐分离，社会因政治分工形成的两种阶级①，一部分人属统治阶级，一部分人属被统治的生产阶级。此即所谓君子与小人，劳心者与劳力者。人类进入国家阶段后，统治阶级分别为贵族（封建时代）、官僚（郡县时代）和人民②（共和时代），换句话说，国家权力所有制有三种基本类型：贵族所有制、官僚所有制、人民所有制（历史上也存在一些混合类型或变种，如国家权力被个人、家族、族群、军人、政党、教派等所垄断）。将来随着社会的发展，人类进入高度民主阶段，人们实现了自我管理，不再需要长期的专职管理者，这个时期国家将逐渐消亡。革命有两种含义，一种是阶级革命，过去是王朝革命。一种是制度革命或社会转型。阶级革命是指一部分人通过暴力，推翻统治者，自己成为新的统治阶级，从而将被推翻者降为被统治阶级行列。阶级革命一般不能改变等级化社会分工的格局，只是改变了部分人的地位和命运。历史上的阶级革命发生于国家形成以后，有三种类型：（一）封建时代的部落革命，汤灭夏，武王伐纣都是臣服部落对统治部落的革命。（二）郡县时代的"王朝革命"，有官僚起义，也有农民起义。有和平禅让型，也有暴力夺权型。（三）人类进入共和时代的民主革命。与以往封建、郡县时代的革命不同，封建郡县时代是等级社会，阶级革命并不一定是制度革命。共和时代是平等社会，民主革命也是制度革命，其目标是消灭特权阶级，实现人人平等，人民共同当家作主，防止革命成功后政权"为少数人得而私"。制度革命是实现国家管理模式的变革，也是前面提到的四个"转型"，它并不总是通过阶级革命的方

---

① 这里的"阶级"，采用广义的说法，是社会分工形成的一种社会集团，包括管理者、脑力劳动者、军人在内。旧的阶级是在生产关系中划分的，非经济集团通常视为经济阶级的代理人。

② 共和时代统治阶级和被统治阶级重合，实际上是人民的自我管理。人民通过民主立法、民主选举的办法制定宪法和法律，雇佣公务员监督执行，从而实现内部关系的协调。在民主制度不完善的国家，人民的权力可能被部分公务员或官员滥用，从而形成一个非法的、隐形的特权阶级。

式实现，有时是以改革、统一等方式实现，制度革命通常是渐进的、漫长的，甚至是反复的。至于历史上的奴隶主与奴隶、地主与佃雇农、资本家与工人之间的阶级斗争，通常只限于经济领域，一旦上升到政治、军事斗争，就演化为阶级革命，阶级革命的目标就是革命者要将自身上升为统治阶级，陈胜、吴广起义的口号就是"王侯将相，宁有种乎"。在等级社会里"等贵贱"、"均贫富"不可能实现，历史上的阶级革命也就成了王朝循环。

第 一 章

游群时代 (前200万—前1万年)

游群就是狩猎与采集经济阶段的人类社会组织。游群社会在任何一个原生民族的发展史上，既是初始社会形态，又是迄今为止的历时最长的社会形态。在那个时期，人们通常需要四处游荡寻找食物。游群社会无政府，无法律制度，也无家庭与游群之外的宗教组织，只有家长和暂时性领导非正式的低微权威。

第一节 游群时代的概念界定

一、游群概念的由来

游群时代大体相当于旧石器时代。其概念来自西方人类学家、社会学家和考古学家，他们使用"band"一词来描述处在采集狩猎阶段的人类社会群体，中国学者译为"群团"、"群队"、"族团"或"游群"、"游团"，意思是"游猎采集群体"。在那个时期，人们通常需要四处游荡寻找食物，因此，这个词译为"游群"比较贴切或形象一些。事实上根据他们谋生的主要方式不同，还可分为游猎群体、采集群体、捕捞群体等类型，当然也有混合类型的。捕捞群体通常在海滨或河湖附近居住，由于资源比较集中，他们生活的空间范围比游猎群体要小很多。塞维斯1962年在《原始社会组织的演进》一书中，明确提出了游群——部落——酋邦——国家四阶段的人类社会演进序列。其实早在塞维斯之前，人类学界已经对游群这种组织做了大量研究，普遍把它视作"社会起源"的阶段。从旧石器时代起直到较大规模地种植植物驯养动物以前，人类的生存基本上都依赖于野生的动植物，人类当时的主要经济活动就是狩猎与采集。游群就是这样一种狩猎与采集经济阶段的人类社会组织。斯图尔德将游群分为父系游群（塞维斯则称为从父家居游群）和混合游群两类。父系游群是最简单、也是最基本的社会组织，人数约为25—100人之间，各个游群生活地区的人口密度多在每平方英里1人以下，游群之间实行交换婚制，游群内部存在核心家庭。混合游群则常常是一些大的松散群体，有的超过200人甚至超过300人，其中可以包括许多相互并不认作亲戚的家庭。塞维斯认为，游群社会无政府，无法律制度，也无家庭与游群之外的宗教组织，只有家长和暂时性领导非正式的低微权威。① 通过以上分析我们可以明确一点，尽管人类对游群社会描述可能还存在某些认识的分歧，人类历史上普遍存在这个阶段是没有疑问的，将这个阶段划为人类社会的一种独立的社会形态有着重要意义。游群社会在任何一个原生民族的发展史上，既是初始社会形态，存在着最简单的经济类型，又是迄今为止的历时最长的社会形态。

二、中国学术界游群概念的演变

游群这个概念也是中国史学界习用之语，不过它最初通常用作杂婚原始群的同义词，含义与西方有明显不同，如岑家梧《我国少数汉族原始公社制研究（提纲）》中提出，"恩格斯奠定了马克思主义对原始社会史分期的基础，他第一次（1875年）指出原始游群时代作为一个特定的时期"，"在原始游群时代，人们结成不超过数十人的孤立的游迁散处的群体。利用极其简陋的工具，集体从事采集食物和打猎的活动，共同消费，没有分工，实行族内婚（杂交）。随着生产力的发展，要求以比较固定和持久的生产集团来代替原有的孤立的游迁散处的群体，人们便组成以自然的血统关系为维系形式的氏族。"② 秋浦在所著《鄂伦春社会的发展》中称："鄂伦春人（用火）传

---

① 易建平：《部落联盟与酋邦》，社会科学文献出版社2004年版，第158—162页。
② 岑家梧：《岑家梧民族研究文集》，民族出版社1992年版，第329—330页。

说的这个时代，大抵就是人类的游群时代。和当时社会生产力发展低下水平相适应，游群内部存在着毫无限制的婚姻关系。每个男性属于每个女性，同样每个女性也属于每个男性。这是符合于人刚由动物状态转化过来的状况的。""随着社会的发展，在游群内部开始产生了两性关系的最初限制。""在游群内部，两性关系已由从前的不分长幼的杂乱性交，发展到同辈兄弟姊妹之间互为夫妇的婚制。在这里，婚姻集团是按照辈数来划分的。这是鄂伦春人中出现的最早的家族形态即血缘家庭。"进而又限制了家庭内部姊妹和兄弟之间的婚姻关系，血缘家庭发展成向外通婚的氏族。"游群和氏族的根本区别之一，是游群实行内婚制，而氏族则实行外婚制。"① 这些表述显示，中国早期学者将游群社会理解成存在杂婚或血缘家庭的原始群，认为是人类最早的社会组织形态，将其与氏族社会并列。

现在，人类杂婚阶段的观点基本被学术界放弃，部分学者接受了塞维斯的观点，认为游群只是若干家庭的联合体，并在此基础上逐渐形成氏族。即实行外婚的游群，若干相互通婚的游群，则形成部落——即游群聚合体。汪宁生这样总结："游群是最简单的和古老的政治结构，规模很小，少者20—30人，多者亦不过400—500人。一个游群是由有亲属关系的人组成的，可能是几个家庭的联合。这种社会处于狩猎采集阶段，人们经常随季节变化而迁徙。游群社会是一个平等社会。在政治上，没有正式的、永久性的领导机构，重大问题要经过全体成员一致同意作出决定。每个游群有一个或几个头人，可能是富有经验的老年男子，也可能是优秀的猎手。他们没有长期性权威，更无什么特权，而且其地位一般不能世袭。"② 当然这只是一般政治情形的概括，事实上也偶有例外。塞维斯曾举例说，在北美西北沿海依赖野生食物的族群人口众多，当地物产又十分丰富，他们的社会就已经发展成为了酋邦；在加利福尼亚，也有这样一些社会超越了游群发展阶段，他们也都有着良好的自然生存环境。③

---

① 秋浦：《鄂伦春社会的发展》，上海人民出版社 1980 年版，第 5—9 页。

② 《文化人类学调查》，文物出版社 1996 年版，第 154—155 页。

③ ［美］塞维斯：《原始社会组织》，转引自易建平《部落联盟与酋邦》，社会科学文献出版社 2004 年版，第 159 页。

三、游群时代的其他名称评议

（一）渔猎时代（又称渔猎社会）

清代学者郑观应称之为"弋猎"阶段，夏曾佑在清末《中国古代史》教科书中称为"渔猎时代"。郑观应说："太古之世，浑浑噩噩。民生其间，穴居野处，饮血茹毛，饥起倦息，安熙无为，不异禽兽。迨世代叠累，而人民滋息。境内之物不足供，则必迁地就食。弋猎为粮……及其后生齿日繁，物类渐少，猎食不易，奔驰艰苦，时则有智者出焉，因天地生息之理而教民以稼穑畜牧之事。诸事兴则民日取给而有余。遂无弋猎奔逐之劳，少迁徙流离之苦。始得族聚而群居，日渐积而成国。""盖世界由弋猎变而为耕牧，耕牧变而为格致。此固世运之迁移，而天地自然之理也。"[①] 夏曾佑说："按包牺之义，正为出渔猎社会，而进游牧社会之期，此为万国各族所必历。但为时有迟速，而我国之出渔猎社会为较早也。故制嫁娶，则离去'知有母而不知有父'之陋习，而变为家族，亦为进化必历之阶级。"[②] 郑观应、夏曾佑对历史描述是从谋生方式来命名的，与以社会组织命名不同，而且"弋猎"、"渔猎"的概括也不全面，漏掉了"采集"的谋生方式。

（二）蒙昧社会（又称蒙昧时代）

摩尔根认为，在低级蒙昧阶段，人们"依靠水果和坚果为生"，中级阶段开始于"鱼类食物和用火知识的获得"，高级蒙昧阶段"始于弓箭的发明，终于制陶术的发明"[③]。从这些划分来看，蒙昧阶段的古人类大体处在采集、渔猎阶段的游群社会。摩尔根称，"蒙昧阶段是人类社会的形成阶段，刚开始的时候，毫无知识，毫无经验，没有火，没有音节分明的语言，没有任何技术，处于蒙昧阶段的祖先们就在这种状态下着手进行伟大的战斗，首先图生存，后是求进步，直到他们免于猛兽之害而获得生命安全以及获得固定的食物为止。""蒙昧人既不成熟，又无经验，而且还受着本身所具有的食色等低等动物欲望的支配，所以他们的智力和心理方面都很低下。"[④] 很显然，他

---

① 郑观应：《盛世危言·教养》，北方妇女儿童出版社 2001 年版，第 28、30 页。
② 夏曾佑：《中国古代史》，团结出版社 2006 年版，第 11 页。
③ 摩尔根：《古代社会》，商务印书馆 1997 年版，第 9 页。
④ 摩尔根：《古代社会》，商务印书馆 1997 年版，第 37 页。

是站在自己的立场上认定初始人类"蒙昧无知、智力低下"的，这一名称有明显的"人为定性"的抽象色彩，不能直观地反映当时社会状态。这里需要说明的是，还有一些学者对采集渔猎群体的描述用语并不统一，他们有时称之为氏族，有时称之为部落，有的称之为"地方群体"，我们不必拘泥这些字眼，它们本身并没有特别的含义，社会组织形态的性质还要根据具体描述来判定。例如，19世纪以前安达曼岛土著的组织形态，称之为部落者，有时指50人左右的"游群"，有时指语言相同、有婚姻关系"游群"聚合体。一般认为，这里的部落与摩尔根所说的部落有很大的不同，不是有组织的血缘团体，而是近亲聚合体，同一聚合体下的游群仅是定期聚会而已。

四、游群时代的起止时间

游群时代是从人类出现开始，人类是从类人猿演化而来，这就需要分清人与猿的界限，通常认为能制造和使用工具是人类的特征。另外，人类体质特征上也与古猿有一定的区别，如人类的脑容量较大，早期猿人平均脑量597毫升。根据这两个标准，中国境内发现的早期猿人化石和打制石器遗址都在200万年以内。如云南发现的元谋人化石一般认为距今170万年，山西省芮城县西侯度村发现的打制石器遗址距今180万年。另外，还有1985年在重庆巫山县发现的龙骨坡遗址距今200万年左右，但其中的下颌化石有人认为属于古猿，石制品人工打制的特征也不明显。综上，我们可大体上以距今200万年左右作为中国游群时代的开始。游群时代的结束以磨制石器、农业、畜牧业的发现作为标志，这三项任何一项发现即可认为遗址进入新石器时代或农牧部落时代。根据现在考古发现，人类由旧石器时代进入新石器时代大约在距今12000—10000年之间。因此，我们大体上划定，游群时代的结束在公元前10000年。

第二节　游群时代的各段特点

游群时代可以划分为分散游群和聚合游群两个阶段，分别对应于旧石器早期、中晚期。

一、分散游群——考古上属于猿人阶段

大约距今 200 万至 15 万年之间，中国的元谋人、蓝田人和北京人是这一时期的代表。此时人类除了利用山洞和岩棚作为住所外，已经开始建造简陋的隐蔽所。游群内部出现了男女分工，男性主要从事狩猎，女性主要从事采集和料理家务。人类学家推测，一个游群大约 20—50 人。据推测，这个阶段由于人口稀少，游群多呈分散状态，属于分散游群阶段。所谓分散游群，就是游群之间尚未有固定的联系，尚未形成游群之上的组织。孙中山称这个时代为洪荒时代。他说："人类初生在二百万年以内，人类初生以后至距今二十万年，才生文化。二十万年以前，人和禽兽没有什么大分别。"① 他认为这是人和兽相斗的时代。

二、聚合游群——考古上属于智人阶段

大约距今 15 万年至 1 万年之间。又可分为两个阶段：（一）早期智人时期，大约在距今 15 万至 5 万年之间，以马坝人、长阳人、丁村人、大荔人为代表。此时生产技术有所进步，"飞石索"是当时重要的狩猎工具，当时可能已经懂得人工取火。原始宗教和动物崇拜观念也有所体现。这是由分散游群向聚合游群过渡的阶段。所谓聚合游群，若干相邻游群结合成一个游群聚合体，聚合体内的游群相互通婚、经常聚会，这种情形学术界通常称为氏族与部落的关系，实际上并没有确切的证据。游群演变为氏族、游群聚合体演变为部落，是一个漫长的过程，当然这两类组织也并没有严格的分界，只是相对来说，氏族、部落的人口规模要大，组织更为复杂而已。（二）晚期智人时期，大约在距今 5 万至 1 万年之间，中国以山顶洞人、资阳人、柳江人、左镇人、下草湾人为代表。投矛器、弓箭和飞石索等复合工具广泛应用，反映了生产力水平的提高，生活资料的索取由陆地发展到水域，开始捕鱼和采集软体动物，在寒冷地区的人们已经能建造半地穴式房屋长期居住，一些自然资源相对丰富的地区，人类社会组织已经进入聚合游群阶段，人们开始走向定居，形成聚落（氏族）、聚落群（部落），逐渐进入部落时代。孙

---

① 《孙中山全集》，九州出版社 2011 年版，第 65 页。

中山认为智人阶段是神权时代或畜牧时代，他说，"从二十万年到万几千年以前是用神权"，这个时代人和天争，"是不得不用神权，拥戴一个很聪明的人做首领"，"极聪明的人便提倡神道设教，用祈祷的方法去避祸求福。"① 孙中山还认为这个时期，人类"把驯服的禽兽养起来，供人类的使用。故人类把毒蛇猛兽杀完了之后，便成畜牧时代，也就是人类文化初生的时代。"他也称之为太古时代。② 一般认为畜牧业与农业的发展是大体同步的，历史上没有一个单独的畜牧时代，孙中山"畜牧时代"之说是不准确的。

摩尔根认为，游群时代（他称为蒙昧时代）早期以血缘家庭为社会组织形式，实行内婚制。中期进入母系氏族社会，实行族外群婚。不过，也有学者认为，人类自始至终的家庭就是一夫一妻制，人类从未普遍经历过一段杂婚和氏族群婚状态。他们为了证明这一点，还研究了高级动物的群体，得到的结论是："不仅仅我们的近亲大猩猩和黑猩猩有社会性组织，其核心总是一个雄性或一组雄性，就是在灵长类的 90 个种类中，也没有一个是群体权威属于雌性的。要找到一般来说由雌性来领导的动物群，必须到鹿群或欧洲野牛一侧去寻找。"他们由此认为母权制的假说不成立，动物尚有"家庭"，"因为什么原因史前人类的家庭组织就必须比大猩猩或猕猴的家庭组织更简单呢？"③ 还有学者指出："在那些发展极低的、主要或完全依靠狩猎和采集为生而不事农耕或畜牧的未开化民族中，由父母和孩子所组成的家庭，是一个十分明确的单位，而父亲就是一家之主和保护人。"④20 世纪初安达曼岛的原始居民的生活证明了这一点，他们过着采集狩猎的生活，"一个普通的地方群体由 40 至 50 个各种年龄的人组成"，"平均占据的土地应在 16 平方英里左右"，这种群体我们称之为游群。由四五个关系友好的地方群体组成的集团，他们在庆典的特殊场合在一起聚会，这种集团有自己的语言和名称，有人称之为部落，平均一个部落有 10 个左右的地方群体，约有 400—500 人，占地 100—200 平方英里，不过部落对社会生活并没有起到多大的

---

① 《孙中山全集》，九州出版社 2011 年版，第 68、69 页。

② 《孙中山全集》，九州出版社 2011 年版，第 67 页。

③ [法] 安德烈·比尔基埃等主编：《家庭史》第 1 卷，袁树仁等译，三联书店 1998 年版，第 113—114 页。

④ [芬兰] 韦斯特马克：《人类婚姻史》第 1 卷，李彬等译，商务印书馆 2002 年版，第 49 页。

调控作用，只是一个由独立的地方群体组成的松散集合。① 游群通常包含10个左右的家庭组成。未婚男女随意交合司空见惯，一旦结婚双方都忠于对方，不得再与第三人发生性关系。家庭是一夫一妻制，可以从夫居，也可以从妻居。通婚男女不能是近亲，可以是一个群体内部的（不太常见），也可以是两个群体或两个部落之间。需要指出的是，安达曼岛人姻亲观念并不发达，一个人对另一个人所负的义务，"更大程度上取决于各自的相关年龄及社会地位"，"孩子对父母的义务与这个孩子对别的父母同龄人的义务也没有多大的区别"②。还有学者指出，"在任何经科学研究过的人类社会中，家庭组织总是最基本的单位。""即使在两性生活最不正常的地方，我们所理解的真正的家庭生活依然存在。"但是，"一些最简单的原始社会，如安达曼人、马来西亚的塞诺伊人和塞芒人、爱斯基摩人、加利福尼的一些印第安人和火地岛人"不存在氏族③。"在美洲，低级的渔猎民族只有家庭，高级的渔猎民族和锄耕民族在家族之外兼有氏族；那文化最进步的古墨西哥人至少还保有氏族制的显明的痕迹，但是已经给另一形态的政治组织——国家——掩盖了。""最简单的文化和最复杂的文化都没有这种组织。它出现在中间阶段，好像是紧密的国家组织的先驱。"④ 这些事实表明，氏族是家族之上的亲属群体，是家族发展出氏族，而非相反。

第三节　游群时代的经济基础

一、游群的男女分工

游群时代不存在职业分工，只有自然分工。安达曼岛人"在地方群体之内，除两性之间有分工外，不存在什么分工。""两性之间的分工是比较明显的。男人制作自己的弓箭、扁斧和刀子，造独木舟，做绑鱼叉的绳子，用

①　[英] 拉德克利夫·布朗：《安达曼岛人》，梁粤译，广西师范大学出版社2005年版，第17—21页。

②　[英] 拉德克利夫·布朗：《安达曼岛人》，梁粤译，广西师范大学出版社2005年版，第60页。

③　[英] 雷蒙德·费思：《人文类型》，费孝通译，华夏出版社2002年版，第83、95页。

④　[美] 罗伯特·路威：《文明与野蛮》，吕叔湘译，三联书店2005年版，第133页。

弓箭、鱼叉来打猎、捕鱼。女人采集水果，用挖棒挖根茎食物，用小鱼网捕捉龙虾、螃蟹和小鱼，为家里提供柴火、水并做饭，制作篮子、鱼网以及她自己或丈夫的个人饰物。"①男女分工是在长期生产生活中逐渐形成的，但不同群体的男女分工存在差异。此外，游群还存在一定的年龄分工，主要的生产活动由成年人担任，老人和小孩从事辅助劳动，没有劳动能力的则由成年人抚养起来。由于抚养能力有限，游群有遗弃或杀死完全丧失劳动能力的老人的现象，对无力抚养的婴儿也有类似情况。

二、游群的经济互惠行为

在安达曼岛，尽管"所有食物都是私有财产，归获得者所有，不过，土著认为每一个有食物的人，都应该把食物分给那些没有食物的人"。"如果猎人们带回整只野猪（一般是下午），就在公共炊事处做熟，然后切成块，猪肉分配到群体成员中，接着每个家庭的主妇就开始做自家的饭……晚饭（一天的正餐）是一顿家庭聚餐，由一名男子及其妻儿分享。"②北极的爱斯基摩人发展了一种共产主义的食物分配方式。猎物是按照固定而复杂的规则分享的，杀死野兽后首先击中野兽的人得到最好的部分，第二个掷出鱼叉或接触到兽体的人得到较次的一份，如此类推直到每个人都得一点。在饥馑时，甚至这一规则也被推翻，有食物的人要拿出来分给需要的人。一个饥饿的行人经常从其他人的窖穴中取得补充。爱斯基摩人不承认陆地上或海洋中的任何财产私有权，甚至连冬季住宅也不属于住在其中的那个家庭。一旦在夏季废弃以后，它即成为无主之产，除非特殊保留，到秋季它将属于第一个修缮它的家庭。③

三、私有权利的存在

安达曼岛"地方群体的经济生活，虽然实际上有点接近共产主义，但还是以私有财产的观念为基础。土地是唯一公有的东西。一个地方群体的猎

---

① ［英］拉德克利夫·布朗：《安达曼岛人》，梁粤译，广西师范大学出版社2005年版，第31—32页。
② ［英］拉德克利夫·布朗：《安达曼岛人》，梁粤译，广西师范大学出版社2005年版，第30—31页。
③ ［美］乔治·彼得·穆达克：《我们当代的原始民族》，童恩正译，四川省民族研究所1980年版，第135页。

场属于整个群体……树木却存在某种私人所有权。某个地方群体的某个男子可能注意到在丛林里有一棵适合做独木舟的树，那么他就告诉别人说他看到了这棵树，并说明它的样子和所在之处的情况。此后，这棵树就被认为是他的财产……哪个人的箭首先射中一头野猪，野猪就归他所有。"[①] 爱斯基摩人尽管有共产主义的迹象，但私有财产仍然是存在的。除了男女有别以外，这里没有任何专业化或劳动分工，也没有贸易或交换。每一个人都是"多面手"，自己制造他所需要和使用的任何物，他所制造的一切都是他的不可转让的私人财产。他可以将任何一件东西借给旁人，但却不能出售或送掉，因为财产可以转让的观念还从未在土人中出现过。一个人觉得他有权向人索回他自己制造的任何工具或武器。[②]

第四节　游群时代的政治制度

游群的政治制度是个复杂的问题，分散游群的社会组织只有一至两级，聚合游群则发展到三至四级，这个农业部落组织区别不大。也就是说，游群的政治组织和部落政治组织有交叉的地方。这里的"制度"，很多情况下还只是一种约定俗成的"习惯"，并没有文字的规定，也没有强制执行的部门。游群政治起源于社会性动物的竞争与合作习惯。根据生物人类学家的研究，野外生存的黑猩猩能形成数十成员的群体，能像人一样保卫自己的领土，甚至可以建立自己的等级组织。成群结队的雄猩猩远离自己的领土去攻杀邻近社区的黑猩猩。这些雄猩猩彼此合作，悄悄追踪包围，先杀死单独的邻居，再逐一消灭社区内的其他雄性，然后捕获雌性，以纳入自己的族群。[③] 黑猩猩与人类有共同的祖先，他们的这种行为与人类极其相似，只不过黑猩猩没有语言，也不会组成家庭抚养小孩，因此不能迈进更高层次的社会组织。早期人类中出现的语言，为改进合作与发展认识力，提供了大好机会。人类才得以脱离动物界，不断制定和完善更加复杂的群体内部与群体之间竞争与合

① ［英］拉德克利夫·布朗：《安达曼岛人》，梁粤译，广西师范大学出版社 2005 年版，第 30 页。

② 《我们当代的原始民族》，第 135—136 页。

③ ［美］理查德·兰厄姆：《雄性恶魔：类人猿和人类暴力的起源》，波士顿：Houghton Mufflin 出版社 1996 年版，第 24 页。转引自福山《政治秩序的起源》，广西师范大学出版社 2014 年版，第 35 页。

作规则，发展出形态各异、等级不同的政治制度。游群政治是人类政治制度的最初形式。

一、分散游群只有个人魅力的权威

安达曼岛土著的政治特点，学者们描述不大一致。据英国人马恩①说，部落（即游群聚合体）有"大首领"，游群有"长老"。不过大首领权力有限，"他的权力主要用于组织本部落下属各群体的聚会，以及用来对那些关系到其他下属福利的事件施加影响。可以这么认为，打猎、捕鱼或者迁移行动，全由首领一人指挥。纠纷通常会在首领的干预下得以解决，但首领无权随心所欲地惩罚他人或者强迫他人服从；当人们受到侵害时，都是自主处理问题，无人例外。""这里的首领唯一职务或者说主要职务在于狩猎或捕鱼，权力非常有限。""由于首领和（游群）长老的社会地位不仅有赖于关系方面的运气，而且还有赖于打猎、捕鱼等方面的技巧及其在慷慨大方和热情好客方面的声誉，因此他们几乎是无例外地在各方面都比其他人强。日常生活中的苦差事，这些人及其妻子是不用费心的，因为所有这些事情都有手下的未婚男女自愿去做了。"布朗反对使用"首领"、"权力"这样的词汇，认为首领可能让人产生部落是"有组织"团体的误解，他认为"权力"称之为"影响力"会更好些。布朗认为，安达曼土著"实际上每个部落（即游群聚合体）可能会在其领土上的不同地区（即游群）有两三个领头人，每个领头人都有自己的追随者。不管怎样，一个领头人的影响力很大程度上仅限于他自己所在的地方群体（即游群），因为只有在每年一次的聚会中其他群体的人才会与他接触。"从这些描述中可以看出，游群社会里没有专门的"政治组织"，只有具有个人魅力的头人，他们没有明确的"权力"，其号召力完全来自他人的自愿服从，对不服从者他也没有任何强迫办法。这样的头人是生产、生活中自然形成的，没有正式的选举，当然也不一定是世袭的。游群的头人都是男性。据布朗说，"妇女也可以占据类似于男人那样的位置。领头人的妻子通常也像丈夫在男人当中那样，在妇女中发挥同样的影响力。不

①　马恩曾在布莱尔港的刑事殖民地当过几年官，其中有四年担任掌管"安达曼人之家"的长官。他对阿卡毕部落及南安达曼岛其他部落礼仪和习俗的观察报告发表在 1882 年的《人类学会学报》第 12 期上，并以书的形式再版，书名为《论安达曼岛土著居民》。

过，在打猎方面，妇女对男人发挥不了任何影响力。但在涉及个人或群体的争吵时，她们的确有很大的影响力。"①据学者 20 世纪 20 年代的调查，北极的爱斯基摩人大约有 100 个多部落群。他们在广阔的地域里进行着贸易和互访活动。他们的居住在许多永久性的村落和季节性的营地里。爱斯基摩人的村落分布很稀疏，一个营地可能仅由几户有亲戚关系的家庭组成。②"北极的爱斯基摩人在任何活动中都是他自己的主人，他不允许任何外来的干涉。"唯一的大于家庭的社会单位是村庄，这是一种临时的变动的团体。在这里没有氏族组织，没有年龄等级制或秘密结社。人为的社会区划根本不存在。这里没有酋长的权威，没有任何形式的政治组织。③

二、聚合游群已经民主选举头人

我国北方的鄂伦春人清代至民国长期处在游猎社会阶段。有的学者认为，新中国成立初期他们仍处在父系氏族社会衰亡阶段。这里的氏族，实际上就是游群聚合体，不过当时它已经不是生产单位，而只是政治组织了。氏族下的生产单位称为"乌力楞"，"是一位父亲的后嗣的近亲、也包括这些人的妻子和子孙，有时也包括女婿以及其他被收养到家族中来的亲属。构成这种大家族的人数有时达几十人"，这些人共占一个猎场，集体狩猎。其首领称为"塔坦达"，由众人选举产生，一般是年长者当选，但能干的比较年轻的男性有时也能当选。他们主要是"乌力楞"生产的组织者和领导者。

> 鄂伦春人的氏族称"穆昆"。"穆昆乃岳苏"是氏族大会。参加氏族大会的是全体氏族成员。氏族大会是氏族的最高权力机关。召开氏族大会可分为三种情况：其一，选举"穆昆达"（氏族长）的大会每十年召开一次；其二，续族谱、排辈份的大会每三年召开一次；其三，有紧急情况或突发事件，要临时召集"穆昆"会议。"穆昆"大会由"穆昆

---

① [英] 拉德克利夫·布朗：《安达曼岛人》，梁粤译，广西师范大学出版社 2005 年版，第 33—34 页。
② [美] 爱德华·韦尔：《当代原始民族》，刘达成、杨兴永译，四川民族出版社 1989 年版，第 46—47 页。
③ [美] 乔治·彼得·穆达克：《我们当代的原始民族》，童恩正译，四川省民族研究所 1980 年版，第 136 页。

达"主持，本氏族年长者予以协助。氏族大会开始时，要杀牲祭祀氏族祖先。选举氏族长，主要由氏族成年男性表决，妇女和小孩无权表决。让他们参加大会，主要是使其了解人们的辈份和亲疏关系。在续族谱的大会上，要请外氏族的人念谱文，然后由"穆昆达"来讲解族谱。他具体地讲明每个人的辈份，氏族过继养子的情况及过去三年中死亡人员情况，最后把死者的名字从族谱中划掉。氏族大会对于违犯或破坏氏族习惯、氏族道德的人和事要进行批评和处理，对情节严重者要将其开除出氏族。对长期离开氏族，杳无音信，在三年以上者要开除出氏族。

"穆昆达"是由"穆昆达乃岳苏"选举产生的。当选"穆昆达"的条件是：为人忠诚老实，能孚众望，办事公道，有说服力，辈份较高（年龄不一定最大），狩猎技术高。"穆昆达"的职权：主要是处理氏族内部的一切事务。具体地说：1. 讲解、修改和保管氏族族谱；2. 管理氏族成员的婚嫁和丧葬；3. 管束氏族成员中不听从长辈教导，解决打架斗殴、婚姻纠纷；4. 督促检查生产，管教和处治懒汉；5. 在氏族成员犯有严重错误或罪行时，行执行棍刑的权力。对罪行严重者，经氏族会议通过，有执行绞刑的权力；6. 到后来，氏族长也传达官方的指示和命令了。氏族长对外代表氏族。如两个以上氏族间发生纠纷，由两个或几个"穆昆达"协商解决。①

三、游群的收养

安达曼人在孩子 10 岁左右，常被收养或展转收养。西方学者马恩这样叙述这一习俗：

据称，孩童年逾六七，即少与生父母同住。土著以为，已婚男子访友，临走时请求主人夫妇赐一养子，是一种恭敬之举，也是情谊所至的表现。而主人夫妇也往往欣然应允，此后孩童即投义父门下。孩

---

① 赵复兴：《鄂伦春族游猎文化》，内蒙古人民出版社 1991 年版，第 196—197 页。

童的生身父母虽也收养他人子女，对自己的孩子依然探访不断；有时候想把孩子带回家数日，则必须请求养父首肯（！）。土著收养人子毫无限制，全凭个人喜好。但必须亲善对待，悉心照料如同己出；养子养女反过来也对养父养母孝敬如亲。当有朋友请求这个养父赐一养子时，若非不便，该养父肯定会不假思索，立刻同意。此举无须征原父母同意，只需通知对方，以便探访即可。诸如此类，屡见不鲜。①

土著人"换养"孩子的习俗有利于深化游群成员之间、游群之间的往来、团结和互助，是一种政治友好的表现。

　　鄂伦春人自己无子女时，在本氏族的同意下，首先可收养其旁系的子女，其次比较疏远的本氏族成员，或氏族外亲属的子女。这些被收养者，都享有与其亲生子一样的权利和义务。此外尚可收容别氏族及异族的成员，以壮大本氏族之阵营。例如：毕拉尔浅的伊格恰依尔氏族衰弱不振，人口顿减，即将灭绝之际，便自愿被同地区的玛拉库尔氏族所收容。又如因犯罪逃入毕拉尔浅的三户赫哲族人，也都被玛拉库尔收为本氏族的新成员。鄂伦春人不管自己有无子女，都可以收养孤儿。②

孔子追忆的大同社会中就有"人不独亲其亲，不独子其子"③的话，过去一般认为大同社会是在五帝时代，"天下为公"应当是游群部落时代收养习俗的概括。

四、游群的政治婚姻

游群内部存在着家庭，通婚可以游群内部，也发生在游群之间。有学者 20 世纪 70 年代曾对菲律宾棉兰老岛塔桑代人一个以采集为生的 24 人群体进行访问，他们住在山洞里。以下是学者和一位叫巴拉彦男人的对话：

① ［英］拉德克利夫·布朗：《安达曼岛人》，梁粤译，广西师范大学出版社 2005 年版，第 57 页。
② 阿勇：《伦春人的氏族社会》，《内蒙古社会科学》1980 年第 3 期。
③ 李学勤主编：《礼记正义》卷二一《礼运》，北京大学出版社 1999 年版，第 658 页。

"我们的男人是……（他列举了十个名字），其中，这些人……（他列举出五个人名）有妻。我们大多数的孩子都是男的。我，巴拉彦没有妻子，其他一些人也没有。我也没有父母兄弟姊妹，别人都有，只有我是单身汉。"

"既然女人这么少，而在集团中又无新的妻子可得，你们共妻吗？""不。一对男女共居白头偕老。但我在这里却找不着女人。"

"森林里，还有像塔桑代人这样的集团吗？""有过的，桑杜卡人和塔桑凡人"，他指着两个不同的方向。"那是些好人。比兰干的妻依杜特就是桑杜卡人。他的父亲在森林里发现了依杜特，便把她带回来给自己的儿子。但我们不知道现在他们在哪里；如果还在的话就好了，我们可以在他们那里娶到妻子。"①

在安达曼人中，"相邻的两个地方群体，不管是不是同属一个部落，都既有可能是彼此友好的，也有可能是彼此敌对的。友好关系之维持，靠的是安达曼人的几项习俗，如不同群体之间的通婚、孩子的收养以及某个男人到另一个群体去永久居住（尤其是当他和那个群体的某个姑娘结了婚之后，或者在还是小孩的时候就被那个群体的某个男人收养）。所有这些习俗，都起到了将某个群体的一些人与另一个群体的某些人结合在一起的作用，因此防止了这两个群体变得完全不和。"②中国上古也有类似制度。《礼记·郊特牲》称："夫昏礼，万世之始也。娶于异姓，所以附远厚别也。""附远者，欲令敦睦异宗；厚别者，盖以别于禽兽。"如果近亲结婚不仅造成称谓、辈份的混乱，而且容易出现内部的斗争。不过在爱斯基摩人那里，我们似乎看到另一种婚姻。他们维持着一夫一妻为主的家庭形式，但也有一妻多夫或一夫多妻的情况，他们还有临时交换、租借妻子的情况，甚至用妻子陪睡来招待客人或朋友。③

---

① 刘达成：《当代原始部落漫游》，天津人民出版社 1982 年版，第 9—10 页。
② ［英］拉德克利夫·布朗：《安达曼岛人》，梁粤译，广西师范大学出版社 2005 年版，第 60—61 页。
③ ［美］韦尔：《当代原始民族》，刘达成、杨兴永编译，四川民族出版社 1989 年版，第 36 页；［美］乔治·彼得·穆达克：《我们当代的原始民族》，童恩正译，四川省民族研究所 1980 年版，第 138 页。

五、游群的礼尚往来

在安达曼岛，相邻群体通常聚会，由一个群体中有声望的人来组织，"来访者带着各种各样的东西，诸如弓、箭、扁斧、篮子、鱼网、红染料、白黏土，等等。来访者将这些东西送给主人，而他们也得到其他东西的回赠"。"礼物交换真正能够起到的作用，是精神的作用。交换的东西会使有关双方产生一种友好的感觉，如果达不到这一点，目的就没有实现。这种活动为人们提供了一个很好的发挥机智圆滑和礼貌行为的机会。谁都不能拒绝别人送给他的礼物，每个男人女人都想显得比别人更为慷慨大方。这有点像一种友好竞赛，看谁能够送出最多的珍贵礼品。"[①]

六、游群之间的战争与媾和

安达曼岛群体之间发生冲突的情况也比较常见，他们甚至多年相互袭击，形成世仇。"但更为常见的情况是，经过一两次这样的战斗之后，他们就媾和了。"在安达曼人当中，似乎没有知道大规模战争是怎么回事，也找不到任何关于整个部落联合起来与另一个部落作战的证据。游群交往的范围比较狭窄，"一般来讲，土著对生活在自己领土 20 英里外的土著，可以说是一无所知"[②]。中国古书也有礼尚往来的记载，但古人认为是"三王制礼"的结果。《礼记·曲礼》上说："太上贵德，其次务施报。礼尚往来，往而不来非礼也，来而不往亦非礼也。"有人解释说："太上，帝皇之世，其民施而不惟报，三王之世礼始兴焉。"这些说法都是想当然，实际上中国封建时代的"礼尚往来"是从氏族、部落时代演化而成的，历史上并不存在一个无礼、贵德的时代。

---

① ［英］拉德克利夫·布朗：《安达曼岛人》，梁粤译，广西师范大学出版社 2005 年版，第 62 页。
② ［英］拉德克利夫·布朗：《安达曼岛人》，梁粤译，广西师范大学出版社 2005 年版，第 63 页。

第五节　游群时代的领土制度

一、游群的分布区

说游群到处流浪，没有固定生活区域，这是一种误解。桑德斯说：

> 人们常常碰到大意如下的陈述：人类在开始务农之前是流浪者。如果这种说法意指在社会组织产生之后，不同集团的人们的特定地域仍未得到承认，那就错了。关于这一点不可能有直接的证据；但不管我们往哪里看，我们绝对毫无例外地看到所有原始民族都承认并经心地维持这种领域，渔猎民族同农业民族一样。[①]

桑德斯认为"说出原始社会组织何时产生是不可能的，在上旧石器时代它必然肯定存在了；否则，庞大的社会传统体系的存在就难以理解"。上旧石器时代是过去的考古学术语，相当于今天所说的旧石器时代晚期，大约距今 5 万年到 1 万年之间。其实还有一些人类学家和历史学家认为人类活动的区域限制可能在更早的时间出现。我们看侯仁之的论述：

> "原始人群的流浪式的生活，决不能想象为是处于经常迁徙状态，而无任何地域范围的限制的。"[②] 从此可以设想，在原始社会时期，人们对于其生活的地区，必须有一定的认识，才能生活下去。最初，他们必须知道到什么地方去捕鱼，什么地方去打猎，什么地方去采集作为食物的果实和根块等等。这就是历史上所经的渔猎时代。[③]

史禄国曾对处在游猎阶段的通古斯人作了如下描述：

---

① ［英］桑德斯：《人口问题》，商务印书馆 1983 年版，第 256、255 页。
② ［俄］尼科尔斯基：《原始社会史》，庞龙译，上海作家书屋 1953 年版，第 61 页。
③ 侯仁之：《中国古代地理简史》，科学出版社 1962 年版，第 1 页。

一般来说，游动的北方通古斯人，因为从一地向另一地移动，所以没有固定的地域。……然而尽管如此，他们季节性的移动通常只限于一定地区以内，这些地区就成为属于氏族的地域。……可以推测，氏族地域的观念，曾经是氏族的基本观念之一，因为过去各个氏族间斗争的原因也全都是为地域。①

有些学者指出人类家庭的特点之一就是占有一定的领土和空间。并说："有许多研究已经证明，几乎所有动物的家族群体都占有一定的空间，其大小足以保证食物的供应。……就人类的家庭或社会而言，也同样具有守卫领土之特点，其结果是，人口广泛分布于各地。"②按照这一说法，人类一出现就有相对固定的分布空间。狩猎采集迁徙流浪的生活，与没有一定区域并不是一个概念。迁徙是在一定地域范围内进行的，只不过这种生活需要的区域要大一些罢了。当然原始人也存在从一个区域向另一个区域迁徙，但这如同农业社会的人口迁徙一样，是人口发展和扩散的结果，或许游猎时代的人口较农耕民族更易于迁徙，但这并不代表原始人没有固定的区域。

二、游群的领土观念

游群已经有了初步的领土观念。澳大利亚原始游猎民族就是如此。

每一个群体都有一定的游猎地区，该地区一定要受到邻近的其他群体的尊重，在没有得到占有者许多的情况下不得入侵，否则就会遭到敌对的反抗。群体就在自己地区之内终年游荡，看野兽多少，根据节气和气候状况而有时在这儿扎营，有时在那儿暂居。③

亚洲安达曼岛人的每个游群拥有自己的土地，"一个人任何时候都可以

---

① ［俄］史禄国：《北方通古斯的社会组织》，内蒙古人民出版社 1985 年版，第 310—311 页。
② ［美］古德：《家庭》，魏章玲译，社会科学文献出版社 1986 年版，第 41—42 页。
③ ［德］库诺：《马克思的历史、社会和国家学说》（第 2 卷），袁志英译，商务印书馆 1988 年版，第 462 页。

在自己群体的领土上狩猎，但要是没有得到另一个群体的成员的许可，他就不能到人家的领土上去狩猎"①。

我国北方的鄂温克人以狩猎为生。其猎场为公有，是全体鄂温克人公有，或是为氏族公有，或是某一"乌力楞"公有。在他们的观念中，是一直没有明确的概念的。或者可以这样说，是并没有发生所有权的观念的。因为对于每个鄂温克人来说，他们都有使用猎场的权利，从来也没有因此而发生过问题。不过在生产还是以集体来进行的时候，便往往表现为集体的使用权。在鄂温克人中，每一"乌力楞"都以他们的猎区为活动范围，这不是人为的划分，乃是根据长期以来活动习惯所形成的。正因如此，所以各"乌力楞"的猎区之间不可能有明确的界线。各"乌力楞"的猎区，一般都是以某一条河流为中心。这是因为狩猎生产的特点，要求猎人必须对于其活动区的地理环境了如指掌，经常移动到陌生的地方，将会对生产带来极大的不利。当然这并不等于说，鄂温克人的猎区从此固定不变，自始至终都会在同一猎区内游猎。事实上，一些"乌力楞"由这一条河流迁徙到另一河流的事情是常有的，而随着"乌力楞"的迁徙，原来的猎区就要放弃，就要集体占有和使用新的猎区。这种情况的不断演变，也正是鄂温克人对猎区公有的概念不够明确的具体表现。② 游群的领土观念不如部落或国家严格，他们不像农民，用不着在一块土地上设立标志，说"这是我的"。如有其他游群前来侵犯，或者有危险猎食者渗入，由于人疏地广，游群移到其他地方并不困难。生活在非洲南部的布须曼人"在家庭组织方面，以有亲属关系的若干家庭组成约三十人的一个群居单位，群居人数多少视水源和食物是否充足而定，每个群落有固定的活动区域和水源"。由于气候干旱，"在生活中，他们也是经常迁徙的，当迁到一个新地方后，视那里的自然条件决定住下多长时间，一般是一个星期或几天不等"③。这样的游群，恐怕就很难有明确的领土观念。

三、游群的居住形态

无论是旧石器时代还是新石器时代，人类基本上都有固定的分布范围，

---

① ［英］拉德克利夫·布朗：《安达曼岛人》，梁粤译，广西师范大学出版社 2005 年版，第 30 页。

② 秋浦等：《鄂温克人的原始社会形态》，中华书局 1962 年版，第 22—23 页。

③ 刘伟编：《世界各国风情趣谈》（三），黑龙江人民出版社 1987 年版，第 193 页。

只不过采集、狩猎人群的活动需要的空间范围要比农业部族大一些，但是他们只是在一定范围内运动，而且是按一定时间循环往复地运动，而不是漫无目的地到处流浪。游群有两种居住方式：一种是营地式，一种是定居式。由于相应的史料较少，我们很难直接从历史文献记载和考古发掘中了解详细情况。现存的采集、狩猎民族虽有少数群体还过着不断游动的狩猎采集生活，但都是在一定空间范围内进行的，他们的活动都是有计划的，游动的路线随着季节的变化循环往复，相对固定。以游猎为生的鄂温克人，没有固定的住处，以驯鹿作运输工具，根据野兽的多少而游猎在原始森林中。他们居住着一种简陋的，但便于移动的圆锥形帐幕"仙人柱"。夏秋季节，他们在一个山区最多只住10天就游动到其他山区，冬天为猎取灰鼠皮则两三天就搬一次家。移动一次为12里至20里不等。他们的游动一般是由夏季猎场逐渐向冬季猎场游动，再由冬季猎场逐渐移向夏季猎场。在二三百里的游猎路线的中途建有仓库，出猎过程中如果断粮可以拿取接济。①

原始渔猎人群也有定居的，考古上曾经发现不少旧石器时代的天然洞穴有人类长期居住的痕迹，有些民族学材料反映了渔猎民族定居的情况：

群体在其领域内合适的地方居住较长时间，在继续发展的过程中就转而成为村落。先行的观点认为，有关的群体在过渡到农业之后，这样的定居点才会产生，实际上渔猎部落或集中或分散地定居的现象随处可见，虽则他们根本不懂得农业，植物性的食品仅仅来自野果、块根和草茎的采集。农业过渡不是定居的先决条件，而是相反，定居才是过渡到农业的先决条件。……太平洋沿岸，从北加利福尼亚以北直到阿拉斯加这一带的部落更是如此，海洋和沿岸河流巨大的鱼类资源提供了丰富的食物，所有这些部落在被发现时却不懂得园艺或农业，尽管他们早已在村落里定居下来了……某些村落甚至有600到900个居民。②

可以想见，我国游群时代的人们也过着与上述民族一样以采集、狩猎、

① 吕光天：《北方民族原始社会形态研究》，宁夏人民出版社1981年版，第161—162页。
② ［德］库诺：《马克思的历史、社会和国家学说》第2卷，商务印书馆1988年版，第464—465页。

捕鱼为主的生活，他们也一定如鄂伦春人或美国加州沿海地区渔民一样，或居住帐篷里，不断游动采食，风餐露宿，或以天然或人工的洞穴为根据地，朝出晚归。游群时代晚期有不少地区建起了简陋的村落，过上了定居生活。他们也可能实行两居制，以洞穴为根据地，以每隔若干时间迁徙一次的野外宿营为补充。

第六节　游群时代的文教制度

游群社会流行多神崇拜和巫术。自然崇拜是人类原始宗教的基本表现形式。在原始社会初期，谋求生存是人们面临的头等大事。但是由于生产力水平的极端低下，人们谋生的手段极为有限，面对变化无常的大自然，人们深感束手无策，只有完全依赖自然力的摆布。随着人类思维的发展，先民赋予不可抗拒的各种自然现象和巨大的自然力量以灵性，进行人格化的想象和加工，塑造出了自然界中人们崇拜的各种自然神灵。他们也认为人死后也会变成鬼神，正如《礼记·祭法》所言"万物死皆曰折，人死曰鬼"，他们会对人类社会产生各种各样的影响。

一、多神信仰

安达曼岛上各个游群都存在多神崇拜，但各有不同的神灵和传说。他们的神灵通常有森林精灵、菖蒲叶精灵、大海精灵，太阳、月亮、星星、闪电、风、雷都被拟人化。各个部落（游群聚合体，下同）的说法并不一样。关于人的起源、关于用火技术、关于甘薯的发现等传说各有很多不同版本。例如，关于人的起源，阿卡博部落说，第一个人叫"孤独"，从一根大毛竹里节出生，就像鸟从蛋里孵出来一样。他长大后，感到孤单，就从白蚁巢上取了一些黏土，造成一个女人的样子，她变活了，成为他的妻子。后来"孤独"就是用黏土造出了其他的人，这些人就是安达曼岛人的祖先。阿卡德鲁部落有一则传说，第一个是从一棵苹婆树的板根里出来的，名叫"苹婆树根"。他没有妻子，于是就和一个蚁巢住在一起，因此有了许多孩子，这些孩子就是最早的安达曼人。还有的部落说巨蜥是他们的始祖，其中一个说法是巨蜥在森林里打猎，他爬上一棵龙脑香树，被缠住了。麝猫把他从树上救下来，两人结婚了，他们的孩子就是当地人的祖先。还有的部落说鸽子是他们的祖先。①

新中国成立初期，生活在内蒙古自治区呼伦贝尔盟额尔古纳旗奇乾乡的鄂温克人，长期处于与世隔绝的游猎社会阶段。他们认为风是由风神主宰的，相信在我们这个世界的边缘上，有个披头散发的老太婆，她的头发很长，只要她把头发一甩，人间即刻狂风大作。对于下雨则认为是雨神一旦发怒，就可降下暴雨使人间泛滥成灾，也可以滴水不降而造成干旱，使万物枯萎。他们还认为一切野兽都是属于山神所有和饲养的，猎手之所以获得这些产品，不是别的，乃是山神"恩赐"的结果。鄂温克人还有火神信仰，他们在吃饭和饮酒的时候，总是先要举行简单的祭火仪式，即用一些饭菜酒肉投入火中，然后自己才能吃起来。这种献祭的目的，是为了取得神的"欢心"，从而使人们得到"福佑"。与此相反，对神的任何渎犯，在他们看来，都会触怒神明而得到灾祸。这样就在他们的行为中，对于火规定了种种的禁忌。如禁止妇女从火上跨过。他们搬家时也不敢扑灭火种，甚至对他们危害很大的山林野火也不敢去扑灭，认为那是由火神放的，是火种在驱除"恶魔"②。鄂温克人认为熊是他们的祖先，他们现在还把公熊叫作"合克"（对父系最高辈的称呼），称母熊为"鄂我"（对母系最高辈的称呼）。

中国历史上也有很多上古神话传说，如盘古氏开天辟地，女娲抟土造人、用五色石补天，后羿射日、嫦娥奔月，伏羲女娲兄妹为婚等等，这些传说有的相互矛盾，体现了多神信仰的特点。

二、巫术盛行

巫术是企图借助超自然的神秘力量对某些人、事物施加影响或给予控制的方术。游群时代巫术种类繁多，遍布于生产、生活各个方面、各个过程。从目的上讲，有预测占卜的巫术，有祈福避灾的巫术，也有制造灾祸的巫术。从施行巫术的手段讲，巫术又可分为两类，一为模仿巫术，一种以相似事物为代用品求吉或致灾的巫术手段。另一种叫接触巫术，是一种利用事物的一部分或与事物相关联的物品求吉嫁祸的巫术手段。此外，还有咒禁祝

---

① ［英］拉德克利夫·布朗：《安达曼岛人》，梁粤译，广西师范大学出版社 2005 年版，第 139—142 页。

② 秋浦等：《鄂温克人原始社会形态》，中华书局 1962 年版，第 90—91 页。

祷之术。巫术迷信产生于游群时代，部落时代也比较盛行，流传后世，演化为宗教和方术。

安达曼人认为某些动物或植物具有巫术性能，"土著相信，蜂蜡可以赶跑森林精灵"，"若在火里烧海龟油，就会有暴风雨"。"有些植物，土著说谁砍了就会失明。""人骨头被看作驱赶精灵的法宝，因此可以用来防病治病。"①

中国古代也有类似的记载，《山海经》据说为大禹之臣伯益所作，记载了游群部落时代流传下来的许多神话和巫术。以第一卷《南山经》为例，该卷一共记载了 10 座山及一些河流，还记载了山上、水中的树木花草、鸟兽虫鱼物、沙石金玉等物产。其中不少树木和鸟、兽、鱼具有特异的功能。在招摇山上：

> 有草焉，其状如韭而青花，其名曰祝余，食之不饥。有木焉，其状如穀而黑理，其花四照，其名曰迷谷，佩之不迷。有兽焉，其状如禺而白耳，伏行人走，其名曰狌狌，食之善走。丽𪊽之水出焉，而西流注于海，其中多育沛，佩之无瘕疾。

其后又载，在杻阳山，"有兽焉，其状如马而白首，其文如虎而赤尾，其音如谣，其名曰鹿蜀，佩之宜子孙"。"怪水出焉……其中多玄龟，其状如龟，而鸟首虺尾，其名曰旋龟，其音如判木，佩之不聋。"在其他山上，还有一种鱼"冬死而夏生，食之无肿疾"，一种"其状如狸而有髦"的兽，"自为牝牡，食者不妒"。另一"其状如羊"的兽，九尾四耳，其目在背，"佩之不畏"。还有一种鸟，"其状如鸡，而三首六目，六足三翼"，"食之无卧"。还有九尾狐，"其音如婴儿，能食人，食者不蛊"。还有一种名"灌灌"的鸟，"佩之不惑"，一种人面鱼，"其音如鸳鸯，食之不疥"。这 10 座山上的神"皆鸟身而龙首"②。

巫术和宗教的关系，就像技术与科学的关系一样，前者重点在于处理

---

① ［英］拉德克利夫·布朗：《安达曼岛人》，梁粤译，广西师范大学出版社 2005 年版，第 133、134 页。

② 沈薇薇：《山海经译注》，黑龙江人民出版社 2003 年版，第 1—2 页。

实际事务，后者在于构建思想体系。巫术和技术并没有明显的界限，有些巫术也有实际的作用，例如一些动物的皮毛、骨肉和植物的根叶茎花的确有某种医疗效果，通过食用或涂抹、佩带能起到某种治病作用。而有一些"药物"疗效的记载，现在看来，是明显夸张不实的，如"食者不妒"、"食之宜子孙"、"食之宜子"、"食之杀人"、"食之使人不惑"、"食之使人不溺"、"服之不忧"、"服之不忘"、"服之媚于人"，等等。巫术是用来对付不可预料的事情的一种文化手段，它给人的活动披上一层神圣的外衣，使人们慎重从事，不敢疏忽，同时它还能增强当事人的信心。

随着社会的发展，巫术逐渐职业化和世袭化，聚合游群和部落社会里出现了巫师。鄂温克人的每个氏族都有一个萨满。老萨满死后的第三年产生下一代萨满，一般由其亲弟、妹或儿女来继承。如果老萨满家中没有亲弟、妹或儿女时，则可在其本氏族内另行挑选。萨满在鄂温克人中享有很高的威望。起初氏族的首领大都由萨满来担任，因而他不仅是氏族的巫师，而也是本氏族的生产生活的组织者，氏族习惯法的解释者和维护者。[①]

三、游群内部强制规范逐渐出现

分散游群内部一般没有强制的规范。从安达曼的例子看，游群社会存在习俗，包括道德习俗、技术习俗和仪式习俗，但没有强制的法律，"如果某人伤害了另一个人，受害者只能自己去寻求报复"，"反社会行为的唯一痛苦的后果，就是失去了他人对自己的尊敬。"[②]而有一些聚合游群内部已经形成强制规范。新中国成立前鄂伦春族仍处在游猎社会阶段，主要不是靠法律来统治，而是靠习惯来统治。氏族内部男女之间是严禁发生性关系的，如发现有人违犯这一习惯，要严肃处理。但开始还是说服教育，再犯就要施以棍刑，屡教不改者要施以绞刑。对无理打人，也要反复进行说服教育。如有人经常打自己的妻子，氏族出面劝诫，他却一直不听，这样氏族就决定将其永远逐出氏族。过去，一个人失去氏族，差不多等于判处死刑，因为孤身一人很难长期在深山密林中生活。[③]

---

① 秋浦等：《鄂温克人原始社会形态》，中华书局1962年版，第98—99页。
② [英]拉德克利夫·布朗：《安达曼岛人》，梁粤译，广西师范大学出版社2005年版，第37页。
③ 赵复兴：《鄂伦春族游猎文化》，内蒙古人民出版社1991年版，第200页。

第 二 章

部落时代 (前 10000—前 3000 年)

　　游群时代，人们以采集、狩猎、捕鱼为生，一般来讲只有游群和游群聚合体的简单社会组织形式，没有固定的政治权威。随着采集渔猎技术的进步，人们逐步走向定居，并发展农业、畜牧业，人口繁衍，族群分化，形成由家族、氏族、胞族、部落组成的复杂社会结构，并产生稳定的"和平君长"，向部落时代过渡。

第一节　部落时代的概念界定

一、"部落"和"部落时代"概念的演化

　　"部落"一词西方称为 tribe，也比较常用，可称为中外义通约的一个词汇。从考古的角度看，部落时代也可称为聚落时代。《汉书·沟洫志》称：河岸之地，"填淤肥美，民耕田之，或久无害，稍筑室宅，遂成聚落"。用聚落表示农业村落或村落群也比较适当。从古文献记载来看，"部族"、"邦族"的含义与"部落"接近，似乎也可以用来描绘当时的社会状态。通过《四库全书》电子版的正文检索，部落有 7274 个匹配，部族有 4613 个，聚落有1168 个，邦族有 275 个。总体上讲，"部族"、"聚落"、"邦族"的使用频率都不及"部落"高。"部落"一词正史中常用来描绘汉族周边少数民族的组织。如《后汉书·西南夷传》载：

冉駹夷者……其山有六夷、七羌、九氐，各有部落，其王侯颇知
文书而法严重，贵妇人，党母族，死则烧其尸。土气多寒，在盛夏冰
犹不释，故夷人冬则避寒入蜀为佣，夏则违暑反其邑。众皆依山居止，
累石为室，高者至十余丈为邛笼。又土地刚卤，不生谷粟麻菽，唯以
麦为资，而宜畜牧。有旄牛……

《晋书·四夷传·匈奴传》载：

前汉末，匈奴大乱，五单于争立，而呼韩邪单于失其国，携率部
落入臣于汉。汉嘉其意，割并州北界以安之，于是匈奴五千余落入居
朔方诸郡，与汉人杂处。呼韩邪感汉恩来朝，汉因留之，赐其邸舍，
犹因本号听称单于，岁给绵绢钱谷，有如列侯子孙，传袭历代不绝。
其部落随所居郡县使宰牧之，与编户大同而不输贡赋。

20 世纪初，历史学家吕思勉首先将中国历史上划出一部族或部落时代，
他说：

中国之历史，犹是分立之时长，统一之时短也。分立之世，谓之
封建，统一之时，号称郡县，为治史者习用之名。然以封建二字，该
括郡县以前之世，于义实有未安。何则？封者裂土之谓，建者树立之
义，必能替彼旧酋，改树我之同姓、外戚、功臣、故旧，然后封建二
字，可谓名称其实，否即难免名实不符之诮矣。故封建之前，实当更
立一部族之世之名，然后于义为允也。①

他又说："今日之极大之国家，其始未有不自极小之部落来者也。我以
为国家之成，实经三个时代：（一）部落时代；（二）封建时代；（三）郡县
时代。"②

---

① 吕思勉：《先秦史》，上海古籍出版社 2005 年版，第 345 页。
② 吕思勉：《中国社会史》，上海古籍出版社 2007 年版，第 296 页。吕思勉的观点形成于 20 世纪
20 年代，最初在 1929 年上海中山书局出版的《中国国体制度小史》中表述。

"部落"一词现在史学界比较常用，但其所指含义相当混乱。这里将
"部落"定义为以农业或畜牧业为生、以血缘为纽带的国家出现以前的社会
组织。部落是存在着家庭、家族、氏族、部落、部落联盟、酋邦等复杂社会
组织体系的社会形态，各种同级的社会组织之间最初是平等的，但随着族群
的分化和混居，社会逐渐出现以血缘为基础的等级，出现母族与支族、土族
与客族的身份差别，平等部落社会逐渐进入阶等部落社会。

二、部落时代的其他名称评议

（一）野蛮社会

摩尔根以制陶术的发明或制陶业的流行作为野蛮社会的开始，他将野
蛮社会分为低级、中级和高级三个阶段，中级"在东半球始于动物的饲养，
在西半球始于灌溉农业以及用土坯和石头来建筑房屋"，高级"始于铁器的
制造，终于标音字母的发明和使用文字来写文章"[1]。摩尔根之所以称部落社
会为野蛮社会，可能与他们看到的部落战争或西方殖民者遇到的部落激烈抵
抗有关。他援引一位将军的话说："易洛魁人打起仗来简直可怕极了。他们
是上帝降在美洲土著当中的灾难。"[2] 很显然，"野蛮"是带有歧视、片面色
彩的词汇，其实部落社会也存在"文明"的一面。

（二）部落、酋邦社会

20世纪60年代，西方学者塞维斯提出人类社会由游群，经部落、酋邦
向国家的演进过程。部落社会是"超越了游群的社会组织以血缘或村社纽带
为媒介而构成的阶段。与新石器革命所带来的动物饲养和植物栽培经济的开
始出现相对应。存在萨满式的领导者，但却是非世袭的。仅仅是互惠的交
换，不存在再分配的体制"。酋长制社会"与定居农业相对应，与共同体之
间的交易，公共事业，礼仪相联系，出现了再分配的经济关系。处于再分配
之顶点的酋长与宗教领袖的世袭化过程正在发展，族内婚的发生"[3]。塞维斯
的学说是在民族学调查的基础上得出的，当然有它的道理。但酋邦是否能成

---

[1]　[美] 摩尔根：《古代社会》，杨东纯等译，商务印书馆1997年版，第10—11页。

[2]　[美] 摩尔根：《古代社会》，杨东纯等译，商务印书馆1997年版，第68页。

[3]　《马克思主义和人类学》，载 [日] 缘部恒雄《文化人类学的十五种理论》，贵州人民出版社1988
年版，第121—122页。

为一种普遍的独立的历史阶段性形态，在中国历史上很难得到验证。塞维斯所说部落内酋长能否世袭、是否存在再分配，可以视为部落时代的阶段性特征，将其分为"平等部落"和"阶等部落"两种类型或阶段，而没有划分两个时代的必要。

（三）游牧、耕稼社会

清朝末年，夏曾佑在所编《中国古代史》中就提出人类社会要经历渔猎社会、游牧社会、耕稼社会、封建社会的观点，说："故凡今日文明之国，其初必由渔猎社会，以进入游牧社会。……又由游牧社会，以进入耕稼社会。自游牧社会，改为耕稼社会，而社会又一大进。盖前此栉甚风休甚雨，不遑宁处者，至此皆可殖田园，长子孙，有安土重迁之乐，于是更有暇日，以扩其思想界。且以画地而耕，其生也有界，其死也有传，而井田、宗法、世禄、封建之制生焉。天下万国，其进化之级，莫不由此，而期有长短。……我族则自包牺已出渔猎社会，神农已出游牧社会矣。"① 这一说法可能来自西方文化。瑞典动物学及考古学家斯温·尼尔森在 1834 年发表了《斯堪的纳维亚狩猎与捕鱼简史》的论文，论述了斯堪的纳维亚渔猎的起源。以后，他又提出了按生存方式为基础的史前人类发展的"四阶段"分期法，认为人类经历的第一阶段是蒙昧阶段，从事狩猎、捕鱼和采集；第二阶段为游牧阶段；第三阶段为农人阶段；第四阶段为文明阶段，出现了钱币、文字和劳动的分工。这一观点是摩尔根分期的先声，在当时是了不起的，但现在看来，游牧社会并非是独立于渔猎社会与耕稼社会之间的社会阶段，而是与耕稼社会并存的特殊社会形态，而是游牧经济往往是由气候、地理环境决定的，并不必然向农耕经济转化。因此，历史上并不存在一个普遍的游牧时代。

三、游群部落的"合称"评议

（一）共产时代

孙中山说："人类最先所成的社会，就是一个共产社会。所以猿人时代，已经是共产时代。"他又说："在金钱发生之后，大家有了金钱，便可以自由

---

① 夏曾佑：《中国古代史》，河北教育出版社 2000 年版，第 17、245 页。

买卖，到那个时候共产制度便渐渐消灭了。"① 货币夏朝之前已经产生。《史记·平准书》载："农工商交易之路通，而龟贝金钱刀布之币兴焉。所从来久远，自高辛氏之前尚矣，靡得而记云。虞夏之币，金为三品，或黄，或白，或赤；或钱，或布，或刀，或龟贝。"按孙中山的观点，整个游群部落时代都属共产时代。这实际上是比较笼统的说法，共产的范围不同时期有很大不同，通常情况下部落不是共产单位，氏族、家族、家庭都先后充当过共产单位。共产一般只限于土地和集体劳动的产品，个人劳动所得和生活用品一般是不能共享的。

（二）原始社会

过去我们因循列宁、斯大林的观点将游群和部落时代统称为原始社会，或原始共产主义社会，是较为粗略的概括。游群与部落之间有明显的不同特征，例如：游群处于旧石器时代，部落处于新石器时代；游群时代没有农业，部落时代已经出现了农业；游群时代没有固定的组织权威，部落时代有固定的组织权威。从人类调查来看，部落体制下，氏族或家庭先后成为独立的生产单位，共产只存在于氏族或家庭内部，不在部落一级，更不存在于部落之间。从政治角度讲，部落首领还有世袭与不世袭之分。将原始社会分割为两个时代，是深化历史研究的需要。

（三）洪荒时代

田昌五将游群、部落两段历史概括为洪荒时代，称之为"从生物人到社会人的历史"，认为"这段历史，远的说可以追溯到 1200 万年之前，近的说也有 600 万年"。甚至认为"洪荒时代的历史最早可以追溯到 4500 万年前的中华曙猿和 3000 万年前的森林古猿"。他将洪荒时代的中国原始人类史分为四个时期，即：1. 人猿时期；2. 能人时期；3. 直立人时期；4. 智人时期（也是氏族社会）。他认为"中国氏族社会的解体始于早期新石器时代"，氏族解体后，"家族代替氏族成为社会的基本单位"，"由家族组合为宗族，发展为宗族社会结构，形成了宗族城邦，迈入文明社会"。② 田昌五的历史分期混淆了猿和人的分别，古猿通常来讲还不是真正的人类，不属于历史学研究的

---

① 孙中山：《三民主义》，九州出版社 2011 年版，第 180、174 页。
② 田昌五：《中国历史分期问题》，《上海社会科学院学术季刊》2000 年第 4 期。

范畴。人类的历史应从二三百万年前能人或猿人出现开始。

（四）氏族时代

晁福林提出氏族时代的观点[①]，将远古至春秋战国都纳入其中，显然时段过长。冯天瑜将氏族时代（后改为原始时代）分为原始群时代和氏族共同体时代，他并未就这两个时代的时间和标准展开论述，历史和考古学界通常认为氏族在旧石器时代中期已经出现。此外，冯天瑜将夏代列入氏族共同体时代，没有吸取考古学最新成果，五帝时代属于早期国家阶段是目前大部分学者的共识，不宜再将其归入氏族社会，五帝时代已经是如此，夏代进入国家阶段就更无疑问了。

四、部落时代的起止时间

部落是人类历史上的一种政治组织形式，我们将以部落为主要政治组织形式的社会称为部落时代或部落社会。纯粹的血缘部落一般指由若干血缘相近的宗族、氏族结合而成的集体。事实上部落的概念虽然广泛使用，其内涵却非常模糊。通常认为部落有较明确的地域、名称、方言、宗教信仰和习俗，有以氏族酋长和军事首领组成的部落议事会，部分部落还设最高首领。部落最基本的生产和生活单位是家庭或家族。部落成员之间的关系通常被认为是平等的，部落没有特权，部落事务由成员集体民主讨论决定。

因为原始时代并没有文字记载，要判断一个国家和地区的社会组织是不可能找到确切证据的。人们推测在游群时代中期（或旧石器中期）氏族、部落即可能出现，不过这可能并不是普遍现象。正如塞维斯所说："部落在旧石器时代就已经存在，但是只有到了新石器时代，部落制度才广泛地散布于世界各地，并经历青铜时代和铁器时代，在个别地方甚至一直存在到现代。"为清楚起见，我们以新石器时代作为部落时代的开始，即公元前 1 万年左右开始，当然这只是个假定的时间。这样一来游群时代虽然有"部落"（实际上只是游群聚合体），却被排除在部落时代之外。部落时代的部落要比游群聚合体要复杂，它存在着一些泛部落团体，如氏族、年

---

① 晁福林：《论中国古史的氏族时代》，《历史研究》2001 年第 1 期。

龄阶团、秘密结社、战争团体和仪典团体之类，它们将部落的各个组织部分更为紧密地联结在一起。对塞维斯的酋邦，我们将其视为是部落的一种形式。克里斯廷森认为，人类社会组织最为基本的区别在于部落社会和国家社会，酋邦只是部落社会的变体，或者说，酋邦是社会组织的一种部落形式①。

部落时代结束于国家出现。通常认为国家建立在暴力之上，如弗里德所说：

> 国家是一种由正式和非正式的专门机构和部门所组成的集合体，它的目的在于维护分层秩序。通常，国家的关键特征在于以下基本组织原则：等级制，占有基本资源上的不平等，服从官吏，保卫所拥有的地域。国家既要对内维护自身，又要对外维护自身。它使用物质的手段，使用意识形态的手段，通过军队，通过在其他相似部门确立认同感，来实现这一目标。②

中国在公元前 3000 年左右开始进入龙山时代，即早期国家阶段，这个时间可以视为部落时代的结束。总之，中国的部落时代相当于新石器时代早中期，大约有 7000 年的历史。

第二节　部落时代的各段特点

在公元前 1 万年前后，地球上最后一次冰期结束，气候进入温暖期，有利于人口的生存和发展。部落时代前期，相当于新石器时代早期（前10000—前 7000 年），农业出现萌芽并初步发展。人们开始经营农业和畜牧业，造屋定居，并逐渐形成村落和村落群。部落时代整体上还属于平等、分散的社会，部落内部以血缘为纽带，形成较为紧密的组织，而部落之间则没

---

① ［美］克里斯廷森：《酋邦、国家和社会制度的演进》，转引自易建平《部落联盟与酋邦》，第294—295 页。

② ［美］弗里德：《政治社会的演进》，转引自易建平《部落联盟与酋邦》，第 230 页。

有稳定的关系。部落时代相当于传说中的三皇时代①，燧人、伏羲、神农为三皇的说法最具代表性，他们分别代表的是中华文明不同的发展阶段。燧人氏是发明人工取火、教民熟食的部落英雄，伏羲氏是开创了文化与礼仪，神农氏则推动了农业和医药的发展。这一时期传说中的古代"帝王"英雄并非仅为三人，还有很多。《庄子·胠箧》："昔者容成氏、大庭氏、伯皇氏、中央氏、栗陆氏、骊畜氏、轩辕氏、赫胥氏、尊卢氏、祝融氏、伏牺氏、神农氏，当是时也，民结绳而用之。甘其食，美其服，乐其俗，安其居，邻国相望鸡狗之音相闻，民至老死而不相往来。"从庄子追忆来看，伏羲神农时代，尚处在分散的部落社会。

部落时代只有一些刻画符号，成熟文字尚未出现。这段历史与传说的远古帝王密切相关。如何将上古传说与考古结合，是历史研究的难题。这些传说充满神话和附会，而且也有很多自相矛盾的地方，对于古代帝王很难找到完全适合的历史场景，予以准确时代定位，因此对传说只能去粗取精，选取典型事迹，时代定位也不宜过细，以"千年"作为单位较妥。尤其是不能将"纬书"编造的帝王年谱作为依据，三皇五帝都是古代部落首领的称号，并不是真正的一个人。他们并不一定都出自同一地域、同一部落、同一文化，当时全国尚未真正完全统一，司马迁将三皇五帝的关系视为"一家"、"一系"不一定符合历史真实。部落时代前期与传说中的有巢氏、燧人氏、伏羲年代相当，考古上称新石器早期、前仰韶时代，部落时代后期与传说中的神农氏时间接近，考古上称仰韶时代。

一、早期平等部落社会

考古上属新石器早期（前 10000—前 7000 年），以仙人洞文化为代表。当时天然洞穴还是人类居住的重要场所，狩猎仍是人们谋生的主要手段，农业和聚落尚处在萌芽阶段。火耕或游耕农业是人类最早的农业形态，也称简

---

①　三皇中伏羲、神农二皇较为稳定，第三皇有燧人、祝融、女娲、黄帝等不同说法。汉班固《白虎通·号》："三皇者，何谓也？谓伏羲、神农、燧人也。"又说："《礼》曰：伏羲、神农、祝融，三皇也。"《吕氏春秋·用众》："此三皇五帝之所以大立功名也。"高诱注："三皇，伏羲、神农、女娲也。"《周礼·春官·外史》："〔外史〕掌三皇五帝之书。"郑玄注："楚灵王所谓《三坟》、《五典》。"孔颖达疏："《三坟》，三皇时书。"按，孔安国《书序》云："伏牺、神农、黄帝之书谓之《三坟》。"

单园耕农业，史称"刀耕火种"。其方法是在林地里砍倒树木杂草清理出一块空地，然后把晒干的树木杂草焚烧做肥料，在雨季开始时种下各种庄稼，但并不怎么从事中耕的耕作方式或农业生产活动。毁林、烧荒、掘穴播种，因工具简陋（无犁）又不养畜，不翻地，不施肥，即等待收获。植被破坏后的土地在湿热气候下受侵蚀淋溶十分强烈，1—3 年内土壤肥力即急剧耗竭，收获量锐减，只好弃耕，另选新地块，重复毁林—烧荒—掘穴播种过程。大约经 5—12 年，烧垦地段越来越远，只好放弃原来住所迁往新的烧垦地段。丢荒的土地一般不能恢复森林，只能逐渐生长灌丛，故游耕对森林和土地资源造成严重破坏。

这段历史与传说中的有巢氏、燧人氏时代比较接近。《韩非子·五蠹篇》说："上古之世，人民少而禽兽众，人民不胜禽兽虫蛇，有圣人作，构木为巢以避群害，而民悦之，使王天下，号曰有巢氏。"《通志·三皇纪》云："有巢氏，亦曰大巢氏，亦谓之始君，言君臣之道于是乎始也，有天下百余代。"① 有巢氏可视为人类发展过程中从原始的山洞居住发展到建造房屋的阶段，是进步的一个标志，定居是农业发明的前提。从有巢氏"王天下"的传说来看，他至少已经是部落的首领，说明人类社会已经由平等无君长的游群进入由"和平君长"治理的定居的部落时代，我们不妨称之为"有巢氏君主革命"，它推动了经济领域的新石器革命或农业革命。根据传说，有巢氏之后或大约同时的是燧人氏，《韩非子·五蠹篇》又说："民食果蓏蚌蛤，腥臊恶臭而伤害腹胃，民多疾病。有圣人作，钻燧取火，以化腥臊，而民说之，使王天下，号之曰燧人氏。"人工取火的发明结束了人类茹毛饮血的时代，开创了人类文明的新纪元。当然，钻木取火在旧石器时代就出现了，燧人氏只是出色行使这项技术的一个杰出的部落首领。

二、晚期平等部落社会

考古上称前仰韶时期（前 7000—前 5000 年），以大地湾一期、磁山、裴李岗文化为代表。这一时期半地穴式房屋出现，有农业、畜牧业出现，但

---

① 《逸周书·史记解》载："昔者有巢氏有乱臣而贵，任之以国，假之以权，擅国而主断，君已而夺之，臣怒而生变，有巢以亡。"

渔猎仍占重要地位，和传说中的伏羲、女娲时代比较接近。班固《白虎通德论》说："古之时未有三纲六纪，民人只知其母不知其父，能覆前而不覆后，卧之去去，起则吁吁，饥则求食，饱则弃余，茹毛饮血而衣皮革。于是，伏羲仰则观象于天，伏则观法于地，因夫妇，正五行，始定人道，画八卦以治天下。治下伏而化之，故曰伏羲也。"《汉书》记载，"宓羲龙师名官"。应劭曰："师者，长也。以龙纪其官长，故为龙师。春官为青龙，夏官为赤龙，秋官为白龙，冬官为黑龙，中官为黄龙。"这些记载说明，伏羲部落是由众多氏族组成的较大的群体，并以龙为部落图腾，当然这些具体名称也有可能是汉人的附会。伏羲的贡献是多方面的，但以文化制度为主，他被称为人文始祖，是当之无愧的。据说，伏羲死后，由女娲继位称王，但无显著事迹。《三皇本纪》说："女娲氏亦风姓。蛇身人首。有神圣之德。代宓牺立。"女娲之后，其部落首领相沿伏羲称号，《初学记·帝王部》云："女娲氏没，次有大庭氏、柏皇氏、中央氏、栗陆氏、骊连氏、赫胥氏、尊卢氏、混沌氏、有巢氏、朱襄氏、葛天氏、阴康氏、无怀氏凡十五世，皆袭庖牺之号。"郑樵《通志·三皇纪》称："或言自伏羲至无怀千二百六十年，自女娲至无怀凡十五君，袭庖羲之号，千一百五十年。"这些说法有想象的成分，但或可以提示我们，伏羲并不仅是某一个具体的人，而代表了一个时代。

前仰韶时期人类开始由火耕向锄耕农业过渡。锄耕农业也称先进的园耕农业。开始有了石耜、石铲等农具，可以对土壤进行翻掘、碎土等加工，植物在同一块土地上可以有一定时期的连年种植，人们的住处因而可以相对稳定下来，形成村落，为以后逐渐用休耕代替撂荒创造了条件。

三、部落阶等化时期

考古上属仰韶时期（前 5000—前 3000 年）。在部落时代后期，相当于新石器时代中期，以仰韶文化而得名。这时全国各地形成了系统的文化区，如西北马家窑文化、东北的红山文化、中原的仰韶文化、海岱的大汶口文化、荆楚的大溪文化、江浙的马家浜文化等，是我国历史上的部落分化、繁荣时期。这一时期与传说中的神农时代比较接近，是一个人口大爆炸时期。神农就是农业之神，是中国农耕文化之祖（见图 2-1）。《淮南子·修务训》说："古者，民茹草饮水，采树木之实，食蠃蚌之肉，时多疾病毒伤之害，

图2-1 汉代画像砖上的神农氏

于是神农乃始教民播种五谷，相土地宜，燥湿肥硗高下，尝百草之滋味，水泉之甘苦，令民知所辟就。当此之时，一日而遇七十毒。"班固《汉书·食货志》说："辟土植谷曰农。炎帝教民植谷，故号称神农氏，谓神其农业也。"《通志·三皇纪》云：神农"在位百二十年"或"百四十年"，神农纳莽水氏之女曰听诙，生临魁，"嗣神农曰帝临魁，在位八十年。帝承嗣位，六十年。帝明嗣位，四十九年。帝直嗣位，四十五年。帝厘嗣位，四十八年。帝哀嗣位，四十三年。帝榆罔嗣位，五十五年。诸侯相侵，帝不能正，黄帝征之，天下尊为天子，炎帝遂绝。自神农至榆罔五百年，自临魁至榆罔凡七帝，袭神农之号三百八十年。"《吕氏春秋》曰"神农有天下十七世"；宋均曰："女娲至神农七十二姓"；谯周曰："伏羲次有三姓至女娲，女娲五十姓至神农，神农相承八代，共五百二十年。"这些传说的世系年数虽不可靠，但可以提示我们，神农代表了一个时代。现在史学界通常认为，神农是一个部落，炎帝是神农氏的一族，或是神农氏部落首领的称号，故而神农氏或炎帝并非是一个人，神农时代经历的时间或有数百年之久。仰韶时期的部落酋长已经取得了很尊贵的地位。一处仰韶早期的墓地显示，墓主人两边有蚌壳堆积的龙、虎相伴，据推测他应当是一位身兼巫师的部落酋长。

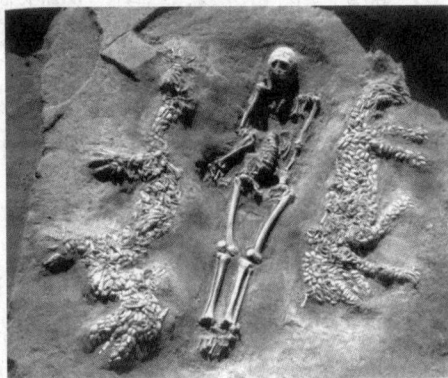

图2-2 河南濮阳西水坡45号墓

仰韶时期的政治是以和平为主要特征的，但其末期已经到了战乱的边缘。《庄子·盗跖》说："神农之世，卧则居居，起则于于，民知其母，不知其父，与麋鹿共处，耕而食，织而衣，无有相害之心，此至德之隆也。"《商君书·画策》也说："神农之世，男耕而食，妇织而衣，刑政不用而治，甲兵不起而王。"从以上传说看，神农氏时代或炎帝时代大部分时间是没有战争和冲突的和平时期。由于农业、畜牧业的发展，生活有了可靠的来源，营养有了明显的改善，人口素质显著提高，人口数量迅速增长，各个部落、地区之间出现了交往、联合和冲突的趋势。随着人口增长和部落分化，平等、分散的部落、氏族，开始向等级、分层方向发展。根据研究，仰韶前期尚属"大体平等的农耕聚落社会"，但有些考古发现似乎表明，固定的军事酋长或集中的军事权力已经出现①。其后期已经进入"含有初步不平等的中心聚落形态阶段"②，也就是西方学者所说的酋邦阶段或阶等社会。

神农氏部落在炎帝时期部落冲突加剧，和平时代即将结束。《史记》记载，"轩辕之时，神农氏世衰。诸侯相侵伐，暴虐百姓，而神农氏弗能征。于是轩辕乃习用干戈，以征不享，诸侯咸来宾从。而蚩尤最为暴，莫能伐。……帝乃征师诸侯，与

图 2–3　汉代黄帝战蚩尤画像砖

蚩尤战于涿鹿之野，遂擒杀蚩尤。而诸侯咸尊轩辕为天子，代神农氏，是为黄帝。"这一记载表明，炎黄之际中国历史的变革时期，黄帝取代神农氏建立暴力统治，标志着和平部落的时代结束，早期国家、封建时代的开始。

第三节　部落时代的经济基础

一、部落社会的所有制形态

马克思早年这样描述部落时代的经济特点：

①　一些学者认为，彩陶缸是一位部落联盟首领的随葬品，石斧是军事权力的象征，白鹳是联盟首领所在氏族的图腾，鲢鱼是被征服氏族的图腾。见严文明《鹳鱼石斧图跋》，《文物》1982 年第 12 期。

②　王震中：《中国古代国家的起源与王权的形成》，中国社会科学出版社 2013 年版，第 53—54 页。

第一种所有制形式是部落所有制。它是与生产的不发达的阶段相适应的，当时人们是靠狩猎、捕鱼、牲畜，或者最多是靠务农生活的。在后一种情况下，它是以有大量未开垦的土地为前提的。在这个阶段上，分工还很不发达，仅限于家庭中现有的自然产生的分工的进一步扩大。因此，社会结构中只局限于家庭的扩大：父权制的酋长、它们所管辖的部落成员以及奴隶。隐蔽地存在于家庭中的奴隶制，只是随着人口和需求的增长，随着同外界往来（表现为战争或交易）的扩大而逐渐发展起来的。①

马克思最初对部落经济的描述是不清晰的，后来，阅读摩尔根《古代社会》一书后，他在读书摘要中表达了更为具体的见解。"土地占有的最古形式是部落共同占有；从农耕开始以后，属于部落的一部分土地，便分配于氏族之间，每一氏族都共有一部分土地；随着时间的推移，此后土地分给单个人，而这些份地便最后成了他们的私有物。"②马克思在摘要中纠正了他早年的观点，他特别指出在农耕经济中（笔者按：主要指锄耕阶段，火耕时代耕地不固定，土地开垦使用以氏族、家族为单位，有较大的随意性，似不存在统一分配问题），部落时代的所有制是"氏族所有制"，因为氏族的分布通常与村落一致，也可以称为村社所有制。村社土地公有，分配给家庭使用，"公有私耕"，一般情况下不允许买卖，这种经济形态在部落时代、封建时代广泛存在，国家产生以前土地的个人私有制就已经出现的说法是不准确的。中国土地的家庭私有和买卖出现较晚，大约形成于秦和西汉时期，最早也不过春秋战国。值得注意的是，早在西周时期就已经出现贵族之间的土地和人口的交易、赠予，这似乎不应理解为私有制和奴隶制。应该看到，贵族并不是单纯的私人，他也是一个地方的统治者或地方官，贵族之间的土地人口交易类似于地方政府间的土地、人口流转。

下面结合民族学材料作一些补充：

19世纪生活在非洲北部的努尔人仍处在游牧、园耕、渔猎混合经济

---

① 马克思：《德意志意识形态》，《马克思恩格斯全集》第3卷，人民出版社1965年版，第25页。

② 中国科学院历史研究所：《马克思摩尔根〈古代社会〉一书摘要》，人民出版社1965年版，第61页。

的部落社会，努尔人的最大的政治裂变分支就是部落，此外，再也没有更大的政治群体了。部落之下有一级分支、二级分支、三级分支，部落的三级分支由许多村落构成，这些村落是努尔地区最小的政治单位，由家庭性的群体构成，包括村舍、家宅和棚屋。① "简单家庭可以称作是经济性的单位"，但"它并不是自给自足的，一个更广大的群体的积极参与是很必要的，例如，在建筑活动、捕鱼以及打猎之中就是如此。"② "虽然每一个家户都有自己的食物，做自己的饭，各自满足其成员的需要，男人们却要到别人家里去吃饭，妇女和儿童也去，但要少得多。这种情况非常普遍，以至从外部看来，整个社区的食物储备都联合到了一起"③，"这里几乎没有财富不均衡的问题，也没有阶级特权。一个人不会去索取生活所需之外的物品。如果索取了多余的东西，他只能把它们分送出去。""整个村落社区可以说是正消费着共同的食物储备，从同一角度也可以说，整个社区生产了这些食物储备。"④ "努尔人对自己的权利与财物看得很紧。他们拿起来容易，送出去很难。这种自私性来自他们所受到的教育以及他们的亲属义务的本质。一个孩子很快就会懂得，为了维护自己与同伴之间的平等地位，他就必须挺身而出，反抗任何侵犯他个人及其财产的行为，以维护自己的利益。"⑤

特罗布里恩群岛的土著们处于园圃农业阶段的部落社会，部落酋长统辖着几个村落，村落多半聚集在一起，两到六个村落组成一个地方性的集团或村落群，人口平均约 300 人，居民实行内婚制。一个村落一般包括一二十户人家，平均约有 65 个人。一个家庭平均 3.2 人，通常是一个核心家庭，也是基本的生产消费单位。村落头人实行长姐（妹）之长子继承制。每个村落都拥有自己的领地，成员资格以母系计算，但是妻子依夫家居住。村落实行土地公有，分配权掌握在村落头人之手，耕作以村落为单位进行。头人先与他的园圃巫师商议，决定耕作的区域，然后再分配给各家土地，男人们通

---

① [英] 埃文思·普里查德：《努尔人》，褚建芳等译，华夏出版社 2002 年版，第 7 页。
② [英] 埃文思·普里查德：《努尔人》，褚建芳等译，华夏出版社 2002 年版，第 109 页。
③ [英] 埃文思·普里查德：《努尔人》，褚建芳等译，华夏出版社 2002 年版，第 102 页。
④ [英] 埃文思·普里查德：《努尔人》，褚建芳等译，华夏出版社 2002 年版，第 109—110 页。
⑤ [英] 埃文思·普里查德：《努尔人》，褚建芳等译，华夏出版社 2002 年版，第 211 页。

常组织起来协同劳作。① 不过，被分配的土地可以长期为家庭占有和使用，成为半私有的了。"村庄果林树木的所有权，还有园地的所有权，也会在父亲的有生之年放弃而交给儿子。但是在父亲死后，这些所有权经常要归还父亲的法定继承人，也就是他姊妹家的孩子。"② 值得说明的是，这里存着一种经济再分配的制度，"一个人作物收成的大约 3/4，一部分要奉献给酋长，一部分则归属于他姐妹（或母亲）的丈夫和家庭。"③ 男子在土地上的劳动很大程度上只是为了一种荣誉。从努尔人、特罗布里恩群岛的例子可以看出，部落社会的经济形态，用部落所有制概括似乎并不准确，部落只是一个政治单位，并非生产单位，其所有制形态似乎可以用村落所有制或村社所有制较为贴切一些。

二、职业分工的初步出现

部落时代社会分工并不十分发达，巫师和医生是部落时代最常见的职业，他们通常需要专门的技能，除此以外，几乎人人都是多面手。马克思和恩格斯都认定，分工和阶级的存在是历史现象，仅与历史发展的一定阶段相联系。他们指出："分工只是从物质劳动和精神劳动分离的时候才真正成为分工。"④ 一般来讲，男子都擅长捕鱼、狩猎、制造农具、饲养、种田，女子都擅长采集、烹饪、纺织、制陶等。萌芽状态的职业可分为两类，一类是出现在个人、家庭之间的分工，"在人类历史中，很早就有专业化的趋势。有些近世部族里头，专业以个人才能为基础。甲女善于制陶，她的陶器就比别人的要更为人所贵重。乙君做的弓是第一流的货色，别人就愿意出重价来买。做父母的自然把他或她的心得传之子女，这就是行业的秘诀，于是陶工、织工就往往世传其家，各个家庭之间有一些零星的交换"。另一类出现在家族和部落之间。"在西非洲，判威人并不把木刻和织布当作固定的职

---

① ［美］约翰逊、厄尔：《人类社会的演进：从游群到农业国家》，易建平《部落联盟与酋邦》，第282—283 页。

② ［英］马林诺夫斯基：《西太平洋上的航海者》，张云江译，中国社会科学出版社 2009 年版，第128 页。

③ ［英］马林诺夫斯基：《西太平洋上的航海者》，张云江译，中国社会科学出版社 2009 年版，第28 页。

④ 《马克思恩格斯选集》第 1 卷，人民出版社 1995 年版，第 82 页。

业，无非捕鱼种地之余偶尔做做罢了。但是在这个范围以内，各人都是专家。一个人既做凳子就不做弓弩，做木匙就不做木勺。这种心理有利于技术的专精，也有利于交易的发生。往往整个的村落或部族专精一业，这就产生了境外贸易。在新几内亚，只有散处的少数村落专做陶器，但是他们的产品往往由船只传到离产地千里以外的地方去。在南美洲北部，一个部族造船，第二个部族织绳床，第三个部族供给棉花，第四个部族专门制造箭头毒药。"①

第四节　部落时代的酋长制度

部落酋长的情况千差万别，中国缺乏远古部落时代的详细记载，我们可以通过一些国外民族调查的实例对部分部落酋长的政治特征进行简单的归纳。酋长随着部落规模变大、组织体系的严密化、层级化而出现数量、等级、权力方面的变化。

一、平等部落酋长

部落内部已经出现年龄和性别分工，有些部落也有职业分工出现，权力专门化、世袭化造成部落社会后期的社会分层现象。部落时代虽有部落之间的争斗，但不存在暴力统治。努尔人没有任何政府，他们的情形可以描述为一种有序的无政府状态。部落里有一种称为"豹皮酋长"的人物，他出身并不高贵，只是充当部落纠纷的仪式性调解人物，并无特殊权威。值得注意的是，努尔人中还有一种认为被天上的神灵附体的"估客"（guk），他们治疗人畜疾病，"常常就牛疫及其他事件进行预言，并领导努尔人对丁卡人进行征讨"，袭击行动是以神灵的名义发动，从神灵指示中得到袭击的时间和目标，战前要举行公祭以求神灵保佑战争胜利，战后"估客"要以祭品的名义首先取走一部分战利品，然后再监督战利品的分配。由于天神在"估客"死后会附体在其子身上，政治领导的世袭制度开始出现。②

①　[英] 罗伯特·路威：《文明与野蛮》，吕叔湘译，三联书店 2005 年版，第 295、296 页。
②　[英] 埃文思·普里查德：《努尔人》，褚建芳等译，华夏出版社 2002 年版，第 212—218 页。

二、阶等部落酋长

20世纪初，特罗布里恩群岛的土著处于阶等部落的阶段，酋长有巨大的权威，"当奥玛拉卡纳大酋长走近时，还没有哪个特罗布里恩土著敢站着"。"如果有谁冒犯了他的权威，酋长就召唤巫师，命令使用黑巫术将犯人处死。""只有在极端的情况下，酋长才会直接把惩罚强加给犯人。他有一到两个世袭亲信，其职责便是杀死那些极其严重地冒犯酋长的人，这种冒犯严重到只有处以死刑才算足够惩罚的程度。"① 大酋长之下还有村落酋长，他们都实行家族世袭制。我国历史上有些少数民族的政权与之阶等部落相似。先秦时期，西羌"不立君臣，无相长一，强则分种为酋豪，弱则为人附落，更相抄暴，以力为雄"。西羌处于部落时代和封建时代的过渡期，当时没有正式的君臣关系，但已经有酋豪和附落的区分。汉代的乌桓"俗善骑射，弋猎禽兽为事。随水草放牧，居无常处"。"有勇健能理决斗讼者，推为大人，无世业相继。邑落各有小帅，数百千落自为一部。大人有所召呼，时刻木为信，虽无文字，而部众不敢违犯。氏姓无常，以大人健者名字为姓。大人以下，各自蓄牧营产，不相徭役。""其约法：违大人言者，罪至死；若相贼杀者，自相报，不止，诣大人告之，听出马、牛、羊以赎死；其自杀父兄则无罪；若亡畔为大人所捕者，邑落不得受之，皆徙逐于雍狂之地，沙漠之中。"② 部落大人"无世业相继"说明乌桓部落联盟首领是民主选举产生，不能世袭。"不相徭役"说明当时公共财政还很微弱。不过大人有令，部众不敢违犯，违大人言者罪至死，说明等级制度已经形成。

三、部落联盟酋长

部落时代有些地方出现部落联盟。根据摩尔根对易洛魁人由五个部落组织的部落联盟的描述，部落联盟有以下几个特征：部落联盟会议由某一部落召集，会议由50名首领参加，这些人也是各个部落、氏族的首领，部落之间完全平等，每一项公共法令必须得到联盟会议的一致通过始为有效，联

---

① ［英］马林诺夫斯基：《西太平洋上的航海者》，中国社会科学出版社2009年版，第30—31页。
② 《后汉书》卷九〇《乌桓传》，第2979页。

盟只处理公共事务，部落内部事务由各部落自行处理。联盟无最高行政长官或正式首脑。联盟设立两个军事统帅，共同指挥对外战争。部落联盟的主要职能是共同从事军事行动，如袭击敌对部落或对付外来侵略者时采取一致行动。部落联盟的根本特征是"平等性"和"无政府性"，部落之间是自愿的联合，联盟只有一种部落间的临时协调的机制，没有任何强制力。我国五代时期，北方游牧民族契丹实行过部落定期推选酋长的制度。史书记载称"契丹之先大贺氏有胜兵四万，分为八部，每部皆号大人，内推一人为主，建旗鼓以尊之，每三年第其名以代之"①。有人认为，契丹王不过是一个部落联盟的首领而已。也有一些地方出现过高级的长期性部落联盟，并且出现世袭的部落联盟首领，这个时候的部落联盟体已经非常接近国家的特征了。20世纪30年代，我国四川省西北部的部落联盟"瓦须色达"曾拥有60多个部落，联盟头人称瓦须总官，"瓦须"是色达官宦家族之意。瓦须总官及各部落首领均为世袭制。瓦须总官无收税的规定，也未向任何人收过税，无更多的收入来源，只收官司裁决费。诸部落首领无固定的职数，但一般为1—3名。部落下设若干个十邦。十邦之头称"十官"。每十邦为5—12户，而每一邦一般则由同骨系的牧户组成。十官不完全为世袭制。本部落中能力较强、众人反映好的族人，总官征求部落头人和部分老者意见后，可直接书面委任为十官。②

四、中国部落酋长的传说

我国传说在有巢氏、燧人氏、伏羲氏、神农氏时代就出现了"王天下"的政治体系，但除一条"神农伐补遂"的记载外，尚无更多使用暴力手段的证据，中国古代文献有大量此类记载。《商君书》言："神农之世，公耕而食，妇织而衣，刑政不用而治，甲兵不起而王。神农既没，以强胜弱，以众暴寡，故黄帝作，为君臣上下之仪，父子兄弟之礼，夫妇妃匹之合，内行刀锯，外用甲兵。""宓戏（即伏羲）、神农教而不诛，黄帝、尧舜诛而不怒。"《淮南子·泛论训》说："神农无制令而民从"，"神农、伏羲不施赏罚而民不

---

① 赵志忠：《虏廷杂记》，《资治通鉴》卷二二六《后梁记一》胡三省注引，第8677—8678页。

② 益邛：《色达部落习惯法述略》，《中国藏学》1996年第2期。

为非。"《淮南子·主术训》也说："昔者神农之治天下也……养民以公，其民朴重端悫，不忿争而财足，不劳形而功成，因天地之资而与之和同，是故威厉而不杀，刑错而不用法省，而不烦故其化如神。……当此之时，法宽刑缓，囹圄空虚，而天下一俗，莫怀奸心。"神农时期已经有了权威世系。《吕氏春秋·慎势》称，神农十七世有天下，宋人《路史》则记载了十五代炎帝，其中第一代姓伊耆，名轨，第二代烈山氏，名柱，推广了神农氏的农业技术。第六代炎帝名魁，在位期间曾发生质沙氏反叛的事件。第十五世炎帝参卢氏名榆冈，先后败于蚩尤和黄帝，失去了统治天下的地位。这些记载虽系传说，但也反映出，神农氏末期已经处在由部落向国家形成的过渡时代，部落之间爆发了战争。由以上记载可知，神农时代可能接近西方学者描述的酋邦社会，塞维斯说："酋邦拥有集中的管理，具有贵族特质的世袭的等级地位安排，但是没有正式的、合法的暴力镇压工具。组织似乎普遍是神权性质的，对权威的服从，似乎是一种宗教会众对祭司——首领的服从。如果承认这样一种非暴力的组织占据进化的一个阶段，那么国家的起源问题……就大大简化了：国家制度化的约束手段就是使用暴力。"[1]

第五节　部落时代的公职制度

一、政府雏形、管理报酬和公共财政的出现

部落社会早期阶段，部落只是一个近亲群体，并不是一个政治组织，也没有头人。但随着部落交往、冲突的加剧，部落政治化、组织化，部落出现头人或大人、酋长。有些地方甚至出现了兼职化的权力机构，如长老会议、成年男子会议，这些会议可能充当临时法庭或立法机构。在南太平洋的蒂科皮亚岛，酋长的兄弟和近亲表兄弟有特别的称号"马鲁"（庇护者），他们专司执行酋长的决定和维持地方治安[2]，部落时代后期，临时性、平等性部落联盟也开始出现，国家立法、行政（元首）和地方机构雏形已经隐含其

---

[1]　Elman R.Service, Origins of the State and Civilization: The Process of Cultural Evolution, New York: W.W.Norton &Company, 1975, p.16.

[2]　[英] 雷蒙德·弗思:《人文类型》，费孝通译，华夏出版社 2002 年版，第 113 页。

中了（见表2–1）。永久性、等级化的部落联盟或部落联盟联合体部落社会发展到末级阶段才出现，这个时期部落社会开始国家阶段发展了。

表2–1 部落时代的政治机构示意

				部落联盟会议	部落联盟酋长
		部落会议	部落酋长	部落会议	部落酋长
氏族会议	区落酋长	氏族会议	区落酋长	氏族会议	区落酋长
家族会议	村落酋长	家族会议	村落酋长	家族会议	村落酋长
初级部落		中级部落		高级部落	

随着部落管理事务的增多，部落首领和一些管理人员逐渐脱离生产劳动，并通过管理活动获取报酬，有些部落还出现公共财政。努尔人中，牛被偷走的人可以请"豹皮酋长"与他一起把牛要回，"过后，失主敬献给酋长一只小羊或小牛，除非自己是一个非常穷的人，这时他可以什么也不给酋长"[1]。特罗布里恩群岛大酋长通过娶众多妻子积聚财富，"在过去，奥玛拉卡纳酋长的配偶有40位之多，他收到的进贡作物就占到了基里维纳园圃生产总量的30%—50%。即便现在他的妻子数目只有16位，他还是拥有巨大的仓储室，每当收获季节，这些仓储室都会把薯蓣装满到屋顶。"[2]当然，这些财富实际上只是用于公共支出，如部落集会、远程航行、制造独木舟等。《路史》记载，"炎帝承，帝临息也。其政因民之仞，发虚土，监贾区，储偫废举，以符其诡。盖五百而始收，于是贡胥之法行焉。"盖五百，有本作"盖百五"，即5%的税率。有人解释说："（炎帝）承设贡赋之制，二十取一而储偫之法行。"[3]这个传说表明，我国部落时代的后期可能已经出现了公共财政的萌芽。

---

[1] [英] 埃文思·普里查德：《努尔人》，褚建芳等译，华夏出版社2002年版，第186—187页。

[2] [英] 马林诺夫斯基：《西太平洋上的航海者》，张云江译，中国社会科学出版社2009年版，第30页。

[3] （明）沈朝阳：《通鉴纪事本末前编》（明万历四十五年唐世济刻本）卷一。

二、贵族政治

部落及部落分支存在着不同氏族或部落混合现象。北非的努尔人部落有一个支配氏族（迪尤），但大量外族人口是通过移居和"俘房收养"进入该部落，获得了与支配氏族相同的政治地位。努尔人袭击丁卡人，被俘获的女孩子并不被收养到宗族中去，但人们会说他已经被赋予了得到聘礼的权利。她的孩子也要成为与聘牛有涉的人。这就是说，"在她出嫁或她女儿出嫁时，她在其中被养大的那个家庭的儿子们将会得到兄弟与舅辈应得的那份牛。作为回报，她和她的儿子也可以要求得到姑辈与姨辈应得的那份牛。"①所谓支配氏族或贵族的高贵，主要表现在仪式上或威望上，而不是权力上。在努尔人中起到重要作用的"豹皮酋长"和"估客"都不是出身贵族。只不过，在"东吉坎尼"诸部落中，对于一个被杀的"迪尤"（即贵族）的亲属所偿付的牛必须要多于被杀的"孺"或"扎昂"（即外族人或丁卡人）的亲属。因此，在部落的政治中，主要宗族并不一定是政治权威，但对部落政治有重要影响。

三、年级制度

年级也称为年龄组或年龄级。部落时代比较流行年级制度，就是部落内部每隔若干年集中为达到成人年龄（一般为14—18岁）的成员举行"成丁礼"，这批年龄接近的人就构成一个年级。在努尔人那里，从一个年级开始到下一个开始之间的平均年限可以认为是10年。一个人与其长子之间一般要隔有两个年级。祖孙三代人要跨越六个年级。在努尔人那里，年级并不是政治制度，年级通常受到部落单元（一级支、二级支、三级支）的影响，军事、政治活动首先是以部落分支为单元，而非以年级。但在其他的部落里，年级也构成一种政治单元。人们根据年级将部落成员划分武士和长老级别。例如，根据1909年的调查，肯尼亚的南迪族将男子分成七级，各级的人相差不到10岁。成人典礼每隔七八年举行一次，10岁到20岁的男孩子都可以参加，实际上参加的人大多数在15—19岁之间。男子参加典礼后即

---

① ［英］埃文思·普里查德：《努尔人》，褚建芳等译，华夏出版社2002年版，第256页。

进入年级中的第二级"战士级"，大约四年后，"南迪人要举行一种由年长者向低辈的战士'移交国家'的典礼。典礼上要宰一头白色的阉牛献祭。退出战士生活的一辈人，脱下他们的外套，穿上长者的衣服。长者庄严地向开始掌权的战士宣告：父老和人民的土地由他们来负责保卫了。""长者负责提出和维护法律。作为战士，年轻人可以和女人发生正常的性关系，但是不能结婚，也不能生孩子。"当然各个部落的年级制度并不完全相同，"在草原印第安人中，有五个部落是按年龄组合的。它们是希达察人、曼丹人、阿拉帕霍人、格罗斯文特人和黑脚人。在希达察部中，有大约二十个年龄组。它们都有自己的名称，如石斧、小狗、小猫狸、剃半边天和黑嘴等。各组都有自己的标志和徽章、特别的舞蹈以及特有的职责和权利。如石斧组有权在公开声明之后偷食物；黑嘴组当警察。大多数组都鼓励其成员勇敢善战。每个组的成员资格，或更恰当地说，每个组的所有权，是由同年龄组的一群人向较年长的一群人购买来的。"[①]中国历史上也存在类似的年级制度。《礼记·曲礼上》载，"人生十年曰幼，学；二十曰弱，冠；三十曰壮，有室；四十曰强，而仕；五十曰艾，服官政；六十曰耆，指使；七十曰老，而传"。这就是古代年级制的遗存，它规定了不同年级的权利和义务。例如20岁举行"冠礼"，相当于成为"战士"，30岁结婚，相当进入长老级，这种10年一级的规定，与非洲年级制有相通之处。

年级也是一种通婚级别，部落一般只允许同一年级的人相互通婚。氏族外婚是游群和部落时代比较重要的制度，至部落时代则日趋严格。婚姻一般被限制在不同氏族、但同一辈份的男女之间。18世纪末澳大利亚土著居民的婚姻制度，有"二代循环"和"两组二代循环"两种类型。前者指A族和B族通婚，每族又分A、B两代，A代人和A代人通婚，子女为B代人，B代人和B代人通婚，子女为第二代"A"代人，爷、孙辈名相同。例如，新南威尔士东北部卡米拉罗依部落即是如此。其一个胞族有穆利、库比两辈，分别与另一胞族孔博、依摆两辈通婚，穆利与孔博婚后子女从母为库比或依摆。库比与依摆通婚子女复为穆利或孔博（二代）。两组二代循环婚制较二代复杂一些。指A族和B族通婚，每族又分A、B两组，每组又

---

①　[英]雷蒙德·弗思：《人文类型》，费孝通译，华夏出版社2002年版，第80页。

分 A、B 婚级，同代通婚，每组对应婚，各是二代循环。澳大利亚北方阿兰人就实行如此婚制。A 族 A 组 A 婚级帕农加的男子固定娶 B 族 A 组 A 婚级普鲁拉女子，所生子女为阿崩格尔塔婚级，阿崩格尔塔婚级男子固定娶 B 族库马拉婚级女子，所生子女是帕农加婚级。同样，B 族普鲁拉男子固定娶 A 族帕农加女子，所生子女为库马拉，库马拉婚级男子固定娶阿崩格尔塔女子，所生子女为普鲁拉。B 组两族通婚情况与 A 组相同。如下图所示：

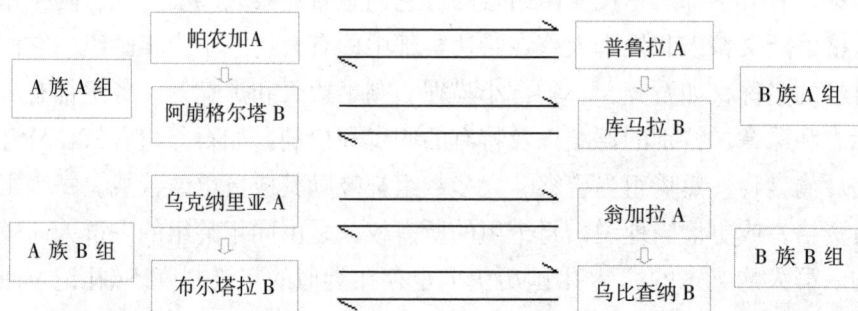

图 2–4　澳大利亚氏族年级婚姻示意

澳大利亚初始部落婚姻关系与中国古代伏羲定八卦有异曲同工之处。上述族别、组别、辈别关系自下而上用阳爻（A）和阴爻（B）表示就形成八卦。

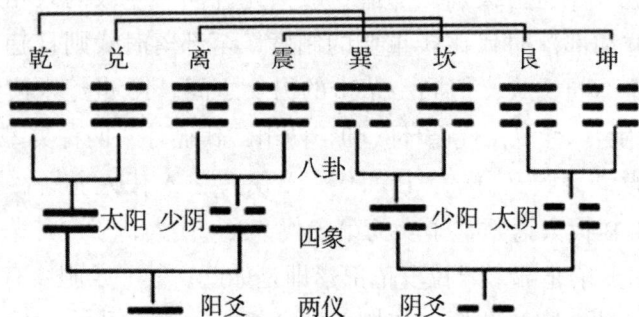

图 2–5　年级婚姻与八卦符号关系示意（图上部的连线表示通婚关系）

由此可知，四象可能是古代两两通婚的四个胞族（太阳与少阳，少阴与太阴）每族内各有两个婚级或年级，八卦代表了相互通婚的八个婚级（上图连线代表通婚）。婚级制与中国古代的昭穆制度相合，先秦时期祖先辈份排列，始祖居中，二、四、六位于始祖之左方，称"昭"；三、五、七位于始祖之右方，称"穆"，后代子孙祭祖时站位排列也遵守此规则。左昭右穆可能是古代婚级的区别方法。当然部落的婚姻形态实际上多种多样，如有的氏族间实行循环婚，A 族女子嫁给 B 族男子，B 族女子嫁给 C 族男子，C 族女子嫁给 A 族男子。实行什么样的通婚规则要看部落氏族数量及其人数多少而定。

中国春秋时期人们谈到的"同姓不婚"，就是部落时代族外婚的遗俗。《左转·僖公二十三年》载："男女同姓，其生不蕃。"《国语·晋语》说："同姓不婚，惧不殖生。"同姓不婚实际是近族不婚，并非古人有所谓优生观念，这实际上是一种政治婚姻。氏族通过外婚可以扩大和加强同外族的友好往来，减少彼此冲突，有利于自身的发展。由此可知，伏羲画卦，实际上也是部落社会复杂通婚规范的反映。

四、性别制度

摩尔根认为，一夫一妻制家庭是氏族解体后才出现的，在此之前人类曾经历血婚制、伙婚制、偶婚制和父权制家庭四种形式。按照他的观点，血婚制、伙婚制属于蒙昧社会（即游群时代），而伙婚制一直继续到低级野蛮社会；偶婚制属于低级和中级野蛮社会；父权制（专偶）属于高级野蛮社会（即部落时代），并继续到文明社会[1]。根据他的观点，人类历史上曾经有过一段普遍的母系社会（即偶婚阶段），女性在生产中处于支配地位，政治地位也较高。现在有学者认为，摩尔根所列不过是特殊例子（尽管有一定的数量或代表性），人类自始就是一夫一妻制家庭主要形态。也就是说部落时代的基本婚姻形式是一夫一妻制，但也存在其他多种多样的婚姻形态。从考古上看，我们可以看到体现夫妻生活的小房子出现在裴李岗文化中，内蒙古兴隆沟遗址最大的一处距今约 8000—7500 年。2001—2003 年共发掘房址 37 座、居室墓葬 26 座（有夫妻合葬），专家们通过对房址内人体骨骼的鉴定分析，大致作出这样的推断：每个房址为一个单位，构成了最基层组织，就是今天的一个家庭；每一排房址组成血缘关系，相近的几排可能是同一个家族；一

---

[1] ［美］摩尔根：《古代社会》下册，杨东纯等译，商务印书馆 1997 年版，第 466 页。

个村子有很多不同的家族组成，在村落四周修建一条围壕为界定，组成了一个原始部落；几个部落连在一起，组成了一个社会集团。其中一个部落是这个集团的中心，干沟子河两岸有 5 处兴隆洼同类文化遗址，而北城子遗址正是在中心部位，它很可能是这个社会集团的中心聚落。这些证据说明一夫一妻制家庭至少在部落时代中期已经出现，比摩尔根的推测要早。民族学调查显示，中国有些少数民族存在过母系大家庭（实行走婚或女娶男嫁）和伙婚家庭（一夫多妻、一妻多夫、多夫共多妻），这可能也是部落时代的部分婚姻的变形，它能否构成人类历史上的一个普遍性阶段，尚无充分证据。根据目前一些学者的看法，人类历史上并不存在一个母系社会向父系社会演化的阶段。汪宁生这样说道：

> 像易洛魁人这样的母系社会，是否为人类社会必经阶段？自 1861 年，J.J. 巴霍芬发表《母权论》一文，首倡母系先于父系为人类社会进化两个阶段之说；摩尔根以易洛魁人母系社会为实例，又对此进一步论述。后得到马克思和恩格斯的肯定和阐发，这一说法遂成为马克思主义历史观的一个组成部分。大量的人类学资料表明，在世界各民族之中，实行母系的仅占 15% 左右，多半发生在农业较为发达社会之中，在以狩猎、采集或游牧为生的社会中，很少实行母系制度。如众所知，人类最早是以狩猎、采集为生的，以后才有农业的发明。很难想象，像易洛魁人这样经营农业的母系社会曾是人类较早的社会形态。再以易洛魁人本身的历史发展来看，新的研究表明易洛魁人最早实行的并不是母系，而可能是两可系，后来才发展为母系，甚至是在与欧洲人接触以后才逐步加强的。
>
> ……摩尔根《古代社会》一书首先提出后经马克思、恩格斯充分肯定的原始社会发展模式，今天看来已很难成立。在《古代社会》一书出版 14 年以后，恩格斯即已承认在新的材料面前，"摩尔根某些假说已被动摇，或甚至被推翻了"[①]。从那时起又过去一百多年，今天有更多新的材料表明，这一原始社会发展模式本身，即人类从母系到父系的

---

① 《马克思恩格斯选集》第 4 卷，人民出版社 1972 年版，第 16 页。

发展，已需要更新考虑。①

人们通常将"情人交往"与"结婚成家"的行为混淆。前者是一种"生物性"行为，后者是"社会性"、"经济性"、"政治性"行为。人们的"情人交往"和"结婚成家"有时候呈现分离状态。新中国成立初期我国云南永宁县的俄亚村，流行找性朋友——安达，结婚后很长时间夫妻也不发生性关系，而在外面找各自的安达，丈夫不管妻子，妻子也不管丈夫，事实上也没法管。按当地纳西族的说法："夫妻搭伙不同房，安达同房不搭伙。"②搭伙指共同的经济生活，同房指两性生活。他们结婚主要出于经济上的目的，有句谚语说："好吃的不好看，好看的不好吃。家里的婆娘要心好，外边的安达要脸面好。"摩尔根将人类"情人交往"当作婚姻家庭形态，事实上在他描绘的"血缘家庭"、"群婚"之下，都有真正家庭的存在，被他忽略了。

专偶制家庭在游群时代就存在，部落时代也占主导地位，伙婚家庭和走婚家庭也有，但它们的普遍性是值得怀疑的。摩梭族的"走婚家庭"常被认为是母系社会的证据，事实证明它并不是原生的婚姻形态。摩梭人，史称摩沙、么些，是古代羌人的后裔，很早就实行父系制度，也有"家庭"。《后汉书·西羌传》载："西羌之本，出自三苗，姜姓之别也。其国近南岳。及舜流四凶，徙之三危，河关之西南羌地是也。……其俗氏族无定，或以父名母姓为种号。十二世后，相与婚姻，父没则妻后母，兄亡则纳釐嫂。"可见早在先秦时期，羌人就已经是父系社会了。明代人也记载："么些人……婚姻亦以牛羊为礼。"③也表明他们开始并非母系社会，母系极有可能是外来文化影响的结果。据有学者考证，摩梭人互相称性伙伴为阿夏或阿肖，"这一称呼为外来语，准确讲是藏语。甘南藏族自治州一带的藏族就称男女情侣为'阿肖'。"④当然，我们见到的"走婚家庭"只是摩梭人的局部现象，古人尚未注意，这也是情理之中的事情。云南木里县利家嘴的母系遗存也有类似的情况。当地居民认为他们是成吉思汗的后代，属于蒙古族，是 13 世纪忽必

---

① 汪宁生：《文化人类学专题研究：关于母系社会及其他》，敦煌文艺出版社 2007 年版，第 32—33 页。

② 宋兆麟：《伙婚与走婚——金沙江奇俗》，云南人民出版社 2003 年，前言第 1 页、正文第 59、66 页。

③ （明）曹学佺：《蜀中广记》卷三四《宁番卫》。

④ 白庚胜：《摩梭为"母系社会活化石"说质疑》，《云南民族大学学报》2003 年第 6 期。

烈进军云南在此驻军留下的后代。蒙古族唐代称为室韦，当时已经男娶女嫁。《旧唐书》载，"室韦者，契丹之别类也"。"其国无君长，有大首领十七人，并号莫贺弗，世管摄之，而附于突厥。兵器有角弓楛矢，尤善射，时聚弋猎，事毕而散。其人土著，无赋敛。或为小室，以皮覆上，相聚而居，至数十百家。刬木为犁，不加金刃，人牵以种，不解用牛。""婚嫁之法，男先就女舍，三年役力，因得亲迎其妇。役日已满，女家分其财物，夫妇同车而载，鼓舞共归。"① 由此可知，摩梭、利家嘴母系家庭的遗存只是婚姻家庭的变异形式，并不能成为母系社会原生性、普遍性的证明。

　　过去常将母系与母权联系起来。现在发现有越来越多的事实证明，母系与母权没有必然联系。历史上不存在一个母系时代，母权时代就更是无从谈起。游群部落时代存在男女分工，最初只是在生活、生产过程中自然形成的，随着公共事务的增多，男女逐渐出现了政治上的分工。在游群部落之间发生冲突时，通常由男子充当战士，但是当游群部落需要媾和或聚会时，女人则往往充当重要角色。

　　游群时代和早期部落时代，男女基本上是平等的，随着部落冲突的频繁和升级，男子的政治地位上升，社会进入男权时代，即使是在母系部落里，男子同样扮演主要政治角色，例如大酋长、村落酋长一般都由男子担任，只不过职位传袭不是父传子，而是舅传甥。涉及战争、迁徙等部落大事一般也由男子会议作出决定。恩格斯曾经说过，在部落社会末期，亲属部落融合为民族，"军事首长、议事会和人民大会构成了继续发展为军事民主制的氏族社会的各机关。其所以称为'军事'，是因为战争以及进行战争的组织现在已经成为民族生活的正常功能。邻人的财富刺激了各民族的贪欲，在这些民族那里，获取财富已成为最重要的生活目的之一。他们是野蛮人：掠夺在他们看来比劳动获得更容易甚至更光荣。以前打仗只是为了对侵犯进行报复，或者是为了扩大已经不够的领土；现在打仗，则纯粹是为了掠夺，战争成了经常性的行当。""掠夺战争加强了最高军事首长以及下级军事首长的权力；习惯地由同一家庭选出他们的后继者的办法，特别是从父权制实行以来，就逐渐转为世袭制，他们最初是耐心等待，后来是要求，最后便僭取这

---

① 《旧唐书》卷一九九《北狄·室韦传》。

种世袭制了。世袭王权和世袭贵族的基础奠定下来了。"于是"一个自由处理自己事务的部落组织转变为掠夺和压迫邻近部落的组织"，"这样，我们就走到文明时代的门槛了。"① 恩格斯清晰地描绘出了男子在由部落社会向国家社会过渡的过程中扮演的角色，战争过程用来说明男子地位上升同样也有充分的合理性。

第六节 部落时代的邑聚制度

一、部落时代前期居住形态的演进

人类的居住形态和分布特点与他们所处的经济模式有密切关系，农业社会由于耕作方式的不同，人们的居住和分布特点也有所不同。一般的看法是，新石器时代早期（前 10000—前 7000 年），我国农业处在火耕阶段；新石器时代中期（前 7000—前 3000 年），农业经济已经从火耕农业发展到锄耕农业阶段。锄耕农业和火耕农业的主要区别是，翻土耕种、熟荒耕作。② 也有学者曾经推测："半坡类型时期基本上仍停滞在砍倒烧光农业阶段，而到庙底沟类型时期则已基本上进入锄耕农业的方式。"③ 火耕农业的特点是，通过用砍伐、焚烧的手段清理地面，化草木为肥，不必进行翻地，采用撒播和点播方式播种。由于不施肥，开垦的土地连续使用的时间较短，一般只有两三年，甚至只有一年，便肥力下降，不能再种庄稼。所以火耕需要经常换地，又叫游耕。火耕阶段的民族有三种居住方式：有定期迁移住地的，有两居制的，也有完全定居的。第一种方式以我国新中国成立初期云南哀牢山区的苦聪人为代表。据记载：

> 居住在金平县原始森林中的苦聪人，每当收获季节，便从原居地迁往收获地居住，第二年又迁到第二块收获地，如此游耕，范围可达

---

① 恩格斯：《家庭、私有制和国家的起源》，《马克思恩格斯选集》第 4 卷，人民出版社 1995 年版，第 164—165 页。

② 张之恒：《中国新石器时代考古》，南京大学出版社 2004 年版，第 9—10 页。

③ 白寿彝：《中国通史》第 2 卷，上海人民出版社 1994 年版，第 112 页。

数百公里之阔。一般情况下他们都会在每年的秋季迁徙，如居于甲地
但耕地在乙地（两者相差一定的距离），待秋季玉米成熟便离开甲地迁
往乙地并驻扎下来，边收获边吃，乙地即休耕并成为新居不再种地，
耕地又选择在丙地。待至秋季玉米成熟了，便又离开乙地迁往丙地，
在土地分布较远，交通十分困难的情况下，就地而居，就近耕作，能
够减少长距离往返劳作的能量消耗。如此年复一年的迁徙，都是沿着
河水的发源地循环迁移。①

　　苦聪人的耕作方式是最原始的一种，耕地一年一换，所以苦聪人只能
随开辟的耕地而迁，新居选定后，便砍树砍竹并采摘芭蕉叶搭建非常简单的
住房，这种住房用芭蕉叶和树枝仅用几小时即可搭盖而成。苦聪人实行的是
一年一迁的短期定居方式。

　　第二种方式以新中国成立初期的拉祜族为代表。拉祜族主要分布在澜
沧江流域的思茅、临沧以及西双版纳傣族自治州、红河哈尼族彝族自治州。

　　　　游耕农业生产方式使拉祜族形成一种奇特的"班考"制度。其特
　　点是有两个居住地。一个是相对稳定的村寨住地；另一个是随耕地不断
　　迁徙的临时住地，拉祜人称之为"班考"。每年烧种和收获季节，拉祜
　　人便到各自的临时住地"班考"居住，直到整个收获完毕再返回村寨
　　固定住地。②

　　这种"两居"制，具有一定的普遍性，生活在北非的努尔人，在20世
纪初仍处在游牧渔猎阶段，他们在雨季住在离河岸较远高地上的村落里，经
营少量的园耕；到了旱季则迁往离河岸较近的平原湖泊地带，扎营居住，从
事放牧、狩猎和捕鱼活动。一年两季，循环迁居。③ 两居制在中国历史上
也曾存在过。《汉书·食货志》记载西周时期的情况，"在野曰庐，在邑曰

---

①　郭锐、刘芳：《民族学文化转型与文化适应》，《黑龙江民族丛刊》2004年第4期。
②　李根：《从游猎到游耕：拉祜族传统生产方式的发展与演变》，《广西民族学院学报》2000年
第5期。
③　[英]埃文思·普里查德：《努尔人》，褚建芳等译，华夏出版社2002年版，第72页。

里。……春令民毕出在野，冬则毕入于邑。"田野中的临时住所称为"庐"，相当于拉祜族的班考，而"里"则相当于村寨或居住区，是居民的长期住所。这可能是早期居住习俗的遗留。

第三，实行完全定居的是新中国成立初期的基诺族。基诺族生活在云南省西双版纳傣族自治州内的原始森林中，处在火耕农业阶段。

> 以巴亚寨为例，这里的山林按惯例分为十三大片，每年砍伐其中的一片，一般耕种一年即丢荒，十三年后这里又长出茂密的森林，又轮到它被砍伐耕种。[1]

基诺族放弃的土地，在 13 年后可以重新利用，这与锄耕农业的休耕制度比较接近了，不必不断开垦新地，所以基诺族世代居住在山寨里，不再随地迁居。

从以上分析可以看出，游耕和游居并不是一事。游耕只是耕地的变动性大、游动性大而已，它不一定导致"游居"。[2] 从考古发现的居住形态来看，新石器时代中期，中国一些地方已经发现了一些房屋和村落遗址，这说明人们处在由火耕农业向锄耕农业发展的过程中，已经开始长期定居，这与民族学材料反映的情况是一致的。

还有一点需要说明的是，人们的居住区与人口分布区域并不是同义语。居住地是人们生活的地方；而人口群体的分布区域，是人们维持生计，如狩猎、采集、捕鱼、耕作、放牧所需要的空间。群体分布区域比居住地要大得多。我们在游耕民族中看到，有些民族已经实行完全定居，如基诺族和拉祜族，有的民族还处在不断徙居的状态，但是任何一种居住方式的民族都有固定的人口分布区域，只不过生产方式落后的民族维持生计需要的空间较大，生产方式先进的民族需要的空间较小而已。同样的道理，居住地的迁徙也不能与人口迁移混淆起来，原始狩猎群体和游居群体，他们的迁徙都是在一定的范围内进行的，他们的整个生存空间并没有变化，所以他们居住地的变化

---

① 周新文、陶联明：《基诺族不是"游耕""游居"民族》，《民族研究》1997 年第 3 期。
② 石奕龙：《基诺族是游耕民族而非游居民族》，《民族研究》1999 年第 5 期。

并不是人口迁移。

氏族部落群体定居下来，就形成聚落。聚落的雏形是游群使用的村庄或营地，容纳人口可能只有十余人或数十人。随着农业的发展，聚落开始普遍发展起来，聚落的人口规模也有不断扩大的趋势。新石器时代前期的裴李岗文化、磁山文化、后李文化、大地湾文化以及彭头山文化等都已经出现了农业聚落。不过聚落规模都很小，面积多在5万平方米以下，甚至有的只有数千平方米，聚落内的人口估计也不会太多，大概只有几十人。新石器时代中期的聚落已经出现统一规划布局的趋势。仰韶时期，聚落发展进入繁荣阶段，聚落数量明显增多，聚落规模也明显增大。姜寨一期的遗存约5万平方米，显示出氏族——家族——小家庭三级结构，与聚落——房组——小房子的布局相对应。小家庭的人口约为三四人，家族人口50—100人左右，整个聚落由5个家族构成，人口约有四五百人。不过学术界对姜寨聚落人口规模的认识还有分歧，但大致估计都在100人到500人之间。这个规模相当于普通村落的大小。

二、部落时代后期聚落的等级化、群团化

仰韶时代后期，我国已经出现聚落等级化、群团化趋势，出现规模不等的聚落① 以及聚落——聚落群二级或聚落——聚落群——聚落群团三级地方行政组织，这些地域组织大体上与氏族——部落——部落联合体对应，社会呈现了金字塔形的等级结构，也与文献中所说的"都邑聚"有某种程度的对应关系（见图2-6）。《史记·五帝本纪》载，舜由于特别有威望，许多人前来投靠他，致使他"一年而所居成聚，二年成邑，三年成都"。聚，就是村落，邑是更大的中心聚落，若干邑则构成都，都设有城郭、宗庙、集市，实际就是一个古代的城市。

据学者调查，中国海南黎族早期历史上的行政单位，有峒和村落二级，基本保留了原来的氏族部落组织。峒是由部落发展而来，村落基本是

---

① 许顺湛将聚落按面积大小分为四个等级：50万平方米以上的聚落称为特级聚落，49万至30万平方米的称为一级聚落，29万至10万平方米的称为二级聚落，9万平方米以下的称为三级聚落。见许顺湛《河南仰韶文化聚落群研究》，《中原文物》2001年第5期。

氏族成员居于一地形成的。从
地域上看，每个峒都有一定的地
域，通常以一个盆地为中心，以
山河为界，如报由峒，就是以报
由盆地为中心，千家峒以千家盆
地为中心，但是范围不限于盆地
村落，还包括盆地周围的村落。
峒有大小，大峒包括十几个小
峒，小峒只有一村或两三村。所
管户数也相差较大，"大者千余
户，小者百余家"[①]。峒有峒首或
头家，"以先入者为峒首，同入
共力者为头目，父死子继，夫亡

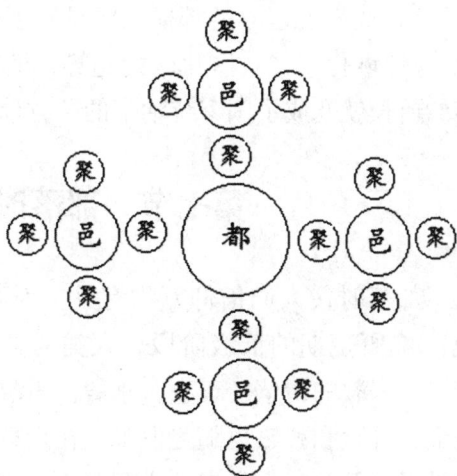

图 2-6　仰韶文化晚期都邑聚示意

妇任"[②]，"间亦有村人公举"[③]。峒首主要职能有召开会议、组织狩猎、处理
峒内纠纷，主持祭祖祭神活动，组织对外战争。峒首之下设大父老，管一
大村或几个村，由各村父老选举，任期两三年，如不能胜任，可以解除其
职务。这种土官享受薪水，还有一块"头家田"，收成由他使用，不当大
父老，则把田交回。他的职能是：维持社会治安；调解社会纠纷，"大事宰
猪，小事杀鸡"，吃顿饭，调解一下了了，但收取钱粮。每村设父老或寨
老管理村内事务，实为村长。有些村属于一个氏族，村长即族长。有些村
内有几个族，各有族长，如排齐村有两姓，每姓一族或两族，因此有三个
族长。[④]

　　中国部落时代"天下万邦"的描述，实际上就是各个部落散处、自治
的写照。在部落时代后期，社会已经进入酋邦阶段，按卡内罗的观点："酋
邦是一种由若干公社所组成的自治的政治实体，处于一个最高酋长的稳定
的控制之下。"有些地方的酋长甚至有权力"征募兵员或者劳动力，征集税

---

①　《太平寰宇记》卷一六九。
②　万历《琼州府志》卷八。
③　《海南岛志》。
④　李露露：《热带雨林的开拓者——海南黎寨调查纪实》，云南人民出版社 2003 年版，第 295—301 页。

收"①，或者说这时的部落已经具有了国家的某些特征，存在宗族组织等级化、"地域化"、"政区化"的趋势，随着部落融合、兼并的发展，部落、氏族的酋长就变成了国家统治下的"方伯"、"诸侯"、"里君"。

第七节　部落时代的文教制度

部落时代人们信仰万物有灵，因而产生自然崇拜和图腾崇拜。马克思说："在野蛮期的低级阶段，人类的高级属性开始发展起来。个人的尊严、雄辩、宗教的情感、正直、刚毅、勇敢，此时已成为品格的一般特质，但是残酷、奸险和狂热也随之俱来。在宗教领域里发生了自然崇拜和关于人格化的神灵以及关于大主宰的模糊概念。"在野蛮时代中期，"按教阶制发展起来的、有着服装特点的僧侣制，人格化的神和代表他们的偶像，以及以人作牺牲，也首次出现于这一时期。"②

一、图腾崇拜

图腾（totem），是记载神的灵魂的载体；是古代原始部落迷信某种自然物，认为其为氏族的祖先或保护神，而用来做本氏族的徽号图案或雕塑神像。图腾具有团结群体、密切血缘关系、维系社会组织和互相区别的职能。一般认为是产生在游群社会向部落社会的过渡时期。在游群社会，由于生产力低下，人们在严酷的自然环境里生存、繁衍，他们的生产方式主要是采集和渔猎。人们还不能独立地支配自然力，对自然界充满幻想和憧憬。他们对人类生殖繁衍的缘由也不清楚，以为自身的繁衍是动植物作用的结果，这是自然崇拜和多神崇拜。部落的图腾体系是部族血缘关系和社会分工强化的结果和写照，是由多神崇拜系统化的产物。随着生产力逐步提高，人们也逐渐形成了独立意识，从而在日常的生活中疏远了自己同动植物的亲属关系，进而产生祖先崇拜，图腾信仰转化成祖先的神话。图腾按照信奉组织的大小可分为：部落图腾、氏族图腾、家族图腾等。在特罗布里恩岛部落社会里，"图

---

① 卡内罗：《国家起源的理论》，转引自易建平《部落联盟与酋邦》，第241—243页。
② 中国科学院历史研究所：《马克思摩尔根〈古代社会〉一书摘要》，人民出版社1965年版，第54、56页。

腾氏族超越了政治和地域的区分，每一个氏族
都有一系列的连锁图腾。氏族内部相当团结一
致，其基础便是对图腾鸟兽共同亲缘的模糊感
觉，但更多则是许多社会责任，例如在举行一
些礼仪尤其是丧礼时，同一氏族的成员就会联
合在一起。但只有亚氏族（又称家族或种姓）
的成员之间才会有真正的团结一致。一个亚氏
族就是一个氏族在地域上的划分，其成员宣称
有共同祖先，也因此在身体特质上有真正的统
一性，他们都归属于祖先发祥的地方。确定的
社会等级观念也依附于这些亚氏族。比如图腾
氏族之一的马拉希族，就包括了最尊贵的塔巴
鲁亚氏族，还有一个最低贱的亚氏族，就是马
拉希族在卜沃塔卢地方上的那个分支。""其村
民既是令人鄙视的贱民、最令人恐惧的巫师，

图 2-7　徐州汉代画像石上的
太昊氏图腾——人首
龙身伏羲女娲像

也是该岛上最勤奋、技艺最高超的工匠。……根据传统说法，在靠近村庄
的地方，其始祖男巫师是以一种螃蟹的外形从泥中爬出来的。"① 远古时期，
中国大地上曾先后出现过很多部落，其中最著名的是渭河流域的炎帝部落、
黄帝部落，江淮流域的太昊部落，黄河下游的少昊部落。史称炎帝族首领
"牛首人身"，故有些学者认为炎帝部落以牛为图腾。黄帝，史称"为云师
而云名"，其图腾应为云。太昊部落则以龙为图腾，少昊部落以鸟为图腾。
根据《左传》的记载，少昊部落分为五鸟（凤鸟氏、玄鸟氏、伯赵氏、青
鸟氏、丹鸟氏）、五鸠（祝鸠氏、鴡鸠氏、鸤鸠氏、爽鸠氏、鹘鸠氏）、五
雉、九扈共 24 个氏族，这些鸟名带有图腾崇拜的性质。

二、祖先崇拜

祖先崇拜与图腾崇拜不同，图腾崇拜的对象主要是动植物，祖先崇拜

---

① ［英］马林诺夫斯基：《西太平洋上的航海者》，张云江译，中国社会科学出版社 2009 年版，第
32、35 页。

图 2-8 辽西牛河梁红山文化女神庙遗址

的对象主要是有功绩的远祖和血缘关系密切的近几代祖先。所以说，祖先崇拜也叫灵魂崇拜，是灵魂观念进一步发展后而出现的一种对死者灵魂加以崇拜的宗教行为。它通常包括鬼魂观念和崇拜仪式两个方面的内容，葬丧和祭祀是反映自然崇拜和祖先崇拜等鬼神观念的主要活动。红山文化是距今五六千年间一个在燕山以北、大凌河与西辽河上游流域活动的部落集团创造的农业文化。因最早发现于内蒙古自治区赤峰市郊的红山后遗址而得名。辽西东山嘴—牛河梁红山文化女神庙、祭坛、积石冢，形成一个互为联系的祭祀建筑群。女神庙出土大量泥塑人像残块，可辨别出至少分属 6 个人像个体。其中最小的如真人一般大小，主室出土的大鼻大耳竟等于真人的三倍。其中一尊较完整的人像头部，是五千年前用黄土塑造的女神形象，她与古代文献记载的掌管婚姻生育的高禖神形象比较接近①。祖先崇拜起源于对已故亲人的丧葬和祭祀的仪式。中国新石器时代考古学的资料显示，祖先崇拜至少可以上溯至新石器时代中期，其仪式也经历了一个长期的变化过程。其一是"集体祖先崇拜"，表现在陕西南部龙岗寺仰韶文化早中期的埋葬制度中。在这里，祖先包括这一社会团体中所有死去的成员；祖先崇拜仪式的举行，很可能也是代表着整个社会集团的共同利益。整个社会的成员，患难与共，没有贵贱高低之分。其次，正如仰韶文化史家类型（前 4300—4000 年）多人二次合葬所揭示的那样，某些女性死者从"集体祖先"中被排

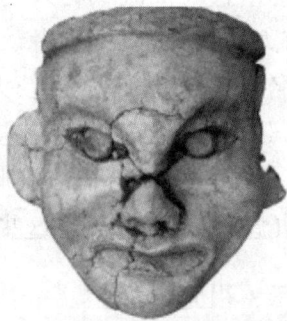

图 2-9 辽西牛河梁红山文化女神庙头像

---

① 《礼记·月令》云："仲春之月……玄鸟至，至之日，以太牢祀于高禖。天子亲往，后妃率九嫔御，乃礼天子所御，带以弓韣，授以弓矢于高禖之前。"

除出来。其余的死者则仍可以成为集体祖先的成员，而被他们的后代所祭祀。活动可能在扩大家庭或更大的亲属集团的不同社会层次上举行。尽管这个社会还被视为无等级社会，但是，基于个人对集体在经济和社会上的贡献大小，对待死者的处理方式在不同的社会次组织之间则是不平等的。[①]部落时代末期，各个部落、氏族、家族都已经建立了自己的祖先系谱和崇拜仪式，他们一串祖先名字的顶端都有一个神话传说，说他们的祖先是动物、植物或者石头之类的自然物变成的或者他们的母亲与动物、植物、石头交感而生的。墓葬、祭坛、神庙、祖庙、祠堂、祭祀、法器陆续出现，标志着自然崇拜、祖先崇拜达到了一个新的阶段。

三、部落习惯

部落或部落联盟内部已经出现习惯，违犯者不仅受到道德舆论的谴责，有的还要受到一定的惩罚。恩格斯在《家庭、私有制和国家的起源》中引述摩尔根的说法，把氏族内部的习惯归纳为：(1) 推选首领及首领的职权的习惯；(2) 关于撤换氏族首领的习惯；(3) 关于氏族成员婚配的习惯；(4) 关于氏族成员去世后对其财产如何处理的习惯；(5) 关于氏族成员间如何处理相互之间的关系以及如何解决同外氏族及其成员发生冲突的习惯；(6) 关于氏族名称以及氏族名称与氏族权利之间的关系的习惯；(7) 关于收养外人入族的习惯；(8) 关于氏族节日及其礼拜仪式的习惯；(9) 关于氏族墓地的习惯；(10) 关于氏族议事会的组成及职权的习惯等。这些习惯包括不准偷抢损坏财物、不准强奸通奸、不准伤人杀人、不准触犯禁忌等等。一旦发生这类事件，通常需要部落头人出面调停或裁决，侵权人要道歉、赔偿或受到肉体的惩罚甚至是生命的代价。如果当事人拒不服从，双方可能要诉诸武力。通常情况下，双方都不愿将事情闹大，接受调停或裁决的情况要多一些。部落习惯通常是比较全面的社会规范，有的部落已经具备了强制力以及一定的诉讼程序，有法律的特征，也称为习惯法。这些习惯一般只在部落或部落联盟内部有效，也为其成员自觉遵守，但对外没有约束力。对别的部落或部落联盟来说，杀人越货并不被认为违反道德或规则，甚至被认为是一种勇敢或

---

① 刘莉：《中国祖先崇拜的起源和种族神话》，《南方文物》2006 年第 3 期。

光荣，因此，部落或部落联盟之间经常爆发战争。

孔子曾经说过一段名言：

> 大道之行也，天下为公，选贤与能，讲信修睦。故人不独亲其亲，不独子其子，使老有所终，壮有所用，幼有所长，鳏、寡、孤、独、废疾者皆有所养，男有分，女有归。货恶其弃于地也，不必藏于己；力恶其不出于身也，不必为己。是故谋闭而不兴，盗窃乱贼而不作，故外户而不闭，是谓大同。

以前的注释者认为这段话说的是五帝时代的情况，现在看来，大同社会的描述更符合游群部落内部的风俗。孔子接下来又描绘出小康社会的状况：

> 今大道既隐，天下为家，各亲其亲，各子其子，货力为己，大人世及以为礼。城郭沟池以为固，礼义以为纪；以正君臣，以笃父子，以睦兄弟，以和夫妇，以设制度，以立田里，以贤勇知，以功为己。故谋用是作，而兵由此起。禹汤文武成王周公，由此其选也。此六君子者，未有不谨于礼者也。以著其义，以考其信，著有过，刑仁讲让，示民有常。如有不由此者，在埶（势）者去，众以为殃，是谓小康。

小康社会实际上是封建时代的描述。五帝传说不仅充满各种神话色彩，而且五帝名称也不一致。孔子向来"不语怪力乱神"，因此，他未将五帝列进这段话中。现代研究证明，人类历史的演进是以渐变为主要特征的，部落社会与封建国家并没有截然分明的界限，部落社会晚期已经出现私有、世袭，封建国家也保留着一些公有、选贤的传统。虽然孔子也曾对尧舜禹汤周公有所赞美，但他的最高理想是有着游群部落时代共产主义、天下为公精神的大同社会，而不是存在着私有、世袭，运用智谋和暴力进行统治的封建国家时代。

第 三 章

封建时代（前3000—前221年）

　　部落，古代文献称为"邦"，部落时代末期，"天下万邦"。由于经济发展和人口繁衍，部落之间交往、冲突加剧，部落开始走向初步的联合统一，并出现部落之间的等级分化和专业分工、部落首领开始世袭化、贵族化，并逐步走向暴力统治。部落管理开始规范化，形成各种"礼"、"法"，部落、氏族开始"贡区化"（九州划分）、"聚落化"、"乡里化"、"村社化"。血缘组织逐渐向地缘组织发展，邦族一体、家国同构，社会开始向"封邦建国"、"协和万邦"的封建时代过渡。

　　封建表面是一种册封仪式，其实质是建立部族之间的等级关系。封建的对象是部族而非仅仅是个人。封建的目的有两个：一是实现部族之间的统一或联合，二是建立部族之间的等级关系，实现部族之间的分工。封建的起因，既有部族繁衍分化的因素（封建亲戚），也有选贤任能和部落征服的因素（选建明德）。封建社会与部落社会相比具有部族分等、设官分职、原始贡赋、松散统一四个重要特征，这四个特点在部落社会里都是没有的或表现不明显。具备这几个特征，即属早期国家阶段。

　　封建时代是一个以血缘宗法关系为主导，同时又融入地缘关系的等级社会，即所谓"天有十日，人有十等。下所以事上，上所以共神也。故王臣公，公臣大夫，大夫臣士，士臣皁，皁臣舆，舆臣隶，隶臣僚，僚臣仆，仆臣台"[①]。

---

① 《左传·昭公七年》。

由于土地转让受到限制，社会等级划分并不是依靠财富，而是依靠血统，政治地位决定财富分配。

第一节 封建时代的概念界定

一、封建名称的由来

"封"在甲骨文中作♉，似树木植于土中，发展到金文，右边加上"手"形，成𡊅，似人植树于土中。引申为聚土植树作为部落或邦国疆界。颜师古解释"封"字时说："封，谓聚土以为田之分界也。"[1]"建"甲骨文中作𢌱，似人植树于土中，与"封"意思接近。"封建"合用见于《左传·僖公二十四年》载："太上以德抚民，其次亲亲以相及也。昔周公吊二叔之不咸，故封建亲戚以蕃屏周。"其含义为"封邦建国"，"封国土、建诸侯"。以"封建"为基本政治手段的社会，即为封建之时、封建之世、封建社会或封建时代，一般认为是夏商周三代。

中国近代将"封建"列入"历史进程"的是清末的夏曾佑，他在自己编写的《中国古代史》教科书中，将西方眼中的"文明社会（国家）"阶段视为从"封建社会"开始。夏曾佑说："自游牧社会，改为耕稼社会，而社会又一大进。盖前此栉甚风休甚雨，不遑宁处者，至此皆可殖田园，长子孙，有安土重迁之乐，于是更有暇日，以扩其思想界。且以画地而耕，其生也有界，其死也有传，而井田、宗法、世禄、封建之制生焉。"这一说法，非常合理，是结合中国历史对西方理论的重大改造，对中国史理论有重大贡献。

西方的"封建"一词英文作 Feudal，是由拉丁文 feodum（封地或采邑）演化而来。Feudalism 表示以采邑制为基础的社会制度或社会思想，我们现在通常译作"封建主义"。这种译法来自清末学者严复。1904 年他在翻译英国学者甄克思《社会通诠》一书时，将 feudal 或音译为"拂特"，或意译为"封建"，该书还提出了"封建时代"的概念。说：

---

[1] 史游：《急就篇》卷三《顷町界亩畦埒封》注文。

　　封建时代，其一群生养形制，大抵尽成拂特之规。其民之以等次相治也，与宗法社会不相悬殊，而其所悬殊，而其所绝异者，民居宗法社会之中，其所受于群者，以其为一群之分子，自有生而定。至于拂特之世，民一身厕于社会，一切权利，皆有所受而后然，亦皆有应尽之职役，以为酬于其上。①

严复还特别在译书序言中说："观吾中国之历史，本诸可信之载籍，由唐虞以讫于周，中间二千余年，皆封建之时代。"

该书认为社会的演进分为蛮夷社会、宗法社会和军国社会三个阶段，说"封建者，宗法、军国二社会之闰位也"②，意思是封建时代是宗法社会向军国社会的过渡时代。蛮夷社会指游群时代，宗法社会指部落时代，军国社会则是指郡县时代。

另外一位学者章太炎也说："欧洲诸国之立宪也，其去封建时代率不过二三百岁，日本尤近……今中国之去封建时代已二千余岁矣。"③

民国学者吕思勉是提出"封建时代"概念的代表人物，他对"封建"进行了初步的解释，认为："所谓封建，应指（甲）慑服异部族，使其表示服从；（乙）打破异部族，改立自己的人为酋长；（丙）使本部族移殖于外言之。"④吕思勉还分析了由部族时代进入封建时代的过程，他说：

　　盖古之民，或氏族而居，或部落而处，彼此之间，皆不能无关系。有关系，则必就其有才德者而听命焉。又或一部族人口独多，财力独裕，兵力独强，他部族或当空无之时，资其救恤；或有大役之际，听其指挥；又或为其所慑；于是诸部族相率听命于一部族，而些一部族者，遂得遣其同姓、外戚、功臣、故旧，居于诸部族之上而监督之，变或替代其旧酋而为之代。又或开拓新地，使其同姓、外戚、功臣、故旧分处之。此等新建之部族，与其所自出之部族，其关系自仍不绝。如

---

①　甄克思：《社会通诠》，严复译，商务印书馆1981年版，第74页。
②　甄克思：《社会通诠》，严复译，商务印书馆1981年版，第75页。
③　章炳麟：《太炎文录别录》卷二《记政闻社员大会破坏状》，民国章氏丛书本。
④　吕思勉：《中国通史》，华东师范大学出版社1992年版，第46页。

此，即自部族之世，渐入封建之世矣。①

二、封建时代的其他名称评议

（一）奴隶社会

封建时代过去称为"奴隶社会"，现在已经基本认定这一时期的主要劳动者是村社农民，并非奴隶，奴隶在社会总人口中所占比例不会超过半数甚至是三分之一，奴隶在经济活动中不占主导地位，不仅中国如此，世界绝大部分国家也是如此。人类一般都是从部落社会直接发展到封建社会。现在大部分历史学者都不再使用"奴隶社会"的名称。

（二）族邦时代

田昌五将这一阶段称为"族邦时代"。他明确地将族邦时代分为四个时期："万邦时期（尧舜）、族邦联盟时期（夏代）、族邦体系形成和建立时期（商周）、族邦体系瓦解和全面衰亡时期（春秋至战国初）。"② 田昌五"族邦"一词属于新造，不如恢复封建旧名为好。

（三）王国时代

这是最近时期一些学者的提法。它符合夏商周时期天子称"王"的情况，也符合传统史学以夏朝为国家开始的划分。五帝时期，统治者被尊称为"帝"，通常被排除在外，通常被划在王国时代之外。近年来由于考古发现，人们将早期国家出现定位于五帝时，因而命名五帝时期为古国时代或万邦时代之类。也有学者将夏商称为方国时代，将周代称为王国时代。这类划分过于琐碎，没有看到五帝、夏、商、周这几段历史，大同小异。

（四）其他名称

还有学者如雷海宗、沈长云称之为部民社会，何怀宏称之为世袭社会，这是从某一角度对社会进行描述，并非全面和为学者习知习用。

---

① 吕思勉：《先秦史》，上海古籍出版社 2005 年版，第 345 页。
② 田昌五：《中国历史体系新论续编》，山东大学出版社 2002 年版，第 27 页。

三、中国封建时代的起止时间

封建时代开始的时间，众说纷纭：三皇、羲皇、黄帝、唐虞、夏、商、西周、春秋、战国、秦汉、魏晋都曾被说成是封建时代或封建社会的开始。"黄帝封建说"是有代表性的传统观点。司马迁记载："轩辕之时，神农氏世衰，诸侯相侵伐，暴虐百姓，而神农氏弗能征。于是轩辕乃习用干戈，以征不享，诸侯咸来宾从。""代神农氏，是为黄帝。天下有不顺者，黄帝从而征之"，并"置左右大监，监于万国"①。除司马迁外，古代也有其他学者论及封建始于黄帝之说。东汉班固称："昔在黄帝，作舟车以济不通，旁行天下，方制万里，画野分州，得百里之国万区。是故《易》称'先王建万国，亲诸侯'，《书》云'协和万国'，此之谓也。"② 这里就明确指出黄帝实行的是封建制。晋陆机《五等论》也说："五等之制始于黄唐，郡县之治创于秦汉。"此后唐代的杜佑也持此观点，说："物土疆，建万国，成则肇于轩后。"又说："黄帝旁行天下，分建万国。至于唐虞，别为五等，公侯伯子男。"③ 宋代的胡宏说得更为详细："封建之法本于鸿荒之世，群雄之所以自立者也。法始于黄帝。"④ 元代的程端学也有类似说法："盖封建之法肇自黄帝，诸侯之世守其国，固有出于三代兴王之前者。"⑤ 马端临《文献通考》说："封建莫知其所从始也。三

图 3-1　河南新郑轩辕黄帝雕像

---

① 《史记》卷一《五帝本纪》，中华书局 1982 年版，第 6 页。
② 《汉书》卷二八《地理志》，中华书局 1962 年版，第 1523 页。
③ 《通典》卷三一《职官十三》。
④ （宋）胡宏撰：《知言》卷六。
⑤ （元）程端学撰：《春秋或问》卷一。

代以前事迹不可考，召会征讨之事见于《史记·黄帝纪》，巡守朝觐之事见于《虞书·舜典》，故摭其所纪以为事始。"同样将可考封建事迹视从黄帝开始。清代官纂《续通典》也明确地说："封建起于黄唐，郡县创自秦汉"，将黄帝、尧舜、夏商周视为一种制度，将秦汉以降视为一种制度。近现代学者也有持此观点的，梁启超称"自黄帝以讫秦之一统"，"其最主要者，在战胜土著之蛮族，而有力者及其功臣子弟分据各要地，由酋长而变为封建。"① 周谷城说："自黄帝至于周初，为完全之贵族政治时代，封建政治，亦蕴于其中。自周至秦为封建政治时代。"② 日本学者高桑驹云也认为，中国的封建制起源于黄帝之时，唐虞夏殷之世，均行封建制，周之封建乃折衷夏殷遗制而定。③ 《词源》对这些成果进行了总结，对"封建"的解释是："古代帝王把爵位、土地赐给诸侯，在封定的区域内建立邦国。旧史相传黄帝建万国，为封建之始；至周制度始备，爵有公侯伯子男五等，地有百里（公、侯）、七十里（伯）、五十里（子、男）之别。及秦并六国，统一境内，遂废封建而置郡县。汉自景帝平七国之乱以后，虽有封王侯建国之事，但政权归于中央，已非古代封建诸侯国之制。"④ 冯天瑜说："《史记·五帝本纪》载，黄帝集合诸侯，诸侯尊黄帝为天子。依此说，封建诸侯似乎始于黄帝之时，但这是传说，不足凭信。商代分封诸侯，却有甲骨文书的原始记录为证。如殷墟甲骨文显示，商王武丁时已有许多封国，称'侯×'或'子×'。而封建成为完备制度，则起于西周初年。"⑤ 他对封建一词的解释过于拘泥。正如吕思勉前文所说："学术上的用语，不该太拘于文字的初诂。封建两字，原不妨扩而充之，兼包列国并立的事实，不必泥定字面，要有一个封他的人。"轩辕氏黄帝部落的活动，接近吕思勉提到的第一种情况："（甲）慑服异部族，使其表示服从。"黄帝已经进入封建时代盖无疑义，黄帝是中国历史上第一位以暴力建立封建国家的君主。

　　还有的学者倾向于将封建时代上溯到更早的时期。《吕氏春秋·慎势》

① 《梁启超全集》第1册，北京出版社1999年版，第453页。

② 周谷城：《中国社会之结构》，新生命书局1930年版，第45页。

③ 王亚南：《封建制度论》，《中国社会史的论战》第1辑，神州国光社1931年版。

④ 《词源》（1—4卷合订本），商务印书馆1988年版，第470—471页。

⑤ 冯天瑜：《史学术语"封建"误植考辨》，《学术月刊》2005年第3期，第5页。

说："观于上上世，封建众者其福长，其名彰。神农十七世有天下，与天下同之也。"宋代的罗泌《路史·封建后论》说："封建之事，自三皇建之于前，五帝承之于后，而其制始备，历夏达商，爰周至隆，而后其法始密。"此类说法将封建的时间向上追溯到远古，这是没有区分国家与非国家社会形态所致。根据战国文献的记载，炎帝神农氏和黄帝分别代表了两个不同的时代。《商君书·画策》记载："神农之世，公耕而食，妇织而衣，刑政不用而治，甲兵不起而王。神农既没，以强胜弱，以众暴寡，故黄帝作为君臣上下之仪，父子兄弟之礼，夫妇妃匹之合。内行刀锯，外用甲兵，故时变也。"《庄子·盗跖》也说："神农之世，卧则居居，起则于于，民知其母不知其父，与麋鹿共处。耕而食，织而衣，无有相害之心，此至德之隆也。然而黄帝不能致德与同蚩尤战于涿鹿之野，流血百里。尧舜作，立群臣，汤放其主，武王杀纣，自是之后以强凌弱，以众暴寡。"据这些说法，神农氏的"封建"是部族繁殖分立或部族之间的联合，其性质是平等与平和的，他的"王"号，应视为和平时代的部落或部落联盟首领，而黄帝被尊为帝是"以强胜弱，以众暴寡"的结果，是建立在战争征服基础之上的，应视为早期国家的君主。黄帝建立的"君臣上下之仪"具有强制性，"内行刀锯"是指法律和刑罚的建立，"外用甲兵"是指军队力量的形成。"封建"应定义为以暴力建立、用暴力维护的等级制度，是国家与部落区别的明显标志。也就是说，神农属于部落时代，而黄帝属于封建时代①。

封建时代结束的时间古人认识较为一致，即秦始皇统一六国。顾炎武在《日知录》中谈到世人以为"废封建、立郡县皆始皇之所为也"，实际上封建之废，春秋时期已经开始，至秦始皇也未全部废除封建。秦始皇时还有卫国、越国、滇国等诸侯国存在。"秦灭五等而立郡县亦举其大势然耳"②。

---

①　王震中将五帝时代分为两大段，"黄帝时代"属国家产生之前的酋邦时代或英雄时代，"颛顼帝喾尧舜禹时代"属于早期国家阶段（参见王震中《中国古代国家的起源与王权的形成》，中国社会科学出版社2013年版，第378页）。主要依据是《左传》中"自颛顼以来，不能纪远，乃纪于近"这句话，实质只是说明黄帝和颛顼在官职名称不同。他所说"黄帝时期世系或者是按女系计算或者是处于由女系过渡到男系计算的转型时期，颛顼之际，新的按男系计算世系完全获得了确立"的观点似不能成立。因为，现在没有充分证据证明人类历史上必然经历母系时代向父系时代演变，而且中国更早的传说是"伏羲制嫁娶，以俪皮为礼"，已经确立了男娶女嫁，考古上也有证据表明仰韶时代已经是父系社会。因此，这种划分将五帝时代割裂为两种性质不同的社会依据不够充分，而且将大禹划至五帝时代内似不妥。

②　顾炎武：《日知录》卷二二《郡县》、《秦始皇未灭二国》。

因此，我们以秦始皇统一六国实际上只是划一个标志性时间点而已。

四、封建时代与早期国家的关系

20 世纪 80 年代以来，历史学界对"早期国家"的讨论热烈起来，虽然内部也存在一些分歧，但大多数人承认历史上有"早期国家"与"成熟国家"之分。有一些学者按照国外一些文化人类学者给予的早期国家定义，认为早期国家不同于以后成熟国家之处，乃在于贸易与市场的有限性、高级职务的世袭、土地私有制的不发达、官员以接受封邑的方式领取俸禄及地方自治势力的强大等方面。对于作为早期国家地方自治势力的社区组织，则认其已基本成为不同血缘关系的人们的结合体，以致最终变为地域性的社区团体了①。还有一些学者虽然也承认中国早期国家阶段地域组织并未建立，但却强调城邑的出现是中国早期国家产生的物化标志，因而称中国早期国家为城邑国家或都邑国家②。我国国内一些学者称早期国家为酋邦、族邦、邦国、古国等，并提出"邦国——王国——帝国"之类国家形态演进观点。问题在于，酋邦、邦国、古国之类的说法都是指一个地方性政治实体，后来发展为诸侯国。与夏商周王国、秦汉帝国的概念在规模上不具有统一性。与王国、帝国对应的称谓是邦国联盟、族邦联盟、酋邦联盟之类的说法。中国早期国家存在的时间范围，多数学者将其定在中国的夏、商、周（包括春秋）三代，少数学者主张在中国的龙山时代，亦即古史传说中的颛顼、尧、舜、禹时代③。如果我们将"早期国家"视为国家的话，那么国家的定义就与马克思主义经典作家的论述有很大不同。中国早期国家上起龙山时代，下至春秋战国时期。其主要特点是整个国家接近于一种邦族联合体，邦族关系在社会中占突出地位，几乎找不到奴隶主与奴隶斗争的记载。持夏商周为奴隶社会观点的学者，大都将战俘、"众人"、"庶人"的记载当成了奴隶，现代学术界已经公认，这些基本上都是普通农民。"国家是阶级矛盾不可调和的产物"这一观点并不适合早期国家。早期国家的起源和调节部落关系有关，正是由于原来分散的部落之间的战争和掠夺，使得各个部落之间形成联合和妥

---

①　谢维扬：《中国早期国家》，浙江人民出版社 1996 年版，第 78—79、368—370 页。

②　王震中：《中国文明起源的比较研究》，陕西人民出版社 1994 年版，第 5 页。

③　王震中：《中国文明起源的比较研究》，陕西人民出版社 1994 年版，第 8 页。

协，由分散的部落联合成更大的社会集团，并出现管理公共事务的机关，这就是早期国家的政权形式。由于治理洪水、安排生产等公共的需要可以将一些部落联合起来，但就整个中国情形而言，部落冲突是形成国家的主导因素。换句话说，中国早期国家的产生与家庭、阶级、私有制无关，而与部落间冲突、协作有关，早期国家最初是一个"暴力化、等级化的邦族联合体"，这一点与通常所说的部落联盟不同，部落联盟是部落的平等联合。这种情况其他地区也出现过。西汉初，高句丽"凡有五族，有消奴部、绝奴部、顺奴部、灌奴部、桂娄部。本消奴部为王，稍微弱，后桂娄部代之。其置官，有相加、对卢、沛者、古邹大加、主簿、优台、使者、帛衣先人。"[1]高句丽就是这一种由一个部落统治其他部落的等级部落联合体，五帝时代，黄帝代神农，尧舜禹禅让就像桂娄部取代消奴部为王一样，都是部落联合体首领的更换。中国的国家形态可划分为三种，早期国家、中古国家（郡县时代）和现代国家（共和时代），封建时代就是早期国家或初始阶段的国家，它带有过渡性，如血缘组织仍是基本的社会组织，不过它已经具备国家基本的特点——暴力，暴力是部落之间建立、维持封建等级关系的基本力量，可以说初始的早期国家就是建立在暴力之上的有等级的部落群，后来由于层层封建，国家结构才变得复杂起来。封建时代还出现了原始的贡赋，这是税收的原始形式，虽然是以向神灵献祭的名义征收且数量有限。

第二节　封建时代的各段特点

封建时代大体上可分为三个阶段：

一、五帝时代（前3000—前2000年）

五帝有多种说法，按《史记》所载，黄帝、颛顼、帝喾、尧、舜为五帝，实际上并非只有五个帝王。五帝时代是封建国家的形成阶段，按吕思勉的说法，属于"征服型封建"，是因原生部落间等级关系建立而形成社会形态。这一时期，部落出现融合趋势，黄帝、炎帝、太昊、少昊和蚩尤等可以

---

[1]　《后汉书》卷八五《东夷列传》，中华书局1965年版，第2813页。

视为这一时期部落或邦国的代表。部落间的战争和融合不断加强，形成了局部地区的封建政权。这个过程可由一段史料说明，《逸周书·尝麦解》载：

> 昔天之初，□作二后，乃设建典命，赤帝分正二卿，命蚩尤于宇少昊以临四方，司□上天未成之庆。蚩尤乃逐帝，争于涿鹿之河，九隅无遗，赤帝大慑，乃说于黄帝，执蚩尤，杀之于中冀。以甲兵释怒，用大正顺天思序，纪于大帝，用名之曰绝辔之野。乃命少昊请司马鸟师，以正五帝之官，故名曰质。天用大成，至于今不乱。

这段文字错讹颇多，大意是说"炎帝命蚩尤居少昊，而蚩尤攻逐炎帝，黄帝乃执蚩尤杀之，复别命少昊也"。

少昊质之后有高阳氏颛顼（黄帝之孙，昌意之子）"生十年而佐少昊，二十而登帝位"，以濮阳为都，在他统治期间"术器作乱，辛侯灭之"。

高阳氏颛顼死后，辛侯即高辛氏帝喾即位，以亳（商丘）为都城。

帝喾死后"帝子挚立九年而废"[1]。

唐侯尧即位，以冀（或平阳，在山西临汾[2]，图3-2）为都城。尧在位时曾命鲧、禹治河，划12州，命有虞氏舜摄职，此前尧子朱被流放于丹水。《韩非子·说疑》称："舜逼尧，禹逼舜，汤放桀，武王伐纣，此四王者，人臣弑其君者也。"有些学者认为这些记载不合事实，如《尚史》作者称："《竹书纪年》（载）：尧德

图3-2 尧都陶寺遗址

---

① 以上见《今本竹书纪年》记载，该书虽是伪书，但所记史实系从他书摘录改编而来，并非全虚。

② 陶寺遗址位于山西临汾市襄汾县陶寺村以南，是中国黄河中游地区以龙山文化陶寺类型为主的遗址。陶寺文化早期城址（约前2300—前2100年）。早期城址内南北长约1000米，东西宽约560米，面积约56万平方米，一般被学者认为是尧都平阳城的遗址。

衰，为舜所囚，又云舜复偃塞丹朱，使不与父相见，狂怪之语，所不忍闻。"

　　虞舜在位之时，也以冀为都。他曾命禹画九州，征三苗。《墨子·非攻下》载："昔者有三苗大乱，天命殛之，高阳乃命玄宫禹亲把天之瑞令以征有苗"，"禹既已克有三苗焉，磨为山川，别物上下，卿制大极而神民不违，天下乃静。"

　　舜死后，诸侯皆朝夏后氏禹，而不朝舜之子商均。从此，中国进入夏朝。从以上简略的叙述中可以看出，古史有一个"炎帝——黄帝——少昊——颛顼——帝喾——帝挚——尧——舜"相传的"帝系"，帝系的传承有禅让的记载，也有争为"帝"和世袭的记载。尽管不一定准确，但能大略反映出封建国家形成时期的政治制度的变迁。五帝时代存在的时间，也有各种传说，《易纬稽览图》称"黄帝一千五百二十年，少昊四百年，颛顼五百年，帝喾三百五十年，尧一百年，舜五十年"，合计1920年，《通志》记载，也有人说黄帝在位110年，子孙相承共1520年。总之，五帝绝不只是五个帝王，五帝实为五个朝代或五个政权，是一个千年左右的历史阶段。我们可以将其与考古上的龙山时代大致对应起来，确定为前3000年至前2000年。在中华文明起源的问题上，先后存在过四种观点，从最初的"西来说"发展到"东西对立说"，20世纪50年代"中原中心说"成为主流，而现在更多的人认同"多元一体说"。也就是说，长期以来我们一直以为黄河是中华文明唯一的摇篮，苏秉琦20世纪90年代提出满天星斗[1]的说法，认为中华文明的起源呈现出多元、区域性、不平衡的发展态势。这说明五帝统一天下很可能只是"炎黄子孙"祖先崇拜的神话传说，至少可以说有夸张不实的地方。帝王实际上统治区域极为有限，并不如传说中的大，而且也极不稳定。天下万邦是实情，能不能"协和万邦"，能协和多少邦要看中央大邦的实力了。正如秦人所说"昔者五帝地方千里，其外侯服、夷服，诸侯或朝或否，天子不能制"[2]，不过这个时期已经出现了地区性乃至全国性统一的趋势，可以视作封建国家的雏形阶段。这个阶段有人称之为"酋邦时代"、"邦国时代"或"圣权时代"，事实上，五帝时代与夏商周无论在生产力水平上还是

---

① 苏秉琦：《中国文明起源新探》，辽宁人民出版社2009年版。
② 《史记》卷六《秦始皇本纪》，第236页。

政治形态上并无质的区别，单独作为一种形态理由不够充分。

五帝时代国家形成的情形与古希腊的雅典相似。在荷马时代（前11—前9世纪），"雅典人的四个部落，还分居在阿提卡的各个地区，甚至组成这四个部落的十二个胞族，看来也还有自己的单独的居住地，即凯克罗普斯的十二个城市。"每个胞族又由30个氏族组成。当时的统治机构有人民大会、人民议事会和巴赛勒斯。议事会由氏族酋长组成，人民大会由全体成年男子，巴赛勒斯是军事首领或国王，相当于部落联盟酋长。随着外来人口的增加，氏族、胞族、部落聚族而居的局面被打破，同时也出现了贫富分化。国王提秀斯进行改革，将国民分为贵族、农民、手工业者三个阶级，并赋予贵族以担任公职的独占权。提秀斯改革标志着国家制度的真正建立。

古罗马王政时代也显示由部落到国家的情形。罗马最初仅是个部落联合体式的国家。传说，公元前753年第一代王罗慕洛建立罗马城，标志着国家开始。罗马国家由3个部落即30个胞族（库里亚）或300个氏族联合而成。其统治机构元老院由300个氏族酋长组成，酋长总是从每个氏族的同一家庭中选出，这些家族自称为贵族。元老院负责国家日常事务，重大事情则由人民大会（库里亚大会，每个库里亚有一票表决权）决定。大会选举国王（勒克斯）和其他一切公职人员。国王也是军事首长、最高祭司和某些法庭的审判长，但并不世袭，也没有专制权力。随着对外的扩张，罗马增加了外来移民、被征服地区的居民。这些新国民是自由人，"可以占有地产，必须纳税和服兵役。可是他们不能担任任何官职；既不能参加库里亚大会，也不能参与征服得来的国有土地的分配。他们构成被剥夺了一切公权的平民。"① 公元前510年，随着第七个王塔克文被逐，罗马王政时代结束，进入虚君共和时代，但国家本质上与王政时代一样，仍由贵族统治。贵族与平民的矛盾仍是社会的主要矛盾。

早期国家产生都要经历贵族和平民的分化。中国早期国家产生的时间比古希腊、罗马要早，国家规模要大，情形要复杂。但相对来讲，由于地理

---

① 　恩格斯：《家庭、私有制和国家的起源》，《马克思恩格斯选集》第4卷，人民出版社1995年版，第127页。

和经济上的特点，中国贫富与阶级分化并不如上述地区明显，奴隶人口比重远较希腊、罗马为低，中国早期国家自始至终奴隶问题都不是社会的主要问题，而希腊、罗马最初也同中国一样，贵族与平民的矛盾是国家主要矛盾。后来走向扩张后，奴隶问题才开始受到突出，但奴隶制生产方式究竟在经济中占多大的比重仍然需要认真研究。

二、夏商西周时代（前2000—前771年）

是封建时代的稳定时期。大约在公元前2000年前后，黄河和长江流域发生了较大范围的气候波动，对各地的文化发展和社会演进产生了不同程度的影响。长江流域中下游地区的良渚文化由盛转衰，位于黄河中游的文化强势崛起，统一天下的中原王朝建立起来。这个阶段，以农业为主，实行村社土地所有制，以"众人"或"庶人"为主要劳动者，以村社农民代耕公田作为国家财政税收、供养官员贵族的基本形式。正如孟子所说："夏后氏五十而贡，殷人七十而助，周人百亩而彻，其实皆什一也。"大致是说，农民耕种公田的比例相当于私田的十分之一，或者说相当于农民要将收获物的十分之一作为赋税。赋税是国家的标志。在政治方面，夏后氏、商王和周天子只是天下众邦的宗主或盟主，并没有专制的权力。夏商周的王朝是部落联合体性质的。这一时期逐渐建立了长期相对稳定的政治制度，包括册封、朝聘、会盟、联姻、畿服、监国、巡狩、贡纳、会计、禅让、世袭、选官、考课等。利用上述制度，夏朝大约维持400多年，商则有500多年，周族从西周到东周，其宗主国的地位持续了800年左右。夏商西周时期，国家意识形态以天命论为主导，尤以商代最为典型。与五帝时代相比较，夏、商、周三代有明显的稳定性和长期性，共历1300年左右。这一时期学者们概括为"王国时代"、"王政时代"或"王权时代"，应以传统"封建时代"为宜。有学者将这一时期分为"氏族封建时代"（夏商）和"宗法封建时代（西周）"，夏商周与五帝时代只在统一程度、稳定程度上有量的区别，并没有本质的不同，可以视为封建国家的稳定和鼎盛阶段。

三、春秋战国时代（前770—前221年）

是封建国家变质、瓦解的时期。经济上，井田制瓦解，代耕公田被按亩征税的制度取代,一夫百亩的国家小农经济开始形成。正如战国时李悝所说:"今一夫挟五口,治田百亩,岁收亩一石半,为粟百五十石,除十一之税十五石,余百三十五石。"① 政治上封建等级遭受破坏,春秋时期,周王朝的封建政权开始走向衰微,各诸侯国僭越犯上的现象不断发生。史称:"平王之时,周室衰微,诸侯强并弱,齐、楚、秦、晋始大,政由方伯。"任官制度打破血缘世袭的宗法制度,实行选贤任能的官僚制,地方上则变封建性的诸侯国、大夫采邑为郡、县,社会性质有了显著的变化。这一时期,人文思想开始逐渐取代神权思想,成为治国理政的主导意识形态,由于全国尚未统一,思想界呈现出"百家争鸣"的局面。春秋战国时期,社会面貌已经在各个方面发生了显著变化,尤其是战国时期②。

表 3–1 战国与战国前社会特征比较

	分工	君主	地方	官制	选官	任官	官俸	兵制	田制	农民	税收	规范	规范	观念	观念
五帝夏商西周春秋	部落分工	部落共主	封建制	贵族制	世袭制	爵本位	田禄制	族兵制	井田制	村社小农	劳役税	礼制	盟誓制	重武	神权迷信
战国	脑体分工	专制君主	郡县制	官僚制	尚贤制	官本位	谷禄制	征兵制	授田制	国家小农	实物税	德主刑辅	契约制	重文	民本人文

春秋战国这段 550 年的历史,有学者称为"王国与帝国的转型期"或"霸权时代"。从时间上、地域上还是社会形态上,在秦始皇完成统一之前,还不能认为中国社会已完成了由早期国家向"成熟"国家的转变。出于春秋战国过渡性和短暂性的考量,这段历史不宜单独命名,也不宜并入下一时代,将其视为封建时代衰亡阶段更合理一些。

---

① 《汉书》卷二四上《食货志上》,第 1124 页。
② 除授田制和实物税这两条外,战国时期呈现的其他特点基本与秦至清郡县社会相同。秦和西汉实行授田制,其后田制复杂化,除国有土地、贵族官员土地及族田、寺观田之外,基本实行土地农民私有,唐朝中期以前实行"均田",对农民占田有数量限制。农民的税收,唐朝两税法实行以前以实物税为主,此后转向以货币税为主。

第三节　封建时代的经济基础

封建时代的经济基础是以井田制为代表的村社所有制，其基本社会关系是贵族与平民的关系。

一、公社所有制具有封建性

马克思认为，部落所有制是人类第一种所有制，其后有两种经济形态。

第二种所有制形式是古代公社所有制和国家所有制。这种所有制是由于几个部落通过契约或征服联合为一个城市而产生的。在这种所有制下仍然保存着奴隶制。除公社所有制以外，动产的私有制以及后来不动产的私有制已经开始发展起来，但它们是作为一种反常的、从属于公社所有制的形式发展起来的。公民仅仅共同占有自己的那些做工的奴隶，因此就被公社所有制联系在一起。这是积极公民的一种共同私有制，他们在奴隶面前不得不保存这种自发的联合形式。……公民和奴隶之间的阶级关系已经充分发展。

第三种形式是封建的或等级的所有制。古代的起点是城市及其狭小的领地，而中世纪的起点则是乡村。地广人稀，居住分散，而征服者的入侵也没有使人口大量增加，——这种情况决定了起点作这样的转移。因此，与希腊和罗马相反，封建制度的发展是在一个宽广得多的地盘上开始的，而这个地盘是由罗马的征服以及起初与此相关的农业的普及所准备好了的。……在日耳曼人的军事制度的影响下，现存关系以及受其制约的实现征服，发展了封建所有制……作为直接进行生产的阶级……是小农奴。在城市中和这种封建的土地占有结构相适应的是行会所有制，即手工业的封建组织。[1]

马克思认为，公社（或国家）所有制、封建所有制是部落所有制之后

---

[1]　马克思：《德意志意识形态》，《马克思恩格斯全集》第3卷，人民出版社1965年版，第25—28页。

先后出现的两种所有制形态，很明显是以欧洲为样板描述的，他并不肯定这是必经顺序。只是讲："大体说来，亚细亚的、古代的、封建的和现代资产阶级的生产方式可以看作是社会经济形态演进的几个阶段。"① 马克思并未明确提出奴隶制的说法，只是用"亚细亚的、古代的"来描述。因此，奴隶制、封建制先后演进不仅不能视作普遍规律，即便是针对欧洲也未必完全符合马克思原意。现在一般认为，奴隶制与封建制同时出现在原始社会之后，不存在单独的一个奴隶社会，奴隶制比较发达只是雅典、罗马个别时间的特殊情况，不足以概括整个希腊、罗马乃至整个欧洲。

胡秋原早在 20 世纪 30 年代就指出："封建社会继承原始社会是人类历史发展的普遍规律，希腊、罗马也先经过了封建社会，后来的奴隶社会只不过是封建的变形发展。"②80 年代初，胡钟达也指出："在古希腊、罗马的整个历史中，仍然是'希洛特'型和'科洛尼'型及其他类似的生产关系占优势。所以未尝不可以把古希腊国家罗马社会也看作封建社会。"③ 下面我们就来看看"希洛特"型和"科洛尼"型生产关系是什么样的。

希洛人（helots 又译希洛特人或黑劳士），其人种的渊源已不可考，但他们可能是拉科尼亚（Laconia，斯巴达首府的周围区域）的原始居民。当他们的土地被数目少于他们的多瑞安人占领后，沦落为奴。公元前 8 世纪，斯巴达人征服麦西尼亚（Messenia）后，麦西尼亚人亦被贬为希洛人。希洛人被分发给个别的斯巴达人替他们耕作田地，主人既不能释放也不能贩卖他们。希洛人为主人交纳半数以上的收成，但主人也不可超额索取，希洛人可以有限地累积私产。在战争期间，希洛人伴随主人参加战斗，担任轻装部队，有时亦充任舰队中的划手。希洛人有简单的农具和一部分产品供自身支配，但没有政治权利和人身自由，经常遭到斯巴达人的杀害。

隶农，古拉丁文 colonus 的意译，有时音译为"科洛尼"（coloni，为 colonus 的复数形式）。在古代罗马，公元 3 世纪以前隶农主要指租地耕种的人，公元 4—5 世纪主要指介于自由民与奴隶之间的农业劳动者。隶农最早

① 马克思：《〈政治经济学批判〉序言》，《马克思恩格斯选集》第 2 卷，人民出版社 1995 年版，第 33 页。

② 周谷城：《周谷城史学论文选集》，人民出版社 1983 年版，第 249—250 页。

③ 胡钟达：《试论亚细亚生产方式兼评五种生产方式说》，《中国史研究》1981 年第 3 期。

于公元前 2 世纪在意大利出现。由于公民权和土地开始分离，商品经济一定程度的发展，部分罗马公民租种他人土地，成为隶农。他们有的是靠农业自力谋生，也有的是拥有资金和奴隶靠出售农产品谋利。租地需订契约，订约双方政治上平等，都有权根据自己意愿中止契约。租期一般为 5 年，地租用现金支付。公元 1 世纪起，随着罗马帝国大地产制的盛行，隶农制也逐渐流行，同时隶农的地位不断恶化。公元 4—5 世纪，隶农的地位进一步发生变化。他们与土地所有者（即贵族）的关系不再基于私人之间的契约，而是根据罗马政府颁布的法令，法律规定贵族是隶农的主人，隶农及其财产是庄园财产的一部分，对隶农的婚姻权以及处置和继承财产的权利都做了限制，尤其是限制隶农自由迁徙。但是，隶农不同于奴隶，法律仍然承认他们是自由民，在法庭上对隶农不能像对奴隶那样随便拷打；隶农有自己的家室和微薄的财产（工具、农产品）；隶农获主人允许也可以当兵。隶农也不同于中世纪的依附农民，因为除了所耕种的土地以外，依附农民是自己财产的所有者。

通过以上史料可知，古希腊的希洛特人和古罗马的"科洛尼"，其身份与通常理解的没有财产的奴隶有很多不同，而这类人的生产方式在古希腊罗马却占主导地位。因此，古希腊罗马也可视为有限制人身自由和强制为贵族交租服役的封建社会，这与中世纪的封建社会并没本质的区别，"科洛尼"身份比较接近佃农，这是和中国郡县时代与欧洲君主专制时代对应的一种生产关系，和奴隶制的生产关系相差甚远。

二、中国的封建村社所有制

马克思似乎不认同亚洲经历了与希腊、罗马同样的道路（实际上并无根本不同），他特别提出东方社会存在着"亚细亚生产方式"，认为亚细亚"虽然存在着对土地的占有权和使用权"，但"没有私有土地的所有权"①，"田园风味的农村公社""始终是东方专制制度的牢固基础"②。他的话过于简略，引起学者很多争议。其实这种国家下的"公社所有制"亦应看作是"封

---

① 马克思：《资本论》第 3 卷，《马克思恩格斯全集》第 25 卷上，人民出版社 1974 年版，第 891 页。
② 马克思：《马克思致恩格斯》，《马克思恩格斯全集》第 28 卷上，人民出版社 1973 年版，第 256 页。

建制度"下的生产关系，因为国家只是要"公社"提供税役，并不干涉公社内部事务。也就是说，公社是"自治"的，其管理方式也与部落时代的公社没有太大区别。只是公社隶属于国家（或者即是一个部落或部落联盟），而已，公社首领的臣属地位得以确立，这就是一种初始封建的形式，这种公社所有制在欧洲、非洲也具有普遍性，仅称之为"亚细亚"生产方式不太准确，称之为"封建村社所有制"似更妥当一些，当然这种制度与后来的中世纪的封建主所有制有所区别，但都受贵族政治支配，根本上是一致的，都属封建社会范畴。① 早期国家一般都实行封建制，因此，也可称为封建国家或封建社会。

封建、宗法、井田是封建社会密不可分的三个要素，井田制是中国封建社会的经济基础。井田最早见于《孟子·滕文公上》的说法："死徙无出乡，乡田同井，出入相友，守望相助，疾病相扶持，则百姓亲睦。方里而井，井九百亩，其中为公田。八家皆私百亩，同养公田；公事毕，然后敢治私事。"《汉书·食货志》也有类似的记载："六尺为步，步百为亩，亩百为夫，夫三为屋，屋三为井。井方一里，是为九夫，八家共之，各受私田百亩，公田十亩，是为八百八十亩，余二十亩以为庐舍。出入相友，守望相助，疾病相救。"《榖梁传·宣公十五年》载："古者三百步为里，名曰井田。"据实际测量，商鞅量尺、新莽铜斛尺、后汉建武尺都是 0.231

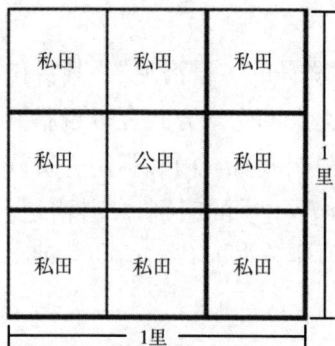

图 3-3　孟子描绘的井田示意

私田　私田　私田
私田　公田　私田　1里
私田　私田　私田
1里

---

① 封建所有制的叫法很早就有，马克思说："西班牙人关于南方各部落的土地占有制问题给我们留下的是极其混乱的记载。他们把属于公社的不可转让的公有土地看成是封建领地，把酋长看成是封建领主，把人民看成是他的臣属；他们认为土地处于共同占有状态；土地的占有者本来不是公社，而是氏族或氏族的分支。"（中国科学院历史研究所：《马克思摩尔根〈古代社会〉一书摘要》，人民出版社 1965 年版，第 59 页）中国学者通常将马克思所说第二种所有制理解为亚细亚所有制，并与中国的井田制并列起来，郭圣铭、庞卓恒、高仲君、朱晞均认为亚细亚生产方式即封建制的生产方式（《亚细亚生产方式学术讨论会纪要》，《中国史研究》1981 年第 3 期；庞卓恒、高仲君：《有关亚细亚生产方式几个问题的商榷》，《中国史研究》1981 年第 3 期；朱晞：《马克思关于"亚细亚生产方式"的科学论断不容否定》，《中国史研究》1995 年第 1 期）。

米。① 汉尺和周尺基本相同。据此可将周代长度和亩积换算如下：长度：周1
尺＝今0.231米；1里＝300步＝今415.8米；亩积：1方里＝9周顷＝900周
亩＝259.38今亩。也就是说，按孟子的说法，一块井田的面积相当于现在的
259亩，每家耕种的面积，约为井田的九分之一，相当于今天的29亩。

受史料所限，学术界对井田制的存在时间、性质的认识多有分歧。新
石器时代晚期（前3000—前2000年），又称龙山时代，与传说中的五帝时
代大体一致。这一时期，我国各地区都进入了发达的锄耕农业阶段，太湖流
域可能已经进入犁耕农业阶段。② 其后，夏商西周虽然进入青铜时代，但青
铜主要是用作礼器和兵器，很少用于农业生产，夏商时期的生产工具仍以
石器为主，西周才出现一定数量青铜农具和青铜锋刃农具。总的来看，五
帝时期和夏商周三代的大部分时间的生产力水平并没有明显的区别，其生
产关系、所有制形式也应有相似的特点。《通典》记载黄帝已经创设井田制
度。称：

> 昔黄帝始经土设井以塞争端，立步制亩以防不足，使八家为井，井
> 开四道而分八宅，凿井于中。一则不泄地气，二则无费一家，三则同风
> 俗，四则齐巧拙，五则通财货，六则存亡更守，七则出入相同，八则
> 嫁娶相媒，九则无有相贷，十则疾病相救。是以情性可得而亲，生产
> 可得而均，均则欺凌之路塞，亲则斗讼之心弭。既牧之于邑，故井一
> 为邻，邻三为朋，朋三为里，里五为邑，邑十为都，都十为师，师十
> 为州。夫始分之于井则地著，计之于州则数详。迄乎夏殷不易其制。③

当然这段文字所记只是传说，并不完全准确，但"公有私耕"特点似
乎是世界各地早期国家普遍存在的现象（甚至可以追溯到部落社会晚期），
含有历史真实的史影。只要我们将井田解为"公有私耕"的村社土地所有制
形态，而不是局限于孟子描述的那个方里而井的模式，那么黄帝井田之说就
不难解决了，因为这是部落社会向国家社会过渡时期世界上普遍存在的一种

---

① 梁方仲：《中国历代户口、田地、田赋统计》，上海人民出版社1982年版，第540页。

② 张之恒：《中国新石器时代考古》，南京大学出版社2004年版，第9—10页。

③ 《通典》卷三《食货三·乡党》，中华书局1988年版，第54页。

土地制度。

西汉王莽曾说井田制尧舜时期已有，夏商周三代遵行，至秦才废除。他说："古者，设庐井八家，一夫一妇田百亩，什一而税，则国给民富而颂声作。此唐虞之道，三代所遵行也。秦为无道，厚赋税以自供奉，罢（通'疲'）民力以极欲，坏圣制，废井田，是以兼并起，贪鄙生，强者规田以千数，弱者曾无立锥之居。"[①] 南宋吴莱也有类似的说法，说"夫封建井田二者，盖同出于尧舜禹汤文武之盛时。上之则分土列爵以建国，下之则分田画野以居民。井田小封建也，封建大井田也。秦汉以来，井田废矣，则是封建之法虽欲不废而为郡县也，尚可得也"[②]。

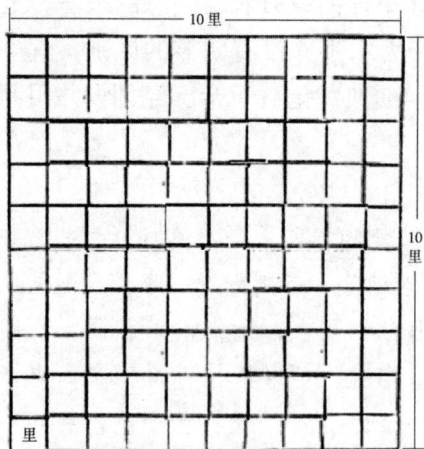

图3–4 一成为一百方里

夏代的井田制见于《左传·哀公元年》的记载：夏初少康逃到有虞氏后"有田一成，有众一旅"，按通常的观点，"方里为井"，"方十里为成，五百人为旅"[③]，里有两种概念，一是面积，一是长度。方十里就是边长为十里的正方形，一成相当于 100 个井田制单位（如图 3–4 所示）。如果按照 500 人为一旅计算，平均一个井田出 5 个士兵。

井田制实际上就是封建村社所有制，也就是马克思所说的公社所有制。土地公有，定期分配，不许买卖，贵族和平民都有土地使用权，贵族占有部分公田，由平民代耕，其收入作为贵族参与公共事务管理活动的报酬，是为禄田制和采邑制，代耕是一种劳役税。各级贵族与平民的关系是政治关系，代耕和采邑禄田本质相当于二者的劳动交换，属于二次分配，将其与纯粹经济领域里的地租等同起来，将贵族与地主等同起来都视为经济上的剥削阶级亦不准确。贵族占有一定数量的奴隶当属事实，但平民亦可拥有奴隶，故奴

① 《汉书》卷九九中《王莽传中》，第 4110 页。
② 吴莱：《渊颖吴先生文集》，《四部备要》卷八《集部》，商务印书馆 1922 年版，第 5 页。
③ 《左传·哀公元年》及郑玄注。

隶主不是贵族的特定身份。夏商周社会奴隶不是主要劳动阶级，将这一时期称为奴隶社会是不妥当的。

三、封建时代的社会分工和社会关系

封建时代有贵族和平民两大阶级。或者说是君子与小人或士与庶人两大阶级。大体上接近于脑力劳动与体力劳动的分工，也是统治阶级与被统治阶级的划分。正如古人所说："公食贡，大夫食邑，士食田，庶人食力，工商食官。"[①]"君子食于道，小人食于力"[②]，"君子劳心，小人劳力"[③]。"劳心者治人，劳力者治于人；治于人者食人，治人者食于人，天下之通义也。"[④]"无君子莫治野人，无野人莫养君子。"[⑤]贵族和平民的关系是封建社会的主要关系，贵族世卿世禄，垄断国家的政治权力，平民除人身自由和权利受到限制外，还受到贵族的超经济剥削。春秋战国时期贵族和平民又逐渐分化为士、农、工、商四大阶层。士，即国人、大人、君子，属于贵族[⑥]，是管理者阶层，农工商，即野人、小人、庶人，属平民，劳动者阶层。据《国语》记载，齐国已经形成四民分处的制度。"圣王之处士也，使就闲燕，处工就官府，处商就市井，处农就田野。"士的职责是"父与父言义，子与子言孝，其事君者言敬，其幼者言悌"；工的职责是"审其四时，辨其功苦，权节其用，论比协材，旦暮从事，施于四方"；商的职责是，"察其四时而监其乡之资，以知其市之贾，负任儋何，服牛轺马，以周四方，以其所有，易其所无，市贱鬻贵，旦暮从事于此"；农民的职责是，"察其四时，权节其用，耒耜枷芟，及寒击草除田以待时耕，及耕，深耕而疾耰之，以待时雨，时雨既至，挟其枪刈耨镈以旦暮从事于田野。"[⑦]恩格斯说："社会分裂为剥削阶级和被剥削阶级、统治阶级和被压迫阶级，是生产不大发展的必然结果。当社会

---

① 《国语》卷一○《晋语四》。

② 《管子》卷六《法法》。

③ 《慎子·外篇》，华东师范大学出版社2010年版，第67页。

④ 《孟子》卷五《滕文公上》。

⑤ 《孟子》卷五《滕文公上》。

⑥ 当然这只是笼统的划分，实际上贵族内部等级可分为诸侯、卿、大夫、士四个等级，诸侯有五等（公、侯、伯、子、男），卿、大夫、士又各有三等（上卿、中卿、下卿；上大夫、中大夫、下大夫；上士、中士、下士）。

⑦ 《国语》卷六《齐语》。

总劳动所提供的产品除了满足社会全体成员最起码的生活需要以外只有少量剩余，因而劳动还占去社会大多数成员的全部或几乎全部时间的时候，这个社会就必然划分为阶级。在这个完全委身于劳动的大多数人之旁，形成了一个脱离直接生产劳动的阶级，它从事于社会的共同事务：劳动管理、政务、司法、科学、艺术等。"① 从恩格斯的话中可以明显看出，他所说剥削阶级、统治阶级只是脑力劳动阶级的代名词，这些人不直接从事物质生产劳动，但要分享物质劳动者的成果。世袭制度和脑体分工，决定了在封建时代，作为征服者、政治上的管理者的贵族和作为被征服者、从事体力劳动的平民之间的关系是社会的主要关系。

第四节　封建时代的帝王制度

封建时代的帝王，俗称天子，统治天下众邦国的大邦国君。帝王的统治以大邦的经济、军事实力为基础，同时也依靠天命的信仰体系，封建时代帝王面临天下万邦的局面，只能笼络羁縻，无法将"专制"制度化。

一、帝王尊号

封建时代中国由分散的部落走向统一的国家，同时也出现了国家元首。五帝时期处于封建初始阶段。元首称为"帝"，夏朝称为"后"，商周多称为"王"。后来被人们简称为"五帝三王"（夏王、商王、周王）。"帝"甲骨文中作𣳾，从上到下由"倒三角"形、"横木"形和"小"字形组成，可能与"禘祭"有关，指祭祀的神灵祖先，后来专指后人对祖先君主的称谓，并非当时称号。"后"在甲骨文中与"毓"同字，为𧮫，如人生子之形，也是祖先追称。"王"在甲骨文中为𠙻，是斧钺的形状，表示当世君主享有生杀大权。《逸周书·谥法解》称："德象天地曰帝，静民则法曰皇，仁义所在曰王，立制及众曰公，执应八方曰侯。"这种解释是后来演化出来的说法。王是其他人对君主的称谓。王自称"予一人"、"余一人"或"朕一人"。祖先神灵祭祀时，君主则自呼其名以示对神灵的尊崇。

---

①　恩格斯：《反杜林论》，人民出版社 1972 年版，第 278 页。

二、帝王庙号

帝王死后，其牌位要放在宗庙里祭祀。在宗庙祭祀时为先王所起的名号就是庙号。五帝和夏代君主尚无庙号，商代出现了以天干为名的称号。选择干日命名商王的原因至今尚有争议。一般认为是商王死后选定的，其中一种说法是，商王干名取自葬日的天干。① 商王的干名有人认为是庙号，根据《史记》的记载，太甲又称太宗，太戊称中宗，武丁称高宗（成汤被后人称为太祖）。因此，也可以说，商王有两种不同的庙号，一种是天干庙号，一种是褒扬性庙号。这两种庙号，以后的周、秦两代没有使用，直到汉代才又见到高祖、太宗之类庙号记载。似乎《史记》所载商代第二类庙号可能是司马迁根据汉人观念的写法，商朝并不存在。

三、帝王谥号

一个有地位的人死后，别人给予他的评价性质的称号就是谥号。帝王、后妃、文臣、武将均可获得谥号，由国家评定的谥号为公谥，也有私人评定的谥号称私谥。谥号一般是死者下葬之前评定出来，即所谓"盖棺论定"，但也有下葬时没有给谥或给谥不当，事后追谥和改谥的。

一般认为谥号制度萌芽于殷，形成于西周。有的书上讲尧、舜、禹、汤皆为谥号，不足信。谥号源于部落社会里的避讳。过去人们迷信，认为人死后仍呼其名字会招致鬼魂作祟，故对死者必另起新名称之，后来新名被赋予了道德功过的评价就成了谥号。商王名号除干日之字，为避免重名，干日前还加上他字以示区别。如"大甲"、"小甲"、"中丁"、"外丙"之类，有的还加上了褒贬含义的字。如"武丁"、"武乙"、"康丁"、"文丁"等，带有谥号的性质。商朝第一位君主"成汤"名字中的"成"也是谥号，根据谥法，"安民立政曰成"。西周时期已经建立了完备的谥号制度。《史记》："惟周公旦、太公望开嗣王业，建功于牧野，终将葬，乃制谥，遂叙谥法。谥者，行之迹。号者，功之表。"早期的谥号一般只有一两个字，有美谥、平谥、恶谥三类。美谥表示褒扬，如果死者生前为善、廉政或建有功勋，就给

---

① ［日］井上聪：《商代庙号新论》，《中原文物》1990 年第 2 期。

予昭、恭、敬、庄、烈、明、德、懿、穆、景、肃、宣、文等美谥。如周文王的"文"，周武王的"武"就是美谥。根据《逸周书·谥法解》，"经纬天地曰文，道德博厚曰文，学勤好问曰文，慈惠爱民曰文，愍民惠礼曰文，锡民爵位曰文。""武"有美谥也有恶谥，"刚强直理曰武，威强叡德曰武，克定祸乱曰武"都是美谥，"刑民克服曰武，大志多穷曰武"则是恶谥，是批评君主残暴或穷兵黩武。另外还有一些美谥，如"照临四方曰明，谮诉不行曰明。威仪悉备曰钦。谋虑不威曰德。辟地有德曰襄，甲胄有劳曰襄。有伐而还曰厘，质渊受谏曰厘，慈惠爱亲曰厘。博闻多能曰献，聪明叡哲曰献。温柔圣善曰懿"等。有些是恶谥，如果死者生前的行为丑恶有悖礼义，就给予暴、炀、昏、厉、幽、夷、丑、缪、安等恶谥。谥法说"致戮无辜曰厉"，周厉王因为实行暴政得到了这个称号。另外，还有一些谥号表示对君主早死、大权旁落等情况的同情，如哀、怀、殇、悼、隐等。谥法上说"短折不成曰殇，未家短折曰殇。不显尸国曰隐，隐拂不成曰隐。年中早夭曰悼，肆行劳祀曰悼，恐惧从处曰悼"。

四、帝王世选制度

帝王是早期国家的君主，总的来讲是世袭的。后人有"五帝官天下，三王家天下"的说法，认为尧舜禹实行选贤任能的"禅让制"，这是儒家一派的说法，法家就不怎么相信。事实上早期国家君主制度并不稳定，有选贤任能的因素，也有邦国之间相互攘夺的因素。以五帝时期1000年来计，一个帝王统治50年，则至少要有20位君主，而《史记》只记载了五六位君主，说明这些君主多数情况并非是一个人，而代表了一个部落，称"黄帝"可能有几个，安知他们不是父子兄弟相传？《史记》记载，黄帝有二子：玄嚣和昌意，如果《史记》记载属实，从黄帝到颛顼是祖孙相传。颛顼死后帝位又传给帝喾，按《史记》说法，帝喾是蟜极之子，"蟜极父曰玄嚣，玄嚣父曰黄帝"。帝喾是黄帝的曾孙，颛顼的侄子。帝喾死后，其位先传其长子帝挚，"帝挚立，不善，而弟放勋立，是为帝尧"。是父子兄弟相袭。尧传位于舜，而舜的父亲是瞽叟，"瞽叟父曰桥牛，桥牛父曰句望，句望父曰敬康，敬康父曰穷蝉，穷蝉父曰帝颛顼"，舜论辈份是尧的玄孙。《史记》的记载虽然是后人的追忆，多少有些演绎的地方，但至少可以说明，五帝时代帝王的传承虽然带有民主推选的因素，但却是在血缘较近的团体里进行的，在血缘集团内部的选举就是世选。"五帝官天下"的实质不过是五个部落轮流称霸而已。

夏代帝王世袭、家天下的说法才逐渐流行起来，不过，也有学者认为夏商君主是实行世选的，并非父传子或兄终弟及。世选并不排除父子或兄弟相传，只是未形成制度而已。至殷代末期康丁开始，父子相传才稳定下来。至帝乙时，嫡长子继承制才见于史书记载。《史记》载："帝

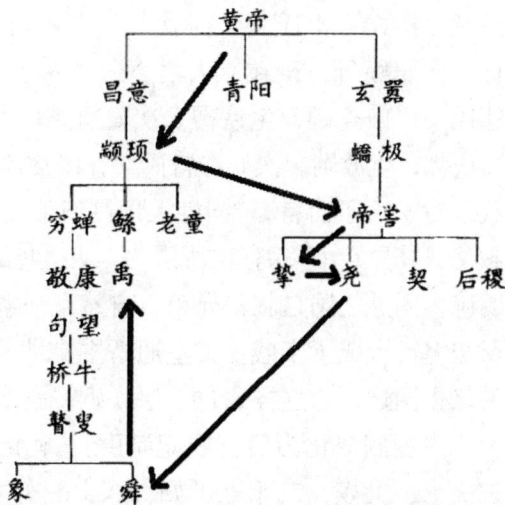

图3-5 《史记》记载的帝王世系与帝位传承关系（黑箭头表示）

乙长子曰微子启，启母贱，不得嗣。少子辛，辛母正后，辛为嗣。帝乙崩，子辛立，是为帝辛，天下谓之纣。"也就是说，严格的宗法制度形成于商朝末期，其主要精神为"嫡长子继承制"，这是一种以父系血缘关系亲疏为准绳的"遗产（包括统治权力、财富、封地）继承法"。西周的宗法制是和分封制紧密结合在一起的。天子按嫡长子继承制世代相传，是天子"大宗"，其他不能继承王位的庶子、次子也是王族，分封为诸侯，他们是从属"大宗"的"小宗"。古代并不是法治社会，即使嫡长子继承确立之后，废嫡立庶、废长立幼的现象仍然经常发生。

五、帝王联姻制度

帝王天子与诸侯国、诸侯国与诸侯国之间贵族相互通婚。这是部落时代族外婚的延续，也是在进入等级社会以后，婚姻等级化的表现。联姻制度是一种政治婚姻，具有维系、加强和巩固诸侯国之间联合的作用，即所谓"取于异姓，所以附远厚别也"[1]。传说黄帝"元妃西陵氏女，曰累祖，生

---

[1] 《礼记·郊特牲》。

昌意。次妃方雷氏女，曰女节，生青阳。次妃彤鱼氏女，生夷鼓，一名苍林。次妃嫫母，班在三人之下"。"帝喾有四妃，卜其子皆有天下。元妃有邰氏女，曰姜嫄，生后稷。次妃有娀氏女，曰简狄，生契，次妃陈丰氏女，曰庆都，生放勋。次妃娵訾氏女，曰常仪，生帝挚。"①夏商周也有类似的记载。对于天子而言，"同姓大国则曰伯父，其异姓则曰伯舅。同姓小邦则曰叔父，其异姓小邦则曰叔舅"②。从这些记载来看，王室与诸侯国联姻目的很明确，同姓之国是叔伯兄弟，自然是一家，而异姓之国，通过联姻就成了伯舅叔舅，也成了亲戚。王室通婚主要是大的诸侯国，但大诸侯国同样与较小的诸侯国通婚，这样通过层层联姻，就形成了天下一家的局面。

多妻制演化为后宫嫔妃制度。《礼记·昏义》说："古者天子后立六宫，三夫人、九嫔、二十七世妇、八十一御妻，以听天下之内治。"这些数字固然不足信，但反映了帝王多妻的事实。天子、诸侯为娶妻方便，据说还实行媵妾婚的形式，一次可迎娶9个妻子，娶1人有两个陪嫁女子，"娶一国则二国往媵之"，因此，"诸侯一聘九女，诸侯不再娶"③。

封建帝王是居于统治地位的邦国的国君，也是天下众多邦国的统治者。君主是"邦国联盟"的首领，他对众多邦国只能采取松散的统治方式，虽然有帝王杀死诸侯的记载，如黄帝杀蚩尤、尧放四凶，禹杀防风氏、文丁杀季历、周夷王烹齐哀公等，但这并非制度性的权力，邦国或服或叛，并不稳定。

第五节　封建时代的中央制度

封建时代的中央制度是维系统治者大邦与被统治的小邦关系的制度。以前学者根据甲骨文和金文记载，将商周时期的中央官员分为两类：1.内廷官，主要是王官，服务君主的官员系统。2.外廷官，国家官员系统。外廷官又分为神祇官（卜人、筮人、巫人等）、政务官（负责行政、司法、宗族等）、事务官（负责农业、牲畜业、手工业、交通邮传等）、军事官、史官

---

① 《史记》卷一《五帝本纪》索隐引《帝王世纪》，第10、14页。

② 《仪礼·觐礼》。

③ 《春秋公羊传注疏》卷八《庄公十九年》。

五类。从权力运行的角度，中央制度可分为朝会
制度、决策制度、谏议制度、行政制度、监察制
度、司法制度、军政制度7个方面。

一、朝会制度

封建国家君主与臣民、中央与地方的会晤、
决策和礼仪制度。朝会根据帝王会见对象和场
所不同分为内朝、外朝几个层级。内朝侧重决
策，外朝侧重礼仪。《尚书·舜典》记载，舜即位时，曾"询于四岳，辟四
门，明四目，达四聪，咨十有二牧"。《洪范》篇也说，王有大疑，要"谋
及卿士、谋及庶人"。西周时期，内外朝之制已经形成。《国语·鲁语》记
载说："天子及诸侯合民事于外朝，合神事于内朝，自卿以下，合官职于外
朝，家事于内朝。"贾公彦解释《周礼》时说："天子三朝，路寝庭朝，是图
宗人嘉事之朝，大仆掌之。又有路门外朝是常朝之处，司士掌之。又有外朝
在皋门内、库门外，三槐九棘之朝，是断狱弊讼之朝，朝士掌之。"① 庭朝又
称内朝、宴（燕）朝，是国君在寝宫中朝会，主要见的对象是宗人，常朝又
称正朝，也属内朝，主要见百官，还有一种外朝不常举行，主要是朝见国
人。《周礼·秋官司寇》载："小司寇之职，掌外朝之政以致万民而询焉。一
曰询国危，二曰询国迁，三曰询立君。"孟子还对齐宣王说，国君任官、免
官、杀人都要事先听取"左右"、"诸大夫"和"国人"的意见，相当于举行
内朝、常朝和外朝的会议。

> 左右皆曰贤，未可也。诸大夫皆曰贤，未可也。国人皆曰贤，然
> 后察之，见贤焉，然后用之。左右皆曰不可，勿听。诸大夫皆曰不可，
> 勿听。国人皆曰不可，然后察之，见不可焉，然后去之。左右皆曰可
> 杀，勿听。诸大夫皆曰可杀，勿听。国人皆曰可杀，然后察之，见可
> 杀焉，然后杀之。②

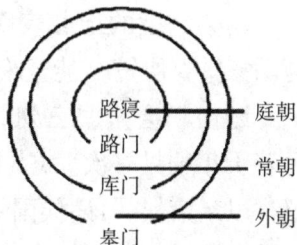

图 3-6 周天子朝会示意

---

① 《周礼注疏》卷一六《稿人》。
② 《孟子·梁惠王下》。

　　朝会制度的记载表明，封建时代的政体以贵族共和制为核心，贵族参与国家重要决策，甚至废立国君。

　　诸侯朝会是"三朝"之外的朝会。诸侯按一定规则，轮流朝见天子，每若干年朝见一次。《周礼·秋官司寇》载："大行人掌大宾之礼，及大客之仪，以亲诸侯。"诸侯国对中央王国的义务是通过朝聘、朝贡的方式进行的。"朝"、"聘"都是访问之义，后指天子与诸侯、诸侯与诸侯之间的互访。朝聘是诸侯和天子确定关系的定期沟通会晤的制度。

　　朝会既是等级关系的体现，也是决策、交往的形式和礼仪，也常常伴随着纳贡的进行。甲骨文中有"来"、"至"二字，与诸侯国连用，有学者认为这是朝觐的表现，方国首领朝觐商王时常献上贡品，如"古来犬"、"古来马"（《合集》945正），就是说一个叫"古"的诸侯朝贡献上犬或马。① 《周礼》载有六服制度，"邦畿方千里，其外方五百里，谓之侯服，岁壹见，其贡祀物；又其外方五百里，谓之甸服，二岁壹见，其贡嫔物；又其外方五百里，谓之男服，三岁壹见，其贡器物；又其外方五百里，谓之采服，四岁壹见，其贡服物；又其外方五百里，谓之卫服，五岁壹见，其贡材物；又其外方五百里，谓之要服，六岁壹见，其贡货物；九州之外，谓之蕃国，世壹见，各以其所贵宝为挚。"这也能反映出周代诸侯朝贡的大致情况。《礼记·王制》说："诸侯之于天子也，比年一小聘，三年一大聘，五年一朝。"注："比年，每岁也。小聘使大夫；大聘使卿；朝则君自行。"

　　朝会时天子与诸侯、诸侯与诸侯之间还会利用莅牲、盟誓之类的巫术建立信用关系。《礼记·曲礼下》："约信曰誓，莅牲曰盟。"《礼记正义》说："莅牲曰盟者，亦诸侯事也。莅，临也。临牲者，盟所用也。盟者，杀牲歃血，誓于神也。"同时，这种形式是天子与诸侯之间的一种契约，也相当于天子与诸侯共同制定的法律，为维护封建体制起到了保障作用。天子与诸侯的会盟有临时性的，也有经常化、制度化的活动。《左传·昭公十三年》说："明王之制，使诸侯岁聘以志业，间朝以讲礼，再朝而会以示威。再会而盟以显昭明。志业于好，讲礼于等，示威于众，昭明于神，自古以来，未之或失也。"杜预注"显昭明"句："十二年而一盟，所以昭信义也。凡八聘四朝

---

　　① 李雪山：《商代分封制度研究》，中国社会科学出版社2004年版，第278页。

再会，王一巡守，盟于方岳之下。"会盟是带有迷信色彩的"规范"，春秋战国时期成文法开始出现，郡县时代各种法律诏令取代盟约成为约束人民的主要手段。

朝会的目的是为了加强天子与诸侯之间的团结，维持天子、诸侯的等级秩序，最终建立一个有秩序、有凝聚力的礼制王朝。朝会是诸侯的法定义务，"一不朝则贬其爵，再不朝则削其地，三不朝则六师移之"①。不过，朝聘能否正常进行，是以邦国势力对比为基础的，在许多情况下是不稳定的。春秋战国时期，天子势力衰微，朝聘制度遭到破坏。"春秋之时天子微弱，诸侯力政，皆叛不朝。"②齐桓公、晋文公等大国"合诸侯朝天子以显周室"，不过是称霸的手段。战国之时，各大国称王、称帝，以"朝天下"（使天下朝拜自己）为己任，周王朝彻底崩溃。

二、决策制度

部落时代的长老在国家时代演化为传说中的帝王三公（太师、太保、太傅），另外，商周时期还有卿士（司马、司徒、司空等），三公、卿士都参与国家决策。商周时期特别重视占卜的作用，参加卜筮的人甲骨文中称为"贞人"，《周礼》中称为大卜、卜师、占人、筮人等，他们实际上也以神的名义参与决策。《尚书·洪范》记载了商遗臣箕子回答周武王问如何治国时说的一段话，称：

> 汝则有大疑，谋及乃心，谋及卿士，谋及庶人，谋及卜筮。汝则从、龟从、筮从、卿士从、庶民从，是之谓大同，身其康强，子孙其逢吉。汝则从、龟从、筮从、卿士逆、庶民逆，吉。卿士从、龟从、筮从、汝则逆、庶民逆，吉。庶民从、龟从、筮从、汝则逆、卿士逆，吉。汝则从、龟从、筮逆、卿士逆、庶民逆，作内吉，作外凶。龟筮共违于人，用静吉，用作凶。

---

① 《孟子·告子下》。
② 刘向：《说苑》卷八。

大意是说，国王在处理重大问题时，除自己深思熟虑外，还要谋及卿士、庶民、卜筮，同大家商议，并按照多方面的意见行事。这既反映了商周时期的民主议事决策制度，又可看到占卜迷信在决策中有较大影响。如，其中一句说到，周武王如果有某种想法，只要占卜吉利，即使大臣和百姓都反对，也可以付诸行动。商王周王有某种决策一般要祭祀神灵、并通过史官祝告于神、制作文告，发布命令，这个过程叫"作册"，"册"通"策"，这就是后来的"决策"。唐人刘知几说："盖史之建官，其来尚也。昔轩辕受命，苍颉、沮诵实居其职。"① 元代马端临也说："史官肇自黄帝有之，自后显者，夏太史终古，商太史高势。"② 黄帝有史官之说可能只是推测。殷代甲骨文中已经出现大量史官的记载，名称有作册、太史、小史、东史、西史、北史、御史、卿史等等。从史官的活动看，史官是商王助手，帮助商王处理战争、外交、祭祀、记事等政务，殷商时期已经出现了太史寮。西周时期有太史寮、内史③寮两大机构。据《周礼》记载，"大史，下大夫二人、上士四人。小史，中士八人、下士十有六人、府四人、史八人、胥四人、徒四十人"，共86人。"内史，中大人一人、下大夫二人、上士四人、中士八人、下士十有六人、府四人、史八人、胥四人、徒四十人。"共有官吏87人，此外，还有"外史"官吏50人、"御史"官吏192人。可见史官是一个庞大的群体。内史、太史二者执掌内外有别，从铭文和文献材料看，内史主内，常伴王左右，其活动多是代王命行事，如册命、出使、记言等。太史主外，观象、制历、占卜、记事，参与各种礼仪活动等是其主要职责，外史也制作册命。内史、太史在周王决策中起到内外两个"秘书长"的作用，内史偏重日常政治决策，太史偏重规范的监督落实，内史的地位显然比太史要高。《周礼》记载，"内史掌王之八枋之法，以诏王治。一曰爵，二曰禄，三曰废，四曰置，五曰杀，六曰生，七曰予，八曰夺。执国法及国令之贰，以考政事，以逆会计。掌叙事之法，受讯访，以诏王听治。凡命诸侯及孤、卿、大夫，则策命

① （唐）刘知几：《史通》卷一一《史官建置》，中华书局1982年版。
② （元）马端临：《文献通考·职官·史官》，中华书局1986年版，第466页。
③ 金文和传统文献显示，从周厉王开始，作册之名消失，内史完全替代了作册。一般认为西周的内史是由商代"作册"史演变而来。西周前期金文中的"作册内史"、"作命内史"是演变过程中的过渡形态。

之。凡四方之事书，内史读之。王制禄，则赞为之。以方出之，赏赐。亦如之。内史掌书王命，遂贰之"。"大史掌建邦之六典，以逆邦国之治。掌法，以逆官府之治；掌则，以逆都鄙之治。凡辨法者考焉，不信者刑之，凡邦国都鄙及万民之有约剂者藏焉，以贰六官，六官之所登，若约剂乱，则辟法，不信者刑之。"

总之，国家元首和机关各部门的首长共同完成重大决策，朝会是决策的重要途径和形式。但日常决策则由帝王及其身边的贞人、卜人、内史、太史等掌握。

三、谏议制度

古人说："良药苦于口而利于病，忠言逆于耳而利于行。汤武以谔谔而昌，桀纣以唯唯而亡，君无争臣，父无争子，兄无争弟，士无争友，无其过者未之有也。"[①] 封建时代还保留着一些听取民众意见的制度，如明台之议、告善之旌、诽谤之木、敢谏之鼓之类。《管子·桓公问》载："黄帝立明台之议者，上观于贤也；尧有衢室之问者，下听于人也；舜有告善之旌，而主不蔽也；禹之立谏鼓于朝，而备讯也。汤有总街之庭以观人诽也，武王有灵台之复而贤者进也。"《大戴礼记》："有进善之旌，尧置之令进善者立于旌下也。有诽谤之木，尧置之使书政之愆失也。有敢谏之鼓，舜置之，使谏者击之以自闻也。"据《左传》记载，周天子理政，除贵族外，其他社会阶层如庶民、工商等也都可以不同形式发表意见，即所谓"史为书，瞽为诗，工诵箴谏，大夫规诲，士传言，庶人谤，商旅于市，百工献艺"[②]。春秋时期齐桓公规定："有非上之所过谓之正士，内于喷室之议"，以此作为行政监督的措施。战国时期，齐威王为听取意见，宣布："群臣吏民能面刺寡人之过者受上赏，上书谏寡人者受中赏，能谤议于市朝闻寡人之耳者受下赏。"[③] 这些传统表明，封建时代的政体是"非专制"的贵族共和政体，还有一些民主的因素。

---

① 王肃：《孔子家语》卷四《六本》。
② 《左传·襄公十四年》。
③ 《战国策》卷八《齐策一》。

四、行政制度

《礼记·昏义》上说："天子立六官：三公九卿、二十七、大夫八十一元士，以听天下之外治。"《礼记·王制》也说："天子三公九卿，二十七大夫，八十一元士。"郑玄注："此夏制也。"这些数字当然只是虚拟，但能说明封建时代已经有了中央设官分职的制度，形成了官员的分类和等级。封建时代的官僚制度是在农业生产的基础上，由部族分工演化而来的，官职名称经历了图腾名官至纪事名官的演化。图腾名官就是以图腾代表一种官职和部族分工。《左传·昭公十七年》载："昔者黄帝氏以云纪，故为云师而云名，炎帝氏以火纪，故为火师而火名，共工氏以水纪，故为水师而水名，大皞氏以龙纪，故为龙师而龙名，我高祖少皞，挚之立也，凤鸟适至，故纪于鸟，为鸟师而鸟名。凤鸟氏历正也，玄鸟氏司分者也，伯赵氏司至者也，青鸟氏司启者也，丹鸟氏司闭者也，祝鸠氏司徒也，鸭鸠氏司马也，鸤鸠氏司空也，爽鸠氏司寇也，鹘鸠氏司事也，五鸠，鸠民者也，五雉为五工正，利器用，正度量，夷民者也，九扈为九农正，扈民无淫者也。自颛顼以来，不能纪远，乃纪于近，为民师而命以民事，则不能故也。"这段文字说明，在颛顼以前各个家族都以图腾命名，每一个图腾也代表一种社会分工，颛顼以来才开始以职事命名从事活动的家族，最初表现为战国时期文献提到的六官制度，即将官职分为天、地、春、夏、秋、冬六类，这可能有虚拟的成分，但说明官职的起源与农业生产的季节性有密切的关系。《管子·五行》记载的黄帝时已经有六官："昔者黄帝得蚩尤而明于天道，得大常而察于地利，得奢龙而辨于东方，得祝融而辨于南方，得大封而辨于西方，得后土而辨于北方。黄帝得六相而天地治、神明至。蚩尤明乎天道故使为当时，大常察乎地利故使为廪者，奢龙辨乎东方故使为土师，祝融辨乎南方故使为司徒，大封辨于西方故使为司马，后土辨乎北方故使为（大）李。是故春者，土师也。夏者，司徒也。秋者，司马也。冬者，（大）李也。"据《史记》记载，舜为天子，"皋陶为大理，平；伯夷（秩宗）主礼，上下咸让；垂（为共工）主工师，百工致功；益主虞，山泽辟；弃主稷，百谷时茂；契主司徒，百姓亲和；龙（为纳言）主宾客，远人至；十二牧行而九州莫敢辟违；唯禹（为司空）之功为大，披九山，通九泽，决九河，定九州，各以其职来贡，不失厥宜"。

上述记载都是战国秦汉人的追述，恐怕不免虚构之处，或者将后来的制度、职官移之于前代。据汉代人的说法，黄帝时代已经出现"三公"官。《史记》载，黄帝"举风后、力牧、常先、大鸿"。郑玄曰："风后，黄帝三公也。"班固曰："力牧，黄帝相也。"《史记》又载，殷纣曾"以西伯昌、九侯、鄂为三公。"封建时代的三公，多数情况下只是几个诸侯或部落、方国首领，是宗主国的助手，他们不一定固定地在朝为官，赐三公称号有时可能只是宗主国的一种拉拢手段。与三公相当的职官是"相"、"冢宰"、"保"、"傅"、"卿士"等，目前还看不出他们的差别和分工。《周礼》整齐地规划了天官冢宰、地官司徒、春官宗伯、夏官司马、秋官司寇、冬官司空的制度。结合金文研究可知，周代官职政务官，实际是以司徒、司马、司空为核心的，司徒即司土，掌土地农业之官，司空即司工，掌手工业之官。司马可能最初是畜牧、狩猎之官，这些都和生产有一定的关系，这说明封建时代的官职是部落之间以生产为基础分工协作的产物。

五、监察制度

帝王天子派人对诸侯国进行监督和巡视的制度。《史记·五帝本纪》载黄帝曾"置左右大监，监于万国"，这大概可以视为监国制度的开始。甲骨文显示，商王已经设立一种叫"监"的官员，"其职责是跟随商王外出巡狩时，对如何祭祀进行监察"。商王常在封国方国中设立使者，起到监督监察作用，商王还不断向封国方国派遣使者巡视监察①。《周礼·天官》："乃施典于邦国，而建其牧，立其监。"《礼记·王制》："大国三卿，皆命于天子……次国三卿，二卿命于天子，一卿命于其君……小国二卿，皆命于其君……天子使其大夫为三监，监于方伯之国，国三人。"这里的"监"是中央派往各邦国的使者，以协助方伯监督其所领诸侯国，他们可能就是大国之卿。巡狩也是古代帝王监察邦国，巩固封建体制的重要手段。传说从黄帝时起，已经有巡狩制度。《史记·五帝本纪》载："天下有不顺者，黄帝从而征之，平者去之，披山通道，未尝宁居。东至于海，登丸山，及岱宗。西至于空桐，登鸡头。南至于江，登熊、湘。北逐荤粥，合符釜山，而邑于涿鹿之阿。迁徙

---

① 李雪山：《商代分封制度研究》，中国社会科学出版社2004年版，第287—295页。

往来无常处，以师兵为营卫。"黄帝对各地武装巡视就是一种巡狩活动。《礼记·王制》载："天子五年一巡守，岁二月，东巡守至于岱宗，柴而望祀山川……五月，南巡守至于南岳，如东巡守之礼。八月，西巡守至于西岳，如南巡守之礼。十有一月，北巡守至于北岳，如西巡守之礼。"注："天子以海内为家，时一巡省之。五年者，虞夏之制也，周则十二岁一巡守。"巡狩的时间不一定如儒家所说的那样死板，但应当是一种经常化的制度。甲骨文中有商王"省"诸侯、"循"方国的大量记载，也印证了上述文献记载的真实性。巡狩的目的主要是了解诸侯国情况，举行祭祀，宣传教化，颁布法令，对诸侯国是否尽忠职守进行考核并实行奖惩，最终达到巩固封建统治之目的。

六、司法制度

《史记·五帝本纪》载，尧曾制定五刑：墨、劓、剕、宫、大辟。"墨，点凿其额，涅以墨。劓，截鼻也。剕，刖足也。宫，淫刑也，男子割势，妇人幽闭也。大辟，死刑也。"又"象以典刑，流宥五刑，鞭作官刑，扑作教刑，金作赎刑。眚灾过赦；怙终贼刑。"大意是说，尧又发明象刑、流刑、鞭刑、扑刑、赎刑五种附加刑，对于过失犯罪可宽免，对于故意犯罪要予以严处。舜曾任皋陶作"士"，又称大理，即最高法官。夏商两朝由于缺乏文献记载，其司法制度不太清楚。商代的甲骨文中，墨、劓、剕、宫、辟五刑确有记载，但未发现专职司法官吏。周代司法制度《周礼》记载比较系统。中央司法官为大司寇、小司寇和士师。大司寇"掌建邦之三典以佐王刑邦国，诘四方"，小司寇"以五刑听万民之狱讼"，士师"掌国之五禁之法，以左右刑罚。一曰宫禁，二曰官禁，三曰国禁，四曰野禁，五曰军禁，皆以木铎徇之于朝，书而县于门闾"。还设有司刑（掌处刑）、司刺（掌赦宥）、司隶（掌劳役）、司圜（掌监狱）、掌囚（掌囚犯）等许多具体司法事务官。王城六乡、六遂及城外四野的县、都分别设有乡士、遂士、县士、方士分掌地方司法。春秋战国时期成文法开始出现，司法体系也进一步完善，各诸侯国也出现了专门的司法官员。

七、军政制度

封建时代实行族兵制，当兵是贵族子弟的事，平民没有当兵的权利。君主是国家的最高军事统帅，君主之下最初还未设有专门的军政机构，西周时王的大（太）师是天子之下的最高军政长官，其下还有司马掌军法和指挥军事，商周时期的军队称为"师"，军事将领称为师、师氏、师长等。《周礼·夏官司马》记载："凡制军，万有二千五百人为军，王六军，大国三军，次国二军，小国一军，军将皆命卿。二千有五百人为师，师帅皆中大夫；五百人为旅，旅帅皆下大夫；百人为卒，卒长皆上士；二十五人为两，两司马皆中士；五人为伍，伍皆有长。一军则二府、六史、胥十人、徒百人。"根据记载，周王除六军之外，还有800人的护卫亲军——虎士，其指挥官为虎贲氏。

春秋时期，很多诸侯国有司马主军政，但各国的卿相仍然是军政权力合一。经过混战兼并，诸侯国规模变大，有诸侯国突破西周"大国三军、次国二军、小国一军"的规定，军队规模常用多少兵车——乘表示，春秋时期1乘大约100人，各大诸侯国的军队少的有1000乘，多的达数千乘，军队达10万人至50万人之多，大大超过了西周时期。

战国时期军事制度发生重大变化，实行了普遍兵役制，军队以步兵为主，战国七雄各有军队30万至100万不等。官员开始实行文、武分工，中央出现了专职军事指挥官，魏国称为大将军，齐国称为司马，楚国称上柱国，秦国称大良造。不过战争决策权属于君主，为加强对军权的控制，各国普遍实行符节制度。兵符一分为二，一半由君主掌握，一半由军将掌握，君主派人将自己所持的兵符与军将手中的一半合对，才能调动军队。军队将领往往强调"将在外，君命有所不受"，以扩大自己的指挥权限。

第六节 封建时代的地方制度

封建时代的国家实际上是众多邦国的联合体，或者说，是一个大邦对众多小邦的统治。大体上说，中央大邦接近于国家的中央政权；受其统治的众多小邦就是地方政权。这些"诸侯国"，在春秋战国时期开始向郡县演化。

一、九州与行政区划

历史上的中华民族各族先民居住的地方，古人称为天下或海内，中华民族的先民们代代在这里生息繁衍，创造了辉煌的中华文明。

《史记·五帝本纪》载黄帝征战天下，"东至于海、登丸山，及岱宗。西至于空桐，登鸡头。南至于江，登熊、湘。北逐荤粥，合符釜山，而邑于涿鹿之阿"。帝颛顼之统治区，"北至于幽陵，南至于交址，西至于流沙，东至于蟠木。动静之物，小大之神，日月所照，莫不砥属"。舜之时，"定九州，各以其职来贡，不失厥宜。方五千里，至于荒服。南抚交址、北发，西戎、析枝、渠廋、氐、羌，北山戎、发、息慎，东长、鸟夷。四海之内，咸戴帝舜之功"。禹之时，"辅成五服，至于五千里，州十二师，外薄四海，咸建五长，各道有功"。"东渐于海，西被于流沙，朔、南暨，声教讫于四海。"《淮南子·览冥训》也说："昔者黄帝治天下，而力牧、太山稽辅之……别男

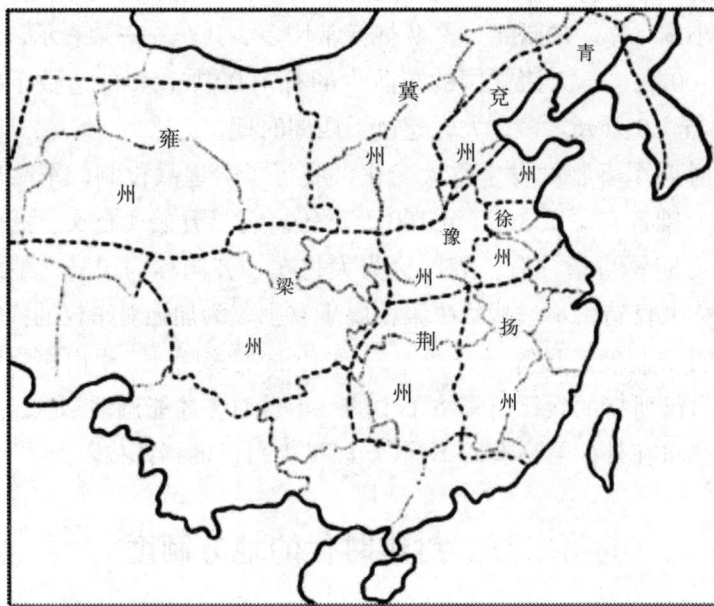

图 3-7 《禹贡》九州示意图[①]

---

① 根据尹世积《禹贡集解》，商务印书馆 1957 年版，第 4 页插图改编。

女，异雌雄，明上下，等贵贱……诸北、儋耳之国，莫不献其贡职。"《淮南子·修务训》说："尧立孝慈仁爱，使民如子弟。西教沃民，东至黑齿，北抚幽都，南道交趾。……平治水土，定千八百国。"这些记载说，自黄帝时代起，中华民族就逐渐形成了一个原始形态的国家，黄帝就是第一个原始国家的帝王。当然封建时代并无严格的疆域，而且上述"天下"难免有夸张的地方。

按照战国秦汉文献的记载，"九州"，是五帝三王及其臣属邦国的范围，或华夏族或汉族分布的地区，大体上以黄河中下游为中心，范围北到长城南到江淮，东到大海，西到甘肃、青海一带，面积大致相当于现在中国面积的四分之一或三分之一。夏、商、周三代，由在中央的宗主国和其周围的方国联合组成了联邦式的国家共同体。古人所称的九州，大体上与这个范围接近。《尚书·禹贡》记载："禹别九州，随山浚川，任土作贡。"将中国划为冀、兖、青、徐、扬、荆、豫、梁、雍九州。① 四海指少数民族之地，属于九州以外的地方。《尔雅·释地》曰："东至于泰远，西至于邠国，南至于濮铅，北至于祝栗，谓之四极。觚竹、北户、西王母、日下，谓之四荒。九夷、八狄、七戎、六蛮，谓之四海。"郭璞注：四极"皆四方极远之国"，四荒，"皆四方荒之国"，"九夷在东，八狄在北，七戎在西，六蛮在南，次四荒者"。刘向《说苑·辨物篇》"八荒之内有四海，四海之内有九州"亦即此义。古代所说的天下，即今天所言历史上的中国，大约相当于九州和四海的范围。

九州、天下的面积，有二说：

（1）三千里、五千里说。据《礼记·王制》言："凡四海之内九州，州方千里"，又说"凡四海之内，断长补短，方三千里"。合今150多万平方公里②，相当于现在国土面积的五分之一。《尚书·益稷》说大禹"弼成五服，至于五千"。孔安国解释说："五服，侯、甸、绥、要、荒服也。服五百里，四方相距为方五千里。"以周尺计，方五千里的面积合今430多万平方公里。不过多数学者认为，此五服并不全属中国，宋代林之奇《尚书全解》说：

---

① 九州在《周礼·夏官·职方氏》、《尔雅·释地》中还有不同的划分方法，大同小异。

② 据实际测量商鞅尺、新莽尺、后汉建武尺均与周尺基本相同，1尺为0.231米，周一里为300步，1800尺，为0.4158公里。以此推算，方三千里为1556007平方公里，余以此类推。

"盖以此五千里之地分为五服也，自甸服至于绥服每面一千五百里，二面相距为三千里，此九州之内也。绥服之外每方一千里以是要、荒之服，在九州之外也。盖禹五服以三千里之内外为华夷之辨也。"

（2）七千里、万里说。郑玄认为方三千里之九州是殷制，尧舜禹和周的九州均是方七千里。他在注释《礼记·王制》"方三千里"时说："此大界方三千里，三三而九，方千里者九也，其一为县内，余八各立一州，此殷制也。周公制礼，九州大界方七千里，七七四十九，方千里者四十有九也，其一为畿内，余四十八，八州各有方千里者六。"[①]对《尚书·益稷》所说大禹"弼成五服，至于五千"，郑玄云："辅五服而成之，至于面方各五千里，四面相距为方万里。……尧初制五服，服各五百里，要服之内方四千里曰九州。其外荒服曰四海，此禹所受地。"《易·系辞下》说："一君二民，君子之道也。"郑玄注："黄帝尧舜，谓地方万里为方千里者百，中国之民居七千里七七四十九，方千里者四十九；夷狄之民居千里者五十一，是中国、夷狄二民共事一君。"郑玄释经虽为离题发挥，但他所表达的观点却极有创意。方万里合今1700多万平方公里，郑玄认为其中49%，约840多万平方公里的土地属于"中国"（九州）。

表3-2 郑玄对《周礼·夏官·职方氏》九服里数的解释示意

天下	九州							四海		
九服	畿	侯	甸	男	采	卫	蛮	夷	镇	蕃
面	500	1000	1500	2000	2500	3000	3500	4000	4500	5000
方	1000	2000	3000	4000	5000	6000	7000	8000	9000	10000

三千里说，主要来自《礼记》和《尚书》的记载，九州面积大约为150多万，加上四海共430多万平方公里，分别相当于现在中国面积的1/6和1/2，这大约可以反映出夏、商、西周中央政权实际控制的范围，比较

---

① 孔颖达《礼记·王制》正义说："若指文言之，盛谓周公制礼太平时也，衰谓夏末殷初之时也，盛衰之中谓武王时也。若以当代言之，衰谓周末幽、厉之时，与夏末同。盛衰之中谓昭王、恭王之时，与武王同。"又《周礼·夏官·职方氏》正义说："周九州之界方七千里者，以先王之作土有三焉：若太平之时土广万里，中国七千；中平之世，土广七千，中国五千；衰末之世，土广五千，中国三千。"

接近史实。郑玄主张的七千里说主要来自《周礼》，九州面积为840多万平方公里，可能是春秋战国时期"中国"领土向外扩大的结果，也可能是汉代政权势力范围的反映。"州"的含义，《说文》载："水中可居者曰州，水周绕其旁，昔尧遭洪水，民居水中高土，故曰九州。"《禹贡》九州，顾颉刚认为是战国人的虚构。他说："当西周时尚没有九州的观念，更不必说殷和夏。自西周之末到春秋时，在今河南省的西部和陕西省的东南部，有个姜姓民族的居住地，唤做九州，大约在春秋中叶把这小区域的九州放大为禹迹的九州，掩盖当时的天下，但没有确定这个九州名及其疆界。到战国时，因吞并的结果，小国之数日减，仅存几个强国（如秦、楚）或古国（如周、卫），约略与九州相当，遂使九州之说益臻具体化，而有《禹贡》等分州之书出现。"① 这个情况和我国云南西双版纳的历史有点相似。据《泐史》记载，明穆宗隆宗四年（1570年），车里宣尉使刀应勐将所辖区域划分为12个提供封建负担的行政单位"版纳"（"版"是"千"，"纳"是"田"，"版纳"即"千田"），从此有了"十二版纳"即傣语"西双版纳"这一名称。②12版纳之下为30多个勐（即部落或土司），车里宣慰司在勐下设"火西"（类似于5户或10户，一个村社为一个或几个火西）、在勐上设"版纳"，企图把自然成长的部落组织所形成的封建割据状态，通过负担组织改变成为行政区划。由于遇到内外阻力和本身不易克服的矛盾，以致"火西"制仍然没有越出其为负担组织的范围。③《禹贡》九州虽然一些州名掺进了后人的观念，但其雏形可能是向若干部落征收贡赋的单位，也有学者指出覆盖黄河长江流域龙山文化圈与《禹贡》九州的范围大体相当④，也就是说，《禹贡》九州并非是完全虚构，而可能是中国的早期税收或行政区划的雏形。

根据古文献记载，州的长官称为州牧或州伯，由诸侯兼任。《礼记·王制》载，"凡四海之内九州，州方千里，州建百里之国三十，七十里之国六十，五十里之国百有二十，凡二百一十国"，"八州，州二百一十国。天

---

① 顾颉刚：《州与岳的演变》，《史学年报》1933年第5期。
② 马曜、缪鸾和：《西双版纳份地制与西周井田制比较研究》，云南人民出版社2001年版，第15页。
③ 马曜、缪鸾和：《西双版纳份地制与西周井田制比较研究》，云南人民出版社2001年版，第71页。
④ 赵春青：《〈禹贡〉五服的考古学观察》，《中原文物》2006年第5期。

子之县内，方百里之国九，七十里之国二十有一，五十里之国六十有三，凡九十三国。""千里之外，设方伯。五国以为属，属有长；十国以连，连有帅；三十国以为卒，卒有正；二百一十国以为州，州有伯，八州八伯。五十六正，百六十八帅，三百三十六长。八伯各以其属，属于天子之老二人，分天下以为左右，曰二伯。"

表3–3　《禹贡》九州五服里数与《礼记》诸侯国数量

天下	九州			四海	
五服	甸	侯	绥	要	荒
面	500	1000	1500	2000	2500
方	1000	2000	3000	4000	5000
州	县内	八州			
诸侯国数	93	840			

《礼记》之说固然有想象的成分，但大体与西周诸侯国数量与规模相当。各诸侯国之间虽然不如其所说那么严密，但大小诸侯国之间并不是完全平等，方伯连帅之类的说法，也非完全虚构。《尚书·舜典》云"觐四岳群牧"，"咨十有二牧"，《左传》宣公三年去"夏之方有德也，贡金九牧"，这些说法表明"州牧"、"州伯"、方伯的说法并不是完全虚构的。

二、畿服制度

畿服是诸侯国等级、种类的划分，也是早期的税务和行政区划。五帝时代这个制度似乎并未形成，古代不同典籍关于畿服的记载并不一致，大体上有二服（内外服）、三服、五服、六服、九服等不同记载。二服说见《尚书·酒诰》，其中提及商代"越在外服，侯甸男卫邦伯；越在内服，百僚庶尹，惟亚、惟服、宗工，越百姓、里居（君）"。此外还有三服的说法。《逸周书·王会》所记，为比、要、荒三服。"比"义为亲附。《史记·秦始皇本纪》记诸臣议帝号之辞曰"昔者五帝地方千里，其外侯服、夷服诸侯或朝或否"，似亦为三服说，但各服之划分方法与《王会》有异。夏代已经有五服的记载。据《尚书·禹贡》记载，大禹将统治区分为甸、侯、绥、要、荒五服，甸应为内服，余为外服。称"五百里甸服：百里赋纳总，二百里纳铚，三百里纳秸，服四百里粟，五百里米。五百里侯服：百里采，二百里男邦，三百里诸侯。五百里绥服：三百里揆文教，二百里奋武卫。五百里要服：三百里夷，二百里蔡。五百里荒服：三百里蛮，二百里流。"《国语·周语》也有同样的记载："夫先王之制，邦内甸服，邦外侯服，侯卫宾服，蛮夷要服，戎狄荒服。"《周礼·秋官·大行人》记载了侯、甸、男、采、卫、要六服制度："邦畿方千里，其外方五百里谓之侯服，岁壹见，其贡祀物；又其外方五百里谓之甸服，二岁壹见，其贡嫔物；又其外方五百里谓之男服，三岁壹见，其贡器物；又其外方五百里谓之采服，四岁壹见，其贡服物；又其外方五百里谓之卫服，五岁壹见，其贡材物；又其外方五百里谓之要服，六岁壹见，其贡货物。"《周礼·地官·职方氏》记载九服制度，王畿之外依次为侯、甸、男、采、卫、镇、服、要、荒，王的统治区东西南北均达万里，多少有些虚构。畿服制度的特点是：第一，划分目的均是为了确立诸侯国的等级和职贡标准。第二，划分服制的依据是道里远近。第三，越是晚出的文献，划分的等级越多，反映了诸侯国地位差别加剧的事实。简言之，可以将诸侯国分为三类：一是内服诸侯国；二是外服的华夏诸侯国；三是蛮夷戎狄的诸侯国。这三类国家大体是由内向外，呈圈层分布的。畿服制度的存在反映了封建国家内部的等级和义务结构。《荀子·正论》载："诸夏之国同服同仪，蛮、夷、戎、狄之国同服不同制。封内甸服，封外侯服，侯卫宾服，蛮夷要服，戎狄荒服。甸服者祭，侯服者祀，宾服者享，要服者贡，荒服者终王。日祭、月祀、时享、岁贡、终王，夫是之谓视形势而制械用，称远近而等贡献，是王者之制也。"这里值得注意的是畿内诸侯的问题。有学者认为周天子千里王畿内有王朝公卿大夫的采邑，其性质与畿外诸侯国不同，周王可以将采邑收回或改封，公卿大夫没有天子的命令不得出会诸侯。

三、封国制度

建立天子与诸侯关系，确立双方地位名分的仪式，西周时期这种仪式称为"册命礼"。五帝时代肯定也存在某种形式的册封仪式。《史记·封禅书》："黄帝时万诸侯，而神灵之封居七千。""神灵之封"即"修神灵得封"①，诸侯国受封时举行礼祀神灵的仪式。册封诸侯国的目的，就是为了巩固国家政权，被封诸侯分公侯伯子男五个等级，史称五等爵。《尚书·尧典》称，尧"辑五瑞""班瑞于群后"，郑玄注称"五瑞，五玉也。公执桓圭，侯执信圭，伯执躬圭，子执谷璧，男执蒲璧"，言五等诸侯尧时已有。当然这只是后人追述，并不可信。② 从甲骨文反映的情况来看，商代封建的爵名有侯、伯、子、男、亚、任、妇等，但还不存明显的等级制度。五等爵周代方成规范等级体系。《孟子·万章下》称周"天子之制，地方千里，公侯皆方百里，伯七十里，子、男五十里，凡四等。不能五十里，不达于天子，附于诸侯，曰附庸。"夏商周王朝通过册封制度，将分散的各个邦国联合起来，建立了一个等级性、血缘性的诸侯国联合体性质的大国。先秦封建与后世不同的地方是，封建对象是国家一级政权，类似于现代联邦制国家的州或加盟国，享有较高的自主权。秦以后"封建主"通常只有"食邑"、爵禄的经济收入，而丧失了与天子（皇帝）分土治民的政治权力。西汉分封的诸侯王有设官治民之权，是先秦封建的反动，有些朝代实行宗王领兵出镇，这是封建的变种，以上这些现象或昙花一现，或存在于局部地区，是封建制度残余形式。

诸侯国的结构比天子的大邦简单。《礼记·王制》载："大国三卿，皆命于天子。下大夫五人，上士二十七人。次国三卿，二卿命于天子，一卿命于其君。下大夫五人，上士二十七人。小国二卿皆命于其君，下大夫五人，上士二十七人。"从记载看，诸侯国的中高级官员大约只有三十四五人，这当然只是一种推测，不过与夏商西周时期的情况还是比较接近。当时的诸侯国很小，地方大小不过相当于今天的一县，人口不过几万。诸侯国之下的基层政权是家邑或乡里。卿大夫的"家"是一个基层政权，相当于现在的一个乡，设有家老、邑老等家臣。家老是管理级卿大夫家族事务的，邑老是管理地方行政事务的。卿大夫统治数量众多的邑，邑有大小，大邑类似今天的县城或乡镇，小邑类似于行政村，每个邑一般都设有邑宰作为邑的长官。家臣要忠于主人，但不一定与卿大夫同族。战国时期诸侯国、卿大夫家的规模明

---

① 《史记索隐》引韦昭云："黄帝时万国，其以修神灵得封者七千国。"
② 根据一些学者研究，五等爵形成于西周晚期或春秋时代，是诸侯等级不断严格化、制度化的结果。

显扩大，诸侯国人口达到了数百万，卿大夫家已拥有数县甚至数十县，人口有数十万。

四、国野制度

为了区分征服者与被征服者、统治者与被统治者，周王朝对不同身份的人采取不同的统治政策和剥削方法。"国野制"就是这种统治方法的具体体现。"国"，即当时的都邑或较大的居民点。一般来说，国是贵族的政治中心和军事据点，是周王室在分封诸侯或征服异族的过程中建立的，居住着大小贵族和为贵族服务的手工业者、商人等，住在国中的人称"国人"。"野"，即国以外的广大地区，其地域比国大。居住在野的人叫作"野人"。《周礼·地官司徒》载：王都地区包括国都都城与周围的郊地，统称为国，国人居住地分为六乡，六乡以外的田野分为六遂。国人为平民上层，有参政之权，负担兵役、力役；野人大体为平民下层，无参政之权，负担农业劳役和其他徭役。春秋时期，国野制在诸侯国里仍有保留。齐国在桓公时，管仲施行"参其国而伍其鄙"的政策，把国分为工乡（3 个）、

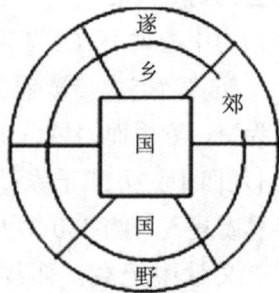

图 3-8　周天子国野乡遂示意

商乡（3 个）、士乡（15 个）三部分，士乡编成三军。把鄙，也就是野分为"五属"，即五个部分。对五鄙农人的政策是"相地而衰征"。齐国的国鄙体现了士、农、工、商四民分治的政策，其中士、工、商为国人，农为鄙人，这是国野分治的发展。战国时期，随着部族融合的加剧，国野界限逐渐打破，国人、野人统一演变成国家的编户齐民。

五、乡里制度

龙山时代聚落等级化的一个重要特点就是城市的普遍出现。目前考古已经发现几十座龙山时代的城址。这一时期，我国聚落的发展已经出现了群体化和分层化现象。这可能是由一个氏族分裂成几个家族，分别建立了聚落，形成了聚落群。据考古发掘发现，龙山时代聚落的布局主要表现为排房的出现。陕西临潼康家聚落是一典型代表。面积约 19 万平方米，呈东北—

西南向，两排房子相隔6—9米，每排房子又分若干组，少则两三间一组，多则五六间一组，不但相邻的房子共享一个隔墙，而且每排房子共享一堵后墙。此外，排房最中间的一间房子，面积20平方米，且位置靠前。康家聚落内的每排房屋并不是孤立存在的，在其前后相隔6—9米处还有其他排房存在，这表明在家族组织上还应有宗族组织。宗族就是以一个共同祖宗为纽带的几个近亲家族联合体。在康家聚落内相互靠近的若干排房之间是近亲家族的同宗关系，每一近亲家族群可以构成一宗族。

夏商周三代的聚落按面积和人口可粗略分为三个等级：一般聚落、中心聚落群和大型中心聚落群。最小的十室之邑，一般的百室之邑，较大的千室之邑，到战国时期则普遍出现了万家之邑，这就形成了以一个大型聚落（古城）为中心的存在都鄙制的早期国家。传说夏代以前已有严密的地方组织了，如《尚书大传》卷三称："古之处师，八家而为邻，三邻而为朋，三朋而为里，五里而为邑，十邑而为都，十都而为师，州十有二师焉。"郑玄注："州凡四十三万二千家，盖虞夏之数也。"这是按天下9州，每州43.2万户推算虞夏人口约380多万户，不到1000万人。

文献中记载，西周时期实行国野制度，国分六乡，野分六遂。《周礼·地官·大司徒》载其乡法"令五家为比，使之相保；五比为闾，使之相受；四闾为族，使之相葬；五族为党，使之相救；五党为州，使之相赒；五州为乡，使之相宾"。《周礼·地官·小司徒》称六乡实行的地方组织是："乃经土地，而井牧其田野，九夫为井，四井为邑，四邑为丘，四丘为甸，四甸为县，四县为都，以任地事而令贡赋。"

又《周礼·地官·遂人》载，遂的组织为"五家为邻，五邻为里，四里为酂，五酂为鄙，五鄙为县，五县为遂。"春秋以前的组织有春秋战国时人整理设想的成分，并不全是真实制度。

春秋时期继续存在着乡遂或都鄙的分野，故地方组织有两种不同的系统。《国语·齐语》载齐国制度，其制国之法："五家为轨，轨为之长；十轨为里，里有司；四里为连，连为之长；十连为乡，乡有良人焉。"制鄙之法："三十家为邑，邑有司；十邑为卒，卒有卒帅；十卒为乡，乡有乡帅。"《管子》各篇由于成书年代不一，其叙述地方制度时有与以上不同之处，如《管子·立政》作于春秋末或战国初，所述地方行政系统为游、里、州、乡四级。"分国以为五乡，乡为之师。分乡以为五州，州为之长。分州以为十里，里为之尉。分里以为十游，游为之宗。十家为什，五家为伍，什伍皆有长焉。"这里缺乏"游"的户数，以常的五进制推算，游为50户。

战国时期，国野界限业已消失，乡里制度逐步形成。但各地并不统一，有分两级的，也有分三级的。如《管子·问》作于战国中期以后，则直呼乡里，或只有两级机构。银雀山汉简《田法》"五十家而为里，十里而为州，十乡（州）而为州（乡）"则为里、州、乡三级。《鹖冠子·王铁》则说楚国的地方行政机构为里（50家）、扁（4里）、乡（10扁）、县（5乡）、郡（10县），县下也是分为三级。但据出土的包山楚简（战国中期之物）所载，楚地方县以下组织仅有里、州两级；《墨子·尚同》成书战国后期，所说也只有乡里两级。如果我们对这些组织的户数等级加以划分的话，9000户以下者基本上可以分为三个等级，一是数十户者，二是数百户者，三是数千户者。现将这些说法列表如下：

表3-4　战国文献中的乡里组织

	50户级	250户级	2500户级	10000户级
《周礼·地官·大司徒》	闾胥25、族师100	党正500	州长2500	乡大夫12500
《周礼·地官·遂人》	里宰25、酂长100	鄙师500	县正2500	遂师、遂大夫12500
《周礼·地官·小司徒》	邑36、丘144	甸576	县2304	都9216
《尚书大传》	朋24、里72	邑360	都3600	师36000
银雀山竹书《田法》	里50	州500	乡2500	
《管子·乘马》（官制）	暴50	部250	聚2500	乡12500
《管子·乘马》	暴50	乡250	都1000	
《管子·小匡》（都法）	里有司50	连长200	乡良人2000	
《管子·小匡》（鄙法）	邑有司30	卒帅300	乡帅3000	属帅9000
《管子·立政》	游宗50	里尉500	州长5000	乡帅25000
《国语·齐语》（鄙法）	邑有司30	卒帅300	乡帅3000	县帅9000
《鹖冠子·王铁》	里有司50	扁长200	乡师2000	县啬夫10000

从以上可以看出，封建时代国家基层组织县级以下已经发展到三至四

级，比部落时代要复杂。其中最基本的居住单位通常称为"里"，大约有几十户人，相当于现在的村落。"里"之上常见单位是"乡"，乡通常有两三千户人。乡里之间还有百户级的组织，但古人称谓不一。血缘关系在基层组织中有所体现，秦汉时期重视地缘关系的乡里制度已经出现雏形。据《周礼》记载，由于乡遂体制不同，有不同的基层官制。六乡各设乡师和乡大夫，其下有州、党、族、间组织。间设间胥掌 25 户的政令。其上为族师、党正、州长，州长管辖人口有 2500 家，有一两万人。如以春秋战国的情况来看，相当于一县人口，大体可信。遂设遂师、遂大夫，其基层组织是里、鄼、鄙、县，分别设里宰、鄼长、鄙师、县正，地方组织是由血缘组织或税收区划演化的结果。

第七节　封建时代的贵族制度

封建时代实行贵族统治，贵族有两种来源：其一是部落氏族内部的分化，一部人逐渐脱离生产劳动，专门从事脑力劳动和公共事务的管理。其二是，部落氏族的征服融合。一部分氏族、部落因为是征服者或收容、救助者，逐渐取得了对被征服的或归附的部落氏族的统治权。贵族世代拥有管理公共事务的官职，以贡赋或禄田为生。

一、选官制度

（一）宗法世袭制度

是指根据血缘关系远近封爵任官的制度。封建时代选官有世官世禄的特点，即所谓"内姓选于亲，外姓选于旧"[1]，"大人世及以为礼"[2]、"官有世功，则有官族，邑亦如之"[3]。诸侯按嫡长子继承的原则世代相传，非嫡长子则由诸侯分封为卿大夫。诸侯对于这些卿大夫来说，又是"大宗"，依次类推。大夫以下又有士，士是贵族阶级的最底层，不再分封。在这样的情形下，在全国范围内形成了以天子为根基的宗法系统。鲁襄公死后，大臣

---

① 《左传·宣公十二年》。
② 《论语·礼运》。
③ 《左传·隐公八年》。

对立储君有这样一段话："大子死有母弟则立之，无则立长。年均择贤，义均则卜，古之道也。"① 意思是说，太子死了，应立其同母的弟弟为国君，无嫡子才立庶长子。如果年龄接近，要挑选有才德之人为君。如果才德差别不大，则用占卜的方式决定。天子、诸侯、卿大夫均是按此方式选立继承人。宗法制在封建时代也是政治制度，但到了郡县社会，宗法制与政治的结合仅体现在皇位继承上，官僚选任就仅凭才能事功，不再靠宗法地位了。

（二）选贤任官制度

封建时代任人唯亲唯旧一般仅限于大夫以上贵族，并且也不是绝对的，也有民主禅让传统和乡举里选、选贤任能的制度和事例，如《礼记·王制》称"命乡论秀士，升之司徒，曰选士。司徒论选士之秀者而升之学，曰俊士。……升于学者……曰造士。……大乐正论造士之秀者以告于王而升诸司马，曰进士。司马辨论官材，论进士之贤者以告于王而定其论，论定然后官之，任官然后爵之，位定然后禄之。"一些人凭借自身才能可以冲破血缘等级，从社会底层步入将相行列。商汤重用伊尹，文王起用姜尚，"舜发于畎亩之中，傅说举于版筑之间，胶鬲举于鱼盐之中，管夷吾举于士，孙叔敖举于海，百里奚举于市"之类。不过有一点值得注意，封建时代的选贤，一般是以贵族血统作为限制的，庶民一般被排除在选贤任官的范围之外。

二、内爵制度

封建贵族等级时制度主要特点是：官附于爵、世官世禄。官员主要由贵族出任，公、卿、大夫、士最实初可能是贵族内部的简单分工或身份等级，后来逐渐演化为爵位。据《周礼》记载，天子有三公九卿、二十七大夫、八十一元士（共120人）为代表的中央官系统和诸侯国的卿大夫士形成的地方官系统。周代官职附丽于爵位，先爵后官，即根据贵族的身份等级安排职事。爵位分为九级，称为九命，据《周礼·春官·典命》、《礼记·王制》，九命包括：伯为上公九命，王的三公八命，侯伯七命，卿六命，子男五命，大夫及公的孤四命，公、侯、伯的卿三命，王之上、中、下士为三命、再命

---

① 李学勤主编：《春秋左传正义》卷四〇《襄公三十一年》，北京大学出版社1999年版，第1126页。

和一命。公、侯、伯的大夫及子男的卿再命（即二命），公、侯、伯的士及子男的大夫一命。子男之士不命。九命的宫室、车旗、衣服、礼仪等各按其等级加以区别。

三、考课制度

（一）巡狩、朝聘考课

《尚书·尧典》称："三载考绩，三考黜陟幽明。"又称："五载一巡守，群后四朝，敷奏以言，明试以功，车服以庸。"《孟子·告子下》解释得更为具体："天子适诸侯曰巡狩，诸侯朝于天子曰述职，春省耕而补不足，秋省敛而助不给。入其疆，土地辟、田野治、养老尊贤、俊杰在位则有庆，庆以地。入其疆，土地荒芜、遗老失贤、掊克在位则有让。一不朝则贬其爵，再不朝则削其地，三不朝则六师移之。"升爵的事例史书记载不少，西周时秦人的祖先非子为周孝王养马有功，被赐土为附庸，周宣王又升其后人秦仲为大夫，秦襄公因护送周平王东迁洛邑有功，由大夫升为诸侯。降爵记载比较少见。春秋降爵之国有"薛自侯降为伯，滕自侯降为子，杞自公降为侯，又降为伯，又降为子"①。

（二）上计考课

战国时期，周天子地位衰微，卿大夫僭越为诸侯，五等诸侯纷纷僭号称王②，封建等级、考课制度遭到破坏，从而兴起了诸侯国考课郡守、县令的上计制度。每年秋季始，先由县令、长把该县的户口、垦田、钱谷出入等、盗贼、狱讼数目编为计簿，呈送于郡，由郡守进行考核，并将对县级官吏的考评以及向中央推荐的人才简况，如实写在统计簿册上，称为"计书"，年底前将副本上呈于中央进行考绩。在郡制不成熟的地方，则由诸侯国君直接考核各县。

四、禄田制度

广义禄田包括卿大夫的采邑，狭义的禄田仅指士的"食田"。采邑是封

---

① （元）齐履谦：《春秋统纪》第十二《薛国春秋统纪》。
② 西周成王时，楚国国君熊绎被封为子爵，春秋初期（前704年），楚君熊通自立为王。战国时期魏、齐（前344年）、秦（前324年）、韩、燕（前323年）等国先后称王。

建贵族俸禄的形式。狭义的采邑是贵族直接占有、由平民代耕的土地。广义的采邑与君主的封国、卿大夫的封邑并没太大区别。《礼记·礼运》曰："天子有田以处其子孙，诸侯有国以处其子孙，大夫有采以处其子孙，是谓制度。"《尚书大传》称："古者诸侯始受封则有采地，百里诸侯以三十里，七十里诸侯以二十里，五十里诸侯以十五里，其后子孙虽有罪黜，其采地不黜。"① 还有记载说："大国之卿，一旅之地（五百顷），上大夫一卒之田（百顷）。"② 采地为公田或籍田的一部分。公田面积约为封地的十分之一，由诸侯国平民代耕，其收入相当于什一税。孟子曾说："夏后氏五十而贡，殷人七十而助，周人百亩而彻，其实皆什一也"，大约即指此。《礼记·王制》还有另外的记载："制农田百亩，百亩之分，上农夫食九人……庶人在官者，其禄以是为差也。诸侯之下士，视上农夫，禄足以代耕也。中士倍下士，上士倍中士，下大夫倍上士，卿四大夫禄，君十卿禄。"按此推论，下士禄田为100亩，中士200亩，上士400亩，下大夫800亩，卿3200亩，诸侯32000亩。诸侯采邑仅接近"方六里"，比前一种说法要少得多，这大概是采邑禄田与公田的区别。公田除一部分作为贵族禄田之外，还有一部分是公益土地，其收入用于救济、祭祖等。周天子和诸侯国将其领地内的土地作为俸禄赐予卿大夫，但根据需要可收回、改赐采邑。卿大夫在其采邑内可行使治民权，后来采邑演变为世袭，并普遍演化为一级政权，成为瓦解封建诸侯国的政治基础。

五、致仕制度

官员年老或有病辞去官职，古代称为致仕、致事，致事即"致其所掌之事于君而告老"，或称为告归、请老。《礼记·王制》载，"凡养老，有虞氏以燕礼，夏后氏以飨礼，殷人以食礼，周人修而兼用之。五十养于乡，六十养于国，七十养于学，达于诸侯。"有虞氏养国老于上庠，养庶老于下庠。夏后氏养国老于东序，养庶老于西序。殷人养国老于右学，养庶老于左

---

① 《韩诗外传》所载略同，"十五里"作"十里"；《太平御览》卷一九八《封建部》引《百官表注记》："夫为诸侯受封之始，各有采地。百里之诸侯以四十里为采地，七十里之诸侯以三十里为采地，五十里之诸侯以二十里为采地。其后子孙虽有黜，而采地世世不黜。"

② 《国语·晋语八》。

学。周人养国老于东胶，养庶老于虞庠，虞庠在国之西郊。"《礼记》将养老追溯到有虞氏时代，这里养老包含致仕者在内。商代即有"告归"① 之事。《尚书·商书·咸有一德》所云"伊尹既复政厥辟，将告归"，为见诸古籍的官员退休的明确记载。西周有"大夫七十而致仕"并养老于学的制度。《礼记·曲礼》载："大夫七十而致事。若不得谢，则必赐之几杖，行役以妇人，适四方，乘安车。"也有官员为了政治原因而主动要求提前退休。《左传》隐公三年（前 735 年）载，卫庄公没有采纳石碏的意见，未立"好兵"的州吁为太子，石碏又禁止不了儿子石厚与州吁交好。卫庄公死，完立为桓公，石碏感到要出事，"乃老"。晋杜预注释"乃老"为"致仕也"。官员退休不仅可以得到经济照顾，还可以推荐用人。周灵王二年（前 570 年），晋国任中军尉的大夫祁奚"请老"，晋悼公问他谁可接替职务，他先推荐仇人解狐，解狐不及上任死去；悼公再次请教他，他推荐了自己的儿子祁午。先秦官员退休一般来说需要将禄田或采邑还给国君。《左传·襄公二十二年》载："郑公孙黑肱有疾，归邑于公。召室老、宗人立段，而使黜官、薄祭。祭以特羊，殷以少牢。足以共祀，尽归其余邑。"大意是说，黑肱退休后，国君将大部分封邑都收回了，保留了一小部分"足以共祀"的土地。《晏子春秋》记载：晏子相景公，老，辞邑。公曰："自吾先君定公至今，用世多矣，齐大夫未有老辞邑者矣。今夫子独辞之，是毁国之故，弃寡人也。不可！"最后晏子回到封邑，"致车一乘而已"。② 先秦虽有退休制度的雏形，但尚不完善，主动退休者并不多见。

第八节　封建时代的文教制度

自五帝时起中国进入早期国家阶段，统治者在政治上初步统一的同时，开始利用神灵崇拜进行思想教化，史称神道设教。《易·观》："观天之神道，而四时不忒，圣人以神道设教，而天下服矣。"天之神道，为四季循环等自

---

① 并非所有的告归都是致仕的意思。《史记》载，战国时，秦"孝公已死，惠王代政，莅政有顷，商君告归"。秦朝李斯长男"三川守李由告归咸阳，李斯置酒于家，百官长皆前为寿，门廷车骑以千数。"这里的告归，是请假的意思。

② 《晏子春秋·内篇杂下·晏子老辞邑》，华夏出版社 2002 年版，第 204—205 页。

然秩序。圣人制立敬天祭祖的礼仪，利用自然崇拜和祖先崇拜，将天之神道彰显出来，意义在于实现人道教化，宣扬人道顺应天道和自然、天人合一、天人感应和阴阳五行、四时政令等观念。

一、从自然崇拜到天命崇拜

封建时代的神灵逐渐形成天神、人鬼、地祇三大系统。颛顼是宗教统一进程中的重要人物。史称"少皞氏之衰也，九黎乱德，民神杂扰，不可放物，祸灾荐至，莫尽其气。颛顼受之，乃命南正重司天以属神，命火正黎司地以属民，使复旧常，无相侵渎"①。颛顼帝的改革史称"绝地天通"，将"司天"与"司地"分开，有人专管宗教事务，有人专管行政事务，这样做体现了社会分工，同时也加强了帝王对宗教垄断，便于对各部落邦国的精神控制。西周时期宗教专职化已经十分明显。《周礼》记载："大宗伯之职，掌建邦之天神、人鬼、地祇之礼，以佐王建保邦国。"宗伯已经形成了一个庞大的掌管吉（祭祀）、凶（丧葬）、军（军事）、宾（迎宾）、嘉（庆祝）五类礼仪的政府部门。虞夏商周时期祭祀占有很重要的地位，有着十分繁杂的祭祀对象和仪式，贵族相当大一部分时间都用于祭祀各种神灵。

（一）天地神

神之最高者称为昊天上帝，其下还有东、西、南、北、中五方帝。帝王在南郊祭天，明堂祭五方帝，并以祖宗配食。《礼记》记载，"有虞氏禘黄帝而郊喾，祖颛顼而宗尧；夏后氏亦禘黄帝而郊鲧，祖颛顼而宗禹；殷人禘喾而郊冥，祖契而宗汤；周人禘喾而郊稷，祖

图3-9　清代圜丘

---

① 《史记》卷二六《历书》，第1257页。

文王而宗武王"。注："禘、郊、祖、宗谓祭祀以配食也。此禘谓祭昊天于圜丘也。祭上帝于南郊曰郊。祭五帝五神于明堂曰祖宗。"① 大意是说，君主南郊圜丘祭天，在明堂祭五帝（青帝、赤帝、白帝、黑帝、黄帝），以祖先配食。这是最重要的祭祀活动。地神。天子于北郊设方丘祭地。

（二）社稷及农业神

《周礼》载，"小宗伯之职，掌建国之神位，右社稷，左宗庙"。各诸侯、卿大夫、乡里各有自己的土地神——社神。《礼记》载："共工氏之霸九州也，其子曰后土，能平九州，故祀之以为社。"天子和诸侯、大夫各级贵族都有不同的社。《礼记》载："王为群姓立社曰大社，王自为立社曰王社，诸侯为百姓立社曰国社，诸侯自为立社曰侯社，大夫以下成群立社曰置社。"先秦时代祭祀的还有稷神，是农业之神。"厉山氏之有天下也，其子曰农，能殖百谷；夏之衰也，周弃继之，故祀以为稷。"社神、稷神通常合祭，称社稷。社稷崇拜本质上是自然崇拜，勾龙（一说禹）、弃（一说柱）只是配祭。正如古人所说："社，土地之主也。土地阔不可尽敬，故封土为社，以报功也。稷，五谷之长也，谷众不可遍祭，故立稷神以祭之。""社，土神，以勾龙配之。稷，百谷之神，以弃配之。"周代还有所谓"蜡祭"，祭祀对象有8种神灵：先啬（神农）一，司啬（后稷）二，农（田畯）三，邮表畷（田畯小屋）四，猫虎五，坊（水闸）六，水庸（水沟）七，昆虫八。古人祭祀社稷或各种与农业有关的神灵，其目的无非是祈求农业丰收。例如，祭猫，因为它吃田鼠。祭虎，因为它食野猪。猫虎都是庄稼的保护神。昆虫多是庄稼的害虫，祭祀的目的是祈求它不要祸害庄稼。正如蜡祭祝辞所说："土反其宅，水归其壑，昆虫毋作，草木归其泽。"

（三）日月星辰、山川风雨、寒暑水旱等其他各种自然神灵

如《礼记》所载："埋少牢于泰昭，祭时也。相近于坎坛，祭寒暑也。王宫，祭日也。夜明，祭月也。幽宗，祭星也。雩宗，祭水旱也。四坎坛，祭四方也。山林、川谷、丘陵能出云，为风雨，见怪物，皆曰神。"②

---

① 《礼记正义》卷四六《祭法》，北京大学出版社1999年版，第1292页。

② 《礼记正义》卷四六《祭法》，第1296页。

（四）居家出行之神

古人还祭祀各种与住宅和出行有关的众多神灵，以求保佑生活平安。《礼记》记载，"王为群姓立七祀，曰司命，曰中霤，曰国门，曰国行，曰泰厉，曰户，曰灶；王自为立七祀。诸侯为国立五祀，曰司命，曰中霤，曰国门，曰国行，曰公厉；诸侯自为立五祀。大夫立三祀，曰族厉，曰门，曰行。適士立二祀，曰门，曰行。庶人立一祀，或立户，或立灶。"司命是宫中的神，中霤是主堂室神，国门是城门神，国行是行神，在国门外之西。泰厉是古帝王无后者，公厉为古诸侯无后者，族厉为古大夫无后者，皆死后为鬼，好作祸，故祭之以避祸。门神是住宅大门之神，户神是屋室之门神。古人说，门神、户神、灶神为小神，是"居人之间，司察不过，作谴告"者[1]。

由上可知，先秦时期已经形成对大小各类自然神灵的崇拜，并形成了不同等级的祭祀对象和仪式，自然崇拜已经逐渐等级化、仪式化和统一化了。

二、从祖先崇拜到帝王崇拜

从考古上我们发现了五帝时代祖先崇拜等级化的证据，针对个人的祖先崇拜仪式，可从青海阳山墓地（前2500—前2300年，属于马家窑文化半山类型中晚期）中观察到：死者不同于一般社会成员，并且可能因其生前在宗教或军事上的影响力，而被视为祖先受到祭祀，个人祖先的祭祀活动延续了百年之久。祖先崇拜的仪式不仅针对个人，而且和等级社会制度联系起来，这在山东诸城市呈子遗址及其他龙山文化遗址中得到充分体现，祖先崇拜仪式变成了社会政治制度的一部分，又加剧了社会的等级分化，但并未脱离以血缘为基础的社会制度。[2]

中国早期国家的帝王崇拜，源于部落时代的图腾和祖先崇拜。早期帝王人神合一。相传上古帝王多无父，感天而生。《古微书》说："大迹出雷泽，华胥履之生宓牺；大电光绕北斗，枢星照野感附宝而生黄帝；瑶光如蜺，贯月正白感女枢生颛顼；庆都以赤龙合昏生赤帝伊祁尧；握登见大虹意感而生

---

① 《礼记正义》卷四六《祭法》，第1304—1305页。

② 刘莉：《中国祖先崇拜的起源和种族神话》，《南方文物》2006年第3期。

舜于姚墟；大禹之兴，黑风① 会纪；玄鸟翔水遗卵（下）流，娥简狄吞之生契封（商）。"《史记》也载，"文王之先为后稷，后稷亦无父而生，后稷母为姜嫄，出见大人迹而履践之知于身，则生后稷。"感生神话赋予了帝王的神圣性，有的遗留着图腾崇拜的痕迹。据《礼记》记载，夏商周三代已经出现宗庙制度，君主将祖先牌位放在专门的建筑物里按时祭祀。天子为七代祖先立庙祭祀，称七庙②。诸侯五庙，大夫三庙，上士二庙，中、下士一庙，平民不立庙。③ 据甲骨文显示，殷王祖先崇拜的表现是对先公、先王、先妣周而复始地隆重的祭祀，称为"周祭"。周代还有日祭、月祀、时享、岁贡的制度。汉代刘歆说："祖祢则日祭，曾高则月祀，二祧则时享，坛墠则岁贡。"④ 意思是说天子祭祀祖父、父亲的祭品每天供应一次，祭祀高祖、曾祖的祭品每月一次，远祖祭物每季一次，天地神祭物每年一次。

西周春秋时期，祖先崇拜有了新的发展，具有纪功性，改变了原始祖先崇拜的单纯宗教性质。正如《礼记·祭法》所说：

> 夫圣王之制祭祀也：法施于民，则祀之；以死勤事，则祀之；以劳定国，则祀之；能御大灾，则祀之；能捍大患，则祀之。是故，厉山氏之有天下也，其子曰农，能殖百谷；夏之衰也，周弃继之，故祀以为稷。共工氏之霸九州也，其子曰后土，能平九州，故祀之以为社。帝喾能序星辰以著众，尧能赏均刑法以义终，舜勤众事而野死。鲧障洪水而殛死，禹能修鲧之功。黄帝正名百物以明民共财，颛顼能修之。契为司徒而民成，冥勤其官而水死。汤以宽治民而除其虐，文王以文治，武王以武功去民之灾。此皆有功烈于民者也。及夫日月星辰，民所瞻仰也，山林、川谷、丘陵，民所取材用也。非此族也，不在祀典。

这种改变，标志着祖先崇拜由单纯的神灵崇拜朝着纪念祖先功绩、宣

---

① 黑指黑力，风指风后，传说均是黄帝臣。
② 七庙指四亲（父、祖、曾祖、高祖）庙、二祧（高祖的父和祖父）庙和始祖庙。
③ 《礼记正义》卷四六《祭法》，第1300页。
④ 《汉书》卷七三《韦贤传》，第312页。

传家族政权合法化的方向发展，这也是人文民本思想在祭祀中的体现。朝代始祖或开国帝王一般被赋予了道德、智力和身体各方面完美的品质，并对社会作出了重大贡献。每一个朝代美化自己的祖先或开国君主都是强化政权的合法性的宣传手段，后嗣君主通过祭祀和歌颂祖先加强了人民的团结，使政权得到巩固。

三、神权观念向人文思想的转变

（一）"五行三正说"的产生和发展

五帝、夏商时期，盛行顺自然、敬鬼神的观念和祭礼活动。颛顼"载时以象天，依鬼神以制义，治气以教化，絜诚以祭祀"，帝喾"历日月而迎送之，明鬼神而敬事之"①。夏商则形成了王朝盛衰的天命观，认为王朝盛衰由上天决定。夏启讨伐有扈氏，宣称"天用剿绝其命"②，商汤讨夏，称"有夏多罪，天命殛之"③。武王伐纣，也宣称"恭行天之罚"④。神灵崇拜在夏商时代已经逐渐完善成为一种数术的思想体系，可以概括为五行三正说。《尚书·甘誓》载，夏启讨伐有扈氏，称其"威侮五行、怠弃三正"，要对其进行天罚。孔安国传对"五行三正"的解释是：五行为"五行之德，王者相承所取法"，三正为"天、地、人之正道"。正义曰："五行：水、火、金、木、土也，分行四时，各有其德。《月令》孟春三日，大史谒于天子曰：'某日立春，盛德在木。'夏云'盛德在火'，秋云'盛德在金'，冬云'盛德在水'。此五行之德，王者虽易姓相承。其所取法同也。"又曰："《易说卦》云：'立天之道曰阴与阳，立地之道曰柔与刚，立人之道曰仁与义，物之为大无大于此者。'《周易》谓之三才。人生天地之间，莫不法天地而行事。"五行三正说，根据阴阳五行观念，建立了天地人合一、顺时行政的哲学。这一学说要求，君主要根据顺天时、因地利、尽人和的原则，将一年春夏秋冬四季按木、火、土、金、水五行相生的顺序划分为五个政令系统。春行木令，夏行火令、秋行金令、冬行水令，其大体原则是春夏行德，秋冬行刑。德为生，

---

① 《史记》卷一《五帝本纪》，第13页。
② 《尚书·甘誓》。
③ 《尚书·汤誓》。
④ 《尚书·牧誓》。

刑为杀,意思是说春夏是万物生长季节,君主行政要顺应天时,促进万物生长,及时播种,不能杀生,不能打官司。秋冬是万物收获肃杀的季节,君主要顺应天时,及时收获、狩猎、惩处罪犯。君主行政要遵守节令顺序,绝不能提前或推迟,否则就要生灾。正如《管子》所说:"圣人知四时,不知四时乃失国之基。""阴阳者,天地之大理也。四时者,阴阳之大经也。刑德者,四时之合也。刑德合于时则生福,诡则生祸。"① 春秋战国时期,四时行政更是发展为按月行政,规定国家按照月份完成固定的事务,否则也要生灾。正如汉人所说:"古之王者尊天地,重阴阳,敬四时,严月令,顺之以善政则和气可立致。""不顾时禁,虽有尧舜之心,犹不能致和。"② 审时、顺时行政的观念,源于古代农业生产的季节要求,基本内核是合理的,但经过五行说的演绎形成了各种繁文缛节的规定,带有浓厚的巫术迷信色彩。正如汉代司马谈的评价:"尝窃观阴阳之术,大祥而众忌讳,使人拘而多所畏。然其序四时之大顺,不可失也。"他又进一步解释说:"夫阴阳、四时、八位、十二度、二十四节各有教令,顺之者昌,逆之者不死则亡,未必然也。故曰使人拘而多畏。夫春生、夏长、秋收、冬藏此天道之大经也,弗顺则无以为天下纲纪,故曰四时之大顺不可失也。"③

五行三正说的另一个发展方向是五德相胜说的产生。秦国相邦吕不韦主持编写的《吕氏春秋》记载:

凡帝王者之将兴也,天必先见祥乎下民。黄帝之时,天先见大螾大蝼,黄帝曰土气胜,土气胜故其色尚黄,其事则土。及禹之时,天先见草木秋冬不杀,禹曰木气胜,木气胜故其色尚青,其事则木。及汤之时,天先见金

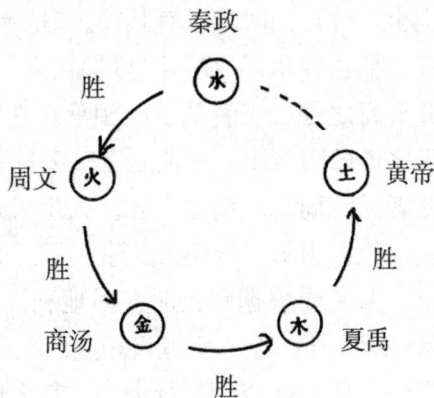

图 3-10 五德相胜说示意

---

① 《管子》卷四〇《四时》。
② 《汉书》卷七四《魏相传》。
③ 《史记》卷一三〇《太史公自序》。

刃生于水，汤曰金气胜，金气胜故其色尚白，其事则金。及文王之时，天先见火赤乌衔丹书集于周社，文王曰火气胜，火气胜故其色尚赤，其事则火。代火者必将水，天且先见水气胜，水气胜故其色尚黑，其事则水。水气至而不知，数备将徙于土。①

这段文字认为历史上的朝代具有五行属性，它们按照木胜土、金胜木、火胜金、水胜火、土胜水的顺序演变，并且将黄帝、夏、商、周分别赋予了土、木、金、火的属性。这是为秦灭周做理论上的准备，宣传秦灭周是以水胜火，是自然的顺序，上天的安排，将来秦朝的建立是符合天意的。很显然，上述朝代的属性都是虚构的，没有任何科学性。五德相胜说只不过是为秦朝革命而设计的一套合理说辞，它后来被秦始皇、汉武帝采用，成为郡县时代早期的王朝革命理论。

综上，五行三正说用阴阳五行观念解释王朝建立和施政措施的合法性，体现了人法地、地法天的原则，既有天地人和谐、顺应自然的合理因素，也包含了天命术数等迷信巫术色彩。

（二）人文民本思想的逐步发展

人文，也称人道，是与天道、神权相对的概念。人文思想主张相信人、尊重人、关心人、帮助人，反对因为盲目相信天命，因天命而劳民伤财、残害生命。因为封建统治者为迷信神灵，常常横征暴敛，甚至杀人祭祀，用活人殉葬。孔子提出"敬鬼神而远之"，子产提出"天道远、人道迩"都是对神权迷信思想的批判。民本思想与人文思想是一致的，不过民本是侧重于"君本"而言的，民本思想主张"立君为民"，要求君主关心百姓疾苦，反对君主腐败。西周至春秋战国时期，夏商以来的天命观逐渐渗入民本思想，发展为天命民情观。认为天命代表民情，统治者应当奉行天命，保护人民。能敬天保民者为有德，不能敬天保民者为无德，上天灭无德之君，兴有德之王。这种"天下为公"、"立君为民"②的思想，在春秋战国时期向更加

---

① 《吕氏春秋》卷一三《有始览·名类》。

② 《左传·襄公十二年》称："天生民而立之君"，"岂使一人肆于民上，以从其淫，而弃天地之性?"《荀子·大略》亦称："天之生，民非为君也。天之立君，以为民也。"这些言论都体现了"立君为民"的思想。

世俗化的方向演进，迷信色彩进一步淡化。孔子认为历史上存在过"天下为公、选贤与能、讲信修睦"的大同社会，并认为夏商周三代"天下为家，各亲其亲，各子其子，货力为己，大人世及以为礼"①，是历史的退化。孟子提出"民为贵，社稷次之，君为轻"，"得乎丘民而为天子"、"君之视臣如草芥，则臣视君如寇仇"、"君有大过则谏，反复之而不听则易位"的主张，达到了民本思想的空前高度。封建时代与后世相比，文化总体上比较落后是非常明显的。民本和尚贤思想是在封建制度趋于解体的春秋战国时期才得到高度发扬的，并不是封建制度的总体特征。李慎之所谓"中国的封建时代恰恰是人性之花开得最盛最美的时代，是中国人的个性最为高扬的时代"②的说法是不准确的。

四、封建时代的意识形态管理

国家出现以后，统治者制礼作乐建立和完善统治秩序。一方面通过礼乐教化社会，另一方面也对违反礼法进行惩罚。

（一）学校教育的发展

古代文献记载，虞舜时代，契为司徒，"敬敷五教"，夔为秩宗，"典乐，教胄子"③。虞夏商周时期中央已经设立大学、小学，地方上设有乡学、遂学。如《礼记》所说："古之教者，家有塾，党有庠，术有序，国有学。""小学在公宫南之左，大学在郊。"④教育贵族子弟的教师由行政官员兼任。主要包括：师氏，"以三德教国子：一曰至德，以为道本；二曰敏德，以为行本；三曰孝德，以知逆恶"。保氏，"养国子以道。乃教之六艺，一曰五礼，二曰六乐，三曰五射，四曰五驭，五曰六书，六曰九数"。⑤大司乐，"掌成均之法，以治建国之学政，而合国之子弟焉"。乐师，"掌国学之政，以教国子小舞"。⑥教育内容，偏重于道德礼乐诗歌、文书、计算、射箭、驾车等治国思想和基本技能的培养，主要对象是贵族子弟。春秋战国时期，适应人才竞

---

① 《礼记·礼运》。
② 李慎之：《"封建"二字不可滥用》，《李慎之文集》自印本，2004年版。
③ 《尚书·舜典》。
④ 《礼记·王制》。
⑤ 《周礼·地官司徒·师氏、保氏》。
⑥ 《周礼·春官宗伯·大司乐、司乐》。

争的需要，私学出现，打破了学在官府的局面，教育对象开始由贵族向平民普及。

（二）对神权、政权、族权观念的维护

封建贵族对祖先、君主扬善隐恶，"为先祖者，莫不有美焉，莫不有恶焉，铭之义，称美而不称恶"。"祀其先祖者也。显扬先祖，所以崇孝也。"[1] 统治者还通过祭祀、车服等仪式维护等级制度，要求做到"非礼勿视，非礼勿听，非礼勿言，非礼勿动"[2]。除了正面的宣传教育外，对于违反神权、政权、族权等级尊严的观念和言行还加上"不敬"、"不孝"、"不从"、"叛"等罪名，予以制裁。"山川神祇，有不举者，为不敬，不敬者，君削以地；宗庙，有不顺者，为不孝，不孝者，君绌以爵；变礼易乐者，为不从，不从者，君流；革制度衣服者，为畔，畔者君讨。"[3] 不过封建时代还保留着一些"民主"因素，当时在主张"事亲有隐而无犯"的同时，还提出"事君有犯而无隐"，臣子可以对君主提出批评意见，国人也可以"诽谤"君主。

---

① 《礼记·祭统》。
② 《论语·颜渊》。
③ 《礼记·王制》。

第 四 章

郡县时代 （前221—1912年）

　　秦汉至明清时期以郡县制为基本政治制度，被称为郡县之世或郡县时代。郡县时代以小农经济和君主官僚政治为特征。郡县时代人们常将封建制度与郡县制度的优劣加以比较，但由于受传统思想束缚，只能在两者之间选择、折衷，无法脱其窠臼，宋代以后，很多人主张用"封建"的办法解决郡县社会的弊端。

　　封建时代是万邦松散联合的时代，也是血缘贵族或军事精英统治的时代，经济以村社农业为主要形态，随着生产技术的进步和列国兼并统一的进程，经济社会形态和政治制度也发生深刻的变化，主要表现为井田制瓦解和农民自耕农化，政治向着君主专制化、国邑郡县化、贵族官僚化、管理法制化方向发展，最终由军事贵族精英政治发展为文化官僚精英政治，社会走向郡县时代。在讨论早期国家的过程中，不少学者将"战国至清"或"秦至清"作为成熟国家形态。什么是成熟国家形态呢？不少人是以恩格斯的论述作为参照标准的。"国家和旧的氏族组织不同的地方，第一点就是它按地区来划分它的国民；第二个不同点，是公共权力的设立，这种公共权力已不再同自己组织为武装力量的居民直接符合了。"[①] 战国特别是秦统一以来，推行郡县制，"按地域划分国民"并实行中央集权的官僚制度，加强了对人民的统治，也比较符合"公共权力的设立"。不过从另一角度看，似乎"秦至清"

---

① 恩格斯：《家庭、私有制和国家的起源》，《马克思恩格斯选集》第4卷，第166—167页。

这样的国家形态也并不完全成熟。单从地方行政体制上讲，郡县制虽然是主要形态，但并不是唯一制度。还存在以封土封民及血缘部落为单位、由世袭王侯、土官进行管理的藩属制。秦有"属邦"，汉有封国和外族藩属，唐代还有羁縻州县，宋元明清有土司和属国，这类政权很难设立郡县，派官治理。因此，郡县时代，称为"郡县藩属时代"更为准确一些。郡县时代的政权以君主专制、中央集权、官僚制度、刑德并用为主要政治特点。李若晖这样论述："某种意义上说，封建与郡县制的区别，在政体上，实际上就表现为贵族共和制与君主制之间的区别。郡县制必然导致君主权力的无限加强。在这种君主制下，君主在掌握（并扩大）了统治权之外，又掌握了法律之权。这是君主专制的基本含义。"[1]

郡县时代国家意识形态处于宗教迷信和人文思想并存状态，人文思想占据主导地位。人文思想又以儒家、法家思想最有代表性。一般认为，外儒内法是国家意识形态的一个重要特征。国家推行思想专制主义，大部分将儒学立为国教、国学，加强宣传、教育，以儒家修养作为选拔官员的标准，同时对挑战君主专制以及三纲五常的异端思想行为进行抑制和打击。

第一节　郡县时代的概念界定

一、郡县时代名称的由来

"郡县"一词从春秋战国时期出现，沿用至今已经两千多年，用其来指代秦至清社会形态，古人、近人经常使用。春秋、战国的文献《国语》、《商君书》、《韩非子》、《管子》、《战国策》等已经出现"郡县"一词，例如：

> 君实有郡县，且入河外列城五，岂谓君无有。[2]
> 天子置三法官：殿中置一法官，御史置一法官及吏，丞相置一法官。诸侯、郡县皆各为置一法官及吏。皆此，秦一法官，郡县、诸侯

---

[1]　李若晖：《郡县制时代》，《文史哲》2011年第1期。
[2]　《国语·晋语二》。

一受宝来之法，令学问拜所谓吏民知法令者，皆问法官，故天下之吏民无不知法者。①

韩事秦三十余年，出则为扞蔽，入则为席荐……韩入贡职与郡县无异也。②

管子对曰："郡县上臾之壤守之若干，间壤守之若干，下壤守之若干，故相壤定籍而民不移，振贫补不足下乐上，故以上壤之满补下壤之众，章四时守诸开阖，民之不移也，如废方于地，此之谓筴乘马之数也。"③

君下令谓郡县、属大夫里邑皆籍粟入若干，谷重一也，以藏于上者，国谷参分则二分在上矣。④

韩王曰："客幸而教之，请比郡县筑帝宫，祠春秋，称东藩，效宜阳。"⑤

今时赵之于秦，犹郡县也，不敢妄兴师以征伐。⑥

昌国君乐毅为燕昭王合五国之兵而攻齐，下七十余城，尽郡县之以属燕。⑦

嘉为先言于秦王曰："燕王诚振畏慕大王之威，不敢兴兵以拒大王，愿举国为内臣比诸侯之列，给贡职如郡县，而得奉守先王之宗庙。"⑧

我国春秋时期一些诸侯国开始设立县、郡，以取代被兼并的诸侯国，此即后人所谓"灭国为县"。不过当时县、郡设立还不普遍，县、郡之间也不存在隶属关系。战国时期，随着大规模兼并战争的进行，绝大部分诸侯国被消灭，在大的诸侯国里郡、县普遍设立起来，并形成以郡统县的体制。"郡县"一词的广泛使用，说明封建时代正在向郡县时代过渡。秦始皇统

---

① 《商君书·定分》。
② 《韩非子·存韩》。
③ 《管子·乘马数》。
④ 《管子·轻重九·山至数》。
⑤ 《战国策·韩策一》。
⑥ 《战国策·燕策一》。
⑦ 《战国策·燕策二》。
⑧ 《战国策·燕策二》。

一六国后，郡县制推广到全国范围，这一决策是经过讨论的。《史记·秦始皇本纪》记载：

> 二十六年（前221年）……丞相绾等言："诸侯初破，燕、齐、荆地远，不为置王，毋以填之。请立诸子，唯上幸许。"始皇下其议于群臣，群臣皆以为便。廷尉李斯议曰："周文武所封子弟同姓甚众，然后属疏远，相攻击如仇雠，诸侯更相诛伐，周天子弗能禁止。今海内赖陛下神灵一统，皆为郡县，诸子功臣以公赋税重赏赐之，甚足易制。天下无异意，则安宁之术也。置诸侯不便。"始皇曰："天下共苦战斗不休，以有侯王。赖宗庙，天下初定，又复立国，是树兵也，而求其宁息，岂不难哉。廷尉议是。"分天下以为三十六郡，郡置守、尉、监。

二十八年（前209），秦始皇巡视途中，作琅邪台，立石刻颂扬秦的功绩，称"古之帝者，地不过千里，诸侯各守其封域，或朝或否，相侵暴乱，残伐不止"，"五帝三王，知教不同，法度不明，假威鬼神，以欺远方，实不称名，故不久长。其身未殁，诸侯倍叛，法令不行。今皇帝并一海内，以为郡县，天下和平。"① 因为博士淳于越，倡导实行封建，秦始皇为巩固郡县制度，下焚书令，严禁"道古以害今"。

封建制度以诸侯封国、卿大夫采邑、基层村社为政治结构，其特点是贵族世袭、自治分权，是复合制国家结构。郡县制度以官僚选任、中央集权为特征，是单一制国家结构。封建与郡县的制度优劣是古代学者经常讨论的话题。明末清初，一些思想家对封建与郡县制度的优劣问题进行思考。如在官员任期方面，陆世仪说："郡县之弊，在迁转太速；封建之弊，在世守不易。"② 在中央与地方权力分配方面，顾炎武也说过"封建之失，其专在下，郡县之失，其专在上"的名言。还有学者从礼仪论及封建、郡县时代的变化。吴承仕说，在封建时代，"有土者皆为君……故一人可以事多君，丧服先父后君。……一到郡县时代，天子独尊于上，不仕则已，仕则必仕天

---

① 《史记》卷六《秦始皇本纪》，第238、246页。
② 陆世仪：《思辨录辑要》卷十八《治平类》。

子，无所逃于天地之间，故从秦汉以来，几几乎有先君后父的趋势。"① 近现代学者也不乏这样的观点。明确提出郡县时代命名的是吕思勉。他说："我以为国家之成，实经三个时代：（一）部落时代；（二）封建时代；（三）郡县时代。"② 美国布兰代斯大学历史系教授石约翰（John Schrecker），他对中国封建制与郡县制的特点进行比较③ 后认为："在分析中国历史以及将中国社会与其他社会作比较研究时，最好是使用中国术语。正如运用封建术语进行传统的社会分期一样，郡县也是值得重新启用的术语。最明显的差异自然在于从宋代到清代的社会不是封建社会，而是其对立面——郡县社会。同时，中国革命在很大程度上表现为反对发展到顶点的、衰败的郡县社会，而不是封建社会。"④ 中国一些学者也开始使用这一概念。如张忠炜曾说：秦汉时期"从封建社会向郡县社会转化的过程中，亦即从贵族制向编户齐民转化过程中，旧的贵族身份等级制基本被涤荡殆尽，新的等级身份制二十等爵逐渐确立"⑤。万昌华也将秦至清概括为郡县型行政权力控制的社会，简称"郡县性社会"⑥。

二、郡县时代的其他名称评议

（一）封建社会

这一时代过去通常称为"封建社会"，其原因可以追溯到清末学者对西方著作的翻译。严复将中国夏商周的"封建"与西方 Feudal 对译主要是从二者政治特征相似性考虑，还是比较合理的，对后世也产生深远影响。后来，西方"封建社会"这一概念随着马列主义向中国的传播，开始与中国的

---

①　吴承仕：《五伦说之历史观》，《吴承仕文录》，北京师范大学出版社 1984 年版，第 8 页。

②　吕思勉：《中国社会史》，上海古籍出版社 2007 年版，第 296 页。吕思勉的观点形成于 20 世纪 20 年代，最初在 1929 年上海中山书局出版的《中国国体制度小史》中表述。

③　石约翰认为，封建的基本含义是通过封地和贵族世袭而实行分权制。郡县的基本含义则与此相反——是通过任用非世袭官僚而建立中央集权政府。封建与三代紧密相联，而郡县则与战国时期周王朝的终结、法家哲学以及第一个郡县制王朝秦王朝重新统一中国相联系。除了上述基本含义之外，封建与郡县的区别还在于，封建制与宗教和精神价值相联系，而郡县制则发展了理性主义与世俗观念。此外，封建也与非市场经济相联系，而郡县则属于市场经济体系。封建制与尚武精神相联系，而郡县制与人文精神相联系。

④　石约翰：《封建、郡县与中国历史传统》，《安徽史学》2002 年第 3 期。

⑤　张忠炜：《秦汉史十二讲》，中国国际广播出版社 2009 年版，第 116 页。

⑥　万昌华：《秦汉以来地方行政研究》，齐鲁书社 2010 年版，第 5 页。

现实社会进行比附，代表人物是列宁，他将中国清末民初的社会称为封建社会或半封建社会，这一观点经共产国际的宣传成为20世纪三四十年代中国政治流行语。这一称谓与中国传统观点中的"封建时代"存在时间上的错位，很多学者都提出过质疑。早在1939年，钱穆就说过："近人率好言中国为'封建社会'，不知其意何居？以政制言，中国自秦以下，即为中央统一之局，其下郡县相辖，更无世袭之封君，此不足以言'封建'。""中国已往社会（秦至清），亦尽可非封建，非工商，而自成一格。何必削足适履，谓人类历史演变，万逃不出西洋学者此等（封建社会—工商资本主义社会）分类，在彼亦仅为一时流行之说而已。"①2006年，冯天瑜《封建考论》一书特别就"封建"一词的演变进行了考辨，指出将秦至清称为封建社会是一种概念误植。

（二）专制时代、帝国时代

这一时代还有专制时代、帝国时代、官僚社会、传统社会等等说法，或者比较"宽泛"，从名称上无法判断时间，或者含有某种价值判断，容易引起争议。张明富对这些说法进行总结和批判，他说：

> 战国以后至清，很多学者将其划分为一个时代，或曰"专制个体型家国同构农耕社会"②或曰"封建帝制时代"③，或曰"专制帝国时代"④，有其合理性。但也存在一些不合理的因素：一是如此划分，则这一时代显得较长，不利于反映其间的阶段性变化；二是将这一时代的统一王朝称为帝国、将秦至清的政治概称为专制，似有欠妥当之处。钱穆早就对此提出批评，他说："把全国分成了两个部分，一部是本国，一部是征服地，这才始得叫帝国。""帝国主义这名词原起于西方，中国则向来没有。由秦汉到明代，中国向不成为一帝国。帝国必然有他的征服地，征服地不蒙本国政府平等的统治。"又说："说中国自秦以下两千年政治都是一样，都只是专制二字已可包括尽了，其实是不然

---

① 钱穆：《国史大纲》前言，商务印书馆1996年版。
② 曹大为：《关于新编〈中国大通史〉的几点理论思考》，《史学理论研究》1998年第1期。
③ 田昌五：《中国历史分期问题》，《上海社会科学院学术季刊》2000年第4期。
④ 叶文宪：《重新解读中国——重新解读19世纪前的中国》，中国文史出版社2005年版，第126页。

的。""倘使我们说，中国传统政治是专制的，政府由一个皇帝来独裁，这一说法，用来讲明清两代是可以的。若论汉、唐、宋诸代，中央政府的组织，皇权是划分的，其间比重纵有不同，但总不能说一切由皇帝专制。"① 此虽为钱穆一家之言，但揆诸历史确有相当的依据，值得予以重视。三是将战国至清这段历史冠以"封建"也是不妥的。因为，这期间"封建"虽然还存在，并不时产生较大的影响，在一定时空范围内造成王朝的震荡，但作为一种国家对地方有效施治的制度已经崩溃，代之而起的是中央集权的国家管理模式。②

张明富将秦至清社会分为州郡时代（战国至唐宋）和行省时代（元明清），并列举了这两个时期在行政、经济、民族、文化、国际等方面的不同之处。这些分析虽有一定道理，但将这两个时代与先秦、民国相比，它们的共性是主要的，差别是次要的。换句话说州郡时代和行省时代只能作为第二层级的分期。中国民国号称民主共和时代，将之前的社会称为君主专制时代与其对应。这一说法以孙中山最有代表性。他说："中国两千多年以前便打破了封建制度"，"自秦朝专制直接对于人民……遂至促亡……由秦以后历代皇帝专制的目的，第一是要保守他们自己的皇位。……如果人民不侵犯皇位，无论他们是做什么事，皇帝便不理会。""因为几千年的专制政体，多是无能的人做皇帝，人民都是做皇帝的奴隶。……现在虽然是推翻专制，成立共和政体，表面上固然是解放，但是人民的心目中还有专制的观念，还怕有皇帝一样的政府来专制。"③ 这种观点虽然并非完全准确，但也大体符合。因为秦始皇和明清恰恰君主专制都比较典型，只是中间一段贵族、官僚与君主分掌国家权力，有点共和色彩。当然，如果将君主专制推向秦朝以前，甚至夏商周三代就不太准确了。因此，君主专制时代也可以理解为郡县时代的社会性质的一种概括。

（三）皇权主义、皇权时代、官家主义

李慎之说："封建制度废除以后的中国中古社会就是相当独特的一种，是不能硬归入欧洲中古的封建社会一类的。到底它是什么样的社会形态，有

---

① 钱穆：《中国历代政治得失》，三联书店 2001 年版，第 160—161、36、102 页。
② 张明富：《关于中国古代历史分期问题的思考》，《西南师范大学学报》2006 年第 6 期。
③ 孙中山：《三民主义》，九州出版社 2011 年版，第 93、82、127—128 页。

待认真深入细致的研究。但是作为数量占人类四分之一到三分之一、时间长达两千年的一种模式，完全可以而且应当自立名目。我本来认为最好就称之为帝国主义，因为民国以来已有不少学者称周朝为封建而以秦汉为帝国，但是因为与世界上已经约定俗成而且意思另有所指的 imperialism 犯重，所以只好称皇权主义，也可以称之为皇权专制主义，或者绝对皇权主义。我杜撰了一个英文译名 emperorism，以此来称中国两千多年的社会形态，以代替名实相乖的封建主义（feudalism）。十几年来也曾多次就教于同道诸君子，没有遭到什么反对。只有一个人认为以称郡县制为好，但是它不好翻译成外文，无法与外国交流，无法在世界文化中独树一帜，而且不能表示与近代国家一般都的地方行政区划不同特点，也不能表示皇帝老子'予一人'抚有万方的威严。想来想去就还是以皇权主义为好。"① 皇权时代是冯天瑜提出的观点，他又称之为宗法地主专制社会，他说："这种以宗法关系（原注：较之西周原生态的宗法制已发生改变）社会结构，以地主—自耕农土地制度为经济基础，以官僚政治为运行机器的'皇权'，是一个特定历史阶段的标志，它在'宗法封建时代'的商周尚未出现，在'共和时代'的清以后基本终结，虽然余韵流风并未止息。秦至清两千余年间，'皇权'大行其道，并且愈演愈烈，故将这一历史阶段称之为'皇权时代'，既名实切合，也较为传神。"② 对于"皇权主义"、"皇权时代"批评见于吴思，他说："历史上经常出现政令不出紫禁城的现象，地方势力和官员个人势力集合起来，对中国社会的立法和执法影响不比皇帝的权力小。（皇权专制主义）这个概念比较单薄，它忽略了官员、衙门立法定规的力量。唐朝毁于藩镇割据，这说明皇权不是真正的有效。"他提出"官家主义"社会或制度的概念来描述秦汉至晚清的社会，认为"官家"这个词包括了皇帝、官员、衙门三个方面，比"封建主义"、"皇权专制主义"更合适。③ 吴思对社会的剖析并没有问题，问题是"官家主义"一词比较冷僻，非学者所习知。

总之，采用"郡县时代"一名，是因为郡县一词为古今学术界习用之语，且具有明确的时间标志性，划分历史阶段方面的作用非常明确，这一点

---

① 李慎之：《中国文化传统与现代化——兼论中国的专制主义》，《战略与管理》2000 年第 4 期。

② 冯天瑜：《封建考论》（修订版），中国社会科学出版社 2010 年版，第 414 页。

③ 吴思：《我想重新解释历史》，复旦大学出版社 2011 年版，第 59 页。

上不会引起大多争议。至于郡县时代的经济基础、政治制度、思想文化特点尽可见仁见智，各做结论。

三、郡县时代的起止时间

郡县时代是以郡县制度为主导的国家结构特征命名，与郡县制度存在相始终。中国正式进入郡县时代的时间始于秦始皇统一全国，古人早有明说，唐代杜佑《通典》卷七十四说："自古至周天下封建"，"秦皇帝荡平九国，宇内一家……尊君抑臣，置列郡县。"清代官纂《续通典》也明确地说："封建起于黄唐，郡县创自秦汉"，将黄帝、尧舜、夏商周视为一种制度，将秦汉以降视为一种制度。郡县时代结束的时间学术界尚未重视。秦至唐初基本上是以郡县作为地方两级行政单位，汉代开始在郡县之上加刺史、都督进行监察、节制，形成"虚三级制"。唐朝改合并州郡，实行"州县二级制"，在其上设道或节度使进行监察、节制，仍是"虚三级制"，宋代与唐相仿，州县之上设"路"，元明清在州县之上又增加"省"。这些名称或层级的变化，并不表明郡县制的消失。郡县制是地方官由中央任命的一种中央

图4-1　秦始皇像

集权制度，这一点古人认识得比较清楚。从他们的议论可以看出，清朝仍属郡县时代。明末清初的王夫之说："郡县之制垂二千年而弗能改矣，合古今上下皆安之，势之所趋，岂非理而能然哉？"[①] 而顾炎武说，郡县制发展到清朝，已经百弊丛生，需要变革。他说："知封建之所以变而为郡县，则知郡县之敝而将复变。"又说："方今郡县之敝已极，而无圣人出焉，尚一一仍其故事，此民生之所以日贫，中国之所以日弱而益趋于乱也。"[②] 直至清末，当

---

①　王夫之：《读通鉴论》，中华书局1975年版，第1页。

②　顾炎武：《顾亭林诗文集·郡县一》，中华书局1959年版，第11页。

时仍认为中国在实行郡县之制。光绪三十四年（1908）六月，清政府准备实行君主立宪制，大臣就各省设立咨议局，奏言："中国地大民众，分省而治。各省之政，主于督、抚，与各国地方之治直接国都者不同。而郡县之制，异于封建，督、抚事事受命于朝廷，亦与各国联邦之各为法制者不同。咨议局为地方自治与中央集权之枢纽，必使下足衰集一省之舆论，上仍无妨国家统一之大权。"① 康有为将封建、郡县纳入其"三世说"的框架中："凡封建之后必行郡县；郡县者，乃治法必至之势也。大约封建世及，行于草昧初开之时，据乱之制也；郡县派官，行于大国一统之时，升平之世也；郡县自治，皆由民举，太平之世也。"② "郡县派官"就是郡县制度，在郡县时代，"郡县自治"则属"共和时代"了。孙中山公开声称："地方自治者，国之础石也。础不坚则国不固。""真正民治，则当实行分县分治。"③ 地方自治，人民选举地方政府，是共和时代的重要标志，因此郡县时代应当结束于辛亥革命推翻清朝。

第二节　郡县时代的各段特点

郡县时代大体上可分为秦汉魏晋南北朝、隋唐五代、宋元明清三个阶段。

一、秦汉魏晋南北朝时期（前221—589年）

这一时期总体上属于儒学主导的，带有浓厚封建贵族色彩的郡县国家阶段。秦朝虽废除封王，但仍实行封爵食邑制，战国时期的王国也未完全废除。汉代则保留了更多"封建"残余，除封爵食邑制度外，还恢复了封王。诸侯王掌握封国或地方军事、行政、税收大权，经常拥兵自重，威胁皇权，致使政局动荡。异姓封君在封国内征税征役，分享国家财政大权，也削弱了皇权力量。经济方面，依附农、身份性奴婢占重要地位。秦和西汉前期，自耕农占据主导地位，随着土地兼并，自耕农纷纷破产，沦为地主、官僚的佃

① 《清史稿》卷一一三《选举八·新选举》，第3249页。
② 康有为：《日耳曼沿革考》，载《康有为全集》第8册，中国人民大学出版社2007年版，第252页。
③ 孙中山"在上海召开演说大会发表政见"，"在香港赴上海舟中与蒋中正等的谈话"，载黄彦编注《论民治与地方自治》，广东人民出版社2008年版，第29、64页。

户、奴婢，造成国家税役人口减少，兼并之家势力大增，君主和国家实力削弱。政治上，汉代的察举征辟进而发展为九品官人法，致使门阀制度盛行，导致官员变相世袭，他们不仅清谈无为，坐享国禄，而且排挤庶姓寒人入仕升迁，导致政治腐败。三省六部①体制逐步替代了三公九卿体制，增强了政治体系的复杂化、分权化的水平，有利于贵族分享政治权力和利益；思想上表现为家族化、教条化、谶纬化经学的形成和衰落。秦倡导法治和西汉初实行黄老政治，时间都不长。自汉武帝罢黜百家、表章六经开始，"经学"成为士人读书做官的资本，他们世代学习做官，形成家族化现象，但是由于经学脱离现实，失去活力。魏晋时期玄学和佛、道思想开始纷纷登场，对经学形成冲击，形成思想多元化局面。

二、隋唐五代时期（589—960 年）

为贵族郡县国家向平民郡县国家的过渡阶段。政治方面，隋唐科举通过公开考试的办法录用官员，使贵族、平民都有做官机会，扩大了统治的社会基础，标志着门阀士族的衰落，但隋唐科举选官只占选官很小的比重，门阀势力尚未完全退出历史舞台。中书门下体制的建立标志着"三省合一"的中央集权制度进一步发展。唐前期的中枢政治体制是三省制，但开元十一年（723 年）中书令张说奏改政事堂为中书门下之后，宰相与三省发生分离，宰相府署超然于三省之上。而且在中央行政运作中也不再是尚书六部体制，而是与北宋制度更接近的"使职行政体制"。在行政运作机制上，唐后期的变化趋势已经奠定了北宋初年行政体制的格局。②唐代自玄宗开始直到唐亡，近房宗室基本不出阁无政治权力，远房宗室"与异姓之臣杂而仕宦，至或流落于民间"③。这一改革削夺了宗王政治权力，有利于巩固皇权专制。封爵从食邑向食禄转化，一开始封户的租调由官府代征，国家与封君按 1∶2 的比例分成，唐后期封君收入折成绢布，等同于"实物货币"，封君征税权力逐渐被完全取消，封建势力进一步式微。经济方面，均田制的破坏，标志着土地国有和土地由国家平均分配的政策逐渐放弃，土地私有化、商品化进程加

---

① 三省为中书、门下、尚书三省，六部为尚书省吏、户、礼、兵、刑、工六部。
② 刘后滨：《政治制度史视野下的唐宋变革》，《河南师范大学学报》2006 年第 2 期。
③ 《新唐书》卷七〇上《宗室世系上》，第 1952 页。

快。这一变革，使自耕农阶层和奴婢阶层都发生分化和转变，出现田主、佃户及佣工。两税法的实行，实行量出制入，简化税目，将以前各种赋税合为一体，以地税、户税的方式来征收，改"以丁身为本"为"以资产为宗"，同时，两税法还开辟了以货币计税的历史先河。思想学术经历了从传统儒学向理学的转变过程，标志着儒家从政治学、伦理学向哲学的发展。"这个转变过程，从隋代大儒王通开始，经中唐以来的啖、赵新经学运动和韩、李卫道实践运动，最终为宋代理学的形成奠定了基础。"① 王通痛感魏晋南北朝以来儒学式微的社会现状，提出复兴儒学、重建王道政治的主张。他批判了两汉儒学中的天人感应理论和谶纬迷信思想，提出了存道去欲、穷理尽性和敬静的修养方法。唐中期的啖助、赵匡、陆质等师徒三人突破汉唐训诂传统，以意说经、借经发挥，为经学的经世致用开辟了道路。唐后期的韩愈提出人性论，认为人的本性是由仁、义、礼、智、信五种道德品质组成的。人性分为上、中、下三品。上品之性，五德俱全，是纯善的；中品之性，五德不全，善恶相杂；下品之性，五德俱违，是纯恶的。不过，人性也是可以移易的，主张绝情复性。这是宋儒"存天理、灭人欲"以及"致良知"观点的先声。

三、宋元明清时期（960—1912年）

为理学主导的平民郡县国家阶段。"封建"残余较少，宋代对宗室严加防范的北宋前期，宗室只授散官，不担任实职，严禁宗室之间相互交通，严格限制与将相大臣交往，以免对皇权产生威胁。神宗以后虽允许宗室疏属出仕为官，但在出任的差遣上有种种限制，如宗室不差为地方学官、不注沿边差遣、宗子不得为将官、不为执政官等等②。与唐朝宗室出将入相形成鲜明对照，宋代宗室为相的，仅赵汝愚一人，且他执政还不到半年便因不合祖宗家法被劾罢任。宋代封爵食邑基本上实现了俸禄化，与封地失去了联系。宋代中央政治体制经历了由三省向一省转化过程。元代实行中书省六部制，明清实行内阁六部制，总的趋势是皇权专制、中央集权制度逐渐加强。科举官僚制度、租佃雇佣经济占主导地位。钱穆说："论中国古今社会之变，最要

---

① 王永平：《从汉学向宋学的转变看隋唐儒学的地位》，《河南师范大学学报》2006年第2期。

② 苗书梅：《宋代宗室、外戚与宦官选任制度述论》，《史学月刊》1995年第5期。

在宋代。宋以前，大体可称为古代中国，宋以后，乃为后代中国。秦前，乃封建贵族社会。东汉以下，士族门第兴起。魏晋南北朝定于隋唐，皆属门第社会，可称为是古代变相的贵族社会。宋以下，始是纯粹的平民社会。除蒙古满洲异族入主，为特权阶级外，其升入政治上层者，皆由白衣秀才平地拔起，更无古代封建贵族及门第传统的遗存。故就宋代而言之，政治经济、社会人生，较之前代莫不有变。"① 还有学者认为，唐宋之际存在唐代农奴制向宋代租佃制转化的全局性的现象②，思想方面，吸收佛、道、玄思想的理学占据主导地位，从哲学上来论证君主专制制度的合理性，比汉唐"君权神授"、"五德终始"的观点更具有理论深度。

第三节　郡县时代的经济基础

一、郡县时代的土地制度和阶级构成

郡县时代的经济以官僚统治下的小农经济为基础。所谓小农经济就是以个体家庭为生产单位的农业经济。小农经济包括自耕农、佃农、雇农为劳动主体的农业经济，地主对佃雇农的剥削主要也是通过小农劳动进行的，自耕农和地主不构成生产关系。此外，还有个体手工业者、商业者以及国家、家族、寺院的农业、工商业经济等，这些经济或非农业，或不以个体家庭为生产单位，它们不占国民经济的主要地位。在小农经济中自耕农、半自耕农经济占据主导地位。换言之，自耕农经济一般是郡县时代经济的主体，地主制经济或租佃制经济处于次要地位。例如：西汉后期租佃制增多。但佃农占总人数多少，也没有明确比率。许倬云认为："汉代佃农占总人口的比例大约分别为4%、12%、20%。"又云："汉代佃户人数很难超过总人口的20%。"③ 黄今言则进行了更加细致的分析，他认为，西汉初年，实行名田制，对不同层次级的人全部授田。到惠帝、文、景之时，土地问题不甚紧

---

①　钱穆：《理学与艺术》，《宋史研究集》第七辑，（台）台湾书局1974年版，第2页。

②　漆侠：《唐宋之际社会经济关系的变革及其对文化思想领域所产生的影响》，《中国经济史研究》2000年第1期。

③　许倬云：《汉代农业》，广西师范大学出版社2005年版，第61页。

张。史称："以口量地，其于古犹有余"①；"未有并兼之害"②。当时"百姓无内外之徭，得息肩于田亩"③，人口发展到2000万以上，在这些人口中，除地主、商人等外，拥有小块土地的自耕农当占人口总数的90%以上。也就是说，当时的自耕农是占全国人户比例最多的时期，佃农这一群体，史籍尚属少见，此为公认。西汉后期，出现了土地兼并，自耕农比重下降，地主、商人等占全国总人户的10%左右，自耕农因数量下降约占全国人户总数的比例为80%，剩下的人户中，包括佃农、贫困下户等约在8%—9%。东汉初年，光武帝刘秀下令释放奴婢，安辑流民，小农比重上升，自耕农、半自耕农，大约占全国人户总数的85%不为过，佃农等贫困人户则减少到5%—6%上下。东汉后期，再次发生封建兼并，这时佃农、依附农较前增多了，约占全国总人户的15%以上，而自耕农的数量则大大下降，大概不会超过总人户的75%。④

魏晋南北朝时期，战乱不断，农民流亡、失去土地的现象比较突出，他们或成为国家佃户或变身私人佃客。十六国时期，前燕统治的河北、辽宁一带"流人之多旧土十倍有余，人殷地狭，故无田者十有四焉"⑤。没有土地，纯粹的佃户有多少人，未见明确记载。北魏时，殿中侍御史宋世良"诣河北括户，大获浮惰"，"所括得丁倍于本帐"⑥，有人据此推论当时佃户约为人口的三分之一至二分之一。⑦

我们再看唐代的例子。据《通典》记载，唐天宝十四年，"管户总八百九十一万九千三百九，应不课户三百五十六万五千五百，应课户五百三十四万九千二百八"。"按开元二十五年户令云：诸户主皆以家长为之，户内有课口者为课户，无课口者为不课户。诸视流内九品以上官及男年二十以上（作'下'讲）、老男、废疾、妻妾、部曲、客女、奴婢皆为不课户。"安史之乱后，人口大量减少，据大历十年统计，"主户三百八十万，客户

① 《汉书》卷四《文帝纪》，第128页。
② 《汉书》卷二四《食货志》，第1142页。
③ 《史记》卷二五《律书》，第1242页。
④ 黄今言：《汉代小农的数量、特征与地位问题再探讨》，《农业考古》2007年第4期。
⑤ 《晋书》卷一〇九《慕容皝载记》，第2823页。
⑥ 《北齐书》卷四六《循吏·宋世良传》。
⑦ 蒋福亚：《魏晋南北朝经济史·前言》，天津古籍出版社2004年版，第5页。

三十万"①。虽然以上统计多有隐漏，但大略能反映出当时地主和自耕农（课户、主户）占多数、佃农和奴婢户占少数的情况。

宋代户籍分为主户和客户。有田产者为主户，包括地主自耕农；无田产者为客户，主要指佃户和奴婢户。从宋代史籍记载来看，主户一般都多于客户。例如仁宗天圣七年（1029 年），"天下上户部主户六百万九千八百九十六，口（二千）二十三万一千九百二十六。客户四百五十五万二千七百九十三，口六百二万二千三百一十二"②。哲宗元祐三年（1088 年），"主户（一千）二百一十三万四千七百三十三，丁二千八百五十三万三千九百三十四。客户六百一十五万四千六百五十二，丁（千）三百六十二万九千八十三"③。哲宗绍圣四年（1097 年）"主户一千三百六万八千七百四十一，丁三千三十四万四千二百七十四。客户六百三十六万六千八百二十九，丁（千）三百六万七千三百三十二"④。绍兴二年（1131 年）"户部奏，两浙路主户一百八十万三千六百二十四，口三百三万四千七百六十九。客户三十一万八千四百四十八，口五十三万三千六。成都府路主户八十万八千八百六十一，口二百三十四万七千四百一十七。客户三十二万一千六百二十八，口九十二万一千六百一十九"⑤。绍兴二十九年（1148 年），"两浙等十六路上户部，主户七百六十四万，口一千二百八十万。客户三百四十四万，口三百九十五万。皆有畸"⑥。

表 4-1　北宋主客户数量对比⑦

时间	公元	主户	主丁	客户	客丁	主客户比	主客丁比
仁宗天圣元年	1023	6144983	19511844	3753138	5944015	1.64	3.28
仁宗天圣七年	1029	6009896	20231926	4552793	6022312	1.32	3.36

---

① 《新唐书》卷五二《食货志二》，第 1347 页。

② 《续资治通鉴长编》卷一〇八。主户口数 23 万，明显有误，当为 2023 万。

③ 《宋史》卷一七《哲宗纪》，第 328 页。主户数 213 万，客户丁数 362 万，明显有误，应分别为 1213 万、1362 万。

④ 《宋史》卷一八《哲宗纪》，第 349 页。客户丁数 306 万，明显有误，应为 1306 万。

⑤ 《建炎以来系年要录》卷六一。

⑥ 《建炎以来系年要录》卷一八三。

⑦ 主客户比是主户数除以客户数，主客丁比类似，资料来源《续资治通鉴长编》。

续表

时间	公元	主户	主丁	客户	客丁	主客户比	主客丁比
仁宗景祐元年	1034	6067583	20123814	4228982	6081627	1.43	3.31
仁宗景祐四年	1037	6224753	15925527	4438274	7186989	1.40	2.22
仁宗宝元二年	1039	6470995	14399905	3708994	6195402	1.74	2.32
仁宗庆历二年	1042	6671392	14831902	3764626	6292833	1.77	2.36
仁宗庆历五年	1045	6862889	15263899	3820058	6390264	1.80	2.39
仁宗皇祐二年	1050	6912997	15493541	3834957	6564121	1.80	2.36
仁宗嘉祐六年	1061	7299581	15875580	3881531	6807532	1.88	2.33
神宗熙宁五年	1072	10498869	15734197	4592691	6133655	2.29	2.57
神宗熙宁八年	1075	10682375	15896304	5001754	7910861	2.14	2.01
神宗元丰元年	1078	10995133	16511061	5497498	7815041	2.00	2.11
神宗元丰三年	1080	11244601	16236430	5485903	7594351	2.05	2.14
神宗元丰六年	1083	11379174	16954206	5832539	8015094	1.95	2.12
哲宗元祐元年	1086	11903668	27741600	6053424	12331006	1.97	2.25
哲宗元祐三年	1088	12134733	28533934	6154652	13629083	1.97	2.09
哲宗元祐六年	1091	12427111	28750455	6227982	12741856	2.00	2.26
哲宗绍圣四年	1097	13066829	30344274	6366829	9067332	2.05	3.35

　　从以上统计可知，即使在土地兼并比较剧烈的宋代，主户即有田户，一般仍占近三分之二的人口比例，客户即无田户或佃户，一般只有人口的三分之一。主户中只有一小部分是地主，绝大部分是自耕农或半自耕农，这表明他们是社会的主要阶层。

　　清代状况亦复如此，尽管土地兼并在不断进行，但在清代垦荒政策鼓励下所造就的自耕农仍然占重要地位。据瓦格勒估计："小地产的成分约占所有种植的农业地面积百分之六十，大地产的成分占百分之四十。"[①] 北方的获鹿县。在康熙四十五年，民户按土地占有情况分为五类：一类无地户占人口18.2%，为无寸地民户；二类户为占地10亩以下户，他们占总农户

――――――――――

　　① ［法］瓦格勒：《中国农书》上册，王建新译，商务印书馆1936年版，第152页。

37.9%，占有总耕地 12%；三类户为占地 10—40 亩中等户，这类农户不但农户数量最大，而且占地比例亦最多，分别为 38.2% 及 50%；四类户为占 40—100 亩富裕户，他们占总农户 4.4%，占耕地面积的 16.6%；五类户为占地 100 亩以上地主户，他们占总农户 0.8%，占总耕地 17.4%。据此，自耕农显然占统治地位。至乾隆元年，尽管在这 30 年间土地兼并在激烈进行，但该县自耕农占统治地位情况仍然没有变化。①

江南地区情况同样如此，根据休宁县三都十二图六甲保留下来的康熙五十五年编审红册，第六甲共计 233 户，共有耕地 1134.3 亩。各类农户占地情况如表 4–2 所示：

表 4–2　清代安徽休宁县里甲户占有土地情况②

类别	户数	占比（%）	亩数	占比（%）
无地户	11	4.7	0	0
不足 1 亩户	58	24.9	27.4	2.4
1—5 亩户	82	35.6	221.5	19.5
5—10 亩户	39	16.7	273.1	24.1
10—15 亩户	29	12.4	351.8	31.0
15—20 亩户	7	3.0	117.6	10.4
20—25 亩户	4	1.7	85.3	7.5
25—30 亩户	2	0.9	57.5	5.1
合计	233	100.0	1134.3	100.0

从表 4–2 可知，该里甲 233 户人口，每户耕地都比较少，可以说绝大部分是自耕农，没有地主。

另外，在研究土地分配时，还有一个"集体户"或"总户"的问题值得注意，土地登记中有些户占地 50 亩甚至数百亩，通常被认为属于富农或地主，人们往往忽略了户的人口或子户因素。明清时期户籍登记中有许多

---

① 江太新、段雪玉：《论清代前期土地垦拓对社会经济发展的影响》，《中国经济史研究》1996 年第 1 期。

② 中国社会科学院经济研究所藏《休宁县三都十二图（上）编审册》。

"析产未分户"的情况，由于宗法、承继、避税等各种原因，众多个体家庭只登记一个户口，向官府统一纳税。这些集体户口往往被误认为是广占土地的地主户。明万历三十年安徽休宁县二十七都五图统计的百余户中，各总户登记的人口、土地如下：

表4-3 明万历三十年安徽休宁县二十七都五图的集体户

户主	王茂	朱洪	朱学源	王正芳	陈章	朱贵	王齐兴	陈元和	王叙	金万钟
丁口	69	18	48	27	27	16	50	31	33	44
总户亩数	383	73	420	72	50	69	274	101	16	117
子户平均亩数	11.1	8.1	17.5	5.3	3.7	8.6	11.0	6.5	1.0	5.3

有学者认为"占有百亩以上土地的业户只有几户，所占比例则在5%以下。但该图业户所有土地总数的50%—60%，都是属于他们占有的"。他虽然注意到，"在这些业户之中，亦有少数业户人口众多，以人均占有土地数量来说并不为多；又，拥有众多人口与土地的大户，其下多分为经济上各自独立的子户，子户之间占有土地亦有差别，其中也有占地较少土地者。"① 但仍然认为占有土地最多的朱学源户是"大户庶民地主"。

明代黄册登记的丁口普遍存在漏口，一般妇女只登记大口，男丁有隐报现象，丁口大约只是户数的二倍。按这一标准推算，万历三十年二十七都五图这些占地超过50亩的地主富农，其子户平均占地最多的朱学源户只有17亩，最少的只有1亩。朱学源户在万历十年登记的男成丁是25口，共69口，20年仍载总口数69口，成丁数应当不变。男成丁口数略当户数，约为总口数的一半。在明崇祯十七年登记有子户52户，土地共803亩，平均每户只有15亩。其他大户应与朱学源户一样。因此，从总体上看，这些所谓的大地主只是一些自耕农、半自耕农的集体幻影。对于郡县时代的经济，还有学者说：总体而言，自耕农和半自耕农不仅占了全国人口的大多数，而且也占有全国土地的一半以上。认为土地的大部分掌握在地主手里，农民

① 栾成显：《明代黄册研究》，中国社会科学出版社1998年版，第203页。

没有土地或很少有土地的判断是不准确的。史籍上记载的"富者田连阡陌，贫者无立锥之地"①。"有田者什一，为人佃作者什九。"②"近日田之归于富户者，大约十之五六。旧时有田之人，今俱为佃耕之户。"③有的是上书之人的危言耸听，有的讲的是个别地区特殊时期的状况，并非全国所有地区的普遍情形。④

总而言之，从秦汉到明清，虽然我们仍然需要根据不同时期、地区一一考察，但大体上我们可以得出这样的结论：自耕农、半自耕农在几乎每个朝代的初期无论是在人口数量上还是土地占有数量上都占有绝对优势，即便土地兼并剧烈之时，自耕农人口仍要占到 50% 以上，这些农民并不和地主发生关系，虽然不排除个别时期、个别地区租佃关系占据主体地位，但是整个秦至清社会地主制经济始终占主体地位、地主和农民的阶级矛盾一直是社会的主要矛盾的说法，这是不太准确、不太全面的。分散小农经济与官僚政治有密切的对应关系。马克思曾对法国大革命时期的农民进行过这样的描述：

> 小农人数众多，他们的生活条件相同，但是彼此之间没有发生多种多样的关系。他们的生活方式不是使他们相互交往，而是使他们相互隔离。……一小块土地，一个农民和一个家庭；旁边是另一小块土地，另一个农民和另一个家庭。一批这样的单位就形成一个村子；一批这样的村子就形成一个省。这样，法国国民的广大群众，便是由一些同名数相加形成的，好像一袋马铃薯是由袋中的一个个马铃薯所集成的那样。……他们利益的同一性并不使他们彼此间形成任何共同关系，形成任何的全国性的联系，形成任何一种政治组织，所以他们就没有形成一个阶级。因此，他们不能以自己的名义来保护自己的阶级利益……他们不能代表自己，一定要别人来代表他们。他们的代表一定要同时是他们的主宰，是高高站在他们上面的权威，是不受限制的政府权力，

---

① 《汉书》卷二四上《食货志上》，第 1137 页。
② 黄汝成：《日知录集释》，岳麓书社 1994 年版。
③ 《皇朝经世文编》卷三九杨锡绂《陈明米贵之由疏》，《四库全书》本。
④ 孟祥才：《重新审视中国封建社会的农民、农民起义和农民战争》，《山东大学学报》2003 年第 6 期。

这种权力保护他们不受其他阶级侵犯，并从上面赐给他们雨水和阳光。所以，归根到底，小农的政治影响表现为行政权力支配社会。[①]

这种情形也适合中国秦至清两千年的社会形态。由于小农经济的分散性和占用了农民绝大部分时间，使他们日日忙于经营自家的农田，而没有时间和条件从事公共事务的管理，小农经济的独立性、分散性造成农民的散漫无组织性和对政治的冷漠。因此，他们以纳税服役作为代价养活一批官僚士人从事这样的工作。官僚士人通过自己的职业谋取自身利益，这和地主阶级并没有必然的联系。[②]从另一方面讲，"秦至清"并不是完全的"私有制社会"，在基层还保留了大量的官田、族田、社田、村公田等集体所有制形态，国家也有大量公田，有些时间，国家还实行国有土地的重新分配。这些现象表明，简单用地主制来概括经济形态是不全面的。

二、郡县时代的社会分工

官僚与农民即脑力劳动者和体力劳动者演化成为两大对立的等级是郡县时代的特征。这是封建时代脑力劳动和体力劳动分工的继续，唐代的韩愈说："君者，出令者也；臣者，行君之令而致之民者也；民者，出粟米丝麻，作器皿，通货财以事其上者也。君不出令则失其所以为君，臣不能行君之令而致之民，民不出粟米丝麻，作器皿，通货财以事其上则诛。"[③]早在部落战争年代，战败的部落向战胜者称臣纳贡，受到压迫和剥削，开始了人类群体的等级分化，形成贵族和村社平民、奴隶等许多等级。这个等级建立在部族征服基础上，而不是经济基础上。首先形成政治上的等级，然后才有经济上的剥削。生产方式、分配体制决定于政治等级，为政治秩序服务。春秋战国时期，贵族演化为官僚，村社平民演化为国家的自耕农民，官民关系便成为

---

① 马克思：《路易·波拿巴的雾月十八日》，《马克思恩格斯选集》第 1 卷，人民出版社 1972 年版，第 693 页。

② "地主封建论者"将皇帝、贵族、官僚视为地主阶级或他们的代言人，实际上混淆了物质生产阶级和非物质生产阶级的区别。当然，皇帝贵族官僚也有占田置地，兼地主身份的，但这二者经济基础不同，皇帝贵族官僚的利益在公税，地主以私租为基础，不能因为皇帝兼地主，就否认皇帝与其他地主的矛盾，或者将皇帝说成其他地主利益的代理人。

③ 韩愈：《原道》，见（宋）姚铉编《唐文粹》卷四十三。

社会主要关系。其间虽然有庶族地主与佃雇农的关系，但其并不占支配地位。正如有学者指出的那样：官僚是秦至清社会一个具有特殊自身利益的阶级，因为他们自己就是支配阶级，自己就是一直同所谓"自由"农民处在对立者的地位①。也有的学者说，小经营者与国家的矛盾可能是中国古代社会（秦至清）的主要矛盾，国家对于臣民的超经济强制远大于地主对于农民的超经济强制。② 田昌五也说过："在中国历史上，君治吏，吏治民，这是一条普遍原理。在各种社会关系中，臣民关系占有主导的支配的地位。中国历史上的社会是一种官本位社会。中国历史上的政治是治人政治，所有臣民均在被治之列。所以，如果一定要给这种社会取一个名称，不妨称之谓君主官僚社会。"③ 吴思也注意到这个问题，他说："我们说皇帝和官员位于上层建筑，地主和农民构成经济基础。上层建筑是为经济基础服务的，也就是说皇帝和官员为地主阶级的利益服务，实际上是这样的吗？刚好相反。官家集团用'牧'字比喻官民关系，到底是牛羊为牧人服务，还是牧人为牛羊服务？理论框架颠倒了，就无法解释历史事实。"④ 这一现象表明，划分社会形态只有抓住官民关系（国家与农民的关系）才抓住了郡县社会的主要矛盾，贴近历史真实；而以经济形态为标准，将地主与农民的阶级关系作为社会主要矛盾可能没有掌握中国古代历史的特征。

三、皇帝官僚的身份特点

皇帝官僚常被认为本身即是地主阶级或是地主阶级利益的代表，这一观点需要加以具体分析。

首先，我们看皇帝，他是地主吗？地主是占有大量土地，以租佃和雇佣为主要经营方式的农业生产组织者。皇帝占有土地、经营农业吗？唐代陆贽所说："土地，王者之所有；耕稼，农人之所为。"⑤ 这句话和《诗经》中的"溥天之下，莫非王土"一样，不能被理解为土地王有制或土地皇帝所有

---

① 王亚南：《中国官僚政治研究》，中国社会科学出版社 1981 年版，第 43—44 页。
② 张国刚：《本土化：重建中国社会形态理论的根本》，《历史研究》2000 年第 2 期。
③ 田昌五：《破除长期封建社会说，建立中华帝国史发展体系》，《史学理论研究》2001 年第 1 期。
④ 吴思：《我想重新解释历史》，复旦大学出版社 2011 年版，第 45 页。
⑤ 《陆宣公集》卷二《均节赋税恤百姓》。

制，皇帝和官府向人民征税并非是根据土地所有权，作为国家的统治者，他们可以对人民任意征税、征役，不论对象是农民、手工业者还是商人，皇帝所有的"土地"是政治意义的领土，不仅包括农田，还包括河流、湖沼、山林、城市等一切领土的资源，其含义比地主要宽泛得多。皇帝的收入当然主要也不靠地租，如西汉时皇帝收入由少府掌管，主要来自山泽税及铸钱，田租和人口税则交大司农，主要用于军事和行政开支。如《汉书》载，"少府，秦官，掌山海池泽之税，以给共养"。师古曰："大司农供军国之用，少府以养天子也。"东汉将山泽税转属司农，帝室财政和国家财政逐渐合一，魏晋南北朝时期尚书省左民尚书、民部尚书发展成为国家的财政部，皇帝的收支成为国家财政的一个项目。唐德宗时，"国家旧制，天下财赋皆纳于左藏库"后因"京师多豪将，求取无节"，"乃悉以租赋进入大盈内库"。宰相杨炎"请出之以归有司，度宫中经费一岁几何，量数奉入，不敢亏用"，德宗这才同意，"凡财赋皆归左藏库，一用旧式，每岁于数中量进三五十万入大盈，而度支先以其全数闻"[1]。由这些记载可知，皇帝并不占有土地或经营农业，他们的收入来自国家各种税收。明清时期的皇庄，常被认为是皇帝占有经营土地的直接证据。应该说明的是，皇庄只是国营土地的一种形式，其收入只是宫廷财政收入的一小部分，其他大部收入来自户部拨付和地方贡献。清代皇庄每年收入银两大约有22万两，光绪八年（1882年）"内府用款，一年需用银一百二十三万两"[2]，其中皇庄的银两收入仅占总支出的18%，其余60万两来自户部调拨，30万两来自海关，还有几十万两由户部"另筹"。宣统三年（1911年），内务府称"臣衙门常年经费向由度支部（原户部）岁拨各省关一百四十余万两"[3]，皇庄收入比重就更小了。作为宫廷财政，内务府支出除皇帝和后宫日常生活支出外，还有大量用于节庆、祭祀、恤赏、出巡等活动，有不少是国家元首职能活动所必需的开支。另外皇帝作为国家元首，其庞大的直属机构实际上也是国家机构的一部分，其中大量人员（包括宦官）俸禄支出也属于国家财政开支，这是郡县时代皇族"家国一体"的特殊性决定的。由此可知，皇庄土地是国营经济的特殊部分，占皇室收入的极

---

[1] 《旧唐书》卷一一八《杨炎传》。

[2] 祁美琴：《清代内务府》，中国人民大学出版社1998年版，第214页。

[3] 录副档：宣统三年五月初二日内务府折，案卷号7517。

小比例，其支出也并不仅限于皇帝私用，皇帝的皇庄类似于官员的职田，只是其俸禄和办公经费的一种补充形式，将皇帝本人视为地主是片面之见。

说皇帝是地主阶级的代理人是否合理呢？首先我们要明白地主阶级的利益是什么？恐怕就是兼并土地、提高地租了。皇帝是否支持地主兼并土地、提高地租呢？要回答这个问题，首先要对"兼并"的概念加以分析。史书记载的"兼并"或"并兼"的含义是有分歧的。有人说：兼并，"谓大家兼役小民，富者兼役贫民"。也有人说："兼并者，食禄之家不得治产，兼取小民之利。商人虽富，不得复兼畜田宅，作客耕农也。"① 由此看来，兼并包含两层含义，其一是在生产领域的贫富分化，富人剥削贫民；其二是官僚兼营工商业或农业，与民争利。前者是土地私有制之下的必然结果，而后者则主要是利用官僚特权从事私利。这两者都可能产生小农破产脱籍，造成国家赋役减少，削弱国家实力，这是皇帝所不愿见到的，因此，皇帝通常采取"抑兼并"的均田、均税政策，西汉末年的限田制、王田制，北魏、隋唐均田令都在一定程度上抑制了公、私土地兼并。后世也有类似的政策，例如金世宗就是如此：

> （大定二十一年）三月，陈言者言，豪强之家多占夺田者。上曰："前参政纳合椿年占地八百顷，又闻山西田亦多为权要所占，有一家一口至三十顷者，以致小民无田可耕，徙居阴山之恶地，何以自存。其令占官地十顷以上者皆括籍入官，将均赐贫民。"省臣又奏，"椿年子猛安参谋合、故太师耨碗温敦思忠孙长寿等亲属计七十余家，所占地三千余顷"。上曰："至秋，除牛头地外，仍各给十顷，余皆拘入官。山后招讨司所括者，亦当同此也。"又谓宰臣曰："山东路所括民田，已分给女直屯田人户，复有籍官闲地，依元数还民，仍免租税。"②

皇帝还不断申明官员不得"与民争利"，立法对官员经商、占田加以限制或禁止。另外，国家创办国营经济，实行部分领域的垄断，增加国家财政

---

① 《汉书》卷六《武帝纪》，第180页。
② 《金史》卷四七《食货志·田制》，第1046页。

收入，防止富人牟取暴利，也与抑制兼并政策有关。皇帝也反对地主任意提高地租，例如，在清代，"八旗地主久禁夺佃增租"，"咸丰初元，又申令如额征租，主佃皆不得以意赢缩"①。

对于官僚是否属于地主阶级或其代理人也应辩证分析。郡县时代官僚有两种，"不营产业"官僚和"营产业"官僚。不营产业的官僚主要靠俸禄生活。完全以俸禄为生，比较清贫的官员所占比重不是太大，但史书记载也很常见。例如，南朝刘宋时吏部尚书江湛"家甚贫约，不营财利，饷馈盈门，一无所受，无兼衣余食"，衣服洗了没有替换的，只能请假等衣服干了才能上朝。②北魏吏部尚书崔玄伯也是"约俭自居，不营产业，家徒四壁，出无车乘，朝晡步上"③。没有车，只能走着上班。唐朝柳浑"性节俭，不治产业，官至丞相，假宅而居"④，身为宰相竟然租房子住。还有一些官员虽然不营生产，但却是过着吃喝仰仗官府的奢侈生活。这两种人都不应视为"地主"。另一部分官员则兼营农业或商业，这部分人情况较为复杂，如果只有少量耕地，由家人耕种，可算得上为官员兼小农，如果占地较广，出租土地或雇人劳动，可视为官僚地主，另一部分是官僚商人。值得注意的是，古代官员有职田制度，这应视为俸禄的特殊形式。官僚地主显然是比较引人注目的现象，但他们在官员中所占的比例很难确定。综上，官僚并非全为地主这是可以肯定的，将官僚等同于地主是不准确的。

官员是否为地主阶级代理人，也应从两方面看，有不少大臣是公开反对官员兼营农业或工商业追求私利的，官员求田问舍、追逐私利被视为不正常现象或者是不正之风。西汉的董仲舒主张"受禄之家，食禄而已，不与民争业"。西晋末年大臣江统也说："王侯食藉而衣税，公卿大夫受爵而资禄，莫有不赡者也。是以士农工商四业不杂。""秦汉以来，风俗转薄，公侯之尊，莫不殖园圃之田，而收市井之利，渐冉相放，莫以为耻，乘以古道，诚可愧也。"这固然受传统的"四民分业"理论影响，但这也包含了均贫富、抑兼并的思想。官员对地主的态度可以分为三类，其一出于维护君主

---

① 《清史稿》卷一二〇《食货一·田制》，第3495页。
② 《宋书》卷七一《江湛传》，第1849页。
③ 《北史》卷二一《崔宏传》，第770页。
④ 《旧唐书》卷一二五《柳浑传》，第3555页。

和国家根本利益，抑制豪强地主和大商人，反对苛捐杂税。清代甘汝来、王庆云是这类官员代表。甘汝来康熙年间任直隶涞水知县，"涞水旗丁与民杂居，汝来至，请罢杂派，以火耗补之。禁庄田无故增租易佃"①。王庆云"咸丰元年，授户部侍郎，仍署府尹。内务府议令庄头增租，佃户不应，则勒限退地。庆云偕直隶总督讷尔经额援乾隆间停设庄头、嘉庆间奏禁增租夺佃两案，奏请敕内务府不得任意加租"②。其二，出于个人利益压榨或兼并地主、商人。例如，北宋李彦当政汝州时，"凡民间美田，使他人投牒告陈，皆指为天荒，虽执印券皆不省。鲁山阖县尽括为公田，焚民故券，使田主输租佃本业"③，将地主、自耕农的土地占为官有，将他们沦为官府佃户。其三，因为受贿包庇地主、商人，支持他们欺压盘剥贫民，这类情况较为常见，但也是为法律所禁止的。总之，官僚和地主有各自的利益，官僚利益在于税收和俸禄，地主利益在于土地和私租，二者关系并不密切。即便是官僚地主，如果没有职务管辖的关系，他们与普通地主一般也没有什么合作。因此，官僚和普通地主分属统治者与被统治者两个阶级，其决定因素不在于是否拥有土地和剥削佃农、雇农，而在于是否有政治权力，官僚不会成为一般地主的代表，他们有自己的利益。在小农经济时代，私有制是社会的基础，国家是生产力和生产关系的政治代表，它总是要维持一定的主佃、主雇"剥削"关系，国家反对佃农强租、抗租、减租的过分要求，同样反对地主对佃雇农的增租夺佃任意剥削，郡县时代国家并非地主一方利益的代表，也不能真正代表人民的利益，国家不是公共职能或正义的天然化身，由于公权私治的性质，国家宣扬的"天下为公、立君为民"只是皇帝和官僚维护自身利益的口号。郡县时代以小农经济为基础，自耕农、佃雇农是郡县时代的主要劳动者，国家与人民（自耕农、佃农为主体，也包括普通地主）的矛盾是社会的主要矛盾。

四、世界主要国家郡县时代的经济对比

君主专制、官僚政治的体制与自由小农经济具有对应性。这一点中国如此，其他国家也有类似的情况，这里我们选取亚洲和欧洲一些重要国家进

① 《清史稿》卷三〇四《甘汝来传》，第 10495 页。
② 《清史稿》卷四二六《王庆云传》，第 12236 页。
③ 《宋史》卷四六八《杨戬传》，第 13664 页。

行简单的对比。首先，我们可以看看古印度孔雀帝国时期的经济特点。印度在后期吠陀时代（前 9—前 6 世纪）已经进入封建时代，列国时代（前 6—前 4 世纪，也称早期佛教时代）开始向郡县时代过渡，这与中国战国时代颇为相似，至孔雀王朝时期（前 324—前 187 年）郡县制专制帝国完全确立，这又与中国的秦汉王朝时间接近，可以说，东方两大地区的历史进程基本是同步的。关于这段时期的社会性质，中国史学界过去多认为是奴隶社会①。崔连仲认为，古代印度存在着发达的家庭奴隶制，也有一定数量的生产奴隶，但是奴隶制和奴隶制社会是两回事。村社农民是古代印度居民中的大多数，他们是整个社会生产的基础，村社农民与国王或国家之间的这种剥削关系成为当时社会的主要矛盾。因此，古代印度社会的性质应为"古代村社农民的生产形态"。②

在古罗马帝国，"最新的研究表明：无论大地产在帝国经济中所起的作用如何，中型地产和小地产仍然是这一时期非常流行的土地所有形态，那些认为小农经济也不存在的观点，显然是受古史近代化思潮影响的结果，没有任何的史料根据"③。一些使用奴隶劳动的大地产也开始实行"析产奴隶"，将奴隶变成佃农，这表明，罗马帝国以自耕农、佃农等小农经济为基础的奴隶劳动显然已经不占主要地位，也称不上是奴隶社会，从而应当称为郡县社会。当然，后来由于蛮族入侵，西罗马帝国灭亡，重新开始了封建社会，实际上无论生产关系，还是政治制度都是一种倒退。当西欧封建社会发展到 15 世纪，农奴制瓦解，自耕农、佃农重新出现，西欧出现"王权专制时代"，实际是重新进入郡县时代。

西欧王权专制的经济基础是农奴制的衰落（转变为自耕农或佃农）、市民阶级（工商业者）的发展等，这一点与中国也有相似之处。下面就法、英、德、俄等国农奴制瓦解与自耕农、佃农经济的发展过程作一考察：

法国早在卡佩王朝（987—1328 年）时期，自 12 世纪开始，农奴制就开始衰落了。"给单个家庭和村庄带来好处的小块采邑在迅速地增加。领主

---

① 季羡林认为，从公元前 6 世纪至前 5 世纪开始，也就是释迦牟尼和大雄时代，已进入从奴隶社会向封建社会的过渡时期。季羡林：《罗摩衍那初探》，外国文学出版社 1949 年版，第 40—50 页。

② 崔连仲：《古代印度社会性质和历史分期问题的探讨》，《南亚研究》1985 年第 4 期。

③ 杨共乐：《罗马史纲要》，东方出版社 1994 年版，第 225 页。

们吸收'荫客';荫客的地位不同于奴隶,他们以缴纳少量佃租而获得土地和房屋。""货币代役租改变着领主与农民的关系,获得自由的农民越来越多,堂区(paroisse)逐渐成为乡村的行政单位。"①"北方的'新城',南方的'市镇',以及从林莽中开辟出来的村落都交给了垦荒的人,即新定居的移民。他们从领主那里获得了优惠的契约。这些'客人'逐渐用银钱向领主交纳租金,而不是像以前的'隶农'那样,向领主交纳自己的一部分收成。因此,在农村也能够发财致富,耕作者的收益也反映出这种情况。"到奥古斯特(1165—1223年在位)时期,"领主们为了获得必要的金钱以满足自己的需要,比以往任何时候都希望把过去的实物地租转变为新的货币地租。农民们接受了这些契约并逐渐获得了好处。他们把农产品卖到城里,从而进入了金钱的循环过程。其中某些人已经有所'积蓄'。法国人积攒黄金这种老习惯也许就源出于菲利浦·奥古斯特太平盛世时那些绰号为'乡下雄鸡'的第一批富裕农民。国王鼓励农民这样做,就如同以前他鼓励城市平民摆脱领主监护一样。"②法国瓦卢瓦王朝(1328—1589年)开始建立君主专制,波旁王朝(1589—1830年)则达到君主专制的顶峰,在瓦卢瓦王朝之前,农民也已经摆脱了封建农奴的地位。

德国封建制形成晚,瓦解较早。"与西法兰克王国(法兰西)相反,德意志在十世纪初还很少封建化,在十和十一世纪的过程中德意志才加速了封建化。封建关系的成长迟缓乃是德意志封建化过程的最重要的特点,其原因主要在于自由的农民能够长期地保全他们的独立,因为他们在古老的部落制的基础上紧紧团结在公社或者说'马克'中,而在这些公社中私有财产制是很难侵入的。自由农民极其关心于坚持这种情况,一切夺取他们的独立的企图常常引起了农民的暴动。由于封建主势力不断增长,才导致马克公社的瓦解,依靠封建势力的支持,世俗的和教会的地主有加无已地夺取着过去属于公社的土地,从前自由的农民陷入各种各样形式的对地主的依附关系中。"③从

① [法]《大拉鲁斯百科全书》第9卷编写组:《法国史纲要》,刘文立译注,武汉大学出版社1988年版,第23、25页。

② [法]米盖尔:《法国史》,蔡鸿滨译,商务印书馆1985年版,第88、95页。

③ [德]维纳·洛赫:《德国史》,北京大学历史系世界近现代史教研室译,三联书店1959年版,第6—7页。

自然经济到货币经济的过渡，主要是在11世纪进行的。在此基础上，"德意志封建主们在十字军远征时期（1096—1291年）越来越多地把灾民的徭役和实物租转变为以货币偿付"。"农民们的境况就得到若干改善，他们不仅关心这些，而且也有了更多的时间，来更细致地从事农作以提高收获量。……而这就使得农民们为自己工作的那一部分收入也增加了。封建主们这时被农民流入城市这个阴影吓住，还不敢马上又用提高地租的办法来把农民们增加的收入拿走。"① 到了15世纪，"大多数的农民都是以世袭租佃权的方式来领有他们的土地。为此他们必须按期和按一定数额向封建主缴捐、缴租和服劳役。人们把这种封建依附关系叫作依附农制。"② 德国霍亨索伦王朝（1701—1919年）是典型的君主专制王朝，在此之前，农奴制同样走向瓦解了。

英格兰的封建农奴制开始于1066年的诺曼底征服。《简明英国史》这样写道：

> 封建主义这个词是从"封地"派生出来的。它也指使用特定土地的等级。封建制度是建立在承租土地的基础上的。它不是指所有权，只有国王才是土地的最高所有者。少数主要承租人（王公大臣）从国王那里得到封地，规定派出一定数量的骑士为国王服兵役作为报答。次一级的转租人从封臣那里得到土地。最下面的是农奴或茅舍农，他们从地主那里租来几英亩土地，终年耕作在这小块土地上，向地主交租。在此以前，英格兰就已经有了封建主义，但是并不是严格地强迫推行的。当时，还存在着成千上万的自耕农。可是，现在每个男丁都隶属于自己的封建领主了。

到了都铎王朝（1485—1603年）时期，封建制、农奴制瓦解，英国进入王权专制时代。"亨利七世从理查德三世手里夺取王位，标志着中世纪时

---

① [德] 维纳·洛赫：《德国史》，北京大学历史系世界近现代史教研室译，三联书店1959年版，第12、15、21—22页。

② [德] 维纳·洛赫：《德国史》，北京大学历史系世界近现代史教研室译，三联书店1959年版，第38页。

代即将过去。中世纪的社会结构和经济秩序已经破碎不全。大部分农奴获得自由，分别成为雇工或自耕农，有的给大地主当雇工，有的受雇于独立的小农场主。资本主义体系的制造业代替了中世纪的行会体系。"①

俄国农奴制在 16 世纪末形成，17 世纪确立，18 世纪发展和巩固，连彼得一世的西化改革也是以加强农奴制为基础的。直到 1861 年农奴制才被废除。与西欧相比，俄国农奴制形成较晚，被废除则更迟。俄国是从 15 世纪末摆脱金帐汗国控制后走上君主专制道路的，与农奴制发展同步。西欧的君主专制是在农奴制逐渐消失时确立的，而俄国的沙皇专制则以农奴制为基础。这里有三个原因，一是俄国农村公社从基辅罗斯起，一直保持到 20 世纪 20 年代，公社实行土地的公有私耕，"这种公社集体精神，必然限制和否定个性的自由，而对集体的崇拜与对国家的崇拜密不可分，沙皇国家往往就会以集体的代表来出现。这样，农村公社又成为沙皇专制制度的基础"②。再者 14 世纪后，西欧工商业迅速发展，对粮食的需求大大增加，俄国成为粮食出口国。其三是沙皇拉拢中小贵族加强君主专制和中央集权，不得不支持贵族对农奴的剥削。因此，俄国君主专制制度经济基础不同于西欧可能只是特例，与其农业和工商业都比较落后有关。

通过以上分析我们不难看出，古印度和西欧都存在过以自耕农和佃农等小农经济为基础的社会（东欧的俄国是个例外），其政治形态一般表现为王权专制。马克思、恩格斯根据西欧历史划分的社会经济形态有古代的、封建的、资产阶级的三种，没有"小农经济"为基础社会，而是将小农视为西欧封建社会的一种要素。他们认为君主专制在西欧封建社会后期普遍出现，是封建等级、封建社会衰落的因素和表现，是一种过渡现象，并不是一种完整的社会形态。马克思说过，"君主专制发生在一个过渡时期，那时旧封建等级趋于衰亡，中世纪市民等级正在形成资产阶级，斗争的任何一方尚未压倒另一方"，"君主专制产生于封建等级垮台以后，它积极参加过破坏封建等级的活动"。由于西欧专制时代历史较短，其各国先后不一，故而马克思没有专门将其作为一种社会形态。恩格斯则直接称专制君主是贵族、行东等封

---

① ［英］霍利迪：《简明英国史》，洪永珊译，江西人民出版社 1988 年版，第 14、15、42 页。
② 曹维安：《俄国史新论》，中国社会科学出版社 2002 年版，第 22 页。

建阶级的代表①。随着研究的深入，人们发现，君主专制时代（中国为郡县时代）在经济基础和意识形态方面均呈现有不同于等级君主制和农奴制经济并存的典型的封建时代的特点，将君主专制时代"升格"至与"封建时代"平级，是研究深化的需要，是很有必要的。

第四节 郡县时代的皇帝制度

皇帝是郡县时代的国家元首，具有立法、行政、司法、教育等广泛的实际权力。围绕皇帝形成了尊号、年号、议谥、立庙、建陵、侍讲、禅让、建储、后宫、宗室、公主、内侍官、君权神授等一系列制度。

一、尊号制度

尊号是大臣赞美功绩显著的皇帝，给他起的正式称号。尊号又名"徽号"，"尊"为尊敬，"徽"为美好，是对尊者加上的号，表示尊崇褒美。先秦时期的"王"是表示等级地位的爵位称号，也是尊号。秦始皇统一天下以后，觉得"王号不足以传后世"，命令臣下另议尊号，后来自己选择"皇帝"作为尊号。唐代以后，皇帝为了满足自己的虚荣心，又在"皇帝"之前加上别的字眼。武则天和唐玄宗都是乱加尊号的典型。载初元年（690年），武则天"革唐命，改国号为周"，加尊号曰圣神皇帝，长寿三年（694年）加尊号为"越古金轮圣神皇帝"；证圣元年（695年）春，又加尊号曰"慈氏越古金轮圣神皇帝"，不久又去"慈氏越古"尊号。"秋九月，亲祀南郊，加尊号天册金轮圣神皇帝"。唐玄宗也是尊号越加越长，天宝元年（742年），加尊号为"开元天宝圣文神武皇帝"，天宝七年（748年）又加尊号为"开元天宝圣文神武应道皇帝"，八年（749年）又加为"开元天地大宝圣文神武应道皇帝"，十二年（753年）又增号为"开元天地大宝圣文神武孝德证道皇帝"，皇帝之前加字长达14个之多。加尊号纯属是为皇帝歌功颂德，有的皇帝对此有清醒认识，康熙帝曾12次拒绝大臣为他上尊号。1721年，他在最后一次拒上尊号时，说："加上尊号，乃相沿陋习，不过将字面上下转换，

① 《马克思恩格斯全集》第4卷，人民出版社1965年版，第340、341、362页。

以欺不学之君耳。本朝家法，惟以爱民为事，不以景星、庆云、芝草、甘露为瑞，亦无封禅、改元之举。现今西陲用兵，兵久暴露，民苦转输。朕方修省经营之不暇，何贺之有?"并诏赦恩赉等项概行停止①。

二、年号制度

我国古代，帝王为记其在位之年所立的名号，是其当政的时代标志。也代表了一种"与民更始"、"避凶庆吉"的政治策略。年号通常为两个字，也有少量用三字、四字或多字的。三字的有，王莽的"始建国"、梁武帝的"中大通"、"中大同"。四字的有汉哀帝的"太初元将"，北魏太武帝的"太平真君"，武则天的"天册万岁"、"万岁通天"，宋太宗的"太平兴国"，宋真宗的"大中祥符"等。字数最多的年号多至6个，有西夏惠宗的"天赐礼盛国庆"。"年号纪元，自汉武始"。汉武帝所立的"建元"（前140年）是中国历史上第一个年号。汉武帝创帝王年号，以后历代相承，凡新皇帝即位，依例次年改用新年号，称改元（也有当年改元的）。汉唐至宋元时期，许多皇帝迷信年号具有去凶迎吉的作用，频繁改元，试图以此巩固权力，实现社会安定，造成一些皇帝年号过多过滥。使用年号最多的武则天，从她称制到最后被政变逼下台的21年中，一共换了17个年号。其中，前4个年号是太后称制时使用，后13个为称帝建立大周国号后使用，年号几乎一年一换。事实证明，改元过于频繁，不但不能巩固统治，反而起到相反的作用。自明代开始，皇帝一般只有一个年号，明清时常以年号指代皇帝，其庙号、姓名反而鲜有人知。不过也有个别例外，如明英宗就有正统、天顺两个年号，属于特殊情况。明英宗即位时才9岁，年号正统（1435—1449年），由宦官王振专权。1449年，瓦剌大举南侵，王振挟英宗亲征，英宗被俘，史称"土木之变"。大臣于谦等拥立英宗之弟代朱祁钰为帝，即位后，年号"景泰"（1449—1457年），他用于谦为兵部尚书，粉碎了瓦剌对北京的进攻，迫使瓦剌放回英宗，英宗放回后，景泰帝将其软禁，直到1457年景泰帝病危时，英宗才又被拥为帝，并改元天顺（1457—1464年）。清代的皇太极也有两个年号，天聪和崇德，这也有特殊情况，皇太极即位国号是金，都城在赫图阿

① 《清史稿》卷八《圣祖本纪》第二册，第301页。

拉，年号为天聪，身份还是"大汗"。1636年，他即皇帝位，改国号为清，年号改为崇德。

三、议谥制度

谥号也称尊谥，是皇帝死后由新君和大臣给他议定的称号，包含对皇帝生平事迹的评价。如谥法上说"去礼远众曰炀，逆天虐民曰炀"，隋炀帝就是因为"逆天虐民"而得到这个称号的。秦始皇在位期间下令废除谥法，称："朕闻太古有号毋谥，中古有号，死而以行为谥。如此，则子议父，臣议君也，甚无谓，朕弗取焉。自今已来，除谥法。"[①] 所以他和秦二世死后都没有谥号。汉代恢复对皇帝的议谥制度，谥号通常在"皇帝"之前加一两个字。如刘邦谥号是"高皇帝"，刘恒谥号为"孝文皇帝"，刘启为"孝景皇帝"，刘彻为"孝武皇帝"等。从唐朝开始，为表示对已故皇帝更大的尊敬，开始在原来的谥号的基础上，不断修改、增加一些字眼，使谥号开始变得很长。例如，唐高宗李治死后，初谥"天皇大帝"，天宝十三年改谥为"天皇大弘孝皇帝"。中宗李显死后，初谥"孝和皇帝"，后改谥"大和大圣大昭孝皇帝"。唐睿宗死后，初谥"大圣贞皇帝"，后改谥"玄真大圣大兴孝皇帝"。以后朝代君主的谥号越加越长。宋朝皇帝的谥号一般为16字，赵匡胤谥号为"启运立极英武睿文神德圣功至明大孝皇帝"。元朝皇帝谥号较短，铁木真的谥号为"法天启运圣武皇帝"，忽必烈的为"圣德神功文武皇帝"，其他皇帝一般为4字。明朝皇帝谥号通常为17字，朱元璋的谥号是"开天行道肇纪立极大圣至神仁文义武俊德成功高皇帝"，长21字。清朝皇帝谥号一般为20多字。清太祖努尔哈赤的谥号为"承天广运圣德神功肇纪立极仁孝睿武端毅钦安弘文定业高皇帝"长达25字之多。光绪帝的谥号为"同天崇运大中至正经文纬武仁孝睿智端俭宽勤景皇帝"，有21字。谥号的滥加溢美使其失去了激励作用，最终变成皇帝歌功颂德的工具，人们在谈论皇帝时，因为谥号太长无法记住，而改称庙号了。

---

① 《史记》卷六《秦始皇本纪》。

四、立庙制度

庙号是皇帝死后将其牌位置于宗庙，供后人纪念时所起的名号，庙号本着"祖有功宗有德"的原则进行，只有建功于王朝的皇帝死后才能进宗庙、有庙号，平庸君主通常没有庙号。一般认为，庙号起源于商朝。如太甲称太宗，太戊称中宗，武丁称高宗，就是庙号。庙号通常称某"祖"、某"宗"。《礼记》有云："祖有功，宗有德。"汉应劭注曰："始取天下者曰祖，高帝称高祖是也；始治天下者曰宗，文帝称太宗是也。"祖宗前面的"字"也有评价功能，类似谥号，但字数要少得多，通常只有一个字。一般情况下，一个王朝是一祖多宗，但也有一些朝代"多祖"。汉刘邦庙号高祖（又称太祖），刘秀庙号世祖，一朝已有二祖。或可解释为刘邦乃西汉始祖，刘秀乃东汉始祖。但至曹魏时，却有三代庙号相继称祖：曹操（武帝）为太祖，曹丕（文帝）为世祖，曹睿（明帝）为烈祖，即所谓"曹氏三祖"是也。故而唐刘知几《史通·称谓》云："古者天子庙号，祖有功而宗有德，始自三代，迄于两汉，名实相允，今古共传。降及曹氏，祖名多滥。"唐、宋两代，一般是一祖而多宗。偶尔亦称某宗为祖，以示特别尊崇之意。如北宋绍圣时，称赵祯为仁宗，而又称仁祖。元、明、清三代，变化更多。如元代既称成吉思汗为太祖，又称忽必烈为世祖；明代既称开国之君朱元璋为太祖，又称第三任皇帝朱棣为成祖，目的是表彰他靖难平逆、迁都北京再造大明帝国的丰功伟业。清朝的顺治皇帝、康熙皇帝也非开国皇帝，但前者称"清世祖"，后者称"清圣祖"。历代庙号并无严格规定，亦非每位皇帝一定享有庙号。西汉时，刘邦庙号高祖，而刘盈无庙号，刘恒庙号太宗，刘启无庙号，而刘彻庙号世宗。时至唐代，某些皇帝由于某种原因亦无庙号，如武则天等。故而刘知几云："历观自古称谓不同，缘情而作，本无定准。"唐代称宗始滥。顾炎武说："王莽尊元帝庙号高宗，成帝号统宗，平帝号元宗，中兴皆去之。……称宗之滥，始王莽之三宗。"清人王鸣盛《十七史商榷·三祖》则有"自李唐始无代不称宗，其滥斯极。除一祖之外，其余诸帝，不问有功与否，莫不称宗"之讽。由此可知庙号对皇帝的行为最初也有一定的激励作用，但由于皇权专制，这些名号后来都变成了对皇帝的阿谀之词，失去了原有的作用。

五、建陵制度

陵，本意是指高大突兀的山丘，因帝王坟墓的封土越堆越高，望之如山，自战国开始，陵成了帝王墓葬的专称，为方便护理和祭祀，帝王陵墓有专门的称号，即陵号。据《史记·秦始皇本纪》所载，秦惠文王葬公陵，悼武王葬永陵，昭襄王葬芷陵，孝文王葬寿陵，庄襄王葬阳陵等，秦始皇死后葬在骊山，一般称为骊山陵或始皇陵。秦国王陵名号多由地名而起，汉代亦复如此。为保护和祭祀的便利，从汉朝开始，有时会在帝陵所在区域设置专门的城邑，建立县制，将各地的豪强巨富迁于邑中，让他们供奉陵园。汉代万年县、长陵县、霸陵县、阳陵县、茂陵县是分别为汉太上皇、汉高祖、文帝、景帝、武帝的陵墓而设立的。秦汉三国时期，陵号多随葬地而起，此后，西晋时期司马氏的陵号西原陵（宣帝）、峻平陵（景帝）、崇阳陵（文帝）、峻阳陵（武帝），多选用吉祥的字眼。以

图4-2　汉武帝茂陵

后唐、宋、明、清诸朝君主都为自己修建陵墓。唐陵分布在关中，宋陵集中在巩义。明陵分布在北京万寿山，称为十三陵，清陵主要分布在河北遵化和易县，分别称为东陵和西陵。东陵有帝陵五座：顺治帝孝陵、康熙帝景陵、乾隆帝裕陵、咸丰帝定陵和同治帝惠陵。西陵有帝陵四座：雍正帝泰陵、嘉庆帝昌陵、道光帝慕陵、光绪帝崇陵。此外，清朝还在关外有三座陵墓，永陵、福陵和昭陵，分别葬有清帝的先祖、清太祖努尔哈赤和清太宗皇太极。帝王生前耗费大量人力、物力为自己修建巨大的陵墓，又设专官、专人护理，定期隆重祭祀，体现了以天下服务于一人、一姓的"私天下"的特点。

六、侍讲制度

也称经筵制度，是为皇帝讲学的制度。皇帝为适应治国理政的需要，要不断进行知识学习。皇帝的三公①太师、太傅、太保原来有教育皇帝之责，后来逐渐成为名誉之官，授予一些老臣，皇帝不得不选拔其他官员专门为皇帝讲学，讲授内容以儒家经典为主。侍讲开始于西汉，《史记》记载，蔡义"入侍中授昭帝《韩诗》"，韦贤"通《诗》、《礼》、《尚书》为博士，授鲁大儒，入侍中为昭帝师"，至东汉时，史书出现"侍讲"一职，皇帝、太子、王子均可设"侍讲"，不过这时的"侍讲"，尚不是专职，南北朝时，"侍讲"之外，又有"侍读"一职，也是兼职。唐穆宗设立的翰林侍讲学士，以讲学为主，出现专职化趋势，但仍有兼职或带其他官衔。北宋又出现翰林侍读学士一职。《宋史》卷六《真宗纪》载：宋真宗咸平二年（999）七月"丙午，置翰林侍读学士，以兵部侍郎杨徽之等为之；置翰林侍讲学士，以国子祭酒邢昺为之"。北宋开始，侍讲逐渐制度化，"岁春二月至端午日，秋八月至长至日，遇只日入侍迩英阁，轮官讲读"②，朝廷专门制定了《经筵式》作为规范。宋代在侍读、侍讲之下，还设有"崇殿说书"一职，"掌进读书史，讲释经义，备顾问应对"，以"秩卑资浅而可备讲说者"为之。宋代侍讲官仍多为兼职，元代侍讲侍读官开始完全专职化。元代在翰林兼国史院、蒙古翰林院、集贤院各置"侍读学士二员，从二品；侍讲学士二员，从二品"。明朝在翰林院设侍读学士、侍讲学士各2人，并从五品，侍读、侍讲各2人，并正六品，品位较元代有下降。清初设侍读、侍讲学士为从四品，后升正四品，满各2人，汉各3人。侍读、侍讲初为正六品，后地位不断提升，清末升至从四品，满各3人，汉各4人。

七、禅让制度

禅让是皇帝让位于他人，分为内禅和外禅，内禅是让位于近宗，外禅是让位于远宗或异姓。有的皇帝提前让位于继承人，以太上皇自居，似也可

---

① 秦汉以丞相、御史大夫、太尉或司徒、司空、司马为三公，为别于此，一般称为三上公。
② 《宋史》卷一六二《百官志·侍读侍讲》。

理解为内禅。内禅并不改变王朝名称和家族统治传统，只是皇帝并未任职终身而已。内禅主要是将皇位传给太子或宗室，禅让之后，老皇帝被称为太上皇，太上皇是否理政因人而异。内禅的原因也很复杂，有的皇帝身染疾病或年纪太大无法理政，有的出于治国理政乏术、想利用禅让改变国运，也有人因为大权旁落，被迫让权。唐宋各有4位皇帝实行了内禅①，清朝乾隆帝也曾禅位于其子，即嘉庆帝。中国历史上很多王朝是通过对外禅让建立起来的，如新朝、曹魏、西晋、南朝宋、齐、梁、陈及北齐、北周、隋、唐、后梁、宋，占了王朝的将近半数。外禅后的君主通常降为王、公，保留一定的待遇。但新王朝为防止复辟，常常暗中将旧君杀掉。这种以天命（或五德终始）的名义进行的和平"革命"，减少了社会动荡和破坏，其积极意义是值得肯定的。当然禅让并不是真正自觉的，新王朝建立通常以武力威胁为基础，旧朝常常禅让之时早已经大权旁落，名存实亡了。

八、建储制度

是皇帝建立和培养继承人的制度。

（一）选储制度

皇帝一般实行嫡长子继承制，也有立少、立贤的情况，是母以子贵还是子以母贵并无固定。因此，选立太子往往伴随着宫廷斗争，甚至引发大臣党争、朝野动荡。秦汉时期并未建立稳定的选储制度。秦始皇死后未立太子，大臣李斯赐死长子扶苏、立幼子胡亥，成为陈涉起事的理由之一，最终导致天下大乱。刘邦几次想废太子刘盈，文帝甚至想在"诸侯王、宗室昆弟"中选皇位继承人。景帝、武帝曾发生太子被废、被杀现象。汉成帝没有生子，立自己的侄子定陶王刘欣为皇太子（即后来的哀帝），其后平帝为大臣王莽临时选立。

西晋时，曾有皇太弟的设立。"惠帝永兴元年，诏废太子覃还为清河王，立成都王颖为皇太弟"，后废颖归藩，立豫章王炽为皇太弟（即后来的晋怀帝），这种做法也为十六国少数民族政权仿效。前赵刘聪称帝后，立其弟刘

---

① 唐高祖李渊禅位于太宗李世民，睿宗李旦禅位于玄宗李隆基，玄宗禅位于肃宗李亨，顺宗李诵禅位于宪宗李纯。宋徽宗赵佶禅位于钦宗赵桓，高宗赵构禅位于养子孝宗赵昚，孝宗又传于其子光宗赵惇，光宗又传于其子赵扩。

义为皇太弟。西燕"慕容泓为其叔父冲所杀，冲自称皇太弟"。更有甚者，唐朝中宗神龙年间，安乐公主竟谋求立为皇太女。唐宣宗李忱以皇太叔身份即位。

当皇帝无后，还有收养族子继嗣的做法。南宋高宗时，由于独子赵旉夭亡，大臣们建议从太祖的后代里选立继承人。绍兴二年，6 岁的赵伯琮被高宗选中，养于宫中，36 岁时被立为太子，改名为昚，同年登基，即宋孝宗。

雍正帝实行秘密建储，将立储诏书封入密匣内，放在乾清宫正殿正大光明匾额后。将来如果天子驾崩，由王侯宗室、顾命大臣等人揭匣公证，立敕书所定之储君为帝。秘密立储制度，避免了皇子争权的问题。雍正以后乾隆、嘉庆、道光、咸丰四朝皇帝，都是在这一制度下成为新君的，这是古代国家元首选举继承人的创新。

总之，建储不管办法如何变换，正常情况下都是由皇帝在家族中选立的，家族世袭制是郡县时代国家元首产生的基本特征，是将国家权力据为家族私有的重要体现。

（二）太子监国

是指皇帝在生前将部分行政权力，尤其是日常行政事务的处理权与部分司法权，甚至部分最高统治权授予太子，并任命太子以监国的名义参与乃至代替国君监理国政。太子监国的原因复杂，有的是因为皇帝出外征战或生病，无法处理日常事务；有的是为了考察、培养、锻炼太子治国理政能力，或者是出于巩固太子地位权力的考虑。先秦时期即已存在监国抚军制。《左传·闵公二年》称："太子奉冢祀，社稷之粢盛，以朝夕视君膳者也，故曰冢子。君行则守，有守则从。从曰抚军，守曰监国，古之制也。"魏晋时期的曹丕、孙登都曾以太子身份临时代理政务，被认为太子监国的起源。北魏泰常七年（422 年）明元帝拓跋嗣生病，"诏世祖（拓跋焘）临朝监国，嵩为左辅"。后又立其为皇太子。一年多后，拓跋嗣病死，拓跋焘顺利即位，是为太武帝。监国制度发展到唐代更趋于合理和完善，监国频率也较他朝为多。① 随着君主专制的加强，为防范太子权力过大，从而威胁君权，后来朝代太子监国并不多见。如宋代士大夫竭力反对监国的实行，如王十朋认为：

---

① 　赖亮郡：《六朝隋唐的皇太子监国——以监国制度为中心》，《台东师院学报》2002 年第 13 期。

"大抵太子之职在于问安视膳而已，至于抚军监国，皆非得已事也。"①

（三）东宫官制

太子设有官署——东宫，配备专官对其进行教导和保护。周代太子的专官，主要就是太子太傅和太师、太保这几个官。其分工是："保，保其身体；傅，傅之德义；师，导之教训。"②西汉以来东宫府人员配备逐渐复杂起来，除太傅、少傅外，还有太子门大夫、太子庶子、太子洗马、太子舍人、太子詹事等。詹事是东宫的总管，其属官有太子率更令、家令，太子仆长、中盾长、卫亭长和厨厩长等，以上诸官的副职并谓之"丞"。太子家令，秩八百石，职掌主要是管理太子的封邑，保证后勤供应。汉代太子食汤沐邑十县，置专官主之，因太子封邑称家，故理邑者称家令。东汉对东宫有所精简，不设詹事，以少傅总领东宫事，以太傅专职训导之责，不称臣。唐代以来，由于中央三省六部取代三公九卿成为中央政令机关，东宫也发生了重要变化。原来的师、保、傅逐渐成为荣誉之官，与辅导太子的事关系不大。另设太子宾客，行太子训导劝谏之责。唐仍以詹事为东宫总管，下设左、右春坊，仿中央门下、中书二省，左春坊下辖一馆六局，分别为崇文馆、司经局、典膳局、药藏局、内直局、典设局、宫门局。此外，东宫还设有内坊，仿中央内侍省，太子内官，为东宫女官，设司闺、司礼和司馔三部门，其各设三司，负责太子日常衣食住行。另外还有三令（家令、率更令、太子仆）、十率府等。据不完全统计，唐代东宫官多达300多种，有3000人左右，这是东宫官发展的顶峰，此后，东宫府官减少。

宋代多以六傅③为兼官或退休宰执的加赠官，太子宾客偶尔置之，也为兼官。詹事、左右春坊、十率府也多由人兼领，太子三卿（家令、率更令、太子仆）废而不设。在削减东宫官的同时，宋人又加强了对太子的教育和监护，设置了一些新官。新设的主管左右春坊事监视东宫，后来渐次设置翊善、赞读、直讲、说书、皇太子宫小学教授、资治堂小学教授等官；又设太子侍读、侍讲等官，教太子识字、读书。明代东宫官名义上仍然由两部分组

---

① （宋）王十朋：《梅溪集奏议》卷三《除太子詹事上殿札子三首》。

② 贾谊：《新书·保傅》。

③ 六傅：指太师、太傅、太保、少师、少傅、少保。西晋末始置此六职。唐虽有此职，但因人而设，不皆有。宋以后多为兼官、加官及赠官。

成：一部分是太子的师傅和宾客，另一部分是詹事院官属。实际上这些官僚都有名无实，形同虚设。明代名义上仍设詹事府，下辖左右二春坊及司经局，其余僚属全被省去，抽调别的官员担任，詹事及"坊局仅为翰林官迁转之阶"①。清人继承了明代皇帝的传统，仍以太子六傅作为大臣赠官。清初虽设詹事府，并设左右春坊、司经局等属官，但仍与明朝一样詹事及"坊局止备词臣迁转之阶"。自雍正秘密建储开始，东宫制度已经名存实亡，詹事府一度并入翰林院，成为文化机构。

综上可知，东宫实际上是一个"小朝廷"，汉至唐朝前期有一定的政治实力，对在位君主一度造成威胁。宋代以后随着君主专制的加强，东宫势力不断削弱，直至清代后期名存实亡。

九、后宫制度

后宫是皇帝祖母、母亲和妻子、未成年子女及服侍人员（宦官、宫女）等居住的地方。《礼记·昏义》载："古者天子后立六宫，三夫人、九嫔、二十七世妇、八十一御妻。""后正位宫闱，同体天子；夫人坐论妇礼；九嫔掌教四德；世妇主丧、祭、宾客；女御序于王之燕寝"，认为后宫制度是天下百姓家庭伦理表率。但其本质是为皇帝、皇族生活服务的制度。秦汉以来，由于皇帝至高无上的地位，后宫也成为庞大、森严的官僚机构，大体可分为以皇帝、皇太后、皇帝嫔妃分别为服务对象的三大官僚体系。这里比较突出的是女官制度，女官和男性官员一样拥有职务、品级和俸禄。皇帝母妻都是高级女官，她们各自拥有自己的宫殿，同时兼负责管理宫中事务。另外还有一些中层女官，她们不是皇帝的妃子，但分别负责宫中各项事务的管理。《汉书》记载：

> 汉兴，因秦之称号，帝母称皇太后，祖母称太皇太后，嫡称皇后，妾皆称夫人。又有美人、良人、八子、七子、长使、少使之号焉。至武帝制婕妤、娙娥、傛华、充依，各有爵位，而元帝加昭仪之号，凡十四等云。昭仪位视丞相，爵比诸侯王。婕妤视上卿，比列侯。娙娥

视中二千石，比关内侯。傛华视真二千石，比大上造。美人视二千石，比少上造。八子视千石，比中更。充依视千石，比左更。七子视八百石，比右庶长。良少上造。八子视千石，比中更。充依视千石，比左更。七子视八百石，比右庶长。良人视八百石，比左庶长。长使视六百石，比五大夫。少使视四百石，比公乘。五官视三百石。顺常视二百石。无涓、共和、娱灵、保林、良使、夜者皆视百石。上家人子、中家人子视有秩斗食云。①

从曹魏开始，帝王有意根据周礼完善后宫制度。"晋武帝采汉魏之制，置贵嫔、夫人、贵人是为三夫人，位视王公。淑妃、淑媛、淑仪、修华、修容、修仪、婕妤、容华、充华是为九嫔，位视九卿。其余有美人、才人。才人爵视千石以下。"②从南北朝时期中层女官的记载开始出现。刘宋时设有比较庞杂的后宫女职。比较重要的有：后宫通尹，准录尚书（一品）；后宫列叙，准尚书令（二品）；并铨六宫。后宫司仪，准左仆射，铨人士。后宫司政，准右仆射，铨人士。后宫都掌治职，置二人准左右丞，位比尚书，铨人士。后宫殿中治职，置一人准左民尚书，铨人士。后宫源典治职，置一人准祠部尚书，铨人士。后宫谷帛治职，置一人准度支尚书（四品）。刘宋内官的设置是隋六尚制度的雏形，其模仿外官尚书省拟造内官系统框架，已经出现端倪。北魏也开始仿照外朝"三省六部"的样式还设置女官。《魏书》载，"高祖改定内官，左右昭仪位视大司马，三夫人视三公，三嫔视三卿，六嫔视六卿，世妇视中大夫，御女视元士。后置女职，以典内事。内司视尚书令、仆。作司、大监、女侍中三官视二品。监，女尚书，美人，女史，女贤人，书史，书女，小书女五官，视三品。中才人、供人、中使女生、才人、恭使宫人视四品，春衣、女酒、女飨、女食，奚官女奴视五品。"③

隋文帝时皇后独孤氏专宠，六宫虚设。皇后去世，后宫才开始根据周礼加以"完善"。其后"炀帝参详典故，自制嘉名著之于令：贵妃、淑妃、德妃是为三夫人，品正第一。顺仪、顺容、顺华、修仪、修容、修华、充

---

① 《汉书》卷九七《外戚传上》，第 3935 页。
② 《宋书》四一《后妃传》。
③ 《魏书》卷一三《皇后列传》。

仪、充容、充华，是为九嫔，品正第二。婕妤一十二员，品正第三。美人才人一十五员，品正第四，是为世妇。宝林二十四员，品正第五。御女二十四员，品正第六，采女三十七员，品正第七，是为女御。总一百二十，以叙于宴寝"①。隋文帝时女官设尚宫、尚仪、尚服、尚食、尚寝、尚工六个部门，炀帝时每个部门又分四司，形成六局二十四司，与外朝尚书省六部二十四司对应。

唐、宋与隋相仿。唐内官设皇后（1人）、妃（3人）②、六仪（6人）、美人（4人）、才人（7人）五等共21人。女官设除六局之外，又有一司：宫正1人，正五品，司正2人，正六品，典正2人正七品，女史4人，"宫正之职掌戒令纠禁谪罚之事司正典正佐之"。

宋代后宫名号颇多，皇后之下有：贵妃、淑妃、德妃、贤妃，大仪、贵仪、淑仪、淑容、顺仪、顺容、婉仪、婉容、昭仪、昭容、昭媛、修仪、修容、修媛、充仪、充容、充媛，婕妤，美人，才人、贵人，共五品25个名号。宋代也设有六局一司女官。

元朝是蒙古族建立的政权，后宫名号简单，只有皇后和妃子两类，皇后、妃子没有嘉名，也没有数量规定。皇后可称名，乃马真皇后、忽伦皇后。有时位号。如大皇后、二皇后、三皇后、六皇后等。妃子无位号，只呼名。若干皇后、妃子住在一处宫帐，称"斡耳朵"，一个皇帝可设有几处"斡耳朵"。元代未设六局女官。

明代嫔妃比较简单，除皇后外，"诸妃位号亦惟取贤、淑、庄、敬、惠、顺、康、宁为称"，有宠加贵妃而已。洪武五年"立六局一司。局曰尚宫、尚仪、尚服、尚食、尚寝、尚功，司曰宫正，秩皆正六品。每局领四司，其属二十有四，而尚宫总行六局之事。戒令责罚，则宫正掌之。官七十五人，女史十八人"③。此后又有改进，六局一司大体分为尚（五品）、司（六品）、典（七品）、掌（八品）、女史五个等级，六局、二十四司，尚、司、典、掌各设2人，每司女史2至4人。女官达200余人，女史近100人。永乐以后，

---

① 《隋书》卷三六《后妃传》。
② 此取《周官》三夫人之制，隋依周制立三夫人。武德立四妃：一贵妃，二淑妃，三德妃，四贤妃，玄宗以不合古制，改定三妃：惠妃、丽妃、华妃。
③ 《明史》卷一一三《后妃传》，第3504页。

女官职能多移于宦官，宫官大部分消亡①。

　　清代后宫较以明朝有所简化，没有实行六局一司的女官体系。史称："康熙以后，典制大备。皇后居中宫；皇贵妃一，贵妃二，妃四，嫔六，贵人、常在、答应无定数，分居东西十二宫。东六宫：曰景仁，曰承乾，曰钟粹，曰延禧，曰永和，曰景阳；西六宫：曰永寿，曰翊坤，曰储秀，曰启祥，曰长春，曰咸福。诸宫皆有宫女子供使令。每三岁选八旗秀女，户部主之；每岁选内务府属旗秀女，内务府主之。秀女入宫，妃、嫔、贵人惟上命。选宫女子，贵人以上，得选世家女；贵人以下，但选拜唐阿②以下女。宫女子侍上，自常在、答应渐进至妃、嫔，后妃诸姑、姊妹不赴选。帝祖母曰'太皇太后'，母曰'皇太后'，居慈宁、寿康、宁寿诸宫。"③

　　历朝后宫人数不定，但总体来讲，人数要达到成千上万之多。西晋武帝时，"多内宠，平吴之后复纳孙皓宫人数千，自此掖庭殆将万人，而并宠

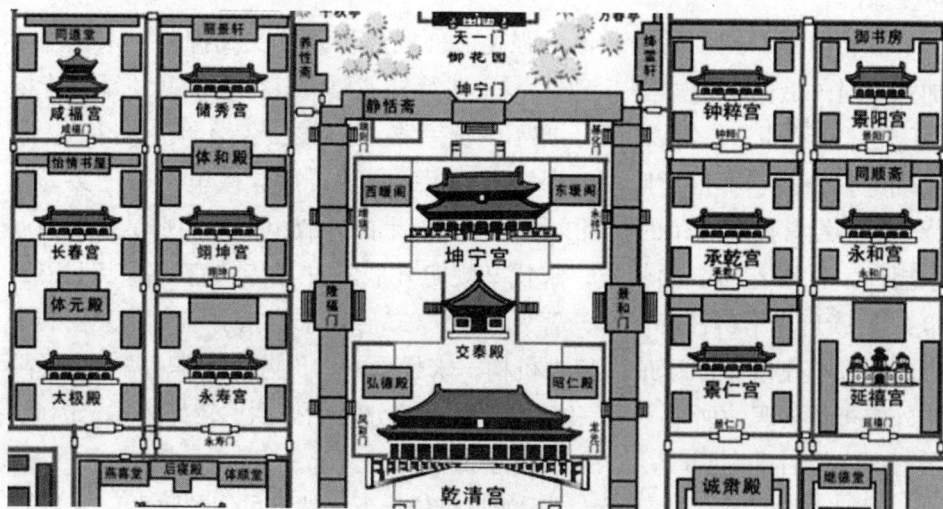

图4-3　清代十二宫平面图

---

　　①　《明史》卷七四《职官三》引作："其宫官所存者，惟尚宝四司而已"，按明初有"司宝司"隶尚服局，无"尚宝司"，或为司宝司更名。

　　②　满语。清各衙门管事而无品级者。在京文官三品以上、武官二品以上，在外文官按察使以上、武官总兵以上，其兄弟子孙年满18岁者，包括现任六品以下及候补五品以上官员，均须呈报本旗，造册汇报军机处，以备挑补为拜唐阿，5年一次。

　　③　《清史稿》卷二一四《后妃传》，第8897页。

者甚众，帝莫知所适，常乘羊车，恣其所之，至便宴寝"①。庞大的后宫浪费大量财力物力，只服务于皇帝的家庭生活，这是国家私有的突出表现。

十、外戚优待与防范制度

外戚指帝王的母族、妻族、女婿族等。作为家天下的时代，一人得道，鸡犬升天，皇权与外戚有密不可分的关系，但总的趋势是秦汉至唐宋时期因制度不完善，外戚干政现象比较突出，宋元明清因防范较严，干政现象逐渐减少。汉唐时期，帝王年幼时，外戚往往干政擅权，甚至有改朝篡位者，如西汉末的王莽与建立隋朝的杨坚等。外戚政治是以贵族政治为背景的，也和政治联姻有一定的联系。一些大臣也千方百计与皇室联姻，以便巩固和发展自身权势。外戚不管原来地位如何，一旦成为外戚，往往被赋予高官厚禄，以便与皇亲地位相匹配。这种一人得道鸡犬升天的做法，是造成政治腐败的重要原因。

随着君主专制和官僚政治的强化，外戚参政开始受到抑制。宋代开始加强了对外戚的防范。史书记载，"宋法待外戚厚，其间有文武才谞，皆擢而用之。恃势犯法，绳以重刑，亦不少贷。"②"母后之族皆不预"政事③。宋代规定，外戚"不得为监司、郡守"，"祖宗之法，后族戚里不得任文资"。侍从官是经常接近皇帝的高级文臣集团，如果由外戚担任，特别是皇后的近亲担任，就很容易干预朝政，宋代又规定外戚不许任侍从官。高宗下诏重申："后族自今不得任侍从官，著为甲令。"二府在宋代指对掌文武大权的中书门下和枢密院，属于最高权力机构。宋代外戚"毋除二府职任"。宋代限制外戚担任要职的所谓"祖宗家法"，在大部分时期得到了较好遵循，因此，虽有多次母后垂帘听政，但没有出现外戚篡夺之祸。④

明朝为防外戚专权，规定："后妃虽母仪天下，然不可俾预政事。"⑤明代选妃不重门第，也在一定程度上对外戚干政有所消解。朱棣曾告诫太子及

---

① 《晋书》卷三一《后妃上》，第962页。
② 《宋史》卷四六三《外戚传》，第13535页。
③ 《宋史》卷三四〇《吕大防传》，第10842页。
④ 苗书梅：《宋代宗室、外戚与宦官任用制度述论》，《史学月刊》1995年第5期。
⑤ 《明史》卷一一三《后妃传》，第3504页。

诸王说："天子及亲王后妃宫嫔等，必慎选良家子而聘焉，戒勿受大臣所进，恐其夤缘为奸，不利于国也。"① 此外，明朝加强了对驸马选择和限制。沈德符谓："本朝公主，俱选庶民子貌美者尚之，不许文武大臣子弟得预，为虑甚远。"② 王世贞也说，"高帝时驸马尚主多以公侯子弟充之，而不甚拘年貌，易代以后渐选之民间，而甚至驸马之父，若职官则进级而俾令致仕，此大不可晓也"③。此外，公主出嫁后，按规定不得居留京师。谢肇淛对此种做法颇不以为然。他说，"国朝立法太严，无论宗室，即驸马仪宾，不许入仕，其子不许任京秩。此虽别嫌明微之道，亦近于矫枉过正者矣"④。

清王朝吸取前朝教训，理政经验日趋成熟。对外戚采用既重用又以严加约束的政策。对于有才干者不惜高官厚禄，对违法乱纪者严厉制裁。乾隆帝曾欣慰地说："且前代所以亡国者曰强藩、曰外患、曰权臣、曰外戚、曰女谒、曰宦寺、曰奸臣、曰佞幸，今皆无一仿佛者。"⑤

十一、宗室制度

皇帝兄弟子孙后代称为宗室，按血缘亲疏远近形成不同待遇。皇子、皇孙、曾孙、玄孙通常授予高级爵位，享受丰厚的俸禄。唐代以前，宗室与百官封爵名称上区别不大，只是皇兄弟、皇子与皇帝是直系近亲，皇帝往往对他们予以重用，封"王"建"国"，形成很大政治势力，因而又极易对皇权构成威胁，自唐代开始加强了对近亲宗室的政治防范，但经济上却是比较宽厚，唐朝宗室不仅有月俸，还有食料、赐田和食实封，高宗、中宗以后，诸王公主逾制食厚封的现象普遍，造成了国家租赋大半进入封家私门。宋代宗室俸禄开支，超过京师百官。熙宁元年（1068年），京师百官月俸4万余，宗室竟达7万余⑥。明代宗室开支已经造成沉重的财政负担，嘉靖四十一年（1562年），御史林润称："天下之事极弊而大可虑者，莫甚于宗

---

① 余继登：《典故纪闻》卷二。
② 《万历野获编补遗》卷一。
③ 《弇山堂别集》卷一《盛事述一·公侯子尚公主》。
④ 《五杂俎》卷一五《事部三》。
⑤ 《乾隆御制文集》二集卷六。
⑥ 吴曾：《能改斋漫录》卷一三《熙宁月俸》。

藩禄廪。天下岁供京师粮四百万石，而诸府禄米凡八百五十三万石。"① 万历二年（1574年），又有给事中石应岳上奏，说："迩年以来，麟趾繁衍，载玉牒者四万，而存者可三万有奇，岁该禄粮可九百万石，计各省存留之赋不足以供禄米。"② 据徐光启说，宗室人口以30多年增加一倍的速度增长，至万历三十二年（1604年），人数已达8万③。尽管统治者一再调低宗室俸禄标准，庞大的人口基数仍然将国家财政拖入崩溃的边缘。清代吸取明代教训，"皇子不尽封王"，对爵位实行降等世袭，降低了宗室对国家财政的侵蚀程度。总之，在多数情况下，宗室是王朝政治腐败的代表，他们或碌碌无为，或称霸一方，或参与反叛，或参与宫斗，在历史上起积极作用的机会不多。

十二、公主制度

公主是皇帝女性血亲的统称，实际上按辈份亲疏有不同等级和称谓。汉制，"帝女曰公主，仪比诸侯。姊妹曰长公主，仪比诸侯王"。实际上也有尊前代公主为长公主的，并不限于一定是皇帝的姊妹。长公主、公主各有食邑，称为"汤沐邑"。汤沐邑的收入多少，可从食邑范围和食邑户数来看。西汉初，齐王刘肥得罪了吕太后，下属给他出主意："今王有七十余城，而公主乃食数城。王诚以一郡上太后，为公主汤沐邑，太后必喜，王必无忧。"④ 齐王就将城阳郡送给了吕太后的女儿鲁元公主。根据《汉书·地理志》记载，城阳国辖"莒、阳都、东安、虑"4县，有户5万多，人口20多万，这是西汉末年的情况，由此推测鲁元公主的食邑共占七八个县之多，当然这些县民似不全是封户，但封户总的来看仍然要达数千至万户之多。汉平帝时，王莽也曾以"中山故安户七千益中山后汤沐邑"⑤。按汉代一夫百亩、亩收一斛半、三十税一的标准计算，汤沐邑每户上交5斛，折钱200，食邑万户可得5万斛粮食或200万钱的收入，是丞相俸禄（年4200斛）的10倍还多。唐朝规定："皇之姑，封大长公主，皇姊妹，封长公主，

---

① 《续文献通考》卷六三《职官十三》。
② 《明神宗实录》卷二五，万历三年五月乙未。
③ 徐光启：《处置宗禄查核边饷议》，《皇明经世文编》卷四九一。
④ 《史记》卷九《吕太后本纪》，第398页。
⑤ 《汉书》卷九七《外戚传下》，第4008页。

皇女，封公主，皆视正一品。皇太子之女，封郡主，视从一品。王之女，封县主，视正二品。"①唐朝公主也有食邑，户数有虚封和实封之名，实封才是真正交税的户数。唐代公主实封通常为数百户，太平公主实封最高达到万户应属特例。唐初公主实封有专门机构征税。《旧唐书》记载："公主邑司：令一人，从七品下。丞一人，从八品下。录事一人，从九品下。主簿二人，谒者二人，舍人二人，家吏二人。公主邑司官各掌主家财货出入、田园征封之事。"②后来，唐实行改革，税收由官府代征，公主只领取实物。宋初公主收入没有明确规定，"仁宗初，初定公主俸料……初仅得五贯"，后来逐渐增多。"李长公主在宫中请十千，晚年增至七百千。福康出降后，月给千贯。"③"明制，皇姑曰大长公主，皇姊妹曰长公主，皇女曰公主，俱授金册，禄二千石，婿曰驸马都尉。亲王女曰郡主，郡王女曰县主，孙女曰郡君，曾孙女曰县君，玄孙女曰乡君，婿皆仪宾。郡主禄八百石，余递减有差。"④

表4-4 洪武二十七年（1394年）所定公主及驸马、仪宾俸禄标准⑤

	公主、驸马	郡主、仪宾	县主、仪宾	郡君、仪宾	县君、仪宾	乡君、仪宾
岁米（石）	2000	800	600	400	300	200

清代太祖初起，诸女但号"格格"，后来规定："公主之等二：曰固伦公主，曰和硕公主。格格之等五：曰郡主，曰县主，曰郡君，曰县君，曰乡君。不入五等曰宗女。额驸品级，各视公主、格格等级以为差。"⑥中宫出者，为"固伦公主"；自妃、嫔出者，及诸王女育宫中者，为"和硕公主"。"亲王女曰郡主，额驸秩视武职一品。世子、郡王女曰县主，额驸视二品。贝勒女曰郡君，额驸视三品。贝子女曰县君，额驸视四品。入八分镇国公、辅国公女曰乡君，额驸视五品。近支格格予岁禄，远支止予虚衔。下嫁蒙藩

---

① 《旧唐书》卷四三《职官二》，第1821页。
② 《旧唐书》卷四四《职官三》，第1915页。
③ （宋）孔平仲：《谈苑》卷二。
④ 《明史》卷一二一《公主传》，第3661页。
⑤ 《明太祖实录》卷二三三，洪武二十七年七月戊戌。
⑥ 《清史稿》卷一一四《职官一》，第3265页。

亦如之。所生之子，各予其父品级。"① "然开国初，有皇女仅得县君、乡君者。康熙以后，有妃、嫔若诸王女封固伦公主者，则恩泽有隆杀也。"②

表4-5 清代前期在京、下嫁外藩公主及其额驸岁银（两）③

		固伦级		和硕级		郡主级		县主级		郡君级		县君级		乡君级	
		京	藩	京	藩	京	藩	京	藩	京	藩	京	藩	京	藩
顺治	公主	400	1000	300	200	250	150	220	100	190	50	160	40	130	30
	额驸	280	300	255	200	230	100	180	50	155	40	130	30	105	20
乾隆	公主	400	1000	300	400	160	160	110	110	60	60	50	50	40	40
	额驸	280	300	255	255	100	100	60	60	50	50	40	40	30	30

与明代不同，清代额驸岁银略低于公主。在京公主及额驸每俸银1两，均给米1斛。下嫁外藩公主及额驸则赐有俸缎，固伦公主至乡君分别为30匹至4、5匹不等，额驸则9匹至3匹不等。

总之，公主与驸马及其子女同样是以血缘姻亲关系获取政治、经济特权的。他们除了领取税收或俸禄外，还有赐予的土地、财物、官职以及保护、侍奉他们的机构和人员。他们的生活对国家来说是一项庞大的财政开支。

十三、内侍官制度

皇帝及后宫有庞大的后勤服务机关，宦官是其中一小部分的群体，他们接近后宫与皇帝，常常影响政局，中国历史上曾出现东汉、唐朝和明朝三个宦官专权的朝代。秦汉魏晋时期内侍官属于少府和太后三卿、大长秋，其中部分人为宦者。西汉时期，少府财力超过国家财政收入。"汉定以来，百姓赋敛，一岁为四十余万万，吏俸用其半，余二十万万，藏于都内，为禁钱。少府所领园地作务之八十三万万，以给宫室供养、诸赏赐。"④ 北朝时为

---

① 《清史稿》卷一一七《职官四》，第3363页。
② 《清史稿》卷一六一《皇子世表》，第5302页。
③ 《大清会典事例》卷二四八《户部·俸饷·公主以下及额驸俸禄》，卷九八七《理藩·院俸禄》。
④ 桓谭：《新论》，《太平御览》卷六二七《赋敛》。

皇帝服务机构转隶下门下省。北齐时门下省，统六局。"尚食局，典御二人，总知御膳事。丞、监各四人。尚药局，典御及丞各二人，总知御药事。侍御师、尚药监各四人。主衣局、都统、子统各二人。掌御衣服玩等事。斋帅局，斋帅四人。掌铺设洒扫事。殿中局，殿中监四人。掌驾前奏引行事，制请修补。东耕则进耒耜。"又从门下省分出"中侍中省"，"掌出入门合。中侍中二人，中常侍中、给事中各四人。又有中尚药典御及丞，并中谒者仆射，各二人。中尚食局，典御、丞各二人，监四人。内谒者局，统、丞各一人。"隋朝改为内侍省，"领内尚食、掖庭、宫闱、奚官、内仆、内府等局"①。

唐代相沿，仍设内侍省，"掌在内侍奉出入宫掖宣传之事，总掖廷、宫闱、奚官、内仆、内府五局之官属"②。"殿中省魏初置殿中监，隋初改为殿中局，炀帝改为殿内省，武德改为殿中省。龙朔改为中御府，咸亨复为殿中省。""掌天子服御，总领尚食、尚药、尚衣、尚舍、尚乘、尚辇六局之官属，备其礼物，供其职事。"③

宋代"入内内侍省与内侍省号为前后省，而入内省尤为亲近。通侍禁中、役县褻近者，隶入内内侍省。拱侍殿中、备洒扫之职、役使杂品者，隶内侍省"④。宋代宦官人数通常只有一二百人，地位较低，受到防范甚严，社会影响较小。

元朝并未设立专门的宦官机构，有关机构的职官同时杂用贵臣子弟与宦官。宦官人数也不多。至元元年九月，御史台臣言："国朝初用宦官，不过数人，今内府执事不下千余。乞依旧制，裁减冗滥，广仁爱之心，省糜费之患。"⑤元代实行怯薛制，后建侍正府，"掌内廷近侍之事，领速古儿赤四百人、奉御二十四员"⑥，由贵族子弟轮班保卫、侍奉皇帝，该制度客观上起到排斥和防止宦官专权的作用。

明代宦官最初人数不多，《明史》记载：

① 《隋书》卷二八《百官下》，第775页。
② 《旧唐书》卷四四《职官三》，第1870页。
③ 《旧唐书》卷四四《职官三》，第1863页。
④ 《宋史》卷一六六《职官志》，第3939页。
⑤ 《元史》卷三八《顺帝一》，第828页。
⑥ 《元史》卷八〇《舆服三》，第2224页。称："以主服御者国语曰速古儿赤。"

明太祖既定江左，鉴前代之失，置宦者不及百人。迫末年颁《祖训》，乃定为十有二监及各司局，稍称备员矣。然定制，不得兼外臣文武衔，不得御外臣冠服，官无过四品，月米一石，衣食于内庭。尝镌铁牌置宫门曰："内臣不得干预政事，预者斩。"敕诸司不得与文移往来。①

明代自永乐以来宦官机构复杂起来，逐渐形成"十二监、四司、八局，所谓二十四衙门"②，人至数万，中后期还出现了宦官废立皇帝、垄断朝政的局面，宦官势力的发展达到中国历史上的顶峰。

清军入关后，以内务府为皇帝生活服务机关，并沿用明代宦官，仅有千余人。"顺治十一年，命工部立十三衙门，设司礼、御用、御马、内官、尚衣、尚膳、尚宝、司设八监，尚方、惜薪、钟鼓三司，兵仗、织染二局。"康熙时改为敬事房，隶内务府。乾隆曾称："明代内监多至数万人，蟒玉滥加。今制宫中苑囿，综计不越三千。"③清代鉴于明代教训，对宦官约束甚严，不允许干政。

后宫、宦官主要是为皇帝私人生活服务的寄生阶层，唐朝"开元、天宝中，宫嫔大率至四万，宦官黄衣以上三千员，衣朱紫千余人"④。他们封爵任官，耗费国帑，却对国计民生帮助不大，甚至倚仗权势、虐剥小民，是郡县时代制度性腐败的标志之一。

十四、君权神授制度

君主为了神化自己的政权采取的一系列制度化的措施和方法，包括：宣传帝王神话、符命谶纬、鼎玺迷信、谒庙祭祖、郊祀封禅等。

（一）帝王神话

包括感生神话、出生异常神话、体能异常神话、五帝之后神话。感生神话指帝王是其母与龙、鱼等动物神灵交合，或吞食鱼精、鸟卵、仙果，或

---

① 《明史》卷三〇四《宦官一》，第7765页。
② 《明史》卷七四《职官三·宦官》，第1821页。
③ 《清史稿》卷一一八《职官五·内务府·敬事房》，第2445页。
④ 《新唐书》卷二〇七《宦者上》，第5856页。

梦与神交，或与太阳等交感怀孕所生，总之皆无父而生。如刘邦称自己是其母与龙交所生，清太祖努尔哈赤"始祖布库里雍顺，母曰佛库伦，相传感朱果而孕"[①]。出生异常神话，是指帝王降生时有红光照室、电闪雷鸣等异常现象。体能异常神话，是指帝王长相奇特或有某种特异能力。史称，宋太祖赵匡胤出生时，"赤光绕室，异香经宿不散。体有金色，三日不变。既长，容貌雄伟，器度豁如，识者知其非常人。学骑射，辄出人上"[②]。明太祖朱元璋"及产，红光满室。自是，夜数有光起。邻里望见，惊以为火，辄奔救，至则无有。比长，姿貌雄杰，奇骨贯顶。志意廓然，人莫能测"[③]。五帝之后神话，是说帝王是五帝后代。如刘秀自认尧后，王莽、曹操自称黄帝之后，司马懿自称帝喾之后。帝王神话无非是说其出身高贵或智能非凡，从而来论证其君主地位的合法性。

（二）符命谶纬

"谶"是用诡秘的隐语、预言作为上天的启示，向人们昭示未来的吉凶祸福、治乱兴衰。"纬"即纬书，是汉代儒生假托古代圣人制造的依附于"经"的各种著作。谶纬就是利用隐语和纬书昭示人生吉凶祸福、社会的治乱兴衰，它常用来作为论证"造反有理"和政权合法的工具。如王莽死后，有人用谶语"刘秀发兵捕不道，卯金修德为天子"来劝刘秀称帝。刘秀建立东汉王朝后，即"宣布图谶于天下"[④]。隋末有民谣："桃李子，洪水绕杨山。"炀帝疑李氏有受命之符，杀掉手下大臣李金才，李密、李渊都借此起兵反隋，最终导致李唐王朝建立。谶纬是把双刃剑，一些人利用它造反，一旦成为统治者，则又严禁谶纬、妖言之书，光武帝刘秀的做法后来的王朝基本上都放弃了。

（三）尊崇鼎玺

九鼎玉玺都是君主特有的东西，是政权标志物。古代君主迷信鼎玺具有证明君权合法的功能。相传禹铸九鼎象征九州，周天子列九鼎以象征王权。秦灭周，迁九鼎于咸阳，后失其下落。秦王在玉玺上刻有"受命于天，

---

① 《清史稿》卷一《太祖纪》，第1页。
② 《宋史》卷一《太祖纪》，第2页。
③ 《明史》卷一《太祖纪》，第1页。
④ 《后汉书》卷一《光武帝纪》。

既寿永昌"八个字，表示受命于天，是秉承天意统治天下。此后，秦玉玺又称传国玺，成为汉唐君主即位时必备的象征，受玺是君主即位仪式中的重要环节。玉玺成为改朝换代时各方势力争夺的对象，传至后晋，不知其踪。此后，皇帝开始自造"受命玉玺"，"周广顺中，始造二宝。其一曰'皇帝承天受命之宝'，一曰'皇帝神宝'。(宋)太祖受禅传此二宝。又制大宋受命之宝，至太宗又别制'承天受命之宝'，是后诸帝嗣服，皆自为一宝，以'皇帝恭膺天命之宝'为文。"宋哲宗绍圣三年，咸阳县民段义得古玉印，次年献于朝廷，大臣认为是秦代玉玺。向朝廷建议"汉、晋以来，得宝鼎瑞物，犹告庙改元，肆眚上寿，况传国之器乎？"①宋举行隆重的受宝仪式，并改年号为"元符"。宋代以后，迷信鼎玺的现象才逐渐消失。

（四）谒庙祭祖

君主即位以受玺为核心仪式，开国君主即位辅之祭天仪式，嗣位君主即位辅之以谒庙仪式。祭天、谒庙仪式，反映了君权神授、君权世袭的政权特征。据《宋史》记载，南宋绍熙五年，宁宗即位，时有孝宗之丧。闰十月，浙东提举李大性马上建议："自汉文帝以来，皆即位而谒庙，陛下龙飞已阅三月，未尝一至宗庙行礼，銮舆屡出，过太庙门而不入，揆之人情似为阙典，乞早择日恭谒太庙。"②谒庙不仅是孝敬祖考，希望祖先保佑，也是在宣示政权的合法性，继位的君主越是旁支外姓，越重视谒庙祭祖。

（五）郊祀封禅

古代君主还有祭祀天地和举行封禅的活动，也是君权神授的表现。汉代以来，皇帝建立了南郊圜丘祭天、北郊方丘祭天的传统，统称为"郊祀"。这是皇帝与天地"对话"的仪式，也是君权神授的表现。封禅，古代帝王在太平盛世或天降祥瑞之时祭祀天地的大型典礼，封禅通常在泰山举行，也有在嵩山举行的。《白虎通义·封禅》云："王者易姓而起，必升封泰山何？教告之义也。始受命之时，改制应天，天下太平，功成封禅，以告太平也。"封禅活动就是皇帝向上天作工作报告，夸耀自己的治国成绩，其实质是强调君权神授的手段，报告只是形式主义的套话。例如，唐玄宗在天宝十三年封

---

① 《宋史》卷一五四《舆服志》。
② 《宋史》卷一〇八《吉礼上》。

禅泰山的报告书——玉牒就是这样说的："有唐嗣天子臣某，敢昭告于昊天上帝。天启李氏，运兴土德。高祖、太宗，受命立极。高宗升中，六合殷盛。中宗绍复，继体不足。上帝眷祐，锡臣忠武。底绥内难，推戴圣父。恭承大宝，十有三年。敬若天意，四海晏然。封祀岱岳，谢成于天。子孙百禄，苍生受福。"①

　　皇帝制度总的特点是：1.国家权力由家族占有，这一现象造成皇族、外戚、宦官等寄生阶层的特权和膨胀，造成国家财政负担并滋生政治腐败；2.皇帝的终身制和世袭制（多为嫡长子继承），极易造成平庸、荒怠之政治；3.皇权广泛而基本不受限制，易形成专制、特权和腐败。4.皇帝制度造成国家公权家族私治的问题，形成王朝政权的周期性暴力更迭，给社会造成巨大生命和财产损失。这就是黄炎培提出的"王朝周期率"问题②，它实际上是郡县时代的王朝周期率。之所以成为定律，这是由国家公共权力由家族实际占有的根本矛盾决定的。权力垄断导致特权腐败，特权腐败导致政权垮台，这也是定律。从经济角度讲，腐败也导致土地兼并和财富集中，造成贫富分化和阶级矛盾尖锐、社会动荡，进而形成政治危机，导致改朝换代的革命，形成"革命——专权——腐败——垮台"的王朝兴亡周期率③。开明的政治可能延长王朝的寿命，而不能根本上改变其命运，而暴政、篡权和外族入侵可以加速王朝的灭亡。孔子曾说过"大道之行也，天下为公"的话。"天下为公、不私一姓"在汉代以前就成为人们的共识④，但只是停留在口头上，

---

　　① 《旧唐书》卷二三《礼仪三》。

　　② 1945年7月，黄炎培到延安考察，提出王朝兴亡周期率问题。称："一人、一家、一团体、一地方乃至一国，不少单位都没能跳出这周期率的支配力。大凡初时聚精会神，没有一事不用心，没有一人不卖力，也许那时艰难困苦，只有从万死中觅取一生。继而环境渐渐好转了，精神也渐渐放下了。有的因为历时长久，自然地惰性发作，由少数演为多数，到风气养成，虽有大力，无法扭转，并且无法补救。也有因为区域一步步扩大了，它的扩大，有的出于自然发展，有的为功业欲所驱使，强求发展，到干部人才渐渐竭蹶，艰于应付的时候，有环境倒越加复杂起来了，控制力不免薄弱了。一部历史，'政怠宦成'的也有，'人亡政息'的也有，'求荣取辱'的也有。总之，没有能跳出这个周期率。"见黄炎培《八十年来》，文汇出版社2000年版，第204—205页。

　　③ 封建时代的王朝更替实际上是诸侯国"共主"更换，这是由部落力量发展不平衡造成，族强为君，族弱为臣。这些特点与郡县时代的王朝更替虽然有相似之处，但根本原因和本质特征不同。

　　④ 西汉谷永说："天生烝民，不能相治，为立王者以统理之，方制海内非为天子，列土封疆非为诸侯，皆以为民也。垂三统，列三正，去无道，开有德，不私一姓，明天下乃天下之天下，非一人之天下也。"（见《汉书》卷八五《谷永传》，中华书局1965年版，第3467页）

没有形成自觉制度，反而形成"五德终始论"与胁迫型禅让相结合为主导的王朝更迭模式。简言之，腐败垮台，再腐败再垮台就是郡县制王朝兴亡规律，由于无法摆脱国家权力家族私有的模式，就注定权力的交接转换以不断"革命"作为基本方式，社会要付出沉重代价。

第五节　郡县时代的中央制度

郡县时代的中央制度是以皇权为中心，由决策、审议、行政、监察、司法、军政等部门分工制约而构成的政权组织形式，其总体特征是君主官僚专制，即此后常常批评的与民主共和国体相对的君主专制国体，国家主权掌握在君主和官僚手中。其政权组织形式，历代皆有变化。大体上讲，秦汉时期为三公九卿制，魏晋南北朝为公卿省部并存制，隋和唐初为三省六部制，唐中后期和两宋为中书门下制，元代为中书六部制，明清为内阁六部制。

一、朝会制度

朝会制度是皇帝履行国家元首职责，参与国家决策和典礼的制度。秦汉有内、常、外朝制度。内朝官员均为加官，所加名号有诸曹（左右曹）、诸吏、将军、侍中、中常侍和给事中等。《宋书·百官志》称："秦世有左右曹、诸吏官，无职事，将军、大夫以下皆得加此官。汉武帝世，使左右曹、诸吏分平尚书事。"《汉旧仪》称："左曹，日上朝谒，秩二千石。右曹，日上朝谒，秩二千石。""诸给事中，日上朝谒，平尚书奏事，分为左右曹，以有事殿中，故曰给事中。多名儒、国亲为之，掌左右顾问。"内朝又称中朝，"中朝，内朝也。大司马、左右前后将军、侍中、常侍、散骑、诸吏为中朝，丞相以下至六百石为外朝也。"① 由以上记载可知，内朝几乎每天都要处理公务。《汉书·宣帝纪》载，地节二年，"上始亲政事……五日一听事，自丞相以下各奉职奏事"，后人称之为"汉宣帝中兴，五日一听朝，历代通规，永为例程"②。"五日一朝"应当是常朝，以公卿百官为对象。此外，还有一种

① 《汉书》卷七七《刘辅传》，第3252页。注引孟康曰。
② 《旧唐书》卷二〇下《哀帝纪》，第803页。

"朝朔望"，即每月初一、十五朝见君主一次，似为赐予老臣的一种礼仪性荣典。另外汉代还"大朝会"，主要指正旦等礼仪庆典。

魏晋南北朝时期，也分内、常、外朝。常朝"五日一听"已经破坏，改为朔望日举行，即每半月举行一次朝会[①]。内朝几乎每天都要处理政务。尚书、中书、侍中三省初为内朝官。梁武帝时"尚书置令仆丞郎，旦旦上朝以议时事"[②]，就是指内朝。北魏官员分为内朝官和外朝官。据《魏书·官氏志》，侍从官可能就是内朝官。公元 406 年，"置内官员二十人，比侍中、常侍，迭直左右"。次年五月，又"增置侍官，侍直左右，出内诏命"。侍从官常在皇帝左右，拾遗补缺，既充当皇帝顾问，又出纳诏命，一如汉代之内朝官。也有学者认为内朝外朝之分，是一种宗室和异姓血缘上的区分在行政系统上的体现。[③]

唐代也有外朝、中朝和内朝之制，其宫殿建筑也体现了这一制度。唐朝前期分别在太极宫的承天门、太极殿、两仪殿举行外朝、中朝和内朝朝会。大明宫建成后，皇帝移居于此，遂在含元殿举行外朝，在宣政殿举行中朝，在紫宸殿举行内朝；从唐朝礼制的角度看，外朝礼仪最为隆重，其次为中朝，由于紫宸殿是便殿，故在这里举行的内朝其礼最轻。但从国家政务的角度看，内朝反倒更加重要。外朝主要是礼仪性活动，如接见外族使臣，册立皇后、太子，元旦、冬至庆典等。

中朝也称朔望参，即每月初一、十五举行九品以上京官及在京地方官的朝会，由于人数众多，故只能处理日常公事。安史之乱后，朔望参朝会不常举行。唐朝还有所谓的常朝制度，指每日都要照常进行的朝参活动，亦称

---

① 《晋书》卷七《成帝纪》载，咸康六年"秋七月乙卯，初依中兴故事，朔望听政于东堂"。卷一〇二《苻生载记》："（苻生）及即伪位，残虐滋甚，耽湎于酒，无复昼夜。群臣朔望朝谒，罕有见者。"卷一六《石季龙上》："始制散骑常侍已上得乘轺轩，王公郊祀乘副车，驾四马，龙旗八旒，朔望朝会即乘轺轩。"《魏书》卷二七《穆亮传》载，孝文帝曰："三代之礼，日出视朝。自汉魏以降，礼仪渐杀。《晋令》有朔望集公卿于朝堂而论政事，亦无天子亲临之文。今因卿等日中之集，中前则卿等自论政事，中后与卿等共议可否。"卷七四《尔朱荣传》载：北魏孝庄帝即位后，"朔望之日引见三公、令仆、尚书、九卿及司州牧、河南尹、洛阳河阴执事之官，参论国治，经纶王道，以为常式。"

② 《梁书》卷三《武帝纪下》。梁武帝诏曰："经国有体，必询诸朝，所以尚书置令、仆、丞、郎，旦旦上朝，以议时事，前共筹怀，然后奏闻。顷者不尔，每有疑事，倚立求决。古人有云，主非尧舜，何得发言便是。是故放勋之圣，犹咨四岳，重华之睿，亦待多士。岂朕寡德，所能独断。自今尚书中有疑事，前于朝堂参议，然后启闻，不得习常。其军机要切，前须谘审，自依旧典。"

③ 史卫：《北魏前期内外朝概念之再检讨》，《许昌师范学院学报》2013 年第 1 期。

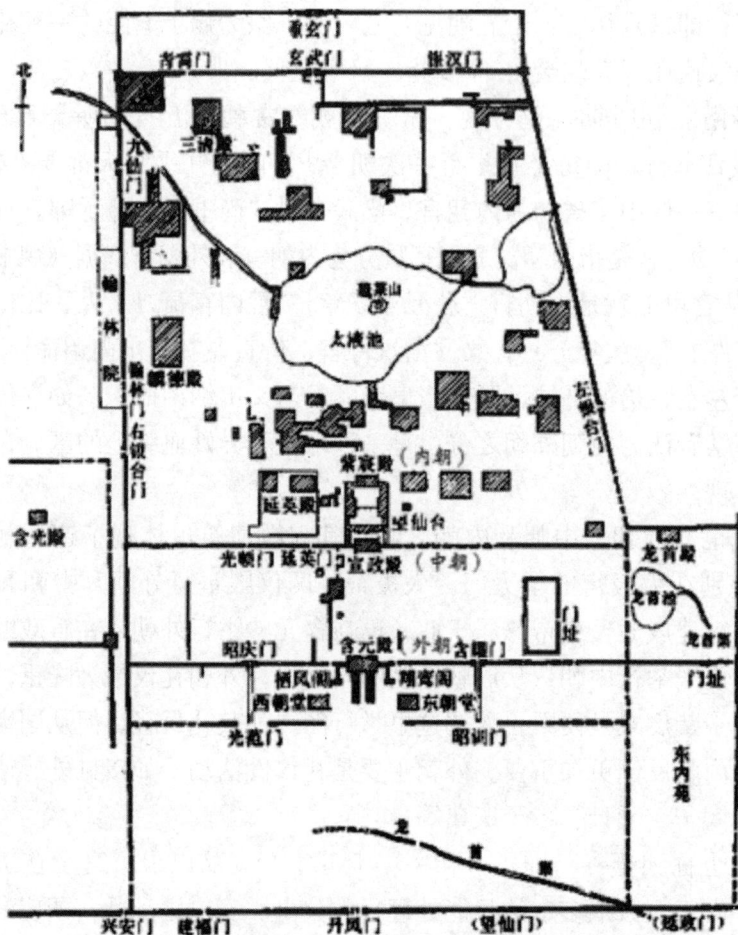

图 4-4　唐大明宫遗址平面图及朝会地点[1]

"常参"。参加常朝的官员亦有明确的规定,"文武官职事九品以上及二王后,朝朔望。文官五品以上及两省供奉官、监察御史、员外郎、太常博士,日参,号常参官。武官三品以上,三日一朝,号九参官。五品以上及折冲当番者,五日一朝,号六参官。弘文、崇文馆、国子监学生,四时参。凡诸王入朝及以恩追至者,日参"[2]。供奉官是指中书、门下两省及御史台的重要官

① 据赵立瀛《中国宫殿建筑》,中国建筑工业出版社 1992 年版,第 71 页图改绘。
② 《新唐书》卷四八《百官三》,第 1235 页。

职。唐朝前期，能够入紫宸殿参加内朝者，主要指中书、门下两省及三品以上的高官，后期扩大进来的所谓内诸司使，也并非凡任内诸司使的宦官皆能参与，而是指左右神策军护军中尉、两枢密位等宦官首领。所以说入阁议政者，仅限于少数朝廷高官和高级宦官。"唐初五日一朝，景云初，始修贞观故事。自天宝兵兴之后，四方多故，肃宗而下，咸只日临朝，双日不坐。其只日或遇阴霾、盛暑、大寒、泥泞，亦放百官起居。双日宰相当奏事，即特开延英召对。"[1] 唐朝在肃宗时又形成在延英殿（在紫宸殿西）随时召见宰相等重臣议事的制度，史称"延英召对"，后来其他朝会不常举行，"延英召对"成为国家决策的主要会议形式。唐朝中期以后，皇帝还不定期在便殿召见翰林学士议事，对中央决策也产生较大影响。

北宋初，皇帝每日在文德殿召会不厘务的升朝官，又转内殿（垂拱殿）受文官待制以上、武官诸司使以上奏事。每五天，文武百官不论是否厘务，都要赴内朝。神宗元丰四年（1081年）改制，实行日参、六参、望参、朔参制度。凡侍从官以上为日参官；京师百司升朝官以上，为六参官（每月逢一、五日朝参）；在京升朝官以上为朔望参官（初一或十五朝参）。

元代朝会也有大朝会和常朝之分。常朝极其简略，"每日则宰执入延春阁及别殿奏事而已"[2]。中书省、枢密院、御史台、宣政院等大臣参与的御前奏闻仍然是常见的中央最高决策形式，只是没有固定的地点和时间。元末大臣王恽曾建议："军国大事，日有万机，须敷奏以时，听鉴有所，今殿庭庆宴，已有定仪，视朝之礼，尚旷而未行，行之正在今日。"[3] 马祖常云："百官朝见奏事，古有朝仪。今国家有天下百年，典章文物，悉宜桀然光于前代，况钦遇圣上文明之主，如科举取士，吏员降等之类，屡复古制。惟朝仪之典，不讲而行，使后世无所鉴观，则于国家太平礼乐之盛，实有阙遗"，建议"参酌古今之宜，或三日二日一常朝"。[4] 元代常朝还有皇帝的侍卫官怯薛参与，有些决策还要由忽里台，即蒙古贵族会议通过。

明代与以往朝代一样，有大朝、常朝之分，大朝有每年的元旦、冬至、

---

[1]《宋史》卷二六七《张洎传》，第6607页。

[2]《明集礼》卷一七《嘉礼一·朝会》。

[3]《秋涧集》卷七九《勤政》。

[4]《石田文集》卷七《建白一十五事》。

皇帝生日举行，还有朔望参，都是仪式性的，在正殿举行。常朝为每日在奉天门朝会在京文武职官，奏事发令。常朝分早朝和晚朝。早朝在正门，晚朝在便殿门。"百司皆于早朝奏事，非警急事当奏者不须赴晚朝，听在司理职务，惟通政司达四方奏牍，早晚须朝。"① 后来晚朝长期停废，早朝独重，明神宗即位，改为每月逢三、六、九日上朝，从此早朝一月只举行 9 次。嘉靖即位之后，日益惰政，后来竟 30 余年不上朝。明朝自宣德以后，内阁学士取得票拟之权，大臣奏章先由内阁草拟初步意见，再报经皇帝批准。一些皇帝疏于理政，常让司礼太监代批奏章，这样国家重大决策就转到内阁和宦官之手。

　　清代的朝会有大朝、常朝和御门听政。大朝和常朝都是礼仪性朝会。大朝在每年元旦、冬至和皇帝诞辰时举行。皇帝升太和殿接受百官朝贺。常朝最初处理政务，后金建立时，努尔哈赤"五日一视朝，焚香告天，宣读古来嘉言懿行及成败兴废所由，训诫臣民"，后来也演变为一种礼仪。顺治九年定制，常朝每月逢初五、十五、二十五日举行，一月三朝。"见朝、辞朝、谢恩各官，俱常朝日行礼。帝御太和殿，引见毕，赐坐赐茶，悉准常仪。如是日不御殿，各官行礼午门外。外藩来朝暨贡使，亦常朝日行礼，如速返，则不拘朝期，即赴午门行礼，外官应速赴任者亦然。"

　　御门听政属于内朝，是皇帝处理日常政务的朝会。"清初定制，每日听政，必御正门，九卿科道齐集启奏，率以为常。""是日，乾清门正中设御榻、黼扆、本案一。黎明，部院奏事大臣暨陪奏官属毕集庭内。"皇帝入座，大臣分班次轮流上折奏事。"其奏事次序，户、礼、兵、工四部轮班首上，三法司直第三班，吏部直第六班，宗人府则列部院前，翰詹科道及九卿会奏则居部院后，各依班进奏如初。"听政只是皇帝听取大臣汇报，通常不对问题当场决策，而是将折本转交内阁研究。由大学士先行票拟，提出初步意见，皇帝再正式批红，等下次听政下发执行。开始听政的时间最初为"春夏以卯正（六点），秋冬以辰初（七点）"②，康熙二十一年，向后推迟一小时。春夏改辰初（七点），秋冬辰正（八点）。事实上，皇帝听政并非每日举行，

---

① 《明太宗实录》卷二九，永乐二年三月壬戌，第 521 页。
② 《清史稿》卷八八《礼七·嘉礼》。

遇上不好的天气、国忌日、身体不好等情况，就不再举行。除康熙比较勤政，坚持每日听政以外，其他皇帝听政通常三五天举行一次，临时通知。听政的地点并不局限于乾清门，后来根据情况和季节变化，乾清宫西暖阁、懋勤殿、西苑瀛台勤政殿，以及畅春园澹宁居等，都曾成为康熙帝听政的场所。后来雍正帝听政常在圆明园正大光明殿，乾隆帝听政常在皇宫养心殿，慈禧太后垂帘听政常在养心殿东暖阁、西苑仪鸾殿、颐和园仁寿殿等。

综上，内朝、常朝、大朝不仅代表场合不同，也代表功能不同和参与官员身份等级不同。内朝和常朝是处理国政的会议，外朝一般只是礼仪庆典。内朝和常朝相比，内朝则更为重要，参与者历代变化较大，前期多有外戚、宦官，唐代以后主要是宰相、大学士。

二、决策制度

宰相是皇帝之外，中央决策之官的统称，不同时期名称各异。郡县时代皇帝是国家元首，拥有至高无上的权力。皇帝通过朝议制度听取意见、进行决策。皇帝还设有专门的决策机构。秦汉实行三公制度，三公是皇帝的高级助手。三公之说，起自汉代，三公并非只有3人。司马迁作《史记》，将三公追溯至五帝时代。荀悦对三公的解释为："秦本次国，命卿二人，是以置左右丞相，无三公官。"① 实际上西汉前期以丞相（实际还有相国、左丞相、右丞相之分）、御史大夫和太尉为三公，后期更名为司徒、司空、司马。三公相互制约，便于皇帝揽权。汉代由于相权太大，皇帝乃用尚书参与决策进行牵制，魏晋至隋唐时期，中书省逐渐取代尚书成为决策机关。中书省源于汉代的中书谒者。《宋书·百官志》载：

> 汉武帝游后廷，始使宦者典尚书事，谓之中书谒者，置令、仆射。元帝时，令弘恭，仆射石显，秉势用事，权倾内外。成帝改中书谒者令曰中谒者令，罢仆射。汉东京省中谒者令，而有中宫谒者令，非其职也。魏武帝为王，置秘书令，典尚书奏事，又其任也。文帝黄初初，改为中书令，又置监及通事郎，次黄门郎。黄门郎已署事过，通事乃

---

① 《汉书》卷一九上《百官公卿表上》，第726页。

奉以入，为帝省读书可。晋改曰中书侍郎，员四人。晋江左初，改中书侍郎曰通事郎，寻复为中书侍郎。晋初置舍人一人，通事一人。江左初，合舍人通事谓之通事舍人，掌呈奏案章。后省通事，中书差侍郎一人直西省，又掌诏命。宋初又置通事舍人，而侍郎之任轻矣。舍人直阁内，隶中书。其下有主事，本用武官，宋改用文吏。

魏晋时期，中书省成为权力中枢机构，辅助皇帝批答尚书奏事，实际上就是行使草拟诏书的权力，成为国家决策的重要机关。南北朝时中书、门下、尚书三省遂发展成为宰相机关，对皇权形成牵制。皇帝又引入各种"学士"作为学术和典制的顾问。学士逐渐参与国政，向新的决策机关演化。

唐宋设中书、门下、尚书三省，分掌决策、审议、执行之权，三省首长行使宰相职权。唐初三省合议机构为政事堂，开元年间更名为中书门下，是宰相府。天子又设翰林学士、枢密使等参与决策，以分宰相之权。唐玄宗开元以后，翰林学士"专掌内命。凡拜免将相、号令征伐，皆用白麻。其后，选用益重，而礼遇益亲，至号为内相"①。陆贽于建中四年（783年）三月，自祠部员外郎充翰林学士。史称："（陆）贽初入翰林，特承德宗异顾，歌诗戏狎，朝夕陪游。及出居艰阻之中，虽有宰臣，而谋猷参决，多出于贽，故当时目为'内相'。"②翰林学士是皇帝的秘书，不是真正的宰相，其权力也受到皇帝的防范。（唐）李肇《翰林志》称："贞元末，（翰林学士）其任益重，时人谓之内相。而上多疑忌，动必拘防，有守官十三考而不迁，故当时言内职者荣滞相半。"唐代宗永泰元年（765年）又置内枢密使，用宦官，掌机密章奏，传达诏旨，懿宗以后，枢密使"共参国政"，分宰相之权。

北宋继承了唐代的"内外相"制度，元丰改制后，尚书都省成为宰相办公机构。神宗虽罢中书门下，但以尚书省长官左、右仆射分兼门下侍郎和中书侍郎，相当于左、右二宰相，并以尚书都堂为中心。英宗设太师"平章军国重事"，位三省之上。徽宗政和年间曾命太师蔡京"三日一至都堂议事"，后又"诏蔡京三日一朝，正公相位，总治三省事"③，太师成了事实上

①　《新唐书》卷四六《百官志》，第1183—1184页。
②　《旧唐书》卷一三九《陆贽传》。
③　《宋史》卷二一《徽宗纪》。

的宰相，三省趋向合一。宋沿唐制设学士院，翰林学士实际上充当皇帝顾问，很多宰相都从翰林学士中选拔。北宋前期的翰林学士，亦无秩品。元丰改制后，翰林学士承旨和翰林学士成为正式官员，正三品，并且不任其他官职，专司草拟内制之职，例带知制诰衔。唐、宋翰林学士受皇帝之命，起草诏令，称为内制；中书舍人与他官加知制诰衔者为中书门下撰拟诏令，称为外制，内外制合称两制。由于君主对翰林学士防范甚严，宋代并未出现翰林学士专权现象。

元代有翰林国史院和蒙古翰林院，皆设承旨学士等官，"仍旧纂修国史、典制诰、备顾问"①，也参与重大决策。元代中书省成为名副其实的相府，设中书令1人，通常由皇太子兼领。其下为左、右丞相2人，平章政事4员。左、右丞2人，参知政事2人。元代以右为尊，右丞相、右丞地位较高。以上11人皆一、二品宰相之职。以下还设"参议中书省事，秩正四品，典左右司文牍，为六曹之管辖，军国重事咸预决焉"②。参议府实为宰相的秘书处，其辖左、右二司，左司统吏礼、知除、户杂、科粮、银钞、应办六房，右司统兵、刑、工三房。

明代废中书省和丞相，抽调翰林院大学士入内阁（有四殿、两阁③）充当皇帝顾问，参与机务，后来内阁大学士从翰林院独立出来，发展成宰相机构，草拟诏令、初拟对六部公文批复意见。史书记载："大学士并正五品，掌献替可否，奉陈规诲，点检题奏，票拟批答，以平允庶政。凡上之达下，曰诏，曰诰，曰制，曰册文，曰谕，曰书，曰符，曰令，曰檄，皆起草进画，以下之诸司。下之达上，曰题，曰奏，曰表，曰讲章，曰书状，曰文册，曰揭帖，曰制对，曰露布，曰译，皆审署申覆而修画焉，平允乃行之。"④"永乐初，命内阁学士典机务，诏册、制诰皆属之。而誊副、缮正皆中书舍人入办，事竣辄出。""宣德间，内阁置诰敕、制敕两房，皆设中书舍人。"⑤两房又名中书科，是内阁的秘书处，负责文案工作。明宣德时皇帝用

---

① 《元史》卷八《世祖四》。
② 《元史》卷八五《百官一》。
③ 中极殿（旧名华盖殿）、建极殿（旧名谨身殿）、文华殿、武英殿、文渊阁、东阁。
④ 《明史》卷七二《职官一》。
⑤ 《明史》卷七二《职官一》。

司礼监太监代批内阁票拟，此后司礼监批红成为定制，形成宦官专权局面。

清代沿袭明内阁制，"大学士掌钧国政，赞诏命，厘宪典，议大礼、大政，裁酌可否入告。协办佐之。学士掌敷奏。侍读学士掌典校。侍读掌勘对。典籍掌出纳文移"。"中书掌撰拟、翻译"，设稽察学士、掌印中书、掌科中书、中书、笔帖式①等官。下统四房、三处、一库②。清代内阁是由内三院演变而来。后金时，"天聪二年，建文馆，命儒臣分直。十年，更名内三院。曰国史，曰秘书，曰弘文。始亦沿承政名，后各置大学士一人"。清康熙十五年，"更名内阁，别置翰林院官，以大学士分兼。殿阁曰中和殿、保和殿、文华殿、武英殿、文渊阁、东阁，诸大学士仍兼尚书，学士亦如之"。"乾隆十三年，始定大学士、协办大学士员限，省中和殿，增体仁阁，以三殿、三阁为定制，唯保和殿不常置。"③雍正时期权力中心开始由内阁向新设的军机处转移。"军机处军机大臣，无定员，由大学士、尚书、侍郎内特旨召入。区其名曰大臣，曰大臣上行走。其初入者加'学习'二字。掌军国大政，以赞机务。常日侍直，应对献替，巡幸亦如之。明降谕旨，述交内阁。谕本处行者，封寄所司。"④军机处可不通过内阁直接指挥六部和地方官员。

三、审议制度

审议通常称为谏议和封驳，是指对皇帝和官员决策活动提出建议和意见的制度。审议官是由皇帝侍从官发展而来，审议制度经历了由发展、鼎盛到衰落的阶段。秦汉时期，审议机构渐具规模，秦置谏议大夫数人至数十人不等，属郎中令，"匡正君主，谏诤得失"。汉初，又特设中大夫，武帝时置谏大夫，掌议论朝政。汉代还设置加官给事中、博士，亦掌议论。曹魏设侍中寺为掌规谏的审议机关，设侍中4人，其下属有散骑常侍、给事中、给事黄门侍郎、员外散骑常侍、谏议大夫等。魏晋审议官有定员、有固定品秩，

---

① 满语，也作"笔帖黑色"。清入关前称有学问的人为"巴克什"，天聪五年（1631年）改为"笔帖式"，意为办理文件、文书的人。笔帖式为国家正式官员，有品级，早年有五六品者。雍正以后除极少数主事衔笔帖式为六品外，一般为七、八、九品。笔帖式升迁快，被称为"八旗出身之路"。

② 满本房，汉本房，蒙古本房，满签票处，汉签票处。又诰敕房，稽察房，收发红本副本处，饭银库。

③ 《清史稿》卷一一四《职官一》。

④ 《清史稿》卷一一四《职官一》。

所以较秦汉大大进步。晋代把侍中寺改名为门下省，作为皇帝的顾问和侍从机构，又置散骑省隶于门下，同掌议论。史称，"自魏至晋，散骑常侍、侍郎与侍中、黄门侍郎共平尚书奏事"①，"平尚书奏事"就是门下省审议尚书省的"工作报告"，提出意见和建议，供君主批复时参考。门下省成为国家重要的民意和审议机关，是沟通君主与行政官员的桥梁。《初学记》云："魏文帝复置散骑之职，以中常侍合为一官，除中字直曰散骑常侍，置四人，典章表诏命手笔之事。晋置四人，隶门下。晋初此官选望甚重，与侍中不异，自宋以来其任闲散用人益轻，别置集书省领之。"隋朝罢集书省，将散骑官并入门下。唐代门下省官员侍中、给事中封还诏书，迫使皇帝改变意见的情况比比皆是。如贞观三年魏征任门下省的给事中，朝廷命男子18岁以上服兵役，"敕三四出，征执奏以为不可"。后太宗龙颜大怒，强行出敕，"征又不从，不肯署敕"，终于使唐太宗收回了错误的决定。② 再如唐宣宗"尝以李璲为岭南节度使，使者已赐节"，而给事中萧仿"封还诏书"③。唐宣宗只好派人把旌节追了回来。由此可见唐代审议、封驳得到了较好的执行。两宋时规定，中书、门下二省有审议职能。"凡政令之失中，赏罚之非当，其在中书则舍人得以封还，其在门下则给事中得以论驳。"④ 事实上宋代审议制度已经开始走向衰落，宰相决策嫌门下省封驳碍事，往往先交六部执行，再补办封驳手续，使门下省的封驳功能名存实亡。元代以后审议官并入监察、行政机关。明清设通政司⑤、都察院，都有审议职能。中国古代审议制度发展的特点是，审议官由皇帝侍从官分离而出，审议对皇帝"不当"言行有一定的限制，由于君主专制的本质，审议只是一种装点门面的象征性工具，不可能从根本上限制皇权。宋代以前，审议主要针对皇帝，宋代以后审议官转向针对丞相和百官，逐渐与监察合流，成为皇权专制的工具。审议制度的另一个特点是，审议官非专职化明显，兼侍中、兼散骑、员外散骑现象比较突出。魏晋南北朝时人称，"散骑皆以高才英儒充其选"，"黄散之职，故须人

---

① 《晋书》卷二四《职官志》。

② 《贞观政要》卷二《直谏》。

③ 《新唐书》卷一〇一《萧仿传》。

④ 《宋会要辑稿·职官一之七九》。

⑤ 明清收受、检查内外奏章和申诉文书的中央机构，其长官为通政使。《明史·职官志二》："通政使掌受内外章疏敷奏封驳之事。"

门兼美"①，后来逐渐沦为授予外戚、功臣、降将、外夷（地方势力）、退休有病官员的散冗称号，成为朝廷笼络人心的手段，甚至人死之后还要赠予侍中、散骑常侍、侍郎的称号。大部分审议官仅是挂名，并不负实际的政治责任。清朝末年，朝廷准备实行君主立宪，设立议院。郑观应说：

> 或曰：汉之议郎，唐宋以来之台监御史，非即今西国之议员乎？不知爵禄锡诸君上、则未必能尽知人之明。品第出于高门，则不能悉通斯民之隐。而素行不可考，智愚贤否不能一律，则营私植党，沽名罔利之弊生焉。何若议院，官绅均匀，普遍举自民间，则草茅之疾苦周知，彼此之偏私悉泯、其情通而不郁其意，公而无私，诸利皆兴，而诸弊皆去乎？故欲行公法，莫要于张国势，欲张国势，莫要于得民心，欲得民心，莫要于通下情，欲通下情，莫要于设议院。②

清人将议郎、御史与西方议员相比，虽有一定道理。其实，魏晋南北朝的散骑、门下两省职能更接近古代的两院制议会。

由于设立议会的条件不成熟，清政府临时设资政院以代之。1910年10月，资政院正式成立，由200名议员组成，包括钦定议员、民选议员各100人。钦定议员由皇帝指派，民选议员由各省咨议局推选。资政院的职权是议定国家预算、决算、税法、公债，制定法规，弹劾官员等。但议决事项须请旨后方能施行。资政院是君主专制下的审议机构，是古代审议机构向现代议会过渡时期的产物，与散骑、门下省相比，资政院出现了民选议员，又有专门的会议形式，这是值得肯定的地方。

四、行政制度

秦汉实行九卿制度。秦汉时期中央政府的九卿是泛指中二千石级的官员，不一定是9个人。按史书记载，秦汉九卿包括：

1. 奉常（汉改名为太常），掌管宗庙礼仪，地位很高，属九卿之首；

---

① 《陈书》卷三四《蔡凝传》。
② 郑观应：《盛世危言·议院上》，第4—5页。

2. 郎中令（汉改名大行、光禄勋），掌管宫殿警卫；

3. 太仆，掌管宫廷御马和国家马政；

4. 廷尉，掌管司法审判；

5. 典客（汉更名为大鸿胪），掌管外交和民族事务；

6. 宗正，掌管皇族、宗室事务；

7. 治粟内史（汉名大司农），掌管租税钱谷和财政收支；

8. 少府，掌管专供皇室需用的山海池泽之税及官府手工业；

9. 中尉（汉更名执金吾），掌京师治安；

10. 卫尉（景帝时，一度更名中大夫令），掌宫门卫士及宫中巡视；

11. 大长秋，掌皇后宫事；

12. 将作大匠，掌工程建筑；

13. 主爵都尉，掌封爵；

14. 三辅官（京兆尹、左冯翊、左扶风），京师直辖三郡郡守。

东汉以降，三公九卿向三省六部制度过渡，尚书省发展为最高行政机关，九卿机关演变成事务机关，受尚书省六部[①]对口领导，同时又发展出中书、门下等省以制衡尚书省。尚书省，设尚书令、尚书仆射为正、副长官，下辖吏、户、礼、兵、刑、工六部。每部设尚书为长官，唐朝每部下面各分4司，以郎中、员外郎为长官，共六部24司，即：

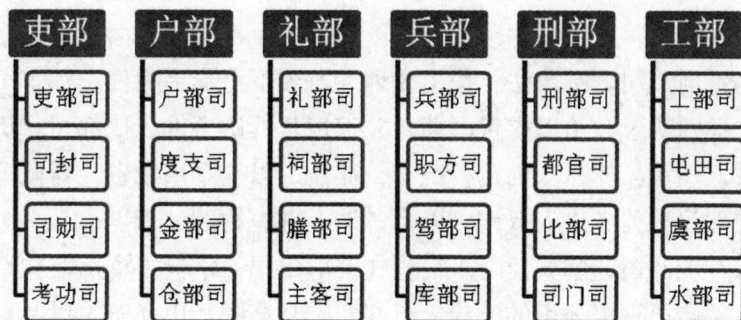

吏部	户部	礼部	兵部	刑部	工部
吏部司	户部司	礼部司	兵部司	刑部司	工部司
司封司	度支司	祠部司	职方司	都官司	屯田司
司勋司	金部司	膳部司	驾部司	比部司	虞部司
考功司	仓部司	主客司	库部司	司门司	水部司

图 4-5　唐朝尚书省六部二十四司

---

① "部"初名为"曹"，长官为尚书。最初只有四、五曹尚书，后来发展为六曹尚书。西魏时曹改为部，长官为中大夫。隋始定名为六部尚书。

吏部：吏部司，掌文官阶品，朝集、禄赐、给其告身、假使等；司封司，掌封命、朝会、赐予之级。司勋司，掌官吏勋级。考功司，掌文武百官功过、善恶之考法及其行状。若官员死亡后，史官为其立传，太常议谥，考功司要监督传文、谥号是否恰当。若要铭于碑者，则会同百官议其宜记述的事迹上报，然后考功郎中通报其家属。

户部：户部司，掌户口、土地、赋役、贡献、蠲免、优复、婚姻、继嗣之事。度支司，掌天下租赋、物产丰约之宜、水陆道涂之利，岁计所出而支调之，与中书门下省议定上奏。金部司，掌天下库藏出纳、权衡度量之数，管理两京市、互市、宫市等交易之事，百官、军镇、蕃客赏赐，供给宫人、王妃、官奴婢衣服。仓部司，掌天下库储、出纳租税、禄粮、仓廪之事。

礼部：礼部司，掌礼乐、学校、衣冠、符印、表疏、图书、册命、祥瑞、铺设，及百官、宫人丧葬赠赙之数。祠部司，掌祠祀、享祭、天文、漏刻、国忌、庙讳、卜筮、医药、僧尼之事。膳部司，掌陵庙之牲豆酒膳。主客司，掌诸蕃朝觐之事。

兵部：兵部郎中一人判帐及武官阶品、卫府众寡、校考、给告身诸事；一人判簿籍及军戎调遣之名数。员外郎一人掌贡举、杂请，一人判南曹，岁选解状。职方司，掌地图、城隍、镇戍、烽候、防人道路之远近及四夷归化之事。凡蕃客至，鸿胪寺先询问其国山川、风土，然后制成地图上奏，并送副图于职方司，殊俗入朝，则图其容状及衣服样式通达于上；驾部司，掌舆辇、车乘、传驿、厩牧马牛杂畜之籍。库部司，掌兵器、卤簿仪仗。

刑部：刑部司，掌律法，按覆大理寺及天下上奏诸案件。都官司，管理俘虏、奴隶的簿录，给以衣粮医药，并审理其诉讼事件。比部司，负责通会内外赋敛、经费、俸禄、勋赐、赃赎、徒役，以及军用物资、器械等事。司门司，管理门禁关卡出入登记，以及各地上缴失物的处理。

工部：工部司，掌城池之工役程式。屯田司，掌天下屯田及在京文武官员之职田、诸司官署公田的配给。虞部司，掌苑囿、山泽草木以及百官蕃客菜蔬、薪炭的供给和畋猎之事。水部司，管理河流渡口、船舻、沟渠、桥梁、堤堰、沟洫的修缮沟通，以及渔捕、漕运诸事。

宋元明清继承了唐代的六部二十四司体制，但由于业务扩展，司的名称和数量有调整和增加。宋代发展到28司，明代吏、户、兵、工四部仍各设 4 司，户、刑两部已按地区各设 13 司，总数达 42 司。

　　清朝末年，中央政权进行了近代化的改革，1901 年将总理各国事务衙门改为外务部，行政机构由六部变为七部，1903 年又增设商部，1905 年增设巡警部和学部。1906 年 11 月重新更定官制，除内阁、军机处仍旧外，新设或改名的部有：外务部、学部、民政部（原巡警部）、度支部（原户部）、陆军部（原兵部）、法部（原刑部）、农工商部（原工部）、邮传部、理藩部（原理藩院）。传统六部，撤销吏部和礼部，增加调整为 9 个部。宣统二年（1910 年）清政府又将海军衙门，改为海军部，中央行政部门达到 10 个。

　　中央行政制度的特点是，由皇帝私官向国家官职演化，各部门分工制约，共同向皇帝负责，是皇帝统治天下的工具。虽然皇帝和官僚都属统治阶级，由于皇帝、官僚的私利性，他们之间也存在争权夺利的矛盾，郡县时代官僚的特权腐败和队伍膨胀是不可抑制的趋势。

五、监察制度

　　皇帝和宰相对官员进行监督的制度，是保证皇权专制和中央集权的重要制度。秦代御史大夫和监御史分掌中央和地方监察，汉代中央有御史台（一直延续到元朝）和各州刺史。武帝元封五年初置十三州部刺史，掌奉诏监察所辖各郡。监察的内容有六个方面，称为"六条问事"。史书记载：

　　　　刺史班宣，周行郡国，省察治状，黜陟能否，断治冤狱，以六条问事，非条所问，即不省。一条，强宗豪右田宅踰制，以强凌弱，以众暴寡。二条，二千石不奉诏书遵承典制，倍公向私，旁诏守利，侵渔百姓，聚敛为奸。三条，二千石不恤疑狱，风厉杀人，怒则任刑，喜则淫赏，烦扰刻暴，剥截黎元，为百姓所疾，山崩石裂，妖祥讹言。四条，二千石选署不平，苟阿所爱，蔽贤宠顽。五条，二千石子弟恃怙荣势，请托所监。六条，二千石违公下比，阿附豪强，通行货赂，割损正令也。[1]

---

[1] 《汉书》卷一九上《百官公卿表》注引《汉官典职仪》。

·汉代刺史初设时，由中央派往地方巡视，定期回京奏事。后来逐渐坐镇一方，兼领军政、民政，演变为地方行政长官，甚至形成割据势力，这是西汉后期直到魏晋南北朝以来的情形。南朝君主复派典签监视刺史及出镇地方的诸王。典签又称主帅、典签帅或签帅。本为处理文书的小吏，权力不大，当时府州部内论事，皆用签。宋、齐君主通过典签控制和鉴视地方军政，对于加强中央集权虽不无作用，但终不能消除中央与地方之间的矛盾，梁武帝对皇室采取宽纵政策，典签权势渐削弱。唐代诸王府亦设典签，但仅掌表启书疏，宣行教命而已。

唐朝御史台分为三院："一曰台院，侍御史隶焉；二曰殿院，殿中侍御史隶焉；三曰察院，监察御史隶焉。"侍御史"掌纠举百僚及入合承诏，知推、弹、杂事"，殿中侍御史"掌殿庭供奉之仪"，"正班，列于合门之外，纠离班、语不肃者"。监察御史"掌分察百僚，巡按州县，狱讼、军戎、祭祀、营作、太府出纳皆莅焉；知朝堂左右厢及百司纲目"①。唐代还派监察御史轮流监察六部，称为"六察"。贞观之前，御史台仅仅风闻奏事，没有司法权力。贞观间，御史台设置台狱，受理特殊的诉讼案件。开元十四年（726年）后，专设受事御史一员，以御史充任，每日一人轮流受理词讼。从此，凡重大案件，御史台和刑部、大理寺组成三法司联合审理。大理寺负责审讯人犯、拟定判词，刑部负责复核，同时报御史台监审。

宋代沿袭唐御史台三院制度，但是自南宋开始监察业务向察院集中，出现三院合一趋势。宋还在御史台专设六察御史，监察六部及中书门下、枢密院等部门，甚至对地方也进行监察。地方官的监察，由通判负责。同时，皇帝还经常派遣转运使、按察使、观察使到各地去监察，这些都属于外任御史。

元代中央御史台地位较前代提高，秩从一品，仅低于中书省正一品，与枢密院相等。忽必烈说：中书是我的左手，枢密院是我的右手，"御史台是朕医两手的"②。御史台不再设立三院，而设殿中司代替殿院，将台院职能并入察院，监察御史人数较前代成倍增加，达30多员。地方则设过4个行

---

① 《旧唐书》卷四四《职官三·御史台》。

② 叶子奇：《草木子》卷三下《杂制篇》。

御史台（长设的只有江南、陕西两个），机构、级别与中央御史相仿，也设有御史大夫、御史中丞及察院，元还在22道按察司（后改名为肃政廉访司）进行监察，分别隶属中央御史台或行御史台。

明代初年，沿元旧制，设御史台，洪武十三年（1380年）五月罢御史台。十五年改置都察院。都察院设左右都御史（正二品）、左右副都御史（正三品）、左右佥都御史（正四品）及浙江、江西、福建、四川、陕西、云南、河南、广西、广东、山西、山东、湖广、贵州13道监察御史（正七品）共110人。中央还设六科给事中分察六部。

清初仿明制，于崇德元年（1636年）五月设立都察院。都察院初设承政1人，左右参政各2人。顺治元年（1644年）改承政为左都御史，参政为左副都御史。右都御史，为总督兼衔。右副都御史为巡抚、河道总督、漕运总督兼衔，都不设专员。都察院在明代13道的基础上增加京畿道、江南道，共设15道监察御史。至雍正元年（1723年），又以六科给事中并入都察院。

古代监察制度的特点是监察部门独立，监察官位卑权重，监察百官，直接向皇帝负责。中央巡视地方的监察官不断出现行政化的趋势。在皇权官僚制度下，监察官往往成为皇帝和官僚以及官僚内部相互斗争的工具，并不能从根本上澄清吏治，改善民生。

六、司法制度

郡县时代立法、司法从属于行政，行政官员兼职立法与司法。秦汉九卿之一——廷尉是中央最高司法官，除廷尉外，秦始皇还创立御史制度。御史"举劾违失"，审理重大的案件，治狱案，成为专掌纠察和司法的官吏。西汉后期，廷尉的职权开始受到限制。随着三公的职权不断削弱，汉尚书台掌握实权，汉成帝时尚书设五曹，其中三公曹主断狱，东汉时则以"二千石曹掌水火、盗贼、词讼、罪法"[①]，开始分割廷尉的审判之权。南朝宋始专门设立都官尚书，复审地方、廷尉上报的重大案件，尚书省形成稳定的司法机构。秦汉魏晋南北朝除廷尉、都官尚书之外，还有御史台也参与司法案件的

---

① 《宋书》卷三九《百官上》引应劭《汉官》。

审理。除这些专门的司法机构外，特殊情况下，皇帝和高级官员也直接参与司法审判活动。但总体来讲，当时的司法审判制度比较粗放，州郡长官草菅人命的冤假错案不少。刘宋大明年间都官尚书谢庄向朝廷上奏：

> 臣近兼讯，见重囚八人，旋观其初，死有余罪，详察其理，实并无辜。恐此等不少，诚可怵惕也。旧官长竟囚毕，郡遣督邮案验，仍就施刑。督邮贱吏，非能异于官长，有案验之名，而无研究之实。愚谓此制宜革。自今入重之囚，县考正毕，以事言郡，并送囚身，委二千石亲临核辩，必收声吞絣，然后就戮。若二千石不能决，乃度廷尉。神州统外，移之刺史；刺史有疑，亦归台狱。必令死者不怨，生者无恨。①

这一要求加强审判监督和复审的建议，并无下文，恐怕是不了了之。

北朝末年及隋，都官尚书演变而成的刑部成为中央最高司法机构，秦汉以来的廷尉更名大理寺卿②，协助刑部处理重大案件。隋朝形成了大理寺、刑部、御史台三大司法机关。大理寺执掌案件的审判，刑部掌司法行政和畿内非违得失之事，御史台掌监察。隋文帝开皇十二年（592 年）下诏各州死罪不得独立断决，要全部移送大理寺案覆，大理审判完后再上报刑部奏裁③。御史职掌"监察百司，弹劾非违"。皇帝仍然要控制司法大权，死刑在执行前要向皇帝作最后请示三次，称"三复奏"。

唐代大理寺仍为重要司法机构，凡重大疑狱，一般由大理卿、少卿亲自审讯。刑部"掌天下刑法及徒隶、勾覆、关禁之政令"④，主要掌管法律制定和司法监督。大理寺等只能决断流刑以下的刑罚，大理寺审理、刑部

---

① 《宋书》卷八五《谢庄传》。

② 廷尉正式改为大理寺发生在北齐和隋朝，此前名称多有变更，以廷尉为主。如《汉书》卷一九上《百官公卿表上》载："廷尉，秦官，掌刑辟，有正、左右监，秩皆千石。景帝中六年更名大理，武帝建元四年复为廷尉。宣帝地节三年初置左右平，秩皆六百石。哀帝元寿二年复为大理。王莽改曰作士。"《后汉书》卷二五《百官二》载："廷尉，卿一人，中二千石。本注曰：掌平狱，奏当所应。凡郡国谳疑罪，皆处当以报。正、左监各一人。左平一人，六百石。本注曰：掌平决诏狱。"曹魏初曾更名大理，后又改回廷尉。

③ 《隋书》卷二五《刑法志》，第 714 页。

④ 《旧唐书》卷四三《职官二》。

复核的死刑要上奏皇帝，得到皇帝的批准。死刑执行前要向皇帝三复奏、五复奏。大理寺的处断与刑部复核有分歧时，须返回大理寺重审，若意见始终不能一致，则由皇帝决断。宋代大体沿袭了唐代的制度，刑部有所加强。元代出现重大变化，就是大理寺被废除。"元世祖至元二十年，置大理寺，掌领旧州城及畏吾儿之居汉地者，有词讼则听之。二十二年，改为大都护府，置大都护四人，同知二人，副都护二人，废大理寺不置。"① 刑部尚书3人，掌"天下刑名法律之政令，凡大辟之按覆、系囚之详谳、挈收产没之籍、捕获功赏之式、冤讼疑罪之辩、狱具之制度、律令之拟议，悉以任之"②。这一变化影响到了后来的司法体制，使明清司法工作重心由大理寺转向了刑部。

　　明代除沿置刑部外，又恢复了大理寺，并将御史台更名为都察院，恢复了元代以前的三法司制度。《明史·刑法志》记载："三法司曰刑部、都察院、大理寺。刑部受天下刑名，都察院纠察，大理寺驳正。"洪武十七年（1384年）闰十月癸丑，朱元璋"命天下诸司刑狱皆属刑部、都察院详议平允，有送大理寺审覆，然后决之。其直隶府、州、县州狱，自今亦准此令，庶几民无冤抑"③。这一诏令，确立了明代刑部复审、大理寺复核的体制。与宋代以前复审主体以大理寺为主正好相反。《明会典》载："刑部尚书、左右侍郎，掌天下刑名及徒隶、勾复、关禁之政令。"④ 刑名指复审直隶及各省徒刑以上的案件。徒隶指执行并监督徒刑、流刑、充军等刑罚。勾复指对死罪重囚判决的确认、执行。刑部所复核刑名案件皆是指普通百姓的案件，若是两直隶及各省职官的犯罪案件，则应由都察院复核。关禁指对监狱事务的管理和监督。《明会典》和《唐六典》刑部之职责的记载完全一致，这只是表面现象。唐代刑部行政色彩较强，大理寺是主要审判机关，明代则以刑部为司法核心部门。明代刑部由于业务的需要，已经是一个庞大的审判机关。共设浙江、江西、湖广、陕西、广东、山东、福建、河南、山西、四川、广西、贵州、云南13清吏司，"十三司各掌其分省及兼领所分京府、直隶之刑

---

① 《续通典》卷二九《职官七》。
② 《续通典》卷二七《职官五》。
③ 《明太祖实录》卷一六七"洪武十七年闰十月癸丑"条，《钞本明实录》，线装书局2005年版。
④ 《明会典》卷一五九《刑部一》。

名"①。对于需要刑部、大理寺参与复核的徒刑以上案件，明代初期是将犯人押送到京师审理，出于节约成本，提高效率的考虑，后来出现了各省徒、流刑以上案件解京送审制和中央法司遣官会审制交替使用的情况。"景泰六年七月癸巳，命南京法司及各布政司，官吏人等杂犯死罪并流罪以下并免解京师详审。"②自此以后，遣官会审制度确定下来，并一直延续到明末。

清沿明制，仍设刑部、大理寺、都察院为三大司法机关。凡徒、流以上案件均归刑部复审，刑部设"直隶、奉天、江苏、安徽、江西、福建、浙江、湖广、河南、山东、山西、陕西、四川、广东、广西、云南、贵州十七清吏司"，"十七司各掌其分省所属刑名"③。死刑案件均由三法司会勘。特大案件，还要会同九卿或王公会审，最后奏报皇帝裁决。此即所谓秋审、朝审制度。

　　雍正十二年，始别遣满、汉司员各二人，曰总办秋审处。寻佐以协办者四人。录各省囚，谓之秋审；录本部囚，谓之朝审。岁八月，会九卿、詹事、科道公阅爰书，核定情实。凡大辟，御史、大理寺官会刑司录问，案法随科，曰会小三法司。录毕，白长官。都御史、大理卿诣部偕尚书、侍郎会鞫，各丽法议狱，曰会大三法司。谳上，复召大臣按覆，然后丽之于辟。初制，刑部会拟朝审，俱本部案件。其外省之案，康熙十六年始命刑部覆核，九卿会议。④

清末实行司法改革，推行立法、行政、司法三权分立。改刑部为法部，为法务行政部门。改大理寺为大理院，专司审判，并附设总检察厅，掌大理院案内的检察事务，使中央的司法审判机构在一定程度上从行政体系中独立出来。从秦汉至明清，地方郡县司法案件由行政首长兼理，其下设有仿照中央公府或刑部设贼曹（秦汉）、法曹（唐）、刑房（明清）等机构协助长官办案。

---

① 《明史》卷七二《职官一》。
② 《明英宗实录》卷二五六。
③ 《清史稿》卷一一四《职官一》。
④ 《清史稿》卷一一四《职官一》。

秦汉以来的司法制度存在以下特点：

（一）从法律内容上看存在"刑民不分"问题，没有形成明确的刑事和民事法律和司法体系。从诉讼程序上看，有罪推定、刑讯逼供、重口供轻证据也是特点之一。审判程序总体上看趋于严密，根据案件重要程度，形成不同审判层级和初审、复审、会审等程序。

（二）法律面前人人不平等是郡县时代司法制度的显著特征，人分三六九等，男女、父子不平等，贵族、平民与奴婢不平等，主户与客户不平等，主人与佃雇不平等，法律规定了不平等的权利和义务。

（三）从刑罚手段看，古代刑罚是以肉体刑、劳役刑和连坐刑为主要特点的。肉体刑是通过残害犯人肢体乃至生命的方式进行惩罚，劳役刑是强迫犯人降为奴婢、以劳动服役作为惩罚，连坐刑是一人犯罪全家甚至亲近家族受到株连。从发展趋势上看，刑罚经历了从肉体刑、劳役刑向经济刑、自由刑的转化，从族诛连坐刑向个人刑的变迁，但这个由野蛮向文明的转化过程相当缓慢。

（四）司法从属于行政，行政首长兼为法官。强调德主刑辅，以道德礼仪的教化作为主要治国手段，以法律刑罚作为补充。一方面以道德教育为主，有利于和谐社会关系。但不严格执法，实行人治，也为皇帝官员"便宜行事"、"官断九条路"，搞特权腐败留下巨大空间。

七、军政制度

郡县时代皇帝是法定的全国最高军事统帅。国家军队的主要目的在于保卫皇帝官僚、镇压国内反叛和从事对外战争。这一时期军队按其保卫对象，可分为皇帝警卫军、中央正规军和地方军三大类。秦汉时期皇帝警卫军由郎中令和卫尉掌管，中央军由中尉掌管。秦汉时期军事统御除皇帝之外还有三公参与决策，三公最初指丞相、太尉和御史大夫，太尉被认为是最高军事官员，西汉后期，太尉更名为大司马，名义上仍主军事，实际上军国大事由内朝大将军决定，汉武帝以后大将军逐渐发展成为固定的最高军事统帅，往往成为权臣专政的名号。秦汉地方军队则由郡（国）尉、县尉统帅。魏晋南北朝时期，中央军驻京城附近者称为"中军"，其首领为中领军和中护军，驻地方者称"外军"，"中外军"是国家的主要军事力量。大将军、大司马与司徒、司空、太傅、太保、太宰、太尉并置，号称八公，多为虚位，只有兼"都督中外诸军事"一职者方为军事统帅。曹爽、司马懿父子都曾任此职，这一职务也成为武臣当政的名号。这一时期地方形成几十个"都督"区，即战区，由中央委派都督统辖中央驻军及区内州、郡所属部队。魏晋南北朝由于长期战乱，形成私兵盛行、军阀割据的局面。隋唐中央正规军实行"府兵制"，唐设中央16卫府统率全国军队，地方上则设600多个折冲府作为府兵管理的基本单位，平均每府兵员约1000人。唐朝大部分时期不再设专门的最高统帅，军国大事由政事堂决定，但唐朝后期府兵制遭到破坏，地方上形成藩镇割据局面，在中央由宦官出任的枢密使和神策军中尉逐渐掌握军事实权。宋元时期，枢密院成为正式的国家最高军事指挥机关，与政事堂（或中书门下）并称二府。宋代中央军队称禁军，驻扎京城和地方要地，其中担任皇帝警卫的部队3000人左右，隶属殿前司称为"班直"。禁军实行募兵制，设有殿前司、马军司、步军司（合称"三衙"）作为日常管理训练机关，行军打仗则由皇帝临时指派将领和军队，实行发兵、掌兵、领兵三权分立。宋代州县设有厢军，多用于力役，没有多少战斗力。元代实行兵户制，军队按来源不同有蒙古军、探马赤军、汉军和新附军四类，按任务不同又分为宿卫军和镇戍军两类。宿卫军驻扎京师保卫皇帝和中央政府，其中有皇帝直接控制的"怯薛军"和由枢密院领导的侍卫亲军。镇戍军分驻全国军事要地，初隶行枢密院，后由行省管理。元代军事编制实行十进制，10人为一队（设队长），十队为一百户，以上有千户、万户，实际编制并不满员。明朝实行卫所兵制，以卫、千户所、百户所为单位，分别为5600人、1120人和112人。在中央设五个都督府分管各地卫所军事。卫所军在京师附近者称京军，是国家军队主力，明成祖迁都北京后，京卫增至72个，兵力达40万人，其中26卫、4万多人，不归五军都督府，直属皇帝。清朝中央军以八旗军为主，地方军队则以绿营兵为主。清初军国大事由议政王大臣会议决定，后来成立军机处，军机处没有专官、没有僚属，完全听命于皇帝，是实现皇帝军事领导权的工具。清朝末年实行军制改革，改兵部为陆军部，后又设军谘府作为中央军事决策机关。同时，各地开始编练新式陆军以取代八旗和绿营，直至清亡，这一军事近代化过程尚未完成。从历代演变来看，军事统御机关极不稳定，主要是因为这一机关极易对皇权构成威胁。中国历代王朝开始均实行内重外轻的军事战略布局，将精兵布置在京城附近，但在镇压地方起义或抵御外族入侵，地方或边疆军事力量逐渐壮大，形成军阀割据，最终导致王朝灭亡。这种内重外轻向外重内轻军事格局的转化是不依统治者的意志为转移的。另外，中国古代的军队带有明显的等级、种族和世袭色彩，由部分民族或民户世代为兵，不同军队因与皇帝、中央关系远近分为几等，这是由皇权专制和中央集权的政治特点所决定的。

八、郡县时代的政体及其演变特点

学术界习惯称郡县时代的政体为君主专制政体，是受孟德斯鸠东方专制说影响，马克思也曾经说过东方专制主义。实际上，郡县时代实行的是君主统治下的贵族官僚政体，君主的权力并非完全不受限制，很多时期由于太后、外戚、宰相或宦官的专权，或者出现门阀政治，君主完全徒有虚名。总的来说是贵族官僚垄断了政权，人民没有参政权。贵族官僚政体已经形成了较为严密的体系。早期人类社会组织人数较少，实行议行合一，决策者与执行者是同一批人。后来随着社会组织规模变大，层级增多，权力运行制度不断完善。各个部落或团体开始实行权力分工，权力分工有两种类型：实体分工和程序分工。实体分工是根据公共活动的领域划分的，郡县时代的三公九卿、六部就是这类性质。程序分工一般出现在国家产生以后，是按照权力运行的程序分别设立部门，以实现权力运行从决策到执行的合理高效。具体地说，权力运行可以分为决策、审议、立法、行政、监察、司法、军政等若干部门，国家元首统领各部，实现权力的分工与协作，这种权力结构实际包括分权制约的共和主义因素。从中国朝会体制所体现的权力结构来看，权力以皇帝为核心，向外有内朝官、外朝官，呈圈层分布，越靠近圈层中心，权力越集中，越靠近圈层外围，权力越分散。国家各个部门分工协作、相互制约。在权力分工的几个部门中，决策层处于权力圈层中的核心位置，也是权力斗争的中心旋涡，因此历史上的决策部门是最不稳定的，机构、人员、名称变动频繁，古代一般笼统地称为宰相部门，它通常是从君主侍从、文秘人员中发展形成的。一旦决策部门权力稳固，君权受到限制，君主就会再造出一个新的决策部门代替它，原来的决策部门就演变为一般的行政机关，这个过程可以称为决策部门行政化趋势。例如，西汉初丞相府是决策机关，汉武帝用"尚书"取代其权力，东汉时尚书台已经成为政治中枢，"录尚书事"成为事实上的宰相。魏晋时又设中书、门下二省牵制尚书省，成为新的宰相机关，最终演变成隋唐三省长官同为宰相的局面。唐朝又设"中书门下"省代替原来的三省成为相府，又设翰林学士院参与决策，翰林学士被目为"内相"，后又设枢密使、三司使分中书门下省之权，至宋初形成中书门下省、枢密使、三司使三相并立局面。明朝废除丞相和中书省，部分翰林学士入阁参与决策，形成内阁，内阁成为新的宰相。清朝皇帝嫌内阁权重，又以南书房、军机处参与决策以取代内阁。另一方面，受到决策部门行政化的连锁影响，行政部门又出现散阶化、礼仪化、事务化趋势。此外，政治机构变迁还有审计部门监察化、监察部门行政化、临时部门常设化等等倾向。由于权力具有顽固的自利倾向，皇帝又往往选用这种"加法式"的政治体制变革，不可避免地导致"冗官冗政"，政出多门，效率低下。

第六节 郡县时代的地方制度

郡县时代地方制度的总体特点是地方权力君主所有，由中央派官治理。由于国家幅员广阔，经济落后，使得地方保留了很多封建残余，县级以上政权基本上是郡县制为主与封建制为辅的治理形态，县以下基层政权，既有乡里、家族自治传统，也有皇权不断渗入的影响。

一、郡县制度

即中央在全国各地划分行政区，向行政区派遣官员进行统治的制度。秦汉至隋，地方先后实行郡县和州郡县二、三级行政区，州设州牧或刺史，郡设太守，县设县令或县长。魏晋南北朝时期，州普遍增多，州辖郡数量减少，州上出现都督区（北周、隋一度更名为总管区），类似于战区，掌地方军政大权。隋实行州郡合并，唐代前期都督府一般仅设在缘边或要冲地区，地方逐渐形成州、县二级行政区，开元以后则由诸道采访使和藩镇发展成州上一级行政区。宋代地方设路、州、县三级，路实行"多头"制，设转运使司、提点刑狱司、提举常平司、安抚使司分管财政、司法、经济和军政。路是监察区向行政区过渡的形式，州直属朝廷，州设知州、通判，县设知县或县令。元代实行省、路、州（府）、县四级行政区，省设丞相和平章政事，路设总管，州设州尹或知州，府设府尹或知府，县设县尹。唐、宋、元在一些重要地区设府。唐设 8 个府，均在京都地区。宋代有府 63 个，区域扩展至帝王出生地、军事要地等。元代设府 35 个，数量有所减少。府的长官重要者为府尹，一般为知府。明代设省、府、县三级，省设布政司、按察司、都司分管行政、司法、军政，府设知府，县设知县。明代府成为普遍一级行政区的原因是将元代的路、州都改成了府。"明代有 1138 个县，除直隶州所领59个县外，下余1079个县，尽属于府"①。明仍保留了大量的州，设知州进行管理，州地位下降。州有两种，直隶州统于省，散州统于府。明朝后期中央派往各省的巡抚和总督逐渐地方化，成为凌驾于三司之上的省级官员。

清代有省、道、府、县四级，省设总督（辖一至数省）、巡抚为首长，其下设布政使、按察使、学政等官，分掌行政、司法和教育大权。道设道员，府设知府，县设知县。清代还设有州，直隶州相当于府，散州相当于县。清代的州与明相仿，仅限于特殊区域。边陲少数民族区还设有厅，由同知管理。

郡县制度的特点是，一是地方长官由中央选任，向中央负责，受中央监督，定期汇报工作，接受考核奖惩。二是地方人事、军事、财政等大权由中央掌管，地方官不得擅自作主。三是地方任官回避亲属和本人籍贯，不得世袭或久任，称为流官。郡县制度有利于防止地方割据，但地方官任期短、权限小，各种矛盾上交中央，不利于迅速解决，造成社会问题积压，最终妨碍国家发展和稳定。

二、藩属制度

又称为"封建制"，是通过册封地方政权首领的方式实现对地方统治的一种方式，这与任命地方长官有所不同。藩属制下的地方有较大的自治权，首领一般都是世袭的，有的称为王国，有的称为土州、土县。从历史上看，藩属制或封建制早于郡县制，它源于封建时代大邦对小邦首领的分工和任命。五帝三王时期天下万邦，众多邦国联合形成一体，以一个大邦为首领，

---

① 杨鸿平、欧阳鑫：《中国政制史》，武汉大学出版社 2012 年版，第 395 页。

形成宗主国与藩属诸侯国之间的"宗藩关系"。宗藩关系、封建制度是早期国家最基本的制度，春秋战国时期，郡县制因素逐渐出现，到秦始皇灭六国，形成了以郡县制为主，藩属制为辅的国家结构形式。

藩属有三种类型：1. 异姓功臣藩属。是一个王朝建立时分封的异姓王，例如汉初高祖刘邦为了团结反秦力量，曾封齐王韩信、燕王卢绾、韩王信等。清初也曾封耿仲明为靖南王、尚可喜为平南王、吴三桂为平西王，史称"三藩"。异姓封王在郡县时代并不常见，因为异姓王力量过大常常对朝廷构成威胁，这是历代王朝深为忌讳的，因此异姓封王常常是王朝在天下尚未统一时对各地割据势力的承认和拉拢，一旦天下太平，他们不是取代授爵的王朝，就是成为被消灭的对象。2. 同姓宗室藩属。是分封天子的叔伯兄弟子侄等人而形成的藩属政权。同姓分封在历史上较为普遍一些，基于同样的原因，同姓王同朝廷也存在既有共同利益又有矛盾的关系。历代中央王朝为了加强集权，不断削弱宗藩势力，这类藩属从最初的有土、有民、有官僚体系的政权演变为只是一种有丰厚俸禄和显耀荣誉地位的身份，不再成为一种地方政治势力。3. 四夷藩属。四夷藩属一般是由分布在中国边境地带的少数民族政权构成的。这些藩属存在的形式也是多样的，有属国、属邦政权，有都护府、都督府辖区，有土司辖区，有盟旗辖区，有羁縻州县，有道（汉）、厅（清），有藩属国等。

三、乡里制度

乡里制度是指郡县时代县以下基层地方治理制度。战国以来，中国已经形成乡里制度。秦汉时期，县以下基层组织为乡，乡下为里，平均一县四乡，一乡十里。里由数十户至百户人组成。里设有里典（或称里正、里魁）、父老，掌行政和教化。"乡有三老、有秩①、啬夫、游徼。三老掌教化。啬夫职听讼，收赋税。游徼徼循禁贼盗。"② 两晋规定："县五百以上皆置乡，三千

---

① 有秩，汉代乡官名，有秩啬夫的简称。《后汉书》卷一一四《百官志一》称："汉初掾史辟，皆上言之，故有秩比命士。其所不言，则为百石属。其后皆自辟除，故通为百石云。"《百官五》注云："有秩，郡所署，秩百石，其乡小者，县置啬夫一人。"《汉官》曰："乡户五千，则置有秩。"掌一乡人。《风俗通》曰："秩则田间大夫，言其官裁有秩耳。"

② 《汉书》卷一九上《百官公卿表第七上》，中华书局1962年版，第742页。

以上置二乡，五千以上置三乡，万以上置四乡，乡置啬夫一人。乡户不满千以下，置治书史一人。千以上置史、佐各一人，正一人。五[①]千五百以上，置史一人，佐二人。县率百户置里吏一人，其土广人稀，听随宜置里吏，限不得减五十户。户千以上，置校官掾一人。"[②] 北魏实行三长制，"五家立一邻长，五邻立一里长，五里立一党长，长取乡人强谨者。邻长复一夫，里长二，党长三。所复复征戍，余若民。三载亡愆则陟用，陟之一等。"[③] 隋朝"制人五家为保，保有长。保五为闾，闾四为族，皆有正。畿外置里正，比闾正，党长比族正，以相检察焉"[④]。唐朝"百户为里，五里为乡。两京及州县之郭内，分为坊，郊外为村。里及坊村皆有正，以司督察。四家为邻，五邻为保。保有长，以相禁约"[⑤]。《通典》载：

> （唐）每里置正一人，掌按比户口，课植农桑，检察非违，催驱赋役。在邑居者为坊，别置正一人，掌坊门管钥，督察奸非，并免其课役。在田野者为村，别置村正一人，其村满百家增置一人，掌同坊正。其村居如（不）满十家者，隶入大村，不须别置村正。（若山谷阻险，地远人稀之处听随便量置。）诸里正，县司选勋官六品以下白丁清平强干者充，其次为坊正，若当里无人，听于比邻里简用。其村正取白丁充。无人处，里正等并通取十八以上中男（无）残疾等充。[⑥]

从汉至唐乡里制度的演变趋势是，乡的行政职能逐渐退化，唐代名存实亡，里的地位相对较为稳定，"村"在唐朝开始成为基层行政单位。从南北朝开始，乡里组织出现"职役化"倾向，乡长、里正不再是"官吏"，而是由"农民"充当，免其课役。宋代这种趋势更加明显。《宋史》载，"宋因

①　本段前云"三千以上置二乡"，则一乡之人口在500户至3000户之间。此云"五千五百户"不合一乡户数，"五"或为衍字。

②　《晋书》卷二四《职官志》，第746页。

③　《魏书》卷一一〇《食货志》，第2855页。

④　《隋书》卷二四《食货志》，第680页。

⑤　《旧唐书》卷四三《职官志》，第1825页。《旧唐书》卷四八《食货志》本段作"四家为邻，五家为保。"《通典》同，"五家"当为"五邻"之误。

⑥　《通典》卷三《食货三·乡党》，第63—64页。

前代之制，以衙前主官物，以里正、户长、乡书手课督赋税，以耆长、弓手、壮丁逐捕盗贼，以承符、人力、手力、散从官给使令"。"淳化五年，始令诸县以第一等户为里正，第二等户为户长，勿冒名以给役。"① 宋代还在县以下城乡居民中设推行保甲法，有时以保正、甲头充当里正、户长职役。元代继承宋代的里正制度，同时还实行具有自治性质的"村社"制度。"县邑所属村疃，凡五十家立一社，择高年晓农事者一人为之长。增至百家者，别设长一员。不及五十家者，与近村合为一社。地远人稀，不能相合，各自为社者听。其合为社者，仍择数村之中，立社长、官司长以教督农民为事。凡种田者，立牌橛于田侧，书某社某人于其上，社长以时点视劝诫。不率教者，籍其姓名，以授提点官责之。其有不敬父兄及凶恶者，亦然。仍大书其所犯于门，俟其改过自新乃毁，如终岁不改，罚其代充本社夫役。社中有疾病凶丧之家不能耕种者，众为合力助之。一社之中灾病多者，两社助之。凡为长者，复其身，郡县官不得以社长与科差事。"② 明清时期都实行里甲制度。"洪武二十年命国子生武淳等分行州县，随粮定区。区设粮长四人，量度田亩方圆"③，征收、运缴税粮。其下设里甲，"洪武十四年诏天下编赋役黄册，以一百十户为一里，推丁粮多者十户为长，余百户为十甲，甲凡十人。岁役里长一人，甲首一人，董一里一甲之事。先后以丁粮多寡为序，凡十年一周，曰排年"④。"里设老人，选年高为众所服者，导民善，平乡里争讼。"⑤ 清"初沿明旧制，计丁授役，三年一编审，嗣改为五年。凡里百有十户，推丁多者十人为长，余百户为十甲，甲十人。岁除里长一，管摄一里事。城中曰坊，近城曰厢，乡里曰里。里长十人，轮流应征，催办钱粮，句摄公事，十年一周，以丁数多寡为次，令催纳各户钱粮，不以差徭累之"⑥。在实行里甲制度的同时，明清还实行保甲制度，清代雍正实行摊丁入亩以后，里甲制的基础遭到破坏，形同虚设，其主要职能渐为保甲取代。《清史稿》记载："世祖入关，有编置户口牌甲之令。其法，州县城乡十户立一牌长，十牌立

① 《宋史》卷一七七《食货志上五·役法上》，第4295、4296页。
② 《元史》卷九三《食货志》，第2354—2355页。
③ 《明史》卷七七《食货一》，第1881页。
④ 《明史》卷七七《食货一》，第1879页。
⑤ 《明史》卷七七《食货一》，第1878页。
⑥ 《清史稿》卷一二一《食货二·赋役》，第3543页。

一甲长，十甲立一保长。户给印牌，书其姓名丁口。出则注所往，入则稽所来。其寺观亦一律颁给，以稽僧道之出入。其客店令各立一簿，书寓客姓名行李，以便稽察。"乾隆二十二年规定"直省所属每户岁给门牌，牌长、甲长三年更代，保长一年更代。凡甲内有盗窃、邪教、赌博、赌具、窝逃、奸拐、私铸、私销、私盐、踩曲、贩卖硝磺，并私立名色敛财聚会等事，及面生可疑之徒，责令专司查报。户口迁移登耗，随时报明，门牌内改换填给"①。保甲法重点在于维护治安，原来里甲征税的功能也由保甲继承。

秦汉至明清时期的乡里制度是皇权专制和中央集权的工具，主要功能有征收赋役和维护治安，先秦时期的乡里自治传统日渐萎缩。

四、古代关于封建郡县制度优劣的思考

对封建郡县优劣的议论，从秦始皇到清初的顾炎武、王夫之等已经持续两千多年，其中涉及集权与分权、中央与地方的关系问题，实际上就是对古代国家政权性质、原则（即国体政体）的思考。延续到近代一百多年来表现为关于地方自治、联邦制、联省自治、国家主义、社会主义、专制与民主的争论，近几十年中国政治经济实践中的一些重大问题的分歧，仍然集中在中央与地方、统一与自治这个问题上。

（一）郡县论占上风的秦代论争

秦始皇统一六国之后面临一个重大问题，全国是普遍设立郡县，由中央派人治理，集权于中央，还是像周天子那样分封诸侯王，使地方高度自治、长官世袭？对这个问题，秦朝在公元前221年、前213年进行了两次讨论，最后是郡县派占了上风。秦始皇在全国设50多郡，八九百县进行统治，不过个别地方也保留了一些诸侯国。

（二）封建论反动的两汉魏晋南北朝

秦由于实行暴政，陈胜吴广起义，六国势力趁机复国，项羽分封十八个诸侯王，就是"封建思想"的表现。在楚汉战争中胜出的诸侯王之一汉王刘邦，重新统一全国，他错误地认为秦始皇不封宗族子弟为诸侯，造成自己势单力孤，丢了政权，因此大封同姓，拱卫中央，以图永保刘姓江山。结果

---

① 《清史稿》卷一二〇《食货一·户口田制》。

正如秦始皇讨论封建郡县时已经指出的那样，封建诸侯王，易致地方势力坐大，是树兵召乱之道。西汉景帝时终于爆发七国之乱，此后，景帝、武帝设法削藩，使王国、侯国势力变小，甚至不如一县。

曹魏篡汉以后继续沿袭防范诸侯王的方针，诸王处处受到监视，不断迁徙封地，不能相互交往。宗室曹冏提出要发挥诸侯王保卫国家安全的作用，他说："昔者，夏殷周历世数十，而秦二世而亡，何则？三代之君与天下共其民，故天下同其忧。秦王独制其民，故倾危而莫救。先王知独治之不能久也，故与人共治之，知独守之不能固也，故与人共守之。"① 他提出君主独制天下会导致短命，君主与诸侯共治，政权才能长久的观点。他说，曹魏政权不重用宗室诸侯，"子弟王空虚之地，君有不使之民，宗室窜于闾阎，不闻邦国之政，权均匹夫，势齐凡庶，内无深根不拔之固，外无盘石宗盟之助，非所以安社稷为万世之业也"② 。西晋建立后，继承了"封建国长，郡县速亡"的思想。陆机认为，封建制度下地方政权为诸侯世代私有，所以他们治理地方比较用心，而郡县制度下，地方官员为国家临时雇员，会趁机侵渔百姓，捞取私利，即所谓"五等之君，为己思政；郡县之长，为吏图物"③ ，郡县制度会造成地方政局败坏，最终导致国家衰亡。晋武帝大封同姓宗室，试图改变汉魏宗王势弱、君主孤立的情况，结果重蹈了西汉诸侯王内乱的覆辙，酿成祸害更大、更久的八王之乱。南北朝并未吸取教训，封建思想仍然盛行。"王者创业莫不广植亲亲，割裂州国，封建子弟"④ ，对于异姓功臣王朝也同样封以王、公、侯、伯、子、男等爵位，让其开国食邑。北魏时，崔浩"与同僚论五等郡县之是非，考秦皇、汉武之违失"，被认为"好古识治"，人们都很佩服他的观点。他还"著书二十余篇，上推太初，下尽秦汉变弊之迹，大旨先以复五等为本"⑤ ，向统治者宣传。

（三）郡县派复占上风的唐代

唐初封建、郡县思想又开始新的讨论。

---

① 《三国志》卷二〇《魏书·武文世王公传》注引《魏氏春秋》。
② 《三国志》卷二〇《魏书·武文世王公传》注引《魏氏春秋》。
③ 《晋书》卷五四《陆机传》。
④ 《南史》卷五二《梁宗室下》。
⑤ 《魏书》卷三五《崔浩传》。

　　（唐）太宗常谓（萧）瑀曰："朕欲使子孙长久，社稷永安，其理如何？"瑀对曰："臣观前代国祚所以长久者，莫若封诸侯以为盘石之固。秦并六国，罢侯置守，二代而亡；汉有天下，郡国参建，亦得年余四百。魏、晋废之，不能永久。封建之法，实可遵行。"太宗然之，始议封建。①

　　唐太宗一度将宗室、功臣封建各地做世袭刺史，但这一尝试很快遭到大臣长孙无忌、房玄龄等人的反对，他们认为三代君主实行封建并非有意，"盖由力不能制，因为利之，礼乐之文，多非己出"②。唐代若实行刺史世袭，可能致孩童嗣职，治理不善，犯罪身死，反而到头来害了宗室功臣。经这一番争论，唐太宗不得不停止世袭刺史的做法。从贞观十一年六月实行，到十三年二月诏停③，复行封建总共也不到两年时间。此后，封建郡县仍有议论。朱敬则著《五等论》，认为秦实行郡县实为春秋以来"礼义渐颓"的结果，战国以来，"主猜于上，人骇于下，父不能保之于子，君不能得之于臣"，实行郡县制度，加强君主专制和中央集权，实为不得已。他批评曹同等人恢复封建制的主张为不识时务。其后柳宗元作《封建论》，发展了朱敬则的观点，认为封建制度、郡县制度都是历史自然演进的结果，并非人为的设计。他说：

　　彼其初与万物皆生，草木榛榛，鹿豕狉狉，人不能搏噬，而且无毛羽，莫克自奉自卫，荀卿有言：必将假物以为用者也。夫假物者必争，争而不已，必就其能断曲直者而听命焉。其智而明者，所伏必众；告之以直而不改，必痛之而后畏；由是君长刑政生焉。故近者聚而为群。群之分，其争必大，大而后有兵有德。又有大者，众群之长又就而听命焉，以安其属。于是有诸侯之列。则其争又有大者焉。德又大者，诸侯之列又就而听命焉，以安其封，于是有方伯、连帅之类。则其争又有大者焉。德又大者，方伯、连帅之类，又就而听命焉，以安其人，然

────────────

①　《旧唐书》卷六三《萧瑀传》。
②　《旧唐书》卷六五《长孙无忌传》。
③　《旧唐书》卷三《太宗本纪下》。

后天下会于一。是故有里胥而后有县大夫，有县大夫而后有诸侯，有诸侯而后有方伯、连帅，有方伯、连帅而后有天子。自天子至于里胥，其德在人者，死必求其嗣而奉之。故封建非圣人意也，势也。

柳宗元还特别批驳了陆机的观点，他说：

> 或者曰："封建者，必私其土，子其人，适其俗，修其理，施化易也。守宰者，苟其心，思迁其秩而已，何能理乎？"余又非之。周之事迹，断可见矣。列侯骄盈，黩货事戎。大凡乱国多，理国寡。侯伯不得变其政，天子不得变其君。私土子人者，百不有一。失在于制，不在于政，周事然也。秦之事迹，亦断可见矣。有理人之制，而不委郡邑，是矣；有理人之臣，而不使守宰，是矣。郡邑不得正其制，守宰不得行其理，酷刑苦役，而万人侧目。失在于政，不在于制。秦事然也。

柳宗元认为封建制并不能导致诸侯"私土子人"，实行善政，反而使他们贪财受贿，穷兵黩武，封建制度本身存在这个缺点。秦行郡县短命而亡并不是郡县制度有问题，而在于实行暴政。柳宗元肯定郡县制度的历史作用，他认为郡县取代封建，是"天下为公"的表现，是"公之大者也"。"其情，私也，私其一己之威也，私其尽臣畜于我也。然而公天下之端自秦始。"郡县制和柳宗元的观点曾受到毛泽东的肯定，1973 年，他在写给郭沫若的一首诗① 中表达了这样的看法。

（四）封建、郡县调和论主导的宋元时期

唐代以后宗室有爵无土，封建名存实亡。史称：

> 宋承唐制，宗王襁褓即裂土而爵之。然名存实亡，无补于事。降至疏属……世代浸远，恒产丰约，去士庶之家无甚相远者。靖康之乱，诸王骈首以弊于金人之虐，论者咎其无封建之实，故不获维城之

---

① 1973 年 8 月 5 日，《七律·读〈封建论〉呈郭老》："劝君少骂秦始皇，焚坑事件要商量。祖龙魂死业犹在，孔学名高实秕糠。百代都行秦政法，十批不是好文章。熟读唐人封建论，莫从子厚返文王。"

助焉。①

宋代对封建郡县也多有议论，有高度肯定郡县制的，苏轼就是一个代表。他认为，封建制是内乱之道，郡县制是稳定秩序的根本之道。他说：

> 封建者，争之端而乱之始也。自书契以来，臣弑其君，子弑其父，父子兄弟相贼杀有不出于袭封而争位者乎？自三代圣人以礼乐教化，天下至刑措不用，然终不能已篡弑之祸。至汉以来君臣父子相贼虐者，皆诸侯王子孙。其余卿大夫不世袭者，盖未尝有也。近世无复封建，则此祸几绝。仁人君子忍复开之欤？故吾以为李斯始皇之言、柳宗元之论当为万世法也。②

但宋代对郡县制的批评也开始多了起来。例如，李纲认为"封建、郡县各有所长，而又皆不免乎有弊，较其优劣，则封建为优"。李纲说：

> 并建亲贤以为藩屏，大小相维，尊卑相制，资其犬牙盘石之势以安王室，其有不贡不王则牧伯得以征之，此封建之所长也。至其弊，则强侵弱、大并小、僭礼乐、擅征伐，天子不得以制之，而王室陵夷有蚕食之患。
>
> 举千里之郡而命之守，举百里之县而付之令，又有部刺史从而督察之，片纸可罢，一言可令，而无尾大不掉之患。尺地一民财赋、甲兵皆归之于天子，此郡县之所长也。至其弊，则势分而力弱，权轻而吏偷，内有乱臣贼子之祸弗能正，外有夷狄盗贼之虞弗能支，而天下震动有土崩之势。

李纲认为封建优于郡县的原因是封建制弊端的危害"蚕食之祸"，过程缓慢。郡县制的弊端造成国家"土崩之祸"，会导致国家迅速瓦解。他提出，

---

① 《宋史》卷二四四《魏王廷美传》。
② （明）冯琦、冯瑗撰《经济类编》卷八〇《苏轼秦始皇罢侯置守论》。

封建郡县的实行要因时而变,"封建宜于草昧艰难之时,而郡县宜于承平无事之日,非变而通之不足以救其弊"①。南宋胡宏鼓吹封建制为政治根本,称"郡县天下可以持承平,而不可以支变,故封建诸侯可以持承平,可以支变"②,这种态度清人早有评价,称"其论治道,以井田、封建为必不可废,亦泥古而流于迂谬"③。

元代的郝经则提出封建郡县"合二为一"的观点,对于诸侯,"分其土而不分其民,分其赋而不分其权,则亲亲尊尊;任贤使能之道两得焉。亲王自为同姓,诸侯守令自为异姓,诸侯不封建而得封建之实,姑以匡维末俗而已。谓封建而废郡县未可也,郡县而不封建亦未可也"④。

(五)封建、郡县论深入发展的明清

明清时期对这一问题的议论仍然激烈。有些人肯定郡县制的合理性,明末清初的王夫之认为,实行郡县制后,"秦、汉以降,天子孤立无辅,祚不永于商、周;而若东迁以后,交兵毒民,异政殊俗,横敛繁刑,艾削其民,迄之数百年而不息者亦革焉,则后世生民之祸亦轻矣。郡县者,非天子之利也,国祚所以不长也;而为天下计,则害不如封建之滋也多矣"。老百姓在郡县制下遭受的祸害远不如在封建制下所遭受的;而君主统治反而不如在封建制下来得绵延流长。秦实行郡县制原为私天下,却没想到"天假其私以行其大公"⑤。另外也有学者对郡县制提出批评,清代还有些人借恢复封建制表达对清王朝专制统治的不满。顾炎武说:"封建之失,其专在下。郡县之失,其专在上。古之圣人以公心待天下之人,胙之土而分之国。今之君人者尽四海之内为我郡县,犹不足也。人人而疑之,事事而制之。科条文簿日多一日,而又设之监司,设之督抚。以为如此,守令不得以残害其民矣。不知有司之官凛凛焉救过之不给,以得代为宰,而无肯为其民兴一日之利者。民乌得而不穷,国乌得而不弱?"郡县制最大的问题是权力高度集中,以至于地方官守几无权力,什么也做不成:"今日之尤无权者,莫过于守令……

---

① (宋)李纲《梁溪集》卷一四七《论封建郡县》。
② 胡宏:《知言》卷二。
③ 四库全书《知言》提要。
④ 郝经:《续后汉书》卷二九下《曹操诸子传》。
⑤ 王夫之:《读通鉴论》卷一。

言莅事，而事权不在郡县；言兴利，而利权不在于郡县；言治兵，而兵权不在于郡县，尚何以复论其富国裕民之道哉？"[1] 顾炎武更指出郡县制度已经不能延续下去了。他认为"知封建之所以变而为郡县，则知郡县之敝，而将复变"。"寓封建之意于郡县之中，而天下治矣"[2]。主张把地方治理的权力归于地方，而中央政府的权力主要是协调各地方利益的冲突和矛盾，监督地方的治理。顾炎武提出的办法，并非新的发明，唐太宗曾经实行过，李纲也提倡过。对于郡县政体的公私问题，清人也有议论。颜元认为秦变封建为郡县是"任智力以自雄，收万方以自私。文人如柳子厚者乃反为公天下自秦始之论，是又与于不仁之甚者也"[3]。王夫之认为郡县制下的用人之制更加"公"，但他同样认为秦废封建的主观动机是私的。他说："秦以私天下之心而罢侯置守，秦之所以获罪于万世者，私已而已矣。"

清中叶也有少数人借倡导封建批评满清专制制度。陆生楠痛陈废封建之害："封建之制，古圣人万世无弊之良规。废之为害，不循其制亦为害，至于今害深祸烈，不可胜言，皆郡县之故。"[4] 曾静说："封建是圣人治天下之大道，亦即是御戎狄之大法。"[5] 讽刺清政府不行封建，行夷狄之政。

晚清以降，国势日益衰微，加之西方思潮影响，传统封建郡县的议论促进了地方自治、民主共和思潮的出现。1898 年黄遵宪[6]（见图 4-8）曾在演讲中倡言"自周以前，国不一国，要之可名为封建之世"。"盖国有大政，必谋及卿士及庶人，而国人曰贤，国人曰杀，一刑一杀，亦与众共之也。故封建之世，其传国极私，而政体乃极公也。""自秦以后，国不一国，要之可名为郡县之世"，将"一府一县数十万人之命，委于二三官长之手，曰是则是，曰非则非。而此二三官长者，又委之幕友、书吏、家丁之手，而卧治焉，而画诺坐啸焉，国乌得而治"，故郡县之世，"其设官甚公，而政体则甚

---

① 顾炎武：《日知录》卷九《守令》。
② 顾炎武：《亭林文集》卷一《郡县论一》。
③ 颜元：《存治篇·王道》，《颜元集》上册第 4 卷，中华书局 1987 年版。
④ 戴逸、李文海主编：《清通鉴》第七册，山西人民出版社 1999 年版，第 2971 页。
⑤ 雍正编纂：《大义觉迷录》，张万钧、薛予生编译，中国城市出版社 1999 年版，第 138 页。
⑥ 黄遵宪（1848—1905 年），字公度，别号人境庐主人，清朝诗人，外交家、政治家、教育家。生于广东嘉应州，1876 年中举人，历充驻日参赞、旧金山总领事、驻英参赞、新加坡总领事。戊戌变法期间署湖南按察使，助巡抚陈宝箴推行新政。工诗，喜以新事物熔铸入诗。作品有《人境庐诗草》、《日本国志》、《日本杂事诗》等。他被誉为"近代中国走向世界第一人"。

私也"。黄遵宪希望士绅要"自治其乡","分官权于民","得封建世家之利,而去郡县专政之弊,由一府一县,推之一省,由一省推之天下,可以追共和之郅治,臻大同之盛轨"。

由上可知,郡县时代人们对封建郡县议论范围是相当广泛的,包括治国理念、治乱背景、民族关系、公私关系、任期长短、权力分配等方面,当然议论的中心是中央与地方关系、君臣关系。古代缺乏真正的民主思想,封建制有贵族共和与地方自治的精神,郡县制有君主专制和中央集权的特征。后世的共和思潮反对郡县制,与"封建"思想有某些继承关系。

第七节　郡县时代的官僚制度

官僚制度是对官员的选举、任官、回避、考课、秩品、散阶、封爵、授勋、名号、封赠、印服、俸禄、退休等一系列管理制度的统称。

一、选举制度

选举和任官本来是两个制度,选举通常指平民通过一定程序获得任官资格,任官则是有关部门根据被选举人的条件任以官职。郡县时代主要有过察举征辟、九品官人法、科举制等选官形式。

(一)察举征辟制

汉代流行的选官制度。所谓察举,就是由州,郡等地方官,在自己管辖区内进行考察,发现统治阶级需要的人才,以"孝廉"、"茂才异等"、"贤良方正"等名目,推荐给中央政府,经过诏问、对策的面试,区分等第,任以相应的官职;所谓征辟,是由皇帝或地方长官直接进行征聘。察举和征辟,相对于封建时代的世禄世卿制来讲,是一大进步。这一制度有举士和举官不分,选举和考课不分,选举与教育分离,没有选官的专职官员,先选后考等特点,给各级官吏在察举和征辟中徇私舞弊、交朋结党留下很多缝隙,所以到了东汉末年,竟然出现了"举秀才,不知书;举孝廉,父别居;寒素洁白浊如泥,高第良将怯如鸡"的怪现象。

(二)九品中正制

又称九品官人法,是魏晋南北朝时期重要的选举制度,实际是察举制度的特殊形式，是魏文帝曹丕为了拉拢士族而采纳吏部尚书陈群的意见，于篡汉前夕即延康元年（220年）命其制定的制度。主要内容就是选择"贤有识鉴"的中央官吏兼任原籍地的州、郡的大小中正官，负责察访本州、郡散处在各地的士人，综合德才、门第定出"品"和"状"，供吏部选官参考。所谓"品"，就是综合士人德才、门第（家世官位高低）所评定的等级，共分为上上、上中、上下、中上、中中、中下、下上、下中、下下九品，但实际上却只有六品（一品为虚设，无人能达到；八、九品接近贬斥，史书中未见被评的记载）三类。九品中正制创立之初，评议人物的标准是家世、品德、才能三者并重。但由于魏晋时充当中正者一般是二品，二品又有参与中正推举之权，而获得二品者几乎全部是门阀世族，故门阀世族就完全把持了官吏选拔之权。于是在中正品第过程中，才德标准逐渐被忽视，家世则越来越重要，甚至成为唯一的标准，到西晋时终于形成了"上品无寒门，下品无士族"的局面，九品中正制最终成为维护和巩固门阀统治的重要工具。到了隋代，随着门阀势力的衰落，此制终被废除。

（三）科举选官制

郡县时代通过考试选拔官吏的一种制度。因为采用分科取士的办法，所以叫作科举。科举制从隋朝大业元年（605年）开始实行，到清朝光绪三十一年（1905年）举行最后一科进士考试为止，经历了1300年。

隋统一全国后，隋文帝为加强中央集权，把选拔官吏的权力收归中央，废除九品中正制，开始采用分科考试的方式选拔官员，他令"诸州岁贡三人"参加考试，合格者可以做官。唐朝进一步明确了科考成绩与任官品级的对应关系。规定："诸秀才出身，上上第，正八品上；上中第，正八品下；上下第，从九品上。明经出身，上上第，从八品下；上中第，从九品上。进士、明法出身，甲第，从九品上；乙第，从九品下。若通二经已外，每一经加一等。"[1]

宋代确立了三年一次的三级（乡试、省试、殿试）考试制度。省试由尚书省礼部主持，在贡院内进行，连考三天。为了防止作弊，考官俱为临时委派，并由多人担任。考官获任后即要赴贡院，不得与外界往来，称为锁

---

[1]　《旧唐书》卷四二《职官一》。

院。考生到达贡院后，要对号入座，同考官一样不得离场。试卷要糊名、誊录，并且由多人阅卷。糊名，就是把考生考卷上的姓名、籍贯等密封起来，又称"弥封"或"封弥"。将考生的试卷另行誊录。考官评阅试卷时，不仅不知道考生的姓名，连考生的字迹也无从辨认。这种制度，对于防止主考官徇情取舍的确产生了很大的作用。殿试则于宫内举行，由皇帝亲自主持及定出名次。自宋代起，凡于殿试中进士者皆即授官，不需要再经吏部选试。科举原来目的是为政府从民间选拔人才，打破贵族世袭的现象。相对于世袭、举荐等选官制度，科举考试无疑是一种公平、公开及公正的方法，改善了用人制度。从宋代开始，科举便做到了不论出身、贫富皆可参加。这样不但大大拓展了政府选拔人才的基础，还让处于社会中下阶层的知识分子，有机会透过科考向社会上层流动。这种政策对维持整体社会的稳定起了相当大的作用。科举的弊端主要在其考核的内容与考试形式。由明代开始，科举的考试内容陷入僵化，变成只要求考生能造出合乎形式的八股文，反而不重考生的实际学识。大部分读书人为应科考，思想渐被狭隘的四书五经、迂腐的八股文所束缚；无论是眼界、创造能力、独立思考能力都被大大限制。

（四）国学选官制

国学选官制是指国家设立一些专门学校培养所需人才，学校毕业生可直接获得任官资格。国学是古代中央官办学校，所教内容以儒学为主，兼及史、子、集，国学在不同历史时期的含义是不同的。在汉魏和西晋前期，国学指太学。太学早在汉代就称为国学，据《后汉书·朱浮传》载："建武七年，转太仆。（朱）浮又以国学既兴，宜广博士之选，乃上书曰：'夫太学者，礼义之宫，教化所由兴也。'"这是太学称国学之例证。入晋以后，太学依然可称为国学，据《晋书·束皙传》载："（束）皙博学多闻，与兄璆俱知名。少游国学……还乡里，察孝廉，举茂才，皆不就。"束皙少游国学在晋武帝咸宁以前，此时国子学尚未建立，此国学当指太学。西晋后期，国子学建立后也称为国学，如：周弘正"十五，召补国子生，仍于国学讲《周易》，诸生传习其义"①。东晋以后，太学实际上处于停废状态。此后，国学主要指

---

① 《陈书》卷二四《周弘正传》。

国子学，国子学的学生称为国子生。隋初国子学名国子寺，大业三年（607年）改称国子监，监内设祭酒一人，专门管理教育事业，属下有主簿、录事各1人，统领各官学，如国子学、太学、四门学、书学、算学。此后，国子监成为集行政与教育于一体的机构。

西汉国学生成绩合格可直接任官。"博士官置弟子五十人，复其身"，"一岁皆辄课，能通一艺以上，补文学掌故缺；其高第可以为郎中，太常籍奏。即有秀才异等，辄以名闻。其不事学若下材，及不能通一艺，辄罢之。"王莽当政时，太学"岁课甲科四十人为郎中，乙科二十人为太子舍人，丙科四十人补文学掌故"①。

隋唐时期，国子监学生与州县学生一样要参加科举考试方能任官，并无特权。至宋代逐渐有部分学生获得直接任官的权利。宋代，国子监学生按出身分为国子生和太学生两类。"国子生，以京朝七品以上子孙为之，初无定员，后以二百人为额。太学生，以八品以下子弟若庶人之俊异者为之。"太学生按成绩分为外舍生、内舍生、上舍生三等。"凡内舍，行艺与所试之业俱优，为上舍上等，取旨授官；一优一平为中等，以俟殿试；俱平若一优一否为下等，以俟省试。""凡国子以奏荫恩广，故学校不预考选，其得入官赐出身者，多由铨试。"②

元代国子学生可以参加科举考试，也可以通过内部专门考试任官。武宗至大四年，"立国子学试贡法，蒙古授官六品，色目正七品，汉人从七品。试蒙古生之法宜从宽，色目生宜稍加密，汉人生则全科场之制"。"是后，又命所贡生员，每大比选士，与天下士同试于礼部，策于殿廷，又增至备榜而加选择焉。"

明清国子监生源途径较多，学生一般通过一年左右的学习，成绩合格可直接任官，但监生任官日益受到科举排挤，地位下降。《明史》称："科举必由学校，而学校起家，可不由科举。学校有二：曰国学，曰府、州、县学。府、州、县学诸生入国学者，乃可得官，不入者不能得也。入国学者，通谓之监生。举人曰举监，生员曰贡监，品官子弟曰荫监，捐赀曰例监。同

① 《汉书》卷八八《儒林传》。
② 《宋史》卷一五七《选举三》。

一贡监也，有岁贡，有选贡，有恩贡，有纳贡。同一荫监也，有官生，有恩生。"明初科举未兴，国子监学生较受重视，一度直接选任布政使、给事中者。此后科举进士成为任官首选，监生地位下降。"举、贡得为府佐贰及州县正官，官、恩生得选部、院、府、卫、司、寺小京职，尚为正途。而援例监生，仅得选州县佐贰及府首领官；其授京职者，乃光禄寺、上林苑之属；其愿就远方者，则以云、贵、广西及各边省军卫有司首领，及卫学、王府教授之缺用，而终身为异途矣。"①

清承明制，监生通过选拔，可直接任官。规定："恩、拔、岁、副，咨部历满考职，照教习贡生例，上上卷用通判，上卷用知县。例监历满考职，与不积分贡生一体廷试。每百名取正印八名，余用州、县佐贰。"

综上，学校选官也是古代选官的重要方式之一。不过官学生源明显还有贵族化倾向，是皇室、贵族、官僚选官的捷径。

（五）荫子制

荫子，汉代称任子，就是任用官员子弟为官的一项制度。据《汉官仪》所载，汉政府规定："吏二千石以上，视事满三岁，得任同产若子一人为郎。"意思是，两千石以上官员，只要任满三年，即可任兄弟或儿子一人为郎官。魏晋南北朝时期更是根据官员品阶高低，对子弟任相应的"起家官"做了明确规定。如南朝陈规定："其亲王起家则为侍中。若加将军，方得有佐史，无将军则无府，止有国官。皇太子冢嫡者，起家封王，依诸王起家。余子并封公，起家中书郎。诸王子并诸侯世子，起家给事。三公子起家员外散骑侍郎，令仆子起家秘书郎。若员满，亦为板法曹，虽高半阶，望终秘书郎下。次令仆子起家著作佐郎，亦为板行参军。此外有扬州主簿、太学博士、王国侍郎、奉朝请、嗣王行参军，并起家官，未合发诏。"②唐朝时规定："凡用荫，一品子，正七品上；二品子，正七品下；三品子，从七品上；从三品子，从七品下；正四品子，正八品上；从四品子，正八品下；正五品子，从八品上；从五品及国公子，从八品下。……赠官降正官一等，死事者与正官同。"③宋朝恩荫较滥，有圣节（每年逢皇帝诞辰）、大礼（每三年逢

---

① 《明史》卷六九《选举一》。
② 《隋书》卷二六《百官上》。
③ 《新唐书》卷四五《选举志下》。

郊祀）、致仕（官员告老退休）等多种荫补机会，"文臣自太师及开府仪同三司，可荫子若孙，及期亲大功以下亲，并异姓亲及门客；太师至保和殿大学士，荫至异姓亲，无门客；中大夫至中散大夫，荫至小功以下亲，无异姓亲。武臣亦以是为差……以斯以观，一人入仕，则子孙亲族，俱可得官"[1]。明初沿袭元朝任子制，文官七品以上皆得荫一子入国子监读书，称之恩荫生[2]。荫生名义上是入监读书，实际只需经一次考试，即可给予一定官职。清制，文职京官四品以上，外官三品以上，武职二品以上，俱准送一子入监读书，称恩荫。此外，因遇庆典而给予入监待遇的，亦属恩荫。荫子制是封建宗法社会世卿世禄在郡县时代的变种，它破坏了官僚制度的专业性，成为官场腐败的一个重要原因。

（六）捐纳制

又叫赀选，即通常所说的卖官鬻爵。它通常由政府条订事例，定出价格，公开出售，并成为制度，这就是捐纳制度。

捐纳换取官爵的办法，早在战国时期就已出现。公元前243年七月，因蝗灾，秦王嬴政令"百姓纳粟千石，拜爵一级"[3]。此后秦汉两代，每逢军兴、河工或灾荒，统治者常会举卖官爵，以增加政府财政收入。汉代的卖官鬻爵，始于汉惠帝六年（前189年）"令民得卖爵"，其后文帝从晁错之言，"令民入粟边，六百石爵上造，稍增至四千石为五大夫，万二千石为大庶长，各以多少级数为差"[4]。景帝二年，亦因天旱，重修卖爵令，减价鬻爵。汉武帝时，因军费不足，"置赏官，名曰武功爵，级十七万，凡值三十余万金。诸买武功爵官首者试补吏，先除"[5]。东汉安帝时，"三公以国用不足，奏令

---

①　赵翼：《廿二史札记》之"宋恩荫之滥"条。

②　《明史》卷七二《职官志·吏部》载："明初，自一品至七品，皆得荫一子以世其禄。洪武十六年，定职官子孙荫叙。正一品子，正五品用。从一品子，从五品用。正二品子，正六品用。从二品子，从六品用。正三品子，正七品用。从三品子，从七品用。正四品子，正八品用。从四品子，从八品用。正五品子，正九品用。从五品子，从九品用。正六品子，于未入流上等职内叙用。从六品子，于未入流中等职内叙用。正从七品子，于未入流下等职内叙用。后乃渐为限制，京官三品以上，考满著绩，始荫一子曰官生，其出自特恩者曰恩生。"

③　《史记》卷一五《六国年表》，中华书局1959年版，第751页。

④　《汉书》卷二四下《食货志下》，第1159页。

⑤　臣瓒曰："茂陵中书有武功爵，一级曰造士，二级曰闲舆卫，三级曰良士，四级曰元戎士，五级曰官首，六级曰秉铎，七级曰千夫，八级曰乐卿，九级曰执戎，十级曰政戾庶长，十一级曰军卫。此武帝所制，以宠军功。"

吏人入钱谷，得为关内侯、虎贲羽林郎、五大夫、官府吏、缇骑、营士各有差"①。汉灵帝"初开西邸卖官，自关内侯、虎贲、羽林，入钱各有差。私令左右卖公卿，公千万，卿五百万"②。

唐朝从太宗开始已经有卖官以增加军费收入的记载。安史之乱后，财政吃紧，卖官更为常见。唐肃宗至德六年（756 年），"以天下用度不充，诸道得召人纳钱，给空名告身，授官勋邑号"，"纳钱百千，赐明经出身"。其后又"诏能赈贫乏者，宠以爵秩"。③ 宪宗时期，由于相继发生了河北三镇叛乱、泾原兵变及对淮西用兵，军费告急，唐朝廷号召"入粟助边"，"量其多少，酬以官秩"，"纳粟一千石者，使授解褐官；有官者依资纳官；纳粟二千石者，超两资授官"。④

明代捐纳在选官途径影响较小，捐授实官者较少。"捐纳事例，自宪宗始。生员纳米百石以上，入国子监；军民纳二百五十石，为正九品散官，加五十石，增二级，至正七品止。武宗时，富民纳粟振济，千石以上者表其门，九百石至二三百石者，授散官，得至从六品。世宗令义民出谷二十石者，给冠带，多者授官正七品，至五百石者，有司为立坊。"⑤

清代捐纳有两种类型：一种为临时性的，称暂行事例。"拯荒、河工、军需三者，曰暂行事例，期满或事竣即停"；一种为长期的，称"现行事例"。从捐纳对象上说又有六种情况：捐途、捐升改选、捐复、捐免、捐贡、捐封赠等。"捐途文职小京官至郎中，未入流至道员；武职千、把总至参将。而职官并得捐升，改捐，降捐，捐选补各项班次、分发指省、翎衔、封典、加级、纪录。此外降革留任、离任，原衔、原资、原翎得捐复，坐补原缺。试俸、历俸、实授、保举、试用、离任引见、投供、验看、回避得捐免。平民得捐贡监、封典、职衔。""大抵贡监、衔封、加级、纪录无关铨政者，属现行事例，余属暂行事例。"清代规定："捐纳官分发各部、院学习三年，外

---

① 《后汉书》卷五《安帝纪》，第 213 页。

② 《山阳公载记》曰："时卖官，二千石二千万，四百石四百万，其以德次应选者半之，或三分之一，于西园立库以贮之。"《后汉书》卷八《灵帝纪》，第 342 页。

③ 《新唐书》卷五一《食货志一·租庸调法》，第 1347 页。

④ 王钦若：《册府元龟·邦计部·鬻爵赎罪》，中华书局 1960 年版。

⑤ 《明史》卷七八《食货二·赋役》。

省试用一年。期满，各堂官、督、抚实行甄别奏留，乃得补官。"①

捐纳一般是国家解决财政危机的临时措施，历来不是选官的正途和常制，国家对此也多有限制。捐纳和卖官鬻爵并不完全等同。捐纳是国家的选举制度，收入归国家财政。卖官鬻爵不仅包括正常合法的捐纳，还包括私下非法的买官卖官，皇帝和官员也经常私下卖官，捞取私利，私下卖官鬻爵是皇帝和官吏腐败的表现。西晋时，司隶校尉刘毅曾当面批评武帝司马炎"桓灵卖官，钱入官库；陛下卖官，钱入私门"，说他还不如汉桓帝、汉灵帝。

相对于察举、科举的正常途径外，其他选举方式只是补充形式，有时被称为"异途"，多少带些家族世袭或买官因素，因而受到很多批评和限制。

二、任官制度

任官，古称铨选，是国家机关任命官吏的制度。从任命主体上讲，可分为中央任命和地方任命，中央又可分为皇帝、宰相、尚书等不同的任命等级。从任命形式上讲，有正式任命（有正常的、法定的任命机关、程序、凭证、仪式、任期、禄俸）和非正式任命。

（一）任官机构

秦汉时期，实行三公制。官员任命除皇帝之外，一般由三公负责，具体由其属官长史和东、西曹掾属执行。但三公用人之权，渐被内朝官侵夺。东汉初，尚书仆射陈忠说："汉典旧事，丞相所请，靡有不听。今之三公，虽当其名而无其实，选举诛赏，一由尚书，尚书见任，重于三公，陵迟以来，其渐久矣。"②魏晋以后尚书台出现专管官员任免的吏部尚书。魏晋以后三省制逐渐形成，侍中、中书分尚书、用人之权，逐渐形成了分等任官的体制。一般来讲，三品以上官员皇帝要亲自过问，四、五品任用侍中、中书、尚书令、仆参与，六品以下吏部尚书做主。史载：

（南朝刘宋时，蔡廓）征为吏部尚书。廓因北地傅隆问亮："选事若悉以见付，不论；不然，不能拜也。"亮以语录尚书徐羡之，羡之曰：

---

① 《清史稿》卷一一二《选举七·捐纳》。

② 《后汉书》卷四六《陈宠附子忠传》。

"黄门郎以下，悉以委蔡，吾徒不复厝怀；自此以上，故宜共参同异。"
廓曰："我不能为徐干木署纸尾也。"遂不拜。干木，羡之小字也。选案
黄纸，录尚书与吏部尚书连名，故廓云："署纸尾"也。①

从以上谈话中可以看出，吏部尚书权力有限，只能任命黄门郎（六品）
以下官员，六品以上官员任命则需要司空、录尚书事徐羡之和吏部尚书共同
签字。当然这并不是最后程序，尚书省的文书还要交中书省审批签字后方能
生效。刘宋前废帝时，蔡廓之子蔡兴宗为吏部尚书时，"（江夏王刘义）恭录
尚书事，受遗辅政，阿衡幼主，而引身避事，政归近习。越骑校尉戴法兴、
中书舍人巢尚之专制朝权"，"兴宗每陈选事，法兴、尚之等辄点定回换，仅
有在者"。② 此外，门下省也参与官员任命。《宋书》记载，处理尚书奏事的
"签仪"、"关事仪"中有"关门下位"的签字位置，又称："魏、晋散骑常侍、
侍郎，与侍中、黄门侍郎共平尚书奏事"，这些都是尚书省任官可能要经门
下省的证明。这一制度发展至隋唐，形成三省共同参与任免高级官员的正式
体制。唐宋时期又出现翰林学士院、中书门下、枢院、三司使等与三省共同
参政的局面，这些机构也参与了高级官员的任命。明清时内阁发展成事实的
宰相，重要任官，一般是先经内阁推荐，再由皇帝确认。

（二）正式任官仪式和程序

汉代正式任官称为"拜"或"授"，要举行正式的仪式，《汉官旧仪》载：

> （西汉）拜御史大夫为丞相，左右前后将军赞，五官中郎将授印
> 绶；拜左右前后将军为御史大夫，中二千石赞，左右中郎将授印绶；拜
> 中二千石，中郎将赞，御史中丞授印绶；拜千石六百石，御史中丞赞，
> 侍御史授印绶。印绶盛以箧，箧绿绨表白素里，尚书令史捧西向，侍
> 御史东向，取箧中印绶，授者却退，受印绶者手握持出，至尚书下乃
> 席之。丞相、列侯、将军金印紫绲绶，中二千石、二千石银印青绲绶，
> 皆龟纽，其断狱者印为章。

---

① 《南史》卷二九《蔡廓传》。
② 《宋书》卷五七《蔡廓附子蔡兴宗传》。

官员的任命分为初次任命和迁转任命。初次任命是通过察举、科举，或官学毕业等途径获得任官资格后，经任命机关考察合格，正式安排官职、授予印信凭证。初次任官通常有一年的见习或试用期，试用期俸禄只有正官的一半左右。迁转任命是指官员在某一官职任满一届（一般为三四年）或中间离职者，将任职情况上报任命机关申请重新任命。论资排辈是任官的重要因素，有时甚至成了唯一的标准。《魏书》卷六六《崔亮传》载：

> （北魏孝明帝时）迁吏部尚书。时羽林新害张彝之后，灵太后令武官得依资入选。官员既少，应选者多，前尚书李韶循常擢人，百姓大为嗟怨。亮乃奏为格制，不问士之贤愚，专以停解日月为断。虽复官须此人，停日后者终于不得；庸才下品，年月久者灼然先用。沉滞者皆称其能。……后甄琛、元修义、城阳王徽相继为吏部尚书，利其便己，踵而行之。自是贤愚同贯，泾渭无别。魏之失才，从亮始也。

（三）非正式任官

非正式任官相对较为简便，也较为常见，汉代多称为"假"官，有假王、假相国、假丞相、假郡守等。魏晋南北朝时正式任官的命令通常书写在黄纸上，而非正式任官通常将任命书写在木板上，因此称为"板官"或"板授官"，"板"亦作"版"。版官即是假官。方以智称：

> 假版，班品之卑者。《陆机表注》："凡王封拜谓之版官，即汉尺一版拜用之遗也。"《隋官志》曰："陈有版咨议参军、版长史之类。"《晋华谭传》："谨奉还所假左丞相、军咨祭酒版。"晁错言："里有假士，连有假五百（五百，师名也），邑有假侯。"《后志》有军假司马，赵充国从贰师，班超从窦固，皆假司马，似今之札付官。晋立行台之时，所在承制拜封，皆假官也。[①]

明代杨慎也称："古者召奏用虎爪书，晋宋之代大臣皆得自辟除官属以

---

① （明）方以智：《通雅》卷二二《官制》。

板召之，谓之板官。"① 魏晋南北朝时，一些官员本应由中央任命，由于战乱频繁，临时改由地方官员任命，这是板官大量兴起的原因。此时，还有假官、兼官、加官等任官形式，假、兼是以本不具备正式资格，临时充任较高官职，具有激励作用，在职有功可转为正式官职。加官是本职工作之外，加上其他附带审议性或侍从性（如侍中、散骑常侍、谏议大夫、给事中等）官衔，通常只起提高身份地位作用，并非一定身兼几个实职。武职加将军称号有标明身份等级的作用，类似于今天的军衔，高级将军享有开府待遇，可设立办公机构，配备下属人员。此外，还有领、带、贴之类的任官形式，领通常指上级兼理部分的下级工作，带、贴主要指中央官兼职地方官（通常只是为了领取一份俸禄，并非真正到地方任职）。

唐代兴起"员外官"和使职官。《新唐书》卷四六《百官一》载：

> 初，太宗省内外官，定制为七百三十员，曰："吾以此待天下贤材，足矣。"然是时已有员外置，其后又有特置同正员。至于检校、兼、守、判、知之类，皆非本制。又有置使之名，或因事而置，事已则罢，或遂置而不废。其名类繁多，莫能遍举。

有正式编制的官员称为正员官，有固定的职权和俸禄。员外官是正式编制以外的官员，通常是用来安排皇亲国戚、有过官员、佛道方士、少数民族或藩镇首领的"虚官"，一般没有实际职责，俸禄只有正官的一半，只有加"同正员"者才是全俸。唐代还有大量判、试、检校之名的官员，安史之乱前多是临时差遣的实职，其后常为地方使职官所挂中央官的虚名，由于藩镇割据，节度使以下形成了一套新的官职体系，但尚未成为正式官职，只能根据旧身份来领取俸禄。例如，《旧唐书》载，"上元二年冬，黄门侍郎、郑国公严武镇成都，奏杜甫为节度参谋、检校尚书工部员外郎，赐绯鱼袋"②。黄门侍郎是成都节度使所加的中央虚衔，杜甫的实职是严武的参谋，尚书工部员外郎是虚衔，并非杜甫真在中央任职。"官"、"职"、"差遣"分离是唐

---

① 杨慎：《丹铅总录》卷十六官《爵类》。
② 《旧唐书》卷一九〇下《文苑传·杜甫传》，第 5054 页。

和北宋前期官制的重要特征，"官"只是领取俸禄的依据，"使职差遣"才是实际工作。这是旧官体制应对新形势的过渡产物，虽然有利于官员的管理和行政效率的提高，但也造成官员身份张冠李戴、名实不副的混乱，直到北宋神宗元丰改制后才得到一定程度的克服。

元明清三代任官趋于简化，形成了以实际职岗定编定员的任官体系，散官、勋官、员外、检校之类名目大多退出任官体系，但署理、试用仍然保留。元明清还出现新的官职体系，一是"土官"，这是对藩属区管理的形式；二是候补官，有人认为，"清代的候补文官是指有官职而无实缺，以署缺和差使的形式在中央部门和地方机构从事各项临时性、差遣性事务但多数时间赋闲的在册官员。这是其他朝代所无而清朝独具的官场现象。到清朝中期，文职官员候补现象十分普遍，晚清时期尤为严重"。这一现象是由宋、金时期官员的"待阙"，由"候补"制度发展而来，明代已经出现①。"候补官"人多候久是选官过滥（如捐官、荫官），官僚队伍过度膨胀所致。

三、回避制度

回避是指为了防止官员因个人利益和亲属关系等因素对公务活动产生不良影响，而在官员所在职务、所执行公务和任职地区等方面作出一定的限制，使其避开有关亲属关系和公务的制度。部落社会和封建社会都是以血缘、亲属关系为基础的，任人唯亲是天经地义的，不可能有正式的回避制度。回避是官僚制度的产物，我国自西汉就出现了回避的一些规定，自汉武帝以后，曾规定"宗室不宜典三河"，"王国人不得宿卫"，"王舅不宜备九卿"等，对宗室外戚任职作出回避规定，主要为防止宗室和外戚影响皇权。西汉还形成了地方州、郡、县长官任职回避本籍的制度，县政府高级官吏也由外县人担任。东汉还形成了更为严密的"三互法"。"初，朝议以州郡相党，人情比周，乃制婚姻之家及两州人士不得对相监临。至是复有三互法，禁忌转密，选用艰难。""三互谓婚姻之家及两州人不得交互为官也。"② 三互法一般是指，官员任职要回避本籍，回避有婚姻关系的母方、妻方、媳方的籍贯以

---

① 《明史》卷二〇七《杨名列传》（第5471页）载，杨名因言获罪，"侍郎黄宗明、候补判官黄直救之，先后皆下狱"。卷二四〇《刘一燝列传》（第6241页）载，"候补御史刘重庆遂力诋一燝不可用"。

② 《后汉书》卷六〇《蔡邕传》及李贤注，第1990页。

及家乡长官之籍。此后又出现其他回避。有亲属关系的人不能在同一部门任职。唐朝"刑部员外郎杨嗣复以父于陵除户部侍郎，遂以近例避嫌，请出省"。有亲属、利益关系的人不能在有监管关系的部门任职。宰相杜佑的儿子杜从郁，"元和初，转左补阙。谏官崔群、韦贯之、独孤郁等以从郁宰相子，不合为谏官，乃降授左拾遗。群等复执曰：'拾遗之与补阙，虽资品有殊，皆名谏列。父为宰相，子为谏官，若政有得失，不可使子论父。'乃改为秘书丞，终驾部员外郎"①。唐朝以前，回避制度并不严密，"回避"一词也并未成为含义固定的专有名词，甚至常用作"避讳"、"回护"的贬义词使用。自宋代以后回避逐步法制化，出现了《详定服纪亲疏在官回避条例》的文件，此后回避制度日渐严密，开始逐渐实行公务回避，要求官员回避对与自己有同乡关系、姻亲关系及其他利害关系者有关的科举、司法、监察活动。如，唐朝玄宗时规定，礼部侍郎试贡士，其姻旧悉试考功，谓之"别头"，后来时罢时复。宋代以后科举考试回避制度趋于严格，清顺治时规定，乡试、会试的主考、总裁、同考官的子弟不许入场考试，只能参加由别人当考官的下届考试。司法回避唐朝以后开始逐渐完善。唐朝规定："凡鞫狱官与被鞫人有亲属仇嫌者，皆听更之。"《宋刑统》规定："诸鞫狱官与被鞫人有五服内亲，及大功以上婚姻之家，皆须听换。"除了法官与当事人之间的回避之外，宋代还规定了法官之间有亲属关系者也要相互回避，"诸职事相干或统摄有亲戚者，并回避"，"录问、检法与鞫狱，若检法与录问官吏有亲嫌者准此。"②犯人翻供须重审时，后审法官与前审法官有亲嫌关系者也必须回避。徽宗政和七年规定："移勘公事须先次契勘后来承勘司狱与前来承勘司狱有无亲戚，令自陈回避。不自陈者许人告，赏钱三百贯，犯人决配。"③宋代还规定了其他相关诉讼官吏的回避，这里就不一一列举了。元代明文规定，在御史台长官和属员之间，肃政廉访使与被监察地方官之间不得有父子、兄弟关系。明代对监察官的回避规定更为严格。明初，朱元璋规定大臣亲属不得任科道官，如有这种情况，应"对品改调"。后又规定，"凡按御史应回避原籍与按临之人与自己仇隙者"。

---

① 《旧唐书》卷一六六《杜佑附杜从郁传》，第5087页。
② 《庆元条法事类》卷八《亲嫌·职制》。
③ 《燕翼诒谋录》卷一。

回避制度有利于限制地方、宗族、朋党、外戚势力威胁皇权专制和中央集权，也在一定程度上有利于政治公平和官僚制度的完善，不过对于有着浓重封建宗法残余的社会，回避制度执行总体上并不严格，皇帝往往照顾官僚特权，特免回避，以博取信任、宽大之名。

四、考课制度

考课，也称考绩、考功、考察，是对官吏履职情况的考核。秦汉实行一年一考，三年课殿最一次。年考从秋天开始进行，至年底各级官府将考课簿册集中到中央，于次年的正月初一群臣朝会时举行考课大典，然后按分工分别进行考课。考课的内容以政绩为主。

考课的办法是由皇帝考核丞相、三公，如果皇帝不亲政事，考核由尚书负责，交皇帝核准。东汉光武帝和明帝"躬奸吏事，亦以课覆三公"。此外，尚书考核列卿，御史中丞考核刺史，丞相、三公、刺史考核郡国守相，郡国守相考核县令长、丞、尉。

县令长考核乡三老、啬夫，实行层层考核。对于各级官府的官吏，由本部门的功曹负责考核，根据考课结果奖优惩劣。郡国守相考核县令长、丞、尉的具体办法是：

> 秋冬岁尽，各计县户口垦田，钱谷入出，盗贼多少，上其集簿。丞尉以下，岁诣郡，课校其功。功多尤为最者，于廷尉劳勉之，以劝其后。负多尤为殿者，于后曹别责，以纠怠慢也。①

魏晋南北朝时期考课对象进一步扩大，考课内容除政绩之外，增加了品德的内容。如北魏宣武帝时考课法有"公清独著，德绩超伦，而无负殿者为上上，一殿为上中，二殿为上下，累计八殿，品降至九"②的记载。考课形式除传统的上计外，巡行和九品中正制也发挥了重要作用。

唐代考课继承了前代，将内容品德、功绩细化为"四善二十七最"，其法为：

---

① 《后汉书》志二八《百官五》注。
② 《魏书》卷六四《郭祚传》。

凡考课之法，有四善：一曰德义有闻，二曰清慎明著，三曰公平可称，四曰恪勤匪懈。善状之外，有二十七最：其一曰献可替否，拾遗补阙，为近侍之最。其二曰铨衡人物，擢尽才良，为选司之最。其三曰扬清激浊，褒贬必当，为考校之最。其四曰礼制仪式，动合经典，为礼官之最。其五曰音律克谐，不失节奏，为乐官之最。其六曰决断不滞，与夺合理，为判事之最。其七曰都统有方，警守无失，为宿卫之最。其八曰兵士调习，戎装充备，为督领之最。其九曰推鞫得情，处断平允，为法官之最。其十曰雠校精审，明为刊定，为校正之最。其十一曰承旨敷奏，吐纳明敏，为宣纳之最。其十二曰训导有方，生徒充业，为学官之最。其十三曰赏罚严明，攻战必胜，为将帅之最。其十四曰礼义兴行，肃清所部，为政教之最。其十五曰详录典正，辞理兼举，为文史之最。其十六曰访察精审，弹举必当，为纠正之最。其十七曰明于勘覆，稽失无隐，为勾检之最。其十八曰职事修理，供承强济，为监掌之最。其十九曰功课皆充，丁匠无怨，为役使之最。其二十曰耕耨以时，收获成课，为屯官之最。其二十一曰谨于盖藏，明于出纳，为仓库之最。其二十二曰推步盈虚，究理精密，为历官之最。其二十三曰占候医卜，效验居多，为方术之最。其二十四曰讥察有方，行旅无壅，为关津之最。其二十五曰市廛不扰，奸滥不作，为市司之最。其二十六曰牧养肥硕，蕃息孳多，为牧官之最。其二十七曰边境肃清，城隍修理，为镇防之最。

一最以上，有四善，为上上。一最以上，有三善，或无最而有四善，为上中。一最以上，有二善，或无最而有三善，为上下。一最以上，而有一善，或无最而有二善，为中上。一最以上，或无最而有一善，为中中。职事粗理，善最不闻，为中下。爱憎任情，处断乖理，为下上。背公向私，职务废阙，为下中。居官谄诈，贪浊有状，为下下。若于善最之外，别可加尚，及罪虽成殿，情状可矜，虽不成殿，而情状可责者，省校之日，皆听考官临时量定。①

---

① 《旧唐书》卷四三《职官志》，第1822—1823页。

宋代对不同官员实行不同考课办法：

> 考功郎中、员外郎掌文武官选叙、磨勘、资任、考课之政令。凡命官，随所隶迁，以其职事具注于历，给之于其属州若司，岁书其功过。应升迁授者，验历按法而叙进之；有负殿，则正其罪罚。
>
> 以七事考监司：一曰举官当否，二曰劝课农桑、增垦田畴，三曰户口增损，四曰兴利除害，五曰事失案察，六曰较正刑狱，七曰盗贼多寡。
>
> 以四善、三最考守令：德义有闻、清谨明著、公平可称、恪勤匪懈为四善；狱讼无冤、催科不扰为治事之最，农桑垦殖水利兴修为劝课之最，屏除奸盗、人获安处、振恤困穷、不致流移为抚养之最。通善、最分三等：五事为上，二事为中，余为下。若能否尤著，则别为优劣，以诏黜陟。凡内外官，计在官之日，满一岁为一考，三考为一任。[①]

明代考核官员有考满和考察两种形式，考满是对官吏在一定任期的全面考核，通常为3年一考，称职者升，不称职者降，平常者留任，贪污不法者治罪或罢免。考察是对官吏的行政审查，分贪、酷、浮躁、不及、老、病、罢、不谨8种情形分别处理。京官洪武时规定三年一考，弘治年间规定6年举行1次，外官为3年1次。清代京官考察3年1次，称京察，地方官考察为4年1次，称大计。以"四格"、"八法"为升降标准。"四格"为：守、政、才、年。每格按其成绩列为称职、勤职、供职三等。列一等者记名，得有升任外官的优先权。守，代表操守，分廉、平、贪；政，代表政务，分勤、平、怠；才，代表才能，分长、平、短；年则指年龄，分青、中、老。

清代对官员不称职者分为8种情形，称为"八法"（后去贪、酷为六法）：贪、酷、罢软（庸怯无能）、不谨（行止有亏、败伦伤化）、年老、有疾、浮躁（轻稚妄比）、才弱（才力不及）。分别给以提升、革职或降级调用的处分，年老或有疾者退休。

考课制度对官僚具有约束和激励作用，有利于官员尽忠职守和国家政

---

① 《宋史》卷一六三《职官志·吏部》，第3839页。

治公平及行政效率的提高，这是显而易见的，但这种考课本质上是皇帝监督官员，上级监督下级，缺乏人民监督。由于皇帝官僚专制自私的本性，他们根本利益一致，因而官官相护、层层蒙骗，欺瞒百姓、粉饰太平，考课在大多数情况下并不能反映吏治真实情形，也不可能真正达到政治公平和行政廉洁高效的结果。

五、官员等级制度

秦汉时期，官员等级是按照俸禄等级命名的，称为"禄秩"，官员等级一般分为万石、中二千石、二千石、千石、八百石、六百石、五百石、四百石、三百石、二百石、百石等十余个"石级"。此外，还有比二千石、比千石、比六百、比四石至比百石等若干"比石级"，不同"石级"或"比石级"官员级别不同，发放的俸禄也不同。三国以降，又将官员分为一至九品，品数越小，地位越高。在隋朝以前，官品与"禄秩"并行，品级代表官员级别大小，"禄秩"代表俸禄多少，有品高禄少者，有品低禄多者。隋代以后，取消"禄秩"，俸禄开始按品发放。官品的演化经历了由简至繁和由繁到简的反复。北魏和南朝梁时期，官品开始由九品细化为 54 阶和 30 阶、18 班。北魏最初将九品中的每一品都分为正品和从品①，正从品又各分上、中、下三阶，共形成 54 个等级，等级过细，不利于官员考察升迁，孝文帝改制，一至三品只分正、从，自正从四品开始，又各上、下两阶，共九品 30 阶，这一制度后来被唐、宋继承。元代以后，官品只分正从，不再分上下阶，形成九品 18 阶，官员等级又趋于简化。

六、官员分类制度

官员分类是从战国开始的。战国以前，官爵不甚分明，卿大夫士官职虽有分工，但似乎没有明确分类。战国开始，官员开始分为文、武两大体系。汉代文官中又出现了"儒生"与"文吏"的区分。东汉的王充认为儒生、文吏各有长短，"文吏以事胜，以忠负；儒生以节优，以职劣。二者长

---

① 魏晋南朝官品不分正从，北朝官品正从之分有不同的名称，北魏正品仅曰第几品，从品称从第几品；北周正品称正几命，从品只称几命。正、从不同时出现，至隋始正、从二字并举，称正几品、从几品。

短各有所宜；世之将相，各有所取。取儒生者，必轨德立化者也；取文吏者，必优事理乱者也"①。魏晋以后，由于门阀制度的影响，形成士族与庶族的分别，也出现流内官、流外官，清官、浊官的划分，高门士族任为流内官、清官，寒微士人和庶人任流外官、浊官。清官地位高、职务清闲、俸禄优厚、升迁快，浊官地位低下，职务繁杂、升迁慢。北魏在正式的"流内"九品正官外，尚有流外"七品"，孝文帝称："清浊同流，混齐一等，君子小人，名品无别，此殊为不可。我今八族以上，士人品第有九，九品之外，小人之官，复有七等。"② 南朝梁天监七年改九品为十八班制度，以"以班多者为贵，同班者，则以居下者为劣。"③ 大略而言，梁十八班、十七班相当于正、从一品，二班、一班相当于正、从九品，余以此类推。梁除流内十八班外，尚有流外七班。另外，西魏北周实行比较特殊的九命、九秩制度。魏废帝"三年（554）春正月，始作九命之典，以叙内外官爵。以第一品为九命，第九品为一命。改流外品为九秩，亦以九为上。"④ 九命也各分正、从二等。流内、流外是南北朝门阀政治的反映，流内官通常是高门士族所任之官，流外官是寒微士人或庶人所任之"吏职"，由流外转为流内受到很多限制。流内、流外官体现了职位等级和分类，流内官被视为君子、贵族所任之官职，流外官被视为小人、庶民所任之吏职，二者因任职者出身不同，其职能也有所不同。隋唐以后，学校、科举出身者为正途，任官起点高、升迁快，其他胥吏、任子、捐纳任官者通常地位低，升迁慢。但汉代以来，人们对这两种职位逐渐形成道德上的评价，认为流内官为君子，流外官为小人，流内官高尚有远见，流外官卑贱短视。儒生与文吏、流内与流外，清官与浊官、官与吏和近现代公务员中政务官与事务官的关系有相似之处。

七、散阶制度

散阶，由散官发展而来，后来成为官品等级的名称。散官，与职事官相对而言，是有官名而无固定职事之官员。汉代的议论、侍从之官是散官的渊源。

---

① 《论衡·程材篇》，岳麓书社1998年版，第445页。

② 《魏书》卷五九《刘昶传》，第1310页。

③ 《隋书》卷二六《百官志上》，第729页。

④ 《周书》卷二《文帝纪下》，第34页。

魏晋南北朝时期由于门阀士族造成大量"清官"，清闲无事，领取禄俸，导致特进、光禄大夫、太中大夫、中散大夫、散骑常侍、散骑侍郎、议郎等文"散官"大量增加并成为一种身份象征；同时由于战乱频仍，都督、刺史、郡守多加将军头衔，致使"将军"名号多达百余种，且形成等级化，成为武散官号，为隋唐散官品阶体系正式形成创造了条件。

隋代始定散阶之制，散阶成为与职事官并存的官阶体系，规定"食封及官不判事者，并九品，皆不给禄"，散阶正式成为官阶名称，官员仅以职事领取俸禄，只有散阶者无禄。隋初，散阶设置为：正二品：特进，左右光禄大夫；从二品：金紫光禄大夫；正三品：银青光禄大夫；从三品：朝议大夫；正四品：朝散大夫（以上诸散官授给有声望的文武官员）。

开皇六年，另在六至九品设置八郎八尉共16阶散阶：

正六品：上阶为朝议郎，下阶为武骑尉；从六品：上阶为通议郎，下阶为屯骑尉；

正七品：上阶为朝议郎，下阶为骁骑尉；从七品：上阶为朝散郎，下阶为游骑尉；

正八品：上阶为给事郎，下阶为飞骑尉；从八品：上阶为承务郎，下阶为旅骑尉；

正九品：上阶为儒林郎，下阶为云骑尉；从九品：上阶为文林郎，下阶为羽骑尉。

隋炀帝大业三年，更定官制，重改品级。废特进、八郎、八尉十一等勋官，并省朝议大夫。散、勋官合并，更定后的散职从一至九品，分别为：

光禄大夫，从一品；左光禄大夫，正二品；右光禄大夫，从二品；金紫光禄大夫，正三品；银青光禄大夫，从三品；正议大夫，正四品；通议大夫，从四品；朝请大夫，正五品；朝散大夫，从五品。建节尉，正六品；奋武尉，从六品；宣惠尉，正七品；绥德尉，从七品；怀仁尉，正八品；守义尉，从八品；奉诚尉，正九品；立信尉，从九品。

隋炀帝改制形成"九大夫八尉"九品17等的散阶制，较文帝七品22等的散阶有所简化。

唐初高祖武德年间的文散阶定制为：

开府仪同三司、左光禄大夫，从一品；特进、右光禄大夫，正二品；散骑常侍，从三品；太中大夫、通直散骑常侍，正四品；中大夫，从四品上；员外散骑常侍，从四品下；中散大夫，正五品上；散骑侍郎，正五品下；通直散骑侍郎，从五品上；员外散骑侍郎，从五品下；朝议郎、承议郎，正六品；通议郎、通直郎，从六品；朝请郎、宣德郎，正七品；朝散郎、宣义郎，从七品；给事郎、征事郎，正八品；承奉郎、承务郎，从八品；儒林郎、登仕郎，正九品；文林郎、将仕郎，从九品。共29阶。

太宗贞观十一年略作改动调整，主要是将"散骑官"换成各种大夫的名称，仍为29阶，成为永制：

开府仪同三司，从一品；特进，正二品，光禄大夫，从二品；金紫光禄大夫，正三品，银青光禄大夫，从三品；正议大夫，正四品上，通议大夫，正四品下；太中大夫，从四品上，中大夫，从四品下；中散大夫，正五品上，朝议大夫，正五品下；朝请大夫，从五品上，朝散大夫，从五品下；朝议郎，正六品上，承议郎，正六品下；奉议郎，从六品上，通直郎，从六品下；朝请郎，正七品上，宣德郎，正七品下；朝散郎，从七品上，宣义郎，从七品下；给事郎，正八品上，征事郎，正八品下；承奉郎，从八品上，承务郎，从八品下；儒林郎，正九品上，登仕郎，正九品下；文林郎，从九品上，将仕郎，从九品下。

唐武散阶：唐初高祖武德年间置散号将军以加武士之无职事者：辅国大将军，正二品；镇军大将军，从二品；冠军将军，正三品；云麾将军，从三品；忠武、壮武、宣威、明威、信远、游骑、游击将军自正四品上到从五品下。

太宗贞观十一年，设置武散阶，也是29阶：

骠骑大将军，从一品；辅国大将军，正二品，镇军大将军，从二品；冠军大将军，正三品，云麾将军，从三品；忠武将军，正四品上，壮武将军，正四品下；宣威将军，从四品上，明威将军，从四品下；定远将军，正五品上，宁远将军，正五品下；游骑将军，从五品上，游击将军，从五品下；昭武校尉，正六品上，昭武副尉，正六品下；振威校尉，从六品上，振威副尉，从六品下；致果校尉，正七品上，致果副尉，正七品下；翊麾校尉，从七品上，翊麾副尉，从七品下；宣节校尉，正八品上，宣节副尉，正八品下；御武校尉，从八品上，御武副尉，从八品下；仁勇校尉，正九品上，仁勇副尉，正九品下；陪戎校尉，从九品上，陪戎副尉，从九品下。

另外，唐显庆三年置授予外国首领的武散阶，有 16 阶：

怀化大将军，正三品上；怀化将军，正三品下；归德大将军，从三品上；归德将军，从三品下；怀化中郎将，正四品下；归德中郎将，从四品下；怀化郎将，正五品下；归德郎将，从五品下；怀化司阶，正六品下；归德司阶，从六品下；怀化中候，正七品下；归德中候，从七品下；怀化司戈，正八品下；归德司戈，从八品下；怀化执戟长上，正九品下；归德执戟长上，从九品下。

凡九品以上职事，皆带散位，谓之本品。职事则随才录用，或从闲入剧，或去高就卑，迁从出入，参差不定。散位则一切以门荫结品，然后劳考进叙。《武德令》，职事高者解散官，欠一阶不到为“兼”。职事卑者，不解散官。《贞观令》，以职事高者为“守”，职事卑者为“行”，仍各带散位。其欠一阶，依旧为“兼”，与当阶者，皆解散官。永徽已来，欠一阶者，或为兼，或带散官，或为守，参而用之。其两职事者亦为“兼”，颇相错乱。咸亨二年（671），始一切为“守”。①

隋唐散阶制的开创是官僚管理规范化、复杂化的又一发展阶段，即实现了官员“职称”和“岗位”，“官人”与“官职”的分离。这既有利于官员才德、功绩、待遇的评定，又有利于国家机关行政效率的提高，对后世人事管理制度产生了深远的影响。

北宋初，“有官、有职、有差遣。官以寓禄秩、叙位著，职以待文学之选，而别为差遣以治内外之事”，“以差遣要剧为贵途，而不以阶、勋、爵邑有无为轻重”②。元丰年间，宋神宗实行改革，仿照唐制，以本官理职事，以散阶叙禄秩。文散与唐同为 29 阶，只是为避宋太宗赵光义之讳，阶名中的“议”、“义”改为“奉”、“直”。武散官从骠骑大将军到陪戎副尉共 31 级，与唐 29 武阶相比，增加正三品怀化大将军，在冠军大将军下；从三品归德将军，在云麾将军下。

文散阶 29：

开府仪同三司从一；特进正二，光禄大夫从二；金紫光禄大夫正

---

① 《旧唐书》卷四二《职官一》，第 1785—1786 页。
② 《宋史》卷一六一《职官志》，第 3768 页。

三，银青光禄大夫从三。

正奉（正议）大夫正四上，中奉（通议）大夫正四，太中大夫从四上，中大夫从四。

中散大夫正五上，朝奉（朝议）大夫正五，朝散大夫从五上，朝请大夫从五①。

朝奉（朝议）郎正六上，承直（承议）郎正六，奉直（奉议）郎从六上，通直郎从六。

朝请郎正七上，宣德郎正七，朝散郎从七上，宣奉郎（宣义）从七。

给事郎正八上，承事（征事）郎正八，承奉郎从八上，承务郎从八。

儒林郎正九上，登仕郎正九，文林郎从九上，将仕郎从九。

武散阶 31：

骠骑大将军从一，辅国大将军正二，镇国大将军从二。

冠军大将军正三上，怀化大将军正三，云麾将军从三上，归德将军从三。

忠武将军正四上，壮武将军正四，宣武将军从四上，明威将军从四。

定远将军正五上，宁远将军正五，游骑将军从五上，游击将军从五。

昭武校尉正六上，昭武副尉正六，振威校尉从六上，振威副尉从六。

致果校尉正七上，致果副尉正七，翊麾校尉从七上，翊麾副尉从七。

宣节校尉正八上，宣节副尉正八，御武校尉从八上，御武副尉从八。

仁勇校尉正九上，仁勇副尉正九，陪戎校尉从九上，陪戎副校从九。

文武散阶此后又多有调整，不复再一一列举。

北宋政和年间，还对内侍官阶加以调整，形成 12 阶。按照马端临的看法，其目的在于对宦官加以歧视，即"祖宗立法，不以内侍淆清流，故自有阶官"②。现将新内侍官阶与原官名对照如下，括号内为旧官名，与旧官名同

---

① 唐代朝散大夫从五下，朝请大夫从五上。

② 马端临：《文献通考》卷六四《职官考十八·宋朝内侍官新旧阶》。

者不再加括号。

　　1. 供奉官（内东头供奉官，从八品）；2. 左侍禁（内西头供奉官，从八品）；3. 右侍禁（殿头，从九品）；4. 左班殿直（高品，从九品）；5. 右班殿直（高班）；6. 黄门；7. 祗候侍禁（祗候殿头）；8. 祗候殿直（祗候高品）；9. 祗候黄门（祗候高班内品）；10. 内品；11. 祗候内品；12. 贴祗候内品。

北宋政和至南宋绍年间，还陆续形成了一套"医官阶"，共22阶，其中和安"至医正而止，十四阶，并政和制"，其余为南宋绍兴年间续增。

　　1. 和安大夫；2. 成和大夫；3. 成安大夫（以上从六）；4. 成全大夫；5. 保和大夫；6. 保安大夫；7. 翰林良医（以上正七）；8. 和安郎；9. 成和郎；10. 成安郎；11. 成全郎；12. 保和郎；13. 保安郎；14. 翰林医正；15. 翰林医官；16. 翰林医效；17. 翰林医痊（以上从七）；18. 翰林医愈；19. 翰林医证；20. 翰林医诊；21. 翰林医候（以上从八）；22. 翰林医学（从九）。①

宋代散阶的"多系列化"趋势是对官员按"职称"分类管理的需要，虽然文、武之外的散阶还不太成熟，但已经形成了不同的管理方式，总的来讲，宋代比较重视文、武散阶，而对内侍及医官、天文、书法、绘画等伎术官比较轻视，这类官品阶低、升迁慢，一般只能在"本系列"内升迁，职称"转评"有严格限制。

　　元代散官较宋代更加整齐，并形成了文官、武官、内侍、司天、太医、教坊6个"职称"系列，文、武散官等级繁密，其他系列等级则相对疏简。如下表所示②：

---

① 《宋史》卷169《职官志》，第4069—4070页。

② 参见《元史》卷九一《百官七》，高级文阶、伎术阶为"大夫"，低级为"郎"，高级武阶为"将军"，低级为"尉"，这些称号表中有省略。

③ 正一品六阶为：开府仪同三司、仪同三司、特进、崇进、金紫光禄大夫、银青光禄大夫。

表4-6　元代各系列散官名称、品阶

品阶	文官42阶③	武官34阶④	内侍 14阶	司天 14阶	太医 15阶	教坊 15阶
正一	开府仪同三司等 6阶					
从一	光禄、荣禄大夫					
正二	资德、资政、资善大夫	龙虎、金吾、骠骑卫上将军	中散大夫			
从二	正奉、通奉、中奉大夫	奉国、辅国、镇国上将军	中引大夫			
正三	正议、通议、嘉议大夫	昭武、昭勇、昭毅大将军	中御大夫			
从三	太中、中、亚中大夫	安远、定远、怀远大将军	侍中大夫	钦象大夫	保宜、保康大夫	云韶、仙韶大夫
正四	中议、中宪、中顺大夫	广威、宣威、明威将军	中卫大夫	明时、颁朔大夫	保安、保和大夫	长宁、德和大夫
从四	朝请、朝散、朝列大夫	信武、显武、宣武将军	中涓大夫	保章大夫	保顺大夫	协律大夫
正五	奉政、奉议大夫	武节、武德将军	通侍郎	司玄大夫	保冲大夫	嘉成大夫
从五	奉直、奉训大夫	武义、武略将军	通御郎	授时郎	保全郎	纯和郎
正六	承德、承直郎	承信、昭信校尉	侍直郎	灵台郎	成安郎	调音郎
从六	儒林、承务郎	忠武、忠显校尉	内直郎	候仪郎	成和郎	司乐郎
正七	文林、承事郎	忠勇、忠翊校尉	司谒郎	司正郎	成全郎	协乐郎
从七	征事、从事郎	修武、敦武校尉	司阍郎	平秩郎	医正郎	和乐郎
正八	登仕、将仕郎	保义、进义校尉	司奉郎	正纪、挈壶郎	医效、医候郎	司音、司律郎
从八	登仕、将仕佐郎	保义、进义副尉	司引郎	司历、司辰郎	医痊、医愈郎	和声、和节郎

④　正二品为"卫上将军"，从二为"上将军"，三品为"大将军"，四、五品为"将军"，以下为校尉、副尉。

明朝的散阶制度与唐宋时不同，表现为按官授阶，因此散官的地位与作用下降。与官品相配，明散官也分为九品18级，从九品至正五品及正、从一品每级又有初授、升授两等，从四品至正二品则有初授、升授、加授三等。散官的授予办法是，初授或升授某品官，同时赐予初授散官；初考称职时，赐升授散官；再考功绩显著者，赐加授散官。考核平常者，不赐升授或加授散官。除给散官外，文官一品至五品，武官一品至六品，经再考，可参照散官同时授予勋级。因此，散官与勋级既是附加性官衔，又可视为考核制度的补充。《明史·职官志》记载：

> 文之散阶四十有二，以历考为差。正一品，初授特进荣禄大夫，升授特进光禄大夫。从一品，初授荣禄大夫，升授光禄大夫。正二品，初授资善大夫，升授资政大夫，加授资德大夫。从二品，初授中奉大夫，升授通奉大夫，加授正奉大夫。正三品，初授嘉议大夫，升授通议大夫，加授正议大夫。从三品，初授亚中大夫，升授中大夫，加授大中大夫。正四品，初授中顺大夫，升授中宪大夫，加授中议大夫。从四品，初授朝列大夫，升授朝议大夫，加授朝请大夫。正五品，初授奉议大夫，升授奉政大夫。从五品，初授奉训大夫，升授奉直大夫。正六品，初授承直郎，升授承德郎。从六品，初授承务郎，升授儒林郎，吏材干出身授宣德郎。正七品，初授承事郎，升授文林郎，吏材干授宣议郎。从七品，初授从仕郎，升授征仕郎。正八品，初授迪功郎，升授修职郎。从八品，初授迪功佐郎，升授修职佐郎。正九品，初授将仕郎，升授登仕郎。从九品，初授将仕佐郎，升授登仕佐郎。
>
> （武）散阶三十。正一品，初授特进荣禄大夫，升授特进光禄大夫。从一品，初授荣禄大夫，升授光禄大夫。正二品，初授骠骑将军，升授金吾将军，加授龙虎将军。从二品，初授镇国将军，升授定国将军，加授奉国将军。正三品，初授昭勇将军，升授昭毅将军，加授昭武将军。从三品，初授怀远将军，升授定远将军，加授安远将军。正四品，初授明威将军，升授宣威将军，加授广威将军。从四品，初授宣武将军，升授显武将军，加授信武将军。正五品，初授武德将军，授武节将军。从五品，初授武略将军，升授武毅将军。正六品，初授

昭信校尉，升授承信校尉。从六品，初授忠显校尉，升授忠武校尉。①

明初还一度设有内侍、钦天、光禄等散官。洪武四年，定内官散官。"正四品，中正大夫。从四品，中侍大夫。正五品，中卫大夫。从五品，侍直大夫。正六品，内侍郎。从六品，内直郎。正七品，正奉郎。从七品，正卫郎。正八品，司奉郎。从八品，司直郎。"又定钦天监散官，"监令（正三品），正仪大夫；少监（正四品），分朔大夫；五官司（正五品）②，司玄大夫；监丞（正六品），灵台郎；五官灵台郎（正七品），司正郎；五官保章正（从七品），平秩郎③；五官挈壶正（正八品），挈壶郎。"洪武十四年，废除钦天监专用散阶，官员"俱从品级授以文职散官"。明洪武十年定光禄寺散官品秩。"庖人除授者，卿从三品，授尚膳大夫；少卿正五品，授奉膳大夫；司丞从六品，授司膳郎；客署丞从七品，授掌膳郎；监事从八品，授执膳郎。"④

清代文武官阶至乾隆时简化为各18阶，仅用于封赠，一阶一号，激励作用大为减弱。

文官阶正一品光禄大夫，从一品荣禄大夫，正二品资政大夫，从二品通奉大夫，正三品通议大夫，从三品中议大夫，正四品中宪大夫，从四品朝议大夫，正五品奉政大夫，从五品奉直大夫，正六品承德郎，从六品儒林郎，正七品文林郎，从七品征仕郎，正八品修职郎，从八品修职佐郎，正九品登仕郎，从九品登仕佐郎。

武官阶：正一品建威将军，从一品振威将军，正二品武显将军，从二品武功将军，正三品武义将军，从三品武翼将军，正四品昭武都尉，从四品宣武都尉，正五品武德骑尉，从五品武德佐骑尉，正六品武略骑尉，从六品武略佐骑尉，正七品武信骑尉，从七品武信佐骑尉，正八品奋武校尉，从八品奋武佐校尉，正九品修武校尉，从九品修武佐校尉。

---

① 《明史》卷七二《职官一·吏部、兵部》。

② "五官司"应为"五官正"，见《明会典》。

③ "五官保章正，平秩郎；五官灵台郎，司正郎"应为"五官灵台郎，司正郎；五官保章正，平秩郎"，灵台郎为正七品，高于保章正从七品，这也是因循元代散阶的规定。

④ 《明史》卷七四《职官三》。

八、爵位制度

(一) 封爵体系的变化

爵位是古代授予宗室、外戚、官员和平民的一种称号，获爵者可以享有政治、经济、司法等方面的特有权利。郡县时代的爵位制是三代封建制的演变形式，其主导因素已经由"宗法封建"变为"因功授爵"，由裂土治民，演变为按邑户多少食租税。西周以"王"为天子之爵，其下实行以血缘为基础的公、侯、伯、子、男五等外爵及公卿大夫士四等内爵，内爵各等在春秋时又细化为二至三级，卿有上卿、中卿、下卿；大夫、士也有上、中、下三级。有外爵者建立诸侯国，有内爵者获得采邑、禄田。爵位是封建等级制度的体现。战国时期，诸侯国君纷纷称"王"、称"帝"，卿大夫开始称"侯"。

秦王嬴政统一六国后，自称"皇帝"，废除封王制度[①]，实行20等爵制："一级曰公士，二上造，三簪袅，四不更，五大夫，六官大夫，七公大夫，八公乘，九五大夫，十左庶长，十一右庶长，十二左更，十三中更，十四右更，十五少上造，十六大上造，十七驷车庶长，十八大庶长，十九关内侯，二十彻侯。"根据刘劭的解释，"自一爵以上至不更四等，皆士也。大夫以上至五大夫五等，比大夫也。九等，依九命之义也。自左庶长以上至大庶长，九卿之义也。关内侯者，依古圻内子男之义也。秦都山西，以关内为王畿，故曰关内侯也。列侯者，依古列国诸侯之义也。"[②] 由此可知，20等爵实际上是由周代内外爵制度改造而成。封爵是笼络官吏、士兵和百姓的一种手段。20等爵一般是按照军功大小授予，被称为军功爵。商鞅曾规定"斩一首，赐爵一级，为官者五十石"，后又发展出入粟拜爵制度，"百姓内粟千石，拜爵一级"。

汉代继续实行20等爵制，但又吸取秦亡教训，皇帝之下实行封王。汉代1至8级爵位的获得者一般为普通士兵或百姓，故称为民爵，士兵达到8级爵位，如再立功受爵往往需要转给亲人或改赐钱物，以避免身份改变。9至

---

① 赵高杀死秦二世之后，一度降皇帝为王。说："秦故王国，始皇君天下，故称帝。今六国复自立，秦地益小，乃以空名为帝，不可。宜为王如故，便。"立二世之兄子公子婴为秦王。(《史记》卷六《秦始皇本纪》)

② 《续汉书·百官志五》注引刘劭《爵制》，第3630页。

20 级一般为官吏或军官的专利，称为官爵。两汉都实行普遍赐爵制度，国家遇节庆、灾异等情况，都会给官、民赐爵 1 到 2 级，导致爵位过滥而贬值。

东汉继续实行封王制度，同时官爵中"侯爵"开始细化，形成县侯、乡侯、亭侯、关内侯四等，东汉末曹操又增加了关中侯、关外侯，形成六等，其他如大夫、庶长之类爵位则基本退出官爵体系，20 等爵只保留侯爵，其他爵位名存实亡。西汉末年出现的"公爵"（王莽曾为安汉公），到东汉时期开始一度广泛实行，刘秀曾将一批诸侯王降为公。这样一来，东汉皇帝之下，就有"王、公、侯"三等爵位。

曹魏末年开始了五等爵的恢复。将"王公侯"三等爵位，细化为国王、郡王、县王、郡公、县公、郡侯、县侯、县伯、县子、县男 10 级[1]。在魏晋南北朝，旧侯爵与六等爵并存，除县侯为二者共有外，旧爵只剩下乡侯、亭侯、关内侯、关中侯、关外侯五等了。新爵日渐重要，有取代旧爵的趋势。

隋朝废除了乡侯、亭侯、关内侯、关中侯、关外侯五等旧爵，隋文帝开皇年间规定：王正一品，郡王、国公、开国郡公、开国县公从一品，开国侯正二品，开国伯正三品，开国子正四品，开国男正五品，共为九等。炀帝时只保留王、公、侯三等，余皆废。

唐朝恢复隋开皇时的九等爵制：

一曰王，正一品，食邑一万户。二曰郡王，从一品，食邑五千户。三曰国公，从一品，食邑三千户。四曰郡公，正二品，食邑二千户。五曰县公，从二品，食邑一千五百户。六曰县侯，从三品，食邑一千户。七曰县伯，正四品，食邑七百户。八曰县子，正五品，食邑五百户。九曰县男，从五品，食邑三百户。凡名山大川，及畿内诸县，皆不以封。至郡公有余爵，听回授子孙。其国公皆特封。

宋代爵位在品级、封户与唐代相同。有王、郡王、国公、郡公、县公、郡侯、县侯、县伯、县子、县男等名号，但多出嗣王、郡侯二爵。嗣王、县

---

① 《晋书·地理志》载，"晋文帝为晋王，命裴秀等建立五等之制，惟安平郡公孚邑万户，制度如魏诸王。其余县公邑千八百户，地方七十五里；大国侯邑千六百户，地方七十里；次国侯邑千四百户，地方六十五里；大国伯邑千二百户，地方六十里；次国伯邑千户，地方五十五里；大国子邑八百户，地方五十里；次国子邑六百户，地方四十五里；男邑四百户，地方四十里。（次国男邑二百户，地方三十五里）"

公不常置，实际上仍为 9 等。

《宋史》载：

> 封爵之差，唐制：王，食邑五千户；郡王、国公，三千户；开国郡公，二千户；县公，千五百户；县侯，千户；伯，七百户；子，五百户；男，三百户。又有食实封者，户给缣帛，每赐爵，递加一级。唐末及五代始有加邑特户，而罢去实封之给，又去县公之名，封侯以郡。宋初沿其制，文臣少监、少卿以上，武臣副率以上，内职崇班以上有封爵；丞、郎、学士、刺史、大将军、诸司使以上有实封。但以增户数为差，不系爵级。邑过其爵，则并进爵焉，止于郡公。每加食邑，自千户至二百户，实封自六百户至百户。亲王、重臣或特加，有逾千户者。郡公食邑有累加至万余，实封至数千户者。皇属特封郡公、县公或赠侯者，无"开国"字。侯亦在开国郡公之上。①

宋代规定，王（包括嗣王、郡王）只能封皇室、宗室。皇子、皇兄弟封国为亲王，亲王之子承嫡者封嗣王。宗室近亲承袭、特旨封郡王、国公、郡公等。异姓无生封王爵者。即如王安石之封"舒王"，岳飞封"鄂王"，都属死后追封。徽宗朝赐封童贯为"广阳郡王"，则启封异姓为郡王之先例，此后，南宋生封韩世忠为咸安郡王、张浚为清河郡王等，但无异姓生封国王之例。文武臣僚，北宋前期，文臣少卿监以上、武臣诸司副使、宗室率府副率以上有封爵。元丰新制，侍从官以上始得开国之封爵，卿监以下不许。位至宰相直封国公。

宋代爵位已经与封地无实际联系，但仍然保留着春秋战国时期的"国名"及秦汉以来的郡县名。《文献通考》称：北宋仁宗"景祐中诏，春秋秦汉以来下及皇朝所封旧名别分大、次、小三等以为定制焉"，"其王公以下封国之名旧有大、次、小三等以为进封之叙，然每或封拜又有权升次、小国为大国者"。② 也就是说，大国、次国、小国并不是固定的，皇帝可以根据需

---

① 《宋史》卷一七〇《职官志·叙封》。
② 《文献通考》卷二七七《封建考·宋诸王》。

要宣布一个国名的大小等级。南宋人章如愚《群书考索》列举宋封国三等，274 个。其中大国 22 个：秦、魏、韩、燕、楚、晋、鲁、陈、吴、越、夏、升、商、周、汉、唐、冀、豫、兖、荆、雍、扬。次国 21 个：卫、蔡、曹、代、徐、邓、岐、随、蜀、邠、邢、郓、凉、潞、潭、苏、镇、益、广、延、寿。小国 231 个：江、滕、向、黄、纪、谯、原、弦、祁、邹、耿、舒、介、道、相、鄅、蒋、萧等。国名、郡县名大小仅是爵位高低、升降的标志，与实际的地名、百姓没有直接关系。

元代封爵有王、郡王、国公、郡公、郡侯、郡伯、县子、县男 8 等（与宋代相比，缺少县侯，县伯改为郡伯），只不过元代爵位国公以下多用于封赠，只是一种虚号。其实际分封两种类型：宗王兀鲁思分封和五户丝食邑，前者源于草原部落分治，主要实行于北方草原地区，类似于汉代的诸侯王国，诸王有设官、治民、征税之权。后者则仅有食邑，分割赋税，没有治民权，主要实行于中原和江南地区，类似于汉唐列侯食邑。另外，元朝统治者还经常将战俘分拨给贵族功臣当私属、驱口，有人称为私属分封。

明代有宗室与功臣两类封爵。明太祖之初，定制袭封：亲王嫡长子年 10 岁立王世子，长孙立为世孙，冠服均视一品；诸子年 10 岁，则封为郡王；郡王嫡长子为郡王世子；嫡长孙则授长孙；冠服均视二品；诸子则授镇国将军，从一品；孙辅国将军，从二品；曾孙奉国将军，从二品；四世孙镇国中尉；从四品。五世孙辅国中尉，从五品；六世以下皆奉国中尉，从六品。明初，功臣分为公侯伯子男 5 等，后改为公侯伯 3 等。明代初所封功臣爵号，大部分仍带有地名，但也有一部分仅加褒名，例如，明洪武三年，"封中书右丞汪广洋忠勤伯，御史中丞刘基诚意伯"[1]。以后所封的爵位有脱离地名的趋势，出现了保国公、昌国公、定国公、翊国公等名号。再如明英宗天顺元年，"论夺门迎复功，封石亨忠国公，张軏太平侯，张辄文安伯，杨善兴济伯"[2]。到了清代，爵位统一不再与地名联系。

清宗室封爵与明相仿，乾隆时定 14 等：和硕亲王，世子，多罗郡王，

_____

① 《明史》卷二《太祖二》。
② 《明史》卷一二《英宗后纪》。

长子，多罗贝勒，固山贝子，奉恩镇国公，奉恩辅国公，不入八分镇国公，不入八分辅国公，镇国将军（分3等），辅国将军（分3等4级），奉国将军（分3等4级），奉恩将军（2级）。清代异姓功臣实行爵、勋合一的九等爵位。公、侯、伯，超品。子，正一品。男，正二品。轻车都尉，正三品。骑都尉，正四品。云骑尉，正五品。恩骑尉，正七品。

清代爵位不再加地名，王、公、侯、伯等高级爵位则锡有"嘉名"。雍正元年，皇帝下诏称："本朝封王者皆选用嘉美字样，其嗣袭封则因之，而公爵则但分等次，未有封号字样，朕意欲考其当日勋庸，锡以嘉名。"制定一二三等公，有褒绩公、忠达公、奉义公、超武公、雄勇公、果毅公、信勇公、建烈公、勇勤公、英诚公10个美名。乾隆十四年，又增定侯嘉名6个：奉义侯、恭诚侯、顺勤侯、顺义侯、昭武侯、延恩侯；伯嘉名12个：敦惠伯、翼烈伯、宣义伯、襄宁伯、昭毅伯、威靖伯、襄勤伯、诚毅伯、昭信伯、懋烈伯、诚武伯、勤宣伯。

封爵的方式有两种，一种是因军功受封，叫军功封；一种是以皇帝直系子孙受封，叫恩封。清代爵位主要是因军功而授，与秦汉的军功爵特点比较相似。如有大功，爵位可以直接授予。顺治五年，清政府制定了立功授爵的条例：

凡攻城以城之大小攻之难易为等次，如城中敌兵坚守，我师登云梯艰苦攻克者为一等。敌兵拥众，统兵将帅设谋制胜，士卒登云梯攻克不甚艰苦者为二等。敌兵虽寡，守御甚坚，我师艰苦攻克者为三等。敌兵既寡，统兵将帅复出谋制胜，士卒攻克不甚艰苦者为四等。敌兵寡弱，守御犹坚，我师登云梯艰苦攻克者为五等。

一等城叙六人：第一人授一等轻车都尉，第二人授二等轻车都尉，第三人授三等轻车都尉，第四人授骑都

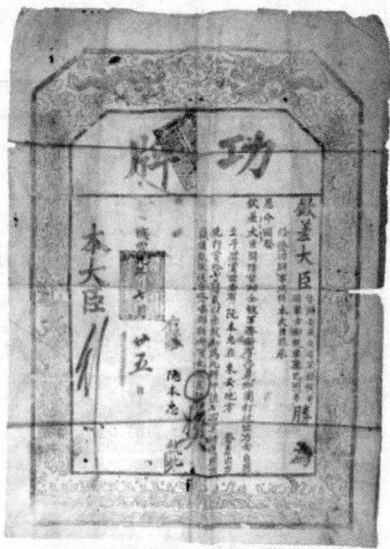

图4-6　清咸丰年间的功牌

尉兼一云骑尉，第五人授骑都尉，第六人授云骑尉。领战官授骑都尉，指路官及射箭官授云骑尉。二等城叙四人，第一人授三等轻车都尉，第二至第四以次递降，余准此。领战等官与前同。三等城叙三人，四等城叙二人，领战官授云骑尉，指路官克两城者授云骑尉，五等城叙一人，领战官克两城者授云骑尉，克一城者注册。克州城者减府城一等，克县城者减州城一等，卫城与州城同，所城与县城同，如敌兵据寨筑城，我师艰苦攻克，各视其寨之大小与城之等次相较议叙。①

清代爵位多数情况是由军功牌数换取。清政府制定了攻城、拔寨、冲锋、水战等多种条件的记功细则，清初功劳分为五等，视不同情况，立一等功两次或三次者可获授爵条件。顺治十四年规定：

> 大兵所到之处，敌人掘濠排栅列阵对敌，我师进攻，敌人坚壁不动，有于众军内能奋勇争先，越众前驱，众军随进克敌者。第一人赏银百两，咨吏部授爵。第二人赏银八十两，给越众前驱二等功牌，第三人赏银六十两给三等功牌，均注册，俟后复有越众前驱之功，将两次三等功牌准作一次二等，积至两次二等者咨吏部授爵。②
>
> 交锋之际，有于本旗行队之前越众冲锋，本旗大队随进克敌者，第一人赏银五十两，给本旗前进一等功牌，第二人赏银四十两，给二等功牌，第三人赏银三十两，给三等功牌，俟后再有本旗前进之功，将两次三等功牌准作一次二等，两次二等功牌准作一次一等，积至三次一等者，咨吏部授爵。②

清赏功授爵的条件比较苛刻，主要奖励不怕危险牺牲，冲锋陷阵，成效显著的少数人，"其随队伍进攻或随众斩射或追击败兵或于敌少处进攻者，均不在给赏授爵之例"③。

乾隆时曾规定：以军功得封者，无论王、贝勒等爵，均世袭罔替，即世

---

① 《钦定大清会典则例》卷一一三《兵部·职方清吏司·军功》。
② 《钦定大清会典则例》卷一一三《兵部·职方清吏司·军功》。
③ 《钦定大清会典则例》卷一一三《兵部·职方清吏司·军功》。

代承袭本爵，永不降封；恩封王、贝勒等爵，均每世递降一等承袭，即亲王爵递降至镇国公，郡王爵递降至辅国公，贝勒递降至不入八分镇国公，贝子递降至不入八分辅国公，镇国公递降至镇国将军，辅国公递降至辅国将军，再往后则以本爵世袭罔替。宗室中无爵者称"闲散宗室"。

（二）爵禄制度的演变

秦汉有爵者可获得一定数量的田宅。

表 4-7　西汉初年各级爵位占有的田宅标准①

爵级	一	二	三	四	五	六	七	八	九	十	十一	十二	十三	十四	十五	十六	十七	十八	十九	二十
爵名	公士	上造	簪袅	不更	大夫	官大夫	公大夫	公乘	五大夫	左庶长	右庶长	左更	中更	右更	少上造	大上造	驷车庶长	大庶长	关内侯	列侯
田	1.5	2	3	4	5	7	9	20	25	74	76	78	80	82	84	86	88	90	95	
宅	1.5	2	3	4	5	7	9	20	25	74	76	78	80	82	84	86	88	90	95	105

注：田的单位为顷，1 顷 =100 亩 =24000 平方步；宅的单位为宅，1 宅 =900 平方步。

按照 1 步 6 尺，1 尺 =0.231 米计算，1 宅面积为 1729 平米、2.59 今亩。1 顷为 69 今亩。彻侯（又称列侯或通侯）和一部分关内侯有封户食邑，封户按一定比例上交税收于爵主。

魏晋时，爵主拥有一定数量的封户，享有封户上交的一定比例的税收，两晋时"江左诸国并三分食一，元帝渡江，太兴元年，始制九分食一"②。史书记载，晋封户"绢户一疋，以其绢为诸侯秩，又分民租户二斛以为（诸）侯奉"③。平均每户向封君交租 2 斛，一个食邑最低为 1000 户的县侯年禄为 2000 斛，大大高于一般官员的俸禄④，这大概是三分食一的情况，东晋九分

---

① 张家山汉简《二年律令·户律》。
② 《晋书·地理志》，第 415 页。
③ 《初学记》卷二七《宝器部·绢第九》引《晋故事》，括号内"户出"二字、"诸"系笔者所补。
④ 《晋书》卷二四《职官志》载"诸公及开府位从公者，品秩第一，食奉日五斛"，最高官员的收入仅为 1825 斛。

食一则千户侯收入约为700斛，略同于官员俸禄。后来由于战乱频仍，封爵收入逐渐无法兑现，自东晋末年来，逐渐形成虚封和实封的现象，凡封爵前加"开国"二字者为实封，加"五等"者为虚封，只有名号，没有实际收入。北朝也有类似情况，北周、北齐时期，即令开国者也得不到收入了，只有加"别食"、"真食"方能得禄。

唐代爵位的收入开始从食税向食禄转化。隋唐和两宋都实行虚封和食实封相结合的制度，如隋李德林"陈平，授柱国、郡公，实封八百户"[①]，杨素平陈有功，"进爵郢国公，邑三千户，真食长寿县千户"[②]，"实封"和"真食"都是爵主可以获得收入的户数，唐代是封爵食邑制发生变革的时代，爵主与国家按2∶1的比例共享封户所交税收。开元二十五年（737年）令：诸应食实封者，皆以课户充，准户数，州县与国官、邑官执帐共收。其租调均为三分，一分入官，二分入国（公主所食邑即全给）。入官者，与租调同送；入国邑者，各准配租调远近，州县官司收其脚直，然后付国、邑官司。其丁亦准此，入国邑者收庸。

宋代的封爵有食邑，从10000户到200户，但都是虚数；只有"食实封"才有实在利益。食实封从1000户到100户，共分7等。实封1户，每月计钱25文，朝廷随月俸一起发放，"食实封"不世袭，官员封爵实际上只是增加俸禄而已。

元代封君一般只领取赋税收入，不治民。1236年，蒙古窝阔台汗在灭金后，将70余万中原民户分赐臣下，封户每两户出丝1斤归朝廷，每5户出丝1斤纳封君，由国家统一征收，定期颁给。元世祖时，将中原封户5户出丝1斤改为2斤，江南封户改纳户钞，平均每户纳500文（0.5两），如在江南有食邑千户，年收入钞500两，比最高一品官员年俸还多。

明代封爵收入也实行俸禄制，明初亲王岁禄定为50000石，后定减亲王岁禄为10000石，郡王2000石，镇国将军1000石，辅国将军800石，奉国将军600石，镇国中尉400石，辅国将军300石，奉国将军200石。另有大量赐田，有的亲王竟至数千上万顷。明初，勋戚皆赐官田以代常禄，其后

---

① 《隋书》卷四二《李德林传》，第1207页。
② 《隋书》卷四八《杨素传》，第1283页。

令还田给禄米。功臣岁禄，公5000石至2500石，侯2500石至1000石，伯1000石至700石。

清代封爵实行岁俸制。顺治年间定制：亲王岁俸银1万两，禄米1万斛；世子岁俸银6000两，禄米6000斛；郡王岁俸银5000两，禄米5000斛；长子岁俸银3000两，禄米3000斛；贝勒岁俸银2500两，禄米2500斛；贝子岁俸银1300两，禄米1300斛；其余宗室及功臣爵位岁俸如下表①。此外，还有不列等的闲散公255两，闲散侯230两，伯品级官205两，子品级官180两，男品级官155两，轻车都尉品级官130两，骑都尉品级官105两，云骑尉品级官80两。凡在京八旗世爵，每人俸银1两，兼支给米1斛。

表4-8　清代爵位俸禄表

宗室爵位		功臣爵位（乾隆时定）		每年俸禄	
爵级	爵名	爵级	爵名	银（两）	米（斛）
21	和硕亲王			10000	10000
20	亲王世子			6000	6000
19	多罗郡王			5000	5000
18	郡王长子			3000	3000
17	多罗贝勒			2500	2500
16	固山贝子			1300	1300
15	奉恩、不入八分镇国公	26	一等公	700	700
		25	二等公	685	685
		24	三等公	660	660
		23	一等侯兼一云骑尉	635	635
		22	一等侯	610	610
		21	二等侯	585	585
		20	三等侯	560	560
		19	一等伯兼一云骑尉	535	535

---

①　光绪《大清会典事例》卷二四八《户部·俸饷·宗室俸禄》，《清文献通考》卷四二《国用四》。
②　辅国公岁禄取整数为银500两，米500斛。

续表

宗室爵位		功臣爵位（乾隆时定）		每年俸禄	
爵级	爵名	爵级	爵名	银（两）	米（斛）
14	奉恩、不入八分辅国公②	18	一等伯	510	510
		17	二等伯	485	485
		16	三等伯	460	460
		15	一等子兼一云骑尉	435	435
13	一等镇国将军	14	一等子	410	410
12	二等镇国将军	13	二等子	385	385
11	三等镇国将军	12	三等子	360	360
10	一等辅国将军兼一云骑尉	11	一等男兼一云骑尉	335	335
9	一等辅国将军	10	一等男	310	310
8	二等辅国将军	9	二等男	285	285
7	三等辅国将军	8	三等男	260	260
6	一等奉国将军兼一云骑尉	7	一等轻车都尉兼一云骑尉	235	235
5	一等奉国将军	6	一等轻车都尉	210	210
4	二等奉国将军	5	二等轻车都尉	185	185
3	三等奉国将军	4	三等轻车都尉	160	160
2	奉恩将军兼一云骑尉	3	骑都尉兼一云骑尉	135	135
1	奉恩将军	2	骑都尉	110	110
		1	云骑尉	85	85
			恩骑尉	45	45

唐朝后期至宋、明、清三朝封爵与封土、封民失去了联系，爵位收入俸禄化、货币化，爵位不世袭或降等承袭，使其基本成为激励官僚的一种工具，虽然仍保留了以血缘为基础的宗室封爵，但功绩因素也被置入封爵、晋爵的基本条件。

九、勋官

勋官是把某些特殊官名授给有功者作为荣称，有虚衔而无实职。其制滥觞于北周，本以奖励作战有功的将士，后渐及朝官。北周时，"柱国"为其最高等级，如著名的"八柱国"执政即是。脍炙人口的北朝民歌体叙事诗《木兰辞》中，也有"策勋十二转（十二转实际上是唐代制度），赏赐百千强"的句子。隋文帝杨坚采后周之制，置上柱国、柱国、上大将军、大将军、上开府仪同三司、开府仪同三司、上仪同三司、仪同三司、大都督、帅都督、都督，总11等，以酬勤劳。[①]

唐朝实行十二转勋官制度。

> 十有二转为上柱国，比正二品。十一转为柱国，比从二品。十转为上护军，比正三品。九转为护军，比从三品。八转为上轻车都尉，比正四品。七转为轻车都尉，比从四品。六转为上骑都尉，比正五品。五转为骑都尉，比从五品。四转为骁骑尉，比正六品。三转为飞骑尉，比从六品。二转为云骑尉，比正七品。一转为武骑尉，比从七品。[②]

授勋有两种情况，军功授勋和非军功授勋。军功授勋则根据敌我双方力量对比，功劳大小斩获多少、立功人身份等级分别授予一至五转勋级，累计"勋至上柱国有余，则授周以上亲[③]，无者赐物。"

> 凡以功授者，覆实然后奏拟，战功则计杀获之数。坚城苦战，功第一者，三转。出少击多，曰上阵；兵数相当，曰中阵；出多击少，曰下阵；矢石未交，陷坚突众，敌因而败者，曰跳荡。杀获十之四，曰上获；十之二，曰中获；十之一，曰下获。凡酬功之等：见任、前资、常选，曰上资；文武散官、卫官、勋官五品以上，曰次资；五品以上子孙，上柱国、柱国子，勋官六品以下，曰下资；白丁、卫士，曰无资。跳荡人，上资加二阶，次资、下资、无资以次降。凡上阵：上获五转，

---

① 《隋书》卷二八《职官志》，第781页。
② 《旧唐书》卷四三《职官志》，第1822页。
③ 周亲，即至亲，指五服以内的亲属。凡男子为本宗之族曾祖父母、族祖父母、族父母、族兄弟，以及为外孙、外甥、婿、妻之父母、表兄、姨兄弟等，均服缌麻。服期三月，五服之外，同五世祖的亲属为袒免亲，即所谓"素服"。同六世祖的亲属便是无服亲了。故《礼记·大传》云："四世而缌，服之穷也，五世祖免，杀同姓也，六世亲属竭矣。"

中获四转，下获三转，第二、第三等递降焉。中阵之上获视上阵之中获，中获视上阵之下获，下获两转。下阵之上获视中阵之中获，中获视中阵之下获，下获一转。破蛮、獠，上阵上获，比两番降二转。①

唐朝还有普遍授勋的情况，在皇帝即位，改元或立皇子等节庆日，往往"加赐"特定等级官员或及子弟勋官一转，作为福利。

勋官可以获得勋田、免课、入仕、荫子、抵罪等好处。

勋田。根据律令规定，勋官可以按级授田，最高的上柱国为30顷，以下逐级递减，至云骑尉、武骑尉为60亩。对照均田令规定的每丁百亩的授田标准，勋官授田待遇是相当优厚的。

免课。唐代律令规定，勋官可以免除课役、正役和杂徭，但需服色役，称为"番上"。"凡勋官九百人，无职任者，番上于兵部，视远近为十二番，以强干者为番头，留宿卫者为番，月上。外州分五番，主城门、仓库，执刀。上柱国以下番上四年，骁骑尉以下番上五年，简于兵部，授散官；不第者，五品以上复番上四年，六品以下五年，简如初；再不中者，十二年则番上六年，八年则番上四年。"如三卫、亲王执仗、执乘、亲事、帐内等。三卫、执杖、执乘是侍卫皇帝、太子和亲王的卫官，由五品以上官子孙和勋官二品子担任。

入仕。勋官入仕可以有出身，即上柱国可由正六品上叙阶，其后各有等差。至云骑尉、武骑尉由从九品上叙阶。需通过番上先取得散官资格，勋官为官宦子弟及才艺出众者的入仕提供了方便。

荫子。骑都尉以上勋官可以荫其成丁之子，但具体待遇各异。由于勋品的获得远较职事官的品秩来得容易，因而唐朝规定：若三品带勋官者，即以勋官品同职事荫，四品以下降一等，五品以下降二等。勋品对中低级职事官的门荫颇具意义。

此外勋官还可以抵罪。《新唐书·樊兴传》云，樊兴"从李靖出吐谷浑，为赤水道行军总管，后军期，士多死，兴失器杖，以勋减死"。

宋代吏部司勋郎中、员外郎参掌勋赏之事。虽然有一定赐勋条件，但

---

① 《新唐书》卷四六《百官一》，第1186页。

明显具有官阶化的趋势：随官职大小，勋位"三年一迁"，遇节庆则普遍赐勋，对功臣之后赐勋都使得勋官成为一种新的官僚"荣誉"。

> 凡勋级十有二：曰上柱国，正二品；曰柱国，从二品；曰上护军，正三品；曰护军，从三品；曰上轻车都尉，正四品；曰轻车都尉，从四品；曰上骑都尉，正五品；曰骑都尉，从五品；曰骁骑尉，正六品；曰飞骑尉，从六品；曰云骑尉，正七品；曰武骑尉，从七品。率三岁一迁，必因其除授以加之。凡赏有格。若事应赏，从其所隶之司考实以报，则必审核其状，以格覆之，谓之"有法酬赏"；非格所载，参酌轻重拟定，以上尚书省，谓之"无法酬赏"。若功赏未卒而赏格改易者，轻从旧格，重从新格。录用前代帝系及勋臣之后，则考其族系而奉行其制命。①

> 元代勋官为十阶：上柱国（正一品），柱国（从一品），上护军（正二品），护军（从二品），上轻车都尉（正三品），轻车都尉（从三品），上骑都尉（正四品），骑都尉（从四品），骁骑尉（正五品），飞骑尉（从五品）。除上柱国"时有除拜者，余则止于封赠用之"②。

明代勋官分文勋、武勋两个系列。文勋由吏部稽勋司掌管，"凡文勋十。正一品，左、右柱国。从一品，柱国。正二品，正治上卿。从二品，正治卿。正三品，资治尹。从三品，资治少尹。正四品，赞治尹。从四品，赞治少尹。正五品，修正庶尹。从五品，协正庶尹。自五品以上，历再考，乃授勋"。武勋由兵部武选司掌管，"凡武官六品，其勋十有二。正一品，左、右柱国。从一品，柱国。正二品，上护军。从二品，护军。正三品，上轻车都尉。从三品，轻车都尉。正四品，上骑都尉。从四品，骑都尉。正五品，骁骑尉。从五品，飞骑尉。正六品，云骑尉。从六品，武骑尉。"③勋官品阶化造成其逐渐丧失其独立的奖赏体制的资格，这是清代爵、勋合一、去勋称爵的原因。

---

① 《宋史》卷一六三《职官三》。
② 《元史》卷九一《百官七》。
③ 《明史》卷七二《职官志一》，第1752页。

十、功臣名号

在官阶勋爵空名化之后，唐宋时期出现了一种新的砝码——赐功臣名号，对获名号者本人及其子孙承诺给予种种诸如加官晋爵、减罪、免税役、食俸、食封等实际优待条件，以吸引官员为王朝尽忠卖力。武德元年（618年），唐高祖李渊称帝后，赐予定策元勋"武德功臣"名号，赐予太原起兵将士"太原元从"名号，对功臣、元从及其子孙给予各种优待。自此以后，每逢皇权遭遇危机或重大变动时，唐代统治者往往将功臣之号颁赐给帮助匡正皇位的将士。例如，玄宗唐隆元年（710年）平韦后之乱，有"唐隆功臣"[①]，肃宗至德元年即位灵武，有"灵武扈从功臣"；代宗宝应元年（762年）平张皇后之乱有"宝应功臣"，避蕃幸陕时又有"陕州元从"等。德宗建中、兴元年间，朝廷对两河割据藩镇连年用兵，政局险象环生。先有泾师之变，德宗出奔奉天，后被李怀光逼迫，再幸梁州。在这一年多的流亡生涯中，德宗先后赐予扈从人员"奉天定难功臣"、"元从奉天定难功臣"等名号，并给予很多特权，《唐大诏令集》卷5《改元兴元赦》云：

> 诸军诸道赴奉天及进收京城将士等，或百战摧敌，万里勤王，捍固金城，驱除大憝。济危难者，其节著；复社稷者，其业崇。我图尔功，特加彝典，锡名减赋，永永无穷。并赐名奉天定难功臣，身有过犯，递减罪三等，子孙有过犯，递减罪二等。本户应有差徭使役，一切蠲除。其功臣已后虽衰老病患，不任军旅，当分粮赐，并宜全给。身亡之后，十年内仍回给家口。其有实食封者，子孙相继，代代无绝。其余收录及功赏条件，待收归日，并依去年十月七日、十一日、十四日赦处分。

唐德宗赐功臣名号改变了以往仅以年号、地名命名的旧例，增加了具有道德品质评价"定难"二字，此后，功臣名号用字脱离了年号、地名，后来"功臣"前不断增加"扶危"、"推忠"等美辞，最终同皇帝的尊号类似，

---

① 玄宗平韦后之乱时，在位者李重茂，年号唐隆。唐人避玄宗李隆基之讳，改作"唐元"。

成为一种独特的名号文化，后世将功臣名号的起源归于唐德宗正是这个原因。如乾宁二年（895年），中书侍郎判户部事崔胤曾从唐昭宗避难石门，车驾还宫，加礼部尚书，并赐号"扶危定乱致理功臣"，杜让能赐"扶危启运保乂功臣"①，徐商赐"扶危匡国致理功臣"②。此后，他不断给官员赐功臣号，罗威赐号"忠勤宣力致理功臣"③，又赐梁王朱温"回天再造竭忠守正功臣"④。

五代时国家分裂，军阀割据。朝廷往往利用赐功臣名号对各地势力进行拉拢。后梁曾赐闽王王审知"忠勤保安兴国功臣"，赐吴越王钱镠"启圣匡运同德功臣"，赐渤海郡王高万兴"匡时定节功臣"⑤，以后名号愈赐愈滥，甚至普通宿卫禁军士卒也带功臣之号，并且功臣名号越来越长，将相大臣有加至十余字的。一人在不同时期或获多个名号。如历仕后唐、后晋（契丹）、后汉、后周4朝10君，拜相20余年，人称官场"不倒翁"的冯道，他的功臣名就有"自经邦致理翊赞功臣至守正崇德保邦致理功臣、安时处顺守义崇静功臣、崇仁保德宁邦翊圣功臣"⑥4个之多。

北宋初因循旧制，也大量加封功臣号。宋太祖乾德元年（963年），改赐越王钱俶"承家保国宣德守道忠正恭顺功臣"⑦，"开封府尹光义、兴元尹光美各益食邑，赐功臣号。……枢密使普加光禄大夫，易功臣号"。⑧乾德二年（964年），授陈洪进"节度、泉漳等州观察使、检校太傅，赐号推诚顺化功臣，铸印赐之"⑨。北宋对功臣字号进行统一和规范，以"推忠、佐理、协谋、同德、守正、亮节、翊戴、赞治、崇仁、保运、经邦"22个字赐中书、枢密臣僚。"宰相初加六字，余官初加四字，其次并加两字，旧有功臣者改赐"。用"推忠、保德、翊戴、守正、亮节、同德、佐运、崇仁、协恭、赞治、宣德、纯诚、保节、保顺、忠亮、竭诚、奉化、效顺、顺化"38个

---

① 《旧唐书》卷一七七《杜审权传附子让能传》，第4613页。
② 《旧唐书》卷一七九《徐彦若传附父商传》，第4666页。
③ 《旧唐书》卷一八一《罗弘信传附子威传》，第4690页。
④ 《旧五代史》卷二《梁书·太祖纪二》，第33页。
⑤ 《旧五代史》卷八至一〇《梁书·末帝纪传》，第143页。
⑥ 《旧五代史》卷一二六《周书·冯道传》，第1662页。
⑦ 《宋史》卷四八〇《吴越世家》，第13898页。
⑧ 《宋史》卷一《太祖一》，第16页。
⑨ 《宋史》卷四八三《陈氏世家》，第13961页。

字赐皇子皇亲、文武臣僚外臣，初加四字，次加两字。此外还有自"拱卫、翊卫、卫圣、保顺、忠勇、拱极、护圣、奉庆、果毅、肃卫"20个字赐诸班直将士禁军。初加二字，再加亦如之①。

> 功臣者，唐开元间赐号"开元功臣"，代宗时有"宝应功臣"，德宗时有"奉天定难元从功臣"之号，僖宗将相多加功臣美名，五代浸增其制。宋初因之，凡宣制而授者，多赐焉。参知政事、枢密副使、刺史以上阶、勋高者亦赐之。中书、枢密则"推忠"、"协谋"，亲王则"崇仁"、"佐运"，余官则"推诚"、"保德"、"翊戴"，掌兵则"忠果"、"雄勇"、"宣力"，外臣则"纯诚"、"顺化"。宰相初加即六字，余并四字，其累加则二字，中书、枢密所赐，若罢免或出镇，则改之。其诸班直将士禁军，则赐"拱卫"、"翊卫"等号，遇恩累加，但改其名，不过两字。②

南宋徐度《却扫编》卷中对于宋代功臣号使用情况谈论较详：

> 功臣号起于唐德宗时朱泚之乱，既平，凡从行者悉赐号奉天元从定难功臣。其后凡有功者咸被赐，寖相踵为故事。本朝循此制，宰相枢密使初拜赐焉，参知政事枢密副使初除或未赐，遇加恩乃有之。刺史以上止加阶勋，勋高者亦或赐。中书、枢密赐"推忠协谋同德佐理"，余官则"推诚保德奉义翊戴"，掌兵则"忠果雄勇宣力"，外臣则"纯诚顺化"，每以二字协意，或造或因，取为美称。宰臣初加即六字，余并四字，其进加则二字或四字多者有至十余字，又有"崇仁佐运守正忠亮保顺宣忠亮节"之号，文武迭用焉。中书、枢密所赐若罢免或出镇则改，亦有不改者。其诸班直禁军将校赐"拱卫供奉"之号，遇加恩但改其名，不过两字。

---

① 《宋史》卷一六九《职官九》，第4062页。
② 《宋史》卷一七〇《职官十》。

真宗咸平四年（1001 年），知制诰杨亿批评说："当今功臣之称，始于德宗，扈跸将士并加'奉天定难功臣'之号，因一时之赏典，为万世之通规。近代以来，将相大臣有加至十余字者，尤非经据，不可遵行，所宜削除，以明宪度。"① 虽然就得到不少人赞成，但旧制难改。神宗时，宰相吴充向朝廷进言："赐功臣号本唐艰难时以宠慰武士，大臣岂宜用此。"② 最终得到神宗批准，在神宗元丰元年（1078 年）十一月己亥，宣布"罢文武功臣号"。③

沈括在《梦溪笔谈》卷二中谈到这一过程：

> 赐功臣号始于唐德宗奉天之役，自后藩镇下至从军资深者例赐功臣。本朝唯以赐将相。熙宁中，因上皇帝尊号，宰相率同列面请三四，上终不允，曰：徽号正如卿等功臣，何补名实？是时，吴正宪为首相，乃请止功臣号，从之。自是群臣相继请罢，遂不复赐。

南宋除了对安南、西夏偶有赏赐功臣号之外，基本上也没有再实行这一制度。《文献通考·职官十八》："加功臣号，始于唐德宗，宋朝因之，至元丰乃罢。中兴后加赐者三人而已：韩世忠扬武翊运功臣，张俊安民靖难功臣，刘光世和众辅国功臣。"

辽朝与五代、北宋初年情形相同，从辽太宗到最后一个皇帝天祚帝都大赐功臣名号，基本上贯穿整个朝代。例如，辽太宗天显十一年（936 年），后唐兵攻太原，辽保静军节度使赵思温作战有功，赐"协谋静乱翊圣功臣"。④ 辽还有削功臣号的记载。辽圣宗统和十二年（994 年）八月，萧恒德受赐"启圣竭力功臣"，后来他在征讨兀惹国的战争中，"士马死伤者众，坐是削功臣号"。⑤ 辽圣宗临终，左丞相张俭受遗诏辅立太子，"赐贞亮弘靖保义守节耆德功臣"⑥。

金朝赐功臣号比较少见，金世宗大定十七年（1177 年）曾下诏称："诸

---

① 《宋史》卷一六八《职官八》，第 4007 页。
② 李清臣：《吴正宪公充墓志铭》，载宋杜大珪编《名臣碑传琬琰之集》中卷二十七。
③ 《宋史》卷一五《神宗二》，第 296 页。
④ 《辽史》卷七六《赵思温传》，第 1251 页。
⑤ 《辽史》卷八八《萧排押附弟萧恒德传》，第 1342 页。
⑥ 《辽史》卷八〇《张俭传》，第 1277 页。

大臣家应请功臣号者，既不许其子孙自陈，吏部考功郎其详考其劳绩，当赐号者，即以闻"①，似乎存在着赐号的情况，但《金史》却找不到一条赐功臣号的记载。

元代与北宋不同者，赐功臣号主要是针对已故大臣。"旧令，三品以上官，立朝有大节及有大功勋于王室者，得赐功臣号及谥。"官员上请者甚多，"时浸冗滥失实"，② 史书有大量追赠功臣名号的记载。元朝功臣名号用于在世者的情况史书记载不多，几次见于赐高丽国王功臣号。元世祖至元二十九年（1292年）二月"诏加高丽王王睶太保，仍锡功臣之号"③。成宗大德元年（1297年）十一月，"高丽王王昛告老，乞以爵与其子謜。""诏以高丽王世子謜为开府仪同三司、征东行中书省左丞相、驸马、上柱国、高丽国王，仍加授王昛为推忠宣力定远保节功臣、开府仪同三司、太尉、驸马、上柱国、逸寿王。"④ 再一次是武宗至大三年（1310年）四月，"赐高丽国王王章功臣号，改封沈王"⑤。

元代较少封赐功臣名号可能与其分封、食邑制度有关。蒙元政权源于草原部落，保留了类似于汉代诸侯封国和列侯食邑的制度。功臣以王、公爵位可建立封国、获得食邑，有实际的利益，这与中原爵位虚化的情形不同，因此功臣名号没有太大作用。后来，随着王朝危机加深，开始给大臣、军将加功臣号。最初是文宗在至顺元年（1330年）经天历之变上台后，对拥立有功者加功臣号。"以伯颜功大，不有异数不足以报称"，"赐黄金双龙符，镌文曰'广忠宣义正节振武佐运功臣'，组以宝带，世为明券。"后来，元末代皇帝顺帝也于至元元年（1335年）十二月庚戌，"加荆王脱脱木儿元德上辅广中宣义正节振武佐运功臣之号"⑥。至元六年（1340年）冬十月甲午，诏命伯颜为大丞相，"加元德上辅功臣之号，赐七宝玉书龙虎金符"⑦。在元朝灭亡的前一年，至正二十七年（1367年）七月，大臣完者帖木儿言："诸

---

① 《金史》卷七《世宗中》，第166页。
② 《元史》卷三八《顺帝纪一》，第822页。
③ 《元史》卷一七《世祖二》，第359页。
④ 《元史》卷一九《成宗二》，第414页。
⑤ 《元史》卷二三《武宗二》，第524页。
⑥ 《元史》卷三九《顺帝二》，第846页。
⑦ 《元史》卷四〇《顺帝三》，第853页。

图4-7　明代功臣铁券

军将士有能用命效力建立奇功者，请所赏宣敕依常制外，加以忠义功臣之号。"①虽然得到实施，但并没有能挽救元朝灭亡的命运。

明初统治者对功臣号进行简化统一，规定："功臣则给铁券，封号四等：佐太祖定天下者，曰开国辅运推诚。从成祖起兵，曰奉天靖难推诚。余曰奉天翊运推诚，曰奉天翊卫推诚。武臣曰宣力武臣，文臣曰守正文臣。"②洪武三年（1370年）十一月大封功臣，刘基授"开国翊运守正文臣、资善大夫、上护军，封诚意伯，禄二百四十石"③，李文忠"授开国辅运推诚宣力武臣，特进荣禄大夫、右柱国、大部督府左都督，封曹国公，同知军国事，食禄三千石，予世券"④。明代的功臣名号除开国功臣、靖难功臣有一定数量之外，以后极少赐予，凡加功臣名号者，则必受高爵重禄，很多还给予免死铁券。这说明功臣名号逐渐成了高爵重禄的标志符号，使用范围大大减小。

清代没有功臣名号，但有与之相似的"巴图鲁"名号。清朝历代君主大量赐征战将士"巴图鲁"名号，满语为"勇士"，有三种情况：一种只称巴图鲁；第二种加满语勇号，如达尔汉巴图鲁、硕翁科罗巴图鲁、法什尚阿巴图鲁、穆腾巴图鲁等；加汉语勇号，如劲勇巴图鲁、强谦巴图鲁、刚安巴图鲁等。"巴图鲁"纯属一种荣誉称号，与官职不同，不因其而享受俸禄，也和爵位没有关系，这一点和明代功臣明显不同。

---

① 《元史》卷四七《顺帝纪十》，第980页。
② 《明史》卷七六《职官志》，第1855页。
③ 《明史》卷一二八《刘基传》，第3781页。
④ 《明史》卷一二六《李文忠传》，第3745页。

十一、封赠制度

封赠是授予或追赠的荣誉官职。封赠有广义、狭义之分。广义封赠包括对官员死后对本人追赠、追封的官位和爵号。狭义的封赠是指皇帝赐予官员父母、先祖与妻室以爵位名号，存者称封，已死称赠。对官员本人任职期间的封爵、任官不属于封赠的内容。官员死后的对本人加官晋爵，是对官员一生履职的肯定，也是给予官员子孙任官的一种优待资格。官员的封赠是皇帝对宗室外戚封赠制度的延伸。皇帝将自己的子女、兄弟姐妹、父、祖父母，嫔妃的兄弟姐妹、父母、祖父母都封赠各种官爵，这种做法也逐渐向官员推广。封赠官员先世，起自晋、宋，大抵封赠一代，极少延及祖父，其对象也未尝涉及低品级官员。唐末以后，宰相贵臣方追赠三代。

曹魏时司马懿被封为晋王，"天子追封，谥皇考京兆尹（司马防）为舞阳成侯"。他的妻子张春华，魏正始八年崩，"追赠广平县君。咸熙元年，追号宣穆妃"[1]。东晋末年，权臣刘裕被封为宋国公，"天子追赠公祖为太常，父为左光禄大夫，让不受"[2]。两晋时期，女子因丈夫、儿子的官爵而有了"王妃、公太夫人、夫人、县乡君、诸郡公侯特进夫人"，"诸侯监国世子之世妇、侍中常侍尚书中书监令卿校世妇、命妇"，"郡县公侯、中二千石、二千石夫人"[3]等各种称号。

唐朝官员母妻的封赠称号已经规范化。"一品及国公母妻，为国夫人。三品已上母妻，为郡夫人。四品母妻，为郡君。五品若勋官三品有封，母妻为县君。散官并同职事。勋官四品有封，母妻为乡君。其母邑号，皆加'太'字，各视其夫、子之品。"封赠的办法是"若两有官爵者，从其高"。"凡庶子，有五品已上官，皆封嫡母。无嫡母，封所生母。"对正妻有规定，"一品，媵十人，视从六品。二品，媵八人，视正七品。三品及国公，媵六人，视从七品。四品，媵四人，视正八品。五品，媵三人，视从八品。降此外皆为妾"[4]。

宋代形成了根据官员品阶不同的三等叙赠之制："三公、宰臣、执政、

---

[1] 《晋书》卷一《宣帝纪》、卷三一《后妃上》。

[2] 《宋书》卷二《武帝中》。

[3] 《晋书》卷一九《礼上》、卷二五《舆服志》。

[4] 《旧唐书》卷四三《职官三》。

节度使三代，金紫、银青光禄大夫二代，余官一代，皆辨其位序以进之。加食邑实封，则视其品之高下，以为户数多寡之节。"官员母妻有"国夫人，曰郡夫人，曰淑人，曰硕人，曰令人，曰恭人，曰宜人，曰安人，曰孺人"之称号。①

元代至治年间规定：

> 正从一品封赠三代，爵国公，勋正上柱国，从柱国母、妻并国夫人。正从二品封赠二代，爵郡公，勋正上护军，从护军，母、妻并郡夫人。正从三品封赠二代，爵郡侯，勋正上轻车都尉，从轻车都尉母、妻并郡夫人。正从四品封赠父母，爵郡伯，勋正上骑都尉，从骑都尉，母、妻并郡君。正五品封赠父母，爵县子，勋骁骑尉，母、妻并县君。从五品封赠父母，爵县男，勋飞骑尉，母、妻并县君。正从六品封赠父母，父止用散官，母、妻并恭人。正从七品封赠父母，父止用散官，母、妻并宜人。②

根据品阶不同对封赠官员的本人爵位、勋号及母、妻称号都有明确规定。"封赠曾祖，降祖一等，祖降父一等，父母妻并与夫、子同。"③

明代规定：

> 凡封赠，公、侯、伯之追封，皆递进一等。三品以上政绩显异及死谏、死节、阵亡者，皆得赠官。其见任则初授散阶，京官满一考，及外官满一考而以最闻者，皆给本身诰敕。七品以上皆得推恩其先。五品以上授诰命，六品以下授敕命。一品，三代四轴。二品、三品，二代三轴。四品、五品、六品、七品，一代二轴。八品以下流内官，本身一轴。……曾祖、祖、父皆如其子孙官。公、侯、伯视一品。外内命妇视夫若子之品。④

---

① 《宋史》卷一七〇《职官志·吏部·司封郎中》，第3837页。
② 《元史》卷八四《选举志四·考课》，第2114—2115页。
③ 《元史》卷八四《选举志四·考课》，第2115页。
④ 《明史》卷七二《职官一·验封》，第1737页。

附：明封赠轩輗父母制诰文

轩輗，字惟行，鹿邑人，永乐庚子（1420年）举人，甲辰（1424年）进士。授行人司副。宣德六年（1431年）用荐改御史，按福建。景帝立，以右副都御史镇守浙江。景泰元年（1450年）命兼理浙江。天顺元年（1457年）二月召拜刑部尚书，二年（1458年），以左都御史往任南京督理粮储。天顺八年（1464年）夏以老乞骸骨，不待报经归。抵家趣具浴，欠伸而卒。文中制诰时间为天顺五年（1461年），为轩輗在南京督理粮储之第三年。其以左都御史赴任，官职为二品，故追赠其父为二品，同子职，嫡母、继母赠为夫人。从轩輗父轩贵之先前受赠为"通议大夫都察院右副都御史"，其嫡母、继母为"淑人"，知轩輗任三品"右副都御史"时，即轩輗以右副都御史任浙江时父母曾得一次诰赠。轩輗一生为官40年，内、外任官，除其自得诰敕，及曾祖、祖、父、妻皆会推恩而得，当有十数轴之多。

　　奉天承运，皇帝制曰：朕惟人子之于亲，皆有显扬之愿肆，朝廷推恩臣下必及其亲者，所以体孝子之心也。尔赠通议大夫都察院右副都御史轩贵，乃左都御史輗之父，积善在躬，晦迹弗耀，笃生令子，为国重臣，宜申恤典，兹特加赠尔为资政大夫都察院左都御史，服兹恩宠，永慰冥灵。

　　制曰：朕惟贤才，出为国用，茂建事功，而朝廷必举褒荣之典，以追赉其亲者，所以敦本始隆孝治也。尔赠淑人刘氏，乃都察院左都御史轩輗之母，端静慈柔，夙宜家室，有子才能副予委任，载稽彝典，宜锡宠章，今特加赠尔为夫人，尚服恩荣，以贲泉壤。制曰：继母之德，岂但配俪其父，而于子有训育之劳焉，故子受恩典必推以及之，此国家之制也。尔赠淑人张氏，乃都察院左都御史轩輗之继母，克修壸范，素著母仪，有子显庸，由尔慈训所致，兹特加赠尔为夫人，服此光华，永慰冥漠。天顺五年十二月初七日①

清代封赠之制，"文职隶吏部，八旗、绿营武职隶兵部。顺治间，覃恩

---

①　参见吴占良《明封赠轩輗父母制诰文跋》，中华轩辕氏网，2010年8月24日。

及三年考满，均给封赠。康熙初，废文、武职考满封赠"。"顺治五年，定制，凡遇恩诏，一品封赠三代，诰命四轴。二、三品封赠二代，诰命三轴。四、五品封赠一代，诰命二轴。六、七品封赠一代，敕命二轴。八、九品止封本身，敕命一轴。"与明相仿，"道光以后，捐封例开。二十三年，许三品以上官欲捐请本生曾祖父、母封赠者，得依赃封① 曾祖父、母例报捐。二十八年，许四品至七品官捐请赃封曾祖父、母，八品官以下捐请赃封祖父、母，均依常例加倍报捐"②。父祖名号可以用银子换来，制度更为败坏。封赠制度显然对官员具有"激励忠孝"的奖励作用，使得官员能够造成一人有功，父祖妻子一体沾光，获得特殊荣誉和权力，光宗耀祖，夫贵妻荣，这也是官僚特权制度的一种体现。

十二、印绶符服制度

印绶符服，是官员身份的标志和行使权力的凭证。印绶即印信和系印的丝带。汉代对不同等级官员的印绶都有规定：相国、丞相，太尉，金印紫绶。御史大夫、吏秩比二千石以上，皆银印青绶。秩比六百石以上，皆铜印黑绶，比二百石以上，皆铜印黄绶。秦汉魏晋南北朝时的"印"比较小，古人习惯系挂在腰间。秦汉魏南北朝时中央派遣使者出使地方，要使用虎

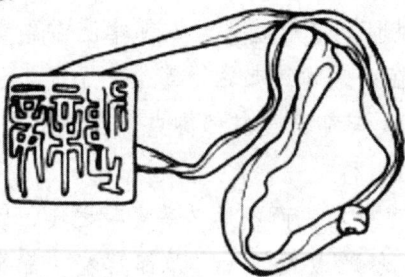

印绶

图 4-8 汉代的印与绶

符和竹制的信符。右留京师，左与郡国。凡发兵用铜虎符，其余征调用竹使符。《汉书·文帝纪》："初与郡守为铜虎符、竹使符。"汉代持节、使持节、假节不分等级，晋始分。《晋书·职官志》："使持节得杀二千石以下；持节杀无官位人，若军事，得与使持节同；假节唯军事得杀犯军令者。"又有假节钺（或假黄钺），可杀节将（含假节、持节、使持节）。

---

① 赃（移）封，清代封赠制度中，文武官员以自己所应得的爵位官阶，呈请改授予亲族尊长，称为"赃封"，若其人已死，则称为"赃赠"。

② 《清史稿》卷一一○《选举五·封荫推选》，第3196页。

隋朝又兴起佩带"鱼符"之制，隋文帝开皇九年（589年）闰四月丁丑，颁木鱼符于总管、刺史，雌一雄一。十年（590年）冬十月甲子，颁木鱼符于京师官五品以上。十五年（595年）五月丁亥，制京官五品以上，佩铜鱼符。鱼符成为中高级官员随身佩带之物，装鱼之物称为鱼袋。唐朝继承发展了鱼符之制，"王畿之内，左三右一；王畿之外，左五右一。左者在内，右者在外。行用之日，从第一为首，后事须用，以次发之，周而复始。大事兼敕书，小事但降符，函封遣使，合而行之"。随身鱼符和鱼袋，成为一种官员身份标志。官员"三品以上紫袍，佩金鱼袋；五品以上绯（大红）袍，佩银鱼袋；六品以下绿袍，无鱼袋"。

图 4-9　佩绶图

官员除身上印绶节符之类的标志外，还有官服作为身份标志。早在汉代，统治皇帝就要求"夫吏者，民之师也。车驾、衣服宜称"[1]。不过秦汉魏晋南北朝时期，官服受五德终始思想和四季变换的影响，经常变易服色，有所谓五时朝服（绛、黄、青、皂、白），每朝以某一色为贵，如秦朝尚黑，西汉、曹魏尚黄、东汉尚赤，晋尚

图 4-10　唐代铜鱼符

白等等。此后，服色开始根据品级设定。隋炀帝大业六年规定："五品已上，通著紫袍。六品已下，兼用绯绿。胥吏以青，庶人以白，屠商以皂，士卒以黄。"[2] 唐贞观四年规定，三品以上服紫，五品以下服绯，六品、七品服绿，八品、九品服以青。[3] "宋因唐制，三品以上服紫，五品以上服朱，七品以上服绿，九品以上服青。"[4] 洪武二十六年定，每日早晚朝奏事及侍班、谢恩、

---

① 《汉书》卷五《景帝纪》。
② 《旧唐书》卷四五《舆服志》，第1951—1952页。
③ 《旧唐书》卷三《太宗下》。
④ 《宋史》卷一五三《舆服志五·诸臣服下》，第3561页。

见辞则服之。在外文武官，每日公座服之。其制，盘领右衽袍，用纻丝或纱罗绢，袖宽三尺。一品至四品，绯袍；五品至七品，青袍；八品九品，绿袍；未入流杂职官，袍、笏、带与八品以下同。

明代官服的最突出特点是官服胸背各有一块图案，称为补服，其图案能更具体地体现官员的职务和品级。"文官一品仙鹤，二品锦鸡，三品孔雀，四品云雁，五品白鹇，六品鹭鸶，七品鸂鶒，八品黄鹂，九品鹌鹑；杂职练鹊；风宪官獬廌；武官一品、二品狮子，三品、

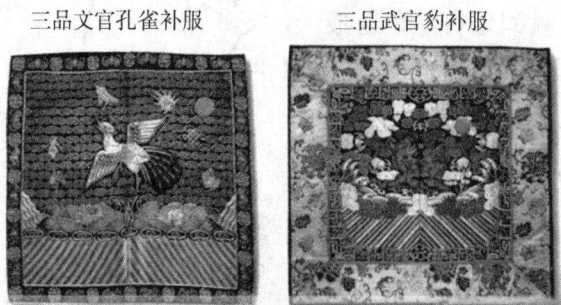

三品文官孔雀补服　　三品武官豹补服

图 4-11　明朝官服上的补子

四品虎豹，五品熊罴，六品、七品彪，八品犀牛，九品海马。"① 清代官服颜色不分品级。除皇子或获赏的亲王、郡王用金黄色外，百官袍服一般都是石青色（深蓝）或绀色（深青带红），有庆典则用绛色。

清代官员的补服与明代大同小异。区别官员身份除官服外，最突出的是顶戴，由不同的宝石和羽毛装饰。顶饰以红宝石为最高，其下依次为珊瑚、蓝宝石、青宝石、水晶、阵碟、素金、镂花阴文金顶、镂花阳文金顶。革职或降职时，即摘去所戴顶子。

（清）冬常服冠　　（清）夏常服冠

图 4-12　清朝的顶戴

十三、俸禄制度

俸禄制度最能体现官僚本质特征的制度，其本质相当于劳动交换，"革命"功劳、脑力劳动与体力劳动的交换，俸禄实质上就是官员劳动的实物化和货币化。区别于封建时代的"禄田"或"劳役俸禄"，郡县时代官员俸禄

---

① 《明史》卷六七《舆服志三·文武官朝服条》，第 1639 页。

的主要形式是实物和货币俸禄，这成为皇权控制贵族、官僚的一种方便手段，官员"有功始有爵，有爵始有禄"，官高禄厚，官低禄薄，有功则升官加俸，有过则降官减俸或免官夺俸。从发放的依据标准来看，郡县时代俸禄分为"石级"俸禄和"品级"俸禄两个阶段。

秦汉至魏晋南北朝时期，官员俸禄多少是根据官员的"石级"而定。例如西汉官员分为万石、中二千石、二千石、比二千石、千石、比千石、六百石、三百石等级别，不同级别月俸各有不同[1]。

北周时官员已经开始实行九命九秩的不同禄制：

> 三公九命，三孤八命，六卿七命，上大夫六命，中大夫五命，下大夫四命，上士三命，中士再命，下士一命。……其制禄秩，下士一百二十五石，中士已上，至于上大夫，各倍之。上大夫是为四千石。卿二分，孤三分，公四分，各益其一。公因盈数为一万石。其九秩一百二十石，八秩至于七秩，每二秩六分而下各去其一，二秩一秩俱为四十石。凡颁禄，视年之上下。亩至四釜为上年，上年颁其正。三釜为中年，中年颁其半。二釜为下年，下年颁其一。无年为凶荒，不颁禄。[2]

表4-9 北周禄秩等级

	官级	三公	三孤	六卿	上大夫	中大夫	下大夫	上士	中士	下士
流内	禄秩	九命	八命	七命	六命	五命	四命	三命	二命	一命
	石数	10000	8000	6000	4000	2000	1000	500	250	125
流外	禄秩	九秩	八秩	七秩	六秩	五秩	四秩	三秩	二秩	一秩
	石数	120	100	100	80	80	60	60	40	40

---

[1] 颜师古注称："三公号称万石，其俸月各三百五十斛谷。其称中二千石者月各百八十斛，二千石者百二十斛，比二千石者百斛，千石者九十斛，比千石者八十斛，六百石者七十斛，比六百石者六十斛，四百石者五十斛，比四百石者四十五斛，三百石者四十斛，比三百石者三十七斛，二百石者三十斛，比二百石者二十七斛，一百石者十六斛。"汉代斛石相通，百石之官年收入为192石，略高于一户农民的家庭收入，此即所谓下士禄足代耕。汉代农夫五口之家"治田百晦，岁收晦一石半，为粟百五十石"或"能耕者不过百晦，百晦之收不过百石"。（《汉书·食货志》第1125、1132页）

[2] 《隋书》卷二七《百官中》，第771页。

北周与汉代禄秩标准大体接近，其"石数"可能是石级，并非禄俸实数。

自隋代开始，官员俸禄发放按"品"高低，隋初规定："京官正一品，禄九百石，其下每以百石为差，至正四品，是为三百石。从四品，二百五十石，其下每以五十石为差，至正六品，是为百石。从六品，九十石，以下每以十石为差，至从八品，是为五十石。"①这种按品级决定俸禄多少的办法相沿至清朝。从俸禄结构上看，其发展经历了由简到繁、由繁到简的演化，秦汉时期俸禄基本上比较单一，发放粮食、钱币。从魏晋开始，俸禄构成要素开始增多，除传统的货币、粮食等"正俸"外，增加了"绢帛"、"职田"、"食干"（享受劳役服务）等项目。

唐代俸禄由禄米、月俸和职田构成。禄米是基本工资，月俸初名俸料钱，是职务津贴，由俸钱、食料、杂用、课钱（防阁、庶仆、干力的代役钱）等。唐贞观年间规定：

> 京官正一品，米七百石，钱六千八百。从一品，米六百石。正二品，米五百石，钱六千。从二品，米四百六十石，正三品，米四百石，钱五千一百。从三品，米三百六十石。正四品，米三百石，钱四千二百。从四品，米二百六十石。正五品，米二百石，钱三千六百。从五品，米一百六十石。正六品，米一百石，钱二千四百。从六品，米九十石。正七品，米八十石，钱二千一百。从七品，米七十石。正八品，米六十七石，钱一千六百。从八品，米六十二石。正九品，米五十七石，钱一千三百。从九品，米五十二石。从并同外官，各降一等。其干力及防阁、庶仆并别给。内外文武官自一品以下，并给职田。京官诸司及郡县，又给公廨田，并有差。②

宋代俸禄包括正俸、加俸和职田几类，正俸又包括俸钱、衣赐、禄粟，元丰定月俸钱自从一品90贯至从八品7贯不等，衣赐岁给绫、绢、罗、绵不等。加俸有职钱、傔人衣粮餐钱等，职钱宋初只加给带大学士职名差遣外

---

① 《隋书》卷二八《百官下》，第791页。
② 《通典》卷一九《职官典·禄秩》，中华书局1988年版，第493页。

任之官，元丰后普遍加给在职京官，与月俸钱相当。职田主要颁给外任差遣官，有数顷至三四十顷不等，由官员收租作为在职补贴。

表 4-10　元代百官俸钞

（单位：两）

品	从一	正二	从二	正三	从三	正四	从四	正五	从五	正六	从六	正七	从七	正八	从八	正九	从九
上	300	225	200	175	150	125	100	90	80	70	65	60	55	50	45	40	35
中	250	215	185	165	135	115	95	80	70	65	60	55	50	45	40	35	
下			175	150	125	100	90										

元代俸禄有所简化，"元初未置禄秩，世祖既位之初，首命给之"。元以俸钞（纸币）为官员的主要俸禄，辅之以折米和职田。"至元二十二年百官俸例，各品分上中下三等。"[①]

明代废除职田，官员俸禄以米和俸钞为主。洪武十三年定，自一品至从九品，米 1000 至 60 石不等，钞 300 至 30 贯不等。

清代则以米、银作为官员俸禄。顺治十三年规定正一品至从九品，岁俸银 180 至 31.5 两，米 180 至 31.5 斛不等。由于俸禄标准过低，雍正时规定京官中实行双俸，地方官发放养廉银。其大体标准是：总督每年 15000—20000 两，巡抚 10000—15000 两，布政使 5000—9000 两，道员 1500—5000 两，知府 1000—4000 两，知州、知县 600—2000 两，这些收入大大高于正俸。杂佐官养廉银偏低，府经历为正八品，80—100 两，县主簿为正九品，为 60 两，仅为正俸的 2 倍多。

从发放时间看，多数朝代实行月俸，有的实行年俸、季俸等形式。从发放对象来看，不仅中央官与地方官，流内官与流外官，文官与武官，正官与试官、假官、兼官、员外官等不同官僚系统之间差别较大，同一系统内部等级差别也很大。从广义上讲，皇帝、宗室、外戚、后宫、宦官、封爵贵族也分享财政税收或领取俸禄，皇室、贵族收入俸禄化及冗官不断增多日益成为国家财政负担。明嘉靖四十一年，御史林润称："天下之事极弊而大可虑

---

① 《元史》卷九六《食货志四·俸秩》，第 2451 页。

者，莫甚于宗藩禄廪。天下岁供京师粮四百万石，而诸府禄米八百五十三万石"，即使将税粮全部上交，也"不足供（王府）禄米之半"，"况吏禄、军饷皆出其中乎！"① 万历二年，礼科给事中石应岳也称："迩年以来，麟趾繁衍，载玉牒者四万，而存者可三万有奇，岁该禄粮可九百万石，计各省存留之赋不足以供禄米。"② 俸禄标准低、不能及时、足额发放成为郡县时代经常的现象，这也成为官吏贪污索贿、苛取下民的重要动因。

十四、退休制度

退休，古代称为致仕或致事。《礼记·曲礼》载："大夫七十而致事。若不得谢，则必赐之几杖，行役以妇人，适四方，乘安车。"《白虎通义》卷上《致仕》解释说："臣七十悬车致仕者，臣以执事趋走为职，七十阳道极，耳目不聪明，跛踦之属，是以退去，避贤者，所以长廉耻也。悬车，示不用也。致仕者，致其事于君。君不使自去者，尊贤者也。"退休是实现官僚新老交替、维护国家机关职能正常运转的需要。官员退休后的待遇，西汉还没有形成制度，皇帝可以根据个人好恶决定部分退休高级官员是否可以领取俸禄。直至西汉平帝元始元年（公元1年）才下令："天下吏比二千石以上年老致仕者，三分故禄，以一与之，终其身。"③ 汉代中下级官员退休是没有俸禄的，魏晋南北朝时，政府对高级官员退休都加拜散官（无实际职事之官），实际上等于变相领取俸禄。如两晋时，"光禄大夫加金章紫绶者，品秩第二，禄赐、班位……诸所赐给皆与特进同"。"其诸公告老者，皆家拜此位"，"光禄大夫与卿同秩中二千石……食奉日三斛"。"其诸卿尹中朝大官年老致仕者，及内外之职加此者，前后甚众。"北魏孝明帝正光四年（523年）秋七月辛亥下诏，普通官员年满70岁"依令合解者，可给本官半禄，以终其身"。当时适值动乱，这一诏书是否实行比较可疑。唐朝初年规定："职事官应觐省及移疾，不得过程。年七十已上应致仕，若齿力未衰，亦听厘务。""凡致仕之官，五品已上及解官充侍者，各给半禄。"④ 天宝时发展到五

---

① 《续文献通考》卷六三《职官十三》。
② 《明神宗实录》卷二五"万历三年五月乙未"。
③ 《汉书》卷一二《平帝纪》，第349页。
④ 《旧唐书》卷四三《职官二》，第1828页。

品以下官员退休亦可半俸。宋中期以后，由于冗官问题日益严重，七十致仕制度开始逐渐严格起来，并发展为强令致仕。并规定官员退休照例都升转其本官官阶一阶，恩荫一子为官。淳化元年（990年）五月下诏"曾任文武职事官恩许致仕者，并给半俸，以他物充，于所在州县支给"。这表明此时已规定职事官经过朝廷批准致仕，便可领取半俸，从此成为定制。明代一般官吏致仕后无俸禄，据《明会典》：明成祖永乐十九年（1421年）下旨："凡文武官七十以上不能治事者，许明白具奏，放回致仕。若无子嗣，孤独不能自存者，有司月给米二石终其身。"要绝子绝孙的孤独老头，每月才有二石米。清代对官员退休规定更为细致，康熙五年（1666年）曾有谕旨："年老解任官员，其历任几年及效力情由，俱著明白开列，应否给与半俸，请旨具奏。"[①]要根据致仕官吏的政绩来决定其待遇。总之，官员七十退休是古代一项传统，但大部分朝代执行并不严格，甚至有退休后重新起用为官的；其中也有人因为政治原因被迫或自愿提前退休。

中国官僚制度体现为四个特点，一是雇佣性，君卖爵禄，臣卖智力。二是特权性，官僚虽受"修齐治平"的精神教育，但本质是自利阶级，这是由社会的私有性质决定的，要求官僚大公无私、廉洁奉公并无制度保障，官僚队伍一般都是特权阶层。三是专业性，官僚是经过专业教育和严格选拔的人员，或熟悉经典、或熟悉法律、或精通阴阳术数、或熟悉军事，官僚统治是精英政治。四是半世袭化，官僚的特殊利益和专业造成他们形成一个特殊地位的阶级，地位变相世袭，形成官宦世家。

第八节　郡县时代的文教制度

郡县社会与封建时代有相似之处，这就是政教合一，君主既是政治权威也是思想权威。国家文教制度的主要内容是民本思想，其中心观点是天下为公、立君为民。国家宣称以保护人民安全、促进人民生活富裕，提高人民文化道德水平为宗旨，由于缺乏制度保障，民本主张与统治行为之间存在较大差距。郡县时代的国家文教制度特点有二：一是迷信，二是专制。中国先

---

① 《古今图书集成·铨衡典·休致部汇考二》。

秦以来形成的"天人合一，天人感应"观念一直是国家政治生活的指导思想。国家出现战争灾荒，都被认为是君主失德导致上天降下的谴告和惩罚，国家要"修德弭灾"，向上天祈祷谢罪，并试图通过清理冤狱、减轻刑罚来减少罪过，清除或减轻灾害。国家设立太常卿、祠部或礼部尚书作为教化的主要行政部门，并在中央设立太学、国子学，在地方设立州（郡）学、县学推广儒学等，实行教化，培养统治者需要的人才。

一、国家指导思想的演变

（一）秦朝偏重法家思想

秦始皇听从丞相李斯的建议，推行焚书令，禁止百姓收藏学习诗、书、百家语，只准学法、守法，禁止私学和非议国政。李斯称：

> 异时诸侯并争，厚招游学。今天下已定，法令出一，百姓当家则力农工，士则学习法令辟禁。今诸生不师今而学古，以非当世，惑乱黔首。丞相臣斯昧死言：古者天下散乱，莫之能一，是以诸侯并作，语皆道古以害今，饰虚言以乱实，人善其所私学，以非上之所建立。今皇帝并有天下，别黑白而定一尊。私学而相与非法教，人闻令下，则各以其学议之，入则心非，出则巷议，夸主以为名，异取以为高，率群下以造谤。如此弗禁，则主势降乎上，党与成乎下。禁之便。臣请史官非秦记皆烧之。非博士官所职，天下敢有藏诗、书、百家语者，悉诣守、尉杂烧之。有敢偶语诗书者弃市。以古非今者族。吏见知不举者同罪。令下三十日不烧，黥为城旦。所不去者，医药、卜筮、种树之书。若欲有学法令，以吏为师。①

这实际是推行野蛮的愚民政策。不过从吕不韦主持编写的《吕氏春秋》和秦始皇发布的一些诏书来看，秦朝的治国思想还包括黄老道家、儒家、阴阳五行家的一些思想。

---

① 《史记》卷六《秦始皇本纪》。

（二）西汉由黄老转向儒学

汉初吸取秦的严刑酷法造成短命而亡的教训，大力倡导黄老学说①，主张顺应自然，无为而治，使百姓得到休养生息。汉武帝时，董仲舒主张罢黜百家，独尊儒术，对于不同于儒家的思想，予以压制。董仲舒称：

> 《春秋》大一统者，天地之常经，古今之通谊也。今师异道，人异论，百家殊方，指意不同，是以上亡以持一统；法制数变，下不知所守。臣愚以为诸不在六艺之科孔子之术者，皆绝其道，勿使并进。邪辟之说灭息，然后统纪可一而法度可明，民知所从矣。②

汉代儒学杂糅先秦儒、法、黄老、阴阳思想宣扬"天人感应"、"君权神授"、"三纲五常"③，有利于巩固专制王朝的等级伦理秩序，非常适合汉武帝的胃口。这一主张得到实施，确立了中国儒家两千多年的官学地位。统治者设立官办学校，实行察举、科举，都以经学为培养和选拔标准，用功名利禄引导知识分子开始走向"学而优则仕"的道路，使儒学和儒生成为维护君主官僚专制的工具，与焚书坑儒一样，也是思想专制的一种表现。

（三）魏晋以来玄学盛行、儒释道三教并重

汉代儒学深受阴阳五行、谶纬迷信和教条化的影响，流于天人感应和纲常说教，对现实问题关切不够，受到玄学思潮与佛、道思想冲击，独尊地位被打破。儒学与佛、道并称"三教"，都受到统治者尊崇，玄、佛、道地位一度超过儒学。"玄"指无形无名的"道"，魏晋玄学奉《老子》、《庄子》、《周易》为经典，注重形而上的"有无之辨"，"名教"与"自然"关系。从

---

① 黄老学说产生于战国，尊奉黄帝、老子，主张"道生法"、"君无为而臣有为"、"因循时变"、"刑德并用"等，是道家学说融合了法家、阴阳家思想的新形式，代表作品是《黄帝四经》。西汉初陆贾、张良、陈平、窦太后等人宣传黄老，只是将其作为休养生息的手段，并非全面推行黄老学说。

② 《汉书》卷五六《董仲舒传》。

③ 三纲五常，亦称三纲五伦。三纲指君为臣纲，父为子纲，夫为妻纲。五常的内容说法不一。一说是指仁、义、礼、智、信等人与人之间的道德标准，一说是君臣、父子、兄弟、夫妇、朋友之间所规定的关系，要求君臣有义、父子有亲、长幼有序、夫妇有别、朋友有信。"五常"后来又演化出"十义"：君敬臣忠，父慈子孝，兄友弟恭，夫义妇顺，朋诚友信（十义有不同说法）。三纲五常之说有合理的方面，但其核心是借天道的名义将人与人之间的尊卑等级关系凝固化，为专制政权服务。

南朝开始，后人以"玄学"称谓这一道家学派。玄学主张名教出于自然，主张名教，即上层建筑应当符合自然之道，包括人的本性。甚至认为要"越名教而任自然"，直接批判政治制度的合理性，玄学派蔑视礼法对人性的束缚，主张君主无为而治，反映了贵族与皇权的冲突，同时也代表了人性的反省和解放。

（四）隋唐时期儒学的哲理化

传统儒学是政论道德学说，受三教竞争与融合的影响，隋唐时期儒学开始关注天道、人性等抽象问题，向哲理化方向发展。隋代王通提出"穷理尽性"、存道寡欲的主张。他认为天道和人心是存在矛盾的，人应该以道心遏制人欲。他说："夫能遗其身，然后能无私。无私，然后能至公。至公，然后能以天下为心矣，道可行矣。"① 这种说法与宋儒的"存天理、灭人欲"一脉相通，标志着旧儒学哲理化的开始。唐代的韩愈也是儒学哲理化的关键人物，他不仅完善了"修道"的过程，而且提出了道统说。韩愈说："《传》曰：古之欲明明德于天下者，先治其国；欲治其国者，先齐其家；欲齐其家者，先修其身；欲修其身者，先正其心；欲正其心者，先诚其意。""古之所谓正心而诚其意者，将以有为也。"韩愈将"正心诚意、修齐治平"这八个字从《大学》里提炼出来，揭示了从儒家学说认识与实践的关系。韩愈还虚构儒家学说的传承关系，说："尧以是传之舜，舜以是传之禹，禹以是传之汤，汤以是传之文武周公，文武周公传之孔子，孔子传之孟轲。轲之死，不得其传焉。"② 这个说法对完善儒家的学说体系无疑起了重要作用。

（五）宋元明清理学为国家主导意识形态

理学本质上是哲理化的儒学形态，其思潮兴起于北宋，元统治者为争取民心，实行"汉化"政策，并且将程朱理学立为官学。一方，理学论证了人与自然的关系，用人性的不同来论证君主专制和官僚等级制度与三纲五常等道德规范的合理性。认为人性禀于天地之气而成，人们禀气不一，故资质、寿命不同，有善恶、智愚、寿夭、贵贱的区分，人们只能安于天命，不可怨天尤人。君主之所以为君主、官僚之所以为官僚也皆在于他们天生的

---

① 《中说·问易》。
② 《昌黎文集》卷一一《原道》。

"聪明睿智"，这比君权神授之说更具有迷惑性。另一方面理学又提出人的气质之性是可以改变的，通过修养克制，可以改恶从善，由愚进智，这比先秦诸子的性本善、性本恶观点更具有辩证色彩。理学认为三纲五常就是天理的代表，"其张之为三纲，其纪之为五常，盖皆此理之流行"①，提倡天理公利，反对私利人欲，提出"存天理，灭人欲"的口号，要人们对统治者的道德法律规范用心体会、绝对服从。明清时期还注重用民族理论和纲常理论来论证政权的合法性。朱元璋打出"驱逐胡虏，恢复中华，立纲陈纪，救济斯民"的旗帜，清代统治者也打出满汉一体、济世安民的招牌，取得政权后，他们一方面大力提倡"理学"作为统治人民的工具，另一方面对于君主家族和个人的专制权力都实行禁忌，人民不得有任何怀疑和议论，对人民的猜忌和镇压甚至到了捕风捉影的地步，不断兴起的"文字狱"就是典型表现。

对于理学思想，郡县时代也有一些人提出批评。明代的李贽就反对盲目崇拜圣人孔子，更反对将孔子言论教条化的做法。他说圣人之言论，都是在一定背景下说的。"不过因病发药，随时处方"，不能作"万世之至论"②。他还反对独尊儒学，认为百家之学各有所长，"各各有一定之学术，各各有必至之事功"，"各周于用，总足办事"③，不应一概否定。清代戴震更将矛头指向理学的核心问题理欲之辩，他反对宋儒将理、欲对立起来，同李贽一样主张人伦日用就是理，他认为理学家"其所谓理者，同于酷吏之所谓法。酷吏以法杀人，后儒以理杀人"，"彼方自以为理得，而天下受其害者众也"④。

二、郡县时代的王朝革命学说——三统五端论和五德终始说

王朝革命事关政权合法性，是一个极其重要又极其敏感的问题。革命者总以顺应天命民心作为革命的依据，此即所谓"汤武革命，顺乎天而应乎人"的说辞。

（一）三统五端论

革命毕竟是对旧君臣上下关系、法律制度的破坏，这种行为是否合理，

---

① 《朱文公文集·读大纪》。
② 《焚书·童心说》。
③ 《焚书·孔明为后主写申韩管子六韬》。
④ 戴震：《戴震集》，上海古籍出版社 1980 年版，第 188 页。

站在统治者和革命者立场上会有不同的看法。西汉曾经有一次讨论：

> 清河王太傅辕固生者，齐人也。以治《诗》，孝景时为博士。与黄生争论景帝前。黄生曰："汤武非受命，乃弑也。"辕固生曰："不然。夫桀纣虐乱，天下之心皆归汤武，汤武与天下之心而诛桀纣，桀纣之民不为之使而归汤武，汤武不得已而立，非受命为何？"黄生曰："冠虽敝，必加于首。履虽新，必关于足。何者，上下之分也。今桀纣虽失道，然君上也。汤武虽圣，臣下也。夫主有失行，臣下不能正言匡过以尊天子，反因过而诛之，代立践南面，非弑而何也？"辕固生曰："必若所云，是高帝代秦，即天子之位，非邪？"于是景帝曰："食肉不食马肝，不为不知味。言学者无言汤武受命，不为愚。"遂罢。是后，学者莫敢明受命放杀者。①

这场讨论最终以"学者莫敢明受命放杀"而不了了之。后来董仲舒又重提这一话题，提出王朝无道，造反有理的观点。说："天之生民非为王也，而天立王以为民也。故其德足以安乐民者天予之，其恶足以贼害民者天夺之。""故夏无道而殷伐之，殷无道而周伐之，周无道而秦伐之，秦无道而汉伐之。有道伐无道，此天理也。"②董仲舒还提出"三统五端"的理论，称"三统五端，化四方之本也"。所谓三统，就是王朝按照黑、白、赤或地、人、天三统顺序演变，每统正朔、服色、礼乐制度各有一套，三统周而复始。所谓五端，是指三统之前的五个朝代，三统五端八个朝代前后相连、具有继承创新关系。董仲舒说：

> 王者之法，必正号。绌王谓之帝，封其后以小国，使奉祀之。下存二王之后以大国，使服其服、行其礼乐，称客其朝。故同时称帝者五，称王者三，所以昭五端、通三统也。是故周人之王尚推神农为九皇，而改号轩辕谓之黄帝，因存帝颛顼、帝喾、帝尧之帝号，绌虞而

---

①　《史记》卷一二一《儒林列传》，第 3122 页。

②　董仲舒：《春秋繁露》第二五《尧舜不擅移汤武不专杀》，岳麓书社 1997 年版，第 127—128 页。

号舜曰帝舜。录五帝以小国，下存禹之后于杞，存汤之后于宋，以方百里爵称公，皆使服其服、行其礼乐，称先王客而朝。①

三统五端可表示如下②：

表 4-11　董仲舒三统五端示意（以周朝为例）

炎帝	黄帝	颛顼	帝喾	唐尧	虞舜	夏禹	商汤	周文	鲁	秦	汉	魏
地	人	天	地	人	天	地	人	天	地	人	天	地
黑	白	赤	黑	白	赤	黑	白	赤	黑	白	赤	黑
五端						三统						

三统五端论的"昭五端、通三统"表示新王朝搞好和以前七个朝代体制、遗族遗民的关系，继承前朝的优良传统，革除前朝的各种弊端，安抚好前代遗族遗民。董仲舒说："道者万世无弊，弊者道之失也。先王之道必有偏而不起之处，故政有眊而不行。举其偏者以救其弊而已矣"，"夏上忠，殷上敬，周上文者，所继之救，当用此也。"他主张"继治世者其道同，继乱世者其道变"③。董仲舒的三统五端论源于"二王三恪"的古礼，所谓二王，就是王朝仍封前二朝君主为王公，三恪是封二王以前三朝后人。《礼记·郊特牲》说："天子存二代之后，犹尊贤也。尊贤不过二代。"④也就是说，通三统、尊二代勉强可以做到，董仲舒"昭五端"在实践上很难完全做到。三统五端论的核心是如何看待前代历史，是采取完全否定的态度，还是采取继承优良传统、救弊补偏的态度。不过，三统论的践行者更多的只是在正朔、服色、礼仪上做些形式主义的改变。三统说所引帝王正朔服色制度除夏商周三代有点依据外，其余多是虚构。因此，人们理解上也存在分歧。三国时魏明帝青龙五年三月曾据三统论下诏改变礼仪制度。称：

① 董仲舒：《春秋繁露》第二三《三代改制文》，岳麓书社1997年版，第115页。
② 历朝黑白赤、地人天属性按《三统纪》、《春秋繁露》观点及《汉书》、《三国志》记载。《史记·五帝本纪》正义曰："《三统纪》推伏羲为天统，色尚赤。神农为地统，色尚黑。黄帝为人统，色尚白。少昊，黄帝子，亦尚白。故高阳氏又天统，亦尚赤。（高辛氏又地统，亦尚黑。）尧为人统，故用白。"
③ 董仲舒：《春秋繁露》附《天人三策·第三策》，岳麓书社1997年版，第320页。
④ 注：过之，远难法也。二或为三。见李学勤主编《礼记正义》，北京大学出版社1999年版，第784页。

　　夫太极运三辰五星于上，元气转三统五行于下。登降周旋，终则又始。故仲尼作春秋于三微之月，每月称王以明三正迭相为首。今推三统之次，魏得地统，当以建丑之月为正月。考之群艺，厥义章矣。其改青龙五年三月为景初元年四月，服色尚黄，牺牲用白，戎事乘黑首白马，建大赤之旗，朝会建大白之旗。①

　　按《三统纪》的顺序，得地统，当行夏礼，以建寅为正。而明帝则认为地统当行殷礼②。他"以建丑之月为正，改其年三月为孟夏，其孟、仲、季月，虽与夏正不同，至于郊祀蒐狩，班宣时令，皆以建寅为正。三年正月帝崩，复用夏正"。由于随意变更历法给生活带来不便，循三统改正朔的办法后来便不再实行了。晋武帝即位后，认为"唐尧、舜、禹不以易祚改制"，晋"受禅有魏，宜一用前代正朔服色，皆如有虞遵唐故事"③。

（二）五德终始说

　　秦汉以来统治者还采用阴阳家邹衍的"五德终始说"作为国家革命和建设的工具，宣称朝代更替按土、木、金、火、水五行相克的顺序进行，每个朝代的德行是由上天规定的，获得执政地位的阶级要按照授予的"德"行，实行一套特殊的制度和政策，以保证其统治符合天命，长治久安。中国第一个将五德终始理论付诸实践的是秦始皇。按这一理论，黄帝为土德，夏禹为木德，商汤为金德，周为火德，代周之朝代应为水德④。《史记·秦始皇本纪》载：

　　始皇推终始五德之传，以为周得火德，秦代周德，从所不胜。方今水德之始，改年始，朝贺皆自十月朔。衣服旄旌节旗皆上黑。数以六为纪，符、法冠皆六寸，而舆六尺，六尺为步，乘六马。更名河曰德水，以为水德之始。刚毅戾深，事皆决于法，刻削毋仁恩和义，然后合五德之数。

---

① 《三国志》卷三《魏书·明帝纪》注引《魏书曰》，中华书局1959年版，第108页。
② 魏明帝引《历志》曰："天统之正在子，物萌而赤；地统之正在丑，物化而白；人统之正在寅，物成而黑。"
③ 《宋书》卷一四《礼一》。
④ 《吕氏春秋·有始览·应同》，华夏出版社2002年版，第152页。

　　西汉建国很长时间仍继续沿用秦代的水德，并没有形成自己的朝代"特色"，直到汉武帝时才正式确立汉代为土德。史称，"汉兴之初，庶事草创，唯一叔孙生略定朝廷之仪。若乃正朔、服色、郊望之事，数世犹未章焉。至于孝文，始以夏郊，而张仓据水德，公孙臣、贾谊更以为土德，卒不能明。孝武之世，文章为盛，太初改制，而倪宽、司马迁等犹从臣、谊之言，服色数度，遂顺黄德"。[①] 西汉末年，为配合王莽"革命"，刘向、刘歆对五德终始理论进行重大改革，改"五德相胜"说为"五德相生"说，宣称王朝更替按照火、土、金、水、木五行相生的顺序进行，同时确定汉朝为火德[②]，王莽宣布汉代"火德销尽，土德当代，皇天眷然，去汉与新"，建立新朝，实行土德。东汉建立后，恢复火德，继续奉行王莽的革命理论。"五德相生"说成为东汉至南宋时期历代王朝统治合法化的理论工具，如表4-12所示：

表4-12　东汉至辽金各朝德行[③]

东汉	曹魏孙吴	晋	南朝宋北魏	南齐北周	南梁隋	南陈唐后唐	后梁后晋	后汉	后周	宋	辽金
火	土	金	水	木	火	土	金	水	木	火	土

　　国家确立所属德行之后，往往要建立一套与之相符的历法、服色、数度、音乐、祭祀等礼仪制度，以趋吉避凶。例如，祖腊制度就体现了这种思想。祖是祭祀路神，腊年终大祭。《风俗通义》卷八引《礼传》载"共

<hr>

　　① 《汉书》卷二五下《郊祀志下》，第1270页。
　　② 刘向、刘歆虚构了历代帝王"德"行谱系。《汉书·律历志》载：太昊帝"炮牺继天而王，为百王先，首德始于木，故为帝太昊"，炎帝"以火承木，故为炎帝。教民耕农，故天下号曰神农氏"，黄帝"火生土，故为土德。始垂衣裳，有轩冕之服，故天下号曰轩辕氏"，少昊帝"土生金，故为金德，天下号曰金天氏"，颛顼帝"金生水，故为水德，天下号曰高阳氏"，帝喾"（水）生木，故为木德，天下号曰高辛氏"，唐尧"木生火，故为火德，天下号曰陶唐氏"，虞舜"尧嬗以天下，火生土，故为土德。天下号曰有虞氏"，夏禹"虞舜嬗以天下。土生金，故为金德。天下号曰夏后氏"，商汤"金生水，故为水德。天下号曰商，后曰殷"，周武王"水生木，故为木德。天下号曰周室"，汉高祖"伐秦继周，木生火，故为火德。天下号曰汉"。
　　③ 有的朝代宣布的"德"有变更，表4-10以最后实行的为准。北魏最初实行土德，后改水德；金最初实行金德，后改土德。

工之子曰修，好远游，舟车所至，足迹所达，靡不穷焉，故祀以为祖神"，
又称"汉家火行，盛于午，故以午祖也"。汉代以来，逐渐形成按照十二辰
五行盛衰安排祖①腊日期的制度。《初学记》引《魏台访议》中有一段议论
具有代表性：

> 王者各以其行盛日为祖，衰日为腊。水始生于申，盛于子，终于
> 辰，故水行之君以子祖辰腊；火始生寅，盛于午，终于戌，火行之君，
> 以午祖戌腊；木始生于亥，盛于卯，终于未，故木行之君以卯祖未腊；
> 金始生于巳，盛于酉，终于丑，故金行之君以酉祖丑腊；土始生于未，
> 盛于戌，终于辰，故土行之君以戌祖辰腊。

汉至金一千多年各代宣布的祭祀日期除个别时代略有出入②之外，基本
上都是按照上述规定执行的。例如东汉火德，午祖戌腊；西晋金德，酉祖丑
腊；刘宋水德，子祖辰腊；南齐木德，卯祖未腊等。北周隋唐以来，祖日或
社日未见史书的记载，可能已经废弃，但腊祭仍严格遵守"衰日为腊"的规
定。如金朝前期定为金德，实行丑腊，后定土德，又改为辰腊。祖腊是王朝
合法性的象征，奉行祖腊即表示对政权的承认和拥护；不奉他人祖腊，表示
政治地位的独立与自尊。例如，王莽篡汉，大臣陈咸"父子相与归乡里，闭
门不出入，犹用汉家祖腊"③。东汉末年，魏王曹丕称天子，为表示对汉献帝
尊重，"奉帝为山阳公，邑一万户，位在诸侯王上，奏事不称臣，受诏不拜，
以天子车服郊祀天地，宗庙祖腊皆如汉制"④。

实际各朝德行性质还存在争议和改易问题。例如，宋代官方提倡火德，
但也有主张应实行金德、土德的。史载：

> 雍熙元年四月，布衣赵垂庆上书言："本朝当越五代而上承唐统为

---

① 有些朝代也称为"社"祭。
② 曹魏土德，但实行"腊以丑"，东吴、北魏均称土德，实行"祖未"，唐行土德，实行"卯社"，
均不合"祖戌"的说法。北魏后改水德，祖申腊辰，祖申也不合"祖子"常规。
③《后汉书》卷四六《陈宠传》，第1548页。
④《后汉书》卷九《献帝纪》，第390页。

金德，若梁继唐，传后唐，至本朝亦合为金德。矧自国初符瑞色白者不可胜纪，皆金德之应也。望改正朔，易车旗服色，以承天统。"事下尚书省集议，常侍徐铉与百官奏议曰："五运相承，国家大事，著于前载，具有明文。顷以唐末丧乱，朱梁篡弑，庄宗早编属籍，亲雪国仇，中兴唐祚，重新土运，以梁室比羿、浞、王莽，不为正统。自后数姓相传，晋以金，汉以水，周以木，天造有宋，运膺火德。况国初祀赤帝为感生帝，于今二十五年，岂可轻议改易？"①

天禧四年，又有光禄寺丞谢绛上书言："昔者，秦祚促而德暴，不入正统，考诸五代之际，亦是类矣。国家诚能下黜五代，绍唐之土德，以继圣祖，亦犹汉之黜秦，兴周之火德以继尧者也。……宜兴土之运，御时之灾。"经过讨论，朝廷继续维持火德之说。

西汉、北魏、金都曾发生过"改德"，东汉、后唐还发生过"复德"之事。

西汉初年继承秦的德行，后来两次"改德"。西汉前期文、景、武帝时由"水"改为"土"，西汉后期平帝时又由"土"改为"火"。史书记载，汉文帝即位十四年（前 166 年）：

> 鲁人公孙臣上书曰："始秦得水德，及汉受之，推终始传，则汉当土德，土德之应黄龙见。宜改正朔，服色上黄。"时丞相张苍好律历，以为汉乃水德之时，河决金堤，其符也。年始冬十月，色外黑内赤，与德相应。公孙臣言非是，罢之。明年，黄龙见成纪。文帝召公孙臣，拜为博士，与诸生申明土德，草改历、服色事。②

只到 60 多年以后的汉武帝太初年（前 104 年）夏五月才正式颁布新历法，"以正月为岁首。色上黄，数用五，定官名，协音律"，将土德制度落实下来。从公元前 202 年王朝建立算起，西汉沿用秦朝水德制度近 100 年，其

---

① 《宋史》卷七〇《律历志三》，第 1597 页。
② 《汉书》卷二五《郊祀志》。

中酝酿改革用了 60 年。汉代"土德"正式实行 70 多年后，人们又对其产生怀疑。汉成帝河平三年（前 26 年），宗室刘向上奏《洪范五行传》，后来其子刘歆撰《三统历》，都主张五德相生说，推论汉代为火德。王莽居摄以后，以刘歆为国师，采纳其说，推行复古改制。初始元年十一月戊辰（公元 9 年 1 月 10 日），王莽宣布建立新朝，以汉为火德，取"火生土"之义，实行土德，"服色配德上黄，牺牲应正用白"①，此次"改德"，只是王莽为篡权而找到的理由。

北魏建国时，实行土德。天兴元年（398 年），拓跋珪在平城称帝，"群臣奏以国家继黄帝之后，宜为土德，故神兽如牛，牛土畜，又黄星显曜，其符也。"②"尚书崔玄伯等奏从土德，服色尚黄，数用五；未祖辰腊，牺牲用白。"③孝文帝太和十五年（491 年），北魏对实行何德重新进行讨论，"尚书高闾以石承晋为水德，以燕承石为木德，以秦承燕为火德，大魏次秦为土德……（李）彪等据神元皇帝与晋武并时，桓、穆二帝，仍修旧好。始自平文，逮于太祖，抗衡秦、赵，终平慕容。晋祚终于秦方，大魏兴于云朔。据汉弃秦承周之义，以皇魏承晋为水德。"④最终孝文帝决定听从多数人意见，实行水德，祖申腊辰。这次改德，宣布了北魏政权的正统性与合法性，为其汉化改革提供了"理论"上的支持。

金朝立国之初，以金为国号，人们自然地以为金朝实行金德。大定十五年（1175 年）金人祭祀长白山时也说过"厥惟长白，载我金德"这样的话。金章宗泰和三年（1203 年）五月丙戌，"定律令、正土德"⑤。因宋为火德，此次改德，寓有"以金代宋"之意。当时的礼部尚书张行信证实："国初太祖有训，因完颜部多尚白，又取金之不变，乃以大金为国号，未尝议及德运。近章宗朝始集百僚议之，而以继亡宋火行之绝，定为土德，以告宗庙而诏天下焉。"⑥

所谓"复德"，就是不承认前朝的合法性，而使用前朝之前政权的德。

---

① 《汉书》卷九九《王莽传》。
② 《魏书》卷一○八《礼四》。
③ 《魏书》卷二《太祖纪》。
④ 《魏书》卷一○八《礼四》。
⑤ 《金史》卷一一《章宗纪三》。
⑥ 《金史》卷○七《张行信传》。

东汉和后唐都曾实行前朝旧德。

王莽统治末年，天下大乱，公孙述称霸四川、甘肃一带，欲取代新朝。他采纳五德相生说，以王莽新朝为土德，取土生金之义，尚金德，并广为宣传，树立正统形象，与汉高祖九世孙的刘秀争夺天下。《后汉书》卷一三《公孙述传》载：

> 述亦好为符命鬼神瑞应之事，妄引谶记。以为孔子作《春秋》，为赤制而断十二公，明汉至平帝十二代，历数尽也，一姓不得再受命。又引《录运法》曰："废昌帝，立公孙。"《括地象》曰："帝轩辕受命，公孙氏握。"《援神契》曰："西太守，乙卯金。"谓西方太守而乙绝卯金也。五德之运，黄承赤而白继黄，金据西方为白德，而代王氏，得其正序。又自言手文有奇，及得龙兴之瑞。数移书中国，冀以感动众心。

刘秀建立政权后，于建武二年（公元26年）"起高庙，建社稷于洛阳，立郊兆于城南，始正火德，色尚赤"[①]。东汉所复的刘氏之德，既不是西汉初年实行的水德，也不是汉武帝实行的土德，而是刘向父子和王莽所说的火德。刘秀是西汉皇室的疏属，他打出复汉复德的旗帜，有利于增加政权的合法性。

唐朝实行土德。唐末，权臣朱温篡权，建立后梁王朝，实行金德，将内殿更名为金祥殿。"自谓以金德王，又以福建上献鹦鹉，诸州相继上白乌、白兔洎白莲之合蒂者，以为金行应运之兆，故名殿曰金祥。"[②]当时国家已经四分五裂，唐朝的另一大将李存勖并不承认后梁的政权，仍然沿用唐哀帝李柷天祐的年号。天祐二十年（923年），李存勖（庄宗）称帝，仍以唐为国号，改元同光，并于此年灭掉了后梁政权，定都洛阳。同光四年（926年）四月，李存勖在内乱中被杀，大将李嗣源（明宗）监国，即将称帝。对于要不要继续沿用唐朝的国号和德行，朝中发生争论，史载：

① 《后汉书》卷一《光武帝纪》。
② 《旧五代史》卷三《梁太祖纪三》。

甲午，幸大内兴圣宫，始受百僚班见之仪。所司议即位仪注，霍彦威、孔循等言："唐之运数已衰，不如自创新号。"因请改国号，不从土德。帝问藩邸侍臣，左右奏曰："先帝以锡姓宗属，为唐雪冤，以继唐祚。今梁朝旧人，不愿殿下称唐，请更名号。"帝曰："予年十三事献祖（李国昌），以予宗属，爱幸不异所生。事武皇（李克用）三十年，排难解纷，栉风沐雨，冒刃血战，体无完肤，何艰险之不历！武皇功业即予功业，先帝天下即予天下。兄（李存勖）亡弟绍，于义何嫌。且同宗异号，出何典礼？历之衰隆，吾自当之，众之莠言，吾无取也。"[1]

最终李嗣源仍然决定沿用唐的国号和土德。后唐政权"复德"之举，也有一定的历史原因，其政权的开创者李存勖，本沙陀族，其祖父朱邪赤心，唐懿宗赐姓名李国昌，列为属籍，被视为唐朝宗室，李存勖之父李克用因先后镇压庞勋起义军、黄巢起义军。大顺二年（891 年），被封为晋王。李存勖是李克用长子，李嗣源是李克用的养子，二人为兄弟。因此，李存勖、李嗣源都自视为唐朝宗室，是李唐政权的合法继承人，他们的政权沿用旧德也是理所当然的。

从上述"议德"和"改德"、"复德"的事实可以看出，统治者确定或改变本朝之"德"，既可根据前朝德行，取其所生之德；也可视前朝为"闰位"，上承更远的朝代，甚至直接改变前朝德行。由此可见，朝代德行的确定，实际上没有客观标准，只是统治者根据政治上的需要，在天命名义下为取代前朝或宣扬政权正统性而寻找的"合理"说辞。

欧阳修批评五德终始论，说："自古王者之兴，必有盛德以受天命，或其功泽被于生民，或累世积渐而成王业，岂偏名于一德哉？……而曰五行之运有休王，一以彼衰，一以此胜，此历官、术家之事。而谓帝王之兴必乘五运者，缪妄之说也。"[2]元代汉化程度不深，未能接受五德终始说，自此以后，五德终始说才从国家文教制度中逐渐退出，但仍然余音袅袅。明太祖朱

---

① 《旧五代史》卷三五《唐明宗纪》。
② 《文忠集》卷一六《正统论上》。

元璋起兵反元时，有人称"用宋龙凤年号，旗帜、战衣皆红色，盖以火德王故也"①。还有人称"国朝以火德王天下，与宋同避其所克，则亦当去羽"②。不过，由于官方并未公开倡导，"有谓其尚火德，有谓其尚土德，纷纷无定"③。李自成建立的大顺政权自称以水德王，据赵士锦《甲申纪事》说："贼云以水德王，衣服尚蓝，故军中俱穿蓝，官帽亦用蓝。"清代所尚何德，更无明文可据。有学者认为，"从族名和国号来看，满族建立清朝是以水德立国的，其根本目的是用水克火（明），入主中原，代明而立，一统天下。"④这种观点与五德相生传统并不一致，按五德相生之说，如果明为火德，则清应为土德。总之，五德终始理论流行千余年，其实质不过是建立新朝代的一种合法性说辞，并无多少实质内容，正如董仲舒所说，"新王必改制，非改其道，非变其理"，"王有改制之名，无易道之实"⑤。

三、意识形态管理体制

统治者为了维护官方意识形态的统治地位，采取正面宣传教育和打击异端思想相结合的两手。从秦汉时期开始，统治者一方面大力创办官学，选拔、培养需要的人才；另一方面对批评当权者的言论定上诽谤、妖言、大不敬等各种罪名，严加惩处。汉代以来，中央逐步设立太学、国子学（统称国学）。地方上设立州学、县学等，由国家设立教官，提供免费教育，培养各类国家需要的人才，学校以儒家思想为主要教学内容，宣传三纲五常等维护皇权专制、宗法伦理的思想。另一方面，统治者加强了思想文化上的管制。秦始皇下令焚书坑儒，禁止违害专制统治的书籍言论出现，甚至造成"正言者谓之诽谤，遏过者谓之妖言"⑥的现象。唐朝规定："诸造⑦妖书及妖言者绞，传用⑧以惑众者亦如之。其不满众者流三千里，言理无害者杖一百，即

---

① 谷应泰：《明史纪事本末》卷一《太祖起兵》。
② 《明礼集》卷四八《乐·火德去羽》。
③ 张养蒙：《五德之运考》，载黄宗羲编：《明文海》卷一二一。
④ 陈伯霖：《满洲族名与清国号的文化阐释》，《黑龙江民族丛刊》1995年第3期。
⑤ 董仲舒：《春秋繁露》第一《楚庄王》，岳麓书社1997年版，第14、15页。
⑥ 《汉书》卷五一《路温舒传》。
⑦ 造谓自造休咎及鬼神之言，妄说吉凶，涉于不顺。
⑧ 传谓传言，用谓用书。

私有妖书，虽不行用，徒二年，言理无害者杖六十。"①《大明律》、《大清律》都曾规定："凡造谶纬、妖书、妖言及传用惑众者皆斩。若私有妖书，隐藏不送官者，杖一百，徒三年。"诽谤、妖言、妖书都没有什么具体的标准，完全以君主个人判断为依据，甚至说错一句话、一个字，也会惹祸上身。如唐朝规定："诸上书若奏事，误犯宗庙讳者，杖八十；口误及余文书误犯者，笞五十。即为名字误犯者，徒三年。"统治者通过森严的政治避讳建立起人民对专制王权、帝王思想言论的尊崇和敬畏，维持了君主、官员、百姓的等级尊卑秩序，破坏了政治公正、平等，禁锢了人民的思想，加剧了政权的私有、专制和腐败。

　　清朝末年，随着西方入侵和西学传播，中国传统意识形态和文教体制逐渐受到冲击。早在1861年冯桂芬就在他所著的《校邠庐抗议》中指出，西方国家翻译过来的著作中除耶稣教之书外，其他"如算学、重学、视学、光学、化学等，皆得格物至理，舆地书备列百国山川厄塞风土物产，多中人所不及"。他主张以中国名教为本，辅以西方富强之术，即所谓"中学为本，西学为辅"。他说："夫学问者，经济所从出也。太史公论治曰：'法后王，为其近己而俗变相类，议卑而易行也。'愚以为在今日又宜曰：'鉴诸国。'诸国同时并域，独能自致富强，岂非相类而易行之尤大彰明较著者？如以中国之伦常名教为本，辅以诸国富强之术，不更善之善者哉？"②随着危机加深，中国兴起变法思潮，直接触动了君主官僚专制政体和传统纲常名教，引起保守派的反弹。他们攻击维新派"影附西方，潜移圣教"，"圣人之纲常不可攻也，假平等之说以乱之；天威之震肃不可犯也，倡民权之义以夺之"③。又说："中国此日讲求西法，所贵使中国之人明西法为中国用，以强中国。非欲将中国一切典章文物废弃摧烧，全变西法，使中国之人默化潜移，尽为西洋之也。""若全不讲为学为政本末，如近来《时务》、《知新》等报所论，尊侠力，伸民权，兴党会，改制度，甚则欲去跪拜之仪礼，废满汉之文字，平君臣之尊卑，改男女之外内，直似只须中国一变而为外洋政教风俗，即可

---

①　杜佑：《通典》卷一六五《刑三》。

②　冯桂芬著，戴扬本评注：《校邠庐抗议》下篇《采西学议》，中州古籍出版社1998年版，第209、211页。

③　叶德辉：《读西学书法书后》，载苏舆《翼教丛编》卷四，上海人民出版社2002年版，第64页。

立致富强，而不知其势小则群起斗争，召乱无已，大则各便私利，卖国何难。"①1898 年，张之洞发表《劝学篇》，提出"中学为体、西学为用"的观点，主张保国、保教、保种，保种先保教，保教先保国。保国就是保大清王朝，保教就是保儒教。他说："我圣教行于中土，数千年而无改者。五帝三王，明道垂法，以君兼师，汉、唐及明，宗尚儒术，以教为政。我朝列圣，尤尊孔、孟、程、朱，屏黜异端，纂述经义，以躬行实践者教天下。故凡有血气，咸知尊亲。盖政教相维者，古今之常经，中西之通义。""今日时局，惟以激发忠爱、讲求富强，尊朝廷、卫社稷为第一义。"②张之洞认为三纲五常是立国之本，公开反对民主、平等之说。说："知君臣之纲，则民权之说不可行也；知父子之纲，则父子同罪、免丧废祀之说不可行也；知夫妇之纲，则男女平权之说不可行也。"③张之洞主张："中学为内学，西学为外学；中学治身心，西学应世事。"④虽然主张向西方学习，但以不改变政治制度和意识形态为前提。相比之下，黄遵宪、谭嗣同的认识则更有远见。1902年，黄遵宪对清朝以及整个郡县时代的文化专制提出了批评："二百余年政略以防弊为主，学术以无用为尚。……其文字之祸，诽谤之禁，穷古所未有。由是葸懦成风，以明哲保身为要，以无事自扰为戒，父兄之教子弟，师长之训后进，兢兢然申明此意，浸淫于民心者至深。""每念中国二千年来专制政体，素主帝天无可逃，神圣不可侵犯之说，平生所最希望，专欲主权以导民权。"⑤对洋务派保国、保教之说，黄遵宪极不赞成，他说："泰西诸国，政与教分，彼政之善，由于学之盛。我国则政与教合，分则可借教以补政之所不及；合则舍政之外，无所谓教。今日但采西人之政，西人之学，以弥缝吾国政学之弊，不必复张吾教，与人争是非、较短长也。"⑥而早在1897年，谭嗣同就在其所著《仁学》中猛烈地抨击纲常名教和专制政体，他说："名者，由人创造，上以制其下，而不能不奉之；则数千年来，三纲五伦之惨祸烈毒，由是酷焉矣。君以名桎臣，官以名轭民，父以名压子，夫以名

---

① 朱寿朋编，张静庐点校：《光绪朝东华录》，上海人民出版社 1984 年版，第 4118 页。
② 罗炳良主编：《张之洞劝学篇·上编·同心第一》，华夏出版社 2002 年版，第 11、12 页。
③ 罗炳良主编：《张之洞劝学篇·上编·明纲第三》，华夏出版社 2002 年版，第 34 页。
④ 罗炳良主编：《张之洞劝学篇·下编·会通第十三》，华夏出版社 2002 年版，第 147 页。
⑤ 吴振清等编校：《黄遵宪集》，天津人民出版社 2003 年版，第 507 页。
⑥ 吴振清等编校：《黄遵宪集》，天津人民出版社 2003 年版，第 512 页。

困妻，兄弟朋友各挟一名以相抗拒，而仁尚有少存焉者，得乎？"① 谭嗣同认为，名教不过是专制的盗名，并非孔子本义。他说："二千年来之政，秦政也，皆大盗也；二千年来之学，荀学也，皆乡愿也。惟大盗利用乡愿；乡愿工媚大盗。二者相交相资，而罔无托之于孔。""方孔教之初立教也，黜古学，改今制，废君统，倡民主，变不平等为平等，亦汲汲然勤矣。岂谓为荀学者，乃尽亡其精意，而泥其粗迹，反授君主以莫大无限之权，使得挟持一孔教以制天下。……由是二千年来君臣一伦，尤为黑暗否塞，无复人理，沿及今兹，方愈剧矣。夫彼君主犹是耳目手足，非有两鼻四目，而智力出于人也，亦果何所恃以虐四万万之众哉？则赖乎早有三纲五伦字样，能制人之身者，兼能制人之心。"他大骂爱新觉罗氏为贱类异种，"素不识孔教，亦得凭陵乎蛮野凶杀之性以窃中国，及既窃之，即以所以从窃之法还制其主人，亦得从容靦颜，挟持所素不识之孔教以压制所素不知之中国矣，而中国犹奉之如天，而不知其罪！"② 谭嗣同不但不主张保教，反而力主破除名教，解放思想。他说："二三豪杰，亦时切亡教之忧，吾则窃不谓然。何者？教无可亡也。教而亡，必其教之本不足存，亡亦何恨？教之至者，极其量不过亡其名耳，其实固莫能亡矣。名非圣人之所争。"③ 他提出要冲决俗学、君主、伦常之纲罗，直达平等博爱的"仁"的境界。20 世纪初，有人更直接地亮出了"排孔"的旗号，他们尖锐地指出："孔丘砌专制政府之墓，以涂毒吾同胞者，二千余年矣"，"欲支那人之进于幸福，必先以孔丘革命。"④ 这些言论表明，随着甲午战败、八国联军入侵，民族危机的加深，象征专制、迷信的儒教思想及政教合一的传统意识形态管理体制受到民主、科学思想的全面冲击，正在与君主官僚专制的政权一起一步步走向衰亡，政教分离，提倡民主平等、鼓励学术自由成为先进中国人的主张。

---

① 谭嗣同：《仁学》，中华书局 1958 年版，第 11—12 页。
② 谭嗣同：《仁学》，中华书局 1958 年版，第 47-48 页。
③ 谭嗣同：《仁学》，中华书局 1958 年版，第 2—3 页。
④ 绝圣：《排孔征言》，载《新世纪》，第 52 号，1908 年。

第 五 章

共和时代（1912— ）

晚清以来，受西方文化影响，人们开始倡导民主共和思想，代替"恢复封建"传统思维。黄遵宪是目前所知的第一位明确提出"封建—郡县—共和"历史演进路线的学者。西方殖民主义者在侵略中国，给中华民族带来深重灾难的同时，也带来了先进的生产方式，传播了先进的政治文明，刺激了中国民族工业的发展和变法自强的政治改革，客观上加速了中国工业化和追求自由平等的民主法治化进程，辛亥革命将这一进程推向高潮，使中国进入共和时代。

第一节　共和时代的概念界定

一、共和时代名称的由来

（一）共和的中外历史渊源

"共和"一词在中国有悠久的历史渊源。中国古籍中的"共和"表示由大臣或贵族共同治理国家的无君政体。《史记》载，西周时期，周厉王独断专行，国人"道路以目"。公元前841年，国人暴动赶走厉王，"召公、周公二相行政，号曰'共和'。共和十四年，厉王死于彘。太子静长于召公家，二相乃共立之为王，是为宣王。"① 韦昭注曰："彘之乱，公卿相与和而修

---

① 《史记》卷四《周本纪》，第144页。

政事号曰共和。"共和是与君主专制相对立的一种政体形式。在公元前 9 世
纪，中国曾有 14 年的共和时代（前 841—前 828 年），有学者称中国建立了
世界上第一个共和国，比公元前 509 年建立的罗马共和国还要早。① 现代常
将共和的含义追溯到孔子的大同思想或天下为公思想。孔子描绘的"天下为
公，选贤与能"的大同社会，实际可能只是贵族共和制的追忆，含有共和精
神，这里的"贤与能"主要是贵族，而非平民。此后，郡县时代提倡的君臣
"共治"、"共理"思想，也包含了共和的一些因素。战国时就有人说："天下
万事，不可备能，责其备能于一人，则贤圣其犹病诸。""故所贵圣人之治，
不贵其独治，贵其能与众共治也。"② "君为元首，臣则股肱，共理百姓，义
同一体"③，实际上是在倡导一种"官僚共和制"，当然能否真的实行是存在
争议的。西方古希腊、罗马共和国更是后来共和思想的源头。西方"共和"
一词源于拉丁文 res publica（共和国），原义为公众的事务、公众的财产，后
来逐渐演化，在西塞罗的著作中已有国家意义。在西塞罗看来，共和是一种
非专制的国家政体形态（共和国也可以容纳君主制政体），是一种混合政体。
在罗马共和国，执政官代表王制因素，元老院代表贵族因素，人民大会代表
民主制因素，三者分工协作又互相制约。同时共和国实行等级平等制，实行
各财产等级的权利和义务相一致的原则。总之，古希腊、罗马的共和制混合
着贵族制和民主制两种政体的因素，体现了少数人统治和多数人统治相结合
的原则。按照近代政治学理论的观点，共和含义比较广泛，涵盖着民主概
念。具体来说，共和国是相对君主国而言，凡非君主制国家便是共和国，有
人将共和国分为贵族共和国和民主共和国两类④。实际上还存在着一种官僚
共和国。

（二）中国近代共和观念的传播

清朝末年西方共和思想传入中国，鸦片战争前，林则徐主持编译《四
洲志》，第一次对美国的民主共和制进行了介绍。共和思想的传入，对中国
政治观念和制度变迁产生了直接的影响。19 世纪 70 年代，维新派早期代表

---

① 日知：《释共和——共伯〔和〕可以休矣》，《史学理论研究》1993 年第 1 期。
② 《尹文子·大道上》。
③ 《北史》卷四一《杨素传》。
④ 〔法〕孟德斯鸠：《论法的精神》上册，张雁深译，商务印书馆 1987 年版，第 7—8 页。

人物郑观应、王韬等提出了"君民共主"的主张，后被康有为继承并发展成"君主立宪"的思想，由于维新失败，"废除君主专制，实现民主共和"逐渐成为革命志士的共同主张，"共和"成为时代流行语。孙中山领导革命，以建立共和国为目标。"共和"一词进入近代大众视野与孙中山等人的革命活动有关。1895 年孙中山赴日本驻香港领事馆，请求在广州起义时给予援助。在谈话中，孙中山提出在起义成功后，"使两广独立为共和国"①，这是孙氏共和思想的早期证据。1897 年 8 月，孙中山在与宫崎寅藏、平山周的谈话中，指出自己的政治精神是"执共和主义"，他还批驳那种认为"共和政体不适支那之野蛮国"的论调。② 他说："可能有人说，共和政体不适合中国这个野蛮国家。这只是一种不了解状况的说法。所谓共和，是我国治世的神髓，先哲的伟业。我国国民之所以怀古，完全是因为追慕三代之治。而所谓三代之治，的确掌握了共和之真谛。"③ 这时孙中山对于共和的理解显然借用了传统文化的资源，将其比附为中国儒家所推崇的三代之治，但其精髓已经是现代意义上的政体含义了。到 1903 年，他在檀香山对华侨演说中进一步描绘了未来国家的政体形式，即在革命成功之后，效法美国选举总统，废除专制，实行共和。④ 对"共和"观念的进一步传播起了重要作用的还有 1903 年邹容《革命军》的发表。该书提出"诛杀满洲人所立之皇帝，以做万世不复有专制之君主"，将新建国家"定名中华共和国"，并喊出"中华共和国万岁"、"中华共和国四万万同胞的自由万岁"的口号⑤。1905 年 8 月 20 日，中国同盟会在日本东京成立，孙中山发表《同盟会宣言》，提出了"驱除鞑虏，恢复中华，建立民国，平均地权"的十六字纲领。民国的含义是："今者由平民革命以建民政府，凡为国民皆平等以有参政权。大总统由国民共举。议会以国民公举之议员构成之，制定中华民国宪法，人人共守。敢有帝制自为者，天下共击之！"这个纲领明确规定了革命成功后所建立的"中华民国"的人民共和国性质。1911 年 11 月，辛亥革命爆发后，孙中山即公开

---

① 　[日] 狄间直树：《对中国近代"民主"与"共和"观念的考察》，《辛亥革命与二十世纪的中国》下册，中央文献出版社 2002 年版，第 1588 页。

② 　孙中山：《孙中山全集》第 1 卷，中华书局 1981 年版，第 172—173 页。

③ 　宫崎滔天：《三十三年之梦》，林启彦译注，香港花城出版社 1981 年版，第 122 页。

④ 　孙中山：《在檀香山正埠菏梯厘街戏院的演说》，《孙中山全集》第 1 卷，第 226 页。

⑤ 　(清) 邹容：《革命军》，冯小琴评注，华夏出版社 2002 年版，第 55、57、60 页。

提出了建立共和国家的主张："倘以一中国君主而易去满洲君主，与近世文明进化相背，决非人民所欲，故惟有共和联邦政体最为美备，舍此别无他法也。"①1912 年元旦，革命党在南京成立临时政府，孙中山当选临时大总统，正式下令定国号为中华民国。清帝下诏退位称，因"今全国人民心理，多倾向共和"，不得不"将统治权归诸全国，定为共和立宪国体"②，不久，南京临时政府于 1912 年 3 月 11 日公布了具有宪法效力的《中华民国临时约法》，第一章《总纲》规定："中华民国由中华人民组织之"，"中华民国之主权属于国民全体"，从此中国进入共和时代。

（三）空想社会主义者的共和观念

中国共产党也有丰富的共和理论与实践，这也是对马克思主义的共和理论的继承和发展。早在马克思主义产生之前，众多空想社会主义者或多或少地论及过国家问题，从道义上揭露、抨击资本主义国家，把它置于"理性"法庭加以审判，在对未来国家政体的设计中，就提出了共和制的主张。1516 年以《乌托邦》开空想社会主义之先河的英国人莫尔，第一次描绘了未来国家共和政体的蓝图。在他的笔下，"乌托邦"的最高权力机关是民众大会及其常设机构——元老院（或称参议院）；各级行政长官均由选举产生；最高首领是"总督"，终身任职，如有阴谋施行暴政嫌疑，就被撤职。"乌托邦"的一切重大事务必须由民众大会讨论决定，任何人在民众大会外擅自作出决定，将以死罪论处。比莫尔晚一个多世纪的另一个英国人——掘地派的著名领袖温斯坦莱，1651 年，他在临终前发表《自由法》一书中指出：要建立一个以公有制为基础的"真正的自由共和国，实行共和管理制度"。在这个共和国里，议会是"最高正义机关"，它掌握立法权，经人民同意，公正地制定维护公有制、防止压迫的新法律；政府以严格执行法律为自己的使命，法律高于一切，执政者必须服从法律，公职人员由人民选举产生，并经常更换。马克思称誉掘地派是"最彻底的共和主义者"。曾被恩格斯看作"法国广大无产者公认代表"之一的卡贝，1840 年在其代表作《伊加利亚旅行记》中，认为未来国家应建立一种民主共和政体，甚至可以说是一种纯粹

---

① 《孙中山全集》第 1 卷，中华书局 1981 年版，第 562 页。
② 《清史稿》卷二五《宣统皇帝本纪》，中华书局 1977 年版，第 1004 页。

的民主政体。未来共和国的原则是主权属于人民，只有人民才有权制定或委托别人制定社会公约、宪法和法律；最高权力机关是 2000 名代表组成的人民代表大会，人民把立法权委托给它，休会期间由监察委员会代行其职权，代表任期 2 年，每年改选半数，行政机关是行政委员会，人民把行政权委托给它，由 1 名主席和 15 名委员组成，负责执行立法机关的决议、法令和意见，以人民和人民代表大会的名义进行工作，对人民和人民代表大会负责，公职人员是人民的委托人，由选举产生，有一定任期，并可由选民罢免。为了防止僭越职权，任何人不得同时兼任立法和行政职务。比起温斯坦莱，卡贝的共和政体思想更为丰富。①

（四）马克思、恩格斯的共和观念

马克思、恩格斯在批判继承人类政治文明发展成果，系统总结国际工人运动经验教训的基础上，提出了"社会共和国"的概念。1852 年，马克思指出："每个政党都按自己的观点去解释共和国，手持武器夺得了共和国的无产阶级，在共和国上面盖上了自己的印记，并把它宣布为社会共和国。"② 他对社会共和国的原则作了如下阐述：公社由普选产生，人民通过对代表的选举、监督和罢免来参与国家事务的管理；公社是兼管立法和行政的工作机关，议行合一使公社更好地为人民工作和服务；公社应当实行民主自治基础上的全国统一，地方公共事务由地方代表会议主管，中央政府将承担为数不多然而非常重要的职能；公社要防止公职人员由社会公仆变为社会主人，成为骑在人民头上搞特权、谋私利的老爷。公社体现了一种直接民主制的方向，而且提出了防止共和国蜕化变质的问题。1884 年，恩格斯指出"国家的最高形式，民主共和国，在我们现代的社会条件下正日益成为一种不可避免的必然性"，而"共和国是无产阶级将来进行统治的现成的政治形式"③。马克思、恩格斯肯定和论证的"社会共和国"、"民主共和国"理论，确立了无产阶级夺取政权后必须也只能实行民主共和制度的原则，对后来社

---

① 柳振铎：《新型国家论》，上海三联书店 1991 年版，第 34—35 页。

② 马克思：《路易·波拿巴的雾月十八日》，《马克思恩格斯选集》第 1 卷，人民出版社 1995 年版，第 590—591 页。

③ 恩格斯：《家庭、私有制和国家的起源》，《马克思恩格斯选集》第 4 卷，人民出版社 1995 年版，第 173、174 页。

会主义国家的政权组织和政权建设，具有重大的理论和实践意义。

（五）中国共产党的共和观念

中国共产党在革命过程中也一直把建立民主共和国作为重要目标。早在 1922 年党的二大上，中国共产党就提出了民主革命时期的最低纲领，"消除内乱，打倒军阀，建设国内和平……统一中国本部为真正民主共和国"①。1931 年 11 月 7 日至 20 日，中华苏维埃第一次全国代表大会在瑞金召开，宣布建立中华苏维埃共和国。此后，共产党多次提出建立"民主共和国"、"新三民主义共和国"、"人民共和国"的主张。毛泽东说："资产阶级的共和国，外国有过的，中国不能有，因为中国是受帝国主义压迫的国家。唯一的路是经过工人阶级领导的人民共和国。"② 对于新民主主义革命成功后所建立国家的名称，毛泽东曾有"中华人民共和国"和"中华人民民主共和国"等不同叫法。毛泽东于 1948 年 8 月对即将参与协商建国的民主人士提出，要"建立独立、自由、富强和统一的中华人民民主共和国"③。1948 年 10 月 10 日，毛泽东在《九月会议的通知》中提到"准备在一九四九年召集中国一切民主党派、人民团体和无党派民主人士的代表们开会，成立中华人民共和国临时中央政府"④。1948 年 12 月 30 日，毛泽东在为新华社写的 1949 年新年献词《将革命进行到底》中明确指出："一九四九年将要召集没有反动分子参加的以完成人民革命任务为目标的政治协商会议，宣告中华人民共和国的成立，并组成共和国的中央政府。"⑤1949 年 6 月 15 日毛泽东在新政治协商会议筹备成立大会上的讲话中提到"建设起一个崭新的强盛的名副其实的人民民主共和国"⑥，但其末尾的口号中所提的，却是"中华人民共和国万岁"⑦。在新政协筹备会起草文件中，原拟国名"中华人民民主共和国"，清华大学教授张奚若说："我看叫'中华人民共和国'好，去掉'民主'二字后，解释也很容易明白：为共和而非专制，是民主而非君主，'人民'这个

---

① 《建党以来重要文献选编》第 1 册，中央文献出版社 2011 年版，第 133 页。
② 《毛泽东选集》第 4 卷，人民出版社 1991 年版，第 1471 页。
③ 《人民日报》1948 年 8 月 6 日。
④ 《毛泽东选集》第 4 卷，人民出版社 1991 年版，第 1347 页。
⑤ 《毛泽东选集》第 4 卷，第 1379 页。
⑥ 中共中央文献研究室编：《毛泽东年谱（1893—1949）》下卷，中央文献出版社 2002 年版，第 517 页。
⑦ 《毛泽东选集》第 4 卷，第 1467 页。

概念已经把'民主'的意思表达出来了，不必再重复写上'民主'二字。"9月27日，政协一届全体会议讨论和通过了《政府组织法》，正式确定国名为"中华人民共和国"。

综上可知，民主共和国是近代中国，从孙中山到袁世凯，从国民党到共产党，不管思想信仰如何不同，他们追求的政治目标都是建立、维护和完善民主共和国。自从中华民国建立，"民主共和时代"作为"君主专制时代"的对立语，已经成为中国政治形态的重要标志与共识，成为民国时期的流行词汇。将"共和时代"作为一个历史形态或分期，也是史学界的一种选择。中国历史上明确提出"共和时代"的是陈独秀，他说："封建时代、君主专制时代，人民惟统治者之命是从，无互相连络之机缘，团体思想，因以薄弱"①，又称孔子之经"即在数千年前宗法时代、封建时代，亦只行于公卿大夫士之人伦日用，而不行之于庶人，更何能行于数千年后之今日共和时代、国家时代乎？"②1920年，陈独秀又说："由封建而共和，由共和而社会主义，这是社会进化一定的轨道，中国也难以独异的。"③ 陈独秀将共和时代与社会主义时代并列，都反映了他认识的局限性，但他将"共和时代"视为一个独立的历史阶段是值得关注的。

古今中外对"共和"有过多种多样的解释，但通常来讲，共和如民主一样，首先是一种国家制度，它强调国家权力的"分权共治、和谐统一"。这里有两个方面的理解：一是从参与群体上讲的，如多阶级、多阶层、多民族、多教派、多党派、多年龄层、多地方等等；二是从国家机关上讲的，实行国家机关决策、执行、监督部门之间的横向分工协作与相互监督制约以及中央与地方、上级与级之间的分工协作与制约监督。总之，共和是分工制约的、非专制的国家制度，是阶级专制、民族专制、君主专制、贵族专制、官僚专制、政党专制的对立物，提倡共和，就要反对任何形式的专制。专制的特点是"独治"，权出于一；共和的特点是"共治"，权在于分。民主的基本含义是少数服从多数，随着时代发展，民主的主体演变为普通劳动者、人民大众。民主强调的是参政数量，民主与共和只是交叉关系。民主国家也可能

---

① 《青年杂志》第一卷第二号，1915年10月15日。
② 《新青年》第二卷第四号，1916年12月1日。
③ 《国庆纪念底价值》，《陈独秀著作选》第2卷，上海人民出版社1993年版，第178页。

是专制的，共和国家也可能是贵族官僚共和国，而不是民主共和国。但近代以来，民主国家通常采用共和制度，遂至民主、共和常常连用、混用甚至造成理解上的混乱。

总之，"共和"一词不仅中西通用、为社会共知，它比"民主"更具有包容性，"共和时代"可视为"民主共和时代"的简称，但比"民主时代"的叫法更流行一些。近现代的"共和"也可以作为一种国家和社会形态，"共和时代"、"共和社会"作为一种历史分期术语是比较合适的。

二、共和时代的其他名称评议

（一）太平世

甲午战争后，康有为发表《孔子改制考》一书，称"尧、舜为民主，为太平世"，"孔子拨乱升平，托文王以行君主之仁政，尤注意太平，托尧、舜以行民主之太平"，认为历史沿着"据乱世、升平世、太平世"的顺序发展，"升平世"就是君主时代，"太平世"就是民主时代。1906 年，康有为又作《日耳曼沿革考》，将传统"三世说"与封建、郡县派官、郡县自治对应。"太平世"、"郡县自治"实即民主共和时代。

（二）国民立宪时代

1897 年梁启超提出多君为政、一君为政、民为政的"三世说"，将酋长封建制、君主制、民主制作为三种历史形态[①]。1901 年梁启超著《中国史叙论》，提出上世史、中世史、近世史的划分，上世史为封建，中世史为君主专制，近世史为"乾隆末年以至于今日"，并天才地预言这一时代为"君主专制政体渐就湮灭，而数千年未经发达之国民立宪政体，将嬗代兴起之时代也"[②]。梁启超所说的"国民立宪"实际上也是共和政体，而当时共和革命才刚刚开始。

（三）民权时代

1924 年孙中山在一场关于民权主义的演讲中将人类分为洪荒时代、神权时代、君权时代和民权时代四个阶段。[③] 他所说的洪荒、神权时代大体相

---

① 梁启超：《论君政民政相嬗之理》，《时务报》第 41 册，1897 年 10 月 6 日。
② 《梁启超全集》第 1 册，北京出版社 1999 年版，第 454 页。
③ 孙中山：《三民主义》，九州出版社 2011 年版，第 66—72 页。

当于游群时代，君权时代涵盖部落、封建和郡县三个时代，民权时代则同于共和时代。他所谓的民权与民主共和基本上是同义语，民权主义的目标就是要建立共和国。他将近代事实上的民权归于 1640 年英国的民权革命，将英国建立的共和国称为民权政治。他认为美国是世界上第一个实行民权的国家。孙中山认为中国革命推翻君主专制，建立共和就是民权潮流的影响，但他认为当时的中国尚未真正实行民权。

（四）半殖民地半封建社会、社会主义社会

这是五种形态说的历史分期。有学者认为，近代史是指以资产阶级为中心的时代的历史，把鸦片战争作为近代史的开端显然是欠妥的。鸦片战争时中国根本还没有资产阶级，更谈不上成为时代的中心，直到鸦片战争二三十年后，中国才出现洋务派即早期官僚资产阶级，但到清朝覆灭时止，这个资产阶级集团还没有完成其转化过程，无论是政治上还是经济上，它仍然属于封建主义的范畴，只是渐次显露了官僚资产阶级的某些属性而已。而 19 世纪 70 年代出现的民族资产阶级经过数十年发展，最终在孙中山领导的辛亥革命下建立了中华民国，赢得了民心。所以 1912 年以资产阶级为中心的时代已经代替了以地主阶级为中心的时代，资产阶级决定着时代的主要内容和时代发展的主要方向。从这个角度也可看出，1912 年中华民国的成立应为中国近代史开端的标志，1912—1949 年的中华民国史就是一部中国近代史。[①]"半殖民地半封建"显然是作为革命对象而命名的，它的另一面是"半独立、半资本主义"，但不论如何叫，它显然不是一种独立的社会形态。

资本主义与社会主义是两种不同的社会制度，但这只是经济形态的命名。认识一种社会形态，应该从多个方面去考察，社会主义固然是中国的基本特征，民主共和也是基本特征。对中国社会形态或国家形态的命名，可以从不同角度来概括，"民主共和"也是一种选项。

三、共和时代的起止时间

世界共和时代开始于 1640 年英国革命，到现在为止已经有近 400 年历史了。美国独立后也实行共和制度，目前也有 200 多年历史，现在世界上有

---

① 黄凯、胡建新、王红燕：《民族历史发展阶段五段论研究刍议》，《邵阳学院学报》2012 年第 5 期。

100 多个国家称为"共和国"、"民国"或"合众国"，绝大部分国家都实行共和制度，世界已经进入共和时代。共和时代以自由平等、民主共和、法治公开等为标志。中国的共和时代是从中华民国建立开始，直到现在仅有 100 年的历史，共和制度还处在初始阶段，共和国未来至少还有数百年甚至更长时期的历史，是从名义共和走向真实共和、从精英威权共和走向平民大众共和、从资本主义共和走向社会主义共和的过程，社会主义共和国在全世界取代资本主义共和国之后，人类社会将逐渐走向共产主义时代。

共产主义时代是马克思主义描绘的最高级社会形态。一般认为，那个时代阶级和异化劳动都被消灭，人们在城乡、工农、脑力劳动和体力劳动之间三大差别基本消除。人们不再受职业限制，商品和货币消失，无偿劳动成为人们自觉的需要。社会实行各尽所能、按需分配。共产主义时代有没有国家？马克思、恩格斯、列宁都认为在共产主义社会没有国家，但斯大林在 1939 年苏共十八大的报告上提出新的观点，认为共产主义可以在一个国家建成，就像列宁认为社会主义国家可以在一个国家建成一样。斯大林说："我们的国家是不是在共产主义时期也要保存下来呢？是的，要保存下来，假如那时资本主义的包围尚未消灭，假如那时外来的武装侵犯危险尚未消除的话。同时很明显的是，我们国家的形式，又会随着国内外环境的改变而改变。"① 按照斯大林的观点，共产主义首先在一个国家建成，然后再发展到世界其他国家，逐步包围、消灭所有资本主义国家，然后国家再进入消亡阶段。随着苏联解体、东欧剧变，苏联模式的社会主义遭遇挫折。但这只是苏联模式的失败，并非社会主义的失败。马克思主义对资本主义的批判和实现共产主义道路的基本论断仍然没有过时，社会主义仍是人类走向自我解放的根本道路，共产主义仍是人类的最高理想。

第二节　共和时代的各段特点

自由、平等、民主、自治、法治、公开是共和时代的政治特点，这与早期、中期国家的君主、等级制度和人治社会相比有较大区别。除共和政

---

① 《斯大林文集》，人民出版社 1985 年版，第 280—282 页。

体外，现代国家与旧的国家形态相比还有几点区别：首先，从疆域和主权上讲，现代国家完全实现了以地域划分国民，疆域清楚、固定，主权明晰。其次，从经济形态上讲，中国开始由农业社会向工商业社会过渡。从意识形态上讲，科学观念深入人心，政教分离，政治受宗教迷信影响较小。

共和时代可分为共和主义、三民主义、新民主主义、苏联模式社会主义、中国特色社会主义五个阶段。

一、共和主义共和国时期（1912—1928 年）

又称北洋政府时期，大体上可分为袁世凯统治（1912—1916 年）、皖系军阀统治（1916—1920 年）、直系军阀统治（1920—1924 年）、奉系军阀统治（1924—1928 年）四个阶段。最后一个阶段也是国民党推翻北洋政府的军政时期。1897 年孙中山在与宫琦寅藏、平山周的谈话中，谈到共和主义时说："余以人群自治为政治之极则，故于政治之精神，执共和主义。共和主义岂可平手而可得，余以此一事而直有革命之责任者。况羁勒于异种之下，而并不止经过君民相争之一阶段乎。"[1] 孙中山领导辛亥革命过程中反复声明："我们必要倾覆满洲政府，建设民国。革命成功之日，效法美国选举总统，废除专制，实行共和"。[2] 孙中山认为，共和国与君主专制国家最根本的区别是国家主权的归属不同。"专制国家，其利益全属于君主，共和国家，其利益尽归于国民。"[3] 武昌起义爆发后，孙中山宣布："倘以一中国君主而易去满洲君主，与近世文明进化相背，决非人民所欲，故惟有共和联邦政体最为美备，舍此别无他法也。"[4] 辛亥革命建立的共和国，称为"中华民国"。

孙中山解释说："何为民国？美国总统林肯氏有言曰：'民之所有，民之所治，民之所享。'此之谓民国也。"[5] 革命党通过的《中华民国临时约法》规定："中华民国由中华人民组织之"，"中华民国之主权，属于国民全体"，"中华民国人民一律平等，无种族、阶级、宗教之区别"，明确宣示了主权在

---

① 《孙中山文粹》上卷，广东人民出版社 1991 年版，第 73 页。
② 《孙中山全集》第 1 卷，中华书局 1981 年版，第 226 页。
③ 《孙中山全集》第 2 卷，中华书局 1982 年版，第 429 页。
④ 《孙中山全集》第 1 卷，中华书局 1981 年版，第 562 页。
⑤ 孙中山：《建国方略》，华夏出版社 2002 年版，第 301 页。

民、人人平等的原则。《临时约法》还规定了人民享有七项人身及言论仰自由权利。

一　人民之身体非依法律，不得逮捕、拘禁、审问、处罚。

二　人民之家宅非依法律不得侵入或搜索。

三　人民有保有财产及营业之自由。

四　人民有言论、著作、刊行及集会结社之自由。

五　人民有书信秘密之自由。

六　人民有居住迁徙之自由。

七　人民有信教之自由。

上述条款袁世凯执政通过的《中华民国约法》基本上照抄下来，这说明"民主共和"的原则是各种政治势力的共识，至少是不得不承认的。袁世凯还说共和主义从孔子那里就有。他说："孔子生贵族专制时代，悯大道之不行，哀斯民之昏垫，乃退而祖述尧舜，删修六经。春秋据乱之后，为升平、太平之世。礼于小康之上，进以大同共和主义，此其道源。"① 中华民国第一阶段由北洋军阀执政，是军事威权式政体，共和徒有虚名，但各方势力都打着"共和主义"② 的旗帜，故称之为"共和主义"时期。尤其值得注意者为袁世凯 1913 年 10 月 10 日在大总统就职仪式上对共和作出了新的解释，他说："历访法美各国学问家，而得共和定义。共和政体者，采大众意思，制定完全法律，而大众严守之；若法律外之自由，则共耻之。"③ 孙中山虽然

① 陆纯：《袁大总统书牍汇编》卷三，上海广益书局 1914 年版，第 50—51 页。

② 共和主义（republicanism）：一般认为，共和主义是由柏拉图创立，经由西塞罗、罗马法学家的发展，到近代的马基雅维利、哈灵顿、弥尔顿，再到卢梭和雅各布宾派那里终结，于二战后由汉娜·阿伦特复兴。共和主义指认定政治权威最终来自人民同意的原则，拒绝接受君主和王朝统治原则。共和主义认为共和制是一种与君主制相对的政体形式，共和国的国家元首是由宪法确定并定期任命的，而非世袭的；其政府职能是法定的、有限的。共和政体将混合政体、分工制约、法治、代议制等宪政原则结合在一起，对纯粹民主原则有一种限制。北方段祺瑞有三造共和之名，他联名北洋高级将领电促清廷退位。隆裕太后下诏清帝退位，为"一造共和"；段祺瑞反对袁世凯称帝，维护共和国体，支持黎元洪继任大总统，此为段祺瑞"二造共和"；推翻张勋复辟王朝，出任国务总理兼陆军总长，此为段祺瑞"三造共和"。南方孙中山发动护国战争和护法战争，也是以维护共和国体和共和宪法为名。

③ 《申报》1913 年 10 月 12 日第 2 版。

提出了三民主义，但北洋军阀只能接受一般的"共和"，基本上仅限于中央政府组织形式，真正的"民权"、"民生"无暇顾及。当然连共和主义后来也演变成军阀官僚手里一块骗人的招牌①。1918 年 10 月 10 日，徐世昌举行总统就职仪式，《益世报》发表评论说："人民心理，其注意在庆贺共和，而不专在新总统之就职；官僚心理，其注意在新总统之就职，而不知所谓共和"，官僚"脑筋中，帝制余毒终未脱除，其视总统就职，直与皇帝受禅无异，是人民视今日为共和纪念日，彼且视为新君践祚日矣"，"躬与盛典之人，非满清遗老即洪宪功臣，以为共和纪念日之点缀品"，"愿新总统永践誓词，巩固共和国体，勿使前两次帝制之乱死灰复燃。"②

北洋政府时期，受外国资本和民国新政的影响，民族资本主义经济有所发展。从民国三年到十一年是中国民族资本主义发展的黄金时期。据统计，民国二年以前，中国近代工厂有 698 家，资本额为 33082.4 万元，工人有 27 万余人，1920 年以前分别增为工厂 1759 家，资本 50063 万元，工人55 万多人③。1920 年工矿业总产值只占工农业产值的 24.68%，近代工矿业仅占 4.87%，加上工场手工业也不过 10%，农业产值占 75% 以上，小农经济仍占统治地位④。

中国的教育和思想文化方面也有进步，国家成立教育部，推广新式教育，出版和新闻自由有一定程度的发展，男女平等、婚姻自由、民主共和、三民主义、社会主义等各种进步思想开始广泛传播。

"共和主义共和国"前段由袁世凯统治，其后皖、直、奉三系军阀轮流控制中央政府，地方上则陷入军阀割据。在中国南方，孙中山领导的"革命运动"不断发展，最终国共两党合作，通过北伐革命，最终推翻了北洋军阀的统治。

①　袁世凯于南北议和之时，声称绝对赞成共和主义，后为实行专制，发布《尊孔祀孔令》称，"民主之局乃孔子大同共和主义长期酝酿郁积所致"，很明显是以共和主义为名，行专制之实。
②　梦幻：《今年今日之双十节》，《益世报》1918 年 10 月 10 日第 2 版。
③　陈真等编：《中国近代工业史资料》第一辑，三联书店 1957 年版，第 55—56 页。
④　吴承明：《中国资本主义的发展述略》，《中华学术论文集》，中华书局 1981 年版，第 333—334 页。

二、三民主义共和国时期（1928—1949 年）

国民党统治的共和国时期，可划分为训政时期（1928—1945 年）、宪政时期（1946—1949 年）两个阶段。孙中山去世后，国民党随着北伐的胜利，国民政府在南京建都，并开启了对全国的统治，用三民主义领导全国，这个阶段可称为"三民主义共和国"时期。国民党在宪法中采用了"主义式国体"的表述。1936 年《中华民国宪法草案》总纲第一条规定："中华民国为三民主义共和国。"1946 年《中华民国宪法》总纲中第一条规定："中华民国基于三民主义，为民有、民治、民享之民主共和国。"按照孙中山军政—训政—宪政三步建国的思想，南京国民政府建立后，开始进入训政阶段。其政治特点是：实行国民党一党专政，国民党全国代表大会是国家最高权力机关，国民政府五院向国民党中央负责，政治体制党政合一，立法、行政、司法、监察、考试诸权名分实一，缺乏制衡和监督。由于国民党长期实行"训政"，人民四项权力无法兑现，五权分立也没有真正做到。"中华民国"虽然标榜国家权力属于人民，但它事实上成了代表着军阀、地主、资产阶级及帝国主义利益的国家。国民党统治时期，中国是一个半殖民地国家，经济有一定的发展，帝国主义经济、买办经济、国营（官僚）、私营（民族）资本主义经济、个体农业和手工业经济并存，仍以农业经济为主。1936 年中国近代工业只占工农业产值的 10.8%，其中外资比重高达 78.4%。1930 年 6 月，国民政府颁布《土地法》，规定土地税以土地增值为依据，限制地主土地数量，地租率不得超过 37.5%，地主租地或卖地，原租户有承租、购买优先权。在一定程度上体现了孙中山"平均地权"的思想，但由于国民政府的官吏绝大部分都是地主富农出身，这一政策并未得到认真执行，"耕者有其田"无法实现，农民问题没有解决，这是农民革命的根本原因。

国民党推行思想专制，一开始宣扬法西斯主义，赤裸裸地鼓吹独裁统治，遭受有识之士的强烈抨击，不得不草草收场。之后，国民党又推出"新生活运动"，宣传忠孝仁爱、礼义廉耻和中庸思想，实际上是要求人民忠于国民党和蒋介石的政权，放弃革命和民主主张。国民党还推行新闻审查，加强舆论监督。国民党政权处于军阀割据的局面，中央政府权力微弱，再加上帝国主义入侵，贪污腐败，民生凋敝，国民党在抗战胜利后很快就被新民主主义革命推翻了政权。

三、新民主主义共和国时期（1949—1956 年）

也称为新三民主义共和国时期，分为国民经济恢复时期（1949—1952
年）、社会主义革命时期（1953—1956 年）两个阶段。中国共产党的革命思
想受到苏联和共产国际的影响，认为中华民国时期的社会是半殖民地半封建
社会，中国革命分为两步，第一步推翻帝国主义和封建军阀的统治，统一中
国为真正的民主共和国。第二步通过社会主义革命，消灭私有制，建立社会
主义社会。1940 年 1 月，毛泽东发表的《新民主主义论》进一步对将要建
立的共和国的性质进行了界定："现在所要建立的中华民主共和国，只能是
在无产阶级领导下的一切反帝反封建的人们联合专政的民主共和国，这就是
新民主主义的共和国。也就是真正革命的三大政策的新三民主义共和国。"
毛泽东明确指出，当时的中国"只能采取新民主主义共和国的国家形式"，
而且是"不可移易的必要形式"。同时，毛泽东还论证了这一国家形式的过
渡性，他认为由于新民主主义国家政权是几个阶级的联合专政，这就决定了
它的过渡性。而无产阶级在联合专政中的领导地位，又决定了它只能向无产
阶级专政的社会主义共和国过渡，而不是向资产阶级共和国过渡。[①]

1949 年建立的国家，属于新民主主义性质，它存在时间只有短短的 7
年时间，是一个过渡的社会形态或国家形态。毛泽东认为："现在我们建立
新民主主义社会，性质是资本主义的，但又是人民大众的，不是社会主义
的，但也不是老资本主义，是新资本主义，或者说是新民主主义。"[②] 据毛泽
东所论，新民主主义革命一方面是替资本主义扫清道路，另一方面又替社会
主义创造前提[③]，"中国资本主义的存在和发展，不是如同资本主义国家那样
不受限制任其泛滥的。它将从几个方面被限制——在活动范围方面，在税收
政策方面，在市场价格方面，在劳动条件方面。我们要从各方面，按照各
地、各业和各个时期的具体情况，对于资本主义采取恰如其分的有伸缩性的

---

① 《毛泽东选集》第 2 卷，人民出版社 1991 年版，第 675 页。
② 《毛泽东文集》第 3 卷，人民出版社 1993 年版，第 110 页。
③ 《毛泽东选集》第 2 卷，第 7 页。

限制政策。"①

　　新民主主义的政治是共产党领导的工人阶级、农民阶级、小资产阶级、民族资产阶级等各革命阶级联合执政，代表各革命阶级的政治协商会议是国家最高权力机关，其制定的《共同纲领》起到了临时宪法的作用。1949年的全国政协、中央人民政府体现了革命阶级联合执政的特点。

　　　　9月21日至30日，中国人民政治协商会议在北平召开，参加会议的党派共14个，除中国共产党和新民主主义青年团外，有中国国民党革命委员会、中国民主同盟等11个民主党派，无党派人士单列为一派。非中共人士在全体代表中占56%，在中央人民政府6位副主席中占有3位（宋庆龄、李济深、张澜），4位政务院副总理中占有2位（郭沫若、黄炎培），在56位中央人民政府委员中约占半数；在政务院下属34个部、委、院、署、行中，担任正职的民主党派、无党派民主人士共15人，担任副职的42人，在15位政务委员中民主人士占9位，最高人民法院院长也由党外人士出任。②

　　《共同纲领》第一条规定："中华人民共和国为新民主主义即人民民主主义的国家，实行工人阶级领导的、以工农联盟为基础的、团结各民主阶级和国内各民族的人民民主专政，反对帝国主义、封建主义和官僚资本主义，为中国的独立、民主、和平、统一和富强而奋斗。"1954年宪法第一条规定："中华人民共和国是工人阶级领导的、以工农联盟为基础的人民民主国家。"

　　新民主主义时期国家采取"公私兼顾、劳资两利"的方针，经济由国营经济、合作社经济、个体经济、私人资本主义经济和国家资本主义经济五种经济成分构成，个体农业、手工业经济占很大比重，中国还是一个落后的农业国。中国共产党原来设想革命成功后，新民主主义社会要维持15到30年，才开始向社会主义过渡。但建国后，只等待3年就开始进行社会主义改造，后来又出现急躁情绪，仅用4年时间就完成了社会主义改造。不过

---

① 《毛泽东选集》第4卷，第1431页。
② 萧冬连：《再议新民主主义的提早结束》，《中共党史研究》2014年第8期。

总体来讲，新民主主义社会阶段的七八年时间，中国实现了社会主义改造和"一五"计划建设，奠定了中国社会主义的基本方向和物质基础，国民经济持续增长，人民民主有了很大发展，这是值得肯定的。

四、苏联模式① 社会主义时期（1956—1978 年）

这一时期可分为社会主义建设时期（1956—1966 年）、"文化大革命"时期（1966—1976 年）、三年过渡期（1976—1978 年）三个阶段。

（一）苏联模式的形成过程

早在 1952 年 10 月，刘少奇率中国代表团参加苏联十九大时，曾受毛泽东委托，写信给斯大林，征询他对中国向社会主义过渡问题的看法，斯大林提出了自己的意见。同年 12 月，中共中央宣传部编写的社会主义改造的宣传提纲，就是以列宁的"直接过渡"思想为主要内容，即把不仅要消灭资本主义经济，还要根本改造农民的小商品经济，以铲除任何人剥削人制度的基础，建成单一的社会主义公有制。事实上，"直接过渡"是 1918 年以来实行的"战时共产主义政策"，是 1921 年被列宁放弃的观点。列宁说："我们原打算直接用无产阶级国家的法令，在一个小农国家里按共产主义原则来调整国家的生产和产品分配。现实生活说明我们犯了错误。""当时我们把经济工作提到首位，只是从一方面来看的。当时认为可以不经过使旧经济适应社会主义经济的准备时期而直接过渡到社会主义。我们曾经以为建立了国家生产和国家分配制度以后，我们就可以直接进入了一个与以前不同的生产和分配的经济制度"，"我们不得不承认我们对社会主义的整个看法根本改变了。"② 列宁否定了战时共产主义政策而代之以新经济政策。列宁去世后，斯大林认为，新经济政策只是一种恢复经济的权宜之计，重新恢复了战时共产主义思想，在苏联实行了以消灭私有制为中心的工业化和农业集体化的社会主义改造，并宣布建成社会主义。1954 年，毛泽东在全国第一届人大一次会议上说："我们有充分的信心，克服一切艰难困苦，将我国建设成为一个伟大的

---

① 苏联模式是指以纯公有制计划经济、政党高度集权的社会主义模式，因苏联表现得最为典型而得名，这一时期其他社会主义国家大都在苏联的控制和影响下，仿效苏联建立了类似的体制。

② 《列宁全集》第 33 卷，人民出版社 1957 年版，第 39、66、129 页。

社会主义共和国。"①1956 年 9 月，中共八大关于政治工作报告的决议指出："社会主义改造已经取得决定性的胜利，这就表明，我国的无产阶级同资产阶级之间的矛盾已经基本上解决，几千年来的阶级剥削制度的历史已经基本上结束，社会主义的社会制度在我国已经基本上建立起来了。"这里所说的社会主义实际上就是苏联模式的社会主义，正像毛泽东后来说的那样："我们提出了过渡时期的总路线，把主要力量放在社会主义革命方面，同时开始了第一个五年计划的建设。由于我们没有管理全国经济的经验，所以第一个五年计划的建设，不能不基本上照抄苏联的办法。"②

（二）以阶级斗争为纲

中国自 1957 年反右斗争开始思想开始"左"倾。社会主义改造基本完成后，毛泽东一度于 1957 年 2 月在《关于正确处理人民内部矛盾的问题》讲话中指出，大革命时期的大规模的疾风暴雨式的群众阶级斗争基本结束。说："在我们国家里，工人阶级同民族资产阶级的矛盾属于人民内部的矛盾，工人阶级和民族资产阶级的阶级斗争一般地属于人民内部的阶级斗争"，"工人阶级和民族资产阶级之间存在着剥削和被剥削的矛盾，这本来是对抗性的矛盾。但是在我国的具体条件下，这两个阶级的对抗性矛盾如果处理得当，可以转变为非对抗性的矛盾，可以用和平的方法解决这个矛盾。"1957 年 4 月中国共产党开展整风运动，"反对官僚主义、宗派主义和主观主义"，希望通过各界人士的批评，使党的作风真正得到改进。毛泽东听到一些尖锐的批评后，态度发生变化，认为资产阶级右派分子在向党进攻，随即开展反右倾斗争，把 55 万知识分子、爱国人士和党内干部划为"右派分子"，造成不幸的后果。同年 9 月，毛泽东在党的八届三中全会上提出，无产阶级同资产阶级的矛盾仍然是社会的主要矛盾，在党内确立了"以阶级斗争为纲"的指导思想。1962 年 9 月，八届十中全会进一步强调阶级斗争，提出阶级斗争要"年年讲、月月讲、天天讲"。1963 年 2 月的中央工作会议上，他在总结湖南、河北等地的社会主义教育运动经验时，提出"阶级斗争，一抓就灵"，他还号召全党"千万不要忘记阶级斗争"。后来又提出"无产阶级专政下继续革

---

① 《毛泽东文集》第六卷，人民出版社 1999 年版，第 350 页。
② 《毛泽东文集》第八卷，人民出版社 1999 年版，第 117 页。

命"① 的理论。1975 年宪法序言中说："社会主义社会是一个相当长的历史阶段。在这个历史阶段中，始终存在着阶级、阶级矛盾和阶级斗争，存在着社会主义同资本主义两条道路的斗争，存在着资本主义复辟的危险性，存在着帝国主义、社会帝国主义进行颠覆和侵略的威胁。这些矛盾，只能靠无产阶级专政下继续革命的理论和实践来解决。"

在这种思想指导下人们被划上了各种阶级成分，农村有：雇农、贫农、下中农、上中农、富农、地主；城市有：革命干部、革命军人、烈士家属、工人、店员、职员、城市贫民、手工业者、高级职员、小业主、资产阶级、工商业兼地主、买办资产阶级等。此外城乡还有反革命分子、坏分子、右派分子。"文革"之后，又增加了"走资派"、"可教育子女"②、知识分子（属小资产阶级）。阶级成分的划定并不反映真实的经济状况，主要是根据历史出身和政治表现划定的，具有很大的主观性。这种身份将人分为三六九等，有黑五类③、黑七类④、黑九类⑤、红五类⑥ 之分。身份不好的人不仅在历次阶级运动被批斗，而且失去了上学、参军、入党、提干等向上流动的机会，就业也受到歧视。除了阶级成分外，城乡身份、所有制身份（国营、集体、街道）同样具有不平等性。这些身份很多是先天的、凝固的，有的还有继承性，侵犯了公民的自由、平等权利。在这种思想指导下，1975、1978 年宪法公然

---

① 1967 年 11 月 6 日，在由陈伯达、姚文元主持起草，经毛泽东批示同意，以"两报一刊"编辑部名义发表的纪念十月革命 50 周年的文章《沿着十月社会主义革命开辟的道路前进》中，第一次对"无产阶级文化大革命"的一系列"左"倾错误观点作了理论形态概括。其内容要点有：1. 必须用马列主义对立统一的观点观察社会主义社会；2. 在社会主义社会历史中，还存在阶级、阶级矛盾、阶级斗争，存在着社会主义同资本主义两条道路的斗争，存在着资本主义复辟的危险性，必须把政治和思想战线上的社会主义革命进行到底；3. 无产阶级专政下的阶级斗争"依然是政权问题"，"无产阶级必须在上层建筑其中包括各个文化领域中对资产阶级实行全面的专政"；4. 要把那些被"党内一小撮走资本主义道路的当权派"篡夺了的权力坚决夺回到无产阶级手中；5. 无产阶级专政下继续进行的革命，最重要的是开展"无产阶级文化大革命"；6. "无产阶级文化大革命"在思想领域中的根本纲领是"斗私批修"。文章还把这一理论称为是在"马克思主义发展史上树立了第三个伟大的里程碑"。它的基本观点还被写进了九大通过的党章总纲中。事实上，这一理论违背了马列主义基本理论，也脱离了毛泽东思想的正确轨道，给党和国家造成了严重的混乱。
② 地主、富农、反革命分子、坏分子、右派分子或走资派子女。
③ 地主、富农、反革命分子、坏分子、右派分子。
④ "黑五类"加"资本家"和"黑帮"。
⑤ "黑五类"加"叛徒"、"特务"、"走资派"和"知识分子"。
⑥ 革命军人、革命干部、工人、贫农、下中农。

取消了 1954 年宪法"公民在法律上一律平等"的规定。

（三）以党代政、代法的现象突出

多党合作、人民当家作主的制度遭到了严重破坏。"文化大革命"爆发后，1966—1977 年十余年间全国政协根本没有开过会，全国人大只有 1975 年开过一次会。1957 年"反右派"斗争和 1958 年第四届全国司法工作会议之后，政法机关突出强调党的"绝对领导"，强调政法机关是党的驯服工具。[①] 在这种思想影响下，1960 年全国公、检、法开始合署办公，"由公安部党组统率"，后来又"砸烂公检法"，实行军管。公安部党组集逮捕、审判、执行大权于一身，制造了很多冤假错案。

对于这一历史阶段，党给予了实事求是的评价和反思。1988 年五六月间，邓小平说："在（1958—1978 年）这二十年中我们并不是什么好事都没有做，我们做了许多工作，也取得了一些重大成就，比如搞出了原子弹、氢弹、导弹等。但就整个政治局面来说，是一个混乱状态；就整个经济情况来说，实际上是处于缓慢发展和停滞状态。""我们从 1957 年以后，耽误了二十年，而这二十年又是世界蓬勃发展的时期，这是非常可惜的。但另一方面也有一点好，二十年的经验尤其是'文化大革命'的教训告诉我们，不改革不行，不制定新的政治的、经济的、社会的政策不行。……这些政策概括起来，就是改革和开放。""从 1957 年下半年开始，我们就犯了'左'的错误。总的来说，就是对我对外封闭，对内以阶级斗争为纲，忽视发展生产力，制定的政策超越了社会主义的初级阶段。"[②]2012 年胡锦涛在党的十八大报告中认为："以毛泽东同志为核心的党的第一代中央领导集体带领全党全国各族人民完成了新民主主义革命，进行了社会主义改造，确立了社会主义基本制度，成功实现了中国历史上最深刻最伟大的社会变革，为当代中国一切发展进步奠定了根本政治前提和制度基础。在探索过程中，虽然经历了严重曲折，但党在社会主义建设中取得的独创性理论成果和巨大成就，为新的历史时期开创中国特色社会主义提供了宝贵经验、理论准备、物质基础。"

总之，我们要辩证地看待苏联模式社会主义这段历史。苏联模式也不

[①] 张憼：《第四届全国司法工作会议的来龙去脉及其严重影响》，《董必武法学思想研究文集》（第四辑），人民法院出版社 2005 年版，第 426—427 页。

[②] 《邓小平文选》第 3 卷，第 264、266、269 页。

是一无是处，中国也不是完全照搬苏联。中国社会主义改造和建设迅速消除了中国贫富分化的社会状况，在短时期内实现了国家的工业化，这些成就为改革开放奠定了物质基础和社会主义方向，这是值得肯定的。但是纯粹公有制的计划经济模式、阶级斗争为纲、个人崇拜和教条主义以及破坏民主法制的做法等，都是探索社会主义道路过程中的失误，我们要明确加以否定并吸取教训。

五、中国特色社会主义时期（1978—　　）

1978 年 12 月党的十一届三中全会召开，号召全党工作重心从阶级斗争向经济建设转移，标志着新时期的开始。这个时期以党的十四大为界可分为两个阶段：第一个阶段是社会主义市场经济局部发展期（1978—1992 年），第二个阶段是社会主义市场经济全面建设期（1992—　　）。

（一）社会主义市场经济体制的逐渐建立

随着改革开放的深入，我们对社会主义的认识逐步从过去"公有计划"的模式中摆脱出来。中国特色社会主义时期至今已经有三十多年。党的十三大提出社会主义在初级阶段实行公有制为主体、多种所有制形式并存的政策。"非公有制经济包括私营经济和个体经济，在过去是作为资本主义和资本主义尾巴而被排斥的。私营经济中的大部分（也许有些是例外）在性质上同旧社会中的私人资本主义经济相同，但并不完全相同而有自己的特色。因为它是在共产党领导的社会主义国家中产生的，它是社会主义市场经济中的一个组成部分。它受到国家的引导、监督和管理。具有资本主义性质的这部分私营经济与其他非公有制经济一样，其合法的权利和利益受到国家的保护。所有这些都是积极地利用资本主义以促进社会主义发展的政策。"[1] 党的十八届三中全会进一步提出"公有制经济和非公有制经济都是社会主义市场经济的重要组成部分"，将二者置于平等地位，都"毫不动摇"地支持其发展。

（二）中国特色社会主义民主法治的建设

改革开放时期，我国不仅逐步确立了社会主义市场经济体制，在自由、

---

① 　胡绳：《毛泽东的新民主主义论再评价》，《中国社会科学》1999 年第 3 期。

平等、民主、法治建设上也取得重要突破。

1. 阶级成分的取消

1979年1月11日，中共中央作出《关于地主、富农分子摘帽问题和地、富子女成分问题的决定》。《决定》指出，除了极少数坚持反动立场、至今还没有改造好的以外，凡是多年来遵守政府法令、老实劳动、不做坏事的地主、富家分子以及反、坏分子，经过群众评审，县革命委员会批准，一律摘掉帽子，给予农村人民公社社员的待遇。地主、富农家庭出身的农村人民公社社员，成分一律定为公社社员，享有同其他社员一样的待遇。今后，他们在入学、招工、参军、入团、入党和分配工作等方面，主要应看本人的政治表现，不得歧视。地主、富农家庭出身的社员的子女，他们的家庭出身应一律为社员，不应再作为地主、富农家庭出身。这时期还平反一大批冤假错案，摘掉了右派、资本家、走资派、特务、叛徒等不实的帽子。1982年宪法重新确立了1954年宪法公民在法律面前人人平等的规定。

2. 反革命罪名的废除

反革命罪名源于国民大革命时期，1927年2月武汉国民政府制定了《反革命罪条例》用来惩治政治斗争的对手，包括北洋军阀和蒋介石。《条例》规定："凡意图颠覆国民政府，或推翻国民革命之权力，而为各种敌对行为者，以及利用外力，或勾结军队，或使用金钱，而破坏国民革命之政策者，均认为反革命行为。"构成"反革命"的一个标准是具有反革命的"目的"和"意图"。从此，一个本身就具有随意性的政治污名"反革命"被提升为一个可以置人于死地的法律罪名。鉴于反革命罪的随意性，1931年南京国民政府颁布《危害民国紧急治罪法》，代替《反革命条例》，并将"反革命罪"改名为"危害民国罪"。中国共产党在革命时期和新中国成立后长期沿用"反革命罪"的名称。1979年刑法还规定："以推翻无产阶级专政的政权和社会主义制度为目的的危害中华人民共和国的行为，都是反革命罪。"1980年11月20日至1981年1月25日，最高人民法院特别法庭还审理了"林彪、江青反革命集团案"，对10名成员判处了相应的刑罚。1997年新修定的刑法才以"危害国家安全罪"取代了"反革命罪"的旧名。其原因是，反革命是一种政治概念，不宜作为法律概念使用。

3. 民主法治的健全

邓小平提出"没有民主就没有社会主义"的口号，开始推动民主法治方面改革，在人民代表大会中实行差额选举，将直接选举范围扩大到县级人大代表，对人大代表提出质询案、罢免案进行了规定，有利于人民代表充分行使权力。还将"中国共产党领导的多党合作和政治协商制度"载入宪法序言，为民主协商制度提供了宪法保障；同时还推动了基层民主自治，建立了村（居）委会自治制度。我国还进行了人事制度改革，着手建立和完善国家公务员制度。在法治建设方面，"依法治国"和"尊重和保障人权"正式列入宪法，这是显著的进步。1979 年 9 月 9 日颁布的《坚决保证刑法、刑诉法切实实施的指示》，第一次使用"社会主义法治"一词，并明确宣布取消党委审查案件的规定。1997 年 9 月，党的十五大提出了"依法治国，建设社会主义法治国家"的主张。1999 年第九届全国人民代表大会第二次会议把"依法治国，建设社会主义法治国家"载入宪法。

4. 人权保障的发展

在新中国成立以后的相当长时期内，"人权"曾经是一个禁区，"文革"时期，受极左思潮的影响，"人权"被当成资产阶级的东西加以批判。1991 年 11 月 1 日，国务院新闻办公室发表《中国的人权状况》白皮书，这是中国政府向世界公布的第一份以人权为主题的官方文件。1997 年 9 月，党的十五大召开，首次将"人权"概念写入党的全国代表大会的主题报告。2004 年 3 月 14 日，第十届全国人民代表大会第二次会议明确将"国家尊重和保障人权"写入新修定的宪法。

（三）中国特色社会主义时期思想领域的变化

这一时期逐步形成了一元主导、多元并存的意识形态特点。这既有市场经济发展、利益多元化基础，也与我们党提倡解放思想、推行法治、保障思想言论自由权利有关。改革开放后，除国家的指导思想中国特色社会主义理论之外，新自由主义、"新左派"思想、新儒家等不同主张也在不断发声。1997 年党的十五大报告重申："坚持为人民服务、为社会主义服务的方向，贯彻百花齐放、百家争鸣的方针，弘扬主旋律，提倡多样化"，鼓励文艺界创作出更多思想性和艺术性统一的优秀作品。2004 年 9 月 19 日，党的十六届四中全会第一次明确提出，共产党作为执政党，要"不断提高构建社会主义和谐社会的能力"。此后又提出"所要建设的社会主义和谐社会，应该是民主法治、公平正义、诚信友爱、充满活力、安定有序、人与自然和谐相处的社会。"2007年10月，十七大提出"积极探索用社会主义核心价值体系引领社会思潮的有效途径，主动做好意识形态工作，既尊重差异、包容多样，又有力抵制各种错误和腐朽思想的影响"。2013年12月23日中共中央提出"富强、民主、文明、和谐，自由、平等、公正、法治，爱国、敬业、诚信、友善"24字社会主义核心价值观，它是由"和谐社会"的特点进一步改进而成的。和谐社会和社会主义核心价值观的提出，标志着革命斗争思维进一步被民主法治思维所取代，也标志着国家主导思想更加全面、包容。

第三节　共和时代的经济基础

一般来讲，民主共和制度是建立在发达的工商业基础之上的。中国的共和制度却并非这种生产方式的自然产物，而是西方政治文明刺激催生的结果。

一、中国共和制度始建于落后的经济基础之上

中华民国成立时，中国还是一个落后的农业国，小农经济是国家的经济基础，大部分人口是农民，文化水平较低，大部分时间忙于糊口谋生，参政意识、民主意识淡薄，很多人并不知"共和"为何物，在这种经济基础之上的共和国自然受到传统体制的影响，专制主义、官僚主义盛行，政治只是少数人的事。因此，早期共和制度是很不完善的，也是名不副实的。中华民国时期中国还是一个遭受西方列强侵略的落后的农业国。人民遭受帝国主义和地主、官僚势力的剥削压迫，民族资本主义力量弱小。革命党推翻了清王朝的统治，但并没有摆脱帝国主义的侵略。先后执政的北洋军阀和国民党倾向保守，不触动地主、资本家的私有制，对帝国主义的经济特权，也大部分予以承认。中国共产党成立后不久，即在二大上提出统一中国为真正的民主共和国的革命纲领，在农村实行"土地革命"，打土豪，分田地，并于1931年宣布建立中华苏维埃共和国。在解放战争时期，共产党在解放区推行土地改革，实行土地平均分配。中华人民共和国成立后，这一政策又推向全国，

消灭了地主土地所有制，实行农民土地所有制。将帝国主义、国民政府在大陆的资产收归国有，建立自己的国营经济。由于受传统技术和政策的影响以及帝国主义势力的压迫，中国在 1956 年以前，一直是以农业为主的国家，工商业在国民经济中所占比重很小，共和国的经济基础是农业经济。

二、单一公有制计划经济的探索

新中国成立后，开展了"一化三改"社会主义工业化运动，发展了以公有制计划经济为特征的工商业，在短时间内取得了经济建设的重大成就。计划经济的特征是实行公有制，生产资料归全体劳动人民所有，这种体系下，国家在生产、资源分配以及产品消费各方面，都是由政府事先进行计划。由于几乎所有的经济发展都依赖政府的指令性计划，因此，计划经济也被称为"指令性经济"，国家实际上是一个民主管理的超级大企业。计划经济体制的最大优点是：1. 所有的人都有工作。贫富差距不像市场经济那样严重，身份等级差别也较小。2. 能够在全社会范围内集中必要的人力、物力、财力进行重点建设。3. 对经济进行预测和规划，制定国民经济发展战略，在宏观上优化资源配置，对国民经济重大结构进行调整和生产力合理布局。但其弊端也是明显的，第一，对微观经济活动与复杂多变的社会需求之间的矛盾难以发挥有效的调节作用，容易产生生产与需求之间的相互脱节。第二，不能合理地调节经济主体之间的经济利益关系，容易造成动力不足、效率低下、缺乏活力等现象。第三，计划容易脱离实际，造成不必要的巨大浪费。我国还进行了农业社会主义改造，实行土地农村集体所有制。后来又进一步搞人民公社化运动，实行乡级统一生产。事实证明这种生产方式超越了生产力条件，不能调动农民的积极性，不利于农业生产力水平的提高。

三、以公有制为主体，多种所有制并存是中国现在及未来长期存在的经济模式

工商业经济有两种主导经济作为基础，一是私有经济，过去认为是资本主义性质；一种是公有制经济，一般认为是社会主义性质，二者都以高度发达的工商业为基础。资本主义是以生产资料私人占有，以追求剩余价值为目的的市场经济，其发展经历了自由资本主义和垄断资本主义两个阶段。资

本主义经济的长处在于能通过市场竞争促进生产效率的提高，但容易形成贫富分化和产生经济危机，西方国家通过建立社会保障和加强国家干预，建立了所谓的福利国家，减少经济危机的破坏。二战后，资本主义又出现新的发展趋势，即进入大众持股的社会资本主义阶段，这样一来，生产资料的所有权主体日益模糊，甚至有学者声称，社会资本主义实质就是社会主义。

中国 1956 年以来建立的单一公有制计划经济体制与生产力水平不相适应，制约了国民经济的进一步发展。1978 年改革开放以后，国家推行企业承包、自主经营的政策，鼓励非公有制经济发展。同时，在农村实行家庭联产承包制度。目前社会主义国家大都在进行向市场化改革，减少公有制经济的比重，鼓励民营经济的发展，实现公私经济的合作与竞争，以增强经济活力。共和时代的经济中，计划和市场调控的比重，公有、私有经济的比重都是根据需要进行调节。马克思关于生产关系不能跨越生产力说了一段著名的话："人们在自己生活的社会生产中发生一定的、必然的、不以他们的意志为转移的关系，即同他们的物质生产力的一定发展阶段相适合的生产关系。这些生产关系的总和构成社会的经济结构，即有法律的和政治的上层建筑竖立其上并有一定的社会意识形式与之相适应的现实基础。物质生活的生产方式制约着整个社会生活、政治生活和精神生活的过程。……无论哪一个社会形态，在它所能容纳的全部生产力发挥出来以前，是决不会灭亡的；而新的更高的生产关系，在它的物质存在条件在旧社会的胎胞里成熟以前，是决不会出现的。所以人类始终只提出自己能够解决的任务，因为只要仔细考察就可以发现，任务本身，只有在解决它的物质条件已经存在或者至少是在生成过程中的时候，才会产生。"[①] 中国的改革开放，就是认识到社会主义初级阶段的生产力水平，实行多种所有制并存，实行市场经济，实际上也就承认了私有制的合理性。所以，在社会主义初级阶段实行多种所有制，也是符合马克思主义的。毛泽东也曾经说过："资本主义的广大发展在新民主主义政权下是无害有益。"[②] 毛泽东在民主革命时期对中国资本主义问题的认识是明智的，所制定的政策是正确的。但后来犯了冒进错误，搞起纯而又纯的社会主

---

① 马克思：《〈政治经济学批判〉序言》，《马克思恩格斯文集》第 2 卷，人民出版社 2009 年版，第 591—592 页。

② 《毛泽东文集》第 3 卷，人民出版社 1996 年版，第 275 页。

义。"在小范围内容许资本主义存在，更有利于发展社会主义"①。毛泽东去世以后，邓小平回顾、反思中国革命和建设的经验教训，明确提出了这一观点。邓小平说："我们发挥社会主义固有的特点，也采用资本主义的一些方法（是当作方法来用的），目的就是要加速发展生产力。"② 允许私有经济在一定范围内发展，并不是走资本主义道路，而是利用私有经济搞活社会主义，更好更快地发展生产力。

四、多元市场经济对上层建筑的影响

随着经济基础的变化，人民生活水平、文化水平普遍提高，参政意识和民主意识增强，给民主共和制度的发展和完善提出了更多的要求。同时，政治上层建筑和意识形态也跟着发生了变化。首先，我们改变了对社会主义的僵化看法，过去认为只有公有制才是社会主义，私营工商业是资本主义性质的。1982 年，党的十二大报告进一步将个体经济作为公有制经济必要的、有益的补充。1997 年党的十五大报告第一次明确指出"私营个体等非公有制经济是社会主义市场经济的重要组成部分"，对私营企业应采取鼓励和引导。随着非公有制经济的发展，中国形成了个体户和私营企业主阶层，早年我们曾经视之为小资产阶级和民族资产阶级，通过公私合营、社会主义改造，将这一阶层消灭。现在同样需要重新认识这一阶层。2000 年 2 月 25 日，江泽民在广东考察工作时指出："总结我们党多年的历史，可以得出一个重要的结论，这就是，我们党所以赢得人民的拥护，是因为我们党作为中国工人阶级的先锋队在革命、建设、改革的各个历史时期，总是代表着中国先进生产力的发展要求，代表着中国先进文化的前进方向，代表着中国最广大人民的根本利益，并通过制定正确的路线方针政策为实现国家和人民的根本利益而不懈奋斗。"③ 这是江泽民第一次完整地提出"三个代表"重要思想，这是根据阶层变化作出的反应，目的在于扩大党的社会基础，转变党的执政方式。2001 年，中共中央认为，包括私营企业主在内的新社会阶层也是中国特色社会主义的建设者，并且正式允许吸收他们当中的先进分子入党。从

---

① 《邓小平文选》第 3 卷，人民出版社 1993 年版，第 103 页。
② 《邓小平文选》第 3 卷，人民出版社 1993 年版，第 149 页。
③ 《江泽民文选》第 2 卷，人民出版社 2006 年版，第 33 页。

1993 年到 2008 年，党员私营企业主的比重呈上升趋势。2008 年调查的私营企业主中，党员业主所占比重达到 33.4%，比 1993 年提高 20 个百分点，增幅达到 151%。需要指出的是，在这些党员业主中，并非所有人都是在成为私营企业主之后要求入党并被中国共产党接收为党员的，实际上，有不少人在开办私营企业之前曾经是政府官员、国有和集体企业负责人，他们大多数在开办私营企业之前已经是中共党员。担任人大代表和政协委员，是私营企业主的第二种重要政治参与形式。在这 15 年中，担任人大代表的私营企业主比重上升了 11 个多百分点，升幅为 110%。另外，担任地市级及以上人大代表的私营企业主比重上升的幅度更大，达到 2.44 倍。① 另一方面我们也应看到近年来在人大代表、政协委员中，工人、农民的比例严重下降。据统计，2008 年我国共有 3 亿工人，有 2 亿多农民工和正式的蓝领工人 8000 万。② 工人占全国人口的 23%。中国乡村人口 7 亿多人，占全国人口的 54%，除去农民工及其他非农人口，还有 4.5 亿多人③，占全国人口的 34%，工农人口合计约占全国人口的 60%。2008 年第十一届全国人大代表中，工农比例仅占 20%，2013 年第十二届全国人大代表中工农比例仅占 13%，这和我国工人、农民的人口比例严重不符。工人、农民诉求缺乏反映渠道，近些年来工人、农民在劳动报酬、土地、住房、环保等方面产生的争议、纠纷不断上升，影响了社会的稳定与和谐，这是值得注意的问题。

五、坚定不移地走社会主义道路

中国的市场化改革，人们有不同的认识。美国学者莫里斯说："市场是一种典型的资本主义手段。一些改革派的成员也坦率地承认，他们所提倡的许多措施是资本主义性质的。但是，改革派并非是要使中国在未来变成资本主义。"但是"无论如何宽泛地定义市场这一范畴及市场必然产生的社会结果，它都显然与任何社会主义的观念都是不相容的。不管人们如何异想天开地设想市场会起什么作用，市场的普遍效果之一就是促进竞争（而不是合作）的观念和社会不平等的增长。""但是，马克思主义者虽然设想在社会主

---

① 陈光金：《中国私营企业主的形成机制、地位认同和政治参与》，《黑龙江社会科学》2011 年第 1 期。
② 杨继绳：《中国当代社会阶层分析》，江西高校出版社 2011 年版，第 190 页。
③ 杨继绳：《中国当代社会阶层分析》，江西高校出版社 2011 年版，第 117、122 页。

义社会的一定时期内（期限不定）存在着一定程度的不平等，不过他们通常认为，社会主义的建设进程要求逐渐地缩小社会差别和经济差别。""至于他们所提倡的资本主义手段与他们所追求的社会主义目的是否一致这个问题，改革派在多数情况下都缄口默言，否则，他们就很有可能会陷入窘境。但是，在一个至今依然以社会主义社会自居的国家的经济生活里，随着资本主义的方式和实践日益突出显眼，上述问题就会像一个幽灵一样困扰着后毛泽东时代。"[1]

中国大力发展非有公制经济和坚持社会主义的方向，一直面临着与传统理论关系上的紧张，经常受到"左"倾思想的干扰。1992 年初邓小平发表南方谈话："社会主义的本质，是解放生产力，发展生产力，消灭剥削，消除两极分化，最终达到共同富裕。"邓小平的社会主义观点表明，社会主义只是一个总目标，只是现实生产关系的主流，并不包括所有生产关系的内容。发展私有经济只是手段，存在限度和规范问题，否则就是走资本主义道路。邓小平说："中国根据自己的经验，不可能走资本主义道路。道理很简单，中国十亿人口，现在还处于落后状态，如果走资本主义道路，可能在某些局部地区少数人更快地富起来，形成一个新的资产阶级，产生一批百万富翁，但顶多也不会达到人口的百分之一，而大量的人仍然摆脱不了贫穷，甚至连温饱问题都不可能解决。只有社会主义制度才能从根本上解决摆脱贫穷的问题。所以我们不会容忍有的人反对社会主义。"[2]邓小平认为一定范围内发展私有经济不能影响社会主义大局。"一旦发现偏离社会主义方向，国家机器就会出面干预，把它纠正过来。"[3]什么是社会主义道路，如何坚持社会主义道路应做到如下三点：

1.解放和发展生产力，发展公有制

邓小平认为社会主义的首要任务是发展社会生产力。1980 年他就说："社会主义经济政策对不对，归根到底要看生产力是否发展，人民收入是否增

① ［美］莫里斯·迈斯纳：《毛泽东的中国及后毛泽东的中国》，四川人民出版社 1989 年版，第 575 页。

② 邓小平：《答美国记者迈克·华莱士问》（1986 年 9 月 2 日），《邓小平文选》第 3 卷，人民出版社 1993 年版，第 172 页。

③ 《邓小平文选》第 3 卷，第 139 页。

加，这是压倒一切的标准。"① 后来邓小平又提出公有制主体的标准。1985 年 3 月邓小平说："一个公有制占主体，一个共同富裕，这是我们所必须坚持的社会主义的根本原则。"1986 年 9 月，邓小平又提出："社会主义原则，第一是发展生产，第二是共同致富。"12 月又说："我们要发展社会生产力，发展社会主义公有制，增加全民所得。我们允许一些地区、一些人先富起来，是为了最终达到共同富裕，所以要防止两极分化。这就叫社会主义。"1992 年 1—2 月，邓小平发表南方谈话，提出判断姓"资"、姓"社"的三个标准，"看是否有利于发展社会主义社会的生产力，是否有利于增强社会主义国家的综合国力，是否有利于提高人民的生活水平。"并进一步提出"社会主义的本质，是解放生产力，发展生产力，消灭剥削，消除两极分化，最终达到共同富裕"②。邓小平这一概括没有再强调公有制为主体。公有制主体是什么标准，学术界存在很多争议。有学者统计，2004—2012 年我国公有制经济不断发展，资产总额不断扩大，但其在国民经济中的比重则呈现逐年下降的趋势。2004 年，公有制经济资产占 62.73%，非公有制经济只占 37.27%；2012 年，公有制经济资产占比下降到 50.44%，非公有制经济资产占比则上升到 49.56%③。这一结果表明公有制经济在整个国民经济中虽然仍占体地位，但其比重将来极有可能被非公有制经济超过。2010 年，另一学者估计，"非公有制经济在整个国民经济中的比重已超过 50%，国有经济已下降到不足 30%，而且下降趋势仍在继续，出现了公有制经济丧失主体地位的危险。"④ 如何体现公有制主体地位，出现两派观点，一派主张公有经济数量比要保持在 50% 以上，另一派则主张质量优先，只要公有经济控制国家的经济命脉即可，公有经济比重低一些也可以。这些关键行业和领域包括：涉及国家安全的行业，自然垄断的行业，提供重要公共产品和服务的行业，以及支柱产业和高新技术产业中的重要骨干企业。另外一点值得注意的是，公有制主体地位还要体现在公有经济的利润分配要惠及全社会。自从 1994 年

---

① 《邓小平文选》第 2 卷，第 314 页。

② 《邓小平文选》第 3 卷，第 373 页。

③ 裴长洪：《中国公有制主体地位的量化估算及其发展趋势》，《中国社会科学》2014 年第 1 期。

④ 周新城：《划清社会主义公有制为主体、多种所有制经济共同发展同私有化和单一公有制的界限》，《中共石家庄市委党校学报》2010 年第 1 期。

我国实施分税制改革以来，一直到 2007 年，国企都没有向国家上交过利润。随着国有企业利润不断增长，2007 年开始按不同行业分别要求国企上交利润的 10% 或 5%、暂不上交三档实施，2010 年又将上交比重提高，分别按 15%、10%、5% 和不上交四档实施。从比重来看，大量利润由企业支配，即使是上交的利润，也主要返回企业，而不是用于全社会。在公有企业内部，收入分配也并非公平，据《北京晚报》报道，2010 年 3 月 9 日，根据上市公司年报分析，208 家国企高管与一线职工的收入差距近 18 倍，按劳分配的主体地位经受着前所未有的考验。[1] 这样的公有企业被变相私有化了，有悖于社会主义方向。有的学者认为，"公有制主体"的"主体"这个词有局限性，"主体"有比重上占大部分的意思。但随着经济的发展，公有制经济数量上已经降至 30% 左右，再称"公有制主体"名不副实，主张改为"公有制主导"，表示公有制决定中国经济的根本性质和发展方向，但并不局限于占数量优势。马克思主义的基本原理告诉我们，生产力决定生产关系，公有制、非公有制都属生产关系的范畴，所有制比例应由生产力的需要来决定，以适应解放和发展生产力为最高标准。早在 1981 年 6 月中共十一届六中全会通过的《关于建国以来党的若干历史问题的决议》中就指出："社会主义生产关系并不存在一套固定的模式，我们的任务是要根据我国生产力发展的要求，在每一个阶段上创造出与之相适应和便于继续前进的生产关系的具体形式。"[2] 因此，应以解放和发展生产力首要的社会主义原则，同时要保持公有制的主导地位和发展方向，绝不能搞自由主义或资本主义经济。

2. 坚持共同富裕

1984 年 6 月，邓小平说："什么叫社会主义，什么叫马克思主义？我们过去对这个问题的认识不是完全清醒的。"他提出："坚持社会主义，实行按劳分配的原则，不会产生贫富过大的差距。再过二十年、三十年，我国生产力发展起来了，也不会两极分化。"[3]1990 年 12 月，邓小平重申："共同致富，我们从改革一开始就讲，将来有一天要成为中心课题。社会主义不是少数人富起来、大多数人穷，不是那个样子。社会主义最大的优越性就是共同

---

① 李杰：《坚持我国公有制主体地位的多维思考》，《西南民族大学学报》2013 年第 1 期。

② 《关于建国以来党的若干历史问题的决议注释本》，人民出版社 1983 年版，第 64—65 页。

③ 《邓小平文选》第 3 卷，第 64 页。

富裕，这是体现社会主义本质的一个东西。"① 改革开放后，中国实现了部分人先富起来的目标，但贫富差距在逐渐扩大。国际上常用基尼系数定量测定社会居民收入分配的差异程度，认为基尼系数低于 0.2 表示收入过于平均化；而 0.4 是社会分配不平均的警戒线，故基尼系数应保持在 0.2—0.4 之间，低于 0.2 社会动力不足；高于 0.4，社会不安定。中国改革开放前的基尼系数为 0.16，收入分配有平均主义的特点。1978 年中国的基尼系数为 0.317，自 2000 年开始越过 0.4 的警戒线，并逐年上升，从 2003 至 2013 年 10 年的基尼系数在 0.4—0.5 之间②，事实上，当前收入分配改革中，灰色收入的规范仍然是重头戏，收入统计的模糊性仍然是很大问题。目前的基尼系数，以收入来源规范、明确的家庭为主要采样对象，其实很难相信统计数据足够反映收入差距真实现状。收入差距过大，严重影响分配公平和社会安定，已经到了非解决不可的地步了。其中最主要的办法是：一方面要扶助贫困，另一方面还要通过财政和税收政策来调节居民收入，缩小分配差距，促进社会公平。常用的手段有个人所得税、遗产税和财政转移支付。

3. 坚持从中国国情出发

世界上的社会主义学说和社会主义实践，为中国社会主义革命和建设提供了丰富的借鉴资源，但是现在我们必须清醒地认识到，中国未来的道路必须符合中国的历史和现实，走自己的道路，照搬外国经验从来不能真正成功。无论是共和制度，还是社会主义制度，都是这样。

（1）中国的社会主义与马克思描绘的社会主义起点不同，决定了二者的经济政策不同。我们必须从马恩著作中描绘的"社会主义"回到现实的社会主义，理想的社会主义是资本主义社会之后的，生产力水平和社会分工高度发达的社会主义社会，实行完全公有的政策。而中国实行的社会主义是与资本主义社会同时存在，生产力水平还比较落后，党的十三大报告称之为社会主义初级阶段。这是长期存在的社会形态，要过渡到发达的社会主义阶段需要数百年甚至更长的时间，这个阶段还不宜完全消灭私有制。

---

① 《邓小平文选》第 3 卷，第 364 页。

② 根据国家统计局的数据，中国居民收入的基尼系数，2003 年是 0.479，2004 年是 0.473，2005 年 0.485，2006 年 0.487，2007 年 0.484，2008 年 0.491，2009 年 0.490，2010 年 0.481，2011 年 0.477，2012 年 0.474，2013 年 0.473。

（2）中国的社会主义初级阶段要继续发展和规范私有经济的生产方式，而不是要消灭私有经济。中国长期以来，以阶级斗争为纲的思想观念已经形成一种思维定势，一再顽强地表现出来。在改革开放的过程中，面对兴利除弊的许多新事物和新举措，不少人仍然首先甚至主要关注"姓社姓资"、"姓公姓私"之类的问题，而不大考虑是否有利于生产力的发展和人民利益的实现。1992年，邓小平指出："要看是姓'资'还是姓'社'的问题，判断的标准，应该主要看是否有利于发展社会主义社会的生产力，是否有利于增强社会主义国家的综合国力，是否有利于提高人民的生活水平。"① 江泽民2001年8月在对党和军队高级干部讲话指出，对于我国的社会主义市场经济，"不能简单套用马克思、恩格斯、列宁研究当时资本主义社会而提出的概念。""如果还用解释资本主义社会和旧中国剥削与被剥削关系的那些概念来解释当今的中国社会，解释在我们社会主义条件下存在和发展的各种投资经营活动，显然是不适合的。那样既不利于调动广大人民群众的积极性，也不利于我们事业的发展。"②

另一方面，应当看到，中国的改革开放，促进了经济的迅速发展，使中国成为名副其实的工商业大国，但同时也出现了新的问题。一是国有企业和民营企业之间产生了矛盾，主要表现为政策待遇不平等。其次，经济管理体制与市场经济存在矛盾，政府经济权限太大，管得太多，企业经营环境不好。其三，如何节制私人资本，防止经济垄断和贫富分化，防范市场风险等等，也是需要解决的问题。对于资本不能消灭，只能节制。有学者说，中国社会是"权力没有被制衡的上层建筑；资本没有被驾驭的经济基础"，这正是"威权政治加市场经济"的制度，在这个制度下，权力的贪婪和资本的贪婪势必恶性结合，这是当今中国一切社会问题的总根源。干群矛盾和劳资矛盾是中国当前两大矛盾，干群矛盾的主要方面是没有制衡的权力，劳资矛盾的主要方面是没有驾驭的资本。数量日益增多、规模日益扩大的群体事件，正是这两对矛盾正在激化的表现。中国今后的任务就是要制衡权力和驾驭资本。制衡权力需要民主政治，破除政治垄断，开展政治竞争。驾驭资本，就

---

① 《邓小平文选》第3卷，第372页。

② 江泽民：《科学对待马克思主义》，《江泽民文选》第3卷，人民出版社2006年版，第343页。

是建立一套制度体系，使得资本能比较充分地发挥它的积极作用，又能限制其贪婪性对社会的危害。①

（3）建设以民主法治为基础的和谐社会，取代以阶级斗争为纲。马克思生活在资本主义初始阶段，无产阶级和资产阶级贫富差距明显，矛盾尖锐突出。马克思认为无产阶级和资产阶级矛盾不可调和，无产阶级只有通过暴力革命、消灭私有制才能获得自身解放。经过一百多年的发展，西方发达国家中，资产阶级仍然剥削工人阶级的剩余价值，但20世纪60年代以后，劳资之间并没有形成你死我活的尖锐矛盾。这是因为技术革命提高了生产力，许多人进入了中产阶级生活水平；西方政府采取一套税收和福利制度，来调节贫富悬殊的社会问题。这些现象马克思看不到了，因此他对西方经济的判断是不全面的，他的阶级学说，是阶级矛盾尖锐的年代里提出来的，不可避免地强调了暴力斗争的一面，这在当时是可以理解的。历史上存在阶级、阶级矛盾这是没有疑问的，但阶级关系有合作与斗争的两面性，注重斗争还是注重合作要看时代的需要。在革命年代里，强调以阶级斗争为纲是合理的，但在和平年代里，仍然坚持以阶级斗争为纲就不合时宜了。而且斗争也有暴力斗争和合法斗争两种方式，专制年代里劳动人民基本上无法通过合法斗争获得权利，只能采取阶级暴动的革命手段。随着社会进步和法治完善，人民也可以通过和平、合法手段争取权利。中国的任务是要通过大众民主，保障工人、农民阶级的利益，防止政权的官僚化和资本化，反对官僚主义和资本专政要靠民主法治。

总之，马克思的社会主义学说，包括对资本主义、资产阶级的观点和政策，对于21世纪的中国来讲，只能借鉴，不能照搬。2013年3月，习近平说，中国特色社会主义道路，"是在改革开放三十多年的伟大实践中走出来的，是在中华人民共和国成立六十多年的持续探索中走出来的，是在对近代以来一百七十多年中华民族发展历程的深刻总结中走出来的，是在对中华民族五千多年悠久文明的传承中走出来的，具有深厚的历史渊源和广泛的现实基础。"② 这一讲话强调了中国特色社会主义道路是中华民族在自身历史实

---

① 杨继绳：《中国当代社会阶层分析》，江西高校出版社2011年版，第403、406、407页。

② 2013年3月17日习近平在十二届全国人大一次会议闭幕会上的讲话。

践中作出的选择，也告诉我们未来的中国特色社会主义理论来源更加多样化，既要借鉴古今中外一切有价值的思想文化成果，更需要从中国自己的改革和建设中总结和发展。

第四节　共和时代的元首制度

共和时代人的平等、自由是普遍追求的价值，民主、法治是国家治理的主要手段。选举代议、分工制约制度是国家的重要原则。共和时代的国家元首由选举产生，有任期限制，有宪法规定的权限。这与郡县时代皇帝的家族世袭、任职终身和"无限王权"有本质的不同。

一、民国初年的国家元首

辛亥革命后孙中山被推举为中华民国临时大总统，算是共和时代的第一个国家元首，但是革命党力量不足，与北洋军阀袁世凯达成妥协，由袁世凯劝清帝退位，实行共和，革命党推举他为中华民国大总统。

北洋政府实行总统制，大总统是实权国家元首。1914 年 5 月公布的《中华民国约法》，规定中华民国大总统拥有立法、行政、军事、外交等十余项权力。见以下条款：

　　　第十四条　大总统为国之元首，总揽统治权。

　　　第十五条　大总统代表中华民国。

　　　第十六条　大总统对于人民之全体负责任。

　　　第十七条　大总统召集立法院，宣告开会、停会、闭会。大总统经参议院之同意，解散立法院；但须自解散之日起，六个月以内，选举新议员，并召集之。

　　　第十八条　大总统提出法律案及预算案于立法院。

　　　第十九条　大总统为增进公益，或执行法律，或基于法律之委任，发布命令，并得使发布之；但不得以命令变更法律。

　　　第二十条　大总统为维持公安，或防御非常灾害，事机紧急，不能召集立法院时，经参议院之同意，得发布与法律有同等效力之教令；

但须于次期立法院开会之始，请求追认。

前项教令，立法院否认时，嗣后即失其效力。

第二十一条　大总统制定官制官规。大总统任免文武职官。

第二十二条　大总统宣告开战、媾和。

第二十三条　大总统为海陆军大元帅，统率全国海陆军。大总统定海陆军之编制及兵额。

第二十四条　大总统接受外国大使、公使。

第二十五条　大总统缔结条约。但变更领土，或增加人民负担之条款，须经立法院之同意。

第二十六条　大总统依法律宣告戒严。

第二十七条　大总统颁给爵位、勋章，并其他荣典。

第二十八条　大总统宣告大赦、特赦、减刑、复权；但大赦须经立法院之同意。

第二十九条　大总统因故去职或不能视事时，副总统代行其职权。①

参政院此后又公布《大总统选举法》，规定：总统任期十年，连任无限。大总统选举之前，参政院参政如果认为政治上有必要，则决议大总统连任。总统继任人由前总统推荐于总统选举会。这实际上将大总统变成终身任职和变相世袭的专制君主。但袁世凯死后，军阀当政，袁记约法被废除，大部分时间总统形同虚设，或根本不设。

1924 年 9 月，第二次直奉战争爆发，直系总统曹锟被逐。直系将领冯玉祥与奉系军阀张作霖达成妥协，共推皖系军阀段祺瑞为临时执政。段于11 月 24 日就任。根据《中华民国临时政府制》规定，"中华民国临时政府以临时执政总揽政务，发布命令，统率陆海军。""临时执政对于外国为中华民国之代表。"表面上看，段祺瑞是集大权于一身的国家元首，实际上由于皖系军阀的衰落，他只是一个傀儡。广东国民革命军北伐，吴佩孚和孙传芳势力被消灭，张作霖趁机逼迫段祺瑞辞去临时执政，并于 1927 年 6 月 18 日成立军政府，以陆海军大元帅的身份行使国家元首权力。国民革命军北伐，

---

① 许崇德：《中国宪法参考资料选编》，中国人民大学出版社 1990 年版，第 175 页。

迅速逼近京、津，张作霖不得不向东北撤退。1928 年 6 月 3 日，张在退回东北的路上被日本人炸死，军政府宣告解体。袁世凯死后由于军阀割据，北洋政府国家元首很难有效履行法定权力。

二、国民党的党和国家元首

（一）国民党的政党元首

国民党推行以党治国，党的元首对国民政府统治的中华民国的影响远远大于国家元首，或者说"党首"才是事实上的国家元首。

1. 总理

国民党最早的党首是总理孙中山。国民党一大通过的国民党总章规定"本党以创行三民主义、五权宪法之孙先生为总理"，还规定"党员须服从总理之教导"，总理为国民党全国代表大会主席，国民党中央执行委员会主席。对国民党全国代表会的议决"有交复议之权"，对国民党中央的议决"有最后决定之权"①。这种将个人凌驾于组织之上的规定，具有明显的个人集权性质，为后来国民党领袖个人独裁开辟了先例。

2. 主席

孙中山去世后，国民党不再设总理一职，1926 年 5 月，国民党二届二中全会推举张静江为中央执行委员会常务委员会主席作为党的元首。常委会主席由常委轮流担任，他不久将此职转交蒋介石担任。此后由于胡汉民、汪精卫、蒋介石争权夺利，国民党长期缺乏稳定的领袖，蒋介石以军事优势，逐渐确立党内优势。1936 年胡汉民去世，蒋介石在国民党的领袖地位才算真正稳定下来。

3. 总裁

1938 年 4 月，国民党五大确立总裁制，设总裁代行党章规定的总理之权，并推蒋介石为总裁，蒋介石集党、政、军权于一身，才真正开始了个人的终身独裁统治②。

---

① 荣孟源：《中国国民党历次全国代表大会及中央全会资料》上，光明日报出版社 1985 年版，第 25 页。

② 1975 年蒋介石去世后，国民党实行常任的中央委员会党主席，蒋经国（1975—1988 年）、李登辉（1988—2000 年）、连战（2000—2005 年）、马英九（2005—2007 年）、吴伯雄（2007—2009 年）、马英九（2009—2014 年）、朱立伦（2014—　）先后担任。

（二）国民党政权的国家元首

1. 国民政府主席

国民党政权以国民政府主席为国家元首，全名为国民政府委员会主席，设置于1925年7月1日，终止于1948年5月20日中华民国正式行宪后，此间汪精卫、谭延闿、胡汉民、蒋介石、林森先后担任出席，主席有无实权，以蒋介石是否任职为转移。1928年10月，国民政府组织法第三次修正，政府主席总揽全国治权，兼陆海空军总司令，由蒋介石担任。1931年12月，九一八事件后，蒋因各方压力下野，国民政府组织法第六次修正，主席不负实际政治责任，而且不得兼任其他职位。1932—1945年，蒋介石一直是以中华民国国民政府军事委员会委员长兼陆海空三军总司令职务来行使中华民国元首统帅权，而1932—1943年间曾担任国民政府委员会主席的林森仅是名义上的虚位元首。1943年后蒋介石重新兼任国民政府主席，该职务又使其变成实权元首。"因人变法"、"以军统政"是共和初期的特点。

表5-1　历届国民政府主席

姓名	就职时间	离任时间	备注
汪精卫	1925年7月1日	1926年3月23日	广东国民政府主席，因中山舰事件辞职
谭延闿	1926年3月30日	1927年3月11日	代理主席职权，1927年2月国民政府迁都武汉
胡汉民	1927年4月18日	1928年2月7日	南京国民政府主席
谭延闿	1928年2月7日	1928年10月10日	后转任行政院院长
蒋介石	1928年10月10日	1931年12月15日	蒋介石被迫宣布下野，辞职
林　森	1931年12月15日	1943年8月1日	林森任国民政府主席至1943年病逝
蒋介石	1943年6月1日	1948年5月20日	以行政院长职代林森为主席，至任中华民国总统

2. 总统

1948年，国民政府实行宪政，选举蒋介石为中华民国总统，政府主席不再设立，总统是国家元首，实现了党和国家元首的合一。1949年1月，由于内战失利，蒋介石被迫辞去总统职务，由副总统李总仁为代总统[1]，蒋介石以国民党总裁身份继续操纵政治，直至国民党政权在大陆的政权完全失败。

三、共产党的党和国家元首

中国共产党同样是先建党，后建国，党领导国家。国家元首都由共产党的高级干部[2]担任，党员服从党的领导。

（一）党的元首

1.总书记（1921—1931 年）

中国共产党成立后，其领导机构是党的全国代表大会产生的中央局。后来，随着党员人数的增多，领导机构又增加了中央执行委员会。党的元首一大称中央局书记，二大、三大称委员长。五大时，党中央领导体制形成三级：中央委员会、中央政治局、中央常委会。党的元首为中央委员会总书记，政治局是决策机关，常委会处理日常工作，总书记是常委之一，既领导决策机关也领导负责日常工作的机关。在大会上，陈独秀当选为中央委员会总书记。1928 年中共六大改总书记为主席。陈独秀的中央总书记职务直到六大召开，并未正式撤销，他仍然是共产国际的执行委员。在这种情况下，也不宜选举别人为中共总书记。不设立中央总书记，但是中央政治局及其常委会又必须有人主持开会。因此，设主席反映了中共缺乏权威人物时，实行集体领导的意愿。不过虽然党章规定的党的元首为主席，但在实际上人们沿用总书记的称谓，称当时的中央政治局主席向忠发为总书记。1931 年 6 月向忠发叛变，王明代理中央总书记。

2."总负责人"（1931—1943 年）

1931 年 9 月，王明离开上海前往苏联任中共驻共产国际代表之前，党设临时中央政治局，由博古负总责，未再设总书记。1933 年 1 月，临时中央因在上海无法立足，被迫迁入中央革命根据地的瑞金。中共临时中央于1934 年 1 月在江西瑞金召开了六届五中全会，改选了中央政治局，选举产

---

[1]　按照 1946 年《中华民国宪法》，蒋介石辞职，本当为副总统继任总统，但蒋玩弄权术，破坏法制，只让李宗仁当"代总统"，为自己以后复出做准备。

[2]　杨尚昆出任国家主席时为政治局委员，其他历任国家主席为政治局常委或党的主席、书记。

生了中央书记处，博古、张闻天、周恩来、项英等为书记处书记，博古任总书记。中央书记处是中央办公的日常机关，职权相当于五大、六大的中央常委会。1935年1月，中央政治局在遵义召开扩大会议，改组了中央领导机构，决定张闻天代替博古负中央总的责任。所以博古也好，张闻天也好，他们在党内负总责期间的正式名义是党中央"书记"，不过在日常生活中，习惯上还是称总负责人为"总书记"。1938年9—11月中共六届六中全会在延安召开，毛泽东得到了共产国际的支持，作了《论新阶段》的政治工作报告，领导地位在全党确立，成为实际上的总负责人。

3. 主席（1943—1982 年）

为了调整及精简中央领导机构，加强中央的集中统一领导，1943年3月召开的中央政治局会议决定，毛泽东为中央政治局主席和中央书记处主席；毛泽东、刘少奇、任弼时组成中央书记处，按照中央政治局决定的方针处理日常工作，中央书记处讨论问题，政治局主席有最后决定权。1945年中共七大，正式将毛泽东思想确立为中国共产党的指导思想。这种领袖集权的主席制，一直持续到华国锋时代。1956年党的八大将原中央书记处改为中央政治局常委，另设新的中央书记处①，以邓小平为总书记，处理中央日常工作。"文化大革命"爆发后，中央书记处工作被迫中断。1980年2月，党的十一届五中全会决定恢复中央书记处，选举胡耀邦为中央委员会总书记，主持书记处工作。1981年胡耀邦接替华国锋为党中央主席，集总书记与主席于一身。

4. 总书记（1982—　）

1982年召开的中共十二大决定，中国共产党不再设中共中央主席、副主席，从此，总书记成为中共中央的最高领导职务。

总书记只是会议的召集人，会议表决只有一票之权，没有主席的最后决定权。因此，总书记只是集体领导的象征。从重设总书记到党主席与总书记的合一，再到取消党主席，其职权由总书记行使，并主持书记处工作，反

---

① 新的书记处职责源于第五届中央委员会以来的秘书长制度。1954年4月中央设立秘书长1人、副秘书长8人，代中央处理日常工作，减轻书记处的负担。八届一中全会产生的书记处由总书记、书记、候补书记共10人组成，成员平均年龄50岁，也可视为政治局和常委会（成员平均年龄57、58岁）的候补力量和预备梯队。

映了中央领导体制的由从领袖集权体制到集体领导体制的变革与反复。从元首产生方式来看，从一大开始就已经有一套民主集中制的层层选举程序，党代会选举产生中央委员会，中央委员会选举产生政治局、常委会及党的总书记或主席。不过元首的产生实际上还受到各种因素的干扰，中国共产党是共产国际的一个支部，1943 年共产国际解散之前，共产国际常常干预党的选举，王明、博古都有共产国际"指派"的因素。中华人民共和国成立后，党内又出现领袖亲自选择和培养接班人的做法，也有苏联政党模式影响的因素，虽然有政策延续性、稳定性的考虑，但容易破坏党内民主，使之成为形式主义的橡皮图章。

（二）共产党政权的国家元首

1. 中华苏维埃共和国主席（1931—1937 年）

共产党政权最早国家元首是 1931 年的中华苏维埃共和国临时中央政府主席，也叫中央执行委员会主席，中央执行委员会是工农代表大会选出的国家最高权力机关。不过当时国家的实际权力掌握在党手里，当时作为"国家主席"的毛泽东并不掌握最高权力。1934 年红军长征开始后，中华苏维埃共和国事实上已经不存在了。

2. 陕甘宁边区政府主席（1937—1949 年）

1937 年 9 月之后的抗日战争和解放战争时期，中国共产党的政权更名为"中华民国陕甘宁边区政府"，边区政府主席由林伯渠担任，是实际上的共产党政权的"国家元首"，在革命年代，国家元首制度还没有规范化，任期不正常。

3. 中华人民共和国中央人民政府主席（1949—1954 年）

中华人民共和国成立后，设立中央人民政府委员会主席作为国家元首，毛泽东以党主席、中央军委主席的身份被选举为中央人民政府委员会主席，是集党、政、军权于一身的国家元首。

4. 中华人民共和国主席（1954— ）

（1）党主席兼任国家主席（1954—1959 年）。1954 年宪法规定，在全国人民代表大会之下设立全国人民代表大会常务委员会和中华人民共和国主席，取消中央人民政府委员会。宪法规定，主席任期四年，主要职能是根据全国人民代表大会及其常委会的决议任免人员、公布法律、授予荣誉称号、派遣和召回驻外使节，签署条约、宣布战争等，"主席统率全国武装力量，担任国防委员会主席"，"在必要的时候可召开最高国务会议，任最高国务会议主席"。

（2）党主席不兼国家主席（1959—1969 年）。1958 年 1 月，毛泽东提出不再担任下届国家主席。他说："去掉共和国主席这个职务，专做党中央主席，可以节省许多时间做一些党所要求我做的事情。这样，对于我的身体状况也较为适宜（这时毛泽东 65 岁）。……将来国家有紧急需要的时候，只要党有决定，我还是可以出任这种国家领导职务的。现在和平时期，以去掉一个主席职务较为有利。"①1959 年 4 月，第二届全国人大选举刘少奇为中华人民共和国主席，但领导核心是党中央主席兼军委主席毛泽东，这样就形成"二元首并立"的局面。1968 年 10 月中共八届扩大的十二中全会，作出了把刘少奇"永远开除出党、撤销其党内外一切职务"的错误决定，造成了党的历史上最大的一桩冤案。

（3）有党主席无国家主席（1969—1982 年）。1969 年，刘少奇去世后，毛泽东坚持不再设国家主席。1975 年通过的《宪法》删除有关"中华人民共和国主席"的条款，取消这一职务。中华人民共和国出现了十多年只有党的元首而没有国家元首的奇怪现象，反映了当时"重党轻国"的观念。

（4）总书记不兼国家主席（1982—1989 年）。1982 年通过的《宪法》恢复了国家主席和副主席设置。宪法规定："中华人民共和国主席、副主席每届任期同全国人民代表大会每届任期相同，连续任职不得超过两届。"1981年华国锋辞去党中央主席和军委主席后，由胡耀邦任党的主席兼总书记，李先念（1983—1988 年）、杨尚昆（1988—1993 年）先后任国家主席，邓小平任中央军委主席（1982—1990 年），形成党、政、军三元首并立局面。此时的国家元首，只有仪式性的职能，国家领导的核心是中央军委主席邓小平。

（5）总书记兼任国家主席（1989 年至今）。1989 年以后，江泽民、胡锦涛、习近平都是以总书记身份，兼任国家主席和中央军委主席，形成事实上的实权国家元首。

中国国家元首制度的演化反映了领袖集权与集体领导的矛盾和反复，

---

① 《毛泽东文集》第 7 卷，人民出版社 1999 年版，第 362 页。

从历代演化看，执政党的元首只有担任国家元首才能使权力合法化，国家元首必须掌握军权才能形成权威，党、政、军三权合一是未来的趋势。正如2004年9月江泽民完成与胡锦涛的权力交接后所说："党的总书记、国家主席、军委主席三位一体这样的领导体制和领导形式，对我们这样一个大党、大国来说，不仅是必要的，而且是最妥当的办法。"[①]

四、元首崇拜

元首崇拜的特点是将政党或国家元首个人的功劳、权威和思想道德凌驾、超越于全社会成员之上，要求人民对于元首个人绝对感激、绝对服从、绝对相信、绝对忠诚。这是传统君主专制主义政治体制的自然延续，有着广泛的小农崇拜意识的思想基础，也是官僚或政党为加强思想统一、队伍团结、争夺或巩固权位而有意进行的思想宣传和组织实施行为。元首崇拜有思想言论崇拜、肖像崇拜、纪念堂崇拜、仪式崇拜、口号崇拜等形式。

（一）孙中山崇拜

孙中山崇拜源于革命的需要，孙中山在反清、反袁革命中，经历了同盟会、国民党组织涣散而失败的教训，开始注意增强革命党的团结和纪律。他创立中华革命党，要求党员向他本人宣誓效忠。中华革命党改组为国民党之后，孙中山被推为总理，取得了对全党的绝对领导权。孙中山的崇拜开始于就任临时大总统，与其说是对他本人的崇拜，倒不如是对元首的崇拜。在总统就职仪式上，人们呼喊大总统万岁的口号。孙中山逝世后，国民党为他建造了宏伟的陵墓和纪念堂。1926年6月1日，国民党为孙中山举行了盛大的"奉安大典"，要求全国人民在奉安前后一周内停止宴会娱乐，敬谨志哀。孙中山陵墓建成后，每年的重要节日如元旦和国庆，国民党当局各位政要都去谒陵。国民党中央召开重要会议期间，以及遇上临时性的重大事件，国民党当局都要组织大规模的谒陵活动。

还在广州的时候，国民党就要求全党每逢开会时应先由主席"恭读总理遗嘱"，全场起立肃听；同时要求所属各党政军机构，每星期定期举行一

[①]　江泽民：《我的心永远同人民军队在一起》，《江泽民文选》第3卷，人民出版社2006年版，第603页。

次总理纪念周仪式，集体诵读总理遗嘱。

孙中山的肖像崇拜在他逝世后也推广开来。总理纪念周仪式中，有一条非常重要的要求，即集体向孙中山遗像行三鞠躬礼。国民党"二大"正式通过决议，要求海内外各级党部的会议场所必须悬挂孙中山遗像，开会时要集体向孙中山遗像行三鞠躬礼①。

孙中山逝世后，被国民党尊为"国父"，其言论逐渐取得至高无上的地位。蒋介石在孙中山奉安大典仪式上宣称，要"以总理之精神，团结本党之精神；以总理之思想，统一全国之思想"②。大典制定的标语口号有：总理是坚苦卓绝、崇高伟大的革命导师；总理是三民主义的创造者，中华民国的创造者；总理是中华民族的救星，世界弱小民族的救星；中国国民党万岁；总理精神万岁。③抗战期间，国民政府强调"要做总理忠实的信徒，凡是总理的主义，总理的思想，总理的救国救民的遗教，决不容许敌伪们一丝一毫的涂抹更改"④。

（二）蒋介石崇拜

蒋介石制造孙中山崇拜，也是为加强对他个人的崇拜。北伐结束、宁汉合流，蒋介石的个人崇拜仪式也开始了。1929 年 10 月 10 日，国民党举行国庆纪念仪式，蒋介石作为国民政府主席训话完毕，高呼口号，群众于齐声高呼之后，复高呼"蒋主席万岁"，至此司仪遂高呼礼成⑤。1936 年 10 月 31 日是蒋介石 50 大寿。国民党为蒋筹划了声势浩大的祝寿活动，全民捐款购机，为蒋介石祝寿。当天张贴的宣传标语有：1. 庆祝蒋委员长五十寿辰；2. 蒋委员长是总理的忠实信徒；3. 蒋委员长是中华民国的救星；4. 拥护蒋委员长；5. 蒋委员长万岁；6. 中国国民党万岁，中华民国万岁。⑥当天举行的祝寿献机仪上，高呼口号：1. 拥护革命领袖；2. 实现航空救国；3. 复兴中华

---

① 中国第二历史档案馆编：《中国国民党第一、二次全国代表大会会议史料（上）》，江苏古籍出版社 1986 年版，第 325 页。

② 《蒋中正祭告总理文》，《申报》1928 年 7 月 9 日。

③ 《标语》，《中央周报》第 50 期，1929 年 5 月 20 日。

④ 蒋介石：《抗战建国二周年纪念告战地民众书》，见秦孝仪主编《先总统蒋公思想言论总集》第 31 卷，中国国民党中央委员会党史委员会 1984 年版，第 74 页。

⑤ 《首都庆祝双十节盛况》，《申报》1929 年 10 月 12 日。

⑥ 《今日全市悬旗紫彩，庆祝蒋公五秩寿辰》，《中央日报》1936 年 10 月 31 日。

民族；4. 三民主义万岁；5. 中华民国万岁；6. 林主席万岁；7. 蒋委员长万岁。通过 50 寿辰庆祝活动可以看出，蒋介石的个人崇拜确在逐渐形成，蒋介石正被相当多的中国人视为总理三民主义的忠实信徒，一个不可缺少的党国权威和民族领袖。

1930 年，蒋介石的标准像开始遍布党内，此时的标准照多用蒋介石手持军刀之照片。在蒋介石亲自组织的庐山训练团、峨眉训练团中每期学员都要举行开班仪式，仪式在蒋介石标准像前举行。为了表示对蒋介石的尊重，凡提到蒋委员长或面对蒋介石肖像都要肃然起敬并行军礼。1945 年 12 月 3 日，抗战胜利后蒋介石肖像被挂在了天安门上。

抗战时期，蒋介石言论的崇拜也开始出现。《中央日报》抗战建国每周年的社评几乎成了蒋介石思想传声筒，经常出现"领袖训诫我们"、"蒋委员长曾说"、"总裁说"等语。1943 年 3 月，国民党推出题名蒋介石所著的《中国之命运》一书，公然宣扬"一个国家"、"一个主义"、"一个领袖"的思想，加强国民党和蒋介石的独裁统治。

抗战胜利后，蒋介石崇拜达到顶峰，在重庆举行庆祝抗战胜利的仪式上，全体人员向蒋介石庆贺三鞠躬。蒋介石随即致辞。词毕，全体高呼口号："抗战胜利万岁；蒋主席万岁；中国国民党万岁；中华民国万岁。"[1] 在国民党在重庆举行的还都仪式上，全体起立高呼三民主义万岁，中华民国万岁，蒋主席万岁。[2] 蒋介石到南京完成还都典礼后，又到国大会堂广场参加首都各界庆祝国府还都大会。当蒋介石偕夫人下车步入会场时，与会十万市民鼓掌与欢呼"主席万岁"声，响彻云霄，历久不歇，大会场面为之停顿达五分钟。[3] 国民党大陆的政权失败后，蒋介石崇拜在大陆迅速消失，但在台湾继续维持，直至民进党执政以后才开始逐渐淡化。

五、中央集体领导制度

中华人民共和国四部宪法均未明确规定国家元首制度。共产党中央领导集体成员通过兼任国家主席等职务履行国家元首职能，中央领导集体实际

---

① 《胜利日中枢遥祭国父，蒋主席告全国同胞》，《中央日报》1945 年 9 月 4 日。

② 《庆祝国府胜利还都，陪都恭送蒋主席》，《中央日报》1946 年 4 月 25 日。

③ 《国民政府凯旋还都，首都欢欣鼓舞》，《中央日报》1946 年 5 月 6 日。

上起到了国家元首的作用。

　　1. 邓小平对发展集体领导制度的贡献

　　邓小平无疑是一位很有影响的政治家。1975 年 1 月，他以 70 岁高龄出任中共中央副主席、国务院副总理、中央军委副主席、中国人民解放军总参谋长，主持党和国家的日常工作，年底，在"反击右倾翻案风"运动中再度受到错误批判。次年，被撤销党内外一切职务。1977 年 7 月，中共十届三中全会通过决议，恢复邓小平原任的党政军领导职务，他已经 73 岁。在此后近 20 年中，他充当了中国改革开放总设计师的角色。1982 年党的十二届一中全会，邓小平被选举为中央政治局常委和军委主席。1987 年党的十三届一中全会后，他仅保留军委主席职务，不再担任中央委员。1989 年政治风波后，邓小平说："党的十一届三中全会建立了一个新的领导集体，这就是第二代的领导集体。在这个集体中，实际上可以说是我处在一个关键地位。这个集体一建立，我就一直在安排接班人的问题。""一个国家的命运建立在一两个人的声望上面，是很不健康的，是很危险的。……现在我八十五岁了，到了这个年龄，该有自觉性。主要是大局的问题，如果个人的因素影响到局势的稳定，影响到事情的健康发展，解决起来就会发生困难。如果有什么事情，我完全可以在旁边帮帮忙，但是绝不要正式再搞个什么头衔了。"邓小平表示："以后中央的工作这不过问，除非特别大的问题。让新的中央，特别是政治局和政治局常委独立思考，独立工作。"①1989 年 11 月，中共十三届五中全会同意邓小平辞去中共中央军委主席的请求。1990 年 3 月，第七届全国人大第三次会议接受邓小平辞去中华人民共和国中央军事委员会主席职务。至此，邓小平才完全实现了退休。邓小平经历过毛泽东崇拜的年代，在粉碎"四人帮"以后，他明确反对个人崇拜，大力推行集体领导和干部退休制度，推行干部年轻化。1988 年他就说："党的十三大上，我和一些老同志退出了领导核心。这表明中国的未来要靠新的领导集体。近十年来的成功也是集体搞成的。我个人做了点事，但不能说都是我发明的。""过分夸大个人作用是不对的。人总是要死的。哪一天我不在了，好像中国就丢了灵魂，这种看法不好。我在有生之年还可以做一些事，但希望自己从

_____

　　① 《邓小平文选》第 3 卷，人民出版社 1993 年版，第 309—317 页。

政治舞台上慢慢地消失。"后来他又说："对我的评价，不要过分夸张，不要分量太重。有的把我的规格放在毛主席之上，这就不好了。我很怕有这样的东西，名誉太高了是个负担。"① 不过，邓小平的个人威望还是超出了他党政职务的范围，对中国政治产生了决定性的深远影响。1992 年由于东欧剧变、苏联解体和党内"左"倾思想的影响，中国改革事业停滞不前，邓小平以 88 岁退休老人的身份发表了南方谈话，释疑解惑。邓小平的谈话精神成为党的十四大指导方针，开创了改革开放新局面，邓小平之后的领导人都以他的理论作为执政指导思想。1983—1993 年三卷《邓小平文选》陆续出版发行。1997 年邓小平去世后，党的十五大把他的思想概括为"邓小平理论"，将其与马列主义、毛泽东思想一起确立为党的指导思想。为了纪念邓小平改革开放的贡献，党中央决定为邓小平制作铜像。其中一座在深圳莲花山，塑像面向南方即朝向香港，纪念他 88 岁南方讲话吹响改革号角和收复香港所做的贡献。2000 年 11 月 14 日，时任中共中央总书记的江泽民到莲花山亲自为塑像揭幕。此后，胡锦涛和习近平两任总书记都登上莲花山顶瞻仰过邓小平铜像。邓小平是一个人治向法治转型时期的历史人物，他从未担任过党或国家的一把手，但却是第二代中央领导集体的核心，这在目前几代中央领导集体中算是一个特殊现象。他结束了领导职务终身制，给党的"领导集体""划代"、确立"核心"，这些做法被继承下来，为实现党和国家权力更替的正常化和制度化奠定了基础。中国正在形成中央领导集体五年一届、两届一代的正常更替模式。

2. 集体领导制度的内容

中国共产党创立之初就提出了集体领导的原则，但由于传统习惯的影响，集体领导在发展过程中走了很多弯路，出现了个人崇拜的现象，党的领导体制也极不成熟。从七大开始共产党的第一代中央领导集体正式形成，是从遵义会议开始逐渐形成的，成员由毛刘周朱任五大书记构成。新中国成立后，任弼时去世，又增加了陈云、邓小平和林彪，形成七大常委。第一代中央领导集体对集体领导制度进行了探索，但后来出现严重的个人专权现象，破坏了集体领导制。以邓小平为首的第二代中央领导集体，吸取了权力过于

---

① 《邓小平文选》第 3 卷，第 273、317 页。

集中的历史教训，完善了党的集体领导制度。1980 年，中共十一届五中全会通过的《关于党内政治生活的若干准则》，对集体领导制度作了明确的规定："集体领导是党的领导的最高原则之一，从中央到基层的各级党的委员会，都要按照这一原则实行集体领导和个人分工负责相结合的制度。书记是党的委员会中平等的一员，书记或第一书记要善于集中大家的意见，不允许搞'一言堂'，家长制。党委会讨论重大问题，要让大家畅所欲言，各抒己见。讨论中发生了分歧，既要认真考虑少数人的意见，又不可议而不决，耽误工作。"1989 年政治风波以后，邓小平又注意到集体领导的核心问题。他对中央几位负责同志说："任何一个领导集体都要有一个核心，没有核心的领导是靠不住的。第一代领导集体的核心是毛主席。……第二代实际上是我……第三代的领导集体也必须有一个核心，这一点所有在座的同志都要以高度的自觉性来理解和处理。要有意识地维护一个核心，也就是现在大家同意的江泽民同志。开宗明义，就是新的常委会从开始工作的第一天起，就要树立和维护这个集体和这个集体中的核心。"①2009 年中共十七届四中全会通过的《关于加强和改进新形势下党的建设若干重大问题的决定》，不仅进一步强调了党的各级委员会按照集体领导、民主集中、个别酝酿、会议决定的原则决定重大事项，而且对党的集体领导制度作了一系列的重大发展。主要表现在以下方面：第一，进一步强调了要"健全和规范党委常委会向全委会定期报告工作并接受监督制度"，从而使我们对全委会与常委会的关系有了更加明确的认识。第二，对党的集体领导的各项制度建设做了更为详细的规定。《决定》指出：要"完善常委会议事规则和决策程序"，"推行和完善地方党委讨论决定重大问题和任用重要干部票决制"。第三，对各级党委的科学决策和民主决策作了进一步的要求。《决定》规定："提高科学决策、民主决策、依法决策水平，加强党委决策咨询工作，做好重大问题前瞻性、对策性研究，广泛听取党员、群众、基层干部意见和建议，发挥咨询研究机构、专家学者、社会听证在决策过程中的作用，落实重大决策报告制度，健全决策失误纠错改正机制和责任追究制度。"这些规定，为保证党的集体领导在实践中得到进一步落实提供了坚实的制度保障和程序规定，从而使党的集体

---

① 《邓小平文选》第 3 卷，人民出版社 1993 年版，第 310 页。

领导制度更加完善，更加科学。

3. 领导集体学习制度的建立

为了进一步提高党的执行水平，中央自 20 世纪末逐步形成政治局集体学习制度。早在 20 世纪 80 年代开始，面对改革开放和社会主义现代化建设的艰巨任务，邓小平向全党提出了"再重新进行一次学习"的指导思想，要求全党干部带头钻研现代化建设知识，并建立学习制度。中共领导高层就开始较频繁地请各个研究领域的专家来讲授知识。20 世纪 90 年代，江泽民要求全党必须以对党、对人民、对历史高度负责的态度"学习学习再学习"，建设学习型政党。1994 年至 2002 年，连续举办了 12 次中共中央法制讲座，政治局集体学习初步制度化。2002 年十六大之后，胡锦涛继承和发扬了学习的光荣传统，正式将政治局集体学习制度化，学习主题也从法律扩展到经济、文化、"三农"等多个领域。此后，由中央书记处和中央办公室组织，平均每月一次、每次一般请两位专家演讲、政治局委员集体参与学习成为了一项制度。从 2002 年至 2012 年 2 月，两届政治局进行了 76 次集体学习，涉及法制建设和依法治国的一共有 8 次，涉及党自身建设的有 9 次，关注国家经济社会发展战略问题的有 49 次，总结历史经验的有 5 次，涉及国防与军事主题的学习有 4 次。授课者中高校学者最多，来自单独机构的是中国社会科学院的最多。具体而言，党校系统的授课者有 10 人，高校系统授课者有 44 人，专业科研机构或院所授课者 34 人，政府内设研究机构的学者 24 人，其他 33 人。① 政治局集体学习促进了高层共识的达成，有利于提高领导集体的学习能力，有利于科学执政和民主执政的实现。

4. 国家指导思想制度的形成

国家指导思想的产生有长远的历史渊源，也有革命的传统。中国历史上曾经长期实行年号制度，新君即位或统治一段时间就要更换年号，称为"改元"，有"与民更始"的意思。中国进入共和时代后，政权不断更替，国家指导思想也随之变更。早期由于战乱不断、政权不稳等原因，执政者的指导思想既不成熟，也很难有效落实。中国共产党在革命年代就形成了"与时

---

① 许凌飞：《中共中央政治局集体学习制度研究》，上海师范学院硕士学位论文，2012 年，第 19—22 页。

俱进"的领导作风，根据革命形势的变化不断调整革命策略，制定革命指导思想。新中国成立之后，党的执政地位长期稳定，党的指导思想也是国家指导思想。在新中国成立前和成立初，党的指导思想曾经出现过错误，也存在过家长制、个人专断的影响。改革开放以后，随着领导集体的稳定和正常换届，党和国家的指导思想也进入到有规律地"沿中有革"、"稳中有变"的阶段，科学性和民主性在不断加强。

（1）新中国以毛泽东为核心的第一代中央领导集体（1949—1976 年）重要指导思想

① 过渡时期总路线。1952 年底党中央按照毛泽东同志的建议，提出了党在过渡时期的总路线，指明了中国新民主主义过渡到社会主义的任务、途径和步骤，社会主义工业化和社会主义改造同时并举，以工业化为主体，"三大改造"为两翼，二者是相互适应，相互促进，协调发展。"过渡时期总路线"为我国社会主义革命和工业化指明了方向，但在实践中存在急躁冒进，本来计划 10—20 年完成的社会主义改造在四年内突击完成了。

② 实现四个现代化。1954 年召开的第一届全国人民代表大会，第一次明确提出要实现工业、农业、交通运输业和国防四个现代化的任务。1964 年 12 月 21 日，周恩来在第三届全国人民代表大会第一次会议上宣布，调整国民经济的任务已经基本完成。他代表中共中央提出，"在不太长的历史时期内，把我国建设成为一个具有现代农业、现代工业、现代国防和现代科学技术的社会主义强国"。"四个现代化"是个积极的指导思想，但其目标集中在经济和技术等物质文明方面，忽略了政治、社会和生态文明，这是其历史局限性。

③ 多快好省地建设社会主义。1958 年 5 月，党的八大二次会议根据毛泽东的创意，通过了"鼓足干劲、力争上游、多快好省地建设社会主义"的总路线。它大跃进、人民公社化合称为"三面红旗"，都是冒进的指导思想，是造成 1959—1961 年三年严重的经济困难的重要原因。

④ "文化大革命"。1966 年 5 月 4 日至 26 日，中央政治局召开扩大会议。会议于 5 月 16 日通过的《中国共产党中央委员会通知》，成立文化革命小组，在全国发动无产阶级文化大革命。"文化大革命"是一个严重错误的指导思想，它造成了十年动乱。

（2）以邓小平为核心的第二代中央领导集体（1976—1989 年）重要指导思想

①小康社会。1979 年 12 月 6 日，邓小平在会见日本首相大平正芳时，根据我国经济发展的实际情况，第一次提出了"小康"概念以及在 20 世纪末我国达到"小康社会"的构想。他说："我们要实现的四个现代化，是中国式的四个现代化。我们的四个现代化的概念，不是像你们那样的现代化的概念，而是'小康之家'。到本世纪末，中国的四个现代化即使达到了某种目标，我们的国民总产值也还是很低的。要达到第三世界中比较富裕一点的国家的水平，比如国民生产总值人均一千美元，也还得付出很大的努力。"①党的十二大正式引用了这一概念，并把它作为 20 世纪末的战略目标。"小康社会"指导思想偏重物质方面对社会的衡量，在 21 世纪继续使用，将其视为经济、政治、社会等各个方面取得一定现代化的成就，但还不够发达的社会。

②中国特色社会主义。1982 年 9 月 1 日，邓小平在《中国共产党第十二次全国代表大会开幕词》中提出"把马克思主义的普遍真理同中国的具体实际结合起来，走自己的道路，建设有中国特色的社会主义"，从此"中国特色社会主义"不断得到宣传和深化，并逐渐形成理论体系和核心价值观。

③社会主义初级阶段基本路线。1987 年 10 月，中共十三大上阐述了社会主义初级阶段理论。社会主义初级阶段不是泛指任何国家进入社会主义都会经历的起始阶段，而是特指我国生产力落后、商品经济不发达条件下建设社会主义必然要经历的特定阶段。即从 1956 年社会主义改造基本完成到 21 世纪中叶社会主义现代化基本实现的整个历史阶段。党在社会主义初级阶段的基本路线是：领导和团结全国各族人民，以经济建设为中心，坚持四项基本原则，坚持改革开放；自力更生，艰苦创业，为把我国建设成为富强、民主、文明、和谐的社会主义现代化国家而奋斗。

（3）以江泽民为总书记的第三代中央领导集体（1989—2002 年）重要指导思想

① 《邓小平文选》第 2 卷，第 237 页。

① 社会主义市场经济。1992 年江泽民在党的十四大正式提出建立社会主义市场经济体制，以利于进一步解放和发展生产力。

② "三个代表"。2000 年 2 月 25 日江泽民在广东省考察工作时，首次对"三个代表"重要思想进行了比较全面的阐述。提出中国共产党始终代表中国先进生产力的发展要求、中国先进文化的前进方向、中国最广大人民的根本利益。

③ 以德治国。2000 年 6 月，江泽民《在中央思想政治工作会议上的讲话》中指出："法律与道德作为上层建筑的组成部分，都是维护社会秩序、规范人们思想和行为的重要手段，它们互相联系、互相补充。法治以其权威性和强制手段规范社会成员的行为。德治以其说服力和劝导力提高社会成员的思想认识和道德觉悟。道德规范和法律规范应该互相结合，统一发挥作用。"2001 年 1 月，在全国宣传部长会议上，他明确提出了"把依法治国与以德治国紧密结合起来"的治国方略。

(4) 以胡锦涛为总书记的第十六、十七届中央领导集体（2002—2012年）重要指导思想

① 科学发展观。2003 年 10 月胡锦涛在中共十六届三中全会上提出"科学发展观"，提出"坚持以人为本，树立全面、协调、可持续的发展观，促进经济社会和人的全面发展"。科学发展观是全面建设小康社会和实现现代化的根本指导方针。

② 和谐社会。2004 年 9 月，中共十六届四中全会提出不断提高构建社会主义和谐社会的能力。完整提出"构建社会主义和谐社会"这一概念，已成为执政党社会建设的新理念。并提出民主法治、公平正义、诚信友爱、充满活力、安定有序、人与自然和谐相处的社会是和谐社会的基本特征。

(5) 以习近平为总书记的第十八届中央领导集体（2012— ）重要指导思想

① 社会主义核心价值观。2006 年 10 月，党的十六届六中全会第一次明确提出了"建设社会主义核心价值体系"的重大命题和战略任务。2012年 11 月，中共十八大报告明确提出"三个倡导"，即"倡导富强、民主、文明、和谐，倡导自由、平等、公正、法治，倡导爱国、敬业、诚信、友善，积极培育社会主义核心价值观"，这是对社会主义核心价值观的最新

概括。

　　② 中国梦。2012 年 11 月 29 日，习近平总书记把"中国梦"定义为"实现中华民族伟大复兴，就是中华民族近代以来最伟大梦想"。他指出，到中国共产党成立 100 年时全面建成小康社会的目标一定能实现，到新中国成立 100 年时建成富强、民主、文明、和谐的社会主义现代化国家的目标一定能实现，中华民族伟大复兴的梦想一定能实现。

　　新中国成立以来中国共产党政治指导思想表现为以下几个特征：指导思想一般以党元首、党中央的名义提出，是执政党领导集体在某一历史阶段提出的治理国家的具体纲领和目标。从指导思想提出的频度来讲，大约每隔三至五年指导思想要更换或增加一次，每一届领导集体都有自己的"东西"①。一般情况下，指导思想是领导集体长期酝酿的结果，具有很强的继承性，同一代领导集体的前后指导思想，上下代领导集体之间的指导思想都有继承和发展的关系，新指导思想提出后，旧的指导思想继续沿用②，其内涵仍继续发掘完善。指导思想提出后，党和国家开展大力宣传，使之成为统一全民思想、凝聚社会力量的手段。毋庸讳言，党在历史上也曾经提出过"左"倾甚至是错误的指导思想，但历史的发展趋势是指导思想提出的科学性和民主性在不断加强，指导思想正在成为党科学执政、民主执政和依法执政的重要手段，成为中国特色社会主义民主政治的重要特征。

　　总之，共和初期的元首制度深受传统君主制度的影响，体现了人治的特点，没有稳定的任期，有无实权以是否控制军队为转移，甚至出现袁世凯复辟帝制和蒋介石终身任职、父子传袭的现象，这都不符合民主、法治的精神，政党领导人亲自安排接班人的做法，也带有人治色彩。未来元首无疑将逐渐进入"常人政治"，党的元首只是集体领导的代言人，没有任何特权，

---

　　① 华国锋曾提出过"抓纲治国"的口号。1977 年 1 月 1 日，《人民日报》发表"两报一刊"元旦社论《乘胜前进》。社论说："华主席号召我们：'在新的一年里，抓住阶级斗争这个纲，努力作战，去夺取更大的胜利！'" 社论号召："在以华主席为首的党中央和各级党委的统一指挥下，一切服从抓纲治国的战略决策，把我们的步调统一起来！"同年 2 月 7 日"两报一刊"重要社论《学好文件抓住纲》当中进一步提出："以两个阶级、两条道路、两条路线的斗争为纲，来建设强大的社会主义国家，这是毛主席的一贯教导。""抓纲治国"是一个僵化的口号，它继承"文革"时期以阶级斗争为纲的"左"倾错误，不久即停止使用。

　　② 如果上届领导集体的指导思想有错误，也会停用的，如邓小平曾停止"两个凡是"、"阶级斗争为纲"和"文化大革命"等口号。

依法选举、正常履职和离职，不断学习，言论行为符合党纪法规，接受组织、社会的监督和批评，元首高度集权、元首思想言论神圣化、教条化的现象将逐步退出历史舞台。

第五节　共和时代的中央制度

中央制度主要包括：议会制度、政党制度、政协制度、行政制度、监察制度、司法制度、军政制度等。

一、议会制度

共和国家一般都设有独立的立法、行政、司法机关。立法机关通常称为议会，议员是各地区、各阶层的民意代表，有立法、选举和监督政府的权力，这是共和政治的一般要求和基本制度。代议制是间接民主，在国家的某些方面、某些政权层级、某些地方还可以实行直接民主，即由公民直接行使立法权，并选举和监督政府。直接民主大众参与普遍，民主程度高，但活动成本较高，政治风险大，只有在民主高度发达时期或在范围较小的地区才适宜举行直接选举。中国的议会经历了国会——国民大会——人民代表大会等几个阶段。

（一）国会

中华民国第一届国会，是指 1913 年至 1925 年期间间断召开的中华民国第一届国会，长达 13 年。因该届国会议员于民国元年（1912 年）选举，故俗称"民元国会"。1912 年 8 月 27 日，临时大总统袁世凯颁布了临时参议院制定的《国会组织法》，规定国会分上下两院：参议院和众议院，共有参议员 274 人，众议员 596 人。1913 年 4 月 8 日，中华民国第一届国会在北京正式召开，10 月 6 日，两院选举袁世凯为中华民国第一届正式大总统。11 月 4 日，袁世凯以"叛乱"罪名下令解散国民党，并驱逐国民党籍的国会议员，导致国会由于人数不足而休会，袁世凯另行召集"中央政治会议"和"约法会议"，取代国会。1914 年 1 月 10 日，袁世凯正式解散国会。5 月，袁世凯成立参政院，代替国会，参政院实际上只是袁世凯的政治顾问，没什么实权。1916 年 6 月，大总统袁世凯逝世，副总统黎元洪继任为大总统，于 6 月 29 日宣布恢复《中华民国临时约法》和第一届国会。8 月 1 日，两院议员 519 人举行了开会式，黎元洪行大总统宣誓礼，第一届国会第一次恢复。1917 年 6 月，张勋复辟，迫使黎元洪解散民元国会（第一届国会）。1922 年 8 月 1 日，曹锟重新恢复第一届国会，1923 年 10 月 5 日由第一届国会选举曹锟为大总统。1924 年 9 月 15 日爆发第二次直奉战争，10 月 23 日冯玉祥发动北京政变。12 月 13 日北京阁议下令取消曹锟宪法，并宣告临时约法失效，取消国会。1925 年 4 月 24 日，段祺瑞正式下取消法统令。长达 13 年的中华民国第一届国会终结。

中华民国第二届国会（1918 年 8 月 12 日—1920 年 8 月），是中华民国的第二届国会。1917 年 7 月，段祺瑞再造共和，打败张勋，成立临时参议院，组织重选国会。1918 年 8 月 12 日，也是第一届国会期满之时，临时参议院解散，新国会正式成立。因产生于民国七年（1918 年），故俗称"民七国会"，因其选举过程被"安福俱乐部"所控制，故又称为"安福国会"。1918 年 10 月，安福国会选举徐世昌为大总统。1920 年 7 月，爆发直皖战争，直系曹锟、吴佩孚取胜之后控制北洋政府，迫段祺瑞下台。1920 年 8 月 30 日，解散安福国会。

北洋政府时期，国会、参政院不过是军阀执政合法化的工具，国会议员多是官僚政客，与人民大众并无直接的关系。

（二）国民大会

1927 年国民党在南京成立的国民政府，根据孙中山的五权宪法理论，政府的权力分为行政、立法、司法、考试、监察五权，因此分设行政院、立法院、司法院、考试院和监察院；而人民则有选举、罢免、创制、复决的权利，设国民大会行使这些权力。由于条件不具备，国民大会召开较晚，其创制立法职能由国民党中央执行委会和立法院代行①。1946 年 11 月 15 日，国民大会正式召开，出席代表 1381 人，由于内战爆发，共产党和民盟拒绝参会。会议制定了《中华民国宪法》，1948 年 3 月 29 日至 5 月 1 日，国民大

---

① 1928 年 10 月国民党通过《训政纲领》，规定"中华民国于训政期间，由中国国民党全国代表大会代表国民大会领导国民行使政权。中国国民党全国代表大会闭会时，以政权付托中国国民党中央执行委员会执行之。"同年，立法院于南京成立，首届委员共 49 席，由国民政府任命。历经四届，于第四届增为 194 席，但因抗日战争而延任长达 14 年。

会再次开会，选举总统和副总统。根据宪法，国民大会代表由县区代表和职业团体、妇女代表构成，每六年改选一次。国民大会只是需要修宪和选举总统、副总统时才开会，无常设机构，是国民党统治合法化的工具。国民党倒台后，其职能被立法院取代，国民大会被废除。

（三）人民代表大会

中国共产党遵循马克思主义的政治学说，主张以"人民代表大会"代表人民行使国家权力，作为民主政治的基本形式，召开人民代表大会的条件在革命年代和新中国成立初期是不成熟的。经过五年准备，1954 年 9 月，全国人民代表大会第一次会议在北京召开，会议通过并公布了《中华人民共和国宪法》，从此人大成为我国的最高国家权力机关，成为人民当家作主的根本途径。

中华人民共和国自 1954 年以来共举行了十二届全国人民代表大会。全国人民代表大会原来每届任期 4 年，1975 年改为每届任期 5 年；人大每年举行一次会议，① 前五届时间不固定，第六、七届在每年 3—4 月，第八届在每年 3 月，从第九届开始固定在每年 3 月 5 日召开，会期 10—15 天。大会由全国人大常委会召集。第一届全国人大和第二届全国人大一次会议都在中南海怀仁堂开会，第二届全国人大二次会议开始在全国人民大会堂举行。人民大会堂 1959 年 4 月建成后成为历次全国人代会、党代会、政协会的开会地点。

人民代表大会制度，是中国历史上第一次真正实现劳动人民当家作主的制度，是中国民主共和政治的主要表现形式之一，当然其本身还存在较多需要改进的问题②，如何有效地代表人民，如何发挥最高权力机关的作用还有很大的改进空间。正如习近平在全国人大成立六十周年大会上所说"要

---

① 1964—1978 年"文革"前后人大开会不正常，12 年间只开了两次会。1978 年第五届全国人大开始每年开会。

② 根据一些学者的观点，人大存在四个方面需要改进的问题：一是人大如何代表人民的问题：人大代表的代表性（与选区基本没有联系，是否称职无法监督，缺少代表性）、人大代表结构（党员、干部比重太大，工农比重太小）、人大代表人数（过多）、人大代表素质（专业水平不高，专业委员会太少）、人大代表履职（兼职过多、履职能力不强）。二是人大选举制度问题，需要扩大直接选举的范围、扩大竞选范围、候选人提名和确定方式、调动和提高选民积极性。三是人大最高权力功能行使问题。要处理好党与人大关系；全国人大和地方人大关系；人大与政府的关系；人大与司法机关的关系。四是人大立法功能问题。人大规模过大、业余性；立法质量不高；立法体制不健全、人大和人大常委会权力关系界定不清楚；立法相对滞后。

切实防止出现人民形式上有权、实际上无权的现象"①。例如，根据统计，从第一届到第十一届人大，我国人大代表中共产党员比例从 54% 上升到 73%，民主党派人数比重从 45% 降到 13%。

2013 年 3 月第十二届全国人大召开，共有代表 2987 人，中共党员 2157 人，占 72.21%，比重略有下降。人代会 70% 党员代表比重，能确保党的决策"法律化"的顺利实现，但是不利于发扬民主。目前人代会的另一特点是，党政干部代表多：在第九届、第十届、第十一届全国人大中，来自国家机关的代表分别占代表总数的 46.3%、48%、42.8%②，如果加上企事业单位和军队的干部人数，干部比重已经超过 50%，而人大代表中工人、农民不断下降，从第五届的 47% 下降到第十一届的 20%。"人代会"官员比重过高，其代表的广泛性就显得不足，这个问题已经引起中央高度重视，第十二届人代会党政干部比重下调到 35%。当然最主要的不是象征性比例，而是人大代表要实行按阶层、民族、职业的人口比例直选，并建立委员、代表与选区人民群众联系的制度，以增强代表的有效性。

1987 年 4 月 16 日邓小平同志会见香港特别行政区基本法起草委员会委员时说："大陆在下个世纪，经过半个世纪以后可以实行普选。现在我们县以上实行的是间接选举，县级和县以下的基层才是直接选举。因为我们有十亿人口，人民的文化素质也不够，普遍实行直接选举的条件不成熟。"③现在越南、古巴、老挝、朝鲜等社会主义国家已经全部实行国会、最高人民议会的直接选举。邓小平讲话已经过去三十多年了，中国现在普选的各方面条件逐渐成熟，我们应该提上日程，着手准备和试点普选，提高人民参政议政的程度。同时还要尽快建立各选区委员、代表办公室，建立委员、代表反映民意责任制度和监督措施。另外，还要降低人大代表中行政、司法干部的比例，减少自己立法、自己执行、自己监督自己的影响。

二、政党制度

中国经历了多党竞争、一党专制、一党领导的多党合作三种政党形态。

---

① 2014 年 9 月 5 日习近平庆祝全国人大成立 60 周年大会上的讲话，新华网，2014 年 9 月 5 日。
② 史卫民、郭巍青、刘智：《中国选举进展报告》，中国社会科学出版社 2009 年版，第 355 页。
③ 《邓小平文选》第 3 卷，第 220 页。

北洋军阀时期是多党竞争制度，不存在党领导国家的体制。南京国民政府时期和中华人民共和国时期，执政党的领导机构是国家政治决策的核心。

（一）北洋时期的多党政治

中国政党有两个来源，一是清末主张君主立宪的官僚团体，后又发展成资政院中官僚派别，有宪友会、宪政实进会、辛亥俱乐部、政学会等。二是革命团体，有兴中会、光复会、华兴会等以及它们后来合并而成的中国同盟会。1912 年民国成立后，受共和观念影响，中国政党迅速发展，一年间发展到 300 多个。这些政党大多没有广泛的群众基础，也没有严格的组织纪律，实际上多是一些官僚士绅派系，结党的目的无非是"做官谋私"。"东西洋留学青年，学实业者寥寥，大抵皆法政家，谋归国而得官。""无官者借党而得官，有党者因党而不失官。"[①]1913 年，第一届国会大选时政党合并为几十个，其中以孙中山、宋教仁为首的国民党势力最大。在大选中，国民党获得 40% 以上议席，成为第一大党，以梁启超为首的进步党获得 30 个以上议席，成为第二大党。国民党企图用"民主"产生的内阁，来限制总统权力，引起袁世凯不满。宋教仁被杀后，部分国民党员搞二次革命失败，被通缉。这些官僚型政党无兵无权，加上组织涣散，在与袁世凯的较量中或被武力威胁，或被金钱官位收买失败，不得不与军阀妥协，最终沦为军阀执政的工具，使政党变成无能、无耻的代名词。袁世凯死后，"不党主义"盛行，国会中原有的政党都羞于以政党名义活动，转而用"会社"、"俱乐部"的名义，有宪法研究会（原进步党）、宪政商榷会（原国民党）、安福俱乐部等，多数实际上变为争权夺利的官僚派系，丧失了政党的作用。另一方面，二次革命失败后，孙中山吸取教训，致力创建新党——中华革命党，强调了政党思想、组织的统一。1914 年 7 月，中华革命党在东京成立，党章以扫除专制政治、建设完全民国为目的，仍将革命进行的次序分为军政、训政、宪政三个时期[②]。党员按入党先后分为首义、协助、普通三种。在实行宪政之前，

---

① 沈云龙主编：《近代中国史料丛刊》第 50 辑，文海出版社 1966 年版，第 245 页。
② 孙中山最早提出军政、训政和宪政思想是在 1906 年的《军政府宣言》中，他阐释了"驱除鞑虏、恢复中华，建立民国，平均地权"的革命纲领，将革命次序分为军法之治、约法之治、宪法之治三期。第一期为军政府督率国民扫除旧污之时代；第二期为军政府授地方自治权于人民，而自总揽国事之时代；第三期为军政府解除权柄，宪法上国家机关分掌国事之时代。

军政、训政时期享有不同的政治权利。中华革命党强调党员绝对服从领袖，"愿牺牲一己之生命自由权利，附从孙中山再举革命。……如有二心，敢受极刑"①。中华革命党的建国思想回归到了古代打江山、坐江山的王朝传统，其浓厚的家长制色彩和会党习气，限制了它的发展，党员最多时也仅有两三千人，社会影响很小。俄国十月革命爆发后，孙中山受其影响，进一步完善了一党建军、一党建国、一党训政的理论，并开始付诸实践。1919 年 10 月，他将中华革命党改组为中国国民党，规定"以巩固共和、实行三民主义"为政纲，"以三民主义为宗旨，以创立五权宪法为目的"。1925 年广东国民政府成立，《国民政府组织法》第一条规定："国民政府受中国国民党之指导监督，掌理全国政务。"此后，中国国民党领导北伐战争推翻了北洋政府，开始了对全国的统治。

（二）南京政府时期的国民党专政

国民党统一全国后，开始实行"训政"。1928 年南京国民政府颁布的《训政纲领》第一条规定："中华民国于训政期间由中国国民党全国代表大会代表国民大会领导国民，行使行政权。"孙中山认为，中华民国建立后，人民在政治上的智识与经验还比较幼稚，等同于初生婴儿。国民党即产生此婴儿之母。国民党训政的目的，就像母亲保养、教育婴儿一样，等婴儿达到成年后，再归还政权。据此观点，国民党训政期间只有国民党一个合法性政党。"中华民国人民须服从拥护中国国民党始得享受中华民国之权利"②。国民党的组织原则称为民主集权制，其组织体系是，由国民党全国代表大会选举产生中央执行委员会（简称中执会）和监察委员会（与中执会合称中央全会），国民党全国代表大会若干年才开一次，中执会是其执行机关，但也只是在有重大问题时才开会，大约一年两次会议而已。中执会下设秘书处，组织庞大，内分调查统计局，机要、文书、人事、会计、总务等五处，每处又分若干科。此外，中执会还设有各部及委员会，先后设有组织、宣传、工人、农民、青年、妇女、调查、军人、海外、商人 10 部，中执会还设有常务委员会（简称中常会）和政治委员会（简称中政会）、军事委员会。中常

---

① 《孙中山全集》第 3 卷，中华书局 1984 年版，第 92 页。

② 《确定训政时期党政府人民行使政权治权之分际及方略案》，陈之迈《中国政府》，上海人民出版社 2012 年版，第 37 页。

会是国民党处理日常事务的机关，但偏重于党务，纯属政治方面的事情则由中政会决定。中政会也设常务委员会，设主席、副主席（后为总裁、副总裁）。中政会下设法制、内政、外交、国防、财政、教育、土地、交通等几个专门委员会。

对于国民党的一党专政，陈独秀发表了一篇《国民党四字经》进行讽刺；称"党外无党，帝王思想；党内无派，千奇百怪。以党治国，放屁胡说；党化教育，专制余毒"①。胡适1933年底至1935年也不断发表文章，站在自由主义的立场上，提出尖锐批评，说："现在人所谓专制，至少有三种方式：一是领袖的独裁，二是一党的专政，三是一个阶级的专政。其间也有混合的方式：如国民党的民主集权的口号是第二式；如蓝衣社的拥戴社长制则是领袖独裁而不废一党专政"②，他提出"今日收拾全国人心的方法，除了一致御侮之外，莫如废除党治，公开政权，实行宪政。"③抗战胜利后，胡适重申反对一党专政的自由主义立场：他批评国民党如同德意法西斯政党实行独裁，"目的是一党专政。未取得政权之时，他们不恤用任何方法取得政权；既得政权之后，他不恤用任何方法巩固政权、霸住政权。""绝对不承认，也不容许反对党的存在。一切反对力量都是反动，都必须彻底肃清铲除，才可以巩固一党永久专政的权力。"胡适认为，中国国民党的创立者孙中山在革命事业最困难的时期，感觉到一个"有组织、有力量的革命党"的需要，所以他改组国民党，从英、美、西欧式的政党变成苏俄、德、意式的政党。但一党专政不是最后的境界，只是过渡到宪政的暂时训政阶段。他的最后理想还是那欧美式的宪政政治。④胡适还说："近代民主政治与独裁政治的基本区别就在这里，承认反对党派之自由，才有近代民主政治，独裁制度就是不容许反对党派的自由。"⑤中国共产党也掀起宪政运动，揭露国民党一党专政的本质。1939年9月，在国民参政会一届四次会议上，中共参政员及其他民主党派和无党派参政员59人提出了《请政府定期召集国民大会制定宪

---

① 陈独秀：《国民党四字经》，1927年12月26日《上海工人》第43期。

② 胡明主编：《胡适精品集》（第12册），光明日报出版社1998年版，第331页。

③ 胡明主编：《胡适精品集》（第12册），光明日报出版社1998年版，第372页。

④ 胡适：《两种根本不同的政党》，1947年7月20日报刊文章，转自程巢父《思想时代》，华夏出版社2004年版，第229—231页。

⑤ 沈卫威：《无地自由——胡适传》，上海文艺出版社1994年版，第374页。

法实行宪政案》，要求国民政府明令定期召开国民大会，制定宪法，实行宪政。延安也成立了各界宪政促进会，毛泽东在会上作了著名的《新民主主义宪政》的讲话，对新民主主义宪政的性质、内涵及目标等进行了详细的阐述和说明。毛泽东指出："世界上历来的宪政，不论是英国、法国、美国，或者是苏联，都是在革命成功有了民主事实之后，颁布一个根本大法，去承认它，这就是宪法。"[①] 他提出宪政即民主政治的观点，"宪政是什么呢？就是民主的政治……我们现在要的民主政治，是什么民主政治呢？是新民主主义的政治，是新民主主义的宪政。"[②] 毛泽东还认为新民主主义宪政是大众性的，说："什么是新民主主义的宪政呢？就是几个革命阶级联合起来对于汉奸反动派的专政。……不能由一党一派一阶级来专政。"他还引用孙中山的话说，国家权力"为一般平民所共有，非少数所得而私"，就是新民主主义宪政的具体内容。毛泽东甚至提出"全民性的民主"的观点，说："现在我们要实行的宪政是新民主主义的宪政，首先他必须是反帝的，即抗日民族统一战线的民主，他不为一个阶级及一个政党所专有，而是各阶级、各党派、各民族，除了汉奸卖国贼而外都有平等权利的全民性的民主。"[③] 迫于各方面的压力，国民党按照孙中山的建国方略，于 1946 年推行"宪政"，还政于民，但通过国民大会选举，仍然继续实行独裁统治，直至大陆政权 1949 年被共产党领导的民主革命推翻。

（三）中华人民共和国时期共产党的领导体制

中华人民共和国成立后，中国共产党是执政党，中国共产党全国代表大会选举产生的中央委员会及政治局、政治局常委会是全党的领导机构，也是国家政治权力的核心。

1. 党代会

党代会即党的全国代表大会，它不是党的领导机构，而是产生领导机构的选举形式，其基本任务表决通过未来五年党和国家的指导思想，并选举出新的中央委员会，作为党和国家的领导机构，负责落实大会精神。自

[①] 毛泽东：《新民主主义宪政》，载《毛泽东选集》第 2 卷，人民出版社 1991 年版，第 732—733 页。

[②] 毛泽东：《在中央政治局会议上的报告》（1948 年 9 月 8 日），载《共和国走过的路》（1949—1952），中央文献出版社 1991 年版，第 1476 页。

[③] 《解放周刊》1940 年第 120 期，第 8 页。

1969 年九大之后，按新党章规定全国党代会每五年召开一次①，会议固定在 8—11 月之间召开，会期一般为一周左右。党的八大曾经决定实行党代会常任制作为扩大党内民主的探索，但八大二次会议（1958 年 5 月）之后未再开会，目前我们正在进行党代会常任制的试点。

2. 中央委员会

党的领导机构是中央委员会，九大以后每届中央委员会任期五年，每年至少开一次会。自 1977 年十一大开始中央会议开始制度化，每届固定开会七次②。一中全会紧随党代会召开，固定在下半年举行，主要选举政治局委员、常委、总书记等，时间为一天。新中央开局第一年一般在 2 月要开二中全会安排"两会"和政府人选、下半年开三中全会提出新一届中央的具体治国指导方针。第二年开四中全会、第三年五中全会、第四年六中全会一般在 9 月召开，研究三中全会的落实情况，第五年七中全会主要安排党代会换届工作，和下次党代会在同一个月召开，一般安排在 8—11 月之间。中央委员会全体会议通常是仪式性的，会期很短只有三四天时间，并不能深入研究问题。因此，重要的全会之前有一个"中央工作会议"，作为全会预备会议，会期较长，参加者也不限于中央委员，预备会议拟定的决议草案将在全会上通过。

中央委员会是一个高度精英化的机构。以 2012 年产生的第十八届中央委员为例，在 205 名中央委员中，"国家级正职 7 名（7 名政治局常委），约占 3%；国家级副职 44 名，约占 22%；省部级正职 147 名，约占 72%；省部级副职 7 名，约占 3%"。中央委员会实为国家级和省部正级高官会议。从知识结构来看，"在可统计到的 188 名中共中央委员的学历资料中，最终学历为研究生学历的比例高达 75%，近八成。其中，博士为 40 人，约占 21%；硕士为 101 人，约占 54%；本科为 38 人，约占 20%；大专及高中学历为 9 人，占 5%。另外，在可统计到的 180 名获得学位的中共中央委员中，获得文科学位（人文社科类）者有 142 人，约占 79%；获得理科学位（理工农医类）者 38 人，约占 21%。"③ 大多数中央委员具有研究生学历、文科学位，"工程

---

① 中国共产党早期全国党代会每年一次，后来受战争影响变成十多年开一次。1969 年党的九大确定全国党代会五年召开一次，这一制度延续至今。

② 因特殊原因，第十三届中央委员会开了九次会议。

③ 刘俊生、张鹏：《中共十八届中央委员从政路径及影响因素分析》，《领导科学》2014 年第 18 期。

师治国"局面正在转变。

从选举方式来看，十三大开始规定中央委员实行差额选举，但差额率在 10% 以下，200 名中央委员的选举中只有几人或十几人落选，影响很小。十六大上，中央委员预选候选人 208 名，实选 198 名，差额比例为 5.1%；候补中央委员预选候选人 167 名，实选 158 名，差额比例为 5.7%。十七大上，提名中央委员会人选 221 名，实选 204 名，差额比例 8.3%；提名候补中央委员 183 名，实选 167 名，差额比例为 9.6%。提名十八届中央委员候选人 224 名，差额数 19 名，应选 205 名，差额比例为 9.3%。提名候补中央委员候选人 190 名，差额数 19 名，应选 171 名，差额比例为 11.1%。基本可以认为，新的中央委员会是上一届领导有意选择安排的"接班人"，差额率低，风险可控，有利于党和国家人事、政策的稳定与连续，但党内民主的程度有待提高。

3. 中央政治局及其常委会

中央政治局由中央委员会选出，政治局及其选出的常委会负责中央日常工作。正如邓小平所说："属于政策、方针的重大问题，国务院也好，全国人大也好，其他方面也好，都要由党员负责干部提到党中央常委会讨论，讨论决定之后再由多方商量，贯彻执行。"[①] 政治局常委一般为 5—9 人，政治局委员一般为 20 人左右，平均每口有 2 名委员协助一名常委工作，实行共同领导、分口负责的方式。除总书记全面负责外，其余常委分别负责 1. 书记处；2. 行政；3. 人大；4. 政协；5. 财经；6. 政法；7. 纪检；8. 文教等工作。如果常委人数少，则一人可负责两项工作。政治局及其常委会以中央书记处作为其日常办公机关。国家的所有重大决策都由政治局及常委会决定，由中央书记处部署落实。凡是党政军各方面送中央常委的报告、文件都要先送书记处。一般问题，书记处讨论决定，即可下达、执行。重大问题，书记处先拿意见再报中央常委讨论、决定。政治局及其常委会实际上集体行使了党和国家元首的职能。

4. 党对国家的领导体制

党对国家的政治领导是国家重要制度和决策都由党决定，党对国家的

---

① 《邓小平文选》第 3 卷，第 319 页。

组织领导是党向国家推荐干部。具体办法是：① 党向人大推荐国家重要的立法文件和人事任免名单，将党的意志转化为国家意志。通常党代会召开次年的"两会"上的"政府工作报告"、"人大工作报告"是将党的精神转化为国家意志的表现，同时通过选举，党的领导人将转化为国家领导人，政治局常委将分别担任国家主席、全国人大常委会委员长、全国政协主席、国务院总理四个重要职务。② 中央委员会下设办公厅和组织、宣传、统战、中联等部及政法委员会、军事委员会等，还设有各种领导小组和专门事务办公室。党对政府、政协、两院实行对口领导。③ 党在中央、省、地（市）、县、乡（区）各级政权的各个部门中都建立党委、党组作为领导机构，领导同级政府或政府部门，贯彻落实党的各项工作指示。

中华人民共和国成立后，中南海成了中共中央和国务院办公地，是中国政治的中心。

5. 中国共产党领导体制的特点及其改革方向

中国共产党国家机关由党领导、向党负责的体制，其优点是，执政党受其他政党或社会团体的影响和干扰较小，政策落实力度大，连续性强，有利于国家和社会的稳定，有利于国家行政效率的提高。其缺点是，政党领导体制与国家机关"由人民产生、对人民负责"的宪法精神尚未完全融合。容易产生党政不分、以党代政、轻视国家机关和法律制度的倾向。

以党代政问题毛泽东早在土地革命时期就提出了批评。1928 年他在写给中共中央的报告《井冈山的斗争》中说："党在群众中有极大的威权，政府的威权却差得多。这是由于许多事情为图省便，党在那里直接做了，把政权机关搁置一边。这种情形是很多的。"他提出："以后党要执行领导政府的任务；党的主张办法，除宣传外，执行的时候必须通过政府的组织。国民党直接向政府下命令的错误办法，是要避免的。"[①] 毛泽东在 1945 年还说过："党是阶级斗争的工具，政府也是工具，党的中央委员会、党的领导机关，也是党的工具，都是阶级斗争的工具。""我们是阶级使用的武器，我们阶级要胜利，就要选出先锋队来。群众是从实践中来选择他们的领导工具、他们的领导者。被选的人，如果自以为了不得，不是自觉地作工具，而以为

---

① 《毛泽东选集》第 1 卷，人民出版社 1991 年版，第 73 页。

'我是何等人物'！那就错了。"① 邓小平在抗战时期也同样对此提出了批评。1941 年 4 月，邓小平说："这些（有以党治国观念的）同志误解了党的领导，把党的领导解释为'党权高于一切'，遇事干涉政府工作，随便改变上级政府法令；不经过行政手续，随便调动在政权中工作的干部；有些地方没有党的通知，政府法令行不通"，结果是"党的各级指导机关日趋麻木，不细心地去研究政策，忙于事务上的干涉政权，放松了政治领导。"党员"因党而骄"，"不遵守政权的纪律和秩序，甚至有少数党员自成一帮，消极怠工，贪污腐化，互相包庇。"邓小平认为："'以党治国'的国民党遗毒，是麻痹党、腐化党、破坏党、使党脱离群众的最有效的办法。我们反对国民党以党治国的一党专政，我们尤其要反对国民党的遗毒传播到我们党内来。"②1980 年邓小平将解决党政不分、以党代政的办法明确为"党政分开"，并将其作为政治体制改革的方向。他明确提出"中央一部分主要领导同志不兼任政府职务，可以集中精力管党，管路线、方针、政策"③。1986 年 9 月，他再次提出"党政需要分开，这个问题要提上议事日程"，党"应该只管大事，不能管小事"④。1987 年 10 月，党的十三大报告对"党政分开"做了进一步阐述，指出：第一，党政分开即党政职能分开。第二，党应当在宪法和法律的范围内活动。第三，党应当保证政权组织充分发挥职能，应当充分尊重而不是包办群众团体以及企事业单位的工作。第四，党的领导是政治领导，即政治原则、政治方向、重大决策的领导和向国家政权机关推荐重要干部。第五，党对国家事务实行政治领导的主要方式，是使党的主张经过法定程序变成国家意志，通过党组织的活动和党员的模范作用带动广大人民群众，实现党的路线、方针、政策。第六，应当改革党的领导制度，划清党组织和国家政权的职能，理顺党组织与人民代表大会、政府、司法机关、群众团体、企事业单位和其他各种社会组织之间的关系，做到各司其职，并且逐步走向制度化。对于加强和改善党的领导，邓小平之后的历代中国领导集体也都进行

---

① 毛泽东：《第七届中央委员会的选举方针》，《毛泽东文集》第 3 卷，人民出版社 1996 年版，第 373 页。

② 《邓小平文选》第 1 卷，人民出版社 1994 年版，第 11—12 页。

③ 《邓小平文选》第 2 卷，人民出版社 1993 年版，第 321 页。

④ 《邓小平文选》第 3 卷，人民出版社 1993 年版，第 177 页。

了深入的探索。江泽民说："各级政权机关，包括人大、政府、法院、检察院，都必须接受党的领导。"① 但他也说过："我国是社会主义国家，人民是国家的主人，中国共产党的执政地位、社会主义国家的一切权力都是来自于人民的，领导干部手中的权力说到底都是人民赋予的。""必须始终用来为国家和人民谋利益"，"始终自觉接受人民对自己掌握行使权力的监督。"②2004年9月，中共十六届四中全会作出《关于加强党的执政能力建设的决定》，将民主执政与科学执政、依法执政一起，确立为中国共产党执政的基本方式，加强对权力运行的制约和监督。胡锦涛指出："要切实加强和改进党对人大工作的领导，支持人民代表大会依法履行职能，密切各级人民代表大会同人民群众的联系，保证人民依法实行民主选举、民主决策、民主管理、民主监督。""建设法治政府，建立有权必有责、用权受监督、违法要追究的监督机制。"③ 习近平在中央党校2010年秋季学期开学典礼时强调，"马克思主义权力观概括起来是两句话：权为民所赋，权为民所用。""权为民所赋"关键在于要建立健全民主选举和监督问责制度，从权力源头上解决问题，最终实现党的领导、人民当家作主和依法治国的高度统一。

三、政协制度

中国的政治协商制度是历史上谏议、审议制度的演变形式。共和时代的政治协商有三种形式，国民政府时期的国民参政会、和平建国政治协商会以及共产党领导的全国人民政治协商会议。

（一）国民参政会

国民参政会，是抗日战争时期各党派参政议政的咨询性质的国家机关，是国共两党第二次合作的产物。1937年8月，国民政府依《国防最高会议组织条例》于17日召开"国防参议会"、20日正式成立，由国防最高会议主席聘请中国共产党、中国青年党、救国会和各界人士为参议会参政员，作

---

① 江泽民：《坚持和完善人民代表大会制度》，《江泽民文选》第1卷，人民出版社2006年版，第112页。

② 江泽民：《领导干部要牢固树立正确的权力观》，《江泽民文选》第3卷，人民出版社2006年版，第421页。

③ 胡锦涛：《在省部级主要领导干部提高构建社会主义和谐社会能力专题研讨班上的讲话》，《论构建社会主义和谐社会》，中央文献出版社2013年版，第56—57页。

为国防最高会议的咨询机关。1938 年 3 月 29 日至 4 月 1 日，国民党在武汉举行临时全国代表大会，通过《抗战建国纲领》，其中第四条规定"组织国民参政机关，团结全国力量，集中全国思虑与识见，以利国策的决定与推行，加速完成地方自治条件，改善政治机构。"4 月 12 日公布《国民参政会组织条例》，规定国民参政会为咨询机关，有听取国民政府施政报告、询问、建议、调查之权，但对国民政府并无强制执行其所通过决议案的权力。国民参政会从 1938 年成立，1947 年 6 月结束，一共召开 13 次会议。除第一次成立大会在汉口举行和最后一次大会在南京召开外，其余 11 次均在重庆召开。1941 年皖南事变后，中共参政员董必武等为抗议国民党的反共政策，曾有几次拒绝出席参政会会议。1945 年 5 月中共召开七大，并声明不参加第四届国民参政会，理由是抗议国民党一党专制，一手包办国民大会。1948 年 3 月，国民大会召开之后，国民参政会宣告结束。国民参政会的设立，是国民党在民主政治方面的一个重大进步，第一次为各主要抗日力量共同参与中国政治提供了一个稳定的场所，国民参政会的存在及其演变记录了中国政治民主化艰难前行的历程。

（二）和平建国政治协商会议

1945 年 8 月 25 日，中国共产党就抗战胜利后的时局发表了《中共中央对于目前时局的宣言》，号召"立即召开各党派和无党派代表人物的会议，商讨抗战结束后的各重要问题"，提出成立民主联合政府、和平建国的主张。1946 年 1 月 10 日—31 日，政协会议在重庆召开。参加者有国民党代表 8 人，共产党代表 7 人，民主同盟代表 9 人，青年党代表 5 人，无党派人士 9 人，共 38 人。这次政治协商会议经过激烈的斗争，终于通过了和平建国纲领、关于军事问题的协议、关于国民大会的协议、关于宪草问题的协议、关于改组政府的协议五项协议。按照政协决议，真正的国民大会应当是在全面停战的和平条件下，由改组后的民主联合政府召开。但是，蒋介石违反政治协商会议的决议，于 1946 年 11 月 15 日在南京单方面召开了"国民大会"，遂使政协解体。

（三）全国人民政治协商会议

1948 年 4 月 30 日，中共中央向民主党派发出召开新的政治协商会议，成立民主联合政府的号召。1949 年 9 月 21 日，中国人民政治协商会议第一届全体会议在北平举行，参加会议代表共 662 人。会议通过了《政协共同纲领》、《政协组织法》、《中央人民政府组织法》，完成了建立中华人民共和国的历史使命，政协代行了全国人民代表大会的职责。1959 年人大召开后，政协则成为多党合作机关，协商民主的主要形式发展至今。目前全国政协会已经举行 12 届，每届任期五年，每年开会一次。1988 年第七届以前，政协开会时间不固定，此后基本固定在 3 月份召开，从 1998 年第九届开始固定在 3 月 3 日召开，会期为 10—13 天。从 1978 年开始第五届全国人大和全国政协实现了"同步"召开①，俗称"两会"，1985 年开始，"两会"固定在 3 月召开。"两会"同步体现了"两会"正常化、制度化的发展趋势。

中国人民政治协商制度，是指在中国共产党领导下，各政党、各人民团体、各少数民族和社会各界的代表，以中国人民政治协商会议为组织形式，就国家的大政方针进行民主协商的一种制度。目前，中国政党除了执政的共产党外，还有民革、民盟、民建、民进、农工、致公、九三学社、台盟八个民主党派。共产党和民主党派之间是执政党与参政党的民主协商关系，不存在竞争，这就是共产党领导的多党合作制。其主要形式是共产党和民主党派共同协商，选出"政协委员"，定期召开政治协商会议和各种座谈会，共商国是，对党和国家提出意见和建议，为党和国家决策提供参考。政协委员除共产党员、民主党派以外还包括无党派人士、各人民团体代表、少数民族人士、各界爱国人士、港澳特别行政区同胞代表等。民主党派成员除了以政协委员身份参政、议政外，还可以人民代表的身份参政议政和发挥监督作用；也可担任国务院及其有关部委和县以上地方政府及其有关部门的领导职务；或担任检察、审判机关的领导职务。中国共产党与各民主党派合作的基本方针是"长期共存、互相监督、肝胆相照、荣辱与共"。习近平指出："人民通过选举、投票行使权利和人民内部各方面在重大决策之前进行充分协商，尽可能就共同性问题取得一致意见，是中国社会主义民主的两种重要形式。在中国，这两种民主形式不是相互替代、相互否定的，而是相互补充、相得益彰的，共同构成了中国社会主义民主政治的制

---

① 同步指同届、同次，会议时间、地点、内容（审议政府、"两高"工作报告）基本相同。为方便身兼人大、政协两种职务的党和国家领导人出席开幕式、闭幕式时间，人大、政协开始和结束时间安排通常要错开两天。

度特点和优势。"① 由此可见"两会"是中国特色民主议会制度的主要的和根本的制度形式，也是中国未来政治体制改革的核心领域。政协既非社会团体，也非国家机关，缺少法律保障的具体"权力"，这一状况削弱了政协组织作用的积极性和有效性。有学者认为实行政协委员竞选和专职化，实现政协质询、审议、立法等权力的法制化是进一步发挥政协作用的方向②。对于这类观点，毛泽东早在 1954 年就有明确的态度，他说："政协的性质有别于国家权力机关——全国人民代表大会，它也不是国家的行政机关。有人说，政协全国委员会的职权要相等或大体相等于国家机关，才说明它是被重视的。如果这样的说，那末共产党没有制宪之权，不能制定法律，不能下命令，只能提建议，是否也就不重要了呢？不能这样看。如果把政协全国委员会也搞成国家机关，那就会一国二公，是不行的。要区别各有各的职权。"③ 在1943年毛泽东就提出对政权要实行一元化领导，建立领导核心，反对"一国三公"的主张④。他提倡实行高度民主、高度集中的政体，不太赞成三权分立，两院制议会的政权组织形式，认为这会造成政权各部门之间的相互扯皮，影响团结和效率，在革命年代和新中国成立初期，社会矛盾尖锐、政权事务繁重的背景下提出这样的看法是完全正确的，但也应看到权力高度集中，缺乏制约容易产生错误、专断和腐败的弊端，政协发挥作用的关键在于制度化、规范化，其地位和作用要有切实的宪法和法律保障。

四、行政制度

共和制一般有"议会共和制"和"总统共和制"两种类型，前者行政权在总理，一般由在选举中获胜的政党领袖出任，总统是虚位元首。后者行政权在总统，总理由总统提名或任命，向总统负责，权力较小。

1911 年 11 月武昌起义爆发后，清政府迫于形势，发布《重大信条十九条》，实行"虚君共和"的君主立宪制，任命袁世凯为内阁总理大臣，又准备召开国会。1912 年 1 月，革命党人成立南京临时政府，3 月制定了《临时

---

① 习近平：《在庆祝中国人民政治协商会议成立 65 周年大会上的讲话》，2014 年 9 月 21 日。
② 周天勇等：《中国政治体制改革研究报告》，新疆生产建设兵团出版社 2008 年版，第 24—25 页。
③ 毛泽东：《关于政协的性质和任务》，《毛泽东文集》第 6 卷，人民出版社 1996 年版，第 384 页。
④ 毛泽东：《切实执行十大政策》，《毛泽东文集》第 3 卷，人民出版社 1996 年版，第 69 页。

约法》，规划了"议会共和制"的国家方案，"参议院具有广泛的权力，内阁负有实际的行政责任，使临时大总统的权力受到多方面的限制"①，"国家大政方针都由参议院决定，由临时大总统并国务院负责执行，行政机关的重大决定均须由参议院同意"②。国务院共设外交、内务、财政、陆军、海军、司法、教育、农林、工商、交通 10 个部。袁世凯就任大总统后，修改宪法，改国务院为政事堂，国务总理为国务卿。政事堂设于总统府，成为总统府的办事机构。将农林部与工商部合并为农商部，由总统直接统率 9 部。"使大总统总揽一切大权……其权力与专制国家之君主几无差别。"③1916 年 5 月 8 日，袁世凯以帝制失败，被迫改政事堂为国务院。袁世凯死后，黎元洪任总统，段祺瑞任总理，恢复了《临时约法》，但总统与总理之间矛盾重重，最终军阀执政，导致宪政成为空文。

国民党建立的南京政府实行以党治国，1931 年颁布《训政约法》和《政府组织法》，实行五院制度，行政院是国家行政机构，下辖内政、外交、军政、海军（1938 年裁撤）、财政、实业（1938 年更名经济部）、教育、交通、铁道（1938 年并入交通部）、司法行政 10 部。后来又增加了农林、社会、兵役、粮食、国防、水利、地政、卫生 8 部，裁并海军、铁道 2 部，调整后达 16 部，再加上一些处理专门事务的委员会，行政院部委达到数十个。行政院对国民党中执会负责。蒋介石身兼国民政府主席、行政院长和三军总司令，实行一党专制和个人独裁。后来，蒋介石虽然下野，国民政府主席变成虚位元首，但国民党一党专政的体制并没有根本改变。抗战爆发后，国民党实行总裁制，蒋介石以总裁身份兼国防最高委员会委员长和行政院长，集党、政、军大权于一身，国民党党内集权变为个人集权。实行宪政后，蒋介石更以总统的身份实行独裁，行政院向总统负责。

中华人民共和国成立后，中央人民政府委员会行使国家决策权力，是国家最高行政机关，其下设政务院作为国家政务的最高执行机关。政务院下设政治法律、财政经济、文化教育、人民监察 4 个委员会以及 31 个部门管理国家行政工作。中央政府委员会每两月开会一次，闭会期间，中央政府对

---

① 石柏林：《旧中国宪法五十年——国家权力配置研究》，湖南大学出版社 2008 年版，第 112 页。

② 殷啸虎：《近代中国宪政史》，上海人民出版社 1997 年版，第 131 页。

③ 杨鸿年、欧阳鑫：《中国政制史》，武汉大学出版社 2005 年版，第 405 页。

于下属各机构的领导，则集中由中央政府主席进行，也就是说，政务院要受政府主席领导。

　　1954 年全国人民代表大会召开，颁布新宪法，成立国务院为国家最高行政机关，国务院由全国人大产生，向全国人大负责。中国共产党是执政党，对国家各级机关都有领导权，对国务院领导，除通过全国人大之外，还通过政府各部门党组实行对口领导，当然这会产生党政不分、以党代政的问题。目前中央改变了领导方式，取消了许多中央"经济口"部门，改为宏观领导。另一方面，国务院机构在计划经济年代不断膨胀。到 1965 年底，国务院的机构数达到 79 个。到 1981 年，国务院的工作部门增加到 100 个，达到新中国成立以来的最高峰。管得过多，统得过死一直是突出问题。国家进行了八次行政改革，精简机构，提高效率。1998 年改革撤销了电力工业部、煤炭工业部、冶金工业部、机械工业部、电子工业部、化学工业部、地质矿产部、林业部、中国轻工业总会、中国纺织总会 10 个工业专业经济部门，政企不分的组织基础在很大程度上得以消除。2013 年改革后，除国务院办公厅外，国务院设置组成部门 25 个[①]。目前，国务院仍在继续进行大部制改革，实行政企、政事分开、政社分开，减少审批项目，实现小政府服务大社会的目标。

　　总之，中国共和时代行政制度的变迁，有两个基本趋势：一是由总统共和制向议会共和制演化，中华人民共和国实行"政府向人大负责"的制度是人民当家作主的象征。二是从多党竞争的议会向一党领导的议会演变，执政党对行政的领导不断加强，甚至出现以党代政现象。

五、监察制度

　　宣统三年（1911）十月十日，武昌起义爆发，全国震动。当时的革命党人，为钳制湖北军政府都督黎元洪及军政机关，特设总监察处，作为湖北军政府的最高监察机关。北洋政府的监察机构仅存在于袁世凯当政时期。1914

　　───────────

　　① 这 25 个部门是：外交部、国防部、国家发展和改革委员会、教育部、科学技术部、工业和信息化部、民族事务委员会、公安部、安全部、监察部、民政部、司法部、财政部、人力资源和社会保障部、国土资源部、环境保护部、住房和城乡建设部、交通运输部、水利部、农业部、商务部、文化部、卫生和计划生育委员会、中国人民银行、审计署。

年，设置平政院，专掌行政诉讼事宜，为便于纠弹，特将专司公务员监察的肃政厅置于平政院内，肃政厅设都肃政史一人，由大总统任命，指挥监督全厅事务。设肃政史 16 人，负责对中央和地方各级公务员行使纠弹权。在其职权行使过程中，不受平政院命令和制约，平政院院长及三庭评事无权干涉。同时，平政院的裁决，由肃政史监督执行。

1925 年广东国民政府公布的《国民政府监察院组织法》规定："监察院受中国国民党之指导监督与国民政府之命令，根据中国国民党中央执行委员会政府改组令第三条，监察国民政府所属各机关官吏之行动，及考核税收与各种用途之状况。如查得有舞弊亏空及溺职等情，当即起诉于惩吏院惩办之。设监察委员 5 人，执行院务，互选一人为主席。所有全院事务均由院务会议解决。院务会议须有监察委员过半数出席，议决后由主席署名，以监察院名义行之。监察院分设五局①及一政治宣传科。"1926 年，修订监察法，监察院组织机构有新的调整。"主要规定设监察委员 5 人，审判委员 3 人，分掌监察及审判事务。其他院内行政事务由委员会议处理。监察院设秘书处及四科。秘书处承委员会之命，处理印信、记录编撰、会计、庶务事项。第一科负责考查各种行政事项。第二科负责稽查中央及地方财政收入、支出及统一官厅簿记表册事项。第三科负责弹劾官吏违法处分及提起行政诉讼事项。第四科负责审判官吏惩戒处分及行政诉讼事项。"②国民政府还制定《审计法》、《惩治官吏法》，并设立惩吏院，受理监察机构移送的官吏违法案件。南京国民政府实行五院制政体，监察院是政府的最高监察机构，同立法院、司法院、行政院和考试院四院地位同等，各有专司，相互制约。南京国民政府将全国划分为若干监察区，每一监察区设置监察使署。监察使署为中央派驻监察机构。派驻地方的监察使不受地方政府领导，只服从于监察院的领导，负责监察所辖监察区行政机关和公共事业机关的活动；监察其公务员的行为操守。同广东国民政府一样，审计权归属监察院。民国二十年（1931）2 月正式设立监察院审计部。审计部职权有四：一是监督国家预算的执行；二是审核各机关的收支情况；三是稽查财政上不法与不忠于职务的行为；四

---

① 一局辖总务、吏治二科；二局设训练、审计二科；三局有邮电、运输二科；四局为税务、货币科；五局为密查科和检查科。

② 张希坡编著：《中国近代法律文献与史实考》，社会科学文献出版社 2009 年版，第 295—297 页。

是审核计算各机关年终决算。

1949 年 10 月，中华人民共和国成立中央人民政府政务院人民监察委员会，在政务院领导下主管全国监察工作，负责监察政府机关及其公务员是否履行职责。在地方设立的监察机构分为四级：大行政区人民政府人民监察委员会；省（市）人民政府人民监察委员会；省辖市人民政府人民监察委员会或专员公署人民监察处（属省监委派出机构）；县（市）人民政府人民监察委员会。县（市）、省（市）、大行政区监委分别受同级人民政府的领导，并受上级监委的领导。同时在国务院各经济部门和财政部，分别设立监察局，并在部属各单位设立监察司、监察室。监察局向监察部（1954 年，人民监察委员会改为监察部）负责。监察部 1959 年撤销。1986 年 12 月，国家重新恢复监察部及县以上各级监察机关。

中国现行监察职能分散由多个部门行使，如信访办、检察院、审计署、纪委都有监察功能；另外，人大、政协等也有监督职能。如何协调这些部门之间的关系，目前尚无明确法规。其次，监察和纪委为主要监察机构，都实行双重领导体制，受制于同级政府和党委，无法对同级首长实行有效监察，缺乏独立性，监察力度不足。

六、司法制度

司法制度是指国家体系中司法机关及其他的司法性组织的性质、任务、组织体系、组织与活动的原则以及工作制度等方面规范的总称。我国的现行司法制度包括侦查制度、检察制度、审判制度、监狱制度、司法行政制度等，其核心是审判制度。司法独立、审判公开是现代共和国家司法制度的重要特点，司法独立就是司法权必须同行政权和立法权分立，非经司法机关，非经正当司法程序，不得剥夺任何人的生命、自由和财产。

清末光绪时开始实行司法改革，将刑部改为法部，为司法行政机关；大理寺改为大理院，为中央审判机构，省、府、县、区分设高等、地方、初等审判厅和乡谳局，并在中央设总检察厅，地方设立高等、地方和初级检察厅，负责对刑事案件提起公诉。清末司法体制改革，顺应了历史发展的潮流，改变了中国两千多年行政与司法合一的传统和体现专制主义的审判诉讼制度，确立了"司法独立"原则，并确立了一系列司法机关的新职能，引入西方近代社会的监察体系，拉开了中国近代司法改革的序幕，开启了中国法律近代化的进程。虽然在清朝覆亡在即的历史背景下不可能全部施行，但却为民国时期司法机关体系的建立和近代意义的诉讼审判制度的缔造，提供了重要的基础。

北洋政府时期司法制度基本沿袭清末，有两个特点：一是普通审判机关采用四级三审制；二是行政诉讼专设平政院受理，独立于普通法院之外。依照《中华民国暂行法院编制法》，民事与刑事审判机关分为四级，采用"三审制"：初级审判厅，为普通民事刑事案件的第一审机关；地方审判厅，为普通民事刑事案件的第二审机关和特别案件的第一审机关；高等审判厅，为普通民事刑事案件的第三审机关。民国三年，由于经费不足，政府将初级审判厅裁撤，而在地方法院中设简易庭代行其职责，这样初审和二审都是在同一级法院进行，法律规定的三审制在实践中成为二审终审制。

南京国民政府时期，司法院是国民政府的最高司法机关，司法院下属的主要机关有最高法院、行政法院与公务员惩戒委员会。最高法院是全国终审机关。南京国民政府于1932年公布的《法院组织法》中改变了原来的四级三审制，仿法国为三级三审制，规定从1935年7月1日起实行。三级三审制即指法院的设立，县市、省和中央分别设立地方法院、高等法院、最高法院，分别执行初审、再审、终审职权，同时将各级检察厅并入同级法院，但仍设立各级检察官负责公诉和协助自诉。由于种种原因，国民政府时期地方法院并未普遍设立，未设法院的县，由县长兼为法官，并特别为他设置承审员作为其司法助理，案件由县长及承审员共同负责。1936年，县政府又改设司法处，负责初审案件，县长不复负责。

中华人民共和国成立后，设立人民法院作为国家审判机关，其组织体系是：最高人民法院、地方各级人民法院和专门人民法院，同时也设立各级和专门检察机关，行使公诉职责。此外，各级政府设有公安机关，负责传唤、逮捕和预审犯罪嫌疑人并负责维护社会治安，从而形成"公检法"分工制约、相互合作的三大司法体系，党组织设有政法委员会对司法机关统一领导。各级各类人民法院的审判工作统一接受最高人民法院的监督，地方各级人民法院①

---

① 分省高级、地市中级、县区基层三级人民法院。

根据行政区划设置，专门法院① 根据需要设置。法院审判实行两审终审制，它是指一个案件经过两级人民法院审判就宣告终结的制度。地方各级人民法院第一审案件的判决和裁定，当事人可以按照法律规定的程序向上一级人民法院上诉，人民检察院可以按照法律规定的程序向上一级人民法院抗诉。经过二审的判决或裁定，即发生法律效力。司法制度目前存在的最大问题是严格遵守法律的独立审判原则受到影响，存在行政化、等级化、地方化、商业化等司法异化现象②，改善党对司法工作的政治领导，建立人员和财政相对独立的司法体系，探索独立审判、执行的制度，是推进司法改革，落实司法独立的重要方向。

七、军政制度

国家统治建立在军事力量之上，这是由郡县专制时代过渡到民主时代的手段，但并不是共和追求的目的。中国军队派系化始于清朝末年，在镇压太平天国过程中，湘军、淮军取代八旗军，发展成为清政府的主要军事支柱，其将领曾国藩、李鸿章、左宗棠等进入清廷获得一定的政治权力。甲午战争后，清朝编练新军，形成了以北洋军为首的一批新军，它们是瓦解清政府的重要力量。1912 年，中华民国成立不久，袁世凯凭借北洋军的实力当上了大总统，中华民国开始进入北洋政府统治时期。此时，大总统是国家最高军事统帅，大总统之下设秘书处军事科（后改为陆海军大元帅办事处）和参谋本部作为军令机关，还设将军府作为最高军事顾问机关。这一时期军人禁止入党，军队内部禁止党派活动，试图实现军队国家化③。袁世凯死后，

---

① 包括军事法院、海事法院、铁路运输法院等。

② 司法行政化反映的是司法机关的设置和运作与行政机关趋同的现象。其表现为：司法机关和行政机关在国家、省、市、县、乡存在五级对应设置，司法机关人员同样存在五个行政级别，并以行政决策模式裁判案件。司法等级化反映的是司法机关在司法活动过程中，按照上下等级结构和模式动作的现象，主要表现为司法机构成员之间关系的等级化和案件请示汇报审批程序上。司法地方化是指司法机关由于人员和经费受地方党政机关或利益团体的影响，丧失独立司法能力的现象。司法商业化是指司法机关司法活动中追求经济利益的现象。主要表现为司法机关兴办经济实体和收取诉讼费方面的商业化以及乱收费。参见周天勇等主编《中国政治体制改革报告》，新疆生产建设兵团出版社 2008 年版，第 293—305 页。

③ 军队国家化，即军队属一国之全体人民所拥有，全国军队皆受国家的编组，尊重军令与政令的统一，此亦是维持国家安定的关键基础，也能视为是否为民主国家的判断指标之一。而相反的情况是，军队地方化、私有化或政党化、派系化。军队国家化的实质是军队不得成为党派或私人、地方干涉和影响国内政治的工具，军人的职责仅为维护国家统一、保卫国家，服务全体国民。

中央政府被各派军阀轮流控制，各地军阀拥兵割据，共和国徒有虚名。

孙中山受苏联影响，建立中国国民党指挥下的党军即国民革命军。1924年1月国民党召开第一次全国代表大会，实现了国共合作。为了统一军事，孙中山参照苏联军制，于是年7月11日正式成立国民党中央军事委员会，作为党的最高军事决策机关，负责各军的改组工作，依照组织程序，军事委员会委员由国民党中央政治会议委派。从1924年建立黄埔军校起，国民党还在军校、军队设立党代表、政治部和党组织，开创了军队党化的先例。1925年6月国民党通过"政府改组决议案"，决定建立国民政府，设置军事委员会。7月1日，军事委员会在广州成立，根据《军事委员会组织法》，军事委员会受中国国民党之指导及监督管理，统率国民政府所辖境内海陆军、航空队及一切关于军事各机关，研究决定关于国防计划、实施军事动员、军制改革、高级军官及同级官佐任免、陆海军移防、预算、决算、高级军事裁判及其他与国民政府之政策有关事项。军事委员会体现集体领导、以党治军的原则。不过由于国民党统治时期军阀林立，党在军队中影响有限，实际上发展成军权至上，枪指挥党的局面。1926年，国民政府设立国民革命军总司令部作为最高北伐军事指挥机构，由军事委员会主席蒋介石兼任总司令。国民政府还设有参谋本部、军事参议院、训练总监部为军令、军事顾问和军事训练机关，受军事委员会领导。为限制蒋介石军事独裁，军事委员会一度于1928年11月裁撤。1932年一·二八事变后，国民党中央政治会议决定恢复设置军事委员会，直隶国民政府以统摄抗日军事，由蒋介石任委员长。抗战爆发后，国民政府成立"国防最高会议"，由军事委员会委员长任主席。1946年5月31日，国民政府宣布裁撤军事委员会，并将其所有职能改归国民政府国防部。

中国共产党也非常重视军事领导工作。1925年中共中央成立中央军事运动委员会，1926年底改名为中央军事委员会。1927年，中国共产党也创建了自己的军队。相对于国民党而言，共产党通过三湾改编，把党支部建立在连上，从而更加严密地控制军队。1931年中共苏区中央局和中华苏维埃共和国临时中央政府设立了中央革命军事委员会，作为"党政合一"的中国工农红军的最高指挥机关。1945年中央革命军事委员会更名为中共中央军事委员会，只是党的军事指挥机关，当时没有国家军事机关（中华苏维埃共和国1935年12月更名中华苏维埃人民共和国，并于1937年9月宣布取消）。抗战胜利以后，人民不希望国家重现内战，因而军队国家化的呼声此起彼伏。作为宪政的基本要素，军队国家化一直是信奉三民主义并致力于建设宪政国家的国民政府所无法回避的目标。共产党出于统一战线的需要，宣称支持实现军队国家化。10月，国共两党最高领袖在重庆达成了双十协定，协定明确把军队国家化作为共同目标。1946年1月，国共两党及民主同盟在重庆召开了政治协商会议，中共代表周恩来作了关于军队国家化的报告，该报告详细阐述了中国共产党关于军队国家化的观点：第一，军队国家化与政治民主化应当同时进行。第二，军队属于人民。第三，关于军队国家化实现的若干步骤，其中包括"军党分开"，"军队不应属于党，应属于国家"，"今后政府改组，就应把军党分开"[①]。但由于内战爆发，军队国家化没有实现。中华人民共和国成立后，中央人民政府下设人民革命军事委员会，有部分非共产党人员参加，统一管辖和指挥人民解放军和其他武装力量。1954年9月，中共中央新成立军事委员会，实行以党统军。从1982年起，党和国家分别设立中央军事委员会。袁世凯、孙中山、蒋介石、毛泽东这些共和国的领导人，无不以军事为基础，但在党、军关系上，从袁世凯、蒋介石以枪制党到毛泽东的党指挥枪，完成了政治以军事为中心向以政党为中心的转移，是迈向民主政治的重要一步。由于中国还处在社会主义初级阶段，生产力比较落后，国内外矛盾比较突出，迫切需要安全和稳定，军队国家化只能削弱党的领导和影响社会安定，不适合中国目前的国情。因此，中国共产党公开强调毫不动摇地坚持对军队的领导。

八、共和时代对国体、政体的探索

通常认为，国体就是国家主权的归属问题，政体是政权的组织形式。这种说法源于日本明治维新时期的学者穗积八束，1911年，美浓部达吉对穗积的国体政体二元说提出了根本性批判，使其在日本丧失了主导地位。但穗积的学说通过流日的学者对晚清中国产生了影响，并一直延续至今。[②]

[①] 重庆市政协文史资料研究委员会、中共重庆市委党校：《政治协商会议纪实》上卷，重庆出版社1989年版，第248页。

[②] 林来梵：《国体概念史：跨国移植与演变》，《中国社会科学》2013年第3期。

（一）清末民国的国体、政体观

1902 年梁启超在《论政府与人民之权限》一文中说："主权或在君，或在民，或君民皆同有，以其国体之所属而生差别。"[1] 他指出："国体之区别以最高机关所在为标准，前人大率分为君主国体、贵族国体、民主国体之三种，但今者贵族国体殆已绝迹于世界，所存者惟君主、民主两种而已。""政体之区别以直接机关之单复为标准，其仅有一直接机关，而行使国权绝无制限者，谓之专制政体。其有两直接机关，而行使国权互相制限者，谓之立宪政体。"[2]1908 年，立宪派人物达寿说："所谓国体者，指国家统治之权，或在君主之手，或在人民之手。统治权在君主之手中者，谓之君主国体。统治权在人民之手者，谓之民主国体。而所谓政体者，不过立宪与专制之分耳。国体根于历史以为断，不因政体之变革而相妨。政体视乎时势以转移，非如国体之固定而难改。"[3] 清政府推行君主国体、立宪政体。1908 年颁布的《钦定宪法大纲》明确规定："大清皇帝统治大清帝国万世一系，永世尊戴。君上神圣尊严，不可侵犯。"大纲赋予皇帝立法、行政、司法、财政、军事等一切大权，名为君主立宪，实则赤裸裸地维护满清贵族的专制统治。武昌起义爆发后，清政府仓促颁布《重大信条十九条》，对皇帝权力有所限制，规定了实质性的君主立宪政体。但为时已晚，清政府最终被革命推翻。辛亥革命后，革命党和北洋军阀参照西方模式，在坚持民主共和国国体的基础上，设计和尝试了总统共和制、议会共和制等多种政体，甚至一度改行君主立宪。但不管政权组织形式如何改变，主权在民无法实现，国家政权实际上掌握在军阀手中，他们标榜的"民主共和"国体名不副实。值得注意的是，北洋政府时期的宪法开始对国体进行明确的规定。1913 年《中华民国宪法草案》第一章《国体》规定："中华民国永远为统一民主国"，"统一"即单一制国家结构。宪法起草委员会解释说："（中国）联邦之事实发达未熟，不便弹造，减民国团体之力，一也"；"联邦制束缚国权，不能圆满活动，与现时政治状态不适，二也。故取单一国主义"[4]。"民主"是对民主共和国体的规定，

① 梁启超：《饮冰室合集》，中华书局 1989 年版，第 3 页。
② 梁启超：《饮冰室合集》，中华书局 1989 年版，第 37、38 页。
③ 夏新华、胡旭晟：《近代中国宪政历程：史料荟萃》，中国政法大学出版社 2004 年版，第 56 页。
④ 《宪法新闻》第 13 期，1913 年 7 月 27 日。

起草委员会说："辛亥革命之后，遂由君主变为民主，然此种变更实非容易得之者。在辛亥未革命以前，已牺牲无数性命，及革命时，又抛掷无数头颅以为代价。"《宪法草案》不仅将"民主国体"明确规定下来，还规定"国体不得为修正之议题"，"使后世之人知民主成立之难，必须常存保全之念"。①这对巩固共和国体、防止复辟是有积极意义的。1923 年公布的《中华民国宪法》沿袭了这两条规定。1931 年的《中华民国训政时期约法》将国体更改为"中华民国永为统一共和国"，这只是文字上的改动，单一制民主共和国体并未改变。

（二）无产阶级专政学说对中华人民共和国国体表述的影响

1. 无产阶级专政概念的来源和传播

专政是一种政体，英文拼写成 dictatorship，也可译作"独裁"或"专制"，也有音译"狄克推多"的。它源于古罗马的独裁官（dictator）制度。有学者描述：

> 专政制度出现于古罗马共和早期，专政权力由独裁官持有。这种紧急权力是否由法律所设立，已经无法考证。权威研究认为该权力是基于实践需要逐渐形成的。不过"独裁官所享有的极为广泛的治权"却是由库里亚法所授予。独裁官由元老院在两位执政官中挑选一人任命产生。在专政时期，城内治权和军事治权的区分消失，一切权力集中于独裁官。他有权指挥包括执政官在内的所有行政官员，护民官的否决权相对于独裁官丧失效力。独裁官的任期是六个月。之后必须自动辞职，否则会遭受审判和处罚。公元前 44 年元老院通过的安东尼法正式废除了该制度。公元前 22 年，元老院试图为奥古斯都提供独裁官职位，但被拒绝，至此，罗马专政制度终止。②

"专政"作为共和制度的对立物，是社会出现紧急状态下的产物。马克思、恩格斯的"无产阶级专政"正是在这种含义下使用的，"专政"在使用

---

① 《起草委员杨铭源说明》，见吴宗慈《中华民国宪法史前编》，大东书局 1924 年版，第 101 页。
② 孟涛：《紧急权力法及其理论的演变》，《法学研究》2012 年第 1 期。

之初就带有"过渡性"和"短暂性"。马克思在《1848—1850 年法兰西内战》中首次提到"无产阶级专政",是指一种在革命之后建立的过渡性工人阶级政权。"这种专政是达到……改变由这些社会关系产生出来的一切观念的必然的过渡阶段。"①1875 年,马克思在《哥达纲领批判》中,仍然坚持了专政是无产阶级革命的一种形式或"革命转变的形式"的思想。他指出:"在资本主义和共产主义社会之间,有一个从前者变为后者的革命转变时期。同这个时期相适应的也有一个政治上的过渡时期,这个时期的国家只能是无产阶级的革命专政。"②列宁在十月革命后继承了马克思这一观点,他说:无产阶级专政,"不仅对一般阶级社会是必要的,不仅对推翻了资产阶级的无产阶级是必要的,而且对介于资本主义和'无阶级社会'即共产主义之间的整整一个历史时期都是必要的,——只有懂得这一点的人,才算掌握了马克思国家学说的实质。"③随着苏联社会主义的建成,受其影响无产阶级专政作为社会主义国家政权性质的概括,推广到几乎所有二战后建起的社会主义国家(古巴除外)。

马克思、恩格斯早年强调无产阶级通过暴力革命、暴力手段实现社会主义,恩格斯也有通过和平、民主手段进入社会主义的设想。1884 年,恩格斯在《家庭、私有制和国家的起源》一文中就明确说过:"国家的最高形式,民主共和国,是我们现代的社会条件下正日益成为一种不可避免的必然性,它是无产阶级和资产阶级之间的最后决定性斗争只能在其中进行到底的国家形式,——这种民主共和国已经不再正式讲什么财产的差别了。"这段话是说,无论是资产阶级统治的国家还是无产阶级统治的国家,都要实行民主共和国的国家形式,民主共和国实行不以财产为限制条件的普选。恩格斯认为:在资产阶级统治的民主共和国,"随着被压迫阶级成熟到能够自己解放自己,它就作为独立的党派结合起来,选举自己的代表,而不是选举资本家的代表了","在普选制的温度计标示出工人沸点的那一天,他们以及资本家同样都知道该怎么办了。"④这段话表明,无产阶级可以通过民主共和国的

---

① 《马克思恩格斯选集》第 1 卷,人民出版社 1995 年版,第 462 页。

② 《马克思恩格斯选集》第 2 卷,人民出版社 1995 年版,第 314 页。

③ 《列宁全集》第 31 卷,人民出版社 1985 年版,第 333 页。

④ 《马克思恩格斯选集》第 4 卷,人民出版社 1995 年版,第 173—174 页。

普选制和议会道路，用和平的手段实现自己的统治，实现社会主义。换句话说，恩格斯也是将"民主共和国"作为社会主义社会的国家形式和基本政治制度。

恩格斯在 1891 年 6 月所写的《社会民主党纲领草案批判》提出："可以设想，在人民代议机关把一切权力集中在自己手里、只要取得大多数人民的支持就能够按照宪法随意办事的国家里，旧社会有可能和平长入新社会，比如在法国和美国那样的民主共和国，在英国那样的君主国。"恩格斯说："如果说什么是毋庸置疑的，那就是，我们的党和工人阶级只有在民主共和国这种形式下，才能取得统治。民主共和国甚至是无产阶级专政的特殊形式。"这个时候，恩格斯认为德意志帝国实行专制制度，帝国议会没有实权，德国社会民主党鼓吹通过合法斗争的办法"和平长入社会主义"，只能是"长期把党引入迷途"①。不过随着世界各国工人合法斗争的发展，恩格斯改变了以前的看法。1895 年 3 月 6 日，恩格斯在《卡尔·马克思〈1848 年至 1950 年的法兰西阶级斗争〉一书导言》中回顾无产阶级暴力革命的历史，他说："历史表明我们也曾经错了，暴露出我们当时的看法只是一个幻想。历史走得更远：它不仅打破了我们当时的错误看法，并且还完全改变了无产阶级借以进行斗争的条件。1848 年的斗争方法，今天在一切方面都已经过时了，这一点值得在这里比较仔细地加以探讨。"② 恩格斯已经清楚地认识到"当时欧洲大陆经济发展的状况还远远没有成熟到可以铲除资本主义生产的程度"，"它还远不能以一次重大的打击取得胜利"，无产阶级斗争的条件同样发生了重大变化，"而不得不慢慢地向前推进，在严酷顽强的斗争中夺取一个一个的阵地"，"实行突然袭击的时代，由自觉的少数人带领着不自觉的群众实现革命的时代，已经过去。凡是要把社会组织完全加以改造的地方，群众自己就一定要参加进去。"③ 这个时候，恩格斯已经把无产阶级合法斗争当作实现社会主义的主要手段。恩格斯重申：《共产党宣言》早已宣布，争取普选权、争取民主，是战斗的无产阶级的首要任务之一。"④ 他又说："我们用合法

---

① 《马克思恩格斯选集》第 4 卷，人民出版社 1995 年版，第 411—412 页。
② 《马克思恩格斯选集》第 2 卷，人民出版社 1995 年版，第 510 页。
③ 《马克思恩格斯选集》第 2 卷，人民出版社 1995 年版，第 521 页。
④ 《马克思恩格斯选集》第 2 卷，人民出版社 1995 年版，第 516 页。

手段却比用不合法手段和用颠覆的办法获得的成就要多得多。那些自称为秩序党的党派，却在他们自己所造的合法状态下走向崩溃。"① 在这里我们看到，恩格斯晚年更倾向于以"议会民主"的方式争取无产阶级利益，实现无产阶级解放。

无产阶级专政到底是不是一种国家制度这一点，马克思主义各派之间的认识存在分歧。西方只有政体的说法，并不存在"国体"这一概念。在马克思、恩格斯看来，无产阶级专政等同于"民主的国家制度"、"真正民主制度"，无产阶级专政的形式和手段是民主共和国。因为他们只见到过巴黎公社短暂的"无产阶级专政"，因此对它的性质及其与自由、平等、民主、法治的关系论述不够详细，造成后来的马克思主义者"无产阶级专政"理解上的分歧。列宁则认为无产阶级专政可以不受法律约束。他说："无产阶级的革命专政是由无产阶级对资产阶级采用暴力手段来获得和维持的政权，是不受任何法律约束的政权。"② 而考茨基认为："无产阶级专政只是取得统治地位的状态，不是政体或制度。""这个专政并不同时废除民主，而是以普选制为基础的最广泛地应用民主。这个政府的权力应该服从普选制。"③ 不应剥夺反对派选举权、新闻出版自由和结社自由。伯恩施坦则认为民主意味着不存在阶级统治，任何阶级都不能享有同整体对立的政治特权。由多数人压迫少数人是不民主的。他认为无产阶级专政这一词句已经过时。

苏联是世界上第一个通过无产阶级专政建立的社会主义国家。随着社会主义改造的完成，苏联逐渐放弃了无产阶级专政。1939 年斯大林在苏共十八大报告中说：自十月革命以来，苏联社会主义国家发展经历了两个阶段。"第一阶段是从十月革命起到各剥削阶级被消灭为止这一时期。"第二阶段是从消灭城乡资本主义分子到社会主义经济制度完全胜利和通过新宪法为止这一时期。这个时期的基本任务就是在全国组织社会主义经济，消灭资本主义分子的最后残余。于是我们社会主义国家的职能也因此而改变了。在国内实行武力镇压的职能已经消失了，消亡了，因为剥削已经被消灭，剥削者已不存在，再没有什么人需要镇压了。代替镇压职能的，是国家保护社会主

---

① 《马克思恩格斯选集》第 2 卷，人民出版社 1995 年版，第 524 页。
② 《列宁全集》第 35 卷，人民出版社 1992 年版，第 237 页。
③ 考茨基：《无产阶级专政》，见王学东编《考茨基文选》，人民出版社 2008 年版，第 347 页。

义财产免受盗贼和人民财富盗窃者损害的职能。武装保护国家以防外来侵犯的职能则完全保存着……国家机关的经济组织工作和文化教育工作的职能仍然保存着，而且得到了充分的发展。"[1]1961年苏共第二十二次代表大会通过了新的苏共纲领，正式提出了"全民国家"的理论。纲领指出，无产阶级专政保证了社会主义在苏联的胜利，但是在建立社会主义的过程中，它本身也发生了变化，随着剥削阶级的消灭，无产阶级专政的主要职能——镇压剥削阶级的反抗这一职能也就消亡了。无产阶级专政完成了它的历史任务，从国内发展的任务看，它在苏联已不再必要。1977年新宪法颁布，无产阶级专政这个名词在宪法里不再继续沿用。宪法宣称，苏维埃国家已经完成无产阶级专政的任务，已成为全民国家，苏联共产党是全体人民的先锋队，它的领导作用已经加强；苏联已经建成发达的社会主义社会，发达的社会主义社会是通往共产主义道路上的一个合乎规律的阶段。

由于苏联解体、东欧剧变以及"无产阶级专政"这个名词容易出现误解，造成破坏民主法治和人民平等自由的情况，现在大多数社会主义国家已经放弃了这一提法。

2. 无产阶级专政对中华人民共和国国体表述的影响

1921年中国共产党一大通过党的纲领，提出推翻资产阶级政权，实行无产阶级专政，消灭阶级、实行公有制，实行苏维埃管理制度，联合第三国际等主张，说明中国共产党是以俄共为榜样的，采取直接进行社会主义革命，暴露了党脱离当时中国实际的激进思想。近代中国是农民居多数的国家，中国共产党在后来的革命过程中，将马列主义的无产阶级专政理论进行了"中国化"的改造，1928年中共六大提出"工农民主专政"的主张。1940年，毛泽东在《新民主主义论》中说："国体问题，从前清末年起，闹了几十年还没有闹清楚。其实，它只是指的一个问题，就是社会各阶级在国家中的地位。至于还有所谓政体问题，那是指的政权构成的形式问题，指的一定的社会阶级取何种形式去组织那反对敌人保护自己的政权机关。"[2]毛泽东提出新民主主义社会的国体是"各革命阶级联合专政"，政体是民主集中

---

① 《斯大林全集》，人民出版社1985年版，第280—282页。

② 《毛泽东选集》第2卷，人民出版社1991年版，第676—677页。

制。毛泽东认为"政权的阶级性质"就是"国体"不是马克思的原话。1948年9月，毛泽东在中共中央政治局会议上，将"各革命阶级联合专政"改称为"人民民主专政"，提出建立"无产阶级领导的以工农联盟为基础的人民民主专政"的主张①。1949年6月底，毛泽东发表《论人民民主专政》，对人民民主专政进行了详细论证。他说："中国人民在几十年中积累起来的一切经验，都叫我们实行人民民主专政，或曰人民民主独裁，总之是一样，就是剥夺反动派的发言权，只让人民有发言权。"②"人民自己不能向自己专政，不能由一部分人民去压迫另一部分人民。人民中间的犯法分子也要受到法律的制裁，但是，这和对压迫人民的敌人的专政是有原则区别的。"③我们需要注意的是，毛泽东定义的人民民主专政是新民主主义共和国采取的国体表述。他认为社会主义国家的国体是无产阶级专政。社会主义改造完成后，"无产阶级专政"的提法逐渐多了起来。我国1975年、1978年宪法正式将我国的国体改为无产阶级专政。毛泽东把无产阶级专政看作一个历史现象，并说凡是历史上发生的东西，都要在历史上消灭。早在1956年他就说："共产党，无产阶级专政，哪一天不要了，我看实在好。我们的任务就是要促使它们消灭早一点。这个道理，过去我们已经说过多次了。"1982年宪法又恢复了人民民主专政的提法。但在宪法序言中加了"人民民主专政实质是无产阶级专政"的表述。人民民主专政是毛泽东革命战争年代对政权性质的一种带有革命斗争色彩的表述形式，随着和平建设年代环境的变化，这种表述已经与时代不太协调。我国学者对国体表述形式进行了新的思考。有学者提出"人民民主"国体的说法，认为："随着国家建设的发展和改革的深化，国体愈来愈显示出由'人民民主专政'向'人民民主'过渡的特征和趋势。"④

（三）我国对政治体制的探索

政体在使用时有两种含义，广义的政体与"国体"同义，如民主共和通常也被称为政体。另一种是指政治体制，一般是指国家政权机关的组织形式，包括中央政权的组织形式和国家结构形式。中华人民共和国的政体有一

---

① 《毛泽东文集》第5卷，人民出版社1996年版，第135页。
② 《毛泽东选集》第4卷，人民出版社1991年版，第1475页。
③ 《毛泽东著作选读》下册，人民出版社1986年版，第760页。
④ 张锡恩：《无产阶级专政的三个发展公式透析》，《山东大学学报》2003年第2期。

个长期演化的过程。

1. 中华人民共和国成立前的政体探索

中国共产党和国民党在北伐时期并没有统一的政权组织形式和名称。1927 年 3 月，毛泽东在《湖南农民运动考察报告》中提到有的县称为县务会议、有的县称为公法团联席会议，政府采取"民主的委员制县政治组织"。毛泽东说："现在的县政府，形式和实质，都已经是颇民主的了。"土地革命时期，中国共产党在革命根据地开始创立自己的县级以下政权，但民主制度很不健全。1928 年 11 月毛泽东在《井冈山的斗争》中说："许多地方无所谓工农兵代表会。乡、区两级乃至县一级，政府的执行委员会，都是用一种群众会选举的。一哄而集的群众会，不能讨论问题，不能使群众得到政治训练，又最便于知识分子或投机分子的操纵。一些地方有了代表会，亦仅认为是对执行委员会的临时选举机关；选举完毕，大权揽于委员会，代表会不再谈起。名副其实的工农兵代表组织，不是没有，只是少极了。所以如此，就是因为缺乏对于代表会这个新的政治制度的宣传和教育。封建时代独裁专断的恶习惯深中于群众乃至一般党员的头脑中，一时扫除不尽，遇事贪图便利，不喜欢麻烦的民主制度。"① 毛泽东主张实行"民主集中主义的制度"下的工农兵代表会议（权力机关）与工农兵政府（执行机关）作为政权组织形式。1931 年 12 月，中国共产党成立全国性政权——中华苏维埃共和国，中华苏维埃代表大会是中华苏维埃共和国最高政权机关。中华苏维埃代表大会闭会期间，中央执行委员会成为中华苏维埃共和国最高政权机关。中央执行委员会闭会期间，选举主席团为最高权力机关。人民委员会则为中央执行委员会的行政机关，最高法院为中央执行委员会的司法机关。抗战全面爆发前，中国共产党从大局出发，实现革命策略的转变，提出与国民党建立抗日民族统一战线，"支持成立一个有国会的代议制政府"②，中国共产党的政权可改编为国民政府的一部分。抗战爆发后，1940 年 1 月，毛泽东在《新民主主义论》中说，"各革命阶级联合专政"的国体应采用"民主集中制"的政体，由"国民大会"、"省民大会"、"县民大会"、"区民大会"、"乡民大

① 《毛泽东选集》第 1 卷，人民出版社 1991 年版，第 72 页。
② 毛泽东：《和美国记者斯诺的谈话》（1936 年 9 月 23 日），《毛泽东文集》第 1 卷，人民出版社 1996 年版，第 408 页。

会"选举政府。① 由于召开国民大会的条件不成熟，国民党实际上只成立了国民参政会和省、县、区、乡各级参议会。中国共产党提出，"在各抗日根据地内，政府系统、参议会系统及民众团体的各级领导机关中，均应实行'三三制'，共产党员只占三分之一，而使愿与我党合作的党外人员占三分之二。"② 抗战胜利前夕，毛泽东在党的七大报告上提出了在解放区召开人民会议的设想："代表不是普选的，是军队、政府、民众团体选派的，这样简便一些。"③ 此后，各解放区开始逐步建立人民代表会议。中央文件开始正式使用人民代表会议的名称。1948 年 9 月，毛泽东说："我们政权的制度是采取议会制呢，还是采取民主集中制？ 过去我们叫苏维埃代表大会制度，苏维埃就是代表会议，我们又叫'苏维埃'，又叫'代表大会'，'苏维埃代表大会'就成了'代表大会代表大会'。这是死搬外国名词。现在我们就用'人民代表会议'这一名词。我们采用民主集中制，而不采用资产阶级议会制。议会制，袁世凯、曹锟都搞过，已经臭了。"人民代表会议制度在东北解放区建立较早，但其他解放区大部分尚未付诸实施。1949 年 9 月，随着革命形势的需要，中央要求各解放区开好县的各界代表会议，作为临时民意机关。"县的各界代表会的成分，应包括党、政、军的代表，农民及工人的代表，革命知识分子及妇女的代表，工商业的代表，及若干开明绅士的代表。其中，共产党员及可靠的左翼分子，应超过二分之一，保证决议的通过。中间分子及必须拉拢的少数右翼但不反动的分子，可以让其占三分之一左右的数目，以便孤立反动派，利于政令的推行和群众的发动，且可发现问题及发现积极分子。"④

　　1949 年 9 月 27 日中国人民政治协商会议第一届全体会议通过的《中央

---

① 《毛泽东选集》在收录这篇文章时，将原文中的"国民大会"、"省民大会"、"县民大会"、"区民大会"、"乡民大会"、"各级大会"分别改为"全国人民代表大会"、"省人民代表大会"、"县人民代表大会"、"区人民代表大会"、"乡人民代表大会"、"各级代表大会"。见方敏《毛泽东对〈新民主主义论〉的修改》，《中共党史研究》2006 年第 6 期。

② 毛泽东：《关于共产党员与党外人员的关系》（1942 年 3 月），《毛泽东文集》第 2 卷，人民出版社 1996 年版，第 395 页。

③ 毛泽东：《在中国共产党第七次全国代表大会上的政治口头报告》（1945 年 4 月 24 日），《毛泽东文集》第 3 卷，人民出版社 1996 年版，第 334 页。

④ 毛泽东：《开好县的各界代表会议》（1949 年 9 月 7 日），《毛泽东文集》第 2 卷，人民出版社 1996 年版，第 3—5 页。

人民政府组织法》第 2 条明确规定："中华人民共和国政府是基于民主集中原则的人民代表大会制的政府。"由于没有明确表述，人们对中国政体的概括出现了"民主集中制"政体或"人民代表大会制"政体两种不同的说法。

2. 中华人民共和国成立后的政体探索

民主集中制政体是毛泽东 1940 年《新民主主义论》的概括，1982 年 4 月，邓小平也表达了类似的观点："政治体制的改革和宪法有密切关系。……就政体说，要解决民主和集中的问题，只讲民主不讲集中不行。国家政治生活、党内政治生活都要高度民主、高度集中。"① 我国 1982 年宪法第三条规定："中华人民共和国的国家机构实行民主集中制的原则。全国人民代表大会和地方各级人民代表大会都由民主选举产生，对人民负责，受人民监督。国家行政机关、审判机关、检察机关都由人民代表大会产生，对它负责，受它监督。中央和地方的国家机构职权的划分，遵循在中央的统一领导下，充分发挥地方的主动性、积极性的原则。"这些规定可以看出民主集制度中是贯穿中央国家各部门之间、中央与地方之间的原则，将民主集中制视为我国的政体有一定道理的。马克思、恩格斯从来没有讲过民主集中制原则，它是 1905 年俄国社会民主工党创立的，意思上在民主基础上的集权制度，其重点在集中和纪律，其特点是"四个服从"，即少数服从多数、下级服从上级、地方服从中央、个人服从组织。民主集中制是俄国布尔什维克派的决策和组织原则，后来发展为国家机构的组织原则或政体。如果民主制度不健全，集中很容易发展成专制，民主集中制可以认为是民主制在特殊情况下的表现形式。民主集中制产生于阶级斗争尖锐、民主法制环境缺乏的环境里，有其历史合理性。但是随着社会环境的安定，民主集中制应向健全民主制的方向回归。

人民代表大会制度在我国早期正式的文件中一般表述为我国的根本制度，并未有政体的说法。人民代表大会制度政体作为学术观点很早就出现了，如彭真曾多次讲我国的政体是民主集中制的人民代表大会制度。1997 年 9 月江泽民在党的十五大报告中明确提出了人民代表大会制度政体的说法。他说："社会主义民主的本质是人民当家作主。国家一切权力属于人民。

① 《邓小平思想年编》（1975—1997），中央文献出版社 2011 年版，第 408 页。

我国实行的人民民主专政的国体和人民代表大会制度的政体是人民奋斗的成果和历史的选择，必须坚持和完善这个根本政治制度。"① 不过报告并未就人民代表制的内涵进行明确的界定。按一般的观点，作为政体的人民代表大会制度应包括人大与"一府两院"关系的规定，而非仅限于人民代表大会本身的制度。

综上可知，中华人民共和国的政体宪法中并没有明确规定，党内有"民主集中制"和"人民代表大会制度"、"民主集中制的人民代表大会制度"等几种表述形式，也有学者称"人民代表大会制"政体，认为"人民代表大会制度"容易产生误解。这说明如何概括我国的政体还有深入探讨的必要。

3. 马列主义的民主共和政体观

民主共和国是无产阶级政权不可移易的组织形式，这是与君主专制对立的政权形式和组织原则。1884 年，恩格斯说："无产阶级为了夺取政权也需要民主的形式，然而对于无产阶级来说，这种形式和一切政治形式一样，只是一种手段。"② 恩格斯还注意到无产阶级建立政权后，必须运用民主手段防止无产阶级政党、政权的变质。他说："工人阶级一旦取得政权……一方面应当铲除全部旧的、一直被利用来反对工人阶级的压迫机器，另一方面还应当保证本身能够防范自己的代表和官吏，即宣布他们毫不例外地可以随时撤换。""为了防止国家和国家机关由社会公仆变为社会主人——这种现象在至今所有的国家中都是不可避免的——（巴黎）公社采取了两个可靠的办法。第一，它把行政、司法和国民教育方面的一切职位交由普选出的人担任，而且规定选举者可以随时撤换被选举者。第二，它对所有公职人员，不论职位高低，都只付给跟其他工人同样的工资。"③1894 年，恩格斯说："共和国是无产阶级将来进行统治的现成的政治形式。""共和国像其他任何政体一样，是由它的内容决定的。"④ 恩格斯强调，即使把共和国看作本质上是一种社会

---

①　《江泽民文选》，人民出版社 2006 年版，第 28 页。

②　《恩格斯致伯恩施坦》，《马克思恩格斯选集》第 4 卷，人民出版社 1995 年版，第 662 页。

③　恩格斯：《马克思〈法兰西内战〉1891 版导言》，《马克思恩格斯文集》第 3 卷，人民出版社 2009 年版，第 110—111 页。

④　《恩格斯致弗·阿·左尔格》，《马克思恩格斯选集》第 4 卷，人民出版社 1995 年版，第 735 页。

主义的形式，也不能把社会主义的使命委托给它。无产阶级仍然要以主人翁的身份通过民主共和制度来维护自己的利益，实现社会主义。他说，无产阶级"不要再过分客气地对待党内的官吏——自己的仆人，不要再总把他们当作完美无缺的官僚，百依百顺地服从他们而不进行批评"①，不但如此，还要"防范自己的代表和官吏，即宣布他们毫无例外地可以随时撤换"。列宁也说过："民主是国家形式，是国家形态的一种。因此，它同任何国家一样，也是有组织有系统地对人们使用暴力，这一方面。但另一方面，民主意味着在形式上承认公民一律平等，承认大家都决定国家制度和管理国家的平等权利。"② 回顾各个社会主义国家的历史，我们不难看出，民主共和是无产阶级自身解放的形式或手段，也是体现社会主义本质的国家制度。

4. 中华人民共和国政体的探索与思考

许多学者认为民主集中制或人民代表大会制包含着共和精神，是共和政体的一种具体形式。例如，1990 年就有学者指出："在我国的宪法和其他一些法律中还规定了分权制原则。做到了以权力约束权力，立法、行政、司法三种权力相互分开，相互制衡，形成一个统一的有机体。并且对党的活动和权力也有相应的制约。""我国的人民代表大会制是民主共和政体的典型，是社会主义民主共和政体的一个创造。它的比较系统的选举制、轮换制和分权制的基本特征较之资本主义民主共和制更深刻、更彻底。"③ 还有学者说："人民代表大会制度，作为无产阶级国家的民主共和制在中国的具体形式，是社会共和论与中国国情相结合的产物。"④ 曾经参与 1982 年宪法起草工作的法学家李步云说：

> 人民代表大会不是政体，是共和政体的一种具体表现形式。对"共和"应该做一个新的解释，我将他概括为八条：国家权力由人民共有，国家大事由人民共决，国家主要资源由人民共占，国家发展成果由人民共享。"和"，即官吏和民众和睦相待，民族与民族和睦共处，穷

① 《恩格斯致卡尔·考茨基》，《马克思恩格斯全集》第 38 卷，人民出版社 1972 年版，第 33 页。
② 列宁：《国家与革命》，《列宁专题文集》，人民出版社 2009 年版，第 272 页。
③ 思蹇、王颖：《我国的人民代表大会制度是共和政体的典范》，《理论探讨》1990 年第 1 期。
④ 浦兴祖：《社会共和论与人民代表大会制》，《社会科学战线》1990 年第 3 期。

人与富人和衷共济，本国与他国和平共处。①

　　中国目前的政治体制就中央机关组成来讲，是由党的中央委员会、人大政协两会、一府两院构成的。党的中央委员会领导决策，政协、人大构成的"两会"负责协商、审议、立法，国务院负责行政，法院、检察院"两院"负责司法，可简称为"三会三院"体制或"六权制"，是六部门分工协作的体制。从国家结构来讲，我国是包含民族区域自治及特别行政区制度的单一制。因此全面地讲，我国的政治体制是"六权制＋单一制"，是民主共和政体的一种具体的、稳定的政权组织形式，现在的"六权"体制蕴含集体决策、民主协商、审议立法、行政执法、纪检监察、司法审判六大系统分工协作的治国模式，与郡县时代"四省两司"②的权力运行体制有一定的相似性。"四省两司制"从公元220年曹魏设散骑常侍算起，到2000年，这种体制的产生距今已经有1700多年，在历史上曾运行了四五百年。③ 这说明，中国目前的政治体制，不仅受苏联体制的影响，也继承着传统文化的基因。历史证明共和政体是世界各国通行的政体形式，社会主义国家更不能例外。我国战争年代和建国初期形成的权力高度集中的政治体制，越来越不适应社会发展的需要。1980年邓小平在谈到党和国家领导制度的改革时说过：

　　　　我们历史上多次过分强调党的集中统一，过分强调反对分散主义、闹独立性，很少强调必要的分权和自主权，很少反对个人过分集权。过去在中央和地方之间，分过几次权，但每次都没有涉及党同政府、经济组织、群众团体等等之间如何划分职权范围的问题。……党成为全国的执政党，特别是生产资料私有制的社会主义改造基本完成以后，党的中心任务已经不同于过去，社会主义建设的任务极为繁重

---

　　① 李步云：《"八二宪法"的回顾与展望》，《炎黄春秋》2012年第9期。
　　② 指中书省、集书省、门下省、尚书省、御史台、廷尉或大理寺。中书省决策，集书省、门下省审议，尚书省执行，御史台监察，大理寺司法。刑部、御史台、大理寺历史上称为"三法司"，故这里将御史台、大理寺简称为"两司"。
　　③ 这一制度到了隋唐两宋因集书省分解合并于中书、门下，变成了"三省两司"，元代只剩"一（中书）省二司"，明清皇权专制强化，一省也不存了，皇帝通过内阁、军机处统率六部行政。

复杂，权力过分集中，越来越不能适应社会主义事业的发展。对这个问题长期没有足够的认识，成为发生"文化大革命"的一个重要原因，使我们付出了沉重的代价。现在再也不能不解决了。①

邓小平还说：

> 我们过去发生的各种错误，固然与某些领导人的思想、作风有关，但是组织制度、工作制度方面的问题更重要。这些方面的制度好可以使坏人无法任意横行，制度不好可以使好人无法充分做好事，甚至会走向反面。……斯大林严重破坏社会主义法制，毛泽东同志就说过，这样的事件在英、法、美这样的西方国家不可能发生。他虽然认识到这一点，但是由于没有在实际上解决领导制度问题以及其他一些原因，仍然导致了"文化大革命"的十年浩劫。这个教训是极其深刻的。不是说个人没有责任，而是领导制度、组织制度更带有根本性、全局性、稳定性和长期性。这种制度问题，关系到党和国家是否改变颜色，必须引起全党的高度重视。②

邓小平提出了扩大民主和分权、监督的设想，不过从政局稳定出发，他主张"小分权"，反对"大分权"。1987年他明确提出："中国大陆不搞多党竞选，不搞三权分立、两院制。我们实行的是全国人民代表大会一院制，这最符合中国实际。如果政策正确，方向正确，这种体制益处很大，很有助于国家的兴旺发达，避免很多牵扯。当然，如果政策搞错了，不管你什么院制也没有用。"③

1987年党的十三大报告对我国政治体制存在的问题进行了深入的分析，认为我国"基本政治制度是好的。但在具体的领导制度、组织形式和工作方式上，存在着一些重大缺陷，主要表现为权力过分集中，官僚主义严重，封

---

① 邓小平：《党和国家领导体制改革》，《邓小平文选》第2卷，人民出版社1983年版，第329页。
② 邓小平：《党和国家领导体制改革》，《邓小平文选》第2卷，人民出版社1983年版，第333页。
③ 邓小平：《会见香港特别行政区基本法起草委员会时的讲话》，《邓小平文选》第3卷，人民出版社1993年版，第220页。

建主义影响远未肃清"，"长期形成的党政不分、以党代政问题还没有从根本上解决"，"权力过分集中的现象，不仅表现为行政、经济、文化组织和群众团体的权力过分集中于党委领导机关，还表现为基层的权力过分集中于上级领导机关。一方面，领导机关管了许多不该管、管不好、管不了的事，陷于事务主义而不能自拔；另一方面，基层缺乏自主权，人民群众的积极性难以充分调动。""官僚主义现象在我们党和国家的政治生活中依然严重地存在着。""政府机构庞大臃肿，层次过多，职责不清，互相扯皮，也是形成官僚主义的重要原因。"十三大提出"党政分开"、"进一步下放权力"、建立公务员制度、建立协商对话制度等改革设想，后来由于 1989 年政治风波的影响，这些改革设想没有完全得到落实，权力过分集中这个问题没有得到根本解决，但也取得了一些成就，如废除了干部终身制，以党代政、党政不分的现象得到了很大改变，实行了政务公开、厂务公开、村务公开，建立了公务员制度等等。对权力的监督制约也开始受到重视。1997 年，江泽民在党的十五大报告中提出："要深化改革，完善监督法制，建立健全依法行使权力的制约机制。坚持公平、公正、公开的原则，直接涉及群众切身利益的部门要实行公开办事制度。把党内监督、法律监督、群众监督结合起来，发挥舆论监督的作用。"①2002 年江泽民在党的十六大报告中深化了对权力制约监督的认识，提出："建立结构合理、配置科学、程序严密、制约有效的权力运行机制，从决策和执行等环节加强对权力的监督，保证把人民赋予的权力真正用来为人民谋利益。"

随着国内外形势的好转，和谐思想开始受到党的重视。2002 年 4 月，江泽民首先在国际外交领域里阐发了推动世界多极化、推动国际关系民主化、尊重世界多样性、正确引导经济全球化、树立以互信、互利、平等、协作为核心的新安全观的新思想②。同年 10 月，他又在访美时深化了这一观点，认为："和谐而又不千篇一律，不同而又不相互冲突。和谐以共生共长，不同以相辅相成。和而不同，是社会事物和社会关系发展的一条重要规律，也

---

① 江泽民：《高举邓小平理论伟大旗帜，把建设有中国特色社会主义事业全面推向二十一世纪》，《江泽民文选》第 3 卷，人民出版社 2006 年版，第 31 页。

② 江泽民：《共同创造一个和平繁荣的新世纪》（访问德国时的演讲），《江泽民文选》第 3 卷，人民出版社 2006 年版，第 473—475 页。

是人们处世行事应该遵循的准则，是人类各种文明协调发展的真谛。"① 江泽民的和谐思想在胡锦涛时代得到了极大发展，形成了科学发展观和社会主义和谐社会理论，"多方面关系和谐"的政治思想逐渐形成。2004 年 9 月党的十六届四中全会提出了构建社会主义和谐社会的任务，胡锦涛指出：

> 　　发展社会主义民主政治，保证人民依法行使民主权利，使人民群众和各方面的积极性、主动性、创造性更好地发挥出来，促进党和人民群众以及执政党和参政党、中央和地方、各阶层之间、各民族之间等方面关系的和谐，是构建社会主义和谐社会的重要保证。……保证人民依法实行民主选举、民主决策、民主管理、民主监督。要通过广泛发扬民主，拓宽反映社情民意、广泛集中民智、切实珍惜民力的决策机制，形成能够全面表达社会利益、有效平衡社会利益、科学调整社会利益的利益协调机制。……全面推进依法行政，坚持严格执法、公正司法、文明执法，建设法治政府，建立有权必有责、用权受监督、违法受追究的监督机制。②

胡锦涛提出，在政党关系、民族关系、宗教关系、阶层关系、海内外同胞关系方面，"保持和促进这个五个方面的重大关系和谐，事关中国特色社会主义事业的全局，事关构建社会主义和谐社会的进程，事关党和国家的兴旺发达和长治久安。"③ 这些论述已经体现了政治体制中"分权共治、和谐统一"的特点。此后，我们党又在"五大和谐"的基础上，提出了国家机关的分工制约、协作监督思想。2012 年 12 月 4 日习近平在庆祝 1982 年宪法颁布施行 30 周年大会上说："我们要按照宪法确立的民主集中制原则、国家政权体制和活动准则，实行人民代表大会统一行使国家权力，实行决策权、执行权、监督权既有合理分工又有相互协调，保证国家机关依照法定权限和

---

① 江泽民：《和而不同是人类各种文明协调发展的真谛》（访问美国时的演讲），《江泽民文选》第 3 卷，人民出版社 2006 年版，第 522 页。

② 胡锦涛：《在省部级主要领导干部提高构建社会主义和谐社会能力专题研讨班上的讲话》，见《论构建社会主义和谐社会》，人民出版社 2013 年版，第 54—57 页。

③ 胡锦涛：《正确处理五个方面的重大关系，促进社会和谐》，见《论构建社会主义和谐社会》，人民出版社 2013 年版，第 95 页。

程序行使职权、履行职责，保证国家机关统一有效组织各项事业。""支持国家权力机关、行政机关、审判机关、检察机关依照宪法和法律独立负责、协调一致地开展工作"，"健全权力运行制约和监督体系。"①2013 年 1 月，习近平对中纪委的讲话重申要"健全权力运行制约和监督体系"，"加强对一把手的监督，认真执行民主集中制，健全施政行为公开制度"②。这说明权力制约监督问题、政务公开问题越来越受到国家重视。社会多元利益的平衡兼顾原则，国家权力分工协作、相互制约监督原则，都是共和精神的应有之义。"共和"要处理好"分权共治"与"和谐统一"的关系，这和处理"民主"与"集中"的关系是一个道理。民主包含了集中，共和包含了统一。用民主共和制概括中国的政治制度，较民主集中制全面。民主共和制的提法不会削弱党的领导，也不会影响中国政局的稳定，但给党的领导带来科学执政、民主执政和依法执政的更高要求。

　　国家机关的分工协作、制约监督原则通常认为是民主共和国的国家机构组织原则。民主重点解决谁来掌权、多少人掌权的问题，共和重点解决的是国家权力的分配平衡问题，即防止权力过度集中于某一党派、阶级或族群，以免造成专制。民主集中制与分工制约并不矛盾。这方面我们可以参考越南宪法的修改。1992 年越南宪法第六条规定："人民代表会议和国家其他机关均按民主集中制原则来组织和活动。"2013 年越南新宪法增加了分工制约的规定。宪法第二条第三款规定："国家机关在行使各种立法、执法、司法权中，国家权力即有统一，又有分工、制约、监督。"中国将来也可以在宪法中增加"国家机关实行分工协作及制约监督"的规定。民主要求大众有知情权和参与权，这就需要政治公开，包括立法公开、行政（含人事、财务、政务等）公开和司法监督公开。可以说没有公开，就没有民主。这个问题已经得到了党中央的高度重视，胡锦涛在党的十八大报告中提出："推进权力运行公开化、规范化，完善党务公开、政务公开、司法公开和各领域办事公开制度，健全质询、问责、经济责任审计、引咎辞职、罢免等制度，加强党内监督、民主监督、法律监督、舆论监督，让人民监督权力，让权力在

---

　　①　习近平：《在首都各界纪念现行宪法公布施行 30 周年大会上的讲话》，《习近平谈治国理政》，外文出版社 2014 年版，第 139—142 页。

　　②　习近平：《把权力关进制度的笼子里》，《习近平谈治国理政》，外文出版社 2014 年版，第 388 页。

阳光下运行。"可以说，公开已经成为我国政治体制改革的一项重要原则，将来也需要法制化。

总之，民主的基本含义是"少数服从多数"。在私有制主导的社会里，由于统治阶级在实行民主的时候，实行财产限制，广大劳动阶级被剥夺了参政权利，因此民主只是少数人的，对广大人民群众来说，民主变成了奴隶主专政、地主阶级专政和资产阶级专政，但是随着人民的斗争，资本主义社会的人民也逐渐获得了普选权（不再受财产、职业、宗教等限制），同时由于地方自治、直接民主的推行，民主的"阶级性"有所下降。社会主义国家也要大力推行人民普选、地方自治和直接民主，扩大人民群众参政渠道，最大限度地实现人民当家作主的目标。"共和"是"专制"的对立面，它通常表示国家权力不能只由一个部门或一派力量掌握，以防止独裁的出现。分权制约是共和的基本要求，孙中山曾创造过"五权宪法"也是出于同样的目的。"民主共和"作为"形式"的价值是超越阶级和地域的，这是世界上绝大多数国家都称为民主共和国或实行民主共和制度的重要原因。中国自辛亥革命，实行共和已经超过百年，民主共和是国家政权的组织原则。"社会主义人民共和国"的历史告诉我们，社会主义与民主共和分别代表了我们的经济基础和上层建筑，民主共和是社会主义在政治上的本质追求，社会主义是充分实现民主共和必备的经济条件。社会主义的敌人是贫富两极分化，民主共和的敌人是官僚集权，必须将反对贫富分化、反对官僚集权专门立法，长抓不懈。消除两极分化、实现人民共同富裕，以人民当家作主、依法治国为根本目标，坚持、发展和完善共产党领导下的社会主义民主共和制度是中国政治的必由之路。

第六节　共和时代的地方制度

地方自治是共和时代特征，中华民国以来的历史反映了地方走向自治的过程。

一、政党组织

国民党号称以党治国，并规划在全国各地设立省党部、县党部、区党部和区分部，不过落实效果并不理想。直至 1936 年，豫、皖、闽、云、贵、川、陕、甘、宁、青、新等省区连省党部亦未能建立。战前即使成立了县党部的地方，内中亦有不少是空有招牌，有名无实。县以下农村基层社会则几乎不见党组织和党员的踪影。① 对于地方党政关系，国民革命期间各地呈现以党统政、党政制衡、政强党弱三种模式。作为国民党顾问的共产国际代表认为党的权力不够大，党的领导作用没有很好发挥。他强调党应该决定乡政府、县政府、省政府、中央政府如何进行，不仅要决定总的方针政策，而且要具体指导各级政府的实际工作，比如他认为各级政府的财政税收都应该在党部的决策范围之内。② 但这一强化党权的建议未被国民党采纳。1928 年 8 月，国民党二届五中会全通过《各级党部与同级政府关系临时法案》，规定各级党部对于同级政府之举措，认为不合时，报告上级党部，由上级党部转请政府依法查办；各级政府对于同级党部之举措有不满意时，亦得报告上级政府，转谘上级党部办理。国民党在地方上推行党政分开（人事互不统属），相互制衡的政策，党只管党，而不能管政，党部对政府事务的干预必须通过中政会和国民政府间接进行，而且党部经费有赖地方政府拨发，党部实际上受制于政府，"差不多变成了政府和军队的尾巴。因为不能监督政府，推动军队，只有依照政府和军队的需要去宣传。政府和军队做了坏事，也只能替他们向民众辩护"③。国民党以党治国在地方层面呈现虚拟状态。与此同时，中国共产党则在全国各省、地、县、乡、村广泛建立"地下"、"地上"党组织，开展新民主主义革命，最后推翻了国民党在大陆的统治。

中华人民共和国成立后，中国共产党成为执政党。党在省、市、县、（市）区均设有党代表大会、委员会及其常务委员会、纪律委员会，每届五年。在企业、机关、学校、科研院所、街道、乡、镇、村、人民解放军连队和其他基层单位，凡是有正式党员三人以上的，都设立党的基层组织：基层委员会、总支部委员会、支部委员会，每届任期三至四年。另外，党还在中央和地方国家机关、人民团体、经济组织、文化组织和其他非党组织的领导机关中设立党组，作为党的派出机关以实现党对政权机关和社会组织的领

---

① 王奇生：《党员、党权与党争》，华文出版社 2010 年版，第 301 页。
② 《鲍罗廷在中国的有关资料》，中国科学出版社 1983 年版，第 174—175 页。
③ 林干祜：《今后党务的工作方针》，《广东党务旬刊》1937 年第 1 期。

导。中国共产党通过严密的组织确保了党对国家的军事、行政、司法、经济、文化等全方面工作的领导，但是另一方面也容易出现党政不分、以党代政的问题，对民主和法治建设产生不利影响。

各民主党派的组织多数分为省、地、县三级，各级也设代表大会和委员会、常务委员会。基层组织为支部党员大会及其产生的支部委员会，必要时也可设立总支部委员会和小组。每届任期一般为三至五年不等。各民主党派通过参政议政、民主协商的形式实现对地方党委和政府的监督。

二、行政制度

民国初期，地方实行省、道、县三级，或称"虚三级制"。南京政府训政时期，将道改为行政督察区，本质不变。中华人民共和国时期，仍沿用省、地（市）、县的"虚三级"地方体制①。

（一）省制

北洋政府时期省的长官初称民政长，后改巡按使，民国五年改为省长。省长由大总统任命，省长公署设一政务厅，下分总务、内务、教育、四科及其他机关。当时，除了地方行政机构之外，还有军政机关，各省初设都督，后改为将军，最后更名为督军。督军实为军阀，权力极大，省长多为其附庸。

国民党政权实行以党治国，各省政务受党监督，同时改省政府为合议制，以7—9人的省政府委员会行使省政府职权，内中选一人为主席，省务由各委员集体商议而定，主席无独断之权。省政府有民政、财政、教育、建设四厅及其他机构。国民党在中央和地方实行均权制度，《建国大纲》有一些相关规定，"凡一省全数之县皆达完全自治者则为宪政开始时期，国民代表会得选举省长为本省自治之监督"，"在此时期，中央与省之权限，采均权制度，凡事务有全国一致性质者，划归中央，有因地制宜之性质者，划归地方，不偏于中央集权或地方分权"，"县为自治之单位，省立于中央与县之间，以收联络之效"。在国民党训政时期，省并非自治机关，省的重要官吏，法定均由中央任命。1940年，国民政府决定在各省成立省临时参议会，为

---

① 中华人民共和国初期，于1949年10月至1954年6月，曾在省之上设立西北、华北、东北、华东、中南、西南六大行政区，中央人民政府授权各大行政区人民政府或军政委员会对其所辖的省地市实施领导和监督。

省的民意机关。

中华人民共和国成立初期，实行大行政区、省、县、区、乡五级，《共同纲领》规定，"地方各级人民代表大会选举各级人民政府"，"地方各级人民代表大会由人民用普选方法产生之"，但新中国成立之初，普选条件还不具备。各省设人民政府，由政务院直接领导。省政府设立委员会，由主席、副主席和委员组成。省委员会经政务院或大行政区提名，由中央人民政府任命，任期四年。1954年宪法颁布后，省政府首长改称省长，由各省人大选举产生。"文化大革命"期间，省设"革命委员会"为政权机关，由主任、副主任、委员等组成，由省人民代表大会选举或者罢免，并报上级国家机关审查批准，任期三年。1979年7月通过的《地方组织法》规定：省、自治区、直辖市的人民政府分别由省长、副省长，自治区主席、副主席，市长、副市长和秘书长、厅长、局长、委员会主任等组成，任期为五年。

（二）地制

清代普遍推行道制。开始的道是布政使或按察使的临时派出机构，有守道和巡道之分，乾隆时将道改为常设，成为一级行政机构。民国时期对这一制度有所调整，道的长官初称观察使，1914年改称为道尹，由大总统简任，可呈请任免县知事，管辖所在地方军事、行政、司法事务。南京国民政府成立后，取消了道一级建制，只保留省、县二级，但深感省县"上下远隔，秉承督察两难"①，30年代开始在省县之间划行政督察区，最初专区是在"剿匪"过程中逐渐建立的，由鄂豫皖三省"总部"或南昌行营选派专员，后改为由行政院长或内政部长呈请国民政府简任，专员兼任区保安司令，集行政、监察、军政大权于一身。在新疆，设立"区行政长官"，与专员性质相同。

中华人民共和国成立初期，在省县之间设有"专员公署"。1950年1月政务院通过的《省人民政府组织通则》规定："省得根据需要划为若干专员区，各设专员一人，并得设副专员一至二人。专员公署为省人民政府委员会之派出机关。""文革"期间，一度取消公署，设地区人大和地区革委会以代之。1978年宪法重新恢复了专员公署的设置。80年代以来，全国开始推行

---

① 许崇灏：《中国政制概要》，商务印书馆1943年版，第188页。

地市合并，公署逐渐减少。

（三）县制

北洋政府时期，各县行政长官称县知事，南京国民政府改为县长，由于自治未达成效，县民意机关没有真正建立起来，县知事、县长实际上仍为中央政府任命，但多是通过省政府推荐，实际是省政府变相任命，也有省不通过中央直接任命县长的。清朝末叶，县乡自治就已经提上日程，民国三年政府公布《地方自治试行条例》及《施行细则》，实行自治的县，设县议会和县参事会。县议会由县域内居民选举的议员组成，每年开始一次，对县自治经费的预决算、行政事宜发表意见和建议，并选举半数参议会成员。参事会是县的行政机关，县知事是法定会长，参事半数由县议会选举，半数由县知事任命。北洋政府推行县乡自治，但自治政权多落入乡绅之手，有名无实。南京国民政府同样鼓吹县乡自治为宪政的基础，规定国民党训政期为六年（1929—1934年），要求县自治要在1934年以前完成。训政期间，县长暂时由政府任命，县有县参议会，由人民选举。国民党县乡自治理论陈义甚高，但脱离国情，推广成效不大。

中华人民共和国成立后，县设县人民政府委员会，由县长、副县长和委员组成。县委会由上级人民政府或上级军事管制机关任命，任期一年。区、乡建制与省县类似，都是政府委员会，由上级任命，受上级领导。1954年以后，各级人民代表大会及由人大选举县长、市长、省长的制度普遍建立，人民当家作主得到充分体现。不过现在地方政府还存在一些不足，一是人大代表直选落实得不好，县级以上则没有直选。各级地方政府首长选举，一般是由上级党组织等额推荐，再由人大选举产生，难以体现当地民众意愿。在中央和地方关系上，没有明确合理地划分权限，中央和上级管得太多，地方或下级权力太小，发展受到限制。

（四）市制

1921年7月北洋政府内务部公布《市自治制》，规定在首都、省会、商埠、县治及其他人口满一万以上的集镇设市。市分为特别市、普通市两种。

特别市由内务部呈大总统确定，其地位相当于县，以地方最高行政官署为监督官。设由市民选举产生的市自治会为决议机关，由市长、佐理员、区董及名誉参事员组成的市参事会执行机关，市长为参事会会长。市长任期三年，得连选连任。监督官有权解散市自治会。

普通市以县知事为监督官，也设市自治会为决议机关，与特别市相同，只是会员以 20 名为限。普通市设市政公所为执行机关。市政公所由市长与若干市董组成。市长及市政公所人员由市民选举产生，均三年一任，得连选连任。

1930 年 5 月国民政府颁布《市组织法》，对北洋政府的市制进行改革，将市分为院辖市（特别市）、省辖市（普通市）两类。院辖市为首都及 100 万人口以上的城市，省辖市人口 30 万以上或 20 万以上、工商土地税收占收入二分之一以上者。

市的议决机关是由市长、秘书、参事、局长（或科长）等组成的市政会议，市长会议至少每月开会一次，市长为简任或荐任。市政府设社会、公安、财政、公务等局（或科）。市的民意机关参议会由市民选举产生，任期初为一年，后改为三年。参议会的决议对市长没有绝对效力，双方有分歧可呈上级解决。

中华人民共和国成立前后，中国共产党对城市实行军事管理体制。设军事管制委员会为最高权力机关，同时还成立各界人民代表会议，作为城市管理、建设的民意机关，也是作为城市实现民主管理的过渡手段。1955 年 6 月，国务院颁布了《关于设置市镇建制的决定》，规定：市，是属于省、自治区、自治州领导的行政单位。聚居人口 10 万以上的城镇，可以设置市的建制。聚居人口不足 10 万的城镇，必须是重要工矿基地、省级地方国家机关所在地、规模较大的物资集散地或者边远地区的重要城镇，并确有必要时方可设置市的建制。镇，是属于县、自治县领导的行政单位。县级或者县级以上地方国家机关所在地，可以设置镇的建制。不是县级或者县级以上地方国家机关所在地，必须是聚居人口在 2000 以上，有相当数量的工商业居民，并确有必要时方可设置镇的建制。1984 年国务院颁布《城市规划条例》，将城市按照其市区和郊区的非农业人口总数划分为三级：大城市，是指人口 50 万以上的城市。中等城市，是指人口 20 万以上不足 50 万的城市。小城市，是指人口不足 20 万的城市。城镇按行政级别分为直辖市（院辖市）、地级市（省辖市）、县级市（地辖市）、镇（县辖）四级。国家在市、区分别设立政府和人民代表大会，作为行政和权力机关。根据 1979 年《地方组织法》规定，市人民政府由市长、副市长和秘书长、局长、委员会主任等组成，每届任期五年。其中市长、副市长由市人大选举产生。

三、基层制度

清末传统乡里制度发生重大变革，1908 年，宪政编查馆奏呈"城镇乡地方自治章程"，准备在全国推行乡镇自治。规定，地方人口 5 万以上者为"镇"，5 万以下者为"乡"，设"议事会"为民意机构，设"董事会"或"乡董"为行政机构，但这一改革刚刚开始，清政府就被推翻了。

（一）民国时期基层组织

袁世凯当政时期，取消省、县自治，并在乡镇之上设区，作为一级行政单位，其下乡镇村是自治单位。村设村民会、村公所、息讼会及监察委员会等机构。国民政府时期，倡导乡镇自治，村较大者设村公所，若干小村集为乡。乡镇设有乡镇公所，乡镇长正副各一人，同时还有乡镇会议、调解委员会、监察委员会等。乡镇长之下还设"民政、警卫、经济、文化四股，各设主任一人，干事若干人"，并设"专任之事务员"①。同时，国民党在乡村大力推行保甲制度，强化对人民的控制，自治徒有虚名。市的基层组织为区、坊，区设区公所和区民大会。区公所是区长及助理员组成的行政机关，区民大会由区民代表组成，为一区自治的民意机关。坊设坊公所与坊民大会，其下闾、邻也各设闾长、邻长及闾民、邻民会议。南京国民政府规划的市自治表面上看井井有条，但推行起来同样多有困难或有名无实。

（二）中华人民共和国农村基层组织

中国共产党在革命时期所辖地区的乡里制度发生重要变化，其一是乡镇成为一级政权机关，其二"民主"制度得到空前发展，通常乡镇设有权力机关公民大会或人民代表会议，由其选举包括正副乡镇长在内的行政委员会。村民直接选举村长、村副。由于处于革命年代，各地制度并不一致。新中成立后，县以下设区、乡为正式的行政单位。1953 年 3 月，我国颁布第一部选举法，规定我国地方人民政权机关为省、县、乡人民代表大会。根据这一精神，各地开始撤区并村工作，将区政权撤销或改为派出机构，设区公

---

① 　行政院县政计划委员会编：《新县制法规汇编》第一辑，正中书局 1941 年版，第 6 页。

所。1954 年 9 月，第一届全国人民代表大会通过了《中华人民共和国宪法》，规定我国农村基层政权为乡、民族乡、镇。乡镇设立人民代表大会为权力机关、人民政府为行政机关，并发展了乡党总支、青年、妇女、民兵等组织。从 1958 年到 1982 年，人民公社取代区、乡成为基层政权。公社一般分为人民公社、生产大队、生产队三级。公社实行党的高度的一元化领导，共产党的各级组织在人民公社各级组织中起着核心作用。公社一级一般设党委会或总支委员会，大队设党支部，党委干部多是国家行政干部，公社的一切重大事务，诸如生产和分配计划、救济款发放、招工、参军等，全部由党的组织决定。人民公社体制是我国特定历史时期的产物，它的最大弊端在于党政企三者合一，用行政命令搞生产，违背了商品经济的发展规律。"文化大革命"期间，公社设党政合一的"革命委员会"作为基层权力机关。1983 年中央要求恢复乡镇体制，将农村原来的生产大队、生产小队改建为村民委员会。1986 年通过的《村民委员会组织法（试行）》，将村民委员会规定为村民自治组织，村民自治制度延续至今。

（三）中华人民共和国城市基层组织

新中国曾规定，城市人口在 20 万以上的市，可以设市辖区，设区政府和区人大。市区以下的基层组织为街道办事处，作为市（区）政府的派出机关。最基层为城市居民委员会，根据 1954 年 12 月通过的《城市居民委员会组织条例》的规定，"居民委员会是群众自治性的居民组织。""居民委员会应当按照居民的居住情况并且参照公安户籍段的管辖区域设立，一般地以一百户至六百户居民为范围。"居委会任务如下：（一）办理有关居民的公共福利事项；（二）向当地人民委员会或者它的派出机关反映居民的意见和要求；（三）动员居民响应政府号召并遵守法律；（四）领导群众性的治安保卫工作；（五）调解居民间的纠纷。从这些规定可以看出，居委会只是政府领导城市人民的协助机关，自治权力很小。1989 年修改后的《居民委会员组织法》原则不变。基层群众自治制度是我国重点推进的基本政治制度之一，如今居民委员会半行政化的色彩仍然明显，居委会自治、社区自治仍然任重道远。

四、特区制度

清政府将相邻的民族政权和国家都纳入藩属，与之建立等级关系。"清初藩服有二类，分隶理藩院、主客司。隶院者，蒙古喀尔喀，西藏、青海、廓尔喀是也；隶司者，曰朝鲜，曰越南，曰南掌，曰缅甸，曰苏禄，曰荷兰，曰暹罗，曰琉球。亲疏略判，于礼同为属也。"① 鸦片战争以来，一些藩属独立为国，还有些形成清政府行省以外的特别管理区。清政府设置青海、西藏两个办事大臣辖区，黑龙江、吉林、奉天、伊犁、乌里雅苏台五个将军辖区。

民国继承了清政府的一些办法，总体上推行单一制的国家结构，但照顾到一些地方特殊的民族、经济、军事、历史等特殊情况，建立了一些特别地区。当然，特别区与一般行政区并没有绝对的区别，可以随着形势、条件的变化而相互转化。现将一些实行过或正在实行、将要实行特别制度的地区简介如下：

（一）少数民族自治区

新疆维吾尔自治区。1884 年（清朝光绪十年）置省，治迪化，由陕甘总督、甘肃新疆巡抚与伊犁将军共同管理。北洋政府时期（1912—1928 年）由都督（后改称将军、督军）统辖。1928 年起，中华民国设立新疆省政府并任命主席。1949 年 8 月，新疆的国民党军政长官陶峙岳、包尔汉等宣布脱离国民政府，9 月 25 日中国人民解放军占领迪化，成为中华人民共和国的一省。1955 年，新疆维吾尔自治区成立。

内蒙古自治区。辛亥革命后，随着清朝统治的逐渐瓦解，在沙皇俄国驻库伦（现乌兰巴托）领事的策动下，外蒙古活佛八世哲布尊丹巴派杭达多尔济、车林齐密特出使俄国，后在库伦宣布独立，建立"大蒙古国"政府，自称日光皇帝，年号共戴。随后俄蒙军队包围了清政府驻库伦的蒙古办事大臣衙门，解除了清军的武装，并将办事大臣三多及其随从人员押送出境。此独立未被当时的清朝政府和后继的中华民国政府承认。1911 年，外蒙古叛军在沙皇俄罗斯鼓动下，驱逐清政府官员，侵入内蒙古，在全国人民的强烈要求下，袁世凯出兵经过三年收复内蒙古，但没有收复外蒙古。北洋政府对内蒙古的管理继承了清政府的某些措施，设热河、绥远、察哈尔三个特别行政区。特别行政区设都统，由大总统简任。都统之下，实行旗、县分治。对

---

① 《清史稿》卷一一一《宾礼》。

汉族实行道、县制，对蒙古族实行旗、盟制，旗相当于县，长官称扎萨克，一般为世袭。其办事机关称印务处，相当于县政府。若干旗组成的行政单位称为盟，设盟长一人，从各扎萨克中选任。对外蒙设库仑办事大臣、科布多参赞大臣、乌里雅苏台将军、阿尔泰办事长官（1919年6月，改为阿山道，隶新疆省）管理。1928年8月1日，西康及西藏代表向中央请愿，要求改康、藏为行省。9月17日，国民政府改热河、察哈尔、绥远、宁夏、青海、西康为省。1947年4月23日至5月3日，内蒙古人民代表会议在王爷庙（乌兰浩特市）召开，会议决定成立内蒙古自治区。时辖呼伦贝尔、纳文慕仁、兴安、锡林郭勒、察哈尔盟，计32个旗、1个县、3个县级市。1952年，察哈尔省废设，其中一部并入内蒙古，1954年3月5，绥远省并入内蒙古自治区。1955年7月，撤销热河省，其辖地分别划归河北、辽宁和内蒙古。

西藏自治区。西藏实行政教合一的统治，由达赖喇嘛和班禅喇嘛分别统治前、后藏。他们既是宗教领袖，也是行政长官，清朝时派驻藏大臣监督。武昌起义爆发后，1912年5月，原清驻藏大臣被囚，其下属原清驻藏陆军统领钟颖被北洋政府任命为第一任驻藏办事长官，但是钟颖受当地势力驱逐，于1913年4月离开西藏，其职务被陆兴祺代替，改称为"护理驻藏办事长官"，陆兴祺担任这一职务直至南京国民政府成立。民国时期，西藏实际上处于独立状态，陆兴祺只是起到联络作用。1940年，国民政府在拉萨设立蒙藏委员会驻藏办事处，作为国民政府在西藏的常设机构。1950年10月，中国人民解放军开始进军西藏，1951年5月23日，西藏代表团与中央政府签订了《中央人民政府和西藏地方政府关于和平解放西藏办法的协议》，同年10月，解放军进驻拉萨，取得了对西藏的控制。1965年9月西藏自治区成立。

宁夏回族自治区。民国元年（1912年），西北军阀冯玉祥于甘肃省宁夏地区设置宁夏道。1928年，宁夏升格为省。1929年，省政府成立，省会设于宁夏县（1945年移至银川）。1949年9月，中国人民解放军进入银川市。中华人民共和国成立以后，一度将宁夏省辖区分隶内蒙古和甘肃省，1954年设立宁夏回族自治区。

广西壮族自治区。唐咸通三年（862），分岭南道为岭南东道和岭南西道，升邕管经略使为岭南西道节度使，这是广西最早成为一级独立政区。宋分广南路为广南东路和广南西路，广南西路简称为广西，广西之名始于此。元至正二十三年（1363），设置广西行中书省，为广西建省之始。此后，广西省从明清民国延续到中华人民共和国时期。1958年3月5日，广西省改为"广西僮族自治区"，1965年10月12日，改名为"广西壮族自治区"。

有些边疆地区虽无特别区之名，但曾特别受到重视。在川西地区，北洋政府初经略使管理行政，后又改称都督、镇守使。南京政府成立后，设康定专员或办事处实行管理。1928年9月，国民政府决定设立西康省。1939年，成立西康省政府，省会设在康定，刘文辉为省主席。中华人民共和国成立后，于1950年4月26日成立西康省人民政府，省府驻康定，省主席廖志高，全省分设康定、雅安、西昌3个专区。1955年7月30日，第一届全国人民代表大会第二次会议决议撤销西康省，原西康省所属区域划归四川省。

在青海地区，清政府设西宁办事大臣，北洋政府初期，改称为青海办事长官。1914年10月，又改称为甘边宁海镇守使，职责不变。1928年9月，南京国民政府决定新建青海省，治西宁，1929年1月，青海省正式成立。1949年9月5日，西宁解放。1949年9月26日，青海省人民军政委员会宣告成立。1950年1月1日青海省人民政府正式组成，以西宁为省会。

民国时期西南各省及甘肃省一些少数民族地区，仍然保留了清代的土司制度，直至中华人民共和国成立后的1956年民主改革，各地土司制度才被民族区域自治制度取代。

（二）其他特别区

除上述少数民族地区外，民国以来还存在其他形式的特别区。

东省特别行政区。1928年，国民政府收回中东铁路，设东省特别行政区进行管辖铁路附属区。东北沦陷初期，伪满仍沿用东省特别区称谓，1933年7月改称"北满特别区"。1936年，北满特别区正式撤销，其辖地归邻近市、县、旗。

威海卫特别行政区。1930年，国民政府从英国收回威海卫海军基地，设立威海卫特别行政区，后定名为威海卫行政区。1938年3月又沦为日军殖民地。1945年收复，设立威海市，属胶东行署。1948年属东海专署。1950年撤市设卫海县。1951年改县为卫海市，属文登专区。1958年属烟台专区。1987年升为地级市，现仍为我国海军基地。

海南特别行政区。1912年民国成立，在海南地区设琼崖道，置道尹治理全岛。1935年，广东省分设9个行政督察区，海南为第九区，专署设海口。1946年，广东省府设省府琼崖办事处和第九区公署于海口。1949年，国民党南京政府改海南为特别行政区，公署仍在海口。1950年5月，海南岛解放。之后，设立海南行政区公署，为广东省人民政府派出机关。1988年4月，海南省政府成立。

经济特区。1980年8月26日中国正式在广东省的深圳、珠海、汕头和福建省厦门建立经济特区，后来又新增了重庆的两江新区、舟山新区和上海的浦东新区等经济特区。特区推行对外开放政策和优惠制度，吸收外国投资、实现国际经济合作，有利于经济改革开放和发展。

香港、澳门特别行政区。根据邓小平的构想，我国实行"一国两制"来解决统一问题。即在统一的中华人民共和国境内，大陆主体部分坚持实行社会主义制度，在香港、澳门、台湾建立特别行政区，在一个相当的时期内，保持原有的资本主义社会经济制度和生活方式。根据1984年和1987年中英、中葡两国政府联合声明，中国在1997、1999年恢复对香港和澳门行使主权的同时，分别设立了香港和澳门两个特别行政区。特别行政区的事务由当地人进行管理。即特别行政区的政权机关由当地人组成，中央人民政府不派遣干部到特别行政区担任公职。特别行政区通用自己的货币，财政独立、收入全部用于自身需要，不上缴中央人民政府，中央人民政府不在特别行政区征税。

台湾地区。1684年清代置台湾府，属福建省，1885年建省；1895年清政府以《马关条约》割让于日本；1945年日本战败后光复；1949年国民党内战失利后退守台湾，以"中华民国"的名义实行统治。

五、国家结构形式的探索

（一）北洋政府和国民党对国家结构形式的探索

对于国家结构形式的问题，各方政治势力都进行过探索和尝试。孙中山在辛亥革命前，曾主张中国应仿效美国，实行联邦共和制。但中华民国成立后，他很快发现"联邦制"造成临时大总统大权被各省都督架空，中央政府无威无权，转而主张实行中央集权和单一制。1912年1月上旬，孙中山在给中华民国联合会的复信中说："联邦制度于中国将来为不可行。而今日则必赖各省都督有节度之权，然后可战可守。"①8月13日，孙中山在《国民党宣言》中第一次公开主张"建单一之国，行集权之制"②。其后，袁世凯就任大总统，推行单一制。北洋政府1913年《中华民国宪法草案》第一章《国体》规定："中华民国永远为统一民主国"，"统一"即单一制国家结构形式。宪法起草委员会解释说："（中国）联邦之事实发达未熟，不便弹造，减民国团体之力，一也"；"联邦制束缚国权，不能圆满活动，与现时政治状态不适，二也。故取单一国主义"③。《宪法草案》不仅将"统一民主国体"明确规定下来，还规定"国体不得为修正之议题"。1923年公布的《中华民国宪法》沿袭了这两条规定。为了反对北洋军阀的独裁统治，孙中山又希望通过以"联邦制"、"联省自治"为号召，这使他陷入自相矛盾的尴尬境地。后来，由于陈炯明背叛，孙中山对联邦制有了更清醒的认识，他认为联邦制只能成为军阀割据的借口，并不能导致革命成功。他说："联邦制将起离心力的作用，它最终只能导致我国分裂成为许多小的国家，让无原则的猜忌和敌视来决定他们之间的相互关系。中国是一个统一的国家，这一点已牢牢地印在我国的历史意识之中，正是这种意识才使我们能作为一个国家而被保存下来……而联邦制则必将削弱这种意识。"④1924年1月，在国民党一大上，孙中山第一次提出"均权"的概念。说："关于中央及地方之权限，采均权主义。……不偏于中央集权制或地方分权制。"⑤孙中山认为中央与地方的权限分配，应以权之性质为对象。"权之宜属于中央者，属之中央可也；权之宜属于地方者，属之地方可也。例如军事、外交，宜统一不宜纷歧，此权之宜属于中央者也。教育、卫生，随地方情况而异，此权之宜属于地方者也。"⑥1931年的《中华民国训政时期约法》将国体更改为"中华民国永为统一共和国"，这只是文字上的改动，单一制民主共和国体并未改变，国民党继承了北洋政府以来的单一制国家结构制度。

---

① 《孙中山集外集》，上海人民出版社1990年版，第340页。
② 《孙中山全集》第2卷，第399页。
③ 《宪法新闻》第13期，1913年7月27日。
④ 《孙中山全集》第6卷，第528—529页。
⑤ 《孙中山全集》第9卷，第123页。
⑥ 《孙中山集外集》，第32—33页。

（二）中国共产党革命时期对国家结构形式的探索

马克思、恩格斯认为国家特点就是中央集权和地方自治相结合。恩格斯在《集权与自由》一文中说："集权是国家的本质，国家的生命基础，而集权之不无道理正在于此。……只要存在国家，每个国家就会有自己的中央，每个公民只有因为有集权才履行自己的公民职责。""国家集权的实质并不意味着某个孤家寡人就是国家中心，就像在专制君主政体下那样，而意味着有一个人位于中心，就像共和国中的总统那样。就是说，别忘记这里主要的不是身居中央的个人而是中央本身。"①马克思、恩格斯虽然主张中央集权，但同时也主张地方自治。1891年恩格斯给德国社会民主党纲领草案的建议中提出："省、专区和市镇通过由普选权选出的官吏实行完全的自治。取消由国家任命的一切地方的和省的政权机关。"②这是倾向于联邦制的观点。中国共产党深受马克思、恩格斯观点及苏俄联邦体制的影响，在1946年以前公开主张中国应实行联邦制。中共二大宣言指出："中国人民应当反对割据式的联省自治和大一统的武力统一，首先推翻一切军阀，由人民统一中国本部，建立一个真正民主共和国；同时依经济不同的原则，一方面免除军阀势力的膨胀，一方面又因尊重边疆人民的自主，促成蒙古、西藏、回疆三自治邦，再联合成为中华联邦共和国，才是真正民主主义的统一。"③1934年1月通过的《中华苏维埃共和国宪法大纲》指出："中华苏维埃政权以承认中国境内少数民族的自由权为目的，承认各弱小民族有同中国脱离，自己成立独立的国家的权利。蒙古、回、藏、苗、黎、高丽人等凡是居住在中国地域内，他们有完全自决权，加入或脱离中国苏维埃联邦，或建立独立的自治区域。"④1945年5月，在中共七大会议上毛泽东作了《论联合政府》报告，指出："在新民主主义的国家问题与政权问题上，包含着联邦的问题。中国境内各民族，应根据自愿与民主的原则，组织中华民主共和国联邦，并在这个联邦基础上组织联邦的中央政府。"⑤大会通过的党章也指出，中共的任务是

---

① 《马克思恩格斯全集》第41卷，人民出版社1982年版，第396—397页。
② 《马克思恩格斯全集》第22卷，人民出版社1982年版，第276页。
③ 《中共中央文件选集》（第1册），中共中央党校出版社1982年版，第74页。
④ 中共中央统战部编：《民族问题文献汇编》，中共中央党校出版社1991年版，第209页。
⑤ 毛泽东：《论联合政府》，《解放日报》1945年5月2日。

"为建立独立、自由、民主、统一与富强的各革命阶级联盟与各民族自由联合的新民主主义联邦共和国而奋斗"①。

中共国家结构形式的主张发生改变是在 1946 年国共两党的政协会议之后，会议上中共提出的《和平建国纲领草案》中有制定"省宪"，"在少数民族区域，应承认各民族的平等地位及其自治权"②等内容，具有联邦色彩，但大会修改后，去掉了"省宪"主张，代之以"省、县所颁之法规，不得与中央法令相抵触"的条文，也不再强调民族自治权，只是提到要重视其选举权利。此会议之后，中共放弃了"民族独立自决权"的口号以及在少数民族地区建立独立民族国家的主张，不过对于在中国是否实行联邦制仍处在探索之中。直到中华人民共和国成立前夕，才最终确定放弃联邦制。李维汉回忆说："1949 年人民政协筹备期间，毛泽东同志就是否实行联邦制问题征求我们的意见。我作了点研究，认为我国同苏联国情不同，不宜实行联邦制。……我研究了斯大林把自治分为行政自治、比较广泛的政治自治、更加扩大的自治、最高自治形式即条约关系四级的论述，觉得其中行政自治一级适合中国国情，建议采用。毛泽东同意这个建议，这就是我国多年来实行的民族区域自治制度。"③民族区域自治是在国家统一领导下，各少数民族聚居的地方实行区域自治，设立自治机关，行使自治权。

（三）中华人民共和国时期国家结构形式的探索

鉴于苏联中央高度集权的教训，1956 年 4 月 25 日，毛泽东在《论十大关系》讲话中提出在巩固中央统一领导的前提下，扩大地方独立性。在这种精神指导下，中共中央、国务院联合下达《国务院关于改进国家行政体制的决议草案》，依据统一领导、分级管理的原则，划分中央与省的管理权限，划分省与县、县与乡的管理权限；扩大地方各级行政权力和财政权力。1958 年 2 月 18 日，毛泽东在中共中央举行的春节团拜会上讲到经济管理体制问题时说："中央集权太多，是束缚生产力的，这就是上层建筑与经济基

① 中国人民解放军政治学院党史教研室：《中共党史参考资料》，人民出版社 1979 年版，第 569 页。
② 中央档案馆：《中共中央文件选集》第 16 册，中共中央党校出版社 1982 年版，第 41—45 页。
③ 1983 年，李维汉同志给中央领导人和邓小平同志写的题为《关于建立满族自治地方的问题》的信（由黄铸执笔起草）。黄铸：《中国共产党民族政策的重大转变——从联邦制到民族区域自治制度》，《中南民族大学学报》2003 年第 4 期。

础的关系问题。我是历来主张'虚君共和'的，中央要办一些事，但不要办多了，大批的事放在省、市去办，他们比我们办得好，要相信他们。"① 当年开始权力大下放，从 1960 年开始，中央进行大收权。1966 年 3 月，毛泽东再次提出了放权的意见。毛泽东在杭州政治局会议上再次提出"虚君共和"的口号，他说："中央还是虚君共和好，中央只管虚，管方针政策，不管实，或少管点实。中央部门收上的厂收多了，凡是收的都叫他们出中央，到地方去，连人带马都去。"毛泽东还以历史的眼光，审视中央与地方关系，他说："我们的国家，秦以来统一了，秦始皇中央集权，停滞了，长期不发展。我们也许走了错误道路，统一，也有好处，发展了，但要长期下去，也不能发展。"② 在这个精神指导下，70 年代又出现权力的下放和回收。出现了"一放就乱，一收就死"的恶性循环，中央和地方关系还没有形成合理的法定制度。

随着改革的进行，地方经济自主权再一次下放，随之而来的是地方经济实力大增，直接影响中央的财政控制能力。1994 年，我国开始在全国推行分税制。中央直接设立"国税系统"向地方征税，地方财政由"地税系统"征收，这一举措大大加强了中央财力。

邓小平对中央与地方关系的重要贡献是"一国两制"方针的提出。香港问题、澳门问题和台湾问题都是历史遗留下来的，由于这些地方长期受西方殖民影响或国民党长期统治，形成了特殊的社会制度，为了顺利解决统一问题，1982 年，邓小平提出"一国两制"的构想，即在单一制国家结构的前提下，允许在港、澳、台地区实行高度自治，维持原有社会制度不变，这是解决中央与地方关系的重要突破。

综上可知，共和时代的联邦思想，确有受到美、苏"联邦制"影响，同时也包含了民主自治思想的革命主张，当然也曾成为军阀割据的借口。北洋军阀、国共两党执政之后，都放弃联邦制，采用单一制，将自治置于单一制框架下，从某种意义上讲，也是中国郡县时代郡县藩属相结合的国家结构模式的延续。清初的顾炎武说过一句名言："知封建之所以变而为郡县，则

①　薄一波：《若干重大决策与事件的回顾（下）》，中共中央党校出版社 1993 年版，第 796 页。
②　顾龙生：《毛泽东经济年谱》，中共中央党校出版社 1993 年版，第 638 页。

知郡县之敝而将复变。然则将复变为封建乎？曰，不能。有圣人起，寓封建之意于郡县之中，而天下治矣。"用现代的话讲，联邦制与单一制也是各有利弊的。只讲自治，国家可能分裂；只讲统一，地方可能无权。能够寓联邦精神于单一制之中，寓自治于统一之中，国家才能长治久安。从长远来看，地方自治是民主权利的一种体现，表现为居民平等、普遍、直接地选举地方代议机构和行政长官治理地方。我国的各级地方人大及其选出的政权机关，具有联邦制和地方自治的某些特征，可以在合理划分中央、地方权限的基础上，逐步推行地方人大代表、政府首长直选，以充分体现地方自治的精神。

第七节 共和时代的公务员制度

公务员制度，也称文官制度或人事制度，这是郡县时代官僚制度在新时代的延续和发展。现代公务员多将军人排除在外，从本质上军人亦由国家财政供养，算是一种特殊的公务员。公务员制度包括管理、分类、选任、回避、等级（附军衔）、考绩、奖惩、授勋、薪俸、退休等制度。

1912 年 1 月 1 日中华民国建立后，南京临时政府、北洋政府、广州国民政府都设置了考铨机构，颁布了一些人事法规。但因军阀混战，政局动荡，并未建立起系统公务员制度，那时对公职人员还称"官吏"。南京国民政府成立后，重新设计官制，陆续颁布和修正了一系列考铨法规，公务员制度才逐步建立起来，从 20 世纪 30 年代开始，逐渐以"公务员"的名称代替"官吏"。

一、党管干部制度

国民党时期公务员制度的一个最显著的特点是它的党派性。国民党中央执行委员会规定政府职员必须加入国民党，为此国民政府专门发布了《政府机关职员须入国民党令》。为确保政府机关任命的公务员均忠于国民党，国民党中央执行委员会指示国民政府发出训令，规定各机关用人三项标准，第一项，"须注意其人在党内之历史，曾效忠党国而无反革命之言论者"；第二项，"务必每人专任一事，不得身兼数职"；第三项，"须真正觉悟，奉行本党主义，忠实努力者"。国民党中央还规定，政府各机关"用人先尽党员任用，裁员先尽非党员裁减"。

中华人民共和国成立后，1950 年 11 月成立中央人民政府人事部（1954 年后为国务院人事局）负责全国政府机关的人事工作。1959 年撤销国务院人事局，成立内务部政府机关人事局。"文化大革命"期间，内务部撤销，有关人事方面的工作移交中央组织部办理，1978 年 3 月成立民政部政府机关人事局。其特点是"党管干部"的人事管理，各级党的机关均设组织部对政府部门的人事局、人事司、人事处对口领导，录用、选拔干部按照德才兼备的原则进行。还要对各级干部进行马列主义培训，并不断展开审查、鉴定，中共党员在国家干部中的比例较高，干部级别越高，党员的比重越大。

二、公务员分类制度

南京国民政府的公务员包括：各级党部及其所属各机关委员职员、中央及地方政府及其所属机关职员、国立及省市县立学校职员教员、官营事业职员；地方自治机关职员、其他依法令从事于公务的人员。总之，凡吃财政者皆为公务员。国民党的公务员分政务官和事务官两类，凡须经政治会议议决任命之官吏为政务官，政务官任用不需要铨叙（考核），通常是高级官员。政务官以外的公务员为事务官，需要铨叙，通常为中低级官员和普通公务员，事务官包括文官、法官和外交官三大类。

中华人民共和国初期，实行"国家干部"制度，将干部分为九类：1. 军队干部，由军委和军队中的干部部、政治部管理。2. 文教干部，由党委宣传部管理。3. 计划、工业干部，由党委的计划、工业部管理。4. 财政、贸易干部，由党委的财政、贸易工作部管理。5. 交通、运输干部，由党委交通、运输部管理。6. 农林水利工作干部，由党委农村工作部管理。7. 民族、宗教、工商、政协、民主党派等干部或代表人物，由党委统战部管理。8. 政法干部，由党委的政法工作部管理。9. 党、群工作干部，由党委组织部管理。1979 年以后国家开始探索人事制度改革，人事主管机构也在不断调整①。1987 年，

---

① 1980 年，国务院决定将民政部政府机关人事局与国务院军队转业干部安置工作小组办公室合并，成立国家人事局。1982 年 5 月，国家劳动总局、国家人事局合并成立劳动人事部。1988 年，劳动人事分离，并分别成立人事部、劳动部（1998 年改组为劳动和社会保障部）。2008 年，两者又合并为人力资源和社会保障部。

中共十三大报告提出其主要缺点是："国家干部"这个概念过于笼统，缺乏科学分类；管理权限过分集中，管人与管事脱节；管理方式陈旧单一，阻碍人才成长；管理制度不健全，用人缺乏法治。这使我们长期面临两大问题：一是年轻优秀的人才难以脱颖而出，二是用人问题上的不正之风难以避免。报告提出要进行人事制度改革，建立公务员制度。"国家公务员分为政务和业务两类。政务类公务员，必须严格依照宪法和组织法进行管理，实行任期制，并接受社会的公开监督。党中央和地方各级党委，依照法定程序向人大推荐各级政务类公务员的候选人，监督管理政务类公务员中的共产党员。业务类公务员按照国家公务员法进行管理，实行常任制。"这一分类设想后来并未实行。1993年《国家公务员暂行条例》、2005年《公务员法》公布，公务员制度逐步建立起来。这时的公务员主要包括中国共产党、人民代表大会、政府、政协、法院、检察院、民主党派等七类机关的工作人员，另外还有一些如工会、青年团、妇联等社会团体的工作人员也属公务员。尽管公务员范围较前干部范围有所减小，将军队、企事业单位工作人员排除了出去，但目前仍有部分社会团体工作人员属于公务员范畴，目前七类公务员工作性质差别较大，还应进一步建立和完善有各类特点的制度法规。

三、公务员考选任用制度

郡县时代中央吏部和兵部分别负责文武官员的选授、考绩、封爵等。宣统三年（1911年），清政府裁撤吏部，在内阁之下设叙官局，接掌原吏部之职。中华民国成立后，在国务院之下设铨叙局，掌官员任免及文官考试等，并仿照科举制度，规定文官高等考试三年举行一次，考试及格后先分发学习二年，期满成绩优良的可以候补为任官。此外还有普通考试和特种考试录用任官的制度。南京国民政府规定，公务员的选拔，一律实行公开竞争考试，非经考试及格，不得任用。并成立考试院作为国家人事主管机关，内设考选委员会和铨叙部，考选委员会负责全国公务员考试，内设三处分别负责各类考试。考试分为三类：第一类是公职候选人，即全国和地方各级民意机构代表（后采取审查办法以代替考试，由第一处负责）。第二类是任命人员的考试，由第二处负责，依考试水平又分为高等考试、普通考试、特种考试三类。高等考试及普通考试每年或来年举行一次。第三类是依法应领证书之专门职业或技术人员的考试，这一类包括律师、会计师、技师、医师、药师等，由第三处负责。考试任官如过去的科举一样被认为是"正途"，但民国时期继承了旧的官僚体系，再加上战乱频繁，这种途径选用的人才只占极小比例。铨叙部职掌有：公务员登记，考取人员的分发登记，公务员的成绩考核登记，其任免审查、升降转调审查，资格审查，俸给及奖恤审查登记等事项。内设五司：总务司、登记司、甄核司、考功司、奖恤司。在地方先后设立省"铨叙委托审查委员会"或分区铨叙处，各机关内部分别设立人事司、科、课、组、股、室等。

中华人民共和国成立后30年内实行国家干部管理制度，选任方式主要表现在：单一委任制，即单纯依靠行政手段任命干部，一经任命，只要不犯错误，便终身享有这种身份，"能上不能下"；选拔干部由少数领导和组织部门负责，重政治，轻业务，主观随意性大，论资排辈现象严重。这种情况是由革命年代及新中国成立初期阶级矛盾尖锐、国家指导思想"左"倾及干部文化水平普遍不高造成的。《公务员法》实行后，公民进入公务员队伍有四种主要方式：即选任制（由人大及常委会选举或决定产生）、委任制（上级直接任命）、考任制（通过公开竞争考试择优录用）和聘任制（由行政机关向社会聘用，有约定聘期待遇）。目前存在的问题是选任制缺乏竞争机制，选举走过场，变相委任现象比较明显。委任制是公务员任用的主要方式，缺乏任期和民主公开机制，为跑官、卖官留下市场。考任制一般只实行于公务员入门环节，各部门、各地区各自为政，缺乏统一性，也不利于公正和监督。

四、公务员兼职制度

兼职是指公务员在担任本职工作外，还兼任其他职务工作的情形。对于公务员的兼职，南京国民政府时期曾有多项法令予以限制。1928年11月国民政府规定，"事务官不得兼差职"，只有以下几种情形例外：1. 在本机关内兼职；2. 因特别关系由主管机关会派兼职者；3. 由主管机关认可兼任学校功课，每星期不超过4小时者。1930年3月国民政府再次下令，"事务官除在本机关外，不得兼职"，意味着上述第二、第三两种情形亦在应禁之列。政务官"为求国家意旨之统一，施政方针之连贯，得任兼职"，但中央官吏不得兼任地方官吏，此一院、部、会官吏不得兼任他一院、部、会官吏，此一省、市官吏不得兼任他一省、市官吏，并规定兼职不得兼薪。法律还规定，公务员不得经营商业或投机事业，不得收受任何馈赠。国民党及其政府的各项法规，一贯禁下不禁上，上述规定蒋介石本人也未遵守。

中华人民共和国时期对兼职的规定比较宽泛。《公务员法》规定："公务员因工作需要在机关外兼职，应当经有关机关批准，并不得领取兼职报酬。"又规定，公务员不得"从事或者参与营利性活动，在企业或者其他营利性组织中兼任职务"。但由于确定的公务员范围比较宽，有些公务员，比如人大常委会组成人员、政协委员、民主党派领导人员等，出于工作或发挥其专业特长等需要，有时可能需要他们在企业或者其他营利性组织兼任职务，如独立董事、顾问等，因此，本条作了例外规定。公务员兼职，有利于节省人力资源和财政成本，但不利于提高工作效率，而且有些公务员兼职过多，权力过于集中，不利于发扬民主，有些兼职政企不分，可能影响政治廉洁与公平。

五、公务员回避制度

回避是指从事公务活动的机关为防止公务员出于某种亲情关系或个人利益等因素对公务活动产生不良影响，保证公务员公正廉洁地执行公务，而对公务员所任职务、执行公务和任职地区等方面作出的限制性规定。

明清时期曾经实行严格的官员地域回避。早在顺治十二年（1655 年），清政府就规定："督、抚以下，杂职以上，均各回避本省。"[1] 康熙时又规定"外任官在本籍五百里内者回避"[2]。但清末以来，官员避省现象开始打破。光绪三十三年（1907 年）河南提学使孔祥霖奏请将新设佐治各员概免回避，政务处议复：嗣后添设的佐治各员，除视学、劝业两员准由州县官采访舆论，参用本地士绅外，其余各员虽不必限制省份，仍应一律回避本府。[3] 民国初年，由于民主自治思潮和军阀割据的影响，明清这一传统被打破。以县

---

① 《大清会典事例》光绪朝卷四七《吏部·汉员铨选》，中华书局影印本 1991 年版，第 702 页。
② 《清史稿》卷八《圣祖本纪》，第 264 页。
③ 《清朝续文献通考》，第 8927 页。

知事、县长为例，北洋政府虽然多次申明县知事回避本省制度，但实际收效甚微。县知事、县长由本县人、本省人担任的比重不断上升，南京国民政府时期平均已经占半数以上。对于司法回避，北洋政府也规定各省高等审判检察司法官不得以本省人士充任，各省地方初级审判检察司法官，不得以地方厅管辖区域人士充任，各省各级审判检察司法官与本厅或该管上级厅长官有四亲等内血族或三亲等内姻亲关系者，应申请回避。南京国民政府也颁布了类似的规定，这些规定基本得到了遵守，但并未能防止司法腐败。

中华人民共和国成立后，废除国民政府的旧法统，一些合理有效的司法和行政制度也宣告终止，回避制度被取消。改革开放后，国家开始重视法制建设，司法和行政回避制度已逐步建立起来。首先在司法程序上，在诉讼法中确立了比较完备的回避制度。在1991年《民事诉讼法》中有当事人可以申请法官回避的规定。在2001年《法官法》中，有对诉讼法代理人回避的规定。2005年《公务员法》系统规定了回避的种类和情形，包括：1. 任职回避。指公务员之间有夫妻关系、直系血亲关系、三代以内旁系血亲关系以及近姻亲关系的，不得在同一机关担任双方直接隶属于同一领导人员的职务或者有直接上下级领导关系的职务，也不得在其中一方担任领导职务的机关从事组织、人事、纪检、监察、审计和财务工作。因地域或者工作性质特殊，需要变通执行任职回避的，由省级以上公务员主管部门规定。2. 地区回避。指公务员担任乡级机关、县级机关及其有关部门主要领导职务的，应当实行地域回避，法律另有规定的除外。3. 公务回避。指公务员在执行公务时涉及本人利害关系，涉及与亲属关系人员的利害关系以及其他可能影响公正执行公务的情形下，应当回避。4. 卸任回避。我国《公务员法》还规定：公务员辞去公职或者退休的，原系领导成员的公务员在离职三年内，其他公务员在离职两年内，不得到与原工作业务直接相关的企业或者其他营利性组织任职，不得从事与原工作业务直接相关的营利性活动。我国目前的回避制度在回避情形、回避程序和违反回避的后果和责任、回避监督等方面规定还不够具体，效果不够理想，在公务员招考、晋升及执行公务活动中血缘、地缘、人情关系仍有很大市场，各种贿赂干扰公务活动的现象时有发生。

六、公务员等级制度

民国元年北京政府颁布的《中央行政官官等法》将中央行政官员分为特任官（国务总理和各部部长等），由大总统经参议院同意任命，其下又有九等，第一二等为简任官（国务总理及部长属官），由总理任命，或总长与总理协商任命，呈请大总统执行。第三至五等为荐任官，由总理、总长任免，由总理呈请大总统执行。第六至九等为委任官，由所属长官任免。1914年《文官任职令》规定，特任官由大总统特令任用，简任官由大总统在合格人员中简任，荐任官由所属长官呈请大总统任命，委任官由所属长官任命。特任、简任官的任命状均由大总统署名、盖印，国务卿副署；荐任官的任命状盖总统印，由国务卿署名；委任官的任命状由所长官署名盖印。1914年《文官官秩令》还规定，文官分九秩：卿、大夫、士三级，每级各分上、中、少三等。另外还有加秩：同中卿，同上、中大夫，同中、少士，均秩同本官。卿为特任官阶，少卿及上、中大夫为简任官阶，中少大夫及上士为荐任，士为委任。同中、少士得署委任。北洋政府的九等文官实际是由古代九品官制改造而成，九秩明显具有九品散阶，是古代官、职分离传统的继承，1916年7月《文官官秩令》废止。广东和南京国民政府先后于1925年颁布《文官官等条例》、1933年颁布《暂行文官官等官俸表》，在官等上基本上沿用北洋政府时期的规定，分官等为特任、简任、荐任、委任四等，各等又分若干级，共4等37级。

特任是由政府主席特别任命的高级官员，如国民政府文官长、主计长、五院各部部长、各委员会委员长等（五院正副院长及国民政府委员由国民党中央选任，称选任官，不纳入此处所述官等序列）。特任官只设1级。

简任即由政府主席选拔并予任命。简任官共分8级，包括各部次长、各委员会副委员长、省主席、厅长、司长、省府秘书长等。

荐任官是由机关主管长官向政府主席荐报，请求任命的官员，共分12级，县长、省辖市市长、省以上机关的秘书科科长和中央机关的部分科员均属之。

委任官是由机关主管长官直接任命的官员（这里所说的主管长官主要指五院各部、会及各省市），凡经铨叙合格者，可不必报送政府主席而加以任命。县政府科长、局长、秘书、科员、技术人员等的任命程序，是由县长遴选合格人员呈请省政府委任。委任官分为 16 级。

南京政府的公务员有政务官与事务官之分。1929 年中央政治会议决议："凡须经政治议决任命之官吏为政务官。"后来又补充解释，经国务会议任命，由中政会审核者也为政务官。按官等来说，上述荐任和委任公务员，与不须经由中政会议决任命的简任公务员是事务官；此外，须经中政会议决任命的简任官与全部的选任官、特任官都是政务官。

中华人民共和国成立后，长时间实行国家干部制度，初步形成一定的职级和薪级制度。此后，国家推行公务员制度，等级制度更加完善。据1993 年《国家公务员暂行条例》，公务员共分 12 等 15 级。职务与级别的对应关系分别是：（一）国务院总理：1 级；（二）国务院副总理，国务委员：2 至 3 级；（三）部级正职，省级正职：3 至 4 级；（四）部级副职，省级副职：4 至 5 级；（五）司级正职，厅级正职，巡视员：5 至 7 级；（六）司级副职，厅级副职，助理巡视员：6 至 8 级；（七）处级正职，县级正职，调研员：7 至 10 级；（八）处级副职，县级副职，助理调研员：8 至 11 级；（九）科级正职，乡级正职，主任科员：9 至 12 级；（十）科级副职，乡级副职，副主任科员：9 至 13 级；（十一）科员：9 至 14 级；（十二）办事员：10 至 15 级。《公务员法》对《暂行条例》进行了修改和细化，将国家公务员的级别分 12 等为 27 级。公务员领导职务层次为 11 等 25 级：（一）国家级正职：1 级；（二）国家级副职：2—4 级；（三）省部级正职：四级至八级；（四）省部级副职：6—10 级；（五）厅局级正职：8—13 级；（六）厅局级副职：10—15 级；（七）县处级正职：12—18 级；（八）县处级副职：14—20 级；（九）乡科级正职：16—22 级；（十）乡科级副职：17—24 级；（十一）社区或驻村干部：25 级。综合管理类公务员级为 8 等 20 级：（一）巡视员（相当于正厅局级）：8—13 级；（二）副巡视员：10—15 级；（三）调研员（相当于正县处级）：12—18 级；（四）副调研员：14—20 级；（五）主任科员（相当于正乡科级）：16—22 级；（六）副主任科员：17—24 级；（七）科员（本科生、大专生）：18—16 级；（八）办事员：19—27 级。

军队也实行类似的军人（最初仅指军官）身份等级制度，现代统称为军衔制度。中国古代的武散官就是军衔的雏形，现代军衔制早在光绪三十年即已经出现。1905 年清政府颁布《陆军军官军佐任职等级及补官体制摘要章程》正式提出三等九级军衔称号，上等军官称都统，中等军官称参领，下等军官称军校，每等分正、副、协三级。1912 年 8 月北洋政府重新命名了三等九级军衔，称谓是：上将、中将、少将；上校、中校、少校；上尉、中尉、少尉。1909 年清政府还为军士设立上士、中士、下士军衔，这种称谓一直沿用至今。清末还设有一等兵、二等兵军衔，也被后世沿用。南京政府于 1935 年 3 月颁布了新的军衔等级表，把上将分为第一、第二两级，增设特级上将。整个军衔等级为 6 等 18 级，其中军官为 3 等 11 级。将官：特级上将、一级上将、二级上将、中将、少将；校官：上校、中校、少校；尉官：上尉、中尉、少尉；准尉；军士：上士、中士、下士；兵：上等兵、一等兵、二等兵。

中国人民解放军 1952 年开始在全军实行级别制，共设 11 等 24 级。一等，军委正副主席 1 级；二等大军区司令政委 1 级，军委委员 2 级；三等兵团司令员政委（正、副、准 3 级）；四、五、六等分别为军、师、团级首长（各分正、副、准 3 级）；七、八、九、十等分别为营、连、排、班级军官（各分正、副 2 级）；十一等为战士。1955 年解放军正式实行军衔制，设 6 等 19 级。元帅 2 级：中华人民共和国大元帅（实际未授予）、中华人民共和国元帅；将官 4 级：大将、上将、中将、少将；校官 4 级：大校、上校、中校、少校；尉官 4 级：大尉、上尉、中尉、少尉（实际授衔时增加准尉一级）；军士 3 级：上士、中士、下士；士兵 2 级：上等兵、列兵。1965 年军职、军衔取消，解放军干部也按国家行政干部套改为 1—23 级。1979 年解放军军职恢复并简化为 15 级：军委正副主席 1 级；军委委员 2 级；大军区、军、师、团、营、连正副 3—14 级；排职为第 15 级。1988 年去掉军委正副主席一级，还剩 14 级。同年还重新实行军衔制，军官军衔设 3 等 11 级，即：将官有一级上将（实际未授予，1994 年取消）、上将、中将、少将四级；校官有大校、上校、中校、少校四级，尉官有上尉、中尉、少尉三级。海军、空军军官在军衔前分别冠以"海军"、"空军"。专业技术军官，在军衔前冠以"专业技术"。士兵军衔按等级分为：士官有军士长、专业军士二级；军士有上士、中士、下士三级；兵有上等兵、列兵二级。2010 年 7 月，修订后的《中国人民解放军现役士兵服役条例》将中国军队的士官分期服现役制度更改为分级服现役制度。同时，士官军衔制度也有更改，士官军衔由 6 个衔级调整为 7 个衔级，分别是一级军士长、二级军士长、三级军士长、四级军士长、上士、中士、下士。

职级与军衔分别代表职务和军人级别两种不同对象，但二者有法定的对应关系。1994 年的《军官军衔条例》规定：中央军委副主席、委员、总参谋长、总政治部主任的军衔为上将，其他各职级编制的军衔为：正大军区职：上将、中将；副大军区职：中将、少将；正军职：少将、中将；副军职：少将、大校；正师职：大校、少将；副师职：上校、大校；正团职：上校、中校；副团职：中校、少校；正营职：少校、中校；副营职：上尉、少校；正连职：上尉、中尉；副连职：中尉、上尉；排职：少尉、中尉。14 职级与 10 衔级的对应关系除第一职级为上将外，其他均为一职两衔，有利于对军官形成激励作用，军衔也有与公务员类似的晋升机制。

七、公务员考绩制度

国民政府于 1929 年首次颁布《考绩法》。1935 年根据形势变化又加以修订，并公布考绩奖惩条例。主要内容有：公务员任职满一年即可考绩，以平时考核及工作记录作为考绩依据。考绩项目一般分为工作、操行、学识三种，评定等次分五等。一等晋二级、二等晋一级、三等留级、四等降一级、五等免职。考绩由铨叙部主管，各机关具体办理。考绩分年考与总考两种，年考于每年 12 月举行，总考在第三次年考后行之。考绩的方法是：先由公务员的直接上级长官评定，继由"再上级长官"执行评定，然后由主管长官最后评定。各机关在考绩时，设考绩委员会。考绩的优劣以分数表示之，规定工作最高得分为 50 分，学识最高得分为 25 分，操行最高分为 25 分，合计 100 分，以满 60 分为合格，但如果工作分数不满 30 分，即使总成绩已满 60 分，仍为不合格。考绩与奖惩相联系。80 分以上者晋级，70 分以上者记功，满 60 分者不予奖惩，不满 60 分者记过，不满 50 分者降级，不满 40 分者解职。为防止考绩"走过场"，《考绩法》还特别规定了应予解职人员的比例，"成绩过劣应行解职人员，年考不得少于各该机关总员额 2%，总考不得少于各该机关总员额 4%"。

新中国成立后称为"鉴定"，还没有形成稳定的制度。1979 年 11 月 21

日中组部发布《关于实行干部考核制度的意见》，规定："干部考核的标准和内容要实行德才兼备的原则，按照各类干部胜任现职所应具备的条件，从德、能、勤、绩四个方面进行考核。"1994 年 3 月，原人事部发布了《国家公务员考核暂行规定》，2007 年 1 月 8 日中共中央组织部、人事部根据《公务员法》的规定发布施行了《公务员考核规定（试行）》，该规定从总则、考核内容和标准、考核程序等方面都做了明确规定。公务员考核的形式主要分为平时考核和定期考核两种形式，对非领导成员公务员的定期考核采取年度考核的方式。考核内容包括"德、能、勤、绩、廉"五个方面，重点考核工作实绩。考核结果分优秀、称职、基本称职和不称职四等，优秀和称职是职务晋升必要条件，基本称职和不称职则要受到取消奖金、不准晋升、辞退等惩罚。为了严格公务员考核制度，防止公务员考核走过场，《公务员考核规定（试行）》明确规定公务员年度考核优秀等次人数，一般控制在本机关参加年度考核的公务员总人数的 5% 左右，最多不超过 20%。

八、公务员奖惩制度

南京国民政府建立以后，为整顿吏治，制定了严格的公务员惩戒制度。1931 年 6 月公布《公务员惩戒法》。与《公务员惩戒法》同时，还公布了《公务员惩戒委员会组织法》，规定公务员惩戒委员会分中央、地方两级，均直隶于司法院。1932 年 6 月成立中央公务员惩戒委员会，管辖"全国荐任职以上公务员及中央各官署委任职公务员之惩戒事宜"。对公务员的惩戒分免职、降级、减俸、记过、申诫五种，受免职处分的，一年内不得任用；降级的降一级或二级，非经二年不得叙进，无级可降的则按每级差额减俸二年；减俸为在一月以上、一年以下，减俸 10%—20%；被记过的一年内不得晋升，一年内记过三次的，由主管长官处以减俸处罚。不过这一制度并未得到很好执行，一是因为政出多门，权力分散。针对不同惩戒对象，设立了中央监察委员会和五种惩戒委员会。二是惩戒力度不够，最多是免职，无法对公务员失职违纪形成威慑。

中华人民共和国政府对公务员或公务员集体的奖励分为精神奖励和物质奖励两类。《公务员法》第五十条规定："奖励分为：嘉奖、记三等功、记二等功、记一等功、授予荣誉称号。对受奖励的公务员或者公务员集体予以表彰，并给予一次性奖金或者其他待遇。"这种规定与解放军奖励项目相同。

公务员的处分有六种。《公务员法》规定："处分分为：警告、记过、记大过、降级、撤职、开除。"取消了以前降职、开除留用察看两种处分。还规定："公务员在受处分期间不得晋升职务和级别，其中受记过、记大过、降级、撤职处分的，不得晋升工资档次。""受处分的期间为：警告，六个月；记过，十二个月；记大过，十八个月；降级、撤职，二十四个月。""受撤职处分的，按照规定降低级别。"解放军军官与文职干部行政处分与此类似。

九、公务员授勋制度

这是古代文武勋官制度的发展，民国以来，授勋以军职为主。辛亥革命胜利后，南京临时政府陆军部于1912年2月26日，将拟定的《勋章章程》呈报临时大总统孙中山审批，3月1日孙中山核准颁发施行。《勋章章程》规定：共颁发勋章三种，第一种称"九鼎勋章"，授予民国陆海军人中有特别战功者；第二种称"虎罴勋章"，授予民国陆海军人中有寻常战功者；第三种称"醒狮勋章"，一般授予民国为国尽瘁、功劳卓著者。九鼎勋章共分九等，头等、二等授予将官，三至六等授予将、校、尉官，六至九等授予士兵。凡获得九鼎勋章者，每年均按等级向国家领取年金，直至本人去世。年金的数额为：头等1000元，二等800元，三等600元，四等500元，五等400元，六等300元，七等200元，八等100元，九等50元。虎罴勋章亦分为九等，头等至六等授予将、校、尉官，六等至九等授予士兵。获得虎罴勋章者，战争结束后发给一次性勋金，其标准是：头等1500元，二等1200元，三等1000元，四等800元，五等600元，六等400元，七等300元，八等200元，九等100元。醒狮勋章也分为九等，按性质又分两种，一种是"褒赏名誉"，只标志荣誉，不给赏金；另一种附发赏金，但数量临时酌定，多寡不拘。

袁世凯对旧有封爵制度进行改造，实行勋位制度。勋位是指中国北洋政府时期授予有功之臣的荣誉称号。中华民国元年（1912年）8月，北洋政府颁布《勋位令》，次年元月发布《勋位授予条例》，规定"凡民国人民有勋劳于国家或社会者，授予勋位"。勋位分为六等：大勋位、勋一位、勋二位、勋三位、勋四位、勋五位。凡获得勋位者，依法享受一定的年金。对清朝旧有亲王以下世爵者，各以授勋位论：公视勋一位，侯视勋二位，伯视勋三位，子视勋四位，男视勋五位。9 月 20 日中华民国政府颁布《加进实赞共和之蒙古各札萨克王公封爵》的命令，蒙古王公上层普遍受到加封。1915 年 12 月袁世凯恢复帝制，也恢复五等封爵以收买人心，其所封爵位有亲王、郡王、公、侯、伯、子、男、轻车都尉，郡王以下各分一、二、三等。如，袁世凯曾封黎元洪为亲王、冯国璋为一等公、阎锡山一等侯、曹锟一等伯、张敬尧一等子、张作霖二等子、冯玉祥三等男、吴佩孚二等轻车都尉（后为三等男）之类，随着袁世凯复辟帝制失败，封爵遂退出历史舞台。

北洋政府于民国元年（1912 年）12 月 6 日颁发《陆海军叙勋条例》和《陆海军奖章令》，民国三年（1914 年）1 月 14 日颁发《陆海军勋章令》，到民国五年（1916 年）又作过几次修正和补充，根据这些法令先后设置了"大勋章"、"大绶宝光嘉禾章"、"嘉禾勋章"、"白鹰勋章"、"文虎勋章"、"勋表"和"陆海军奖章"，以及功绩、学术、射击等奖章。"大绶宝光嘉禾章"分为五等，其余勋章分为九等。分九等者，一至四等授予将官，三至六等授予校官，四至七等授予尉官和准尉见习军官，六至九等授予士兵。授予勋章时均附给执照，有的勋章还可以凭执照领取年金。陆海军奖章分为四等，一至二等奖给军官，三至四等奖给士兵。勋章除按战时建有"殊勋"、"武功"和平时积有"劳绩"的大小，授予本国官兵以外，还可由大总统特赠外国总统、皇帝、君主。获得勋章的官兵，因犯罪被判刑并剥夺公民权的，因污辱军人名誉受免官以上处分的，均剥夺其勋章。被判刑但未剥夺公民权的，停止其佩戴勋章。获得勋章者死亡后，应将勋章及其执照上交陆（海）军部注销。私造勋章或冒佩他人勋章，依法治罪。将勋章变卖、典当、转让及抵偿债务时，予以没收注销。

国民政府成立后，先后颁发《陆海空军勋赏条例》、《陆海空军勋赏条例实施细则》、《特授空军将士复兴荣誉勋章条例》以及多种关于颁发奖章的奖励条例。截至 1943 年 9 月，颁发有"国光勋章"、"青天白日勋章"、"宝鼎勋章"、"云麾勋章"、"复兴荣誉勋章"五种勋章；"陆海空军奖章"、"光华奖章"、"干城奖章"、各种"比赛奖章"、"空军星序奖章"、"空军宣威奖章"、"华胄荣誉奖章"等多种奖章。"国光勋章"不分等级，授予陆海空军抵御外侮保卫国家著有特殊战功的军人。"青天白日勋章"不分等级，授予陆海空军于战时抵御外侮立有卓著战功的军人。"宝鼎勋章"分为九等，一至四等授予将官，三至六等授予校官，四至七等授予尉官，六至九等授予准尉、准佐及士兵。"云麾勋章"分为九等，授予的等级区分同宝鼎勋章，二者不同的是，前者侧重奖励战功，后者侧重奖励军队建设方面的勋绩。"复兴荣誉勋章"区分为一、二、三等，主要授予战时捍卫领空作战中著有特殊功绩的官兵，在空中或地面指挥得力著有战功的大队长以上长官，亦可授予；一、二、三等按战绩论，如空战中连续击落敌机9架以上者授一等，6架以上者授二等，3架以上者授三等。

奖章，有的分为若干等级，如"空军星序奖章"就分为10个等级，用星的数量标志，称一星奖章、二星奖章……十星奖章；有的设有若干系列，如"比赛奖章"区分为绩学奖章、射击奖章、骑术奖章、操舟奖章、飞行奖章、特技奖章等。奖章的授予对象，有的只授给军人，有的可授给军人和军用文官，有的除授予军队内部人员外，还可授予地方人员和外国人。获得勋章有下列情形之一者，得缴销其勋章：被剥夺公民权终身者；明令剥夺其勋章者，丧失中国国籍者。有下列情形之一者，停止其佩戴勋章：剥夺公民权尚未恢复者；判服有期徒刑尚未期满者。获得勋章者死亡后，勋章免缴。勋章不得转借他人，不得抵借财物，违者除追缴勋章外，还科以行政处分。

中华人民共和国成立后也颁发过勋章，1955年颁发八一勋章、独立自由勋章、解放勋章（各分三级）以奖励在土地革命、抗日战争和解放战争时期的革命有功人员。1988年又颁发红星功勋荣誉章、独立功勋荣誉章和胜利功勋荣誉章授予以上三个时期立过功勋的军队离休干部。根据2010年5月修订的《中国人民解放军纪律条令》第四十二条规定："个人遵守纪律，在作战或者其他方面，功绩卓著，有特殊贡献，在军区以及其他相当等级的单位、全军、全国有重大影响和推动作用，堪称楷模的，可以授予荣誉称号。"中央军事委员会于2011年8月1日起启用英雄模范勋章。该勋章的前身是1979年3月设立的中国人民解放军英雄模范奖章。这是目前我国唯一针对新中国成立后有功军人的勋章。勋章之下还有奖章，1955年颁发勋章之下就有奖章，除英雄模范奖章（1979年始）外，还有立功奖章（1952年始）① 和优秀士兵证章（1996 年始）两种。

十、公务员薪俸制度

辛亥革命以后，北京政府于 1912 年公布了《中央行政官官俸法》。行政官的官俸一般采用货币支付，按月计算，称为月俸，也有实行年俸的。规定：大总统月俸 2.4 万元，公费 4 万元；副总统年俸 1 万元，公费 2 万元。国务总理月俸 1500 元，各部总长月俸 1000 元。其他官员月俸如下：

表 5–2　北洋政府官员月俸表

（单位：元）

官等	简任一	简任二	荐任三	荐任四	荐任五	委任六	委任七	委任八	委任九
月俸	600	500	360	300	240	150	115	80	60
		400	340	280	220	140	105	75	55
					200	130	95	70	

南京国民政府 1933 年颁布《文官官俸表》，文官分为特任、简任、荐任、委任四等，工资共分 37 级。特任是最高等级，适用于部长、委员长，只有一个工资标准，月薪 800 元。第二等是简任，分 8 级，简任是次长、厅长、司长的工资，月薪为：680 元、640 元、600 元、560 元、520 元、490 元、460 元、430 元。第三等是荐任，共分 12 级，荐任是处长、科长的工资，月薪为：400 元、380 元、360 元、340 元、320 元、300 元、280 元、260 元、240 元、220 元、200 元、180 元。俸给最低的是委任，共 16 级，1 至 12 级分别是一、二、三等科员的工资，11 至 13 级为二等事务员的工资，14 至 16 级为三等事务员的工资。这 16 级工资月薪分别为：200 元、180 元、160 元、140 元、130 元。120 元、110 元、100 元、90 元、85 元、80 元、75 元、70 元、65 元、60 元、55 元。特任官月俸和委任官最低俸级相差 15 倍。

---

① 1952 年 1 月 21 日中央人民政府人民革命军事委员会为加强对立功创模运动的领导，统一全军奖励工作，颁布《中国人民解放军立功与奖励工作条例（草案）》，规定：奖章分为特等功奖章、一等功奖章、二等功奖章、三等功奖章。1963 年 9 月 2 日中国人民解放军总政治部颁布《中国人民解放军战时立功条例（草案）》，规定，奖章分为一等功奖章、二等功奖章和三等功奖章。

中华人民共和国成立初期，党政群机关和军队工作人员基本上仍沿用新中国成立前的供给制和包干制办法；一部分新参加工作的机关工作人员实行了工资制，工资还发放部分实物或证券。1955 年 7 月起国家机关、事业单位职工工资全部改为货币工资，同时还提高了国家机关事业单位行政人员、工程技术人员、卫生技术人员、文艺工作人员等的工资标准。1956 年国家机关工作人员分 29 级，非党员干部最高工资是最低级工资的 23 倍，党员干部为 16 倍。

1956 年全国开始第二次工资改革，实行国家干部一职数级、上下交叉的工资标准。其中，行政人员工资标准分为 30 级。此后，又通过 1963 年、1979 年、1985 年、1986 年四次改革缩小了国家机关工作人员最高等级工资与最低等级工资之间的差距。结构工资制分为基础工资、职务工资、工龄工资和奖励工资四个组成部分。一是基础工资。基础工资是国家对工作人员最低生活实施保障的部分。基础工资的数额是按当时大体维持工作人员本人基本生活所需费用计算的，六类地区定为 40 元①（七类及七类以上另有地区工资系数），从国家领导人到一般工作人员都执行同样的基础工资。二是职务工资。即担任什么职务拿什么工资。这是结构工资制的主体，是体现按劳分配原则的主要部分。职务工资不是固定不变的，它随着职务变化而变化。三是工龄工资。即每工作一年，每月增加 0.5 元，领取工龄工资的工作者限最多不超过 40 年，工龄工资最高不超过 20 元。四是奖励工资。即用于奖励工作中作出显著成绩的工作人员。以一类工资区标准（六类中最高）为例，其工资标准如表 5–3 所示。

通过调整最高工资是最低工资的 6 倍多（未计工龄及奖励工资），与以前相比，干部工资差距明显缩小。1993 年，《国家公务员暂行条例》规定基本工资由职务工资、级别工资、基础工资、工龄工资四部分组成。《公务员法》实行职务工资、级别工资"两结构"，还规定："公务员工资包括基本工资、津贴、补贴和奖金。公务员按照国家规定享受地区附加津贴、艰苦边远

---

① 1956 年，中国实行工资制度改革，依据各地自然条件、物价和生活水平、工资状况，适当照顾重点发展地区和艰苦地区，将全国分为 11 类工资区。规定以一类地区为基准，每高一类，工资标准增加 3%（如浙江属二类地区、安徽属三类地区、北京属六类地区、上海属八类地区、广东属十类地区、青海属十一类地区等）。这一规定沿用到 1993 年。

表5–3　1956年国家机关工作人员月工资标准（单位：元，舍零取整）

级别	一	二	三	四	五	六	七	八	九	十
党员	404	404	404	372	342	325	290	264	243	209
非党	579	522	465	414	372	346	302	270	245	212
级别	十一	十二	十三	十四	十五	十六	十七	十八	十九	二十
党员	193	170	153	136	122	109	98	87	78	70
非党	195	172	155	138	124	110	99	87	78	70
级别	二一	二二	二三	二四	二五	二六	二七	二八	二九	
党员	62	56	49	43	38	33	30	27	25	
非党	62	56	49	43	38	33	30	27	25	

地区津贴、岗位津贴等津贴。公务员按照国家规定享受住房、医疗等补贴、补助。公务员在定期考核中被确定为优秀、称职的，按照国家规定享受年终奖金。公务员工资应当按时足额发放。"2013年国务院转发《关于深化收入分配制度改革的若干意见》要求："建立公务员和企业相当人员工资水平调查比较制度，完善科学合理的职务与职级并行制度，适当提高基层公务员工资水平；调整优化工资结构，降低津贴补贴所占比例，提高基本工资占比；提高艰苦边远地区津贴标准，抓紧研究地区附加津贴实施方案。结合分类推进事业单位改革，建立健全符合事业单位特点、体现岗位绩效和分级分类管理的工资分配制度。"

十一、公务员退休制度

北洋政府1914年2月公布的《文官恤金令》规定，文官恤金分为三种：终身恤金、一次恤金、遗族恤金，其中终身恤金就是退休金。文官在职满10年以上，有下列情形之一者，得受终身恤金。（1）年满60岁以上自请免官的；（2）因身体衰弱，残废不胜职务的；（3）依《文官保障法》休职期满的。在职不满10年，而有下列情形之一者，也得享受终身恤金：（1）因公受伤，身体残废不胜职务的；（2）因公受病，致身体残废或精神丧失不胜职务的。由以上原因退职者，给以俸金的六十分之十；在职10年以上，每增加 1 年得加给六十分之一。终身恤金由退职的次月起交给，至死亡之月停止。凡犯罪或重新任职者，即丧失或停止终身恤金。

1947 年，国民政府颁布《公务员退休法》规定：退休办法分为申请和命令两种。凡任职 15 年以上，年龄在 60 岁或任职 25 年以上成绩卓著者，则申请退休；凡年龄在 65 岁或心神丧失、身体残废而不能胜任职务的人员，则命令退休。退休后，给予一定的退休金，分年发或一次发给。命令退休者如已任职 5 年以上，其一次退休金可比其他退休公务员每年增加 1 个月俸额。年退休金的数额按其退职时之月俸额，合成年俸，再按其任职长短，以百分率计算，通常为 45%—65%。一次退休金则根据任职长短，一般为 4 个月至 8 个月。

新中国成立后，开始重新探索退休制度。1952 年，发布了《人事部关于各级人民政府工作人员退职处理暂行办法》。1955 年，国务院颁布了《关于国家机关工作人员退休处理暂行办法》，对正常的干部退休年龄规定为男 60 周岁，女 55 周岁。由特殊的原因，一些高级干部还实行离休制度。它适用于新中国成立以前参加革命工作、脱产享受供给制待遇和从事地下革命工作的老干部。1958 年 6 月中共中央《关于安排部分老同志担任各种荣誉职务的通知》中规定：第二次国内革命战争期间及在这以前参加革命的老同志，现在担任县委部长以上职务，思想作风较好，但因年老体衰担任实际工作确有困难的，可以调离现任工作，工资照发，长期供养。这一规定是干部离休制度的雏形。1978 年 6 月国务院颁发的《关于安置老弱病残干部的暂行办法》，将离职休养、工资照发作为特殊的退休制度确定下来。1980 年 10 月和 1982 年 4 月两次作了补充和修订，提出了离休干部"基本政治待遇不变，生活待遇略为从优"的原则。即干部离休后按同级在职干部规定的范围阅读文件，听重要报告，参加有关重要会议和政治、文化活动，了解国内外形势和中国共产党的方针政策；原工资照发，医疗、住房、用车、生活用品供应等优先照顾。中国共产党中央组织部、国家（劳动部）人事部和各省、市、自治区都设有老干部工作机构，凡有离休干部的单位和部门也都建有专门机构或配备专职人员，负责对离休干部的管理工作。由于历史的原因，20 世纪七八十年代，一些干部到了退休年龄仍然在担任党和国家重要职务，成为干部年轻化的障碍。邓小平为此专门成立"中央顾问委员会"（1982—

1992 年）作为退休的过渡，此后离退休制度开始普遍得到落实。1993 年公布实行《国家公务员暂行条例》，规定公务员男年满 60 岁，女年满 55 岁应当退休。此后，国家机关和企、事业单位，普遍实行了退休制度。2005 年《公务员法》规定："公务员达到国家规定的退休年龄或者完全丧失工作能力的，应当退休。"对以前规定的退休年龄做了模糊处理。一方面是为了避免引起男女退休不平等的争议，另一方面可能还考虑到人均寿命提高及在任国家高级领导人及高级专家学者年龄偏大的事实，难以一刀切。《公务员法》还规定："公务员符合下列条件之一的，本人自愿提出申请，经任免机关批准，可以提前退休：（一）工作年限满三十年的；（二）距国家规定的退休年龄不足五年，且工作年限满二十年的；（三）符合国家规定的可以提前退休的其他情形的。"其他情形通常指有毒、化学、放射等专业技术类公务员以及其他危险、恶劣条件下的公务员，按国家规定适当降低自愿退休年龄，以体现对这部分公务员身体健康的保障和适当照顾。《公务员法》还规定："公务员退休后，享受国家规定的退休金和其他待遇，国家为其生活和健康提供必要的服务和帮助，鼓励发挥个人专长，参与社会发展。"

中国自民初以来，建立了一系列政治和法律制度，其中不乏进步或合理的规定，但需要指出的是，由于连绵不断的革命和战争，有些规定并没有被很好地落实。民主和法治既需要长期的和平，也有赖于经济、文化发展水平和公民素质提高。

十二、公务员、党员官僚化问题

列宁说过，国家的基本特征是"把公职人员，'社会公仆'，社会机关，变为社会的主人"[①]。国家产生后，公职人员变成享有特权、压迫人民的官僚，成为奴役人民的主人，这是阶级社会国家官吏的共同本质。社会主义国家的公务人员是为人民服务的，是人民真正的公仆。但是如果没有人民的监督和法治的保障，社会主义国家公务员的公仆性质也会发生变质问题。

毛泽东、刘少奇、邓小平都讲到社会主义"如果搞得不好，特别是民主集中制执行得不好，党是可以变质的，国家也是可以变质的，社会主义也

---

① 《列宁选集》第 4 卷，人民出版社 1972 年版，第 370—371 页。

是可以变质的。干部可以变质，个人也可以变质。"①

中国古代就有"官为民役"的说法。唐代柳宗元说："凡吏于土者，若知其职乎？盖民之役，非以役民而已也。凡民之食于土者，出其十一佣乎吏使司平于我也。"②明代也有人说："设官之意，本为民役，非以役民也。"③官僚制度是私有社会、私有观念的产物，官僚集团和人民的关系本质上是不平等的劳动交换关系，它与民主共和时代的平等、自由的要求不相符合。近代以来，官为民公仆，为人民服务的口号也公开提了出来。严复也认为，立宪之君为天下之公仆④。孙中山曾多次使用"公仆"概念来表达其"民权"思想。他说："国中之百官，上而总统，下而巡差，皆人民之公仆也。"他还说："人民为一国之主，官吏不过为人民之仆，当受人民之监督制裁也。"⑤中华民国成立，孙中山就任临时大总统，他在誓词中宣称要"为众服务"。他说："官厅为治事之机关，职员乃人民之公仆，本非特殊之阶级。"⑥"总统在职一天，就是国民的公仆，是为全国人民服务的。""总统离职以后，又回到人民的队伍里去，和老百姓一样。"⑦北洋政府将旧的官僚体制改造为文官制度，即公务员制度，制定了一整套公务员考试、录用、考核、管理、抚恤的法令，虽然收效甚微，但开启了以法治吏的时代。

国民党执政以后1931年公布《官吏服务规程》，后更名为《公务员服务法》，也建立了一套公务员制度。但由于革命的不彻底性，很快就出现了党员干部脱离群众的官僚化问题。1939年1月，蒋介石曾公开批评说："就党外一般人士，尤其是各党派对于我们的观感来说，他们看我们党部就是衙门，看我们党部委员就是官僚，看我们一般党员当作特殊阶级，甚至视是亡清时代的旗下人。""一般民众不仅对党无信仰，而且表示蔑视。"⑧在阶级对

---

①　《邓小平文选》第 1 卷，人民出版社 1989 年版，第 303 页。

②　（唐）柳宗元：《河东先生集》卷二三《序别》，宋刻本。

③　（明）曹金：《开封府志》卷九《荥泽县》，明万历十三年刻本。

④　王栻：《严复集》，中华书局 1986 年版，第 245 页。

⑤　《孙中山全集》第 6 卷，中华书局 1985 年版，第 211、223 页。

⑥　《临时政府公报》第 27 号，1912 年 3 月 2 日。

⑦　郭汉章：《南京临时大总统府三月见闻录》，文史资料研究委员会编：《辛亥革命回忆录》（六），文史资料出版社 1961 年版，第 294 页。

⑧　蒋介石：《唤醒党魂、发扬党德与巩固党基》，见张其昀主编《先总统蒋公全集》第 2 册，（台北）文化大学出版部 1984 年版，第 1215 页。

立和冲突的时代，国民党声称代表"全民"利益，结果是几面不讨好，资产阶级、工人阶级、地主阶级、农民阶级没有任何一个阶级真正认同国民党确实代表了他们的利益，国民党成为一个没有群众基础的官僚型政党。对于国民党的脱离群众、组织涣散，抗战后国民党盛传这样一首顺口溜：

> 党离党员，党员离党；党离民众，民众离党；上层有党，下层无党；都市有党，乡村无党；做官有党，做事无党；为私有党，为公无党；空谈有党，实行无党；党外有党，党内有党；党的头大，党的脚小；党的名存，党的实亡。①

蒋介石对国民党官僚腐败现象甚感失望，他另设三民主义青年团以加强组织力量。结果造成党团倾轧，三青团又走向国民党官僚化老路。国民党官僚化是由其阶级本质发生变化造成的，正如国民党革新派贺岳僧所分析的那样：国民党本是一个革命党，就是要推翻旧制度，建立新制度。这就是必然遭到依循旧制度生存的特权阶级的反对，对于这般人是不可能以理说服他们的，也不可能与他们结成联合战线来致力革命。国民党的失策，就在于与这一般人达成妥协，将他们一起收编入党内，其目的是为了减少反动力量，扩大党的阵营。其结果却腐蚀了党的主义，阉割了党的革命性。党变成了特权阶级的保护者而不是它的反对者了。②国民党由一个代表下层工人、农民、中小资产阶级利益的政党演变为大地主、大资产阶级利益的代表，这就决定了它必然脱离民众，最终为人民革命所推翻的命运。

中华人民共和国时期，国家宣传共产党员和政府工作人员全心全意为人民服务，吃苦在前、享乐在后、无私奉献。"为人民服务"的说法源于苏联，1936年斯大林在《关于苏联宪法草案》的报告中说，知识分子从前为富人服务，现在要为人民服务。③1939年他又在联共十八大报告中说，新的苏维埃知识分子中绝大多数人都全心全意为人民服务④。受到苏联影响，为

---

① 叶青：《实行党内民主》，《革新周刊》第一卷第7期，1946年9月。
② 贺岳僧：《党的腐败原因之分析》（一），《革新周刊》第一卷第3期，1946年8月。
③ 《斯大林选集》下卷，人民出版社1979年版，第369页。
④ 《斯大林选集》下卷，人民出版社1979年版，第473页。

人民服务的概念也出现在中国共产党的语言里。1939 年毛泽东论及孔子"勇于压迫人民，勇于守卫封建制度，而不勇于为人民服务"①。1944 年毛泽东在《为人民服务》一文中明确提出党和人民军队要全心全意为人民服务的观点。中华人民共和国成立后，"为人民服务"、"反对官僚主义"成为公务员的宪法法定义务。1949 年《共同纲领》第 18 条规定："中华人民共和国的一切国家机关，必须厉行廉洁的、朴素的、为人民服务的革命工作作风，严惩贪污，禁止浪费，反对脱离人民群众的官僚主义作风。"1954 年宪法第 18 条明确规定："一切国家机关工作人员必须效忠人民民主制度，服从宪法和法律，努力为人民服务。"1975 年宪法第 11 条规定："国家机关和工作人员，必须认真学习马克思主义、列宁主义、毛泽东思想，坚持无产阶级政治挂帅，反对官僚主义，密切联系群众，全心全意为人民服务。各级干部都必须参加集体生产劳动。"1982 年宪法第 27 条也规定："一切国家机关实行精简的原则，实行工作责任制，实行工作人员的培训和考核制度，不断提高工作质量和工作效率，反对官僚主义。一切国家机关和国家工作人员必须依靠人民的支持，经常保持同人民的密切联系，倾听人民的意见和建议，接受人民的监督，努力为人民服务。"

中国共产党曾多次对党员干部中官僚主义进行批评和整顿。在七届二中全会上党就注意到一些干部将来可能被资产阶级糖衣炮弹打倒的问题。1951 年专门在全国开展反贪污、反浪费、反官僚主义的"三反"运动，甚至将大贪污犯当作人民的敌人来看待，要"坚决彻底干净全部地将他们肃清，而不应有丝毫的留恋或同情"②。社会主义改造完成后，国民党在大陆的政权被推翻，敌我矛盾基本结束，人民内部矛盾是社会主要矛盾，其中就包括干部与群众的关系。随着官僚主义腐败现象的蔓延，毛泽东批评的态度越来越严厉。1958 年毛泽东提出要破除资产阶级法权，他说争地位、争级别、要加班费、脑力劳动者工资高，体力劳动者工资少等，都是资产阶级思想。1960 年他又说：党员里"有一些品质不纯和作风不纯的人。他们是个人主义者、官僚主义者、主观主义者，甚至是变了质的分子。还有些人挂着共产党

---

① 《毛泽东文集》第 2 卷，人民出版社 1993 年版，第 163 页。
② 《毛泽东文集》第 6 卷，人民出版社 1999 年版，第 195 页。

员的招牌，但是并不代表工人阶级，而是代表资产阶级"①。1962 年在七千人大会上说："有一些人，钻到我们队伍里的坏分子，蜕化变质分子，这些人，骑在人民的头上拉屎拉尿，穷凶极恶，严重地违法乱纪。这是些小蒋介石。对于这种人得有个处理，罪大恶极的，也要捕一些，还要杀几个。因为对这样的人，完全不捕、不杀，不足以平民愤。"②1964 年 12 月，毛泽东一度认为"官僚主义者阶级与工人阶级和贫下中农是两个尖锐对立的阶级"，"最后必然要被工人阶级把他们当作资产阶级打倒"③。毛泽东在"文革"期间也多次发表谈话，将干部特权、官僚等级现象归于资产阶级思想。例如，1976 年 2 月毛泽东说，"我们自己是建设了这样一个国家，跟旧社会差不多，分等级，有八级工资，按劳分配，等价交换。要拿钱买米，买煤，买油，买菜。""做了大官了，要保护大官们的利益。他们有了好房子，好汽车，薪水高，还有服务员，比资本家还厉害。社会主义革命革到自己头上了，合作化时党内就人反对，批资产阶级法权他们有反感。""搞社会主义革命，不知道资产阶级在哪里，就在共产党内，党内走资本主义道路的当权派。走资派还在走。"④ 毛泽东将官僚主义者当作"走资本主义道路的人"，使处理干群关系陷入阶级斗争的误区，他提出无产阶级与资产阶级矛盾是社会主要矛盾的观点，并且认为共产党内出现了资产阶级代理人，这一判断是"文化大革命"十年动乱发生的主要原因。我国曾经规定在高中级干部党员工资较非党员要低一些，高级干部主动降低工资标准，甚至一度取消军衔制度，都有追求"平等"、反对官僚主义的因素。

　　改革开放后，与经济领域里打破大锅饭同步，物质奖励也进入政治领域，军队和行政事业单位等级化的待遇体制逐渐完善，在干部中也出现了形形色色的"特殊化"现象。1979 年 11 月，中央下发《关于高级干部生活待遇的若干规定》，邓小平发表讲话对干部官僚主义的各种表现提出批评。他说："一些脱离群众的制度，包括那些特殊化在内，'文化大革命'前有的已经有了，但远没有现在这样厉害。""我们的许多高级干部是很艰苦朴素的，

---

① 《毛泽东文集》第 8 卷，人民出版社 1999 年版，第 306 页。
② 毛泽东：《在扩大的中央工作会议上的讲话》，1962 年 1 月 30 日。
③ 丛进：《曲折发展的岁月》，河南人民出版社 1989 年版，第 600—601 页。
④ 马齐彬等：《中国共产党执政四十年》，中共党史资料出版社 1989 年版，第 403 页。

但确实有些人特殊化比较厉害。这种情况，在中下层干部中也有。如某些公社党委书记，某些县委书记，某些厂矿企业的同志，他们那个特殊化也比较厉害。""有的人追求舒适生活，房子越住越宽敞，越漂亮，越高级。有的人为了自己方便，可以作出各种违反规章制度的事情。""有些高级干部不仅自己搞特殊化，而且影响到自己的亲属和子女，把他们都带坏了。"另一方面，少数干部对群众反映的"应该而又能解决的问题，却采取官僚主义态度，漠不关心，久拖不决，个别人甚至违法乱纪，搞打击报复"。"好多事情，集体办公一下就解决了"，"非把文件传来传去，尽画圈"，"有的事画圈画了半年还解决不了，究竟是赞成还是反对，也不知道。""现在到处都可以看到，我们的官僚主义、官僚机构、官僚制度的害处极大。"①

随着改革开放的深入和社会主义市场经济的发展，中国逐步建立公务员制度。2005 年通过的《公务员法》将"全心全意为人民服务，接受人民监督"作为公务员的基本义务。中国的公务员制度带有党政、政社、政事不分的特点，党组织、国家机关、一部分社团（工、青、妇）和事业单位均由国家财政供养，其领导和成员都可称为公务员，公务员产生以上级任命为主，分二三十个等级，每个等级之间都存在工资、待遇差别，有些高级干部退休后享有特权（拥有办公室、秘书、公车、公房、特殊医疗条件等），这些规定，虽然有规范公务员权利的一面，但如果等级过多、差别过大，权责不对等，无疑会助长公务员的"自利"和"等级"追求，而忘掉了为人民服务的宗旨，这也和社会主义宪法"人人平等"和"为人民服务"的规定存在冲突之处。防止官僚主义的根源在于官员"权为民所赋"、"权为民监督"制度的建立和完善，实现党和国家在用人、立法、行政、司法的制度、活动对人民公开、由人民监督的制度，在这些方面，我们还有很长的路要走。

第八节　共和时代的文教制度

文教制度是国家在文化艺术、新闻出版、广播电视、文物博物、教育等领域实行意识形态和行政管理所采取的一整套制度性规定、规范、原则和

---

① 邓小平：《高级干部要带头发扬党的优良传统》，《邓小平文选》第 2 卷，第 215—230 页。

要求体系的总称。从总体上讲，辛亥革命以后，科学观念深入人心，政教分离，政治受宗教迷信影响较小，思想自由在不断得到保障。思想自由真正普及人类以其被法定化为界碑，各国宪法就是其中最为显著的标志。自1789年法国《人权与公民权宣言》成为最早规定思想自由（意见自由）的法律文件后，各国宪法纷纷将思想自由权作为本国公民的一项基本权利写入宪法。辛亥革命后颁布的第一部共和国宪法——《中华民国临时约法》就明确规定："人民有言论、著作、刊行及集会、结社之自由。""人民有书信秘密之自由。""人民有信教之自由。"不过，由于传统思想和意识形态的影响，共和时代不同政权在推广文化教育方面还表现了明显的思想倾向性。国民党和执政党设宣传部作为党的宣传机关，还设有各种党员培训机构或学校。国家设立教育部、文化部等部门，还设有研究院（国民政府）、社会科学院（中华人民共和国）等学术机构，并创办大学、中学、小学推广新式知识文化，宣传国家元首和执政党的思想，在某种程度上还表现为一定的垄断性和强制性，甚至还存在一定程度的元首崇拜现象。早期共和国的历史，也是元首、政党、国家意识形态与人民思想相互影响、共同发展的历史。

一、北洋政府时期（1912—1928年）

（一）国家指导思想

北洋政府实质上是军阀统治，共和只是政治形式的变革，并未触动社会基础，但大势所趋，统治者基本认同共和主义作为国家主导意识形态，并尝试将传统文化与共和主义相结合，挖掘儒家共和思想内涵，中学为体、西学为用，推行立宪体制下的威权统治，甚至两度出现变更国体、实行君主立宪的情况。这里仅以袁世凯的思想为代表进行分析。

1. 实行共和，保障言论自由

辛亥革命后，中国进入民国，以共和主义为国家意识形态，提倡思想言论自由。袁世凯原为清廷立宪派，辛亥革命爆发后，南北开始谈判。1912年2月12日，清帝溥仪退位，袁世凯电告临时政府，表明其拥护共和之决心："共和为最良之国体，世界之所公认，今由帝政一跃而跻及之，实诸公累年之心血，亦民国无疆之幸福。大清皇帝既明诏辞位——业经世凯署名，则宣布之日，为帝政之终局，即民国之始基。从此努力进行，务令达到圆满地位，永不使君主政体再行于中国。"1912 年 3 月 10 日，袁世凯在北京宣誓就任临时大总统。他表示："民国建设造端，百凡待治。世凯深愿竭其能力，发扬共和之精神，涤荡专制之瑕秽。"1913 年 10 月 10 日，袁世凯就任中华民国第一任正式大总统，发表《在任宣言书》，对共和政体进行了较为完整的阐述："余历访法美各国学问家，而得共和定义曰：共和政体者，采大众意思，制定完全法律，而大众严守之。若法律外之自由，则共耻之。"1913 年，北京《中国报》攻击冯国璋等，冯上书袁世凯请求封禁报馆，但袁世凯却在呈文上批示不予同意。称："本大总统尊重言论，不忍过事摧残，而共和国亦许言论自由，载在约法。虽该报不知自爱，颠倒是非，惟社会自有公评，所请封拿之处应毋庸议。"①

2. 以道德为本，以法律为用

1912 年 2 月 8 日，中华民国第一任教育总长蔡元培发表《对于新教育之意见》，认为"满清时代，有所谓钦定教育宗旨者。曰忠君、曰尊孔、曰尚公、曰尚德、曰尚实。忠君与共和政体不合，尊孔与信教自由相违。"蔡元培提出实施"军国民教育、实利教育、公民教育、世界观、美育"的新教育方针。同年 9 月，南京临时教育部公布《普遍教育暂行条例》。条例规定"小学读经科一律废除"，"清学部颁行之教科书一律禁用"。由于儒家思想传统仍然存在，以康有为为代表的旧官绅向教育部提出抗议，要求定孔教为国教。他们认为，孔子学说包含了共和精神，与共和政体并不矛盾。1913 年孔教会《请定孔教为国教》的请愿书中说："共和国以道德为精神，而中国之道德原本孔子。"② 孔教会的代表人物陈焕章指出："或疑孔教尊君太过，因以后世专制之毒归罪于孔子，此大谬也。夫孔子者，渴望共和者，憎恶专制者也，提倡革命者也……尊升平世之立宪君主者……尊太平世之共和民主者。"③ 还有人说孔子是"绝对的共和政治说"者，孔子之学说"为世界共和主义之初祖"④。袁世凯赞同儒家思想包含共和精神的观点。早在 1912 年 10 月 10 日的就职宣言中，他就说共和政体"吾国四千年已有雏形"。不

---

① 陆纯：《袁大总统书牍汇编》第 4 卷，文海出版社 1967 年版，第 196 页。
② 《孔教会杂志》第 1 卷第 6 号。
③ 陈焕章：《论今日当行孔教》，《宗圣杂志》第 1 卷第 3 号，1913 年 7 月。
④ 薛正清：《孔子和学说》，《中国学报》第 7 期。

过，袁世凯反对定孔教为国教。他说："信教自由，为万国之通例，我中华民国，本由汉满蒙回藏五大民族组织而成，其历史习惯，各有不同，斯宗教信仰，亦难一致，自未便特定国教，致庚群情。"① 面对强大的尊孔风潮，袁世凯为首的北洋政府采取折衷办法。一方面反对将孔教立为国教，另一方面也提倡尊孔尊儒，维护旧有道德。1912 年 9 月，袁世凯提出："立宪国重法律，共和国重道德。故道德为体，法律为用。"② 他申令以孝悌忠信礼义廉耻"八德"为立国之本。又提出"政体虽更，民彝无改"，"八德者，乃人群秩序之常，非帝王专制之规也"③，"近自国体改革，缔造共和，或为孔子言制大一统而辨等威，疑其说与今之平等自由不合，浅妄者流至悍然倡为废祀之说，此不独无以识孔学之精微，即于平等自由之真相亦未有当也。"④1914 年的《天坛宪草》附加了"国民教育以孔子之道为修身大本"一语，就是尊孔思潮的反映。为了调和保守思想与激进派思想的分歧，1923 年《中华民国宪法》规定："中华民国人民，有尊崇孔子及信仰宗教之自由"，反映了国家意识形态中学西学矛盾交织、混乱无定的状态。

3. 反对自由主义，倡导政党合作

袁世凯还对滥用自由平等之权的现象提出批评。他说，"自国体变更，无识之徒误解平等自由，逾越范围，荡然无守，纲常伦弃，人欲横流，几成为土匪禽兽之国。"⑤ 一些人"借权利不可侵犯，于是乎攘权可以自由，争利可以自由，假结社自由之名而谋乱可以自由。借言论自由之说而造谣亦可以自由。种种违法举动无不可以自由二字为御责之地，则强有力者遂可自由于弱无力者生命财产之范围内，而大乱遂起。不知所谓自由者在法律范围内之自由，并非一讲自由，即可任意自由于法律范围之外也。"⑥ 袁世凯于1912年 7 月 9 日发布《劝告政党通令》，集中表达了他的政党合作团结思想：

我国政党，方在萌芽，其发起之领袖，亦皆一时人杰，抱高尚之

① 《益闻摘录》，《不定孔教之命令》1914 年第 2 期。
② 荣孟源、章伯锋主编：《近代稗海》第三辑，四川人民出版社 1985 年版，第 54 页。
③ 中国史学会等：《北洋军阀》第二卷，上海人民出版社 1957 年版，第 359 页。
④ 陆纯：《袁大总统书牍汇编》（卷首），（台北）文海出版社 1967 年版，第 129 页。
⑤ 中国史学会等：《北洋军阀》第二卷，上海人民出版社 1957 年版，第 1399 页。
⑥ 陆纯：《袁大总统书牍汇编》（卷首），（台北）文海出版社 1967 年版，第 37—38 页。

理想，本无丝毫利己之心，政见容有参差，心地皆类纯洁。惟徒党既盛，统系或歧，两党相持，言论不无激烈，深恐迁流所极，因个人利害，忘国事之艰难。方今民国初兴，尚未巩固，倘有动摇，则国之不存，党将焉附？无论何种政党，均宜蠲除成见，专趋于国利民福之一途。若乃怀挟阴私，激成意气，习非胜是，飞短流长，藐法令若弁髦，以国家为孤注，将使灭亡之祸，于共和时代而发生，揆诸经营缔造之初心，其将何以自解？应言及此，忧从中来，凡我国民，务念阋墙御侮之忠言，怀同室操戈之大戒，折衷真理，互相提携，忍此小嫌，同扶大局。①

袁世凯和北洋政府的言论反映了传统社会向现代社会过渡时期不同阶层人物思想上的矛盾和斗争。作为官僚、军阀的代表，袁世凯等上层人物力图在共和体制下维护传统等级秩序和传统道德，在立宪政体下建立权威主义的统治。

（二）舆论控制措施

为加强舆论控制，1914 年 4 月，袁政府颁布了《报纸条例》，其中规定：禁止军人、官吏、学生和 25 岁以下者办报；报纸出版必须到警察机关登记，并交纳保证金；禁止报纸刊登"淆乱政体"、"妨害治安"和各级官署禁止刊载的一切文字；每天报纸在发行前须呈送报样给警察机关备案。同年 12 月，袁世凯又颁布了《出版法》，对出版物作出限制，明确规定报纸发行须经警察机关批准，并须缴纳保押金等。1918 年 10 月，段祺瑞掌握北洋政府大权后，又颁布《报纸法》，继续加强舆论控制。

（三）社会思想

面对北洋政府的保守思想，下层知识分子力图打破旧秩序、冲破旧道德。他们提倡新文化运动，宣传科学与民主，反对迷信盲从。1915 年，陈独秀大呼"六义"，其第一义就是"自主的而非奴隶的"。他认为，"我有口舌，自陈好恶；我有心思，自崇所信，绝不认他人之越俎，亦不应主我而奴他人。盖自认为独立自主之人格以上，一切操行，一切权利，一切信仰，唯

①　荣孟源、章伯锋主编：《近代稗海》第三辑，四川人民出版社 1985 年版，第 42—43 页。

有听命各自固有之智能，断无盲从隶属他人之理。"这些观点蕴含着思想自由的基本思想。陈独秀认为一切经不起科学法则和科学理性审判的东西，即令它是"祖宗之所遗留，圣贤之所垂教，政府之所提倡，社会之所崇尚，皆一文不值也"①。1918年，他又提出，学术为人类公有之利器，无古今中外之区别。如此，"吾人之于学术，只当论其是不是，不当论其古不古，只当论其粹不粹，不当论其国不国"亦如此，"吾人尚论学术，必守三戒"：勿尊圣，勿尊古，勿尊国②。当然，我们也应看到，官方意识形态显然是专制保守的，但也有进步和理性的一面，而新文化的代表人物有科学、民主的一面，但也存在盲目崇拜西方文化，简单否定中国传统文化的倾向。总的来讲，民国建立以来，民主共和观念已经深入人心，自由、平等、人权、科学思想在官僚知识分子中间得到广泛传播，君主专制、男尊女卑、家族观念、宗教迷信受到冲击。

二、南京政府时期（1928—1949 年）

（一）时代进化与革命学说——"四个时代，三期革命"学说

"四个时代，三期革命"学说是指人类历史演进的四个政治时代和民权革命的三个政治阶段。

1. 四个时代学说

孙中山认为，人类历史演进经历了四个时代：洪荒时代、神权时代、君权时代和民权时代。以现在学术界的看法，前两个时代相当于旧石器时代。自新石器时代以来即进入君权时代。孙中山又说："中国尧舜是很好的皇帝，他们都是公天下，不是家天下。当时的君权还没有十分发达，中国的君权是从尧舜以后才发达的。推行到尧舜以前更没有君权之可言，都是奉有能的人做皇帝，能够替大家谋幸福的人才可以组织政府。"他举例说：燧人氏、神农氏、轩辕氏、有巢氏都是对人类有功劳才做皇帝。孙中山说："中国自尧舜以后，那些皇帝便渐渐变成专制，都要家天下，不许人民自由拥戴有本领的人去做皇帝。"③孙中山将秦始皇以前的君主都称为皇

---

① 陈独秀：《敬告青年》，《青年杂志》创刊号，1915 年第 1 卷第 1 号。
② 《陈独秀文章选编》（上），三联书店 1984 年版，第 74、259 页。
③ 孙中山：《三民主义》，九州出版社 2011 年版，第 128—129 页。

帝是不准确的，他将君权时代分为两个阶段，君主非专制时代和君主专制时代。

孙中山认为，中国革命的目的之一是废除君权实行民权。他说："中国四万万之众等于一盘散沙，此岂天生而然耶？实异族之专制有以致之也。在满清之世，集会有禁，文字成狱，偶语弃市，是人民之集会自由、出版自由、思想自由皆已削夺净尽，至二百六十余年之久。"中国革命"一举而推覆异族之专制，光复祖宗之故业，又能循世界进化之潮流，而创立中华民国。无如国体初建，民权未张，是以野心家竞欲覆民政而复帝制，民国五年已变为洪宪元年矣！所幸革命之元气未消，新旧两派皆争相反对帝制自为者，而民国乃得中兴；今后民国前途之安危若何，则全视民权之发达如何耳。"①

2.知难行易和三等人说

孙中山认为革命和建设的根本因素是人的心理。说："夫国者，人之积也。人者，心之器也。而国事者，一人群心理之现象也；是故政治之隆污，系乎人心之振靡。吾心信其可行，则移山填海之难，终有成功之日；吾心信其不可行，刚反掌折枝之易亦无收效之期也。心之为用大矣哉！夫心也者，万事之本源也。"他提出针对"知易行难"之说，"知难行易说"，明确提出"行其所不知以致其所知"、"必待行之成之而后乃能知之"的论断，这种行先知后、由行致知的思想，包含着唯物主义内容。孙中山虽重视"行"的意义，认为先行而后知，但他又提出"知者不必自行，行者不必自知"的知行分任说，不仅割裂了知和行的统一，而且为少数"先知先觉者"统治广大劳动群众提供了理论根据。孙中山还公开反对平等自由之说，他将人民分为先知先觉、后知后觉、不知不觉三等，他说：

> 第一种人叫作先知先觉。这种人绝顶聪明，凡见一件事，便能够想出许多道理；听一句话，便能够作出许多事业。有了这种才力的人，才是先知先觉。由于这种先知先觉的人预先想出了许多办法，做了许多事业，世界才有进步，人类才有文明。所以先知先觉的人是世界上

---

① 孙中山：《建国方略》，华夏出版社2002年版，第300—301页。

的创造者，是人类中的发明家。第二种人叫作后知后觉。这种人的聪明才力比较第一种人是次一等的，自己不能够创造发明，只能够跟随摹仿，第一种人已经作出来了的事，他便可以学到。第三种人叫作不知不觉。这种人的聪明才力是更次的，凡事虽有人指教他，他也不能知，只能去行。照现在政治运动的言词说，第一种人是发明家，第二种人是宣传家，第三种人是实行家。……世界上的大事，也都是全靠那三种人来做成的。但是其中大部分的人都是实行家，都是不知不觉，次少数的人便是后知后觉，最少数的人才是先知先觉。[①]

孙中山认为："因为各人的聪明才力有天赋的不同，所以造就的结果当然不同。造就既是不同，自然不能有平等。像这样讲来，才是真正平等的道理。如果不管各人天赋的聪明才力，就是以后有造就高的地位，也要把他们压下去，一律要平等，世界便没有进步，人类便要退化。"[②] 他还说："（自由）如果用到个人，就成一片散沙。万不可再用到个人上去，要用到国家上去。个人不可太过自由，国家要得完全自由。到了国家能够行动自由，中国便是强盛的国家。要这样做去，便要大家牺牲自由。"[③] 孙中山说："现在成立共和政体，以民为主，大家试看这四万万人是哪一类的人呢？这四万万人当然不能都是先知先觉的人，多数的人也不是后知后觉的人，大多数都是不知不觉的人。……照我看起来，这四万万人都是像阿斗。"[④] 孙中山反对自由平等，将人民视为阿斗，言外之意就是将自己和国民党精英视为先知先觉者，有资格作为领导者高居于人民之上，有资格要求人民为国家牺牲个人自由。说："中国人民知识程度之不足，固无可隐讳者也，且加以数千年专制之毒，深中乎人心，诚有比于美国之黑奴及外来人民知识尤为低下也。""中国人民今日初进共和之治，当有先知先觉之革命政府以教之。此训政之时期，所以为专制人共和之过渡所必要也，非此则必流于乱也。""我中国人民久处于专制之下、奴性已深，牢不可破。不行一度之训政时期以洗除其旧染之污、奚能

①　孙中山：《三民主义》，九州出版社 2011 年版，第 124—125 页。
②　孙中山：《三民主义》，九州出版社 2011 年版，第 92 页。
③　孙中山：《三民主义》，九州出版社 2011 年版，第 88 页。
④　孙中山：《三民主义》，九州出版社 2011 年版，第 127 页。

享民国主人之权利?""民国之主人者，实等于初生之婴儿耳，革命党者，即产此婴儿之母也：既产之矣，则当保养之，教育之、方尽革命之责也。此革命方略之所以有训政时期者，为保养、教育此主人成年而后还之政也。"① 这为国民党借"军政"、"训政"，长期实行一党专政提供了重要依据。

3. 革命三期说

1918 年，孙中山在他所著的《知难行易的学说》中写道：

革命进行之时期为三：第一，军政时期，第二，训政时期，第三，宪政时期：

第一为破坏时期，拟在此时期内施行军法，以革命军担任打破满清之专制、扫除官僚之腐败、改革风俗之恶习、解脱奴婢之不平、洗净鸦片之流毒、破灭风水之迷信、废去厘卡之阻碍等事。

第二为过渡时期，拟在此时期内施行约法（非现行者），建设地方自治，促进民权发达。以一县为自治单位，县之下再分为乡村区域，而统于县。每县于敌兵驱除、战事停止之日，立颁布约法，以之规定人民之权利义务与革命政府之统治仅，以三年为限，三年期满，则由人民选举其县官；或于三年之内。该县自治局已能将其县之积弊扫除如上所述者，及能得过半数人民能了解三民主义而归顺民国者，能将人口清查、户籍厘定、警察、卫生、教育、道路各事照约法所定之低限程度而充分办就者，亦可立行自选其县官，而成完全之自治团体。革命政府之对于此自治团体，只能照约法所规定而行其训政之权。俟全国平定之后六年，各县之已达完全自治者，皆得选举代表一人，组织国民大会，以制定五权宪法。以五院制为中央政府：一曰行政院，二曰立法院，三曰法院，四曰考试院，五曰监察院。……宪法制定，总统、议员举出后，革命政府当归政于民选之总统。而训政时期于以告终。

第三为建设完成时期，拟在此时期始施行宪政，此时一县之自治团体，当实行直接民权。人民对于本县之政治，当有普通选举之权、

---

① 孙中山：《建国方略》第六章《能知必能行》，华夏出版社 2002 年版，第 70—71 页。《知难行易的学说》，又名《孙文学说》，后编入《建国方略》三部分之———《心理建设》。

创制之权、复决之权、罢官之权，而对于一国政治除选举权之外，其余之同等权则付托于国民大会之代表以行之；此宪政时期，即建设告竣之时，而革命收功之日；此革命方略之大要也。①

孙中山认为，由于军阀混战、民生贫困及人民没有民主意识，人民权力先由国民党及其建立的政府代为行使，条件成熟后再实行共和宪政，由人民直接行使权力。按照设想，国家政治体制要经过"军政——训政——宪政"三个阶段。首先是"以党建国"的暴力革命时期，早期是指以革命的手段推翻清王朝的统治，建立共和国。后来指通过武装革命彻底打倒军阀，实现国家的统一和独立。革命完成之前，为军政时期，由军队代管政权。革命完成后进入"训政"时期，由国民党暂时代替人民掌握政权，同时培养民众的民主意识。届时要实行约法，由政府派出经过训练、考试合格的人员，到各县筹备地方自治，并对人民进行使用民权和承担义务的训练。孙中山认为，凡一省之内全部的县已实行自治，就可结束训政，开始宪政阶段。"宪政"时期，国民党还政于民，由人民选出政府管理国家。

4. 革命三期说的评价

孙中山的观点，后来受到自由主义学者胡适的批评。他认为孙中山根本不信任中国人民的参政能力，说："中山先生的根本大错误在于误认训政与宪法不可同时并立"，"人民需要的训练是宪法之下的法治生活。'先知先觉'的政府诸公必须自己先用宪法来训练自己，裁制自己，然后可以希望训练国民走上共和的大路。不然，则口口声声说'训政'，而自己所作所为皆不足训，小民虽愚，岂易欺哉？""为什么训政时期不可以有宪法？为什么宪法之下不能训政？在我们浅学的人看起来，宪政之下正可以做训导人民的工作；而没有宪法或约法，则训政只是专制，决不能训练人民走上民主的路。"②胡适对国民党以训政之名压制人民自由的做法提出批评，他说："一班当权执政的人也就借'行易知难'的招牌，以为知识之事已有先总理担任做了，政治社会的精义都已经包罗在《三民主义》、《建国方略》等书之中，中

---

① 孙中山：《建国方略》，华夏出版社 2002 年版，第 64—65 页。
② 欧阳哲生编：《胡适文集》，北京大学出版社 1998 年版，第 537—539 页。

国人民只有服从，更无疑义，更无批判辩论的余地了。于是他们掮着'训政'的招牌，背着'共信'的名义，钳制一切言论出版的自由，不容有丝毫异己的议论。"① 他批评国民党"党员必须服从党的纪律。党员没有自由……有严密的特务侦查机关，他们的作用不但是侦查防范党外的人，还必须监视党员的言论、思想、行动。党员必须服从党的命令，言论思想必须依照党的路线"。"本身是少数党，但因为组织的严密坚强，往往能利用政治的特殊权威，压服大多数人民，以少数党统治全国"，他们"绝对不承认，也不容许反对党的存在。一切反对力量，都是反动，都必须彻底肃清铲除，才可以巩固一党永久专政的权力。"② 客观地讲，国民党的这些专制特点，有着孙中山反对平等自由、主张知难行易以及"革命三期说"等建党和革命理论基础。孙中山的"革命三期说"尽管在实践过程中出现了国民党独裁统治并导致其政权在大陆的失败，但客观地讲，这一理论设想大体上是符合中国政治民主发展进程的。当然我们应该看到"革命三期说"也存在一定的局限性，那就是贬低人民的政治觉悟，忽视最底层人民的经济条件，最终导致大地主、大资产阶级专权，使民主宪政无法真正实现。

（二）国家与社会学说——三民主义理论

国民党以三民主义为国家指导思想，在学校推行三民主义教育。三民主义是民族主义、民权主义、民生主义的合称，有旧三民主义、新三民主义两个阶段。

1. 旧三民主义

旧三民主义最初体现于 1905 年中国同盟会成立的誓词："驱除鞑虏，恢复中华，建立民国，平均地权。"这里的民族主义，仅指"驱除鞑虏，恢复中华"，没有反对帝国主义，争取中华民族独立的内容；民生主义，只提到"平均地权"，没有反对资本主义的内容。建立民国也仅停留在政权组织形式上，忽略了下层工人农民的民主权利。

2. 新三民主义

后来受北洋军阀执政和俄国十月革命的影响，孙中山实行"联俄、联共，

---

① 欧阳哲生编：《胡适文集》，北京大学出版社 1998 年版，第 598 页。
② 沈卫威：《无地自由——胡适传》，上海文艺出版社 1994 年版，第 374 页。

扶助农工"三大政策，对三民主义进行了新的解释，形成新三民主义。强调国家政权为"一般平民所共有"，即强调它的人民性、群众性。"凡真正反对帝国主义之个人及团体均得享有一切自由及权利。"这是对民权主义的新发展。

孙中山说："三民主义的意思，就是民有、民治、民享。这个民有、民治、民享的意思，就是国家是人民所共有，政治是人民所共管，利益是人民所共享。照这样的说法，人民对于国家不只是共产，一切事权都是要共的。这才是真正的民生主义，就是孔子所希望的大同世界。"①

民族主义。对内"中国民族自求解放"，并实现"中国境内各民族一律平等"；对外，"反抗帝国侵略主义，将世界受帝国主义所压迫的人民来联络一致，共同动作，互相扶助，将全世界受压迫的人民都来解放。"②

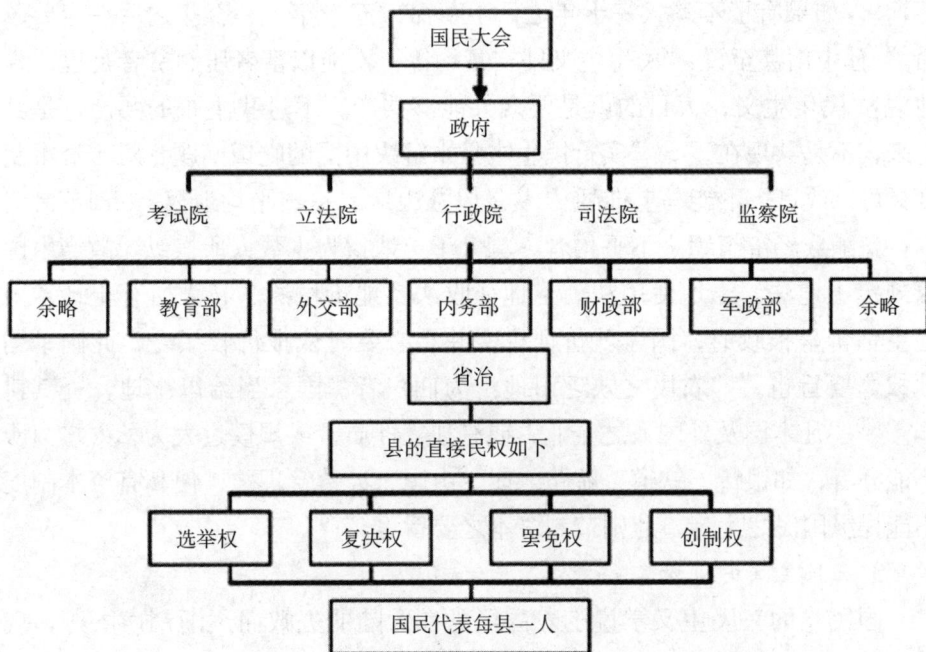

图 5–1　孙中山的人民四权、政府五权的宪政学说示意

---

① 《孙中山全集》第 9 卷，第 394 页。
② 《孙中山全集》第 9 卷，第 118、126 页。

民权主义。孙中山的民权主义设计了全民政治、五权宪法、地方自治等措施，实现天下为公、人民作主的理想。按照孙中山的建国方略，中华民国主权属于人民，人民通过国民大会行使权力，人民代表行使选举、罢免、创制、复决四项权力。人民选举出政府行使治权，分立法、行政、司法、监察、考试五项权力，分别设五院行使。

民生主义。孙中山也称之为社会主义，是古代"均平"思想的延续。孙中山认为："民生主义与资本主义根本不同的地方，就是资本主义是以赚钱为目的，民生主义是以养民为目的。"孙中山说："我们国民党的民生主义，目的就是把社会上的财源弄到平均，所以民生主义就是社会主义，也就是共产主义。""共产主义是民生的理想，民生是共产主义的实行。"① 又说："民生问题不解决，社会上的贫富总是不平均。从前孟子说，'不患贫而患不均'，如果有了不均，三十年之后不革命，五十年、一百年之后一定要革命。"孙中山甚至说："民生主义即贫富均等，不能以富者压制贫者是也。"②他说："民生主义，大目的就是要众人能够共产。不过我主张的共产，是共将来，不是共现在。"③"实行民生主义来解决中国的吃饭问题，对于资本制度只可以改良，不能马上推翻。"④ 具体办法是："一曰平均地权；二曰节制资本。盖酿成经济组织之不平均者，莫大于土地权为少数人所操纵。故当由国家规定土地法、土地使用法、土地征收法及地价税法。私人所有土地，由地主估价呈报政府，国家就价征税，并于必要时依报价收买之，此则平均地权之要旨也。""农民之缺乏田地沦为佃户者，国家当给以土地，资其耕作。"⑤"凡本国及外国人之企业，或有独立性质，或规模过大为私人之力所不能办者，如银行、铁道、航路之属，由国家经营管理之，使私有资本制度不能操纵国民之生计，此则节制资本之要旨也。"⑥

3. 三民主义的评价

国民党的三民主义学说随着国民党在大陆的失败而逐渐销声匿迹，现

---

① 《孙中山全集》第9卷，第381、388页。
② 《孙中山全集》第6卷，中华书局1985年版，第8、56页。
③ 孙中山：《三民主义》，九州出版社2011年版，第182页。
④ 孙中山：《三民主义》，九州出版社2011年版，第200页。
⑤ 《孙中山全集》第9卷，第184、120页。
⑥ 《孙中山全集》第9卷，第120页。

在重温孙中山的言论不难发现，他的观点虽然有些地方显得粗疏简陋，但也有很多合理、闪光之处。他对社会主义和共产主义目标的认同和中国共产党是一致的，他提出的"耕者有其田"的主张也被共产党实行。孙中山不主张革命的目标是追求个人的平等、自由权利，他强调国家自由权和集体的民权，这一点也影响到了国民党的"民主集权制"和共产党的"民主集中制"理论。孙中山反对马克思的阶级斗争，他主张阶级调和。他说："社会之所以有进化是由于社会上大多数的经济利益相调和，不是由于社会上大多数的经济利益有冲突。社会上大多数的经济利益相调和，就是为大多数谋利益，社会才有进步。""人类求生存，才是社会进化的原因。阶级战争不是社会进化的原因，阶级战争是社会进化的时候所发生的一种病症。""马克思认定阶级战争才是社会进化的原因，这便是倒果为因。"[1]孙中山也反对物质中心论，说："从前的社会主义者错认物质是历史的中心"，现在要改正这种错误，"要把历史上的政治、社会、经济种种中心都归之于民生问题，以民生为社会历史的中心。"[2]毛泽东认为："1924年孙中山重新解释的三民主义中的革命的民族主义、民权主义和民生主义这三个政治原则，同共产主义在中国民主革命阶段的政纲，基本上是相同的。"他认为，二者还存在四点不同：（一）民主革命阶段上的一部分革命纲领的不相同，共产主义的全部革命纲领中，有彻底实现人民权利，八小时工作制和彻底的土地革命纲领，三民主义则没有这些部分。（二）有无社会主义革命阶段的不同。共产主义于民主革命阶段之外，还有一个社会主义革命阶段，有实现社会主义和共产主义的纲领。三民主义则只有民主革命阶段，没有社会主义革命阶段，没有建立社会主义和共产主义的纲领。（三）宇宙观的不同。共产主义的宇宙观是辩证唯物论和历史唯物论，共产主义的宇宙观则是所谓民生史观，实质上是二元论或唯心论，二者是相反的。（四）革命彻底性的不同。共产主义者是理论实践一致的，即有革命彻底性。三民主义者，除了那些最忠实于革命和真理的人们之外，是理论和实践不一致的，讲的和做的互相矛盾，即没有革命彻底性。

---

① 《孙中山全集》第9卷，第164—166页。

② 孙中山：《三民主义》，九州出版社2011年版，第171—172页。

新三民主义与新民主主义的政治纲领基本相同，中国共产党主张为实现真正的三民主义而奋斗，并把将来要建立的"新民主主义的共和国"也称为"新三民主义的共和国"或"名副其实的中华民国"。[①] 中国共产党在民主革命期间高举孙中山三民主义旗帜，既切合革命形势的需要，又扩大了统一战线、孤立民国民党顽固派，最终取得了新民主主义革命的胜利。

（三）国民党的文教政策

1. 训政时期的文教政策

国民党大力宣扬三民主义思想，对反对三民主义的宣传以反革命罪论处。1928 年 3 月颁布的国民政府《暂行反革命治罪法》第六条规定："宣传与三民主义不相容之主义及不利于国民革命之主张者，处二等至四等有期徒刑。"1931 年 2 月《危害民国紧急治罪法》第六条规定："以危害民国为目的而组织团体或集会，或宣传与三民主义不相容之主义者，处五年以上、十五年以下有期徒刑。"[②]1929 年 3 月，国民党三大通过的《训政时期党、政府、人民行使政权、治权之分际及方略案》重申党权至上的原则，规定国家党最高权力机关"于必要时，得就人民之集会、结社、言论、出版等自由权，在法律范围内加以限制"，人民"须服从拥护中国国民党，誓行三民主义，接受四权使用之训练"，才得享受"国民之权利"。蒋介石甚至一度宣扬准备实行法西斯统治。1931 年 5 月，他在国民会议上说："法西斯蒂之政治理论"，"操之者即系进化阶段中最有效能者"，"今日举国所要求者"，即此"有效能的统治权之行使"。国民党的训政制度，遭到一些人权派的反对。1929 年 7 月 20 日，胡适在其《新月》杂志上发表《我们什么时候才可有宪法》一文，批评国民党的训政理论，认为"宪法正可以做训导人民的工作，而没有宪法或约法，则训政只能是专制"，要求国民政府制定宪法，保障人权。同年，罗隆基也在该杂志发表《论人权》、《告压迫言论自由者》等文章，提出三权分立主张，警告国民党：压迫言论自由的人，必然会弄到极凄惨的结果。胡适还对专制才能建国的观点提出了批评，认为建国固然要统一政权，但统一政权不一定要靠独裁专制。结果是，国民政府教育部发出训令，声称"胡适

---

①　毛泽东：《新民主主义论》，《毛泽东选集》第 2 卷，人民出版社 1991 年版，第 677、687、688 页。

②　选自《中华民国史档案资料汇编》第 5 辑第 1 编，江苏人民出版社 1994 年版，第 291—292 页。

近年来以刊发言论，每多悖谬"，"足以引起人民对于政府的恶感或轻视"，
"言论不合，奉令警告"①。而对于更加激进的罗隆基，国民党则以"言论反
动"、"共产的嫌疑"为理由予以逮捕。这些做法既违背孙中山"宪政思想"，
也引起社会不满。迫于舆论，1934 年 11 月，蒋介石和汪精卫联合发表通电
称"人民及社会团体间，依法享有言论结社之自由，但是不以武力及暴动为
背景，则政府必当予以保障而不加以防制"。宣称，"盖中国今日之环境与时
代，实无产生意俄政制之必要与可能也。"② 这一虚伪的宣称并没有改变国民
党思想专制的实践。1943 年初，蒋介石抛出了《中国之命运》一书，鼓吹
"一个主义、一个领袖、一个政党"③。把三民主义说成是"惟有三民主义为
荟萃我整个民族意识的思想"，"没有三民主义就没有抗战"；"所以抗战的最
高指挥原则，惟有三民主义。"④ 说"中国的命运，完全寄托于中国国民党"⑤。
国民党思想专制受到民主党派和中国共产党批评和抵制。国民党通过一系列
法令，对新闻舆论进行控制，凡涉及外交、军事机密及违反三民主义的言论
报道，均在查禁之列。国民党还设置了一整套新闻检查机构，如"图书杂志
审查委员会"、"中央新闻检查处"、"首都新闻检查所"以及各省市"新闻检
查所"，形成严密的新闻检查网。1934 年 8 月国民党政府为压制人民言论自
由而制定的《检查新闻办法大纲》中规定："新闻原稿必须送检"，报纸上发
表的任何文字，都要在刊出以前送交国民党的检查官检查，检查官可加以删
削和扣留。在国内高涨的"拒检运动"和国际纷纷取消战时新闻检查制度的
双重压力下，1945 年 9 月 22 日，国民党中央第 10 次常会宣布废止新闻出
版检查制度。

2. 宪政时期的文教政策

1946 年通过的《中华民国宪法》规定："人民有言论、讲学、著作及出
版之自由；人民有秘密通讯之自由"，根据这些规定，新闻审查制度，特许
制度均属违宪；司法院 644 号释宪声明称，人民宣扬共产主义和国土分裂主

① 中国社科院近代史研究所中华民国史研究室：《胡适往来书信选》上册，中华书局 1979 年版，第
515 页。
② 《汪蒋感电之重要意义》，《大公报社论》1934 年 11 月 29 日。
③ 中国国民党中央委员会党史委员会：《先总统蒋公思想言论总集》卷四，1984 年版，第 85 页。
④ 宋进：《挈其瑰宝——抗战时期中共与三民主义研究》，广西师范大学出版社 1994 年版，第 49 页。
⑤ 《先总统蒋公思想言论总集》卷四，第 115 页。

义，在言论层面上均属于言论自由，符合宪法之规定。对于讲学自由条款，根据司法院司法解释，大学自治应予保障，不得干涉大学办学自由。宪法还规定"人民有信仰宗教之自由"，废止了旧宪法"尊崇孔子及信仰宗教之自由"的说法，以避免将儒教设置为国教，干涉信仰自由。

宪法还规定"人民有集会及结社之自由"，建立宣扬共产主义和国土分裂主义的政党也符合宪法结社自由之规定，若该团体有违宪行为当依法处置，但不得预先阻止结社自由。这些规定比较以往，确有一些进步，但是国民党的宪法只是骗人的幌子，他们通过具体的法律钳制思想言论自由。1946年12月25日，国民党政府公布《勘乱时期危害国家紧急治罪条例》，规定："以文字、图片或演讲为匪徒宣传者，处3年以上7年以下有期徒刑。"1947年10月31日，国民党政府公布《出版法修正草案》，规定报刊等出版物违法，均按《刑法》规定惩处。

三、中华人民共和国前期（1949—1978年）

（一）时代进化学说——"五种形态说"

这一理论是中国共产党在民主革命时期和建国初期关于人类历史演进规律和中国革命进程的理论。该理论认为人类历史经历"五种生产方式"，中国要实现和巩固社会主义生产方式就要实行新民主主义革命、社会主义革命。"五种形态"、"两步革命"理论是中国革命和建设的理论体系，是将苏联共产党历史和革命学说进行中国化改造形成的。这一学说与国民党"四个时代，三期革命"学说政治中心论不同，是从经济形态来解释人类历史进程的，其缺点是生产关系中心论或决定论，其目标是纯公有制计划经济或苏联模式社会主义。

1. 五种形态说的形成过程

五种形态说有一个较长的形成过程，大体而言，经历了由三种生产方式向五种生产方式的演化；由经济形态向社会形态的演化；由欧洲经验式描述向世界普遍规律的演化。最终结果是，马克思的描述性观点离开了话语的背景，变成了绝对化的教条。

首先，生产方式、经济形态的阶段性在马克思、恩格斯早期著作中已经有部分的体现。

1846—1847 年，马克思、恩格斯合写的《德意志意识形态》一书，把资本主义以前的历史划分为三种所有制形式，即"部落所有制"、"古代公社所有制和国家所有制"、"封建的或等级的所有制"①。

1849 年，马克思发表《雇佣劳动与资本》，表达了他对社会形态的划分：

> 各个人借以进行生产的社会关系，即社会生产关系，是随着物质生产资料、生产力的变化和发展而变化和改变的。生产关系总合起来就构成所谓社会关系，构成所谓社会，并且是构成为一个处于一定发展阶段上的社会，具有独特特征的社会。古代社会、封建社会和资产阶级社会都是这样的生产关系的总和，而其中每一个生产关系的总和同时又标志着人类历史发展中的一个特殊阶段。②

1859 年，马克思又在《政治经济学批判·序言》中说：

> 无论哪一种社会形态，在它们所能容纳的全部生产力发挥出来以前，是决不会灭亡的；而新的更高的生产关系，在它存在的物质条件在旧社会的胎胞里成熟以前，是决不会出现的……大体说来，亚细亚的、古代的、封建的和现代资产阶级的生产方式可以看做是社会经济形态演进的几个阶段。③

这里需要说明的是 1877 年摩尔根《古代社会》发表以前，马克思、恩格斯对"原始社会"和"奴隶社会"的表述也比较笼统。马克思在 1881 年5 月至 1882 年 2 月间研读了《古代社会》，很赞赏这部书，对该书写下了十分详细的摘录和批语，其中一段说：

> 野蛮期更晚的时期，由于个性的发展、当时个别人拥有的大量财富的蓄积，便产生了贵族；使一部分居民处于经常卑贱地位的奴隶制，

---

① 《马克思恩格斯选集》第 1 卷，人民出版社 1972 年版，第 26—28 页。
② 《马克思恩格斯选集》第 2 卷，人民出版社 1972 年版，第 363 页。
③ 《马克思格斯选集》第 2 卷，人民出版社 1995 年版，第 33 页。

导致以前各文化时期所不知道的对立状态在社会中发展起来；这种情况和财富及社会职务一同引起贵族制的出现，后者和氏族制所珍视的民主原则处于对抗状态。①

后来的恩格斯同样受摩尔根的影响，明确将"奴隶制"确定为人类的第一个奴役形式。1884 年，恩格斯在《家庭、私有制和国家的起源》一书中比较明确地指出：

> 随着在文明时代获得最充分发展的奴隶制的出现，就发生了社会分成剥削阶级和被剥削阶级的第一次大分裂。这种分裂继续存在于整个文明期。奴隶制是古代世界所固有的第一个剥削形式；继之而来的是中世纪的农奴制和近代的雇佣劳动制。这就是文明时代的三大时期所特有的三大奴役形式。②

马克思、恩格斯对几种分散生产方式的描述被列宁、斯大林集中加以论述，形成系统学说。1919 年，列宁在其著名的演说《论国家》中曾经这样论述人类社会相继演进的几个阶段：

> 世界各国所有一切人类社会数千年来的发展，是这样向我们表明这种发展的一般规律性、常规和次序的：起初是无产阶级的社会——父权制原始社会，即没有贵族的原始社会；然后是以奴隶制为基础的社会，即奴隶占有制社会。整个现代文明的欧洲都经过这个阶段，奴隶制在两千年前占有完全统治的地位。世界上其余各洲的绝大多数民族也都经过这个阶段……在历史上继这种形式之后的是另一种形式，即农奴制。在绝大多数国家里，奴隶制发展成了农奴制……后来，在农奴制社会内，随着商业的发展和世界市场的出现，随着货币流通的发展，产生了一个新的阶级，即资本家阶级……在人类历史上有几十个

① 中国科学院历史研究所：《马克思摩尔根〈古代社会〉一书摘要》，人民出版社 1965 年版，第 67 页。
② 《马克思恩格斯选集》第 4 卷，人民出版社 1972 年版，第 172 页。

几百个国家经历过和经历着奴隶制、农奴制和资本主义。①

　　这个绝对化的理论框架传入中国，对中国五形态分期学说的形成产生了决定性影响。这是个由现实延及历史、由近代溯及古代的加工改造过程。列宁将中国当时的社会定性为"半殖民地半封建社会"，这个论断成为中国五形态分期的坐标原点。当然这个观点并不是一次完成的，它被中国革命党人理解、接受，并被确定为中国共产党的基本理论也经历了二十多年的过程。

　　1912年列宁发表《中国的民主主义和民粹主义》，第一次将中国称为半封建国家。称：

　　　　中国这个落后的、农业的、半封建国家的客观条件，在将近五亿人民的生活日程上，只提出了这种压迫和这种剥削的一定的历史独特形式——封建制度。农业生活方式和自然经济占统治地位是封建制度的基础；以这种或那种方式把中国农民束缚在土地上，这是他们受封建剥削的根源；这种剥削的政治代表就是封建主，以皇帝为整个制度首脑的封建主整体和单个的封建主。②

　　列宁还最早提出中国是"半殖民地"说法，他在1916年初写的《社会主义革命和民族自决权》一文中说："中国、波斯、土耳其等半殖民地国家和一切殖民地，总共达十亿人口。这里资产阶级民主运动一部分刚刚开始，一部分远未结束。"③在同年发表的《帝国主义是资本主义的最高阶段》中，列宁更明确地说："我们把波斯、中国和土耳其列入半殖民地，其中第一个国家差不多已经完全变成了殖民地，第二个和第三个正在变成殖民地。"④在1920年7月共产国际"二大"上，列宁在其著名的《民族殖民地问题提纲初稿》中，提出亚洲各国反帝反封建的革命任务，事实上已经将中国包括其

---

　　① 《列宁选集》第4卷，人民出版社1972年版，第45—47页。
　　② 《列宁全集》第21卷，人民出版社1990年版，第429页。
　　③ 《列宁选集》第2卷，人民出版社1972年版，第724页。
　　④ 《列宁选集》第2卷，人民出版社1972年版，第800页。

中，大会通过的文件《民族和殖民地问题提纲》将中国定性为"半殖民地"和"半封建"。列宁对中国社会性质的论断通过中国共产党、中国国民党传入中国，并产生重要影响，中国理论界对中国历史和现实的认识就是在列宁论断基础上展开的。

1922年1月在莫斯科召开的远东会议根据共产国际二大精神，重点研究了中国问题，与会中共代表瞿秋白、张国焘回国后传达共产国际指示，随后召开的中国共产党"二大"，制定了党的"反帝反封建"民主革命纲领。"二大"决议案指出："中国名为共和，实际上仍在封建式的军阀势力统治之下，对外则为国际资本帝国主义势力所支配的半独立的国家。"[①] "经济落后的中国，一面成为国际资本帝国主义的掠夺场和半殖民地，一面成为国际资本帝国主义所扶植的武人势力的宰割场和糜烂区域。"[②]

蔡和森首次将"半殖民"和"半封建"合并成一个词语使用，他在1925年底和1926年初给莫斯科中山大学中国学员所作的《中国共产党史的发展》的报告中，在阐述中国社会现状及党的任务时说："中国共产党的政治环境是资产阶级德莫克拉西尚未成功，而是半殖民地和半封建的。"他还对"半封建半殖民地的国家的各阶级"[③] 进行了逐个的分析。

这一时期，中国共产党及学术界将马克思的生产方式理论与中国历史相结合开始于20世纪20年代末和30年代初的社会史论战。这次论战的背景是国共两党在争夺革命的话语权，他们都深受马克思主义的影响，试图用马克思主义分析中国当时的社会性质、所处的历史阶段以及革命的任务。论战显示了巨大的分歧，但由于受苏联影响，有半数学者认同中国当时处于半殖民地半封建社会（这是列宁和共产国际的观点），中国革命的任务是反帝反封建。共产国际定下了基调，半殖民地半封建社会已经成基本认定，马克

---

① 《"二大"和"三大"》，中国社会科学出版社1985年版，第67页。

② 《"二大"和"三大"》，中国社会科学出版社1985年版，第74页。

③ 《蔡和森的十二篇文章》，人民出版社1980年版，第10页。据李永春《蔡和森年谱》（湘潭大学出版社2008年版，第211—212页）："（1925）年底，在共产国际东方部的推荐和中共东大旅莫支部刘伯坚同志的邀请下，（蔡和森）与李立三分别为东大中国班的学生作了《中国共产党史的发展》和《中国职工运动发展史》的报告。""1926年初，（蔡和森）继续为中山大学旅莫支部作《中国共产党史的发展》的报告。施益生等人对照整理了笔记并油印装订成册，送给蔡和森同志校阅。这成为蔡和森同志党史报告的唯一原始版本。"有人推测，报告时间应该在1925年12月至1926年4月底。因蔡要参加共产国际会议，故报告是分段作出的。（见周一平《中共党史史学史》，甘肃人民出版社2001年版，第32页）

思主义史家的任务，只剩下找到原始社会、奴隶社会和封建社会的位置并对其进行论证而已。中国学术界多数学者正是以此为时间原点，向古代和未来两端延伸构筑历史分期和未来社会形态的。实际上也是论证五种形态和共产党领导的中国民主革命合法性，回击国民党及其他政治派别的攻击。

1928 年，吴玉章、林伯渠在莫斯科中山大学研究院时写过《太平革命以前中国经济、社会、政治的分析》一文，提出殷周至太平天国革命前为封建社会的主张，不过他认为秦以后封建只是残余，与欧洲封建社会不同①，他的主张对党有较大影响②。

1930 年郭沫若发表《中国古代社会研究》，提出殷代是原始公社的末期，西周是奴隶社会，春秋以后至清代中期为封建制，最近百年是资本制。他说："周代社会历来以为是封建制度，然与社会进展的程序不合，因此，氏族制崩溃以后，必尚有一个奴隶制度的阶段，即国家生成的阶段，然后者能进展到封建社会。"③

吕振羽第一次提出中国近代的社会形态是"半殖民地半封建社会"的完整概念。他在 1933 年 5 月发表的《中国社会形势发展的诸阶段》中指出："中国社会的现阶段，便是半殖民地半封建社会。建筑于其上层的诸形态的东西和其下层的基础相适应。"④1934 年 6 月，他在《史前期中国社会研究》中，把中国社会历史的发展过程划分为如下五个次第发展的阶段："夏以前是原始共产社会，殷代是奴隶所有者国家，周代为中国史的初期封建社会时代，由秦到鸦片战争前为专制主义的封建社会时代，由鸦片战争到现在为半殖民地半封建社会时代。"⑤

1938 年，斯大林在其发表的《辩证唯物主义与历史唯物主义》一文中最终把五种生产方式依次演进的学说作了系统的阐述：

---

① 该文当时未发表，直至作者去世近 20 年后才由《历史研究》1984 年第 6 期删节发表。
② 毛泽东撰写《新民主主义论》曾征求过吴玉章的意见。现在一般都认为《新民主主义论》创作时间早于《中国革命与中国共产党》，后者只是一本学校教材，据说，1939 年吴玉章曾参与《中国革命与中国共产党》一书的第一章"中国社会"的起草工作。
③ 郭沫若：《中国古代社会研究》，上海人民出版社 1930 年版，第 23 页。
④ 《吕振羽史论选集》，上海人民出版社 1981 年版，第 449 页。
⑤ 《吕振羽史论选集》，上海人民出版社 1981 年版，第 457 页。

历史上生产关系有五大类型：原始公社制的、奴隶占有制的、封建制的、资本主义的、社会主义的。

在原始公社制度下，生产关系的基础是生产资料的公有制。……公共的劳动导致生产资料和产品的公有制。这里还不知道什么是生产资料私有制，不过有些同时用作防御猛兽的工具的生产工具归个人所有。这里没有剥削，也没有阶级。

在奴隶占有制度下，生产关系的基础是奴隶主占有生产资料和占有生产工作者，这些生产工作者就是奴隶主可以把他们当作牲畜来买卖和屠杀的奴隶。……富人和穷人，剥削者和被剥削者，享有完全权利的人和毫无权利的人，他们彼此间的残酷的阶级斗争——这就是奴隶占有制度的情景。

在封建制度下，生产关系的基础是封建主占有生产资料和不完全地占有生产工作者，这些生产工作者就是封建主已经不能屠杀但是可以买卖的农奴。除了封建所有制以外，还存在农民和手工业者以本身劳动为基础的个体所有制，他们占有生产工具和自己的私有经济。……私有制在这里得到进一步的发展。剥削几乎同奴隶制度下的剥削一样残酷，不过是稍许减轻一些罢了。剥削者和被剥削者之间的阶级斗争就是封建制度的基本特征。

在资本主义制度下，生产关系的基础是生产资料的资本主义所有制，这里已经没有私自占有生产工作者的情形，这时的生产工作者，即雇佣工人，是资本家既不能屠杀，也不能出卖的，因为雇佣工人摆脱了人身依附但是他们没有生产资料，所以为了不致饿死他们不得不出卖自己的劳动力给资本家，套上剥削的枷锁。除生产资料的资本主义所有制以外，还存在着摆脱了农奴制依附关系的农民和手工业者的、以个人劳动为基础的生产资料的私有制，而且这种私有制在初期是很流行的。……剥削者和被剥削者之间的最尖锐的阶级斗争是资本主义制度的基本特征。

在社会主义制度下，在目前还只有在苏联实现的这种制度，生产资料的公有制是生产关系的基础。这里已经没有剥削者，也没有被剥削者。生产出来的产品是根据"不劳动者不得食"的原则按劳动分配的。这里，人们在生产过程中的相互关系是不受剥削的工作者之间同志合作和社会主义互助的关系。①

　　该文是作为苏联党史教科书《联共历史简明教程》中的一章于 1938 年 9 月出版发表的，《教程》对联共全党甚至苏联全国都具有法典式的权威，对加入共产国际的各国共产党也都具有法典式的约束力。1939 年，苏联哲学家罗森塔尔与尤金主编《简明哲学辞典》，把斯大林所说的五种基本生产关系引申为五种社会经济形态，并断言原始公社制度、奴隶占有制度、封建制度、资本主义制度以及社会主义制度，是人类社会必经的五个社会经济形态。1939 年上半年，在中国就先后出现了 4 种不同的《教程》中文译本。② 毛泽东号召全党以《教程》为中心教材，学习研究马克思列宁主义。毛泽东说，"《苏联共产党（布）历史简要读本》是一百年来全世界共产主义运动的最高的综合和总结，是理论和实际结合的典范，在全世界还只有这一个完全的典型。我们看列宁、斯大林他们是如何把马克思主义普遍真理和苏联革命的具体实践互相结合又从而发展马克思主义的，就可以知道我们在中国是应该如何地工作了。"③《联共历史简明教程》被作为中国共产党党员干部和知识分子必修的政治及历史读本。斯大林确定的"五种形态说"自然也影响了我们对中国社会历史发展的认识。新中国成立后，大部分历史学家，就是在这种理论框架下进行历史研究的，并且依据这种理论编写各种教材，教育各阶段的学生。这样，"五种形态说"作为人类历史发展的普遍规律被国人所接受。

　　1939 年 12 月毛泽东的《中国革命与中国共产党》一书出版，该书是抗

---

① 《斯大林文选》（1934—1952），人民出版社 1985 年版，第 222—226 页。

② 第一种译本是重庆的译本。由博古任总校阅，中国出版社 1939 年 2 月出版，这一译本多流行于大后方各省。第二种译本是上海的译本，由吴清友翻译，上海启明社 1939 年 5 月出版。这一译本多流行于上海和新四军活动区域。第三种译本是莫斯科的译本，由苏联外文出版局主持翻译和出版，实际的翻译工作由任弼时等人完成，这一译本多流行于陕甘宁边区和华北各抗日根据地，大后方和华中各地亦常见这一译本。第四种译本就是延安的译本。这一译本由解放社于 1939 年 5 月出版，新华书店经销，这一译本主要流行于陕甘宁边区和华北各抗日根据地。除了上述 4 种译本之外，在华北各抗日根据地还有自己的翻印本，专供当地发行。（欧阳军喜《论抗战时期〈联共（布）党史简明教程〉在中国的传播及其对中国共产党宣传工作的影响》，《党史研究与教学》2008 年第 2 期。）

③ 《群众》第 3 卷第 2 期，1939 年 5 月 28 日，第 36 页。

日军政大学的课本。第一章《中国社会》有一段对历史的追述：

中华民族的发展（这里说的主要地是汉族的发展），和世界上别的许多民族同样，曾经经过了若干万年的无阶级的原始公社的生活。而从原始公社崩溃，社会生活转入阶级生活的那个时代开始，经过奴隶社会、封建社会，直到现在，已经有了大约四千年之久。……

中国自从脱离奴隶制度进到封建制度以后，其经济、政治、文化的发展，就长期地陷在发展迟缓的状态中。这个封建制度，自周秦以来一直延续了三千年左右。

中国封建时代的经济制度和政治制度，是由以下的各个主要特点构成的：

一、自给自足的自然经济占主要地位。……

二、封建的统治阶级——地主、贵族以至皇帝，他们拥有最大部分的土地，而在农民则很少土地，或完全没有土地。农民用自己的工具去耕种地主、贵族和皇室的土地，并将收获的四成、五成、六成、七成甚至八成以上，奉献给地主、贵族和皇室享用。这种农民，实际上还是农奴。

三、不但地主、贵族和皇室依靠剥削农民的地租生活，而且地主阶级的国家还强迫农民缴纳贡税和从事无偿劳役，去养活一大群国家官吏及为了镇压农民之用的军队。

四、保护这种封建剥削制度的权力机构，是地主阶级的封建国家。如果说周是诸侯割据称雄的封建国家，那么自秦始皇统一中国以后，就建立了专制主义的中央集权的封建国家，同时，在某种程度上仍旧保留着封建割据的状态。

……封建社会的主要矛盾，是农民阶级与地主阶级的矛盾。

……在中国封建社会里，只有这种农民的阶级斗争、农民的起义和农民的战争，才是历史发展的真正动力。①

---

① 毛泽东：《中国革命与中国共产党》，人民出版社 1952 年版，第 4—6 页。

该书还第一次在党内确定使用"半殖民地半封建社会"的提法并系统概述了有关理论，使这一提法成为全党认识中国社会性质的定型概念。书中说："自一八四○年的鸦片战争以后，中国便一步一步地变成了一个半殖民地半封建的社会。自从一九三一年九一八事变日本帝国主义武装侵略中国以后，中国变成了一个殖民地、半殖民地和半封建社会。"① 从此，"半殖民地半封建社会"的提法开始作为全党使用的定型化表述方式，成为固定的术语。②《中国革命与中国共产党》接受和改造了斯大林的五种形态说，并对中国历史上的两种社会形态"封建社会"、"半殖民地半封建社会"作出了明确的论断，这对中国五种形态说的完善和宣传起到了推动作用，当然也起到了某种固化作用。五种形态是不容怀疑的，对封建社会的下限和半殖民地半封建社会是不用讨论的，史学界的讨论和研究只能体现在原始社会、奴隶社会和封建社会的开始三个问题上，"五种形态说"在此后导致了"古史分期大争论"。20 世纪 40 年代，史学界形成西周封建说、战国封建说两派。50年代形成争论更为激烈，出现"三论五说"③，对封建社会开始时间出现八种学术观点，但讨论只是在分期时间上的分歧，没有人对五种形态划分是否合理提出疑问。值得注意的是，1956 年童书业提出中国封建社会早熟的观点，认为原始社会不必经奴隶社会可直接进入封建社会。雷海宗、李鸿哲对人类社会是否都经过奴隶社会提出怀疑④，他们的真知灼见遭到了不公正的批判。五种形态说从 20 世纪 30 年代定型，到 20 世纪末，在国内史学界确立主导地位长达五六十年之久。

---

① 毛泽东：《中国革命与中国共产党》，人民出版社 1952 年版，第 6—7 页。

② 李曙新：《"半殖民地半封建社会"的概念是怎样提出和确定的》，《青岛大学师范学院学报》1996年第 1 期。

③ 指中国古史分期研究出现的三个学派、五个学说。"三论"即以吕振羽、范文澜、翦伯赞为代表的西周封建论；郭沫若、吴大琨、白寿彝、林甘泉为代表的战国封建论和以尚钺、王仲荦、日知（林志纯）、何兹全为代表的魏晋封建论。五说：以李亚农、唐兰、祝瑞开为代表的春秋封建说；以黄子通、夏甄陶、金景芳为代表的秦统一封建说，以侯外庐、赵锡元为代表的西汉封建说；以周谷城、郑昌淦为代表的东汉封建说；以梁作干为代表的东晋封建说。"三论五说"都主张中国社会发展经历过奴隶社会阶段，但这个主张自 1979 年至今，已受到主张中国社会发展没有经历过奴隶社会阶段一派的挑战，"中国无奴隶社会说"的代表人物有黄现璠、张广志等。

④ 童书业：《从租佃制度与隶属农民的身份探讨古巴比伦社会的性质》，《历史研究》1956 年第 5 期；雷海宗：《世界史分期与上古中古史中的一些问题》，《历史教学》1957 年第 7 期；李鸿哲：《"奴隶社会"是否是社会发展必经阶段?》，《文史哲》1957 年第 10 期。

2.五种形态说的时代特点

五种形态学说是根据马克思、恩格斯论述的精神，经过列宁、斯大林的发展完善，才成为一种系统理论观点的，这一学说突出生产方式和阶级斗争，对人类历史高度抽象和简化，将政治、思想看作是经济形态的派生物和附属品。在学说完善过程中，其适用时间、地域范围不断扩大，将本来对欧洲的描述性文字，上升为普世性的必然依次更替的历史规律。这里还要注意的是，从马、恩、列、斯的著作中，他们并没有肯定人类有单纯的某种生产关系的社会形态，他们只是对生产方式的叙述，并不是进行人类全部历史的研究和概括，倒是我们的历史学者又将这几种生产方式升级成社会形态。可以说，五种形态说是对马列观点教条化的产物。有以下几个特点：

（1）重视内因对社会形态的决定作用。我们知道，社会形态是包含经济、政治、文化、民族等各种元素的复合体，从经济角度定义社会形态，划分历史阶段只是一种方法。按照传统理论，生产力决定生产关系、经济基础决定上层建筑，社会存在决定社会意识。从这个生产力决定论的理论链条出发，不同的生产力水平决定了不同的社会形态，历史分期必然要以经济形态作为基础。这个理论明显把复杂的历史简单化了。对于历史形态的内涵和演进动力，传统唯物史家，常以生产力决定生产关系、经济基础决定上层建筑的方式加以推演，认为一种社会形态包括经济基础及与之适应的上层建筑，五种社会形态实际包括五种生产方式及其上面的上层建筑，生产力的进步是社会形态变迁的基本动力。从历史事实上看，这种封闭式的推演多与事实不符，一个地区社会形态的形成有时来自包括生产力之外的多种因素，例如气候变迁、地理环境、历史传统、外来民族、文化的影响有时起到决定作用。例如中世纪西欧的封建制度与日耳曼人入侵有直接的关系，近现代殖民地半殖民地国家独立后建立的资本主义共和制度，无不受到西方文明的影响，中国的社会主义制度也是在马克思主义传播和俄国十月革命影响下产生的。可以说，近现代大多数地区的社会形态主要是外来文明助推形成的，而不是生产力自身发展的产物。

（2）重视经济基础对上层建筑的决定作用。马克思、恩格斯认为经济形态是社会的本质和基础，政体只是阶级斗争的虚幻形式。他说："阶级既然已经由于分工而分离开来，就在每一个这样的人群中分离开来，其中一个阶级统治着其他一切阶级。由此可见，国家内部的一切斗争——民主政体、贵族政体和君主政体相互之间的斗争，争取选举权的斗争等等，不过是一些虚幻的形式，在这些形式下进行着各个不同阶级间的真正的斗争。"① 研究社会形态问题，必须全面考虑其内外各种影响因素，而不能简单持生产关系决定论或阶级斗争中心论，将政治视为生产方式的附属品，轻视政治制度的独立作用和价值。上层建筑是社会分工的结果。政治上的统治者和经济上的剥削阶级虽然有一定联系，但二者不能视为一事。因此，上层建筑与经济基础二者相互影响，但能否可以说一方决定另一方需要考虑。政治压迫和经济剥削都是社会分工的结果，人类先是出现管理者和生产者（被管理者）的等级化分工，然后出现生产者内部的生产关系分化，形成有产的剥削阶级和无产的被剥削阶级，出现奴隶制、租佃制和雇佣制的剥削形式。政治上的贵贱和经济上的贫富是两种现象，贵者未必皆富，富者未必皆贵。两者的经济收入是国家经济再分配和初次分配的事情。前者通过公共权力分享税收，后者通过私人约定获取地租和利润，不应该混淆。

（3）重视阶级斗争对历史的推动作用。五种形态学说产生和盛行于阶级矛盾和阶级斗争比较尖锐的年代里，为现实斗争的需要，理论界强调阶级关系中的斗争、对抗的一面，对阶级关系中合作、妥协的一面重视不够。强调了国家的阶级属性，认为阶级属性就是国家本质，对国家的公共、民族、贵族、官僚等其他属性重视不够。

① 阶级关系是合作与斗争的统一体。在大部分时间，阶级合作是阶级关系的主流，相反阶级斗争、阶级对抗则是支流。尽管我们承认阶级合作是不平等的，存在着压迫和剥削。但只要我们承认生产关系的存在，就不能不承认阶级双方存在着合作关系，否则生产一天也进行不下去。马克思、恩格斯有大量阶级斗争的论述，但是他们也有关于阶级合作的观点。马克思和恩格斯说："社会关系的含义是指许多个人的合作，至于这种合作是在什么条件下、用什么方式和为了什么目的进行的，则是无关紧要的。"② 这就是说，历史上的一切生产关系都是指许多个人的合作。在部落社会里，氏族成

① 《德意志意识形态》，《马克思恩格斯全集》第3卷，人民出版社1995年版，第38页。
② 《马克思恩格斯选集》第1卷，人民出版社1995年版，第34页。

员使用氏族公社的生产资料共同劳动是合作。在国家社会里，贫人租佃富人提供的生产资料，或者资本家雇佣工人进行生产活动也是合作。所不同的是，前者是劳动者之间的合作，后者是生产管理阶级与劳动阶级之间的合作。一种是生产领域里的，阶级合作共同推动生产力发展，使双方受益。恩格斯说：1847 年危机过去之后，英国"企业规模愈大，雇佣的工人愈多，每次同工人发生冲突时所遭受的损失和困难也就愈多。……过去带头同工人阶级作斗争的最大的工厂主们，现在却首先起来鼓吹和平和协调了"①。另一种是政治领域里的，被压迫阶级联合起来反对统治阶级。恩格斯说："不同阶级的联合虽然在某种程度上说总是一切革命的必要条件，这种联合却不能持久，——一切革命的命运都是如此。当战胜共同的敌人之后，战胜者之间就要分成不同的营垒，彼此动起武来。"②在阶级斗争趋向缓和的情况下，恩格斯根据"资产阶级民主制度"在 19 世纪下半叶的发展，提出无产阶级及其政党应充分利用普选权、议会斗争等这些和平的、合法的斗争形式。他说，普选权"给了世界各国同志一件新的武器——最锐利的武器中的一件武器"，选举权已经"由历来是欺骗的手段变为解放的手段"，"无产阶级的一种崭新的斗争方式就开始发挥作用，并且迅速获得进一步的发展。"③1886 年恩格斯在为《资本论》英译本写的序言中更是明确指出："至少在欧洲，英国是唯一可以完全通过和平的和合法的手段来实现不可避免的社会革命的国家。"④

马克思、恩格斯的阶级观点我们应该全面分析，阶级关系确实是客观存在的，双方存在既斗争、又合作的关系。在一定的生产力水平上，国家要维护与之相应的生产关系，以促进生产力的发展，当然也就要维护相应的奴隶制、租佃制、雇佣制之类关系。换句话说，这也是国家合理的历史使命，它是符合劳动阶级和有产阶级共同利益的，阶级合作在经济、政治领域也是长期存在的，阶级斗争是阶级关系的另一面，阶级斗争有多种形式，从内容上讲有经济的、政治的、思想的；从手段上说，有合法与非法，和平与暴力的区别；从程度上讲有平和、激烈之分。

---

① 《马克思恩格斯选集》第 4 卷，人民出版社 1995 年版，第 273—274 页。
② 《马克思恩格斯选集》第 1 卷，人民出版社 1995 年版，第 530 页。
③ 《马克思恩格斯选集》第 4 卷，人民出版社 1995 年版，第 516—517 页。
④ 《马克思恩格斯全集》第 3 卷，人民出版社 1960 年版，第 35 页。

总的来讲，历史上阶级关系是以合作为主流，阶级斗争也是以合法、和平手段为主，激烈的暴力革命只是在特殊时期、特殊情况下出现的。狂风暴雨式的阶级斗争从整个历史来看，是短暂的。中国新民主主义革命时期形成的理论，出于革命的需要和外来的影响，高度重视阶级关系中的斗争面和暴力革命方式，形成了以阶级斗争为纲的观念，强调阶级对抗和暴力革命，这在革命年代是正确的。但是这种观念，随着革命的结束已经不适应形势发展的需要，应予以改变。在历史上的不同阶段，存着生产关系对生产力的适应和不适应情况。生产关系适应生产力的时候，阶级合作能推动生产力发展，改善阶级双方经济状况，阶级矛盾比较缓和，阶级合作是主流；生产关系不适应生产力的时候，阶级合作不能推动生产力的发展，不能改善劳动者的经济状况，阶级矛盾激化，阶级斗争是主流。当然一个社会可能存在着多种生产关系，在不同条件下，还存着哪一种生产关系能推动生产力发展的问题，存在新的生产关系代替旧的生产关系的问题，代表新生产关系的阶级双方要联合起来，通过革命或改良手段，取代旧生产关系的阶级。当然，生产关系要适应生产力的发展，阶级是由一定生产力水平决定的，不能提前消灭，当生产力水平还没有达到完全消灭阶级时，国家只能保持各阶级共存的状态，只能实行阶级合作政策。总之，不分阶段、不讲条件地强调阶级斗争是无论对历史还是现实都是不适当的。

② 阶级性不是国家的唯一属性。国家是公共性与私治性的统一体。恩格斯说：在许多民族的原始农业公社中，"一开始就存在着一定的共同利益，维护这种利益的工作，虽然是在全社会的监督之下，却不能不由个别成员来担当：如解决争端；制止个别人越权；监督用水，特别是在炎热的地方；最后，在非常原始的状态下执行宗教职能……这些职位被赋予了某种全权，这是国家权力的萌芽。这些机构，作为整个集体的共同利益的代表，在对每个单个的公社的关系上已经处于特别的、在一定情况下甚至是对立的地位，它们很快就变为更加独立的了，这种情况的造成，部分地是由于社会职位的世袭……部分地是由于同别的集团的冲突的增多，而使得建立的这种机构的必要性增加了。"①1890年，恩格斯再次总结了他关于国家起源的这一说法："社会

---

① 恩格斯：《反杜林论》，《马克思恩格斯选集》第3卷，人民出版社1995年版，第522—523页。

产生着它所不能缺少的某些共同职能。被指定去执行这种职能的人，就形成社会内部分工的一个新部门。这样，它们就获得了和授权给他们的人相对立的特殊利益，他们在对这些人的关系上成为独立的人，于是就出现了国家。"① 恩格斯的观点表明，国家起源除了阶级斗争之外，还有公共管理需要的因素。国家存在着为大众服务的职能，但被授权完成公共职能的人因而也获得了自己的利益，从而产生公权与私治的矛盾。私治表现为国家的阶级性、贵族性、官僚性、民族性、家族性等特点。

国家的阶级性。中国学术界长期沿用马克思主义经典作家的国家定义，认为国家的本质只有一个，就是"一个阶级压迫另一个阶级的工具"。恩格斯在 1884 年写的《家庭、私有制和国家的起源》中，进一步对国家本质做了最集中最明确的表述，指出："它照例是最强大的、在经济上占统治地位的阶级的国家，这个阶级借助于国家而在政治上也成为占统治地位的阶级，因而获得了镇压和剥削被压迫阶级的新手段。因此，古希腊罗马时代的国家首先是奴隶主用来镇压奴隶的国家，封建国家是贵族用来镇压农奴和依附农的机关，现代的代议制的国家是资本剥削雇佣劳动的工具。""国家是文明社会的概括，它在一切典型的时期毫无例外地都是统治阶级的国家，并且在一切场合在本质上都是镇压被压迫被剥削阶级的机器。"② 恩格斯还提到国家是阶级关系调停人的角色，他说："国家是社会在一定发展阶段上的产物，国家表示：这个社会陷入了不可解决的自我矛盾，分裂为不可调和的对立面而又无力摆脱这些对立面。而为了使这些对立面，这些经济利益互相冲突的阶级，不致在无谓的斗争中把自己和社会消灭，就需要有一种表面上驾于社会之上的力量，这种力量应当缓和冲突，把冲突保持在'秩序'的范围以内；这种从社会中产生但又自居于社会之上并且日益同社会脱离的力量，就是国家。"恩格斯认为国家的阶级调停人角色出现在特殊时期，"那时互相斗争的各阶级达到了这样势均力敌的地步，以致国家权力作为表面上的调停人而暂时得到了对于两个阶级的某种独立性。"他举例说："十七世纪和十八世纪的专制君主制，就是这样，它使贵族和市民等级彼此保持平衡；法兰西第一帝

---

① 《马克思恩格斯选集》第 4 卷，人民出版社 1972 年版，第 482 页。

② 恩格斯：《家庭、私有制和国家的起源》，《马克思恩格斯选集》第 4 卷，人民出版社 1995 年版，第 172、176 页。

国特别是第二帝国的波拿巴主义，也是这样，它唆使无产阶级去反对资产阶级，又唆使资产阶级来反对无产阶级。"① 国家在历史时期只是充当了阶级关系的调和人，或者说它是各阶级、各民族及各种政治势力利益妥协平衡的产物，国家并不纯粹是有产阶级的代表。有产阶级绑架公权，造成"阶级专政"，有违公平正义，是一种政治腐败。阶级斗争本质上讲也是一种反腐败，阶级斗争的最终目的是为了实现人的身由平等和公平正义，消灭任何阶级的特权。

国家还受到贵族、官僚影响。国家本是为公众利益而设，人民通过纳税，供养一批国家机关人员作为管理者。政府人员本是人民公仆，为人民服务的，而事实上，公仆成了父母官、百姓成了子民。官员利用职权追求个人利益最大化，贪污、压榨百姓的现象历史上一直比较突出，甚至成为社会动乱的重要原因。

从某种意义上讲，人类的历史不仅是阶级斗争的历史，也是一部人民反对特权腐败的历史，一部人民扩大民主、防止国家机关"为少数人所得而私"的历史。陈毅诗云，"历览古今多少事，成由谦逊败由奢"。朝代兴亡、国家成败并不一定是生产力、产生关系发展的结果，也在政治是否合理。欲求国家长治久安，只重视经济领域的阶级关系是不够的。

国家还具有民族性。中国是一个多民族国家，国家还要处理种族或民族关系。我国先秦时期，存在众多族群，国家这个职能比较突出。就像《尚书·尧典》所说："克明俊德，以亲九族。九族既睦，平章百姓，百姓昭明，协和万邦。""亲九族"、"平章百姓"、"协和万邦"就是国家处理与远近部落之间的关系。再如，清末民初时期"满汉之争"、"夷夏之防"之类的民族关系也很突出。国家处理民族关系时，经历过民族不平等、民族压迫、民族剥削、民族歧视的历史时期，但总的趋势是国家要实现民族自治、民族平等，促进各民族团结、发展和繁荣。

国家也会受到家族或个人的影响。古今中外，有很多王朝。王朝统治是国家政权被家族垄断的突出表现，家族世袭王位，垄断政治、军事、经济、司法、教育等方面的特权，甚至会产生君主专制，严重破坏国家的公共职能

---

① 恩格斯：《家庭、私有制和国家的起源》，《马克思恩格斯选集》第 4 卷，人民出版社 1972 年版，第 166、168 页。

和社会公平，这是引起内部斗争、外部革命，造成王朝更替的重要原因。

综上，从总体上看，国家的本质是公共性，阶级性、民族性、官僚性、家族性等体现了公权私治的矛盾。不同的地域、不同的时期，国家主要社会矛盾可能有所不同，但总的来讲，国家的发展趋势是不断扩大国家的公共性，扩大民主参与、民主监督，减少国家权力的私治性，最终实现国家权力为人民共有，国家权力为人民共使，国家利益为人民共享。

④ 重视对历史和现实的批判。五种形态说是在革命年代形成的，在国际矛盾、民族矛盾、阶级矛盾尖锐的年代，中国人民、革命政党出于反侵略、反压迫剥削的革命需要，必然要与外国侵略者和国内的统治政权、统治阶级作坚决的斗争，要揭露它们的黑暗、反动的一面，这在当时是正常的反应。但革命史观很容易产生片面性，将历史上统治集团的人物当成革命的对象，将很多思想家都当成剥削阶级的代言人，贴上奴隶主阶级、地主阶级、资产阶级的标签。很多优良的制度、思想、文化传统也被否定。我们将民国历史称为"半殖民地半封建社会"，从名称上只看到了黑暗的一面，而没有看到进步的一面。

⑤ 重视批判西方国家的侵略。对中国历史是如此，对中外关系也是如此，我们将中国近代史称之为半殖民地的历史，强调反对侵略，争取民族解放，国家独立，这是正当的。但"半殖民"、"反帝"的口号也掩盖了中外友好交往的一面，尽管它不是主流。如今，革命和冷战时代已经结束，人们必须从旧的思维中走出来，以尊重、团结、合作代替攻击、对抗、冷战的态度来发展国际关系。

除以上所说五个"重视"外，五种形态说还有四点不足：

① "替代进化"模式。美国学者说过这么一段话：

> 早期的进化理论，包括马克思和恩格斯的，还存有其他问题。它们的社会形式，往往是相对直线的，有严谨的等级，前阶段必须早于后阶段，某元素（像马克思的"生产方式"）决定整个阶段的特征。随着对尚存原始社会的知识积累，大家愈益清楚，政治复杂性的进化不是直线的。任何指定的历史阶段，往往包含前阶段的特征。将社会推至下一阶段，又凭借多重的动态机制。……前阶段并不被后阶段完全替

代。中国早在三千多年前，便由基于亲戚关系的组织过渡至国家层次。但时至今日，复杂的亲戚关系组织，仍是中国社会的特征。①

这段话虽然并不完全正确，但对思考社会进化颇有启发。我们不妨将新的社会进化论称为"叠加进化"，旧的进化论是"替代进化"，如 B 替代 A，C 替代 B 之类，用新的观点来审视，A 时代进化为 Ba 时代，Ba 时代进化为 Cba 时代。新时代只是增加某些元素或特征，旧时代的元素或特征在新时代可能不占主导地位，但仍然大部分保留下来。越是高级的社会，对前代的继承就越多。一个新的政权，新东西只占 20%，旧东西保留 80%，这是合理的。过去我们的社会主义改造，彻底消灭私有制，以及后来的"破四旧、立四新"，都可能有这种替代式思维的影响，其根本问题在于没有处理好继承与创新的关系，社会主义并不是完全不同于资本主义，没有资本主义的发展，就不可能有真正的社会主义。社会主义的道路只能是渐进性的，在资本主义里，社会主义因素一天天增长，从量变到质变，最终战胜取得支配地位，这就决定了共产主义决不是三五十年能够建成的。

② 缺少明确的阶段划分标准。我们几乎看不到只存在一种生产方式的社会，对于多种生产方式并存的社会，每种各占多大比例，何种方式为主，定量定性存在困难。当然上层建筑也不可能有纯粹"奴隶制的"、"封建制的"等等类型，建立在五种生产方式的社会模型只是一种简单模型（见图 5–5）。而现实社会形态的生产方式是多样的，上层建筑也是混合的，二者是

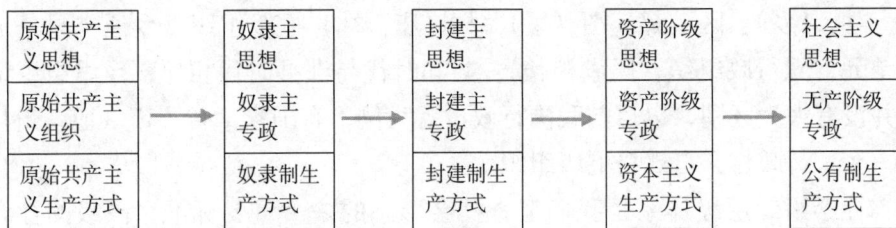

原始共产主义思想	奴隶主思想	封建主思想	资产阶级思想	社会主义思想
原始共产主义组织	奴隶主专政	封建主专政	资产阶级专政	无产阶级专政
原始共产主义生产方式	奴隶制生产方式	封建制生产方式	资本主义生产方式	公有制生产方式

图 5–2　五种形态演进理论模型示意

---

① ［美］弗朗西斯·福山：《政治秩序的起源：从前人类时代到法国大革命》，毛俊杰译，广西师范大学出版社 2014 年版，第 51—52 页。福山认为中国夏商时期还处在酋邦或部落时代，周朝才出现真正国家。

"多对多"的对应关系，因此很难用奴隶社会、封建社会的理想模型来概括现实的社会形态。中国以经济形态为标准的历史分期与命名正是按照五种形态理论进行的，但经过了五十年的争论仍然没有结果，关于"封建社会"的开始时间竟然出现八种不同观点，根本原因是经济形态的标准模糊不清，无法起到分期作用。

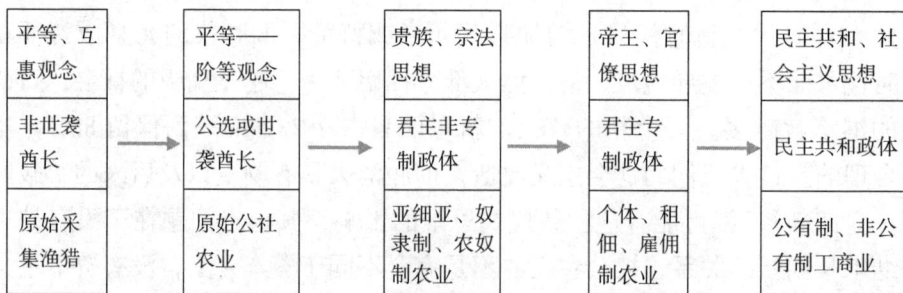

平等、互惠观念	平等——阶等观念	贵族、宗法思想	帝王、官僚思想	民主共和、社会主义思想
非世袭酋长	公选或世袭酋长	君主非专制政体	君主专制政体	民主共和政体
原始采集渔猎	原始公社农业	亚细亚、奴隶制、农奴制农业	个体、租佃、雇佣制农业	公有制、非公有制工商业

图 5–3　现实社会形态演进模型

　　③ 缺乏对社会规模和结构的考察。人类的社会形态与人口规模和社会层级密切相关。如果我们从社会组织结构上来分析，可能看到，人类社会组织形态的演进也是一个由分散到聚合、由简单到复杂的过程，也组织层级化提高的过程。游群社会为一级或二级制（游群或游群加游群聚合体），部落社会则形成三至四级（村落、村落群、村落群团或家族、氏族、胞族、部落）。封建时代则形成更为细致的域性级别：一般为井、邑、卿大夫家、诸侯国、州、"天下"六级。至郡县时代（以明朝为例），则一般有国、省、府、县、（乡）、区、都、图（里）、村（庄、社）七级组织（乡通常只是地理单元，无行政组织，区设粮长）。共和时代与郡县时代相比，乡里组织结构并没有太大区别，以目前我国行政设置为例，有国家、省、市（地、州）、县、乡、行政村、自然村七级组织。

　　社会组织层级体系是我们考查社会形态的一个重要标准，高级的社会形态其社会组织层级越多，组织形态越多样化、复杂化。当然我们不仅要看到量的变化，还要看到质的变化。社会组织在游群部落时代是血缘组织主体，国家时代以地缘组织、行政组织为主体。当然，图 5–7 只是略举大意，实际社会情况可能更为复杂多样，如我国今天的基层组织，城、乡有不同体

			天下	天下	国家
			九州	州（省）	省（市）
		部落联盟	大诸侯国	府（郡）	地（市）
		部落	小诸侯国	县	县（市）
	部落	胞族	卿大夫家	乡	乡（镇）
部落	氏族	氏族	邑	里（图）	行政村
游群	家族	家族	井	村（社）	自然村
聚合游群	分散部落	聚合部落	封建国家	郡县国家	共和国家

图 5-4　中国历史各时代的组织层级示意

系，汉族和少数民族自治区又有不同。有的自然村下面还有"村民组"、"生产队"等组织；在市下面，还设有区、街道、社区、分社区等组织，有的地方组织达到七至八级。除地域组织外，还有国家各机关单位、事业单位、企业单位、政党、社团等组织形式。

④ 五形态还缺乏前后统一的社会形态命名标准。正如叶文宪批评的那样：

> 原始社会的"原始"是一个文化学的概念。奴隶社会的"奴隶"指奴隶制度，是一个生产关系方面的概念。封建社会的"封建"在欧洲是指 feudalism，在中国先秦时代是指封邦建国，秦汉以后是指独裁专制，都是指政治制度，是一个政治学的概念。资本主义社会的"资本"是一个经济学的概念，而"资本主义"是指一种资本至上的思想，是一个意识形态方面的概念。社会主义社会的"社会"当然是一个社会学的概念……把这样五个并非同类的概念排成一个序列，实在不成系统。不仅如此，问题还在于这五种社会形态虽然都先后出现在欧洲，但是它们并不是一个民族的社会按内在逻辑顺序发展的几个形态，而是几个民族分别建立的不同形态的社会。把这样五个不同的民族所建立的社会形态连接在一起当作人类社会发展的普遍规律，实在十分可笑，在逻辑上无论如何也说不过去。①

---

① 叶文宪：《五种社会形态：是五种生产关系？五种生产方式？五个发展阶段？还是五种文化模式？》，《浙江学刊》2001 年第 3 期。

3. 学术界对五种形态说的质疑

1978 年以后，中国进入改革开放时代，邓小平提出要解放思想，实事求是。学术界对五种形态说质疑的声音多了起来。

1979 年，黄现璠就指出，奴隶制度与奴隶社会是不同概念，奴隶社会并非人类历史必经阶段，世界大多数国家直接从原始社会进入封建社会，中国没有奴隶社会。他说："我国殷周不是奴隶社会，而是领主封建社会。套用马克思主义学说，理论公式化，值得商讨。"[①]1980 年，张广志发表多篇文章表达了相同的观点。[②]

1981 年，胡钟达指出："资本主义产生以前，究竟是存在着：亚细亚的、奴隶制的、封建制的三种社会经济形态，还是只存在着奴隶制的、封建制的两种社会经济形态，或者只有封建制（广义的）的一种社会经济形态……是可以容许有不同意见的。不能认为只有坚持五种生产方式说才算是'正统'，而对此稍持异议就必然是'异端'。"[③]1986 年，他进一步提出："前资本主义阶级社会没有必要也没有可能分为奴隶社会和封建社会两个有前后高低之分的不同的社会经济形态。"[④]

1981 年，何新指出："马克思把人类社会原始时期到封建制度这一段历史，看作一个形态极其错综复杂的辩证发展过程。在五阶段公式中，却机械地用一个'原始共产主义—奴隶制度—封建制度'的抽象公式来概括这一过程。与客观的实际历史过程相比，这个公式不仅过于简单化，而且也有重大的理论错误。""若不打破历史研究中这种教条主义倾向，是不能使历史学真正成为一门有价值的社会科学的。"[⑤]1986 年，他再次对五种形态说提出尖锐批评："三十多年来的中国历史学却一直在作两件事。第一是试图尽可能地削足适履，扭曲、删改、修正中国历史，以便把它塞进这个历史公式的框架内。第二就是在'历史规律'的名义下，将这个公式神化成不允许怀疑和批

---

① 黄现璠：《我国民族历史没有奴隶社会的探讨》，《广西师范大学学报》1979 年第 2 期。

② 张广志：《略论奴隶制的历史地位》，《青海师范学院学报》1980 年第 1 期；《论奴隶制的历史地位》，《四川大学学报》1980 年第 2、3 期。

③ 胡钟达：《试论亚细亚生产方式兼评五种生产方式说》，《中国史研究》1981 年第 3 期；《内蒙古大学学报》1982 年第 2 期。

④ 胡钟达：《再评五种生产方式说》，《历史研究》1986 年第 1 期。

⑤ 何新：《论马克思的历史观点与社会发展的五阶段公式》，《晋阳学刊》1981 年第 6 期。

评的神圣教条。"①

　　1988 年，贾卫列、朱土兴指出，长期以来，人们把从古至今的人类社会发展分为五个阶段，即：原始社会——奴隶社会——封建社会——资本主义社会——社会主义社会。这个公式，一直被作为一种不容置疑的神圣信条，成为社会主义学者研究问题的出发点。从这个公式出发，人们普遍认为，在时间上社会主义社会是在资本主义社会死亡之后建立起来的一种社会形态，资本主义社会只有先转变为社会主义社会才能过渡到共产主义社会。这种社会主义社会也就是科学社会主义创始人当年所设想的理想的社会主义，而现实中的社会主义是与资本主义并存于同一时序上的社会形态。②

　　中国的"半殖民地半封建社会"说也同样引起质疑。1989 年，陈胜粦指出："半殖民地"和"半封建"都不是一种社会形态，"半殖民地半封建"是资本主义社会形态中的一种低级的特殊的类型③。2000 年，仓林忠提出：半殖民地说混淆了社会其他属性同社会性质之间的差异性；半封建社会说缺乏社会历史概念内涵的严整性；半殖民地半封建社会说破坏了历史学科体系的统一性和同范畴历史概念的同一性。他认为，半殖民地系指国家地位，"用它作为标尺来衡量、鉴别、确定一个国家的社会性质，显然超出了殖民地自身意义的范围"。他认为，中华民国的成立，"是中国进入资本主义社会的标志"④。

　　由于五种形态说受到普遍质疑，中国学术界自 20 世纪 80 年末开始历史分期理论和体系的新探索。1988 年 7 月，全国史学理论讨论会在烟台召开，大会主要围绕"五种生产方式是人类社会的普遍规律吗"、"奴隶社会是人类社会的必经阶段吗"、"划分社会形态的标准及对宏观社会构架的几种设想"、"对中国近、现代社会性质的认识"等问题展开。自 90 年代起，国内史学界已经开始放弃传统的"五种社会形态"学说。1999 年 11 月，中国社会形态及相关理论问题学术研讨会在天津召开，主要议题是关于传统社会形态理论

---

①　何新：《古代社会史的重新认识》，《读书》1986 年第 11 期。
②　贾卫列、朱土兴：《社会主义与资本主义是并存于同一时序上的两种社会形态》，《丽水师专学报》1988 年第 2 期。
③　陈胜粦：《关于近代中国社会形态的重新认识问题》，《学术研究》1989 年第 2 期。
④　仓林忠：《1840—1949 年中国社会性质商榷》，《安徽史学》2000 年第 3 期。

及相关理论的再认识、关于中国社会发展形态及演进过程的新思考、关于中国历史研究的理论范式与概念系统的新探讨。"许多学者呼吁创建中国学者自己的理论模式。有的学者指出，在世界中世纪史上，中国封建社会的历史资料最为丰富，应该建立中国人的符合世界历史的理论模式。有的学者主张，跳出各种外来的理论模式，研究中国的特殊性，构架适合中国历史的理论模式。有的学者提出的一种思想很有代表性：当前中国历史研究不仅有理论引进问题，还有理论的'中国化'或称'本土化'问题。"①

总之，五种形态说照搬苏联的观点，存在着"五个重视"、"四个不足"，形成于战争革命年代，服务于革命需要，越来越不适应"和平建设年代"的国内、国际新形势，历史的概括需要有新的认识体系。

(二) 两步革命论

1. 主要内容

"两步革命论"又称为"革命两步走理论"。1922 年，党的二大《宣言》指出，中国共产党要组织无产阶级，用阶级斗争的手段，建立劳农专政的政治，铲除私有财产制度，渐次达到一个共产主义的社会。这是党的最终奋斗目标，是党的最高纲领。目前历史条件下的最低纲领是：消除内乱，打倒军阀，建设国内和平；推翻国际帝国主义的压迫，达到中华民族完全独立；统一中国为真正的民主共和国。《宣言》包含了中国革命分"两步走"的思想雏形。后来由于对民主革命和社会主义革命之间的区别与联系还不十分清楚，党内出现了两种不同的认识。一种意见是"二次革命"的理论，认为中国无产阶级力量弱小，农民阶级涣散，唯有资产阶级力量强，无产阶级只有先帮助资产阶级夺取政权，完成资产阶级革命，待资本主义获得发展后再进行社会主义革命，这种观点放弃了共产党、无产阶级对革命的领导权，被称为右倾机会主义；另一种意见是"一次革命论"，主张在民主革命阶段就反对资产阶级，主张举政治革命与社会革命"毕其功于一役"，直接实现社会主义。这一观点打击和排斥了大批本来可以团结或联合的力量，孤立了自己，导致了一度蓬勃发展的革命形势遭受了严重挫折，被认为是"左"倾关门主义。1925 年冬毛泽东在《国民党右派分离的原因及其对于革命的

---

① 张分田、张荣明：《中国社会形态及相关理论问题学术研讨会述评》，《历史研究》2000 年第 2 期。

前途的影响》一文中表达了两步走的思想。说："现代殖民地半殖民地的革命，乃小资产阶级、半无产阶级、无产阶级这三个阶级合作的革命，大资产阶级附属于帝国主义成了反革命势力，中产阶级介于革命与反革命之间动摇不定，实际革命的乃小资产、半无产、无产这三个阶级成立的一个革命的联合。其对象是国际帝国主义；其目的是建设一个革命民众合作的统治的国家……其终极是要消灭全世界的帝国主义，建设一个真正平等自由的世界联盟（即孙先生所主张的人类平等、世界大同）。"[1] 不过，这个时候毛泽东还未明确提出无产阶级的革命领导权，并且将大地主、小地主、自耕农、佃农、雇农分别归入大、中、小资产阶级和半无产、无产阶级，这种归类还不太准确。1930 年 5 月，他又发表《反对本本主义》一文，进一步阐发了两步走思想。说："我们的斗争目的是要从民权主义转变到社会主义。我们的任务第一步是，争取工人阶级的大多数，发动农民群众和城市贫民，打倒地主阶级，打倒帝国主义，打倒国民党政权，完成民权主义革命。由这种的发展，跟着就要执行社会主义革命的任务。这些伟大的革命任务的完成不是简单容易的，它全靠无产阶级政党的斗争策略的正确和坚决。"[2] 1940 年 1 月，他又发表《新民主主义论》一文，完善了"两步走"的观点：即整个中国革命分为两步，第一步先团结资产阶级进行新民主主义革命，建立新民主主义社会，使资本主义有一定的发展。第二步再进行社会主义革命，建立社会主义社会。两步革命论既要求始终坚持无产阶级政党对革命的领导，又要求党建立广泛的革命统一战线，这是取得革命胜利的关键。

2. 评价

两步革命论为中国由落后的半殖民地的农业社会过渡到社会主义社会指明了正确的方向，但其中也存在一些不足。其一是对新民主主义社会的认识存在一些模糊的地方。新民主主义社会是什么性质，需要存在多长时间，在什么条件下才能进行社会主义革命都缺乏明确的论述，以至于后来的新民主主义社会在历史上仅仅存在 7 年就匆匆结束。社会主义革命也称为社会主义改造，人们的认识分歧更大。1981 年党通过的《关于建国以来党的

---

① 《毛泽东文集》第 1 卷，人民出版社 1993 年版，第 25 页。
② 《毛泽东文选》第 1 卷，人民出版社 1991 年版，第 115 页。

若干历史问题的决议》指出："在过渡时期中，我们党创造性地开辟了一条适合中国特点的社会主义改造的道路。""在一个几亿人口的大国中比较顺利地实现了如此复杂、困难和深刻的社会变革，促进了工农业和整个国民经济的发展，这的确是伟大的历史性胜利。"但是，"这项工作中也有缺点和偏差。在 1955 年夏季以后，农业合作化以及对手工业改造要求过急，工作过粗，改变过快，形式也过于简单划一，以致在长期间遗留了一些问题。1956年资本主义工商业改造基本完成以后，对一部分原工商业者的使用和处理也不很适当。"① 出现这些问题，除了实践上的急躁之外，还与我们对社会主义的认识不够成熟有关。当时人们心目的社会主义是以公有制计划经济为标准的苏联模式的社会主义。这种模式不利于发展生产力，导致中国经济长期停滞，20 世纪 80 年代，邓小平号召解放思想，说："不解放思想不行，甚至于包括什么叫社会主义这个问题也要解放思想。经济长期处于停滞状态总不能叫社会主义。人民生活长期停止在很低的水平总不能叫社会主义。"② 他还说："什么是社会主义，什么是马克思主义，我们过去对这个问题的认识不是完全清醒的。"③ 1992 年，邓小平提出，"社会主义的本质，是解放生产力，发展生产力，消灭剥削，消除两极分化，最终达到共同富裕。"④ 逐渐放弃了人们长期以来奉行的纯公有制计划经济才是社会主义的标准。现在人们对社会主义改造的评价形成了两种对立的观点，一种观点与《决议》一致，认为社会主义改造开始时间是适当的，方式也是正确的，只是过程快了一点。另一种观点则认为，社会主义改造开始时间过早甚至说没有必要。有文章说："中共八十年经验教训，可概括为一句话：成也新民主主义，败也新民主主义。""1949 年夺取政权前，我们党实行新民主主义，我们成功了。夺取政权后，我们抛弃了新民主主义，急急忙忙搞社会主义，搞乌托邦，我们失败了，失败得很惨。1978 年党的十一届三中全会后，我们重又回归到新民主主义的建设思路，并在实践中予以发展，我们又成功了，成功得举世瞩目。""有中国特色社会主义是从社会主义初级阶段演变而来，而社会主义初

① 《关于建国以来党的若干历史问题的决议》注释本，人民出版社 1983 年版，第 17、18 页。
② 《邓小平文选》第 2 卷，人民出版社 1983 年版，第 312 页。
③ 《邓小平文选》第 3 卷，人民出版社 1993 年版，第 63 页。
④ 《邓小平文选》第 3 卷，人民出版社 1993 年版，第 372—373 页。

级阶段，实际上是新民主主义的回归和发展。"① 对两步革命论，我们应当采取这样的态度：两步革命论在方向上正确的，但显然有历史局限性。第一，社会主义改造尽管理论和实践都有缺点，但成绩和积极作用也应该肯定。不能用现在的条件，苛求前人的探索；第二，对历史的评价也不能停留在几十年前《关于建国以来党的若干历史问题的决议》的水平上，"不能说某种提法一经党的代表大会通过，就不能对它的正确性作任何讨论"②，教条主义、讳疾忌医不是科学的态度。

（三）国家与社会学说——苏联模式社会主义

1. 苏联模式社会主义的特点

1956年12月29日，《人民日报》发表《再论无产阶级专政的历史经验》，总结了五条苏联革命和建设的基本经验，实际也是中国革命和建设的经验：

（1）无产阶级的先进分子组织成为共产主义的政党。这个政党，以马克思列宁主义为自己的行动指南，按照民主集中制建立起来，密切地联系群众，力求成为劳动群众的核心，并且用马克思列宁主义教育自己的党员和人民群众。

（2）无产阶级在共产党领导之下，联合劳动人民，经过革命斗争从资产阶级手里取得政权。

（3）革命胜利以后，无产阶级在共产党领导之下，以工农联盟为基础，联合广大的人民群众，建立无产阶级对于地主、资产阶级的专政，镇压反革命分子的反抗，实现工业的国有化，逐步实现农业的集体化，从而消灭剥削制度和对于生产资料的私有制度，消灭阶级。

（4）无产阶级和共产党领导的国家，领导人民群众有计划地发展社会主义经济和社会主义文化，在这个基础上逐步地提高人民的生活水平，并且积极准备条件，为过渡到共产主义社会而奋斗。

（5）无产阶级和共产党领导的国家，坚持反对帝国主义侵略，承认各民族平等，维护世界和平，坚持无产阶级国际主义的原则，努力

---

① 杜导正：《新民主主义的回归与发展》，《炎黄春秋》2009年第4期。
② 《邓小平文选》第2卷，第183页。

取得各国劳动人民的援助，并且努力援助各国劳动人民和被压迫民族。

文章说："我们平常所说的十月革命的道路，撇开它在当时当地所表现的具体形式来说，就是指的这些基本的东西。这些基本的东西，都是放之四海而皆准的马克思列宁主义的普遍真理。"这些观点包含了一些正确的社会主义原则，但也带苏联模式的色彩，把纯有制计划经济模式、高度集权的政党领导体制当成普遍的社会主义原则，忽视民主法治建设。苏联的社会主义模式，也称斯大林模式或苏联体制。美国学者这样描述苏联的政治结构："在苏联，政治权力由两个平行的机构来操纵，一个是国家机关，另一个是共产党机关。在名义上，党有一个民主的体制。党员选举代表，参加定期举行的党员代表大会，大会通过党的决议并选举中央委员会……中央委员会再依次选举出一个由一二十人组成的政治局和一名总书记，负责处理中央委员会闭会期间的各项事务。然而在实际上，权力是自上而下，而非自下而上的。总书记是该制度的全权人物，他主持的政治局则是解决重大问题的决策机构。""党以各种方式在社会上行使权力。它监督政府的工作，同时，党也通过它自身的机构，直接制定国家政策，并参与这些政策的实施。政府拥有一个独立于党组织的结构，在名义上也是民主的。苏联宪法规定了一个议会式的民主政府。苏维埃的成员要通过自由投票选举出来。最高苏维埃，这个最高立法机构，任命一个部长会议，作为政府的执行和管理协助部门。部长会议主席扮演着总理或政府首脑的角色。然而，事实与议会式政府的设想十分不同。苏维埃选举没有竞争，共产党决定苏维埃的提名人选，同时选举部长会议的成员和政府总理。最高苏维埃不是一个独立的立法机构，倒像是党组织的一个'橡皮图章'，为它早已拟定的决议加盖大印。"它"是一种专制主义的、自上而下的制度"①。

"苏联体制最明显的非社会主义特征，是少数党国精英垄断政治权力。斯大林时代采取的是一种中世纪遗留下来的统治形式，其对全知全能领导人的崇拜和中世纪的君主政体如出一辙。斯大林之后，政治制度演变为一种更

---

① ［美］大卫·科兹、弗雷德·威尔：《来自上层的革命——苏联体制的终结》，中国人民大学出版社2008年版，第23—24页。

为现代的寡头政治。即使是后斯大林时代这种更温和的政治制度，也是专制的，它无视苏联人民基本的公民权利和政治自由。苏联人民没有言论的自由，没有发表意见的自由，没有结社的自由，更谈不上参与国家政策的制定了。"

"苏联精英们所享有的物质特权是与社会主义的平等价值观相对立的。……相对平均的金钱收入分配并不包括精英成员们所拥有的获得消费品的特殊门路。有一些特殊商店只对精英开放，它们提供包括西方进口商品在内的优质产品。甚至还有一些特殊工厂，专门为精英们生产优质商品。特殊的建筑企业，则为精英们建筑舒适宽敞的住房。高级官员还享受特殊待遇，这包括使用豪华轿车和建在乡间的设备齐全的公家别墅。不管是特殊商品还是特殊待遇，都严格按照职位高低来确定级别。""经济决策权被划分为许多级别。最重要的经济决策由中央作出，然后层层传达给下级。在该体制中，部级以下，从企业负责人到普通工人，其基本的经济角色就是执行上级的命令。苏联所具备的，确实有社会主义的某些重要特征，而它所缺乏的，却是最为根本的人民对国家和经济的统治权。在政治和经济生活中，人民成了消极的受动者，而不是积极的参与者，这是它最为重要的非社会主义的特征。苏联体制的专制性与它对公民许多基本权利的否认交织在一起，使得一些分析家得出结论说，它很少是或根本就不是社会主义。"①

中国50至70年代的社会主义道路与苏联并不完全相同，但大体特征比较接近。国家实行单一的公有制计划经济和按劳分配。国家既是政治机关，也是生产管理机关。政治上党政合一、以党代政，党组织直接指挥行政、司法和经济工作。在思想领域里，执政党意识形态领导新闻、出版和全民思想，偏重于以阶级斗争方式处理思想问题。

苏联模式虽然避免了经济上的贫富分化，也集中社会力量，短时间在经济建设上取得突出成就，但它从长远上看，它管理僵化，不利于提高劳动者的积极性，束缚了生产力发展，使经济缺乏活力。从政治上看，国家权力

---

① ［美］大卫·科兹、弗雷德·威尔：《来自上层的革命——苏联体制的终结》，中国人民大学出版社2008年版，第27—28页。

高度集中于党及少数党的领导人，民主法治极不健全，妨碍人民自由、平等权利的充分行使，不符合是社会主义民主的要求。从思想文化领域看，苏联模式强调全民思想文艺标准的统一，也不利于科学和文艺的创新发展。

2. 苏联模式的反思

1956 年 2 月，苏共二十大揭露了斯大林的错误，引起中共的反思，毛泽东于同年 4 月，在中共中央政治局扩大会议上作了《论十大关系》的报告，报告指出"每个民族都有它的长处"，"我们的方针是，一切民族、一切国家的长处都要学，政治、经济、科学、技术、文学、艺术的一切真正好的东西都要学，但是，必须有分析有批判地学，不能盲目地学，不能一切照抄，机械搬运。他们的短处、缺点，当然不要学"。"对于苏联和其他社会主义国家的经验，也应当采取这样的态度"①。1957 年 4 月，邓小平首次公开批评苏联模式的错误。他在西安干部会议上作的报告中指出："如果我们不注意，不搞'百花齐放、百家争鸣'，思想要僵化起来，马克思主义要衰退，只有搞'百花齐放、百家争鸣'，各种意见表达出来，进行争辩，才能真正发展马克思主义，发展辩证唯物主义。这一点，斯大林犯过错误，就是搞得太死了，搞得太单纯了。在苏联，马克思主义在一个时期衰退了。"② 不过，中国当时并没有真正从苏联模式中摆脱出来，反而认为，苏共对斯大林主义的批判和纠正背叛了马克思主义，是修正主义，并进一步认为，中国的社会主义也面临资本主义复辟的危险，将"三自一包、四大自由"③ 等改革说成走资本主义道路。这种情况一直持续到十一届三中全会之后，才得到纠正。

改革开放后，邓小平对苏联社会主义模式不断进行总结和批评。1985 年 8 月，邓小平说："社会主义究竟是个什么样子，苏联搞了很多年，也并

---

① 毛泽东：《论十大关系》人民出版社 1976 年版，第 24—26 页。
② 《邓小平文选》第 1 卷，第 273 页。
③ "三自一包"是刘少奇于 1962 年推出的农村经济政策。"三自"即指"自留地、自由市场、自负盈亏"，"一包"即"包产到户"。"四大自由"：土地租佃和买卖自由，借贷自由，贸易自由。在 1962 年 9 月召开的中共八届十中全会上，毛泽东提出"阶级斗争要年年讲，月月讲，天天讲"，号召"全党千万不要忘记阶级斗争"，他批判的对象就是"黑暗风"、"翻案风"和"单干风"，所谓"单干风"指的就是包产到户。毛泽东对邓子恢说：你这次包产到户，马克思主义又飞了。全会撤销了中央农村工作部和邓子恢的部长职务。

没有完全搞清楚。可能列宁的思路比较好，搞了个新经济政策，但是后来苏联的模式僵化了。"①1986 年 9 月邓小平又对到访的波兰领导人说："我们两国原来的政治体制都是从苏联模式来的。看来这个模式在苏联也不是很成功的。"②1987 年 2 月他又说："我们以前是学苏联的，搞计划经济。后来又讲计划经济为主，现在不要再讲这个了。"③1988 年 5 月他又明确指出："我们过去照搬苏联搞社会主义的模式，带来很多问题。我们很早就发现了，但没有解决好。我们现在要解决好这个问题，我们要建设的是具有中国自己特色的社会主义。"④1989 年 5 月，他在会见苏联领导人戈尔巴乔夫时说："多年来，存在一个对马克思主义、社会主义理解的问题。""在革命成功后，各国必须根据自己的条件建设社会主义。固定的模式是没有的，也不可能有。墨守成规的观点只能导致落后，甚至失败。"⑤

　　苏联模式的主要依据是 1848 年马克思、恩格斯合写的《共产党宣言》。宣言提出：无产阶级要获得解放，就要消灭资产阶级所有制，把一切生产工具集中在国家手里，最终消灭阶级和剥削。实际上在《宣言》之前，恩格斯在 1847 年发表的《共产主义原理》已经明确提出不能一下子废除私有制，"正像不能一下子就把现有的生产力扩大到为建立公有经济发必要的程度一样"，"无产阶级革命只能逐步改造现社会，并且只有在废除私有制所必需的大量生产资料创造出来之后才能废除私有制。"⑥ 相比较而言，《宣言》明显有激进的一面，试图通过一次政治和社会革命一劳永逸地消灭私有制和阶级问题。后来，马克思 1867 年也在《资本论》序言中承认："一个社会即使探索到了本身运动的自然规律……它还是既不能跳过也不能用法令取消自然的发展阶段。"⑦1895 年恩格斯也反省了《宣言》的立场，承认欧洲资本主义还没有达到要铲除的时候。《共产党宣言》的道路后来为俄国十月革命后付诸实践，并被中国仿效，两国社会主义革命建立的纯公有制、计划经济模式都存

① 《邓小平文选》第 3 卷，第 139 页。
② 《邓小平文选》第 3 卷，第 178 页。
③ 《邓小平文选》第 3 卷，第 203 页。
④ 《邓小平文选》第 3 卷，第 261 页。
⑤ 《邓小平文选》第 3 卷，第 291、292 页。
⑥ 恩格斯：《共产主义原理》，《马克思恩格斯文集》第 1 卷，人民出版社 2009 年版，第 685 页。
⑦ 《资本论》第 1 卷，人民出版社 2004 年版，第 9—10 页。

在不利于生产力提高的问题①。邓小平也进行过反思，他说："旧的那一套阻碍了生产力的发展，在思想上导致僵化，妨碍人民和基层积极性的发挥……中国社会从 1958 年到 1978 年二十年间，实际上处于停滞和徘徊的状态，国家的经济和人民的生活没有得到多的发展和提高。"② 苏联模式社会主义实际上是将马克思主义教条化的结果，与高度集权的政治体制和意识形态管理体制有密切关系，这一教训值得深刻反思。当然，苏联模式只是社会主义的一种具体模式，我们要否定的只是苏联模式中不合理的体制，并不是否定社会主义原则和方向（见表 5–4）。

表 5–4　两种社会主义模式的对比

		苏联模式社会主义	中国特色社会主义
不同体制	经济	单一公有制 计划经济 按劳分配	公有制、非公有制共存 市场经济 按劳分配为主，多种分配并存
	政治	领袖高度集权，党内民主不足 政党高度集权，人民民主不足 中央高度集权，地方活力不足 阶级斗争，人治密谋 强调国家、集体利益和纪律服从	强化集体领导，发扬党内民主 强化人民民主和权力的分工制约监督 强调权力下放，调动地方积极性 友善和谐，法治公开 强调个人利益和自由平等
	外交	主张全世界无产者联合起来，消灭资本主义，实现共产主义	尊重各国制度差异，提倡文明平等互鉴、国家合作共赢
	思想	个人崇拜、思想一元化、僵化教条	反对个人崇拜、思想多元化、开拓创新
共同原则	经济	发展生产力、公有制方向、公平分配，以消灭私有制和阶级剥削为最终目的	
	政治	无产阶级政党领导、民主集中制；以平等、自由、民主为原则的共和国制度	
	外交	反对帝国主义侵略，承认各民族平等，维护世界和平	
	思想	以科学社会主义理论为国家指导思想，以共产主义为最终社会目标	

---

① 单一公有制计划经济可以短时间内在某些（特别是工业）方面迅速提高生产力，但它是靠行政命令或破坏经济平衡的方式实现的，不利于人民积极性的发挥，并非全面、协调、可持续的科学发展模式，从长远看最终是不利于发展生产力的。

② 《邓小平文选》第 3 卷，第 237 页。

（四）思想文化的管理体制

1. 新民主主义时期的文教政策

新中国一方面继承了思想言论自由的方针，另一方面也加强了对思想和舆论的监督和领导。1949 年通过的《共同纲领》第 5 条规定："中华人民共和国人民有思想、言论、出版、集会、结社、通讯、人身、居住、迁徙、宗教信仰及示威游行的自由权。"将思想自由写进了"宪法"。1956 年，宣布实行"百花齐放、百家争鸣"的"双百"文艺方针。宪法和政策表明党和国家对思想自由是比较重视的。中华人民共和国成立后，以新民主主义作为国家思想文化方针。一方面大力宣传马列主义、毛泽东思想，确立其意识形态的领导地位；另一方面积极改造民国时期"帝国主义、封建法西斯主义等旧社会占统治地位的意识形态"。党的宣传部和政务院下设的文化教育委员会从党、政两个方面加强宣传和领导，党和政府在群众团体、报纸、期刊、书籍、广播、教育等方面建立了全面的宣传和监督网络。新闻机构不分公私，一律登记，对其宣传报道采取"事后审查"的办法，根据结果进行奖励、查禁或处罚①，同时还采取评论或述评的办法进行事后监督和引导。对于戏曲剧本和电影采取事前审查，批准后方能演出。对于国际新闻严格控制传入，所有私营报社及通讯社，一律不得擅自设立收报台抄收外国通讯社电迅。除新华社外，其他党政军机关均不得抄收。另一方面，严格控制国内消息向国外发布。② 新民主主义共和国时期的文教体制是学习苏联模式形成的，对确立和巩固马列主义、毛泽东思想的领导地位，完成社会主义改造起到了积极作用。但这一体制也存在一些缺点，如用群众运动的方式进行思想改造，造成思想完全统一，忽略了党内、党外、社会各个阶层思想文化的差异性和规律性，在取得文化教育事业进步的同时，也存在妨碍文艺创作发展的一面。

2. 苏联模式社会主义时期的文教政策

随着社会主义改造的完成，文化、教育、新闻、艺术等事业完全实现了"国营"化，由于高度集权的政治体制和强化宣传，一度造成思想僵化、

---

① 《出版总署最近情况报告》（1949 年 11 月），中国出版科学研究所、中央档案馆编：《中华人民共和国出版社史料》（一），中国书籍出版社 1996 年版，第 525 页。

② 中央宣传部办公厅编：《党的宣传工作文件选编》（1949—1956），中共中央党校出版社 1994 年版，第 2—29 页。

迷信盛行，将敌我矛盾、阶级斗争思维扩大到思想领域，将大量向党和国家提意见、建议的人划为"资产阶级右派"甚至是"反党、反革命分子"进行打击，将大量优秀文艺作品作为"资产阶级思想"的毒草进行了错误批判，图书报刊异化为阶级斗争的重要手段。"文革"结束后，邓小平对这一现象进行批评，说："十多年来，林彪、'四人帮'大搞禁区、禁令，制造迷信，把人们的思想封闭在他们假马克思主义的禁锢圈内，不准越雷池一步。否则，就要追查，就要扣帽子、打棍子。在这种情况下，一些人就只好不去开动脑筋，不去想问题了。""一个党，一个国家，一个民族，如果一切从本本出发，思想僵化，迷信盛行，那它就不能前进，它的生机就停止了，就要亡党亡国。""我们要创造民主的条件，要重申'三不主义'：不抓辫子，不扣帽子，不打棍子。在党内和人民内部的政治生活中，只能采取民主手段，不能采取压制、打击的手段。宪法和党章规定的公民权利、党员权利、党委委员的权利，必须坚决保障，任何人不得侵犯。"[1]

四、中国特色社会主义共和国时期

（一）中国特色社会主义理论

1. 中国特色社会主义的提出

"文化大革命"结束后，中国共产党开始思考摆脱苏联模式，探索符合中国国情的社会主义道路，并逐渐形成中国特色社会主义理论。1979年3月30日邓小平说："过去搞民主革命，要适合中国情况，走毛泽东同志开辟的农村包围城市的道路。现在搞建设，也要适合中国情况，走出一条中国式的现代化道路。"[2]1982年9月1日邓小平在十二大开幕词中说："我们的现代化建设，必须从中国的实际出发。无论是革命还是建设，都要学习和借鉴外国经验。但是照抄照搬别国经验、别国模式，从来不能得到成功。这方面我们有过不少教训。把马克思列宁主义的普遍真理同我国的具体实际结合起来，走自己的道路，建设有中国特色的社会主义，这就是我们总结长期历史经验得出的基本结论。"[3]

① 邓小平：《解放思想，实事求是，团结一致向前看》，《邓小平文选》第2卷，第140—153页。
② 《邓小平文选》第2卷，人民出版社1994年版，第163页。
③ 《邓小平文选》第3卷，第2—3页。

2. 中国特色社会主义基本路线的形成

1987年10月，中共十三大阐述了社会主义初级阶段理论，认为社会主义初级阶段不是泛指任何国家进入社会主义都会经历的起始阶段，而是特指我国生产力落后、商品经济不发达条件下建设社会主义必然要经历的特定阶段。即从1956年社会主义改造基本完成到21世纪中叶社会主义现代化基本实现的整个历史阶段。十三大明确提出："在社会主义初级阶段，我们党的建设有中国特色的社会主义的基本路线是：领导和团结全国各族人民，以经济建设为中心，坚持四项基本原则，坚持改革开放，自力更生，艰苦创业，为把我国建设成为富强、民主、文明的社会主义现代化国家而奋斗。"

3. 中国特色社会主义理论的发展

2003年10月14日，胡锦涛在中共十六届三中全会上明确提出了"坚持以人为本，树立全面、协调、可持续的发展观，促进经济社会和人的全面发展"；并提出了"五个统筹"①。2004年9月19日，中国共产党十六届四中全会正式提出了"构建社会主义和谐社会"的概念。2005年2月20日在中央党校提出，"社会主义和谐社会，应该是民主法治、公平正义、诚信友爱、充满活力、安定有序、人与自然和谐相处的社会"。2006年10月中共十六届六中全会审议通过的《中共中央关于构建社会主义和谐社会若干重大问题的决定》中全面深刻地阐明了中国特色社会主义和谐社会的性质和定位、指导思想、目标任务、工作原则和重大部署。2012年11月，中共十八大报告明确提出"三个倡导"，即"倡导富强、民主、文明、和谐，倡导自由、平等、公正、法治，倡导爱国、敬业、诚信、友善，积极培育社会主义核心价值观"，这是对社会主义核心价值观的最新概括。恩格斯说过："所谓社会主义社会不是一种一成不变的东西，而应当和任何其他社会制度一样，把它看成是经常变化和改革的社会。"②根据党的十六大以来的精神，21世纪中国特

---

①　五个统筹指：统筹城乡发展，统筹区域发展，统筹经济社会发展，统筹人与自然和谐发展，统筹国内发展和对外开放。在中共十七大上，胡锦涛在其报告中又加上了第六个统筹：统筹国内国际两个大局。

②　《恩格斯致奥·伯尼克》，《马克思恩格斯选集》第4卷，人民出版社1995年版，第693页。恩格斯接着说：社会主义"同现存制度的具有决定意义的差别当然在于，在实行全部生产资料公有制（先在单个国家实行）的基础上组织生产。即便明天就实行这种变革（指逐渐地实行），我根本不认为有任何困难"。事实证明，公有制程度和形式要依据生产力水平来决定，社会主义不能一下子全部废除私有

色社会主义新阶段的特点表现为：

第一，政党制度上，坚持中国共产党科学执政、民主执政和依法执政。

第二，政治原则上，坚持民主集中、分工协作、制约监督、法治公开。

第三，经济原则上，坚持解放和发展生产力，坚持公有制和非公有制共同发展，公有制、公平分配、共同富裕。

第四，社会原则上，坚持自由平等、公平正义、友善和谐。

第五，思想文化上，坚持核心价值观，尊重多样性，与时俱进，改革创新。

第六，对外政策上，坚持文明平等包容、互尊互鉴、国家和平共处、合作共赢。

综上，从苏联模式社会主义走向中国特色社会主义，从片面强调以公有制计划经济甚至以阶级斗争为中心逐渐发展到以经济建设为中心，经济、政治、文化、社会、生态"五位一体"全面建设，这是国内外形势发展在党和国家指导思想上的反映，中国特色社会主义理论体系在不断发展完善。

（二）文教政策

中国特色社会主义理论是国家主流意识形态，言论自由权利逐步得以落实，思想解放得到发展，社会思想逐渐呈现多元化趋势。改革开放以后，邓小平号召要解放思想，开动脑筋，实事求是，团结一致向前看，并提出："不继续提'文艺从属于政治'这样的口号，因为这个口号容易成为对文艺横加干涉的理论根据。"[①]1980年7月26日《人民日报》发表社论：提出"文艺为人民服务，为社会主义服务"的"二为"方针，"双百"、"二为"成为我国社会主义建设新时期文艺事业的总方针。此后意识形态领域表现出空前活跃和繁荣景象，也呈现出"多元化"的发展趋势。一方面，旧的"左"倾僵化思想仍有强大市场，一些人依据旧的纯公有制计划经济的社会主义标准攻击改革开放是走资本主义道路；另一方面，社会上也一度出现了激进的自

制。这也是恩格斯早年说过的话，社会主义的最终目的是全部消灭私有制实现共产主义，因此社会主义社会根据生产力水平将全部私有制转化为全部公有制可能需要数百年乃至数千年的有量变、有质变、有前进有倒退的漫长过程。因此，恩格斯的话不能教条地理解他是坚持纯有公有制或公有制主体地位。应该理解为，他对社会主义的理解是"坚持向公有制发展的方向"。

① 《邓小平文选》第2卷，第255页。

由化思潮，一些人依据西方多党竞争、三权分立、新闻自由等模式，批评党的领导和社会主义制度。为了坚持正确的舆论导向，国家新闻出版署1988年11月9日下发《关于加强对报纸、期刊、图书审读工作的通知》，标志着报刊审读制度初步建立。审读的内容包括政治和法律标准。如，书、报、刊的内容是否坚持了一个"中心"、两个"基本点"；是否贯彻了党的路线、方针、政策；报纸、期刊和图书的出版是否遵守国家法律、出版管理规定、宣传纪律和保密规定等。其具体运行体制有：1. 由党委宣传部门、政府主管新闻出版职能部门建立的一套完整的审读制度；2. 由党委宣传部门、政府主管新闻出版职能部门建立的对报刊的管理制度；3. 出版单位内部建立的自我审读监督机制；4. 来自社会的普通读者审读监督。新闻出版总署于2001年6月下发了《关于进一步加强和改进报刊审读工作的通知》。《通知》的主要内容包含以下几个方面：确立报刊审读的重点。当前要把学术理论、时事政治、文化生活以及文摘类等报刊作为审读工作的重点。要特别注意报刊刊载的内容是否存在以下问题：否定马列主义、毛泽东思想、邓小平理论指导地位的；违背党的路线、方针、政策的；泄露国家机密，危害国家安全，损害国家利益的；违反民族、宗教政策，危害民族团结，影响社会稳定的；宣扬凶杀、暴力、色情、迷信和伪科学的；传播谣言，编发假新闻的；违反报刊出版管理法规和规定的。《通知》要求对审读中发现的重大政治错误、重大版面事故以及易产生重大社会影响的问题等，各报刊社要立即向省委宣传部、省新闻出版局、主管部门和主办单位报告；各省新闻出版局要立即向新闻出版总署报告。不报或迟报造成后果的，要追究责任。对一些把握不准的理论观点和文章要及时反映，征询意见。各省新闻出版局要建立一事一报的"要情通报"制度。要努力办好审读简报，并不断改进和规范。各省新闻出版局每月要向新闻出版总署报送一次本地区报刊审读的综合情况，中央国家机关报刊主管部门也要参照此做法，及时通报报刊出版中存在的问题。中国图书报刊审读制度与马克思批评的普鲁士书报检查制度，以及苏联、国民党的书报检查制度都是政党、政府监督和控制舆论的制度，但其本质不同，是社会主义制度下的产物，最终是为广大人民服务的。对于宣扬凶杀、暴力、色情、迷信和伪科学的；传播谣言，编发假新闻的固然要加以禁止，对于与党和国家具体政策不同的观点也加以控制和引导，有利于社会稳定。

文化教育行业既是人民精神需求的市场，也是传播和宣传国家意识形态的主要领域。长期以来，制约文化发展的一个重要因素，就是把公益性文化事业和经营性文化产业相混淆，政府统包统揽。应该由政府主导的公益性文化事业长期投入不足，应该由市场主导的经营性文化产业长期依赖政府，束缚了文化事业和文化产业发展。2002 年 11 月，党的十六大报告厘清了两者之间的关系，首次提出"积极发展文化事业和文化产业"，"根据社会主义精神文明建设的特点和规律，适应社会主义市场经济发展的要求，推进文化体制改革"。教育体制改革也存在类似政府包办、教育内容与社会需求脱节等问题，大力发展民办教育，在公办教育中去"行政化"是改革的重要方向。

（三）文教制度的发展趋势

随着社会主义市场经济的发展，社会利益多元化格局逐渐形成，社会矛盾日趋势复杂多变，人民的思想也趋于多元化，中国思想文化发展的体现了这样的趋势：

1. 坚持和发展中国特色社会主义理论。中国特色社会主义是马克思主义、科学社会主义的中国化形态，代表着社会发展的正确方向和光明前途，科学社会主义的基本原则必须坚持。无产阶级政党的领导，人民民主制度，解放和发展生产力、发展公有制、走共同富裕之路，都是不能放弃的原则。我们强调坚持和发展马克思主义不是生搬硬套马克思、恩格斯的具体观点和结论去裁剪历史和制定政策，把马克思主义神圣化、教条化。马克思、恩格斯本人也反对这样做。马克思说过："我只知道我自己不是马克思主义者。"①恩格斯也说："不要生搬硬套马克思和我的话，而应该根据自己的情况像马克思那样去思考问题，只有在这个意义上，'马克思主义者'这个词才有存在的理由。""我们的理论是发展的理论，而不是必须背得烂熟并机械地加以重复的教条。"②邓小平也说过："绝不能要求马克思为解决他去世之后上百年、几百年所产生的问题提供现成答案。列宁同样也不能承担为他去世以后

---

① 1890 年 8 月 27 日《恩格斯致保·拉法格》，《马克思恩格斯选集》第 4 卷，人民出版社 1995 年版，第 695 页。

② 《马克思恩格斯选集》第 4 卷，人民出版社 1995 年版，第 681 页。

五十年、一百年所产生的问题提供现成答案的任务。"① 我们要将马克思主义与马克思、恩格斯、列宁、斯大林、毛泽东、邓小平等党的领导人的具体观点区别开来，要允许实事求是地对他们的观点加以讨论，对不合时宜的观点要及时放弃。正如江泽民所说："马克思主义的一个基本道理，就是不能用本本去框实践，而只能用实践去发展本本。如果一切都要先看本本上有没有，老祖宗讲过没有，就很难在实践中迈开步子。""用发展的观点对待马克思主义，在坚持中发展、在发展中坚持，这就是按规律办事，也是对待马克思主义唯一正确的态度。"②

2. 传承中国优秀传统文化、借鉴一切文明成果。对中国古代传统文化和世界其他国家的文明也要保持尊重、谦逊的态度，实事求是、一分为二地分析对待，吸取精华，弃其糟粕，既不能照抄照搬，也不能完全否定排斥，这也是发展中国特色社会主义理论、社会主义核心价值观所必需。正如2014年习近平所说："培育和弘扬社会主义核心价值观必须立足中华优秀传统文化。牢固的核心价值观，都有其固有的根本。抛弃传统、丢掉根本，就等于割断了自己的精神命脉。""要深入挖掘和阐发中华优秀传统文化讲仁爱、重民本、守诚信、崇正义、尚和合、求大同的时代价值，使中华优秀传统文化成为涵养社会主义核心价值观的重要源泉。"③ 中国近代以来，受到了西方国家的侵略、沦为半殖民，中国人民开始探索救国救民的真理，但在向外学习过程中也出现了对外国盲目崇拜的倾向。一度丢弃中国传统，或照搬美国，或照搬苏联，由于政策制度脱离中国国情，使我们走了很多弯路，付出了沉重的代价。邓小平提出要走中国特色社会主义道路，为中国未来的发展指明了方向。走中国特色社会主义道路就要从中国国情出发，继承中华优秀文化传统，"我们要虚心学习借鉴人类社会创造的一切文明成果，但我们不能数典忘祖，不能照抄照搬别国的发展模式。"④

3. 促进思想解放，保障言论自由。要发展马克思主义，必须坚持解放

① 《邓小平文选》第3卷，人民出版社1993年版，第291页。

② 江泽民：《科学对待马克思主义》，《江泽民文选》第3卷，人民出版社2006年版，第338—339页。

③ 习近平：《培育和弘扬社会主义核心价值观》，《习近平谈治国理政》，外文出版社2014年版，第163—164页。

④ 习近平：《青年要自觉践行社会主义核心价值观》，《习近平谈治国理政》，外文出版社2014年版，第171页。

思想、实事求是的思想路线。1956 年毛泽东就提出"百花齐放、百家争鸣"的文艺方针，他说："讲学术，这种学术也可以讲，那种学术也可以讲，不要拿一种学术压倒一切。你讲的如果是真理，信的人势必就会越来越多。"①1957 年他又说："对于人民内部的错误思想……不允许这些思想有任何发表的机会，行不行呢？当然不行。""不让发表错误意见，结果错误意见还是存在着。而正确的意见如果是在温室里培养出来的，如果没有见过风雨，没有取得免疫力，遇到错误意见就不能打胜仗。因此，只有采取讨论的方法，批评的方法，说理的方法，才能真正发展正确的意见，克服错误的意见，才能真正解决问题。"② 解放思想就要破除迷信，不唯书、不唯上、而唯实。1978 年邓小平谈道："现在的问题是法律很不完备，很多法律还没有制定出来。往往把领导人说的话当作'法'，不赞成领导说的话叫做'违法'，领导人的话改变了，'法'也跟着改变。"这种状况如果不改变，就会造成思想僵化，"书上没有的，文件上没有的，领导人没有讲过的，就不敢多做一件事，一切照抄照搬。"邓小平说："不打破思想僵化，不大大解放干部思想和群众思想，四个现代化就没有希望。"③ 这说明，坚持和发展马克思主义、社会主义与解放思想、学术自由不仅不是对立的，而且还是相辅相成的、相互促进的。当然毛泽东、邓小平只是把解放思想和言论自由作为解决社会矛盾的手段来使用，实际上，思想言论自由也是宪法赋予的权利。当然，像中国这样一个人口众多、国情复杂、经济文化又欠发达的大国，搞英、美那样的大民主是不行的，对一些严重影响社会稳定的言论也有必要加以限制。这两方面都需要制定具体明确的法律，用法治解决问题。

---

① 毛泽东：《在中共中央政治局扩大会议上的总结讲话》，《毛泽东文集》第 7 卷，人民出版社 1999 年版，第 55 页。

② 毛泽东：《关于正确处理人民内部矛盾的问题》，《毛泽东文集》第 7 卷，人民出版社 1999 年版，第 232 页。

③ 邓小平：《解放思想，实事求是，团结一致向前看》，《邓小平文选》第 2 卷，人民出版社 1983 年版，第 142、146 页。

附　录

中国学者历史分期对照表

	孙中山	郭沫若	晁福林	田昌五	叶文宪	王震中	郭沂	冯天瑜	本书
	1924 年	1930 年	1996 年	2000 年	2000 年	2003 年	2003 年	2007 年	
旧时器早期	洪荒时代								游群时代
旧时器中晚期	神权时代			洪荒时代				原始时代	
新石器早期		原始社会	原始社会						部落时代
新石器中期									
新石器晚期	君权时代			族邦时代	酋邦时代	邦国时代	圣权时代		
夏			氏族封建社会						封建时代
商		奴隶社会			封建王国时代		王权时代		
西周			宗法封建社会			王国时代		封建时代	
春秋									
战国		封建社会			转型时期		霸权时代		
秦汉魏晋南北朝			地主封建社会	封建帝制时代	专制帝国时代	帝国时代	皇权时代	皇权时代	郡县时代
隋唐五代									
宋元明清									
中华民国	民权时代	资本制社会					民权时代	共和时代	共和时代
中华人民共和国									

后　记

　　本书搜集了较多的原始资料，同时围绕大纲体系的重要问题进行了讨论和论证。由于涉及古今中外学术和政治上长期激烈争论的重大理论问题，涉及众多不同意识形态的概念、理论等，作者尝试跳出所有旧的思维体系，用一套新的概念和逻辑去阐释历史，力求能提供系统的政治制度史的基本架构及史料，为进一步讨论提供基本线索，促进读者对中国政治制度变迁的了解和思考。本书的理论体系还远未达到成熟，有无继续完善发展的价值，期待读者检验和评判。本书共分六部分：前言主要介绍研究思路、大纲设计及基本观点。以下五个时代各为一章。每章内容基本分为八个方面：

　　一、概念界定，讨论时代命名的缘由和时代起止时间。

　　二、各段特点，讨论时代的阶段划分及各阶段政治、经济、文化总体特点。

　　三、经济基础，讨论时代所处的经济状况及其对政治的影响。

　　四、元首制度，讨论时代元首的产生、权力和特点。

　　五、中央制度，讨论时代政治中心的形成与组织体系。

　　六、地方制度，讨论时代政治组织的地域分布情况。

　　七、人事制度，讨论时代政治组织的人员的产生、管理情况。

　　八、文教制度，讨论时代政治组织的意识形态及其宣传实施状况。

　　由于各个时代背景不同，有些概念遵循习惯，选择具有时代特点的名称。如同样是元首，五个时代分别叫头人、酋长、帝王、皇帝、元首，其实质是一样的。由于游群部落时代制度尚不完善，有些制度合并为一章，国家阶段每个方面均作一章介绍。

本书在详细和深入上并不如断代或专门政治制度史详细，设置这样的纲目，是为了便于比较不同时期政治制度的联系与区别，寻找制度演变的规律，突出通史的特点，突出中国不同历史时期政治制度的各自特点和继承、创新关系，为建设中国特色社会主义民主政治提供借鉴。为便于理解政治制度的形成原因及其与经济、思想文化的关系，本书稿还特别设立章节，论述各个时代与政治制度对应的基本经济状况以及国家与社会对相关政治制度的思考与争论。

写作过程中，郑州大学历史学院的同事们热情鼓励并提出了许多有益的写作、修改意见，研究生王钦明、马云龙、赵海龙、靳凤杰、时军军、孙春叶、齐丽娜同学等参与了部分文稿的校对和修改，向他们表示感谢。同时还要感谢郑州大学对本书出版的专项资助，感谢人民出版社领导和编辑对本书出版的热情帮助和辛苦付出。由于本人水平和时间有限，写作仓促，本书还存在很多观点、史料等方面的遗漏和错误，衷心希望能得到批评指正。

焦培民

2015 年 5 月 20 日

责任编辑:宫　共
封面设计:肖　辉
责任校对:吕　飞

图书在版编目(CIP)数据

中国政治制度史新论/焦培民 著. -北京:人民出版社,2015.11(2016.12 重印)
ISBN 978－7－01－015372－8

Ⅰ.①中… Ⅱ.①焦… Ⅲ.①政治制度史-中国 Ⅳ.①D69

中国版本图书馆 CIP 数据核字(2015)第 241950 号

中国政治制度史新论
ZHONGGUO ZHENGZHI ZHIDUSHI XINLUN

焦培民　著

人民出版社 出版发行
(100706　北京市东城区隆福寺街 99 号)

北京中科印刷有限公司印刷　新华书店经销

2015 年 11 月第 1 版　2016 年 12 月北京第 2 次印刷
开本:710 毫米×1000 毫米 1/16　印张:31.5
字数:515 千字

ISBN 978－7－01－015372－8　定价:78.00 元

邮购地址 100706　北京市东城区隆福寺街 99 号
人民东方图书销售中心　电话 (010)65250042　65289539